中国传媒大学"211工程"建设项目

ZHONGGUOGUANGBODIANSHIWENYIDAXI

中国广播电视文艺大系

2001—2010

广播电视文学节目卷

施旭升 付彬彬◎主编

中国广播影视出版社

《中国广播电视文艺大系》

编　委　会

总　　序

随着我国广播电视事业的不断发展，以电视剧、广播剧、电视综艺晚会、电视纪录片等为代表的广播电视文艺作品已经成为当今中国社会受众面最广的艺术形式，与此同时，广播电视文艺理论和作品批评也蔚为大观，广播电视艺术学，已经成为艺术门类中独立的二级学科。

为了改变长期以来“广播电视艺术学”学科发展和资料建设之间的不均衡现象，也为了收集和保存不断发展变化中的广播电视文艺作品和理论成果，给研究者们提供较为系统、翔实的资料，我们借“211 工程”学科建设之东风，组织相关学科的专家和学者，搜求爬梳，去芜存菁，在 2008 年编订出版了多卷本《中国广播电视文艺大系（1977 - 2000）》，对 20 世纪的广播电视文艺作品和理论研究做了系统的整理和总结。这套“大系”在出版发行后取得了良好的社会效益，2009 年 10 月，入选由中宣部和新闻出版署共同组织评定的“庆祝新中国成立 60 周年百种重点图书”。

2008 年，“中国广播电视文艺大系（2001 - 2010）”课题又入选中国传媒大学“211 工程”第三期。进入21世纪后，信息与通讯技术以日新月异的发展速度改变着全球经济和大众的文化审美意识，广播、电视等传播媒介迎来了前所未有的发展机遇，广播电视文艺节目随时“刷新”节目形态和传播理念，以适应现代受众的审美需求。21世纪的广播电视文艺作品在数量上浩如烟海，形态上异彩纷呈，理论研究也呈现出百家争鸣。可以说，与上一期的“大系”工程相比，“中国广播电视文艺大系（2001－2010）”课题研究成果的编辑出版面临着更加复杂、更加艰巨的挑战。

十年磨一剑。我们终于将《中国广播电视文艺大系（2001－2010）》奉献于社会和同仁面前。朱熹有云：“所以继往圣，开来学，而大有功于斯世也。”我们不敢妄称继往开来以居功，若殚精竭虑的搜求整理能够为相关领域研究提供切实的帮助，能够为推动广播电视艺术学体系的完善贡献绵薄之力，则喜莫大焉。由于广播电视艺术具有载体特殊、节目形态时时求新求变等特点，更兼学海无涯，文本中力有未逮或偏颇缺漏之处，亦愿虚心求正于方家。

《中国广播电视文艺大系》编委会

2015年2月

目 录

第一部分

第二部分

广播文学作品

广播文学节目 2001 年

广播文学节目 2002 年

电视文学节目 2002 年

第一部分

导言

广播电视文学节目卷

中国广播电视文艺大系

2001—2010

导言:广播电视文学节目十年间(2001—2010)

上篇:广播文学节目十年间

跨入新世纪,2001—2010 这十年间,广播文学节目的发展关键词就是“创新”。

一

2001 年在纪念建党 80 周年庄严和喜庆的时刻,出现了许多优秀的献礼节目。同样地,为纪念鲁迅先生诞辰 120 周年而创作的文学节目也体现出广播节目在当好先进文化传播者的同时,还在做先进文化创造者的不懈努力。例如安徽电台的《不朽的民族魂》、天津电台的《擎火的路人》和江苏电台的《呐喊的灵魂》,都不同程度地解读了鲁迅作品的历史内涵,解释了鲁迅精神的不朽。实践证明,将革命历史题材、优秀民族传统和经典文艺作品的传播与精神建设的要求结合起来,将侧重现实意义的阐释与历史北京和艺术规律统一起来,是广播文学节目体现时代特征和创造精神,提升文化品位的关键。处在 21 世纪之初,这一年的广播文学作品充满了怀旧意识,不仅体现在有诗人食指作品的节目中,还体现在山西电台《牵手》那一幅幅记录人类美好情爱的永不褪色的照片中,体现在《赤子乡愁》那令无数人陷入思想情结的乡愁诗作中……怀旧是一种美,怀旧还是一种文化,怀旧情结人人都有,关键是如何唤起和怎样表现怀旧,使怀旧成为激越民族精神的武器。

2002 年这一年文学节目一如既往地体现着大气与凝重。

安徽电台的《不该忘却的英雄》选择本省作家春桃新近推出的颇有影响力的报告文学《失忆的龙河口》作为解读和评说对象,围绕主人公许芳华辉煌而又悲惨的一生构筑节目文本,意在让广大听众从许芳华的人生轨迹中去思索社会存在的问题。

重庆电台以大量创作性音乐编配的《难忘乌江》则是一组既充满了浓郁的地方风情又散发着强烈人文色彩的艺术散文。作者通过对乌江风光及乌江生活的申请讴歌,揭示了吴江人善良、真诚、勤劳、勇敢的内心世界和品格意志。前一个节目侧重于心灵叩问,后一个侧重于抒情欣赏,二者构成了当代广播文学节目最常见的两种风格。

辽宁电台的《在希望中走向绝唱》是一篇催人泪下的作品,节目抓住当今世界所关注的重大问题——呼唤世界和平,选择安妮日记中具有代表性的章节,以优美深刻的文笔加以串联,配合贴切具有感染力的音乐和音响,将日记中的主要情节和思想进行艺术化的创造,使听众在欣赏中得到启迪,更加珍惜和谐安宁的生活,该节目所达到的艺术水平堪称“无冕之王”。而广东电台的《雨果的中国情结》则侧重于介绍在纪念世界文豪雨果诞辰 200 周年之际,编辑凭借多年的知识积累敏锐地捕捉到的雨果研究的最新成果“雨果与中国”,通过这一视角将雨果一段鲜为人知的中国情加以汇总和提炼，艺术地再现了这位大师的中国情结。

天津电台的《面朝大海　春暖花开》用新颖的视角解读了2002年文学生存现状，用理性而诗化的分析展示了与时俱进的新世纪文学，重新诠释了当代文学关注时代、关照生活、守望心灵的个性表征。节目充分考虑到广播受众的审美心理和欣赏口味，撷取了流行极广的“读图时代”“短信文学”“名著电视化”“老作品重生”等2002年文学热点，借助广播小品、配乐诗朗诵等多种手段，将文学主题放置于“三峡开发”等时代背景下，求证了文学“贴近实际，贴近生活，贴近群众”的成功路径。

同样的，几米的读图文学，以及短信文学、网络文学等，在人们传统的文学观念里都是难以登大雅之堂的文学，甚至有人称其为“非文学”。其中部分作品也确实存在用词怪异、生涩难懂，常常游离于主流价值的边缘等问题。但是，经过节目主创者的选材和调度，那些貌似边缘的文字，同样可以激动人们的情怀，焕发出人们尘封已久的理想愿望，激荡起时代的强劲音符。如果没有俯下身长时间倾听当代人的心灵叹息，如果没有带着职责的眼光去遍读时下的文学乃至亚文学、俗文学的翻新花样，无论如何写不出这样的作品，将边缘文学主流化是它的价值所在。

浏览2002年的广播文艺，可以发现，大气、庄重、优美、时代感、民族化、创新性是这一年创作的主题词。文艺原本生于民间，在提炼、创作中又反哺民间，其间不断彰显它的生命力。而今民众又以独特的形式参与创作和评介文艺作品，相信这会成为新时期广播文艺的又一次转机。

2003年贴近性在纪实类文学节目中找到落脚点。广播文艺创作正在探索一条从社会热点和现实题材中选择观察角色，将新闻事件、文化事件给予文艺方式的解读，巧妙地把事件对观众注意力吸引转移到文艺欣赏上的嫁接方式，从而在一个新的层面上实现了雅俗共赏。

荣获2003年广播文艺“十佳栏目奖”的上海电台的《午夜星河》已经坚守文学阵地10年，它以“高视点、深立意、新品位、俗口味”的特色，成为诗歌爱好者的一方乐土。这个栏目以直播点诗与情感关怀相结合，打响了作为文化情感类节目的品牌，成为诗歌爱好者难得的一方乐土在商品经济大潮的冲击下，这一栏目10年不衰，深圳市一家报纸曾对“午夜星河”作出了高度评价说：“上海电台主办这样一档清雅的阳春白雪似的节目，与那如日中天的‘点歌’抗衡，真乃棋高一着，不仅吸引苦恋诗歌的‘发烧友’，也为提携诗坛新人，繁荣诗坛作出举足轻重的一步，不仅使广播业又开奇葩，似乎更有利提高民族素质，为听众提供高品位精神食粮之感。”

广州电台的文学节目取材于本地老实人李士非去日本看望儿子，在那里生活三个月，目睹右翼势力种种鼓噪之怪状而奋笔写下的《东京纪事》。该节目围绕这本书的写作过程及诗歌片段，介绍李士非在东瀛的所见、所闻、所感，和他一家人反击日本右翼势力以及他采访日本有识之士澄清历史的经历，将使人的爱憎和愿望表现得淋漓尽致。

开播于2004年8月18日的中央人民广播电台文艺之声，是一个语言文艺专业频率。全天播音二十小时，长篇连播或长篇评书是其主要特色节目。在文艺广播节目中，文学节目大有听众，文学节目必不可少，文学节目有很大的需求市场，文学节目依然是大有作为。一些从事于广播文学节目创作的编导对广播文学节目的创新提出了自己的观点，提出应该增强文学节目的时代感和时效性，求新求异，与众不同，加强文学节目编导的修养和投入，调动各种艺术表现手段让以期产生最佳传播效果，这些理论上的积淀都在一定程度上促进了广播文学节目的发展。

2005 年在创新思维的引领下，许多电台都在这一年重策划、重创意、重宣传、重包装。实践证明有创意地进行节目制作和宣传策划，是节目生存和发展的坚实基础。

中央人民广播电台的长篇连播节目《最长的一天》，就把一部世界纪实文学的经典之作——记述人类历史上规模最大的渡海登陆战役——诺曼底登陆的长篇报告文学，运用广播手法制作成为纪念世界反法西斯战争暨抗日战争胜利 60 周年的特别节目，于 2005 年 6 月 6 日清晨 6 点开始播出。策划的亮点是：1. 打破常规的节目编排，用全天 20 小时的时间一天播完。听众反响极为强烈。2. 把一次连播 20 小时和其后按常规的播出方式在文艺之声分章节重播，以便于观众收听。3. 该节目每一集都用凝练概括的语言介绍历史背景，主要题旨，重要细节及相关逸闻趣事。且每一集后面都有下集节目预告和演员小传等内容。4. 由 40 位演播艺术家演绎合作，风格各异，精彩纷呈。5. 节目借用了大量影视作品的经典音响，充分展示了广播的艺术魅力。6.《最长的一天》还因其运营方式的创新，在获得积极社会效益的同时赢得不菲的经济效益。

读书类节目《品味书香》于 2005 年推出，现在是中央人民广播电台第九套文艺之声的强力主打直播节目之一，在每晚的 20:00～20:30 黄金时段播出。节目内容以推荐、品评新书新作、作家访谈、图书资讯等为主，长期以来形成了稳定的节目风格，成为深受听众喜爱的读书节目。2008 年 1 月 1 日，文艺之声又创办了一档全新的读书栏目《长书短读》。该栏目直播时间是每天的 13:00～14:00，针对忙碌的都市生活，因其秉持用最短时间为听众送去精神食粮的理念而受到听众的广泛好评。节目以深度分析见长、客观评论为准、精心挑选书籍，经过细心的编辑后，依据作者、内容、书评、导读、访谈，以及资讯等多角度、全方位的表现形式，推荐新书新作、访谈书人书事。同时，每期节目还联合北京图书大厦等 7 家京城知名书城，随时发布他们的活动消息和畅销书排行榜，尽量客观有效地增加节目的信息量。在过去几年中，该节目已先后介绍了 3000 多本图书，而这些作品大部分是第一时间同步于甚至是优先于市场推荐给读者的。

山西雁北作家曹乃谦的小说集《最后的村庄》于 2006 年年底出版后，让人们从此认识了这个山西的乡巴佬作家；更由于一位诺贝尔文学奖的评委将其小说翻译成瑞典文出版，并写了序言《一个真正的乡巴佬》而引起更多人对他的关注。曹乃谦是怎样的一个人，他的小说又是怎么样的一个小说？2006 年广播文学获奖节目《泪蛋蛋好比莜麦花花飞》正是以此入题，将曹乃谦其人、山西雁北其地、乡土小说其神三者融为一体，细腻真实的展示在听众面前，整个节目由曹乃谦本人吼唱的雁北民歌贯穿。苍凉悠远近似原生态而又韵味醇厚的民歌，引出了曹乃谦坎坷的人生，引出了作家与雁北大地生死相依的情缘；引出了曹乃谦的小说以及小说中的人物、故事和种种风情，传达出作家直逼生活最卑微底层人物的命运、对生命进行深刻诠释的理念和精神。节目主创者对作家和他的小说，对作家和他生活的雁北，都有比较深刻的了解，所以做到了节目的主旨明确，构思完整，艺术表现力强，并极具地域特色；做到了思维性、艺术性和可听性三者的有机统一；同时韵味显示出极高的文学素养、音乐素养和文字功底。节目演播到位，制作精良。

同样于2006年获奖的宁波电台制作的文学节目《狂雪——军旅诗人王久辛长诗〈狂雪〉印象》节目制作精良，完整流畅，显示了精品制作的功力。其所介绍的《狂雪》，是一部记述和谴责日本反人类暴行，“为被日寇屠杀的30多万南京军民招魂”的诗作，情感凝重，气势恢宏。节目通过吟咏诗行，并以诗样的语言品评，引领听众重温历史，传达民族心声。主创人员对长诗有深刻精到的理解，从而使节目呈现出鲜明的思想性和强烈的艺术感染力。长诗的朗诵错落有致，感情充盈；评点文字“以诗入诗”，风骨一体，魂魄相随；此外，根据长诗情绪变化，配以适当音乐音响，渲染了气氛，突出了意境，使得整个节目诗情洋溢，大气磅礴，有很强的震撼力。

读书类节目一直在节目内容、定位、听众交流等方面努力创新。山东人民广播电台文艺频率于2006年1月1日推出的一档阅读栏目，每晚18:30～19:00播出。据山东电台介绍：《边走边听》定位于纯娱乐性的文学阅读。现在的广播节目中，文学节目的比例日趋萎缩。文学节目通常是费力不讨好，但是，很多听众还是非常关注这类节目。尽管许多人在紧张忙碌的生活中，没有时间坐下来，静心地阅读，但是他们有时间聆听。《边走边听》栏目的宗旨就是引导听者的趣味走向，在文学内容本身的厚重和文学形式上的轻松之间找到一座沟通的桥梁。在《边走边听》栏目中，有知名作家解读文学发展趋势，畅销书作者细说文坛风云；也有点击率居高不下的网络小说、竞相抢购的热卖小说、报告文学的长篇播读，还有短篇小说集锦；既有抒情散文，又有理性杂文。这种多项并存的形态，使节目具有听觉的张力，充分满足了人们聆听的需求。该节目成为山东广播文艺频率傍晚时分，为忙碌的都市人群量身定制的一块可以闭目养神的休闲园地。栏目播出以来，收到不少听众的电话、来信和短信留言，对节目轻松的形式给予关注，对活力十足的内容表示喜爱，“这是一档能带来惊喜的、不落俗套的节目”。“这是指向我们上班族的一档节目，我们想了解的文学方面的动向、趋势，甚至我们想听到的小资情调的小说散文都可以在这里找到，我们喜欢这样的节目。”

2007年广播文学节目《红柳冢》，是以山西作家聂还贵的小说《野狼》为素材创作而成的，讲述的是人与狼在塞外大漠中发生的凄美动人的故事，它既有散文形散人不散的描述与结构，也有诗意的潜入和沉融，又有人与狼戏剧化的矛盾与冲突。通篇将散文的语言、诗歌的意境、小说的结构巧妙地融合在一起，体现出鲜明的艺术特色。当“和谐文化”越来越汹涌地激荡着人们的灵魂时，作品以文学生态为主张，将创作的目光直逼生态文明，大处着眼，小处切入，通过主人公灵魂的忏悔警示人们：在人性的田野中，也生长着某种兽性的杂草，而在动物的身上，也有着不能忽视的向善一面。以此引发人性与狼性、狼道与天道的种种思辨，呼唤中国传统文化中天人合一、物我一体的博大的人道情怀。

《苦难熬成诗意人生》介绍了诗人桑恒昌的创作。桑恒昌的诗集情感浓郁，想象丰富，比喻奇特而贴切，具有很轻的感染力，在中国当代诗坛独树一帜。节目以诗意的语言、精当的点评，把一首首诗歌串联起来，展示了桑恒昌诗歌创作的独特风格，每一首诗都感人至深。节目中播放的桑恒昌本人的电话录音，简短而精彩，诗人对诗歌的挚爱和执著，令人感动。作为文学节目的一大要素——朗诵，该节目的朗诵水平堪称一流，著名播音员、演员方明、徐涛、于方、姚科、元轶对诗歌的激情演绎让听众感受了高水平朗诵的魅力。该节目的制作精细、讲究，音乐与诗歌水乳交融，相得益彰。

中央人民广播台文艺之声的短故事栏目《广播故事会》从2007年9月起在每周六的节目中播出《百姓记事专栏》，讲述改革开放给人民带来的幸福生活。从2007年9月17日至11月14日，文艺之声在每天的《精彩长篇》栏目中，安排播出了反映社会主义新农村建设的长篇小说《湖光山色》；10月17日至11月17日，在《畅销书屋》栏目中播出反映产业工人生活的优秀小说《机器》。云南人民广播电台音乐广播在黄金时段开设"迎接十七大，唱响主旋律"音乐专题；新推出《动听云南》栏目，通过音乐展示云南"十六"大以来的发展变化和文化风貌，从正面塑造云南地方或企业的良好形象。《长篇连播》栏目播出了解放军文艺出版社出版、刘静创作的军旅题材长篇小说《戎装女人》。此外，为配合中宣部、解放军总政治部关于"铁军"的宣传报道，中国之声文艺部派记者到解放军驻洛阳某部深入采访，录制并播出了济南军区前卫文工团新编文艺晚会《铁军、铁军》。

在频率专业化、类型化方面，中央电台文艺之声"故事频率"继续保持特色鲜明，节目更上层楼，对节目内容、节目布局和各类节目的比例做了相应的调整，全年共播出近60部长篇小说和评书，近10部电视剧录音剪辑，增加了针对学龄前儿童的《睡前故事》栏目、针对青少年的《青春密码》栏目，使对象性节目更加完整，再加上原有的长篇连播类节目、相声小品节目、读书类节目、短故事类节目，使语言类文艺节目在文艺之声得以充分展示，取得了理想的收听效果。

2008年是不平凡的一年。这一年，中国的文艺广播以迅速的反应、感性的介入，将文艺、事件和情感有机结合起来，以丰富的节目激荡了国人的心灵，陪伴国人度过了难忘的2008年。

首先，突发、重大事件的广播文艺宣传工作做得及时到位。5月14日中午12:30分，四川汶川大地震发生后不到48个小时，文艺之声联合中国曲艺家协会，组织录制了特别节目《爱心筑长城——曲艺名家和灾区人民在一起》。同时《广播故事会》栏目选播了抗震救灾中发生的感人故事，《品味书香》栏目报道了新闻出版界和广大作家积极投入抗震救灾的最新消息，《长书短读》栏目播出了励志作品《孤独不败——四十八篇战胜困难的勇者之歌》。这些节目为文艺广播如何处理突发事件积累了不少成功经验。在奥运报道期间，中央电台中国之声文艺部创作播出了唯一一部全景式描写筹办奥运历程的长篇报告文学《五环旗下的中国》、引领大家走近奥运英雄和普通百姓的《奥运故事》等节目。中央电台文艺之声8月8日北京奥运会开幕当天推出一档文艺与新闻有机结合的全新节目《评书说奥运》，成为文艺节目追踪新闻事件的一次突破。文艺之声与科技部联合在《精彩长篇》栏目制作、播出了百集系列故事《光与火的撞击——科技奥运之光，燃亮百年梦想》。该节目由40位影视演播名家以及电台电视台主持人联袂播讲，记述了北京奥运会举办历程中的100个精彩故事。《广播故事会》栏目以短故事的形式，每天跟踪奥运赛事战况，讲述赛场上最新、最精彩的故事。

其次，2008年各地文艺广播稳步发展势头良好。这一年新疆人民广播电台文艺部实行制播分离管理的第一年。文艺部汉语组推出了董立勃的长篇小说《天边炊烟》、《烧荒》、《乱草》、《红枣书记》；韩天航的中篇小说《母亲和我们》；丰收的长篇纪实文学《蓝月亮》；孙晶岩的长篇报告文学《中国动脉》，共8部265讲；广播剧《雪青马》、《新疆娃娃放暑假》、《南疆胡杨》、《我的父亲》、《新疆孩子的奥运梦》，共5部27集。哈语文艺开辟了《小说连播》、《阿肯弹唱》等栏目，广播剧《克拉玛依之歌》获新疆广播文艺一等奖、全国广播文艺一等奖。蒙古语文艺创作广播剧10部19集。举办了庆祝蒙语广播开播50周年的大型电视文艺晚会，完成小说连播录制

161讲。

到2008年为止,各地电台开办了30多家故事广播频率。上海故事广播作为沪上唯一一家以"故事立台"的专业频率,除了保留一直深受听众喜爱的《小说连播》、《武侠传奇》、《说古道今听评书》等传统节目之外,还特别设立了书市排行榜,综合介绍上海书城、全国各大出版社、大型网上书店等三方的销售情况。考虑到少儿广播节目稀缺的现状,上海故事广播联手《故事大王》杂志,在每晚八点档推出了《月光宝盒》。此外,电影录音剪辑等经典的广播文艺节目形式也亮相故事广播。

这一年,可以看出,文学节目在市场的激烈竞争中,更注重对美的追求与塑造。

从文学欣赏中的情感运动形式来看,广播文艺中的文学节目,作用于听众的欣赏心理的有四个过程,即文学欣赏中的音响感知、文学欣赏中的感情体验、文学欣赏中的想象联想和文学欣赏中的理性认识,所以文学节目给予听者的是多种心理要素的综合运动过程。文学欣赏虽然不排除理智的认知因素的参与,但欣赏主体和欣赏对象之间主要是结成一种审美的情感体验和评价关系,它是人们用心灵和情感来感知客观对象的典型形式。总之,作为听众,借助于音响的感知、想象的联想、情感体验以及理性把握与观照,一步步地接受欣赏对象的情感,从而在心灵深处产生对假丑恶的憎恶与摒弃,对真善美的向往和追求。

从美的创造和再创造角度来看,作家创作的文学作品,观照人生的结果;而听众的听,如同读一样,也是对人生的观照,不同的只是由于主创人员的二度创作,经过了他们的生命体验后,让我们这些听者观照作家观照过的人生。文艺广播中文学节目的一个规律性的特点,即文学作品中的艺术形象具有双重性质:它一方面体现了作家对社会人生的体验和分析,并在此基础上进行情感和思维活动,从而构成了作家认识、感受生活的结晶,也是创作过程的终点。

从广播艺术工作者的二度创作角度来看,经过主创人员的提炼和淘洗,特别是他们的体验和联想,创制出既源于原作又有别于原作的节目后,又成了激发听众联想和想象的诱导物,使听众通过这一个再创性的节目认识人生,洞察社会,从而成为进行审美创造的起点。这终点与起点的中介,正是由节目的创制来完成的。因此,这一中介作用就绝非能够等闲视之的了。第一,关于"选材要严,开掘要深"的问题。第二,大力提高主创集体的整体文化素质的问题。文学节目创制的关键无疑是二度创作的水平与质量的问题,因此创作集体的文学素养和文化底蕴以及自身的人格精神乃至气节操守都是不能不考虑的。

2009年中央人民广播电台文艺之声从除夕到正月初六,以"故事大联播"的方式,推出了6大系列、42台节目,以长达58小时的超大规模,为听众奉献了一场听觉盛宴,形成了一套别具一格的假日广播节目。

"故事大联播"有四大亮点:

亮点一:打造"长篇连播春节档",七天播完一部书。"长篇连播"由于篇幅长,一直作为日播节目连续播出。能否像电影档期一样,在春节七天特别安排一部轻松、活泼的长篇小说,让听书迷们听过瘾?于是选择了最新出版的李可创作的热销职场小说《杜拉拉2华年似水》,每天连播5集(2.5小时),七天播完一本书。这部描写一位外企女职员杜拉拉成长经历的作品,一直备受媒体关注和青年读者喜爱,被誉为"白领职场秘籍"。

亮点二:"长书短读",读书过年。为了满足听众快速阅读的需要,推出了"长书短读"。专栏精选4部可听性强的热销小说《非诚勿扰》、《马文的战争》、《幸福还有多远》、《那一曲军校恋歌》,由男女主持人对重新编辑的小说重点章节和主要情节进行演播和点评,让平日无暇阅读、收听的观众,尽情享受文学广播带来的魅力与快乐。

亮点三:首推音乐故事,打开音乐之门。为了让实属表现手段更丰富,故事形态更多样,文艺之声特别设计了系列音乐故事节目"打开音乐之门",讲述了七位音乐家的艺术人生,有月光女神莎拉・布莱曼,盲人歌唱家安德烈・波切利等。古典与时尚相碰撞,音乐与故事相交融,给听众别样的听觉享受。

亮点四:故事宝宝贺新春。文艺之声的品牌节目《睡前故事》是小朋友的最爱,春节期间"故事宝宝贺新春"特别安排在《睡前故事》原有时间播出,它以文艺之声第二届"宝宝故事秀"评比活动为依托,特别邀请评选出的十佳故事宝宝来录制节目。他们以稚嫩、可爱的声音,讲述孩子们眼中的世界,讲述关于春节、春天的小故事,表达他们的美好祝福和心愿。

文艺之声"故事大联播",不以华丽、精美的大型晚会取胜,不以惹眼的明星阵容取胜,而是扬长避短,紧紧围绕频率特点,尽可能地满足文艺之声固有听众的需要,探索了一条专业化频率假日节目的创作思路,为假日文艺广播的制作积累的经验。

2009年中央人民广播电台《品味书香》节目组成功策划完成了"飞扬五月　书香校园"大型公益文化活动,邀请了以席慕蓉、刘震云、梁文道等为主嘉宾,分别走进了北京大学、清华大学、中国人民大学、北京师范大学等京城名校与大学生进行交流,吸引了近万名学子参与活动。2009年,《品味书香》还制作了"记忆中的红色经典"等系列专题节目,取得了很好的收听率。《品味书香》开播7年来,每年都在北京图书订货会现场设立直播间,及时为听众传达最新鲜、最全面的新书资讯,并在现场采访大量书界精英和著名作家。且节目组还联合多家出版社为北京的打工子弟学校开展捐书活动,建立了属于他们自己的"春芽图书馆"。

2010年中央人民广播电台《品味书香》节目联合北京市新闻出版局,在第九届北京图书节策划推出了"醉月登高台中秋诗歌朗诵会"。清风明月、嘉宾会集,古典诗词的唯美意境、现代诗歌的哲意隽永,尽在声乐和谐的吟诵之间、在经历沧桑风雨的地坛之上,演绎穿越时空的思古华章。诗歌朗诵会上茶情画意、明月高台,京剧、京韵大鼓等传统艺术登台展现,诸多传统游戏穿插其中,成为该届图书节中的亮点。

开播《长书短读》节目目的就是要在繁忙的都市生活中,让听众在最短的时间内读完一本书。节目运作方式是选定一部国内或国外新近出版的优秀作品(以文学类书籍为主、社科类书籍为辅),通过认真编辑整理,提炼出书中最精彩的7个部分,由主持人用一周7天的时间现场为听众读完一本书,并用讲故事的方式把每天的内容串联起来,使听众用3个半小时就可以享受一本好书带来的精彩,及时了解当下最流行、最具影响力、最优秀的出版作品。《长书短读》节目开播不久就获得了听众的广泛认可,许多听众表示,用这种方式让自己没费多少时间就了解了最新的好书,也了解了当下的流行文学,精神生活丰富多了,最重要的是省去了很多挑选的时间,通过《长书短读》发现自己感兴趣的好书,就想买来细读,这正好符合了节目的初衷,那就是抛砖引玉,唤起社会上更多人的读书热情,丰富人们的精神文化生活。

二

随着市场需求的改变，近些年文学的衰落，使广播文学节目的发展也有所式微，文学广播正在逐步退向边缘，广播窄播化发展。所以，各类专业频率根据市场需求应运而生，特别是音乐广播大行其道，音乐频率遍地开花。而文学广播的现状却正好与之相反——迄今未有频率以“文学”之名独立门户的，而其他一些对象性较强的频率，如经济、交通、健康之类频率，在节目设置时根本就不考虑文学节目，即便是设置，文学节目的时间长度、规模与以往相比也是大打折扣，一般被安排在某个综艺性节目里。所以，就目前看来，文学广播的发展是滞缓的；与当代音乐广播相比较，文学广播的发展基本上也是停滞不前的。

但是，经过广播营销市场的探索，继类型化的音乐台、新闻台之后，广播故事台也如雨后春笋般诞生，在广播类型化的大背景下，故事广播的应运而生亦是大势所趋。作为类型化系列之一的故事广播有着怎样的诞生背景，其定位有何创新之处，未来的发展趋势又如何等，都成为广播研究者思考的新的重要命题。

2005 年 3 月 27 日，合肥人民广播电台故事广播开播，之后，各地故事类广播如雨后春笋般诞生。频率标语为“说的比唱的好听”的中央人民广播电台文艺之声也在“频率专业化、管理频率化”改革大潮中应运而生。这个以“语言文艺节目”为主要内容、“讲故事”为基本特色的类型化广播，开播仅三个月就在央视索福瑞公司所做的收听率排行调查中名列北京近 20 家广播电台中的第 8 位。2005 年这一排行继续攀升，听众忠诚度排行已列首位。其他诸如北京故事广播、上海故事广播等故事台的发展态势同样不容小觑。

故事广播可谓是广播类型化的新实例产品，在节目内容的设置上大都以故事类连播节目和故事类综艺节目为主。连播节目主要为当代畅销小说、武侠小说、惊险迷案、爱情故事、幽默文学、传记文学、世界名著、市井故事、童话故事、惊悚故事等。综艺节目则突出主持人与栏目的包装与推广，突出节目与听众的互动，强化地域特点，如设置方言节目等。在节目内容创新方面，故事广播力求用故事的方式解读生活，用悬念的魅力吸引听众，一定程度上体现了受众本位，内容为王的意识。

故事广播的诞生，主要是因为广播类型化概念的导入而应运而生，并在短短几年便迈入了成长期。然而，故事广播在这几年的成长过程中，也出现了一些问题。

其一，同质化现象凸显，地域特色欠缺。如今众多故事广播频率的开播，并没有营造出文学节目百花齐放、百家争鸣的热闹景象，反而呈现出的是频率时间相对过剩，频率内容相对缺乏及同质化现状。过于关注热门文学作品，忽视对作品的深度挖掘。此外，各地方电台的故事广播，对于本土地域特色的利用仍显欠缺，在节目内容创新和设置上，缺乏与本土背景的结合，与本地听众的贴近度不够。长此以往，不但无法争夺潜在听众，甚至可能失去很多既有听众。

其二，节目内容资源浪费，与新媒体结合不紧密。我国类型化广播的发展仍处于初级阶段，在节目内容设置和管理方面仍显落后。对故事广播而言，节目内容设置已使很多节目陷入了同质化竞争的局面，在节目的制作以及播出流程上，如对音像资料的收集、整理、存储、编目、检索、交换和服务等也不能做到集约化管理，从而造成了大量节目资源的重复浪费。广播媒体在与新媒体的结合中表现的不够积极，只有个别故事广播在节目内容设置上利用播客等网络资源来丰富节目内容，而大多数故事广播对网络中大量新鲜有趣、个性十足的资源的利用，以及与网络、手机等媒介平台的合作都明显不足，节目内容的创新、节目形式的改变等方面都缺乏有力的突破。

其三，受众定位欠精确，互动意识较淡薄。大多数故事广播仍然秉承“我播你听”的播出理念，节目的受众参与度普遍偏低，受众缺乏参与和进行节目交流的平台，节目也无法快速收到受众的反馈。即使精彩的故事引起了听众的共鸣，但却不能畅快淋漓地表达自己的想法和心情，长此以往，受众对节目的认可度和忠诚度必然下降。

故事广播是“窄化播出，分众服务”的产物，面对发展过程中出现的诸多瓶颈，故事广播该怎样走出一条特色化道路已是眼下无法回避的当务之急。

首先，整合开发内容资源，致力节目品牌创建。丰富的节目资源是故事广播立足的基础，解决同质化的根本途径在于节目内容的设置与创新，在“内容为王”的指导思想下，各地方故事广播不妨联合建造一个共享资源库，汇集各方资源，实现“零存整取，存取自由”的内容资产管理。这种跨电台、跨地区的资源统筹管理可有效地避免了资源的冗余和浪费，从根本上解决“一次性播出，永久性入库”的尴尬，从而扩大资源覆盖面，提高资源利用率。同时，丰富的内容资源是打造节目品牌的先决条件，品牌的创建和发展都离不开节目内容的丰富与创新，品牌节目是故事广播发展的基础，而内容资源则是品牌节目生存的灵魂，在循序渐进的品牌节目形成过程中，节目内容的地域性、差异性以及创新性的发展程度将决定节目品牌的生命力和竞争力。

其次，弘扬本土文化，实现可持续发展。作为以故事立台的类型化广播，故事广播在对传统文化的保护方面起着不可低估的作用。其节目内容以评书、相声、小品、戏曲、文学典籍、名著以及当代文学为资源基础，不断从民族文化中汲取营养，在保护文化多样性的同时，担当起传承优秀历史文化，发展先进文化的重任。故事广播植根于中国文化、文学悠久的故事化传统，秉承中国作风、中国气派的主旨，符合中华民族的文化审美需求，为人类转变思想观念和建立可持续发展的思维体系提供源头活水，对推动和促进可持续发展具有十分重要的意义。在当前国学热的文化大背景下，继承与弘扬中华本土文化和传播先进文化理念，走一条“文化可持续”发展的道路将是故事广播的最终归宿。

最后，借新媒体之风，扬故事广播之优势。广播、电视与新兴网络媒介竞合发展，并在竞合中保持“一体多元”的综合信息平台的态势，是未来数字时代的可能趋势。数字技术打破了以往电信、广电泾渭分明的领域，也模糊了以往所有的传媒形态的界限。按照这样的发展趋势，故事广播应实现两个跨越式发展：一方面，取众媒体之资源，为广播之所用。如新疆电台1028故事广播播出的“年度十大网络小说”以及网络最火的原创都市言情小说《和空姐同居的日子》等，是对网络资源的充分利用；此外，电视台热播的《百家讲坛》、《武林外传》等都可以拿来为故事广播所用。另一方面，搭新媒体平台，传广播之所传。故事广播可利用网络、手机等新兴媒体，加强与听众的互动，使节目不再受时间和地域的限制。以科技为基础，以互动为前提，以贴近为目的的新交流方式将会扩大受众规模，提高影响力，增加经济收益，最终走出一条属于故事广播的特色之路。

三

广播文学要继续生存发展，首先必须改变自身传统的存在方式。广播文学不能自暴自弃，它的兴旺与否不能完全取决于其他介质文学的影响，而是要多从自身寻找原因。以往的文学节目大多采用播音加朗诵的形式，但在文学日益多元化的今天，广播文学应该用更加新颖的播出形式来吸引听众。广播文学节目的播出形式不应该仅仅限于过去呆板的那种“你播我听”，他像其他文艺节目一样，同样大有潜力可挖。

从办好文学广播节目的方法途径来说，文学广播节目的选材目标应讲求立意积极、内容新鲜、角度独特和价值久远。文学广播节目包括文学作品赏析、文学作家评介、文学现象研讨等。文学广播节目是选择社会文学精品，通过声音立体塑造，运用广播媒介，呈现在广大听众耳边，从而使听众受到情操陶冶，得到审美享受。严格讲，文学广播节目是拿来主义。所以文学广播节目的选材对节目质量来讲，是至关重要的，是基础，是前提。而节目思想性体现在编辑思想和作品内涵之中，编辑选择作品的主导思想、评介作品的思想倾向和内在情感是整个节目的“灵魂”。在作品选择上，要多选用有欣赏价值的、思想性、艺术性都比较高的作品。同时，在评析方面，要观点鲜明，准确到位。文学广播节目的功能与社会文学是一致的，但由于受传播媒介特性的影响，也有它自身的特点。文学节目不一定追求直接配合当前形势，有些可以配合，有些则是长远的、间接的配合。同样，节目的文学性是文学广播节目的基本的独特的属性，是艺术性在文学节目中的具体体现。文学广播节目实质是社会文学作品在广播媒体上的声音立体化呈现，因此，作品本身是否具有很强的文学性是节目成败的一个关键。同时，编辑的评介部分在追求广播口语化的同时，也需讲求文学性，并达到与作品的文学风格相统一。

与此之外，节目的可听性对文学节目来讲也十分重要。文学的美常常在朗读中得到最好的表达。过去的文学听众，听广播文学节目不仅讲究播音演绎的意境韵味，还要寻找深刻的思想意义，为的是能陶冶性灵。首先节目的总体策划和一切手段的运用都要从方便收听出发，节目下了不少工夫，可是送到听众耳边，不好听、不耐听、听不懂，节目就不能发挥应有的作用，我们的劳动也就没有任何意义了。可听性对文学广播节目来讲，涉及作品选材的难易度、节目策划的周延性，还涉及播音水平、制作质量和手段运用等问题。

值得强调的还有节目的创新性。广播文学节目要不断创新，节目才能发展。创新有个题材问题，题材范围应力求拓展，立意开掘应力求深化；创新还有个形式问题，形式结构应力求出新，表达方法应力求多样。常态节目质量要有创新的精品引领，创新的精品要力求通俗化、平民化，使常态节目与创新节目相结合。节目的和谐也十分重要，而广播文学节目正是由多种差异性因素构成的艺术整体，在节目的编播与制作过程中，每个环节都存在着这种差异性因素的对立关系。编辑在案头工作中只有站在一定的高度，在充分把握文学作品的思想内涵和艺术特性的基础上，通过对作品的分析和评分得出准确的审美结论，将节目所要表现的主题深刻地揭示出来，才能保证评介性的串联语言与文学在内在精神上的一致性，进而使这两种差异性的因素在节目中实现本质上的和谐统一。

从大众文化的发展角度说，受众的审美口味在很大程度上是受传媒培养的。努力提升大众文化的审美口味对于传媒工作者来说责无旁贷,办好文学广播是使大众接受到有一定审美口味的潮流文化的有效途径。广播是为大众服务的,对文学广播而言,开办一档高水平的文学欣赏节目是服务大众的一个渠道。文学广播可以达到艺术赏析性与配合形势有机结合的效果,产生新闻、专题类节目替代不了的社会影响。文学广播的创新亦可以从技术性的角度入手,力争做到既能丰富节目的表现力、增强吸引力,还能充分展示广播的声音艺术特色。总之,文学广播的创新其出路关键还是人。我们处在一个平民化的时代,只有表现人,尤其是表现普通人的文学才最具有活力,广播文学只要面向平民,注重对平民的人文关怀,节目一定会受到受众的喜爱。

广播文学应寻求作为公益事业的一分子而得到政府部门的关照,广播文学也应该得到广播电视管理与生产部门的政策性保护,否则它的存在和发展就必然面临危机。中国的媒体已经走入市场,广播文学同样要面向市场,但广播文学节目的确难以成为营利性为主的创收节目。而它的存在最终赢得的不是利润,而是爱心与口碑、品位与责任。纵观欧美发达国家,其电台对文学的传播与繁荣承担着自始至终的责任角色。我国的主流媒体身兼公益事业与产业经营双重角色,为公益事业进行必要投入依然是一种义务,文学作为一件塑造人类灵魂的事业,当然需要得到政府及媒体的公益性彰显。因为迎合受众的趣味从来不是媒体生产的创造性行为,只有开发兴趣、引导兴趣才是体现媒体高尚社会责任感的创新举措。文学凝聚着时代精神的精华,代表的是有品位的人生,它应该成为国人及其媒体共同持有的精神外貌。

广播文学节目一般是以文学作品欣赏、评析,作者评介和原创文学节目等形态出现。与轻松愉悦、幽默滑稽、搞笑逗乐、调侃荒诞性的广播娱乐节目相比,形态比较少,参与性比较弱。目前国内部分电台还保留着文学节目,但节目整体低迷,曾经获奖的文学栏目也被下马,节目数量和收听率不容乐观。用传统观点来看,广播文学节目是比较高雅的。正因为其高雅,所以它的听众相对数量少。听众的数量少,在广播场上,就意味着广告少,也正因为钱赚得少,广播文学节目面临着两难境地:继续办吧,经济效益地;不办吧,似乎割舍了广播的媒体责任。这是文学节目存在的客观现状,但这不等于文学节目没有了发展的出路。它需要相应的对策和措施。要让广播文学节目在新时期重振视听,除了加强节目的互动策划、眼光朝下和得到决策部门的支持和投入外,节目主持人的苦练内功、具备较好的艺术感悟和清雅语言也至关重要。广播文学节目必须既不离下里巴人之亲爱、又具阳春白雪之高雅,做到雅俗共赏,给人们的精神生活以美的享受和心灵的呼应。

下篇:电视文学节目十年间

一

以中央电视台《电视诗歌散文》栏目为例看传统电视文学节目的生存现状。

中央电视三套《电视诗歌散文》栏目是一档电视文学栏目,从1998年创办之初到2010年9月停播,多年来,作为电视文学栏目的典型代表,他不断探索,形成了自己独有的制作理念、播出形式、栏目结构形态。《电视诗歌散文》取得了不少成绩,其作品的数量和质量都在不断提高,尤其引人注目的是囊括了“全国电视文艺星光奖”第15届至20届电视文艺类节目的全部奖项。因为其传播的覆盖面和传播的权威力量,而成为电视文学的引导者和推动者。

2001－2002年电视文学节目正处在生存和发展的最佳时期,尤其是电视诗歌散文,在观众中的影响越来越大,喜爱这类节目的电视观众越来越多。为了鼓励电视文学节目创作,2001年第15届“电视文艺星光奖”专门设立了“电视文学类节目”奖项,极大地增强了创作人员的热情与信心。有品位、有远见的商家开始关注这块电视领地;有关的各级领导大力支持电视文学节目的生产和播出,中央电视台已将“全国电视诗歌散文展播”的播出放置到文艺频道的黄金时段,希望参与电视文学节目及栏目工作的电视编导不断增加,全国各地的电视摄制机构,包括部分县市级电视台,都拍摄出了不少高质量的电视散文,一些制作能力较强的电视台开办起电视文学栏目……这些都提供了电视文学节目和栏目存在和发展的机遇。

《电视诗歌散文》早期播出的作品以单篇为主,作品绝大多数来自全国各地方电视台,突出了“地方台”和“展播”的特点。一个单篇几分钟、十几分钟,一期节目可播出2—4个单篇作品。如:2001年3月16日则播出了来自深圳的四个单篇《书香》、《家园》、《红树林》、《一座城市、一条路》;2001年3月30日则播出了三个台的作品:《小巷笛声》(山东淄博电视台)、《归来的湖神》(贵州有线电视台)、《永远的廊桥》(浙江温州电视台)。电视散文表现画面的诗意首先通过与文本相关的环境画面呈现来实现。如《天一生水》的开篇中对外景小巷的描写:我恍惚看见自己又走在那些弯弯绕绕的小巷当中,这些夹杂青砖黑瓦的老式民居一间一间地向我身后隐去,小巷的延伸曲折而又悠长。时间应该是江南的梅雨季节,雨丝无声无息地笼罩着一切,笼罩着思绪的蒸腾,散发……这是从客观的角度来描述小巷,接着是作者对小巷的主观感受:很长一段时间里,我经常会在巷子里晃来晃去,漫无目的的,有一种游荡的感觉。巷子里的建筑无一例外的都是些典型的江南民居。雨季来临的时候,巷子里总会弥漫着一股潮湿的气息,并且不断地散发出一阵阵陈旧的霉味。作者通过幽深的、旧式的甚至是弥漫着霉味的小巷的描写自然引出天一阁,这个主要的描写对象,通过对比透视出院内的幽静和深邃。画面的诗意又常通过画中人物出现的朦胧和不确定来表现。在电视散文中,四季的更迭、日出日落,旭日东升的清晨、日薄西山的黄昏,都可以成为画面诗意的内涵。画面的美感又常常伴随着蒙太奇的思维体现,通过不断变化而又紧密相关的画面形象,欣赏者能够“跳跃性”地获得“诗意”的享受,进而实现对意境美的追求。

电视文学以其独特的艺术形式,越来越受到人们的喜爱。它以优美的画面、高雅的音乐、舒缓的解说、富有哲理的语言、巧妙的构思、动人的情节,深深地吸引和打动着每一位热爱文学的电视观众,从而给人以美的享受、心灵的愉悦和人生的启迪。

随着电视领域日益市场化,被视为“阳春白雪”的电视文学所受到的冲击最为明显,这也是新世纪后,电视文学创作相形萎缩的主要原因。到了2002年,学者呼唤:“电视散文实在是应该放弃文学的架子,在电视现代媒体中洗心革面。”因为2002年播出的电视散文比《地方文艺》栏目初创时没有多少差别和进步。相反,同时期播出像电视剧等节目,如《钢铁是怎样炼成的》、《日出东方》、《长征》等,在整体水平上比过去有了很大的进步。2003年之后,电视文学栏目在各电视台节目的排行榜上纷纷落马,或被排在了非黄金时段播出。原有的电视栏目停办或转型了,生存危机感困扰着电视文学创作,电视栏目不一定采用“正统”的电视文学的外在形式,而是将文学的“精神”融于其中,试图开辟一条新路。

二

在电视文学栏目的结构形态上，由封闭式单向传播转向开放式多向交流。《电视诗歌散文栏目》增设了主持人在片头加以引导；增设作者、专家、学者的访谈，透露与作品相关的背景资料、创作心理过程等，对作品的文学价值、美学意义进行解读、分析；增设电视文本制作者的创作谈，增设观众的观后谈等。除此之外，2003 年 3 月 18 日，《电视诗歌散文》栏目推出了一档生动活泼、色彩明朗的全新板块——《文学也轻松》，“观众朋友们可以通过信件、E－mail 以及登录央视国际网站的方式参与我们的[轻松链接]知识回答、相关文学话题的讨论；点击让你记忆深刻、曾深深打动过你的电视散文；并提出对我们的意见和建议。”这种开放式的多向传播使一部电视文学作品得到了全方位的诠释和再创造，尤其是观众一跃成为接受主体，由无从发表和交流意见的被动欣赏者一跃成为拥有一部分话语权利的主动评价者。这种做法改善了艺术传播者和艺术接受者由来已久的不平等关系，真正体现了文学为大众着想的宗旨。

在电视文学栏目的制作理念上，以刻写“天地人”、表达“真善美”、描绘“诗意的空间”、构建“人类心灵的家园”为核心宗旨，从追求个体人生感悟到追求山水之美再到突出人性的高贵和集体意识中的主体精神。单篇创作中，许多反映人情人性的作品都十分注重个体对人生的独立思考和体悟，而“不是创造大众偶像的参照系”，这些作品里传达出的人类情感既具有普泛性但绝对不具有雷同性。

从 2003 年起，《电视诗歌散文》在节目创作上做出了新的尝试，单篇作品基本上被系列作品所取代。如：2003 年 2 月的《China・瓷器・景德镇》系列（3 期）、3 月的《皖风皖韵》系列、4 月《马背日记》系列（4 期）、5 月巴蜀风情、6 月《魂系泸沽湖系列》（4 期）、7 月的古代名人系列、8 月的名家名作系列、9 月的当代名家系列、12 月的《诗意的新疆》。2004 年又播出了九寨沟系列、湘西系列、古代散文名篇系列、西藏系列（《阿里札记》）；2005 年则播出了大型纪实系列片《问路世界屋脊》（10 期）、《荒原的眷恋》、《城之眼——中国名湖系列》等。这种“主题系列组合，精品与新作捆绑”的策略，使栏目的风格呈现出集约式和规模效应。

而电视文学节目思考的更多的是：电视文学也应以电视为笔，以电视的思维与语言来抒写创作者的情感与生活体验，文学原作的电视化是电视文学的一部分，但不应该是全部。这样，电视文学的发展道路就会宽广许多，而且可以容纳进更多与时代和观众切近的内容与表现形式。《电视诗歌散文》已经有了一些专为电视节目原创的散文作品，作家与摄影机一起亲历现场，文字与影像同时酝酿，而且更注重电视的本体属性 2004 年，中央电视台《电视诗歌散文》的系列片《阿里札记》是由作家亲自实地跟随，参与采访拍摄，然后再完成文学创作。

2005 年 2—5 月连续播出的《问路世界屋脊》，以纪实的形式刻写西藏线上的筑路军人崇高的奉献、牺牲精神，这是一个民族的主体精神，是从无数个体的人生中概括出的普遍而共同的集体意识。电视文学理所当然应该弘扬这样的主旋律。

一些节目也超越了简单的音配画，或图景式展示一部文学作品，而是谋求一个大的文学概念，对文学进行深层地揭示。《边城印象》是一部包括电视散文《小城凤凰》、《歌者默然》、《走边城》、《沈从文故居》，独家专访《黄永玉其人其画》、《卓雅访谈——边城影像》，《沈从文笔下的边城》、《沈从文与张兆和之恋》，以及《记忆中的沈从文》等组成的长篇系列节目。这是《电视诗歌散文》栏目围绕一个主题所进行的最大的电视文学创作，在很大程度上，打破了既有的电视文学观念，形式多种多样，既是文学的、艺术的，也是文化的、民俗的；既是关于一个人的，也是关于整个湘西，甚或整个中国现代文学史的。其间包容文学、摄影、戏剧、民间工艺、学术研究等各种艺术与学术形式，将相对静态的沈从文研究搬上荧屏，而呈现出活跃的，富有生机的沈从文。整部作品形成一部完整的、形象化的文学大师研究，电视文学的观念也由此大大扩展。

充分发挥电视媒介的作用，形象直观、传神达意的画面，加上或理性深入，或饱含深情的分析与缅怀，营造出电视文学创作的新境界。《好诗如风——古代名篇之旅》系列是中央电视台《电视诗歌散文》栏目有代表性的，制作精美的电视诗歌作品。以欣赏中国古典诗词为主，选择观众耳熟能详的诗词，采取诗词和国画相结合的方式，充分利用电视高科技制作手段，通过奇妙的三维画面设计，以“诗中有画，画中有诗”的艺术效果给观众营造出一种古朴、淡雅的意境。如在制作宋朝周敦颐的著名散文《爱莲说》时，电脑动画营造出三维水墨画的意境：水影倒映着几株疏落的荷花枝芽，简洁疏朗的构图、墨与白的淡雅色调，一枝开放的粉荷。随着立体三维的移动画面，观众看到了花瓣中心的蕊头，一只蜻蜓张开翅膀停驻在那里。于是“早有蜻蜓立上头”的意境扑面而至。自然和高科技手段可以营造出美轮美奂的文学意境，但文学的根本还是在于表现和揭示人、人性、人的情感，以及作品所蕴藉的哲理。电视文学的最高境界应该是呈现出丰富的情感和想象力，并引导观众升华其精神与思想。《二十四节气暨传统节日系列》也完全秉承了这样的审美风格。用浓重的怀旧伤感的情绪、思维、文字，遮幅画面构图追求封闭式，带有浓厚的中国古典国画装裱的风味，吸收传统绘画艺术构图形式，低缓、深沉的朗诵在清幽如水流淌的古典音乐声中，突现出电视散文的古典抒情氛围——静谧、安详；这一切电视元素的使用都试图以传统文化为本源，为现代人的精神归宿提供一条有古典意味的途径。

2008 年播出的《桂林印象》、《阳朔印象》采用了动画的形式，生动活泼，富有朝气，展现了年轻人的风貌，这些电视诗歌散文的有益尝试。

“印象中国”里的很多篇章如《成都印象》、《丽江印象》等都仔细搜寻了每地地域环境里那些逝去的时光、故人、故事、枯井、老屋、小巷等一系列意象，刻意怀旧，采用作者的一吟三叹方式，犹如一个古典美人，徘徊在现实和历史之间。又如《玉树印象》以中央民族大学舞蹈学院教师央金的第一人称“我”的口吻，刻写了她离开玉树 10 年来的乡愁和对玉树的怀念，抒发了她个人人生的感念和心路历程。那熟悉的经幡、经筒、沉默的玛尼石、草原奔马、英雄故事、爱情传说、歌舞身姿深藏着央金内心难以磨灭的记忆。

“玉树，我回来了”，在反复的呼唤声中我们听到了她灵魂深处的爱。作品中反复出现“我是谁”的自问，这是大自然的亘古不变和人事无常的对比这个古老的哲学命题在央金的回忆和追思中得到的诠释，这是城市文明对玉树文化的重新审视，是“回归自然、静观文化、天人合一”的传统文化的审美情结对现代生活的叩问。忙碌、现代、紧张、丰富、复杂的现代城市生活带给我们精神的桎梏使我们充满了对自由、朴素、和谐生活的向往，《玉树印象》如田园牧歌使观众的心理得到休憩。

然而，《电视诗歌散文》栏目没有打造出良好的电视产业链。节目播出后，有不少观众表示想要它的全套作品或部分作品，但目前市场上见到的太少。因此，要在市场的后续开发、营销策略做分析，并找到对策。另外，要锁定目标观众，研究他们的收看定势，构筑自己的群众基础。电视诗歌散文是文学性栏目，其观众多是文学青年，文学爱好者，有的是文学修养高的专家学者，他们的文化水准较高，具有一定的鉴赏能力，对艺术、审美的需求是他们的目的，这将决定栏目的艺术理念和艺术形式的定位。还可以与同质性栏目，比如《子午书简》等进行资源整合，创作精品，共同打造电视文学节目品牌。可惜《电视诗歌散文》没有在这方面做出太多探索。

引用《电视诗歌散文》制片人高立民的话，看该节目多年来所做出的坚持与努力：

2005 写在《问路世界屋脊》系列播出前

电视诗歌散文追求山水之美，更追求人性之美。山水之美是一种境界，人性之美更是一种高贵。

2006 看得见的行走

从最早的想把文字中的风景变成风景中的文字，到现在想把风景中的文字变成风景中的行走，怎一个 8 年可以悟得？

以心为眼，用心看，看不会褪色的美，看文字之外的美，正是我们向往的境界。文章是案头之山水，山水是地上之文章。这就有了 2006——看得见的行走。

上路吧。将我们用心看见的景色呈现给观众。用镜头书写的字。

2007 十年踪迹十年心

十年的电视诗歌散文是十年的踏雪寻梅。

一篇好的文字，文字如雪，吸引你踏字寻梅，寻那字里行间的梅，寻那疏影横斜、暗香浮动的梅，寻那“零落成泥碾作尘，只有香如故”的梅，寻那“不要人夸好颜色，只留清气满乾坤”的梅。

一片好的风景，风景如梅，吸引你闻香识字，识那躲在梅后面的字，识那藏在风景后面的文。千金易求，一字难得。空翠难强名，也要为伊消得人憔悴。这就是一种媒体到另一种媒体的追求。变的是传播方式，不变的是那踏雪寻梅的素人素心，是那素人素心的“更无花态度，全有雪精神”。

文学与电视，电视与文学；文字与画面，画面与文字。正是一个双向的踏雪寻梅。好的文字意境难现，好的景色也无言相对。

风雪满天，独客寻诗——2008 十年再回首

《电视诗歌散文》虽偏于一隅，但却不能有怠慢之心。

十年光景不多时，只抵梅花三弄。《电视诗歌散文》从早期完成对栏目(天地人、音诗画、真善美)的定位，到近几年不断强化自己的栏目风格，以其浓郁的抒情色调向更深远更陌生的领域拓展延伸，如：《问路世界屋脊》、《光明》、《不能忘却的长征》、《可可西里日记》、《铁军》等系列。宝贵的经验证明：三千弱水，吾只取一瓢饮。一个栏目一旦找到与之相符的定位，便可以始终如一的反打自己的纯粹性、唯一性或叫差异性，呈现以柔克刚、上善若水的冷效应。

诗，在文学语言里，无疑是我们心灵情感最极致的诉求。诗也是解读人类灵魂的古老密码。诗作为《电视诗歌散文》栏目最主要的构成之一，我们尝试以三维、虚拟、绘画、音乐、音效、舞蹈、摄影、字幕、朗诵等多种有形和无形的技术手段和艺术元素，使其在影像化的过程中，影像载文以形，文载影像以心；虚实相生，有无相成，衍生出一个缘心感物、天人合一的诗意空间。

同一个世界，不同的媒介，不同的传播，不同的立场，带给观众不同的声音。当你喊不过别

人,不想娱乐至死,你不能改变别人,但你可以改变自己。不做喊的,做至宁至静的。

浮云一别,流水十年。时间像一条河,逝者如斯。既淘洗着我们的作品,也淘洗着我们的责任和良知。追求真善美,就是追求人与自然的和谐,人与他人的和谐,人与自身的和谐。这种和谐诗意的生活,正是我们《电视诗歌散文》自始至终所要呈现给观众的。

2009 平行的风景

11 年,这车辙就一直向着天尽头延伸,离开起点已经很远很远。

近几年,中央电视台的节目改版速度和力度都很大,2010 年 7 月,一批老牌节目改版、转型或增删。在这一改革潮流中,电视文学节目的代表——《电视诗歌散文》在播完《印象中国——上海印象》(2010 年 7 月)后,9 月正式被停播。电视诗歌散文作为一种电视栏目的形式,不得不在日渐喧嚣的电视屏幕上悄然退场。

《电视诗歌散文》栏目的终结,是电视节目市场化选择的结果。收视率决定了整个电视节目的经营理念,文学性节目失去了收视率,难于参与竞争。这个栏目的专家评议分值很高,他基本代表了当前中国电视散文制作的最高水平,但这不等于收视率。同时,电视散文节目自身的问题让它走上了式微道路。电视散文的题材选择、创作风格的单一:重自然风光,轻当下生活;重抒情,轻叙事。起初大家一致认为,电视散文是指根据文学作品改编制作的新的电视作品样式,因此,从 1998 年到 2002 年间播出的作品都以单篇为主,并多取材于已有的文学作品,将其文学意蕴实行"电视化"的二度创作。在电视与文学的关系上,这种传统滞后的文艺观点使理论界、创作界对电视文学、电视散文的本体产生了争论。

从 2003 年起,央视电视散文创作不改编原著了,原创作品的丰富性走到了理论的前面。规模化的原创性(边拍边写,边写边拍)自然风光系列作品大量涌现。如《china · 瓷器 · 景德镇》系列、《皖风皖韵》系列、《魂系泸沽湖系列》、《诗意的新疆》。2004 的九寨沟系列、《边城印象》,2005 年的《城之眼——中国名湖系列》等。这种系列创作在"印象中国"延续并得到强化。这些系列片,十分注重山水之美,注重意境的再现,追求清新淡雅的文风,但缺少了当下人的现实生活的原生态个性叙写。尤其是作品包含的内容与表达的方式越来越与其他电视样式杂糅融合,与电视纪录片、专题类艺术片的界限越来越少,让观众无法区分。在这些系列化的电视散文作品中还包含许多非文学的内容,如人物访谈、作品讲解、资料补充等,又存在着模糊或失去散文本体特性的危险。这些原创作品也没能解决电视散文的本体问题。

长期以来,电视散文给人的印象是阳春白雪,以电视高雅文化自居,这几乎背离了电视的大众文化、平民文化、娱乐文化的要求,所以,提高电视文化品格只能是电视人的良好愿望。收视率低,"缺乏功利性",电视经营效益受到影响,电视散文腾出位子,让给其他娱乐节目。

电视散文产生初期,学者们从整体上分析了电视散文产生的必然性——我国数千年的文化积淀使电视散文的产生具有历史必然性;现当代散文创作的繁荣使电视散文的产生具有了现实必然性;电视传播手段与艺术手法对散文创作的介入,使电视散文产生具有了客观必然性;散文作者、电视文学工作者及广大受众对散文艺术的共同心理需求,使电视散文产生具有了主观必然性。然而,20 多年的电视散文实践,却凸显了电视散文的宿命。在利益驱动和大众的审美价值取向的左右中,电视散文节目只能哀叹着隐身而去。如今,只有宁波电视台的《江南话语》栏目,依旧以"弘扬中国传统文化、推广民族文化、宣传本地文化"为宗旨,以"引领先进文化、抵制低俗文化、坚守高雅文化、倡导精品文化"为己任,坚持制作电视文学节目,传播电视文学节目的魅力。

三

尽管电视文学有着丰富的艺术内涵，但在当今电视领域中，居于首要发展地位的是电视新闻、电视剧、电视纪录片、各类娱乐节目，曾经辉煌的电视文学节目只在电视大格局中占有一个很小的位置。但是电视文学节目一般来说，篇幅短、花费少，比较容易操作，以一两个电视编导为主，就能创作出来。而中国文学作品面广量大，可供拍摄的选题十分丰富，能够为节目提供源源不断的资源。此外，电视文学节目的画面、声音制作得大都比较精细，这对拍摄人员在工作中就提出了比较高的要求。因此，拍摄电视文学节目，可以说是一个锻炼电视从业人员的好形式、好方法。从这个意义上说，电视文学作品的拍摄，依然是从事电视文艺节目创作者的锻炼和提高的路径。

在大众文化背景下，在电视传播和文化审美中，电视诗歌散文只能处于边缘地位，起补充和陪衬作用。在未来，不妨将电视诗歌散文归属于教育性节目，也许能够找到一条适合电视诗歌散文发展的道路。

文学与电视媒体结合的新节目样式——电视读书节目

在传统电视文学节目由盛转衰的过程中，电视创作者并没有放弃将文学带入电视媒体的尝试。如何找到一种新的形式，将当代文学与电视媒体有效地结合起来呢？既能够保持文学艺术的感染力，同时又符合电视作为大众媒体所需要的娱乐性、观赏性特征呢？另一种将文学与电视媒体结合的节目类型——读书节目，已成为电视文学节目的立足之地。

电视读书节目的发展，并不是一帆风顺的。从20世纪90年代开始，我国文化界的志士们便满怀热情地投入到开办电视读书节目的行列，但包括央视《读书时间》在内的10多个曾被文化界热捧的电视读书节目由于收视不尽如人意而纷纷下马，读书节目于是开始尝试各种方式，试图找到一种适应电视媒体的表达方式的节目样式。

凤凰卫视中文台2007年开播的《开卷八分钟》是一个日播读书栏目，节目每期长度仅仅8分钟，却赢得业界和观众的广泛认同。它是电视产品实践“蓝海”理论的一个范例。它走了一条“差异化＋低成本”的道路。“蓝海战略”的理论在节目中得到了成功的实践。其表现可概括为：准确的节目定位，差异化的竞争策略，内容价值的不断创新，低成本的运作方式。在《开卷八分钟》中，没有看到豪华的阵容、精致的舞台效果。栏目删繁就简，剔除了嘉宾、作者以及观众互动以及外景拍摄，仅仅由一名主持人支撑大局，节目形式简单之极，把成本减到了最低，然后这种低成本的运作依然获得了很好的传播效果。

从《子午书简》的发展则更能看清读书栏目的发展轨迹及趋势。《子午书简》是央视10套于2001年7月推出的一档电视读书节目，节目定位为“撷取古今中外优秀诗歌、小说、美文，取其精美章节，邀请名家朗读，并介绍与之相关的历史、文化、人物与背景，以言述其情，以志传其声”，以演播室诵读为主要形式。早期节目依靠单一的朗读样式，穿插主持人的导入和朗读情景，忽略对镜头语言的设计，未能充分发挥电视这一传播媒介的优势，结果品位虽高，却遭遇收视困境。2007年12月，《子午书简》把握机遇，公开招聘制片人并对节目进行改版，取得了良好的成效。改版后的《子午书简》以书面语态为框架来组织节目，灵活使用语言、文字、声音、色彩、图像、动画、视频以及布景、主持人表情、动作等各种形式，遵循了电视语态的“语法”，以获得最佳的视听效果和传播效果。2008 年第一个季度，新版《子午书简》从央视科教频道综合排名的倒数第一跃居第五，随后，网络点播率也一路飙升，由改版之初的央视栏目总排名的第 173 位，径直上升到 2009 年 2 月的第 16 位，并一直稳定保持在总排名前 50 位。至此，内地国家级主流电视媒体唯一的一档读书节目成功存活并稳定发展。

1. 丰富多样的选题设置

电视读书节目的选题设置直接取决于其推介图书的选择。经统计，《子午书简》栏目 2008 年共推介图书 109 本。类别不仅涵盖了文学、文化、历史地理等传统涉猎领域，更进一步触及经济、军事、科学等类别的图书。相比专注于名人出书的北京电视台《悦读会》、《非常接触》以及专注于文化类图书的河北卫视《读书》，《子午书简》的涉猎显然更为广泛，且总体呈现出通俗性、新奇性、实用性、社会性四大特点。

节目同时关注民间文学，由于近年来兴起了“考古热”、“收藏热”，《子午书简》2008 年推介书籍中有大量的考古探秘题材作品，如《解密中国宝藏》、《乾陵博物馆》、《自贡恐龙博物馆》等，彰显了“新奇性”图书与电视媒介的完美结合。

最为典型的实用性例子便是节目对生活类图书的青睐。改版后的《子午书简》推介了大量的生活类图书，2008 年推介该类图书数量已与历史地理类图书齐平，高居第三位。从保健类的《人体使用手册》、《求医不如求己》到美容类的《大 S 美容大王》，栏目都有不同程度的涉猎。

新闻性元素的植入赋予《子午书简》更强的社会性和时代感。《子午书简》抓住了观众对新闻信息的需求，在关注节目静态价值的基础上伺机而动，开始介入一些大型的新闻事件，注重当下社会意义等动态价值。2008 年年初我国南方部分省市遭遇冰雪灾害之时，栏目推出《危难之中见真情》系列节目，呼吁人们在面对灾难时坚强互助，充分体现了电视媒介的社会责任感。

2. 多维立体的解读方式

以往的电视读书节目大多摆脱不了将文字从印刷媒介向电视媒介作简单平移的陈旧模式。新版《子午书简》则通过节目内容、形式及电视表达等方面的变化，摆脱了作为传声筒的尴尬，达到了电视媒介对图书内容的再创作。

从图书核心到话题核心。《子午书简》摒弃了以往电视读书节目所惯用的“一本书做一期节目”的惯例，从以往的以图书为核心，转至以话题为核心。具体而言，节目基于图书内容，注重发掘其中形形色色的子话题，进而对这些子话题进行归纳、设计、重组。好书的匮乏曾是读书节目制作方所遭遇的一大困境，精英文化内容的生产速度远远不及人们的消费速度。而话题核心手法则有助于节目内容的灵活扩充，同时，较之系统的、线性的文字而言，独立的、点状的单个话题更符合电视媒介片段化的表现形式，有助于电视叙事能力的发挥。

从述评式解读到加佐证式访谈。我国内地电视读书节目中承担图书解读、品评任务的主要有两方：一是与图书出版有关联的人物，如图书作者及出版方；二是读书节目主持人。《子午书简》节目所采用的述评式解读加佐证式访谈的方式恰恰能够在客观呈现图书内容、作者立场的基础上，保持节目自身独立的话语空间。

从主持人述评到结合夹叙夹议。使节目生动而不乏说服力；述评之余，更引入与图书相关的人物访谈，内容不仅包括图书作者的现身说法和图书主人公自述，也包括相关领域专家对于图书所涉内容的讲解，并以片断形式穿插于节目之中，作为对主持人话语的有力佐证和有效补充。

3. 可视性画面的充分利用

改版前节目出现最多的电视画面就是主持人手里捧着书，即使再优雅再生动也难免对观众造成审美疲劳。而时不时插入一些与内容相关联的各类图片，既丰富了电视画面，也拓展了节目的背景知识，使节目得以传递更多的信息。

改版后节目则充分利用图片、视频这类素材为节目提供丰富的背景支持，让观众能以更广阔的视野，更独特的视角来认识一本书改版后的《子午书简》灵活运用各种电视表现手法，有效增加节目的收视元素。如2009年11月29日播出《戏苑奇女子——严凤英》，讲到幼年严凤英偷偷拜师学艺的时候便插入了电视剧《严凤英》的拜师片段。节目还通过严凤英出演的电影《七仙女》电影片断以及其他一些影视资料，还原严凤英生活的那个时代，既充实了节目内容，又使观众对故事有了全面认识，更容易被节目所吸引。从主持人娓娓道来的叙述到旧照片、历史音像资料、情景再现、作者口述历史的VCR以及Flash、字幕、背景音乐等电视元素的运用，既丰富了节目形态，又极大增强了节目的可视性，使整个节目更加富于变化。

4. 灵活巧妙的节目编排

片段式理念。新版《子午书简》以10分钟的时长传达着片段式理念。10分钟的迷你型节目形式是低成本与差异化的完美结合。同时，片段式理念的应用也恰好符合了观众的潜在心理特征。用10分钟去解读一本枝蔓庞杂的作品的内涵远远不够的，但讲述一个精彩的故事却完全可以做到。

系列剧编排。在片断式的基础上，《子午书简》进一步采用了系列剧式的节目编排。应用于《子午书简》中，这种编排则恰恰营造了"预知后事如何，且听下回分解"的收视期待，从而使得持续收视成为可能。读书节目突围策略的启示基于对《子午书简》栏目的分析，我国内地电视读书节目当从功能定位、节目理念、电视表达及社会效应等方面加以突围，获得自身的发展空间。

5. 适时而动，拓展节目范围

2010年4月23日是第五个世界读书日，也是中国开展全民阅读活动的第五个年头。中央电视台《子午书简》栏目为配合这一活动，在科教频道推出了第一台以读书为主题的晚会《书香中国》。它高尚励志的主题，清新淡雅的风格，为中国的电视晚会版图增加了一个清水芙蓉的世界，切合了中国电视娱乐版图创新与破解困局的需要。作为第一个以阅读为主题的电视晚会，从总体上而言，《书香中国》为推动中国的全民阅读开了个好头，为中国的电视晚会在内容拓展和风格创新方面做了一个榜样。这也是读书节目积淀品牌和社会效益的一个典型例子。

电视读书节目公信力及权威度的树立，除节目内容影响力的提升之外，更应依靠节目社会效益的延展，铸就一个广为人知的文化品牌，确保节目的市场竞争力。除了网络互动和活动营销两方面进行自身的品牌推广，更可以通过开办图书俱乐部等方式，营造聚合效应。电视读书节目可以以节目名称冠名，在国内各地开办小型的图书俱乐部，或以"读书沙龙"的形式为同一地域的某读书节目爱好者提供相互沟通、交流的机会，或以电视媒体的名义邀请部分图书作者、专家，定期与当地读者进行互动，为节目培养、凝聚忠诚的观众群。此外，节目还可积极融入民间网络社区，开发虚拟空间读者资源。再如，开发电视图书，增殖优质内容。总之，电视读书节目具备打造电视产业的能力，应该在电视节目类型中站稳自己一席之地。

在电视文学节目类型中，读书型节目在电视媒体上生存和发展起来。2010 年全国读书节目有央视 10 套《子午书简》、河北卫视《读书》、北京电视台 8 频道《悦读会》、北京电视台 3 频道《非常接触》以及广西电视台生活频道《读书时分》及凤凰卫视中文台的《开卷八分钟》等。到了 2011 年，央视 10 套《子午书简》改名为《读书》，继续生存，重庆卫视将原有的《书香》改为了《品读》，以及一些文学访谈节目都在不同程度上引领当今大众的阅读。

四

文学与电视中结合的“潜存在”。

在社会经济文化高速发展的背景下，电视节目将不断地优胜劣汰。《电视诗歌散文》这种传统电视文学节目消失，未来的电视将由新闻、文化、娱乐三分天下。但无论是哪种节目形态，文学在其中的地位都无可动摇。

今天的文学并未在电视中死去，而是更多地间接存在于各种电视节目类型中。这种谓之“潜存在”的方式，是指在非传统文学类节目，如新闻、电视晚会等节目中对于文学的应用。这里的文学不再是表现的主体，而是对其他节目内容的修饰。文学在电视节目中的这种间接存在的形态很多时候会被人们忽视掉，但就当前情况来看，这种存在方式无论是对提高电视的文化品位而言，还是对在电视观众产生的影响上，都发挥着更为积极的作用。

这种潜存在的具体形式为：解说词、串联词、文学性节目。

1. 解说词

解说词本身就是一篇优美的散文，观众在欣赏片子的同时，也好像在同时聆听一篇生动的散文。例如刘郎多年来拍摄的电视艺术片，解说词词句优美，每一集的解说词都可以当做一篇优美的散文来欣赏。他将自己多年从事电视艺术片创作的解说词，集结成辑，出版社了《秋泊江南——电视艺术文集》，这是从电视创作而到文学创作的一个良好例证。同时也证明了优秀的电视纪录片也具有创作文学、传播文学的功能。所以，在电视媒体上，文学的价值永远不能被低估。更多的时候，解说词只是在对对应的画面负责，段与段之间没有严谨的逻辑关系。所以，如果脱离了画面而单看解说词的文稿，会发现文章缺乏条理性，表述也并不流畅，甚至上下文之间毫无联系。但每一个独立的部分都是对画面内容准确而生动的表达，用词新颖、华丽、有浓厚的诗意和鲜明的韵律感，具备在最短的时间刺激观众的听觉并引起情感共鸣的能力。

2. 串联词

今天人性化、人情化早已成为新闻节目新的价值取向。打开电视，无论是中央台还是地方台，我们都能看到主持人笑意盈盈地说新闻，而不是枯燥地报新闻。新闻的人性化经过文学的润色之后具有了强烈的听觉冲击，给观众留下了更为深刻的印象。新闻报道的语言经过人情味的浸润之后，观众情绪被左右，激动或感动，甚至去回味。

3. 文学性节目

电视上出现了取材于文学作品的电视艺术片力作，如 2004 年的《独领风骚——诗人毛泽东》。同时，文学性的节目越来越多成为晚会节目的首选样式。2008 年，国务院规定将清明、端午、中秋新增为国家法定节假日。各电视台不约而同选择了诵读中华经典诗词的形式纪念这些传统节日，如中央电视台《2008 新年新诗会》、《2008 清明诗会》、《放诵中国节·端午寄情》、《我们的节日·中秋·中华经典诗文诵读》，江苏卫视《中华经典朗读·清明篇》，湖南卫视《中华经典诵读》及上海东方卫视《月圆花好——2008 中秋晚会》，等等，诠释了中华民族的血脉和思想精华。除此之外，以文学性节目作为上个段落的总结，并转至下一个段落，使晚会闪烁出令人惊喜的人文关怀的光芒。

如果说，以往的电视文学是刻意而为之的话，那么，随着电视事业的不断发展，随着观众欣赏水平的不断提高，注重文学性将逐渐会成为电视工作者的自觉行为。电视之于文学绝不是洪水猛兽，如同我国历史上少数民族的文化都不断被汉文化吸收消解一样，文学在暂时让位于简单的娱乐之后，终将以新的形态重新复活。从直接到间接，从点到面地影响着、完善着电视节目制作的准则，文学一定会以其强大的生命力在电视中焕发另一种青春。

本书收录了 2001 年至 2010 年具有典型代表意义的广播电视文学节目，其中包括了获奖广播电视文学节目以及具有典型样式的广播电视文学节目。其中 2001 年至 2003 年电视文学节目所标注的播出时间为该作品在中央电视台播出的时间，特此说明。

参考文献

1. 刘习良主编:《空中文艺画廊——第九届中国广播文艺奖集萃》,新华出版社 2003 年版。
2. 刘习良主编:《蓝天上的芭蕾——第十届、第十一届中国广播文艺奖集萃》,新华出版社 2006 年版。
3. 李丹主编:《云中谁寄锦书来——中国广播影视大奖 2004 年度优秀广播文艺佳作赏析》,新华出版社 2006 年版。
4. 中国广播电视协会编:《中国广播影视大奖广播电视节目奖获奖作品集(2005 ~ 2006)》,中国广播电视出版社 2008 年版。
5. 中国广播电视协会编:《中国广播影视大奖广播电视节目奖获奖作品集(2007 ~ 2008)》,中国广播电视出版社 2010 年版。
6. 李丹主编:《中国广播电视评奖档案解密(1988 - 2005)》,新华出版社 2006 年版。
7. http://cctv. cntv. cn/中央电视台《电视诗歌散文》栏目。
8. http://www. cnr. cn/中央人民广播电视台。
9. 秦红英:《关于办好文学广播节目的思考》,《大众文艺(理论)》2009 年第 3 期。
10. 王玮:《〈江南话语〉:十年潜心塑造品牌》,《中国广播电视学刊》2013 年第 3 期。
11. 汤天甜:《论故事广播的现状与发展》,《中国广播》2008 年第 5 期。
12. 石翔:《试论新形势下广播文学节目的生存对策》,《经济与社会发展》2007 年第 12 期。
13. 金山:《新版〈子午书简的定位及启示〉》,《电视研究》2010 年第 4 期。
14. 单晓阳:《文学,在电视中焕发青春——试谈文学在电视节目中的存在形态》,《中国电视》2006 年第 5 期。

中国广播电视文艺大系

2001—2010

第二部分

广播文学作品

广播电视文学节目卷

广播文学节目2001年

我这样写歌

——记诗人食指

浙江人民广播电台　陈九九　杨顺安

【引子】

食指,紧挨着拇指的手指,也是一位诗人的笔名。这位诗人,原名郭路生。1948年,母亲解放战争的行军途中生下了他,故名"路生"。他15岁开始诗歌创作,17岁写出了他的重要作品《海洋三部曲》,显示出惊人的才华。1973年,食指患精神分裂症住院治疗。有评论家把他的《相信未来》和《这是四点零八分的北京》等诗作,列入中国当代文学史上六七十年代那一近乎空白阶段诗歌创作的最杰出成就之中。1998年,食指获文友文学奖。2001年,《食指诗集》荣获第三届人民文学诗歌奖。

【北京市第三社会福利院,记者随同医生进入病房】

这是北京市第三社会福利院。1990年,诗人食指由北京市第三人民医院转入这里,成了它建院后首批病人中的一员。今天,他已在这里度过了整整11个春秋。

【食指朗诵《我这样写歌》】

这首小诗完成的一刻,
结束了一场精神的折磨。
别人以为是不修边幅,
其实我早已失魂落魄。

【混入音乐】

没有人理解你此时的心境,
没有人倾听你真诚的诉说,
也没有朋友赶来相聚,
喝一杯,以得到一时的解脱。

清茶一杯,自斟自酌,

艰苦的生活不算什么，
最怕是情感的大起大落后，
一个人承受心灵的寂寞。

年年如此，日月如梭，
远离名利，远离污浊，
就这样在僻静荒凉的一角，
我写我心中想唱的歌。

痛苦对人们无一例外，
对诗人尤其沉重尖刻，
孤独向我的笔力挑战——
心儿颤抖着，我写歌。

这首题名为《我这样写歌》的诗，是诗人食指用同一音韵花了三年时间，在福利院的病房里写下的。

一个春日的午后，记者专程赶赴北京，在福利院采访了这位诗坛的传奇人物。食指在病房里的朗诵被采访机忠实的记录了下来，这一天离那篇诗歌成稿正好四年。

【时光倒流至“文革”时期】

1968 年冬的北京城，天寒地冻。那时，每天下午四点零八分，都有一班火车把北京知青送往各地。每天此时的车站里，几乎都会上演一幕生死离别的悲剧。汽笛就要拉响，站台上已是哭声一片。有的学生被打成反革命，由工宣队直接押上车，他们的爸爸妈妈抱着为孩子准备的行李从北京城的四面八方赶来；有的父母剃了阴阳头，被造反派押来与自己的孩子告别，这一别也许就是他们之间最后的一面。火车汽笛终于拉响的那一刻，哭声顿时变大，知青们拼命冲向车窗，哭喊着要抓住自己亲人的手，可是太挤了，已分不清哪一只是自己人的手，只能任意抓住一只手，因为，这也许就是他们“最后的北京”。

【火车的汽笛声中徐徐离开站台】

【混入声音】

这一年时 12 月 20 日，20 岁的食指也是由这一班四点零八分的火车被送往山西的汾阳县，就在这趟列车上，他写下了一首著名的诗——《这是四点零八分的北京》。

[诗朗诵《这是四点零八分的北京》]

这是四点零八分的北京，
一片手的波涛翻动；
这是四点零八分的北京，
一声尖厉的汽笛长鸣。

北京车站高大的建筑，
突然一阵剧烈地抖动。
我吃惊地望着窗外，

不知发生了什么事情。

我的心骤然一阵疼痛，一定是
妈妈缀扣子的针线穿透了心胸。
这时，我的心里变成了一只风筝，
风筝的线绳就在妈妈的手中。
线绳绷得太紧了，就要拉断了
我不得不把头探出车厢的窗外。
直到这时，直到这个时候，
我才明白发生了什么事情。

一阵阵告别的声浪，
就要卷走车站：
北京在我的脚下，
已经缓缓地移动。
我再次向北京挥动手臂，
想一把抓住她的衣领，
然后对她亲热地叫喊：
永远记着我，妈妈啊北京。

终于抓着了什么东西，
管他是谁的手，不能松。
因为这是我的北京，
这是我的最后的北京。

戈小丽，著名翻译家戈宝权的女儿，当年与食指同一列火车来到汾阳插队落户。在杏花村，她与食指朝夕相处了两年，结下了深厚的友情。30 年后的今天，回忆起那段刻骨铭心的岁月，她仍难以抑制内心的激动：

【戈小丽的回忆】

郭路生是唯一念诗能把我们念哭的人。记得那个时候，我们大家最感兴趣的事就是听郭路生念诗了。他一般朗诵的地方就在我们那间破厨房里。我们一般吃过晚饭以后就开始朗诵会了，他老是站在大树旁，还穿着一身褪了色的衣服，窗户背后就是黑夜，屋里当时也没什么电，我们就点一盏小煤油灯。他这个人本来就特别瘦，他的影子也就又瘦又的。我们大家也挺随便的，就坐在水桶啊、扁担啊，还有大南瓜上面。我们最爱听的就是《这是四点零八分的北京》和《相信未来》。还能记得他当时朗诵时的那个样子。他的嗓子本来就有些沙哑，语调抑扬顿挫……

【混入音乐】

戈小丽流着泪水告诉我，多少年过去了，可每当读这首诗，她的心依然会“遽然一阵疼痛”，就好像当年“妈妈缀扣子的针线穿透了心胸”。

20世纪60年代中期，食指与一些爱好文学的青年组成了一个“文艺沙龙”，经常在一起通宵达旦地探讨一些当时比较敏感的哲学问题和文学观点。

1968年，这个文艺沙龙被查禁了，许多人被迫流亡各地，其中有一个叫张朗朗的学生离开北京时，在朋友的本子写下了“相信未来”四个字，食指以此为题，写下了那首著名的诗歌《相信未来》。

【李恒久的回忆】

1968年，记得那时初春的一个早晨，我和路生相约在北海见面。见面后，他激动地告诉我说，他昨天夜里又写了一首诗。我就在早春的寒风中，有幸作为第一个听众听他朗诵《相信未来》这首诗，当时他的声音是沙哑的、低沉的，他的朗诵也是缓慢的。但是我听了以后，非常地感动，我立刻就有一种感觉，这首诗一定会成为传世之作。在那动乱的，谁也不知今后将是怎样的日子里，为了使珍贵的诗篇不致散佚，也是由于我对路生诗歌的真挚的爱，我把他当时创作的大部分诗作统统都背诵了下来，牢牢地把它们珍藏在了我自己的心里，大概有38首吧？到了1995年，我按照路生的要求，把他由于年代的久远已经遗忘的部分诗作整理出来寄给他。这些闪光的诗篇是属于路生的，可我想，它们也是属于那个时代的。如今，该结束的已经结束，该过去的已经过去了……

食指的挚友李恒久动情地回忆着。而我仿佛还能听见那隆隆滚动着的遥远的回声。

【混入音乐】

【诗朗诵《相信未来》】

当蜘蛛网无情的查封了我的炉台，
当灰烬的余烟叹息着贫困的悲哀，
我依然固执地铺平失望的灰烬，
用美丽的雪花写下：相信未来。

当我的紫葡萄化为深秋的露水，
当我的鲜花依偎在别人的情怀，
我依然固执地用凝霜的枯藤，
在凄凉的大地上写下：相信未来。

我要用手
指那涌向天边的排浪，
我要用手
掌那托住太阳的大海，
摇曳着曙光那支温暖漂亮的笔杆，
用孩子的笔体写下：相信未来。

我之所以坚定地相信未来，
是我相信未来人们的眼睛——
她有拨开历史风尘的睫毛，

她有看透岁月篇章的瞳孔。

不管人们对于我们腐烂的皮肉，
那些迷途的惆怅，失败的苦痛，
是寄予感动的热泪，深切的同情，
还是给以轻蔑的微笑，辛辣的嘲讽。

我坚信人们对于我们的脊骨，
那无数次的探索、迷途、失败和成功，
一定会给予热情、客观、公正的评定，
是的，我焦急地等待着他们的评定。

朋友，坚定地相信未来吧，
相信不屈不挠的努力，
相信战胜死亡的年轻，
相信未来，热爱生命。

在那个阴云密布的时代，这纯净、隽秀，带着孩童般真挚的诗句，无疑在人们心灵上投下了一道希望之光。尽管“蜘蛛网无情地查封了我的炉台”，尽管“灰烬的余烟叹息着贫困的悲哀”人们却依然用“美丽的雪花”，用“孩子的笔体”写下“相信未来”。在这部预言性的诗作问世33年后的今天，写诗的和传抄的人都已年华不再，但曾经的迷茫和哀叹已被现实的理想与尊严照亮，他们终于等到了“热情、客观”和“公正”的评定，他们已经拥有了“未来”，他们是预言成为现实的见证人。

【食指的录音】

因为当时只有从一个日记本到另一个日记本，只有这样的传抄，而我也见过许许多多这样的日记本。确实是，可以说我是一个幸运的人，再也不可能有这样的情况了……

好的荣誉是永远找不开的钞票，坏的名声是永远挣不脱的枷锁。如果事实真的是这样的话，我情愿在单调的海洋上终生漂泊。

【混入音乐】

正像波德莱尔所说的那样，痛苦产生诗。面对生活的起伏和情感的撞击，很多人默默地咽下苦难求生计去了，而诗人却能够“化苦难的生活为艺术的神奇”，完成这一艰难的转换。食指就是这样一位能变苦难为财富的诗人。现在，就让我们一起来听听食指的《命运》吧！

【诗朗诵《命运》】

哪儿寻找结实的舢舨，
我只有在街头四处流浪，
只希望敲到朋友的门前，
就得到一点薄薄的施舍。

我的一生是辗转飘零的枯叶，

我的未来是抽不出锋芒的青稞，
如果命运真的是这样的话，
我愿为野生的荆棘放声高歌。

哪怕荆棘刺破我的心，
火一样的血浆火一样的燃烧着，
挣扎着爬进那喧嚣的江河，
人死了，精神永不沉默！

【混入音乐】

1971年2月，23岁的食指参军。与同年入伍的大部分战士相比，他因读书多，阅历深，在连队里属于文化高、觉悟高、进步快的战士。第二年就被提升到连里任文书。也就是在这一年，食指由一个活跃的、积极向上的青年突然变得沉默寡言。年底，弟弟郭新生去部队看他，发现他精神抑郁，每天不吃饭，只抽烟。究其原因，至今仍说法不一：一说，“文革”的极“左”思潮影响到部队，他内心的理想与现实发生了极大的冲突；二说，入党外调时，学校档案里有“文革”初期他因写诗而被审查的材料，后被说成“5·16”嫌疑；三说，诗人恋爱受挫……总之，诗人敏锐的神经已无法承受来自四面八方的压力，终于跌倒在社会生活的尘埃里，从此陷入了长期的病痛之中。

以后的岁月里，诗人在医院与福利院之间辗转生活，非常不易，尽管如此，他对诗歌的热爱没有丝毫的减弱，每年都要在极为困难的条件下继续他的诗歌创作。

【食指的录音】

我在福利院里快12年了，住院的时候，我一直在进行诗歌创作。《归宿》、《人生舞台》的后一部分都是在这里写的。在这里写得很艰苦，但是我觉得是强者，在艰苦的环境中，发出的声音和别人不一样。因为，世界上有各种各样的声音，有叫卖声，有推销声，有掌声，也有哭泣声，而在艰苦中发出的声音和别人的声音是不一样的。所以我愿意在艰苦的环境下进行创作……

经历了神经死亡后的复苏，食指的诗歌变得澄澈而凝练，他的诗歌与他一起走过了不惑之年。《向青春告别》、《人生舞台》、《归宿》、《诗人的桂冠》等这些深情的诗作，让我们再次听到了激荡着历史同声的歌唱。

【混入音乐】

【诗朗诵《归宿》(节选)】

优雅的举止和贫寒的窘迫，
曾给了我不少难言的痛楚，
但终于我诗行方阵的大军，
跨越了精神死亡的峡谷。

埋葬弱者灵魂的坟墓
绝对不是我的归宿，
一片杂草丛生的荒坟，
坟头仅仅是几抔黄土，

这就是我祖辈的陵园，
常年也无人看管守护。

活着的时候倍尝艰辛，
就连死后也如此凄凉，
我激动地热泪夺眶而出，
一阵风带来了奶奶的叮嘱——

“人生一世，草木一秋，
孩子，这是你最后的归宿。”

每一个人都在寻找着自己的归宿，在物质上，或在精神上。

我问过食指，是否会善终在福利院，他沉默不语。只是告诉我说，现在，福利院给他创造了不少有利条件，其他人关在屋子里，而他可以在院子里散步、读写、写东西。他的病情也已有所好转，在福利院还能帮着干些杂活，洗餐具，锄草，搞卫生。当然，他最大的愿望还是用自己的稿费租间屋子，娶个妻子，平静地度过余生。

我们随意地聊着。他说话时常面带微笑，笑的时候眼睛眯成一条缝。他进入话题的角色非常之快，几乎没有任何过渡，语调执著而又有些含混不清。

【食指的录音】

因为那个时候我第一次住院，疯了。为什么，我觉得中国人的人性是扭曲的，在那个时代，人是扭曲的，而我呢，我扭曲得过分了，就疯了，可是这一下，不幸中是万幸的，我把这些东西写出来了。

我就朗诵一首《当你老了》：

“当你老了，已经步履蹒跚，身后是你走过的万里山川，有你失足的令人心寒的山谷，也有爬起又登上的艺术巅峰。”

【混入音乐】

“当你老了，梦中常见大海，你是船长又驶出平静的港湾，继续在人生苦海中乘风破浪……”

我忽然觉得，食指在朗诵时仿佛换了一个人。他身上所有那些不协调的成分一下子变得非常温顺了。他的朗诵沉着、缓慢，每一个音节都被拖得很好，好像是在尝试着它们的承受能力，同时又在企图展现着它们所有的美。在他心醉神迷的时候，一内在的情绪和节奏在我们之间悄悄形成，传递开来。

我含泪为他鼓掌。沉重的铁门在我身后有缓缓地关上。

告别了诗人，走在落日的夕阳中，我的心久久不能平静——

在 30 多年前那个物质和精神资源都极度匮乏的时代，诗人以独立的人的精神站出来歌唱，曾给多少人带去过心灵的慰藉，更给我们留下了一种情怀，一种品格，一种气质，一种诗意。即使是在物质丰富、资源充足的当代，诗人的那种饱含着浪漫情怀、放射着理想光辉的歌唱，仍然在感动我们。

2001 年 5 月，这位因种种原因被埋没了近 20 年的特殊诗人，终于因他的诗集而获得了空

缺多年的“人民文学诗歌奖”,尽管此举众说纷纭,褒贬不一,但正如诗人林莽所说:

“这是一本早应出版的诗集,也许它晚了20年,它使原本与时代生活息息相关的一本书,几乎变成了一个纪念性的文本。在经历了重大的历史变迁后,食指的作品依旧闪烁着不息的火焰。历史和人民不会忘记,食指诗歌的价值是永存的。”

【诗朗诵《我这样写歌》(节选)】

这首小诗完成的一刻,
结束了一场精神的折磨,
别错认为我不修边幅,
其实早已失魂落魄。

没人能理解你此时的心境,
没有人倾听你真诚的诉说,
也没有朋友赶来相聚,
喝一杯,以得到一时的解脱。

清茶一杯,自斟自酌,
生活清苦算不得什么,
最怕感情的大起大落后,
肚子一个人承受寂寞。

年年如此,日月如梭,
远离名利,远离污浊,
就这样在僻静荒凉的一角,
我写我心中想唱的歌。

【回报】

刚才播送的是文学专题《我这样写歌——记诗人食指》,由浙江广播电视集团制作。

浙江人民广播电台(2001年5月15日首播)

牵手

山西人民广播电台　杨洁

听众朋友,请听文学专题《牵手》。

【《牵手》音乐渐入,压混】

当我们跟着这熟悉的旋律低吟浅唱时,是否还记得那部 MTV 的画面:一对老人从青春到暮年的生活片段。当两位老人双鬓白发尽染,互相搀扶走在一条弯曲的小路上,平和的眼中充满着历经坎坷而挚爱不已的骄傲。而支撑这动人画面的是两只紧紧相握的手。

【音乐渐隐】

我国第一部诗歌总集《诗经》中《击鼓》一篇写下了那句流传至今的著名誓言:"死生契阔,与子成说(读 yue),执子之手,与子偕老。"生死离合,与他已山盟海誓,牵住他的手,与他老到白头。一句轻声的允诺带我们走过了蒹葭苍苍,白露为霜,走过了我们生命的每一天。朴实无华的牵手,没有花前月下的浪漫,没有海誓山盟的承诺,只有看似平和、淡然却又充满自信的诉说。

你能想象吗,牵手而偕老这样一个"简单"的动作,在那个不为人知的小村庄,被一堆平凡的盲人夫妇诠释得如此完整而美好。

【音乐起,混播】

【《心之眼》于继勇】

姥姥村子里有一对盲夫妻,今年快 80 岁了,膝前儿孙成群。听姥姥说,成亲时,丈夫是坐着牛车去接妻子的,虽然他和他的新娘都看不见颜色,他还是特地让人在牛头上和牛车上缠满了红绸子。把新娘接到家,丈夫拉着妻子的手,从堂屋摸到厨房,摸遍了家中的家家落落。最难的事,是去井边提水,每次都是两个人手牵手去,妻子摸到井边的树,一只手紧紧抱住树,另一只手紧紧拉住丈夫的手。丈夫跪在井台上向井里丢桶,提绳。村里有人要帮忙,两口子总是不让,他们说:"你们能帮得了我们一时,帮不了我们一世。"就这样,他们一直手拉手直到他们第一个孩子可以挑得动一担水。让村里人感到奇怪的是,村里有十几个青年人都曾因地滑掉进那口井里过,可他们却从来没有。更让村里人奇怪的是,无论有多少人在一起叽叽喳喳讲话,两个人都能凭着一个长长的呼吸找到对方。

因为看不见,无论风里雨里,人们看到的总是两个人手拉手的情景。无论干什么都是手拉手。牵手,这个让许多作家编来编去的情景,在这个不为人知的小村庄,出现了整整半个世纪。

丈夫是乡村乐班子吹唢呐的，经常到别人的婚礼上吹《百鸟朝凤》和《喜盈门》。无论到哪里吹唢呐，他只有一个要求：允许带着他的盲妻子，她一个人在家他不能安心吹奏。丈夫吹唢呐时，妻子就坐在丈夫的身边，静静地听，仿佛那些欢快的曲子都是吹给她听的，盲妻子脸上时时泛起红晕，让村里人觉得这个静静地坐着的盲女人很美。

后来两个人都老了，就不再出门。两个人在家里的大院子里种了很多花，都是那种很艳很艳的花，开花时节，一院子红彤彤的。一次丈夫不小心滑倒，跌断了腿骨，在他住院的日子里，他的盲妻子竟一连四天没有吃下一粒饭，她说摸不到那只熟悉的手，她的魂没了。

眼明目亮的儿女也曾开玩笑地问自己的父母：如果上天给你们一次机会，是不是想用眼看看对方？盲老太太说："你们用眼看人，我们是用心看人，心比眼亮啊。"盲丈夫说："拉了一辈子手，她手心里有几根纹都印在我心里了。我没看见过最美的人，在我心里你妈就是最美的人。要眼有什么用，眼睛是最贪的啊，看什么都要分个丑俊孬好，看什么想要什么，对方脸上的一个麻子，都能放在心上一辈子。"

也有人假设如果盲妻看到丈夫那因火烧伤的脸，会有什么样的感想。也有人假设，如果丈夫看到妻子那双陷下去很深的眼眶，会不会后悔自己说过的话。因为我们有眼，所以我们看人时只凭眼的感觉，而忘记了用心。正如盲妻所说，心才是最亮最真的啊。

牵手是一场小型的拥抱，穿过心桥，感觉到拥有的愉悦，也感受到沉重厚实的责任。牵你的手就像牵我的心，因为彼此的相近，用心护着心，因为彼此的相信。再多的风雨总能看到雨过天晴。在行云流水般的生活中，当即将远去的丈夫对妻子说："让我为你洗最后一次脚吧，明天我们就分手了！"牵手这个小小的动作，小小的细节，就演绎出了这样至真、至朴、至诚的一幕。

【音乐渐隐】

【文学作品《细节组成生命》】

有这样一对夫妻，由于男人有了一段出轨的感情，女人执意要离婚，当争吵、流泪，所有的过来即将结束的时候，他们在同一屋檐下度过最后的时光。这是一个雨打芭蕉的夜景。屋子里静悄悄的，女人胃疼病犯了，开始极力忍着，但后来就呻吟起来，男人听到她的呻吟，便知道她的胃痛了，就端来洗脚水——每次胃痛都是这样治好的。男人习惯性地蹲下身子脱掉女人的鞋袜，准备为她洗脚，突然他又醒悟过来，转身就走。女人不由心头一热，感激地说了声"谢谢"。这一声既熟悉又陌生的"谢谢"让男人心怦然一动，他迅速转回身，说："让我为你洗最后一次脚吧，明天我们分手了！"

女人的泪水汹涌而出。她忍不住伸出手抚摸了一下男人修剪得很有分度的头发，说出心里话："其实，我也舍不得走。我们重新开始，好吗？"

这样的细节原是我们生命中如涓涓细流的滋润，牵手也是情感的外在体现并得以传递的媒介。当"牵手"成为一组不褪色的照片，剪辑着互相阻隔的时空，伸出手去，牵住的不仅是另一只手，而是一个和自己的生命一样重要的人。与其说牵手是一种行动，倒不如说它意味着爱的成熟与丰厚。

【音乐渐入，混播】

【文学作品《戴红玫瑰的丑女人》】

1996年5月3日，英国老人约翰·布朗去世了，两天后，他的妻子朱迪丝也溘然长逝。他们便是20世纪最动人的爱情故事戴“红玫瑰的丑女人”的主人公。

1942年,二十出头的布朗赶到北非的英军第八集团军。此时,英处境艰难,隆美尔攻势凌厉。布朗在大炮和坦克的轰鸣里染上了战争恐惧症,甚至想逃走和自杀。有一天,偶然读到一本《在炮火中如何保持心灵平衡》的书,他被深深地打动了。这本书成为他心灵的支柱。尤其令他吃惊的是,作者是一位年轻的女性:朱迪丝。他开始给朱迪丝写信,经过三年的通信,两人相爱了。1945年,战争结束了。已晋升为中校的布朗急切地给朱迪丝写信,要求会面。朱迪丝回电说:“在伦敦地铁一号口等我。你手中拿本我写的书,我的胸前将佩戴一朵英国国花——红玫瑰。不过,我不会事先认出你,让你先见到我。如果你觉得我不适合做你的女友,你可以不认我。”

布朗在约定的时间来到地铁口,还有一分钟。他经历了无数次战斗。平静如水的心,却情不自禁地猛跳起来。这时,一位绰约多姿的绿衣女郎从容地走来。是她吗?她没有戴红玫瑰。布朗再次张望四周,一位戴着红玫瑰的女人慢慢地走上前去。布朗定眼一看,张口结舌:这是一重度烧伤,拄着拐杖的女人!怎么办?认不认她?布朗的内心激烈冲突起来。“她在我最需要的时候,伸出了援助之手。经历残酷的战火考验,我们的爱是神圣的。我没有理由不认她。”于是,布朗追上去,叫住那名“奇丑无比的女人”,伸出手去微笑着说:“我是布朗。我们终于见面了,非常高兴!”

“不,你错了。五分钟前,刚才离去的那位绿衣姑娘请求我戴上这朵玫瑰,从你面前走过。她一定要我不主动认你,只有当你按照约定,先同我相识,才把真相告诉你,你已经成功地接受了一场或许比战争更严酷的考验。她正在对面的餐馆里等你。”

为朱迪丝喝彩,为布朗喝彩。当约翰·布朗先生伸出手去的时候,他获得的人生真爱已经升华得无比神圣。也是在布朗伸出手的那一刻,他给了爱一个能够容纳海洋和天空的容器。伸出手去,牵住一段不了的情缘,牵住一份永恒的真爱。

【音乐渐隐】

从年少不经事的相拥到满头飘霜的相依相偎,与相爱的人牵手走过的每分每秒已融入彼此的生命。有时为对方所付出的是我们想象不到的。时间就这样见证了一份执著,深厚如童话般的爱。

【音乐渐隐,混播】

【文学作品《哑夫妻》】

他是个哑巴,虽然能听懂别人的话,却说不出自己的感受。女孩是他的邻居,和外婆相依为命。她一直喊他哥哥。

他真像个哥哥,带女孩上学,陪女孩玩耍,微笑着听她叽叽喳喳讲话。他只能用手势和她交谈。可女孩却能读懂他的每一眼神。从他注视女孩的目光里,女孩知道他有多么喜欢自己。

后来,女孩考上了大学,他便开始拼命的挣钱,然后源源不断地寄给她。女孩从来没有拒绝过。终于,她毕业了,参加了工作。然后,她坚定地说:“哥哥,我要嫁给你。”

他像受惊的兔子逃掉了,再也不肯见她,无论女孩怎么哀求。你以为我同情你吗?想报答你吗?不是,从12岁我就爱上你了,可是,女孩得不到他的回答。

有一天,女孩突然住进了医院。他吓坏了,跑去看她,医生说,女孩喉咙里长了一个瘤,虽然切除了,却破坏了声带,可能再也讲不了话了,病床上,女孩泪眼婆娑地注视着他。

于是，他们结婚了，很多年，没有人听到他们讲过一句话。他们用手，用笔，用眼神来交谈，分享喜悦和悲伤，他们成了相恋男女的对象。人们都说，那是一对多么幸福的哑夫妻啊。

爱情阻挡不了死神的降临，丈夫撇下妻子一个人先走了。人们怕妻子经受不住失去爱侣的打击来安慰她。这时，她收回注视遗像呆痴的目光，突然开始讲话，爱人已去，谎言也该揭穿了。

【音乐扬起，渐弱，混播】

时间是爱的容器，证明爱的也是时间，一份相濡以沫的平常才是真实而长久的。蕴含在日常生活中的温情关爱更真实也更弥足珍贵。

我们就这样牵手一起走过风雨人生，一路上有过欢乐幸福，有过辛酸无奈，历经沧桑，一直到老彼此相依。感受着这份厚重的温纯，此时不需要感慨，自需低吟几句叶芝的诗就够了。

[叶芝的诗节选]——

当你老了，
头白了，
睡思昏沉，
炉火旁打盹，
请取下这部诗歌慢慢读，
回想过去你眼神的柔和，
回想他们昔日浓重的阴影，
多少人爱你青春欢畅的时辰，
爱慕你的美丽，
假意或真心，
只有一个人爱你那朝圣者的灵魂，
爱你衰老的脸上痛苦的皱纹。
垂下头来，在红灯闪耀的炉子旁，
凄然地轻轻诉说那
爱情的消逝，
在头顶的山上它缓缓踱着步子，
在一群星星中间隐藏着脸庞。

【音乐渐起，混播】

中国哲人庄子留给后人这样的句子："泉涸，鱼相与处于陆，相洵以湿，相濡以沫。"——当外界的寒冷与困苦袭来时，我们用体温彼此温暖，用汗水彼此浇灌。在你开出丰硕的花朵的时候，我也成就了自己的生命。牵你的手就像牵你的心，这么多年是朋友也是爱人，缘分也越来越深。台湾诗人纪弦在夫人60岁的生日时，就给予了同舟共济的夫人这样一份特别的礼物。

【《黄金的四行诗——为纪弦夫人满60岁的生日而歌》】

一

今天是你的六十大寿，
你新烫的头发看起来还很体面。
亲戚朋友赠你以各种名贵的礼物，

而我则献你以半打黄金的四行诗。

二

从十六岁到六十岁，
从昔日的相恋到今日的相伴，
我总是忘不了你家门口站着玩耍的
那蓝衫黑裙的姑娘最初之印象。

三

我们生逢乱世，饱经忧患，
但女子中却少有像你那样的坚强，
我当了一辈子的穷教员，
夫人啊，你也是够辛苦的。

四

每个早晨，老远地看见你，
拎着菜篮子缓缓地走回家来，
我一天的工作就无不顺利而快速
——一路上亮着绿灯。

五

我们已不再谈情说爱了，
我们也不再想吵相骂了。
晚餐后，你看你的电视，我抽我的烟斗，
相对而言，一切平安，噢，这便是幸福。

六

几十年的狂风巨浪多可怕！
真不晓得怎样熬了过来的。
我好比漂洋过海的三桅船，
你是我到达的安全的港口。

【音乐渐隐《牵手》音乐键入，混播】

伸出手去，牵住那只有缘的手。让我们感受彼此的存在，体味生命的温暖和岁月的温馨。也许有一天，我们会因某些心灵的颤动而蓦然回首，撩开岁月的帘幕，那一串串如珠贝般闪亮的足迹忠实地诉说着——我们曾经，永远地牵手。

听众朋友，刚才您听到的是文学专题《牵手》，感谢收听，再会。

山西人民广播电台（2001年6月23日首播）

赤子乡愁

——介绍诗人余光中和他的乡愁诗作

黑龙江人民广播电台　张新　闻佳　范光来

这是一个金色的秋天,哈尔滨迎来了一位白发苍苍的老人,他就是专程前来讲学的著名诗人余光中。为了儿时唱过的“我的家在东北松花江上”,他特意来到松花江畔。

听说他是从台湾来的,许多人都来欢迎。一位90高龄的老妈妈也坐着轮椅赶来了。同来的人说,老妈妈的儿子在台湾,几十年杳无音讯。因为想儿子,他哭瞎了眼睛。余光中感动了,他跪到轮椅前,捧起老妈妈的手,轻轻地贴在自己的脸上:妈妈,我是你的儿子,你摸摸我的脸,是不是……有点儿……老了……

女:文学专题《赤字乡愁》,介绍诗人余光中和他的乡愁诗作。

【童声——】

小时候,
乡愁是一枚小小的邮票,
我在这头,
母亲在那头。

【老者—】

而现在,
乡愁是一湾浅浅的海峡,
我在这头,
大陆在那头。

女:1972年冬天的一个下午,整个台北沉浸在迎接春节的幸福中。在厦门街的一栋旧屋里,已届不惑之年的余光中站在窗前。昨天夜里,他被一只蟋蟀吵醒,朦胧之中。他以为自己睡在童年的木床上……

【余光中内心独白—】

就是童年逃掉的那一只吗？一去40年又回来找我？唉！40年过去了,可是,童年的记忆却依然清晰,仿佛就在昨天……

女:余光中出生在南京,“二战”的硝烟使幼年的余光中经常跟随母亲颠沛流离。虽然经常会面对危险,但是江南的杏花春雨,外滩的糖果蜜饯,岭南的荔枝和杜甫草堂里的风筝给余光中留下了美好的记忆!他盼望着早日结束背井离乡的日子,好让他找回曾经一起捉迷藏的小伙伴……

【作品《呼唤》—】

就像小的时候
在我屋后的那一片菜花田里,
一直玩到天黑,
太阳下山,汗已吹冷,
总似乎听见,远远
母亲喊我
吃饭的声音。

可以想见晚年——
太阳下山。汗已吹冷,
五千年深深的古屋里,
就亮起一盏灯,
就传来一声呼唤,
比小时候更安慰,动人。
远远,唤我回家去。

女:就在他满怀希望等带回家的时候,命运无情地将他抛到了故乡的彼岸。那一湾湾的海峡就像一把无情的剑,让他和故乡隔海相望。从此,在一个又一个不眠的夜晚,泪水无言地滴落在纸上,延绵成浓浓的乡愁

【作品《乡愁四韵》——】

给我一瓢长江水啊长江水,
酒一样的长江水,
醉酒的滋味,
是乡愁的滋味。

给我一张海棠红啊海棠红,
血一样的海棠红,
沸血的烧痛,
是乡愁的烧痛。

给我一片雪花白啊雪花白,
信一样的雪花白,
家信的等待,
是乡愁的等待。

给我一朵腊梅香啊腊梅香，
母亲一样的腊梅香，
母亲的芬芳，
是乡土的芬芳。

女：作为诗人的余光中，为了汲取更丰富的艺术滋养，他带着屈原的乡愁和李白的豪情，负笈远行，来到大洋彼岸的美国进修现代艺术。

在美国，余光中虽然在艺术上取得了骄人的成绩，但是，他每天打开报纸，看不到熟悉的方块字；走在街上，听不到亲切的母语乡音；穿行在鳞次栉比的高楼大厦中间，找不到心灵的归属。一心要做屈原和李白传人的余光中感觉自己就像一棵树，被再一次连根拔起。

【余光中内心独白——】

为什么还要像蒲公英一样漂泊？为什么，下一站永远是东京、芝加哥、纽约、而不是上海或厦门？

女：一个阴雨的下午，在书房中翻阅杂志的余光中不知不觉进入了梦乡。在梦里，他看到有人在毁坏长城，那是他只在梦里神游过的伟大长城啊！余光中马上找出一张明信片

【散文《万里长城》（节选）——】

女儿："爸爸，这张明信片寄给谁呀？"

男："寄给万里长城。"

女儿："万里长城在什么地方？"

男："万里长城在中国，在我们的故乡，在每一个海外游子的心上。"

女儿："什么？在心里？写给心里的信怎么邮递呢？"

男："长大以后你就会明白了，长城是我们所有中国人统一的地址，你一定要记住，我们的故乡不仅有黄河、长江、还有长城、伟大的长城！"

女：1974年，余光中终于跨过他在梦中曾经无数次跨越的海峡，到香港中文大学工作，他感到无比的激动。

在香港，余光中的楼下是山，山下就是九广铁路，每当有火车从这里经过的时候余光中都不禁想起铁轨那一头就是故乡。

【余光中内心独白——】

月光还是少年的月光，而祖国已非少年的祖国，深圳河那边的郁郁苍苍，还认得30年前那少年吗？

女：虽然与大陆只有一岸之隔，但是要跨越这一步，却如同关山万里。余光中只能默守着对岸，一望，就是十年……

【作品《十年看山》（节选）——】

十年看山，不是看香港的青山，
是这些青山的背后，
那片无穷无尽的后土，
四海漂泊的龙族，叫它做大陆，
壮士登山叫它做九州，
英雄落难称它为江湖。

香山十年，竟然青山都不曾入眼，
却让紫荆花开了，唉，又谢了。
十年过去，这些门外的群峰，
在诀别的前夕，猛一抬头
忽然青青都涌到了眼里，猛一回头
早已青青绵亘在心里。
每当有人问起了行期，
青青山色便哽咽在喉际，
他日在对海，只怕这一片苍青，
更将历历入我梦来。

女：回到台湾，余光中每晚都坐在阳台上眺望故乡，眼前这湾浅浅的海峡让他变得更加沉默。一直埋藏在诗人心底的乡愁，就像一杯陈年的酒，渐渐漫上了心头……

【作品《乡愁》——】

小时候，
乡愁是一枚小小的邮票，
我在这头，
母亲在那头。

长大后，
乡愁是一张窄窄的船票，
我在这头，
新娘在那头。

后来呵，
乡愁是一方矮矮的坟墓，
我在外头，
母亲啊在里头。

而现在，
乡愁是一湾浅浅的海峡，
我在这头，
大陆在那头。

女：当余光中在诗文中痛苦地咀嚼着乡愁的时候，一个偶然机会让这位古稀老人问到了他朝思暮想的故乡。

一下飞机，他就兴奋低左顾右盼，想我回忆中的模样，可是，他已经认不出来了。还是看看黄河吧，那是奔流了亿万年的母亲河啊！

来到黄河岸边，这位一生都在放声歌唱黄河的诗人居然说不出一句话。忽然，他跪下了，跪在黄河的流水中，掬起一捧水。颤抖着送到唇边。

夕阳的余晖把这一幕定格：一个孱弱的老人，孩子般蜷缩在母亲的怀里；雪白的头发任风吹着；泪水如同断线的珠链簇簇滴落……

【作品《当我死时》——】

当我死时，葬我，在长江与黄河
之间，枕我的头颅，白发盖着黑土。
在中国，最美最母亲的国度，
我便坦然睡去，睡整张大陆，
听两侧，安魂曲起自长江，黄河。
两管永生的音乐，滔滔，朝东。
这是最纵容最宽阔的床，
让一颗心满足地睡去，满足的想。

女：把自己融进黄河，只能满足诗人一时的眷恋，为了永久的纪念，余光中把沾满泥巴的鞋一直穿回高雄，小心翼翼地把土刮下来，珍藏在名片盒里。从此，他在书房里总会听到黄河隐隐的水声……

【采访录音——】

我所歌咏的乡愁，不是小我的乡愁，我在写作的时候好像参加一个接力赛，这一棒交到我的手里，而这一棒是从屈原那头穿过来的，还有他们的掌温留在这个棒上，我想凡有历史感的中国人一定也有这样的感觉。无论哪一个华人走到世界各地去，无论他离开中华这片土地有多远，大家就好像画圆圈一样，圆圈有大有小，有远有近，圆心只有一个，定点就在中国。

女：每一个人都有故乡，每一个离开故乡的人都有乡愁。海外的游子是祖国遗落在他乡的种子，《乡愁》是他们心中永远吟唱的歌谣。但愿所有满怀乡愁的赤子，都化作顽强的精卫鸟，衔着对故乡的思念，填平这片令他们骨肉分离的大海！

女：刚才您听到的是文学专题《赤子乡愁》，这次节目播送完了。

黑龙江人民广播电台（2001 年 10 月 1 日首播）

不朽的民族魂

安徽人民广播电台　申启武　苏拉　史辉

安徽人民广播电台，现在是文学节目时间。

【音乐起,压低,混】

女:21世纪这一个秋天,在绍兴、在北京、在上海、在全国的许许多多地方,人们把崇敬与热爱的目光纷纷投向一个伟大而不朽的名字——鲁迅。

鲁迅,一个民族的苦难和挣扎同行的精神战士,一个被毛泽东成为"空前的民族英雄"的文坛巨擘,在30多年的创作生涯中,用他的笔、用他的爱、用他的生命的全部光芒和智慧,驱散了天地之间的黑暗和沉寂,抒写着沉沦与崛起、奴役与抗争共在的民族历史。

他走了,留下了锋芒毕露的匕首和投枪!【乐渐隐】

他走了,留下了铁骨铮铮的思想和精神!请听文学专题《不朽的民族魂》——谨以此节目纪念鲁迅先生诞辰120周年。

【音乐起,压低,混】

男:灵台无计逃神矢,风雨如磐暗故园。

寄意寒星荃不察,我以我血荐轩辕。【乐渐隐】

女:这首题为《自题小像》的诗歌作品,是鲁迅1902年东渡日本后创作的。当时的中国正处于急剧的殖民地化的历史关头。帝国主义疯狂入侵,清政府懦弱、腐败,广大劳动人民在水深火热中痛苦呻吟。【音乐混入】身处异国他乡的鲁迅,遥望风雨飘摇,黑夜沉沉的祖国,一腔炎黄之血不禁涌起来,于是立下"我以我血荐轩辕"的强烈誓言。这一震古烁今的诗句,作为鲁迅的人生理想和报国之志,一直主宰着他的思想和行动。鲁迅终其一生都在为民族的觉醒、社会的进步、祖国的强盛而振臂呐喊、奔走呼号。【乐渐隐】

鲁迅是怀着报国无门的痛楚心情远离祖国东渡日本的。此前,他在南京学了四年的"水师"和"开矿",毕业时却没有什么收获。他相信科学,相信科学的力量,认定只有科学才能救过。到日本的第二年,鲁迅一边在东京弘文文学院学习日语,一边开始他自然科学的著述和翻译工作。

"科学救国"的理想将鲁迅从弘文学院送进了仙台医专。他从日本历史书中得知,日本的明治维新就是发端于医学的进步。他觉得,中国要救亡图存,也要像日本一样从医入手。医学是我们这个亟待复兴的民族所需要的。

男:我的梦很美满,预备卒业回来,救治像我父亲似的被误的病人的疾苦,战争时候便去当军医,一面又促进了国人对于维新的信仰。

——《呐喊自序》

女:"医学救国"的梦想是美好的,也是幼稚的。鲁迅没有实现自己的梦想,导致他梦想破灭的,是一个偶然的机缘。

【音乐起,压低混】

男:第二年添教霉菌学,细菌的形状全用电影来显示的,一段落已完而还没有到下课的时候,便映几片时事的片子,自然都是日本战胜俄国的情形,但偏有中国人夹在里边:给俄国人做侦探,被日本军捕获,要枪毙了,围着看的也是一群中国人;在讲堂里的还有一个我。

"万岁"他们都拍掌欢呼起来。

这种欢呼,是每看一片都有的,但在我,这一声却特别听得刺耳。此后回到中国来,我看见那些闲看枪毙犯人的人们,他们也何尝不酒醉似的喝彩——呜呼,无法可想!

女:这是鲁迅1926年在回忆他日本的医学老师藤野先生的散文中所记述的一幕场景。一句“呜呼,无法可想”凝结着作家的愤怒、屈辱、悲痛和伤感。【乐渐隐】立志“血荐轩辕”的鲁迅怎能忍受这种放肆地嘲弄我们民族尊严的喝彩,怎能忍受在同胞流血时无动于衷的麻木呢?从那时起,一个新的明确的信念在鲁迅心中诞生了。

男:医学并非一件紧要事,凡是愚弱的国民,即使体格如何健全,如何茁壮,也只能做毫无意义的示众的材料和看客,病死多少是不必以为不幸的。所以我们的第一要“著”是在改变他们的精神……

——《呐喊自序》

女:是的,没有什么病比精神麻木更可怕了,一个人无论体格如何强健,假如精神麻木,没有灵魂,就只能做毫无意义的示众材料和看客,这种示众的材料和看客,于民族、于人类又有什么用呢? 只有精神,才能让沉睡的中国警醒起来;只有精神,才能使我们这个多灾多难的民族以新的姿态展开新的生活。鲁迅认为,改变精神应首推文艺,唯有文艺才是医治国人灵魂的最好药方。于是他决定弃医从文。

鲁迅这一看似突然的转变有其深刻的内在依据。少年时代的勤奋苦读造就了他深厚的文学功底,强烈的爱国情怀孕育了他变革现实的愿望。鲁迅医治重视中国的思想歌名,他把中国国民性的改造当做自己的第一要务。据他的好友许寿裳回忆,到东京弘文学院不久,他们二人就思考三个相关的命题:怎样才是最理想的人性? 中国国民性中最缺乏的是什么? 它的病根何在? 鲁迅后来创作的许多作品,都是针对这三个命题进行诠释的,他试图通过暴露国民的弱点,“揭出病苦,引起疗救的注意”。

【音乐起,压低混《阿Q正传》片段】

男:阿Q不独是姓名籍贯有些渺茫。连他先前的“行状”也渺茫。因为未庄的人们之于阿Q,只要他帮忙,只拿他玩笑,从来没有留心他的“行状”的。而阿Q自己也不说,独有和别人口角的时候,间或瞪着眼睛道:

“我们先前——比你阔得多啦! 你算是什么东西!”

阿Q没有家,住在未庄的土谷祠里;也没有固定的职业,只给人家做短工,割麦便割麦,舂米便舂米,撑撑船便撑船,工作略长久时,他也或住在临时主人的家里,但一完就走了。所以,人们忙碌的时候,也还记起阿Q来,然而记起的是做工,并不是“行状”;一空闲,连阿Q都早忘却,更不必说“行状”了。只是有一回,有一个老头颂扬说:“阿Q真能做!”这是阿Q赤着膊,懒洋洋的瘦伶仃的正在他面前。别人也摸不着这话是真心还是讥笑,然后阿Q很喜欢……【乐渐隐】

女:阿Q,鲁迅笔下一个奇特而又滑稽的人物,在被侮辱和被蹂躏的生活中,养成了十分怯懦的习性,却又常常表现出一种荒唐怪诞的“精神胜利法”。生活中,阿Q总是一个失败者,而在自己的幻想中,他永远是一个可怜的胜利者。鲁迅正是采用不无夸张的讽刺笔法,惟妙惟肖地写出了阿Q自轻自贱、自欺欺人、自我满足的奴性性格和苟活心理。在阿Q身上,鲁迅挖出了“国民劣根性”这一中国社会普遍存在的精神痼疾。

更为可怕的是,在国人麻木、怯弱的精神状态中还潜藏着一种自私、冷漠的灵魂,它不仅使人津津有味地欣赏人间的喜剧和悲剧,而且心安理得地欣赏丑恶与残忍。对此,鲁迅深感痛心。

【音乐起,压低混《祝福》片段】

男:鲁镇永远是过新年,腊月二十以后就忙起来了,四叔家里这回须雇男短工,还是忙不过来，另叫柳妈做帮手，杀鸡，宰鹅；然后柳妈是善女人，吃素，不杀生的，只肯洗器皿。祥林嫂除烧火之外，没有别的事，却闲着了，坐着只看柳妈洗器皿。微雪点点地下来了。【乐渐稳】

女："唉唉，我真傻。"

男：祥林嫂看了天空，叹着气，独语似地说。

女："祥林嫂，你又来了。"

男：柳妈不耐烦地看着她的脸，说。

女："我问你：你额角上的伤疤，不就是那时撞坏的么？""唔唔。"

男：她含糊地回答。

女："我问你：你那时怎么后来竟依了呢？""我么？……""你呀。我想：这总是你自己愿意了，不然……""阿阿，你不知道他力气多么大呀。""我不信。我不信你这么大的力气，真会拗他不过。你后来一定是自己肯了，倒推说他力气大。""阿阿，你……你倒自己试试看。"

男：她笑了。柳妈的打皱的脸也笑起来，使她蹙缩得像一个核桃；干枯的小眼睛一看祥林嫂的额角，又盯住她的眼。祥林嫂似乎很局促了，立刻敛了笑容，旋转眼光，自去看雪花。

女："祥林嫂，你实在不合算。"

男：柳妈诡秘地说。

女："再一强，或者索性撞一个死，就好了。现在呢，你和你的第二个男人过活不到两年，倒落了一件大罪名。你想，你将来到阴司去，那两个死鬼的男人还要争，你给了谁好呢？阎罗大王只好把你锯开来，分给他们，我想，这真是……"

男：她脸上就显出恐怖的神色来，这是在山村里所未曾知道的。

女："我想，你不如及早抵挡，你到土地庙里去捐一条门槛，当做你的替身，给千人踏万人跨，赎了这一世的罪名，免得死了去受苦。"

男：【音乐混入】她当时并不回答什么话，但大约非常苦闷了，第二天早上起来的时候，两眼上便都围着大黑圈。早饭之后，她便到镇的西头的土地庙里去求捐门槛，庙祝起初执意不允许，直到她急得流泪，才勉强答应了。价目是大钱十二千。【乐渐隐】

女：鲁迅是把祥林嫂作为中国劳动人民最悲惨的典型来塑造的。祥林嫂新寡之后，逃到鲁镇，在鲁四老爷家里做工。她是那样的善良，勤劳，坚毅和安分，她没有什么过多的生活渴求，只想用辛勤的劳动来换取最起码的生活，可是在当时的社会条件下，祥林嫂连这个微薄的希望也破灭了，当她被逼迫再嫁后失去心爱的阿毛，又回到鲁镇，那些"不再会感到别人精神和痛苦"的"看客"们，总是在她永难愈合的伤口撇下一层又一层的盐。祥林嫂本已失去了丈夫，失去了壮大的手脚，也失去了脸上的笑容和眼睛的神采。她即使得不到别人的同情，也不应该遭到奚落和愚弄。而事事恰恰相反，奚落和愚弄她的偏偏是和她处在同等地位的柳妈等人。

祥林嫂的遭遇是悲惨的，而在鲁迅笔下，这样的悲剧人物还很多很多，孔乙己，七斤，还有单四嫂子，他们遭遇的不幸都曾受到无聊，冷漠的"看客"们的讥讽和嘲弄，就连革命志士夏瑜为解救劳苦大众洒下的热血，也不过是充当老栓为儿子治病的药剂，不过是充当"看客"们茶余饭后的谈资。

正是对国人灵魂有了清醒而深刻的认识，鲁迅不遗余力，全方位地对我们民族存在的劣根性进行猛烈地抨击和深刻批判。除了小说作品外，《热风》《坟》《华盖集》正续编等杂文著作也有许多针砭"国民劣根性"的篇章。1923 年 12 月 26 日，在北京女子高等师范学校的文艺会讲中,鲁迅以《娜拉走后怎样》为题发表演说,慷慨悲愤,义正词严。

男:【混响混入】群众——尤其在中国——永远是戏剧的看客,牺牲上场,如果显得慷慨,他们就看了悲壮剧;如果显得觳觫,他们就看了滑稽剧。北京的羊肉铺前常有几个人张着嘴看剥羊,仿佛颇愉快,人的牺牲能给予他们的益处,也不过如此。而况事后走不几步,他们并这一点愉快也就忘却了。【沉响隐】

女:不难想象,这种肉麻,自私和冷漠的精神病态,对我们民族,对我们人类是怎样的一种不幸啊!而对懵然无知的芸芸众生,鲁迅在不安与焦虑中呼唤"精神界之战士"的出现,并把根除国民劣根性,扫荡封建文化视为改造国民精神的根本任务,他提出了"立人"的思想,希望能把"沙聚之邦"改造为"人国"。鲁迅认为,只有健全的人性,才能从根本上国民改变中国愚弱的状况。

当然,鲁迅并不满足于对国民劣根性的一般描述,他总是努力把解剖的刀子深入到这种劣根性所产生的社会根源和历史根源,进而揭示出它与封建制度和封建礼教之间的深刻联系。在小说《狂人日记》中,鲁迅借狂人之口,对中国封建历史所进行的一番沉痛评价,就反映了他思想的深邃和斗争的彻底。

男:我翻开历史一查,这历史没有年代,歪歪斜斜地每页都写着"仁义道德"几个字,我横竖睡不着觉。仔细看了半夜,才从字缝里看出来,满本都写着两个字"吃人"!

女:"吃人",多么惊心动魄的字眼,在这里,中国几千年的封建历史被否得干干净净。而在他的杂文作品中,鲁迅对封建礼教的揭露和批判也非常猛烈。从《我之节烈观》《我们现在怎样做父亲》开始,抨击封建礼教便成了他杂文作品的主要内容。直到晚年,他还继续写着《论奉理斋夫人事》《奇怪》《儒术》等猛烈批判封建礼教的杂文作品。显然,在鲁迅看来,几千年来的封建制度和封建礼教正是国民劣根性的重要根源。

鲁迅医生处在中华民族灾难深重的时代,对国民的弱点和政治的弊端多进行深刻的暴露和猛烈的抨击。因此,日本曾有人向他提出这样的问题,你讨厌中国吗?你认为生长在中国是不幸吗?对此,鲁迅斩钉截铁地回答说:不认为比起任何国家来,还是生长在中国好,我认为生长自中国比生长在任何国家都幸福!

我们不得不为这个日本人的两个愚蠢而荒唐的问题感到啼笑皆非,他太不了解鲁迅了。他不知道鲁迅是本着"哀其不幸,怒其不争"的态度去暴露和批判国民弱点的,他不知道鲁迅的真正意图是想通过暴露和批判让沉睡的中国惊醒起来,他不知道鲁迅是在呼唤一种和时代发展要求相适应的新的民族精神的诞生。1936 年鲁迅在致尤炳圻的一封信中就明确地说出了他的想法:

男:我们生于大陆……历史上满是血痕,却竟支撑以至今日,其实是伟大的,但我们还是要揭发自己的缺点,这是意在复兴,在改善……

女:这是鲁迅在即将走完生命旅程的前夕所说的一番话,他在生命的尽头仍念念不忘自己的初衷。这饱含强烈的民族意识和爱国精神的话语凝结着的是一种对美好未来的希望和憧憬。

鲁迅深情地爱着祖国,爱着人民,也赢得了人民的敬仰和爱戴。就在不久前,首都北京隆重举行了纪念鲁迅诞辰 210 周年座谈会,与会者在缅怀鲁迅先生光辉一生的同时,充分肯定了他的文学地位和思想价值。鲁迅之子周海婴应邀出席了会议。会后,他接受了本节目记者的采访。

周:今年是鲁迅诞辰120周年,他也去世65年了。过去在宣传介绍讲解鲁迅精神的时候,由于当时的政治条件、社会条件以及某些需要,就把鲁迅所谓对人严厉的这种文笔上的一些东西作为他的待人处世。我觉得学习鲁迅的著作,不是拿他一篇或一段,需要通篇通本或者他的全集拿来全面地读。不能片面地一段或一章来判断鲁迅对社会对事物的一些看法。那么有人觉得鲁迅现在60多年还可以值得念他的书,也有人觉得就不应该再念了,过时了。我觉得不是这样,鲁迅的书能不能存在,是取决于人民,人民觉得他的思想值得读,值得存在,让大家觉得不是过时,这是真正地符合社会发展规律的。

【音乐起,压低混】

女:鲁迅是中国历史的一面镜子,他将自己的全部情感都注入到了唤醒国人、复兴民族的大义中。“批判”是尖锐的,但这尖锐的一刀割去的是身上的毒瘤和脓疮。人们没有因为鲁迅将尖刀对准自己的胸口而生发出怨恨和仇视,相反,鲁迅逝世以后,上海的民众代表将一面印有“民族魂”的白底黑字旗覆盖在他的灵柩上。“民族魂”成为鲁迅作为一个文学家、思想家和革命家的最后的定义。“忘记我,管自己的生活”,这是鲁迅临终前的遗言,然而,我们真能忘记他吗?我们不能忘记,我们也不应该忘记。

鲁迅的批判与抗争曾被当时包括新文化界在内的一些人误解,歪曲甚至攻击,即使是在今天,这种误解、歪曲和攻击仍在少数人中延续着,但是我们应该看到,当我们的经济快速腾飞,当加入世贸组织步伐越来越近的时候,我们需要的正是鲁迅这样敢于自省和自我批判的民族脊梁。在浮躁、迷茫、虚妄和日益膨胀的物欲面前,鲁迅的“疗救”灵魂的工作仍没有结束。历史进入21世纪,随着经济全球化浪潮的汹涌而至,我们的民族要实现全面复兴,鲁迅将是我们无法忘却的一面精神旗帜。

听众朋友,刚才你听到的是文学专题《不朽的民族魂》,这次节目播送完了。【乐渐隐】

安徽人民广播电台(2001年9月24日首播)

擎火的路人

天津人民广播电台　胡静影　安迅

男生:天津人民广播电台,现在是文学节目时间。欢迎收听纪念鲁迅诞辰120周年特别节目——《擎火的路人》

【《无常、女吊》主题曲扬起】

走,走,走,走,走啊,

不回来,不回来,不回来啦,

在,在,在,在,我总在,

我永远和你在一起……

【混入热烈的掌声,压混】

主持人:2001年9月,北京的初秋夜凉如水,热烈的掌声送别了话剧《无常、女吊》在人艺小剧场的最后一场演出。鲁迅笔下的《伤逝》、《无常》、《女吊》等经典作品在这进行了重新的整合,一条看不见的金钱牵引着剧场里炽热的情感——那就是戏票上直指心灵的几个字:纪念鲁迅诞辰120周年。

鲁迅:(声音的回响)120周年?如果今天我还活着该有120岁了吧?我在自己的文字里活了很多年,在路上似乎用了更长的时间。有多长?一辈子。我活着的时候好像一直在赶路,在走。

主持人:穿行时光深邃的眼睛,让我们再一次去拜会那个孤独暗夜中奋身呼号的人,那个在信仰旷野上奔走不息的人,那个手擎火炬的路人——鲁迅。

鲁迅:无论什么黑暗来进犯思想,什么悲惨来袭击社会,什么罪恶来亵渎人道,人类总是踏了铁蒺藜向前进。生命不怕死,在死的面前笑着跳着,跨过了灭亡的人们向前进。

什么是路?就是从没路的地方践踏出来的,从只有荆棘的地方开辟出来的。从前早有路了,以后也该永远有路。人类总不寂寞,因为生命是进步的……

主持人:因为秉信生命的进步,在路上的鲁迅乐于接受磨砺和奔放。从血液的辗转到情爱的抉择,从与传统的背驰到对信念的追逐,鲁迅的生命沿着上个世纪的剪影河床步步前行,一路执著。

【日本大正琴音乐】

鲁迅:我的梦很美满,预备卒业回来,治救像父亲死的病人的疾苦,战争时候要去当军医,一而又促进了国人对维新的信仰,那是上课用电影来显示微生物的形状,因此有时讲义的一段落已完,而时间还没有到。教师就放映些风景或实事的活画片给学生看。当时正逢日俄战争,所以关于战争的画片也就自然比较多了。有一回,我竟在画片上会见了久违的许多中国人了。一个帮在中间,许多站在左右,一样是强壮的体格,但是显出盲目的神情,中间被日本人砍头了的中国人据说是做了奸细。每每放到这里,课堂上充满了我那些同学的喝彩声……

【喝彩:杀得好!好!】

主持人:面对毫无意义的死亡看客,鲁迅不再认为生老病死是人生最大的悲哀。投效科学救国的他扔下了手术刀,发誓要用新文艺去改变中国人麻痹困顿的精神。

【鸽哨。市井声音】

【黄包车上铜铃声】

【报童——卖报!卖报!先先生买份《新青年》吧,有新文章,疯子吃人的……】

路人甲:什么?疯子吃人,我来一份儿。

路人乙:唉,报童,给我也来一份。

主持人:就在1918年5月15日出版的第4期《新青年》上,一篇颠倒语序但却叙述真实的小说《狂人日记》宣告了白话文、新文化以及“鲁迅”这个名字的到来。带着对封建吃人社会的凄楚绝望,鲁迅用奇异的笔调写出来旧中国那条老路上再也承载不起的苍凉。

【箫声或竹笛】

鲁迅:不能想了。4000年来时时吃人的地方,今天才明白,我也在其中混了多年。没有吃过人的孩子,或者还是?救救孩子……

主持人:狂人发着最后的宏愿绝望地喊出救救孩子,创造狂人的鲁迅却是格外清醒而有力——他要救的不单单是孩子,而是孩子的家园——中国。

鲁迅:大小无数的人肉筵宴,从有文明以来一直排到现在,人们就在这会场中吃人、被吃……扫荡这些吃人者,掀掉这席!毁坏这厨房!这是青年的使命!

【横空霹雳声】

主持人:毁掉老中国的朽木围墙,毁掉旧礼教的冰冷铁窗!呐喊的鲁迅彷徨在故园的追思与背叛中。他要在毁灭的野草上踏出一条新路,可他明白身后的那条来时路永远无法彻底埋葬。他有他的鲁镇和未庄。

【箫声悠扬】

【水橹声】

鲁迅:两岸的豆麦和河底的水草所发散出来的清香,夹杂在水气中扑面地吹来;月色便朦胧在水气里。淡黑的起伏在群山,仿佛是踊跃的铁的鲁脊,都远远地向船尾跑去。但我却还以为船慢……

主持人:急着看社戏而嫌船慢的少年迅哥是快乐的,和瓜田小英雄闰士的交往也是快乐的,然而,看不见礼教轻易地就改写了闰土,没收了鲁迅记忆中的快乐。

鲁迅:啊!闰土哥,你来了!

闰土:(犹豫)啊,老爷。快,给老爷磕头。

【跪拜的声音】

鲁迅:快起来,快起来。你怎么这样客气起来,以前不是哥弟称呼吗?还照旧,闰土哥!

闰土:啊呀,这怎么行?!这成什么规矩!老爷!

【沉重的关门声】

鲁迅:我似乎打了一个寒噤,我就知道,我们之间已经隔了一层可悲的厚障壁了,我说不出话了。

主持人:说不出话的又何止鲁迅一个。在那个没有现代声音,更没有个人声音的时候,耳边回荡的只有千年传统的回声。鲁迅不能容忍这样的服从和沉默,他不要“无声的中国”。

鲁迅:沉默啊!沉默啊!不在沉默中爆发,就在沉默中灭亡!

九斤老太:这真是一代不如一代!

阿Q:手执钢鞭将你打。

祥林嫂:阿毛,阿毛。哎,我真傻,真的,我单知道下雪的时候野兽在山坳里没有吃的东西会到村里来。

孔乙己:茴香豆的茴字怎样写的?【以上声音混在一起】

主持人:九斤老太,阿Q,祥林嫂,孔乙己,那个乡土中国在鲁迅笔下热闹起来。鲁迅找到了熟悉的乡村,他展示了那个家。可是。

鲁迅:家是我们的生处,也是我们的死所!

主持人:故乡的家园让鲁迅痛苦,开口说话的家里人种种怯懦和愚悲让鲁迅想到了爱与死。窒息的爱会死去,他得在路上寻找空气,继续奔走。

鲁迅:我快步走着,仿佛要从沉重的东西中冲击。新的生路还很多,我必须跨进去,因为我还活着。

主持人:故乡以异样的方式给了鲁迅精神的给养,那些不幸不痛无奈无声的故乡人催促着鲁迅去找一条新生的道路。鲁迅看到了现代中国的路基,然而他自己的路却模糊了。

【电报声:母病危,速归】

【汽笛声】

【结婚锣鼓】

【众人起哄】看新娘子鞋掉了。

噢,是小脚,鞋子塞的棉花。

新郎是日本留洋的,难怪要装成大脚……

主持人:1906年7月26日,被骗回家的鲁迅因为深爱母亲而顺从地接受了母亲给他的遗产——结发妻子朱安。

鲁迅:爱情是什么东西?我也不知道。我们既然自觉着人类的道德,又不能责备异性,也就只好陪着做一世的牺牲。

主持人:在那个鲁迅追求个性解放的时刻,那个充满尝试与突破的时刻,作为长子,他因为忠诚于孝道而顺服了封建礼教。这对于意气风发探索新路的鲁迅不能不说是一个天大的讽刺和打击。

鲁迅:人生最痛苦的是梦醒了无路可以走,做梦的人是幸福的;倘没有看出可走的路,最要紧的是不要去惊醒他。

主持人:鲁迅和朱安的婚姻是一片荒漠。1919年11月,鲁迅搬进了北京西直门内公用库八道湾11号的院子,同时搬进去的还有两只箱子——一个放要洗的衣服,一个放洗干净的衣服。在那段鲁迅刻意追求互不见面的日子里,两只木箱子竟然成了他们夫妻间唯一的联系与交流。痛苦清楚地浮出水面,沉没在苦闷冰海中鲁迅还有勇气去高高擎起那盏新年灯火吗?

鲁迅:我要向着新的生活跨进第一步去,我要将真实深深地藏进心的创伤中,默默地前行,用遗忘和说谎做我的向导。

主持人:夜正长,路也正黑,孤身穿行其中的鲁迅不得不选择遗忘。还好,他相信愿望。

鲁迅:我们追悼了过去的人,还要发愿:要自己和别人都纯洁聪明勇猛向上,要除去人生毫无意义的苦痛。我们还要发愿:要人类都有正当的幸福!

主持人:为了这个幸福的许诺,鲁迅更加笃定地走着“文化救国”的道路。他把文艺看做是引导国民精神的灯火,一直希望用自己体恤的文字为底层人民照明。也许因为他自己本身就是战士,他从不赞美英雄,他欣赏最质朴的大众。

鲁迅:洋车!

车夫:哎,来了!您去哪?

鲁迅:去德胜门。

车夫:先生,您坐好呐。

【气喘吁吁，突然撞车声】

【女人呻吟声】

车夫：呦！你怎么了！没事儿吧？

女人：你撞伤了我了。

鲁迅：我看到，不碍事吧。车夫，我们快走吧。

车夫：先生，您自己另叫辆车吧，我还是送她去巡警亭子吧。

【风声吹沙】

鲁迅：我这时突然感到一种异样的感觉，觉得他满身灰尘的后影，霎时高大了，而且愈走愈大，须仰视才见。而且他对于我，渐渐地又几乎变成了一种威压，甚而至于要榨出皮袍下而藏着的"小"来。

【大风呼啸而过】

主持人：出于理性、义愤、承担的勇气，他做了中国新文艺的开启着；出于关爱、悲悯、批判的胆识，他作了当时知识界的另类。就在他横眉冷对，挺身而出，不惜动用热血生命去实践新文艺的时候，一大群文艺家在他身后指点嘲笑，把他描绘成疯子和恶鬼。世间各种各样的文艺道路，他选择了孤独。

鲁迅：(感伤)人和人的灵魂，是不相通的。【叹气】

主持人：一声叹息收罗了鲁迅内心的悲悯、期待与失落。文艺道路上的至情至性，爱国情怀的至爱至痛，让他比旁人更明白中国，也更急着去追赶未来。因为看到的辽远，因为行走得太快，人群在他身后越来越远。鲁迅成了不折不扣的路人。

【有轨电车】

【《花样年华》歌曲交代空间背景】

主持人：1927 年的上海，鲁迅不再是一个人，许广平和他同行了。

【婴儿啼哭】

主持人：无情未必真豪杰，怜子如何不丈夫？儿子海婴的到来让鲁迅"甘为人梯"的胸怀更加关爱青年，信赖未来。他不再独自行走，他要燃烧自己为后人照亮道路。

鲁迅：只能从觉醒的人开始，各自解放了自己的孩子。自己背起因袭的重担，抗住了黑暗的闸门，放他们到宽阔光明的地方去，此后幸福地度日，合理地做人。

主持人：让黑暗吞没自己，为了海婴以及未来中国像海婴一样的孩子。世界留给了他们，有什么留给自己呢？

鲁迅：有是有的，就是将来的希望。假使寻不出路来，我们所要的就是梦，但不是将来的梦，只要目前的梦。

主持人：是的，鲁迅是清醒的，他只活在现在时态。为此，他不仅勇敢地呐喊出向对手学习优点，不仅呼吁民众要点燃理性的灯盏，而且，为了鞭挞那顽疾创痛难以改变的假中华，鲁迅举起了鞭子。第一滴血是鲁迅的，那是深入骨髓的对中国的爱。

鲁迅：世上如果还有真要活下去的人们，就该敢说，敢笑，敢哭，敢怒，敢骂，敢打，在这可诅咒的地方击退了可诅咒的时代！

【鼓乐和霹雳】

【列车呼啸而过】

主持人:时代匆匆地前行,行走比安息要幸福。行走的鲁迅点燃了灯火,燃烧了自己的躯体和魂魄,他希望照亮中国现代化的道路和他身后千百万注定执著摸索的人。

【《无常、女吊》歌曲与掌声压混】

主持人:在那场话剧的散场人流中我们发现了白岩松,原来他一直用心灵在仰视鲁迅。

【出录音】

主持人:1936年,鲁迅留下了这样的遗言。

鲁迅:不要做任何纪念的事,忘记我。

主持人:有时候忘记比记住还要困难。特别是当一个人的生命照亮了一段历史,标注了一个民族的魂魄,擎起了不熄的灯火。

鲁迅:(声音空旷感)希望是本无所谓有,无所谓无的。这正如地上的路,其实地上本没有路,走的人多了,也便成了路。

【歌曲《我爱你中国》前奏】

您刚才听到的是文学专题节目《擎火的路人》。这次节目播送完了,谢谢收听。

天津人民广播电台(2001年9月25日首播)

风筝

陕西人民广播电台 高晓丽 苏娅

听众朋友,欢迎收听《文苑方舟》,我是主持人安珂。忙碌之后片刻闲暇,打开收音机,让我们倾听,让我们思索。不久前,一堆归国创业的留学生夫妇在听广播的时候,思绪中就有了一段关于"风筝"的回忆。

【收音机选台的杂音 新闻片段出现】

陕西台消息:11月19日到21日,全国留学人员创业工作座谈会在西安举行。近60个城市的留学归国人员代表聚集西安,就留学人员归国创业问题展开研讨。与会人士认为:随着祖国经济蓬勃,社会发展,越来越多的海外留学生放弃国外的优裕生活,回来报效祖国,现已形成"归国热"。如果说当年风风火火的"出国热"表现了莘莘学子为振兴中华学习的热情和抱负,那么今天的"归国热"则表现了留学生经过冷静的观察和思考,对机遇、对未来、对文化的一次重大的选择。

【音乐起,压混】

政府为了吸引海外学子归国，制定公布了许多优惠政策，并在全国60多个城市设立了留学生创业科技园区，鼓励他们在国内创业和进行科技研发，为他们的发展带来了无限商机……

【压混完】

男：留学，是学习文化，也是比较文化。

出国归出国，风筝一般归去来兮，才懂得国，才懂得家，才懂得自己，才懂得了自己所属的文化：原来爱国是文化的荣辱与共、思乡是文化的血脉相连。

归去来兮的风筝，民族的文化给他骨架，给他色彩。而民族的发展就是牵着那无法割舍的文化情怀的长线，他连接着游子和祖国母亲的心。

女：春天的时候，天空里飞着各种各样的风筝，风筝的下面有一双双关注的眼睛。而风筝最美丽的胸膛，也永远面对眼睛的方向。

春天的时候，天空里飞着各种各样的风筝，也飞着各种各样的感受、故事和梦想……

【音乐完】

男：机场，我对父母说：我们去，也许留下，也许就回来了。父亲说：回来也好，现在国内发展很快，机会更多。

飞机起飞的那一瞬间，我感觉自己像一个被风托起的风筝。飞机越来越高，机场越来越远，我知道，父母一定还没有走，他们一定还在机场的什么地方看着我飞。亲人啊，如果我是风筝必须远离，那就让我把所有归来的希望都放在您的手里。

【音乐起】

女：在国外的第九个晚上，落了一场很大的雨。

早晨，雨过天晴，送儿子笨笨去学校。路两旁的绿草里。昨天满地的黄花一夜间都变成了顶满白色小伞的蒲公英，在阳光中晶莹剔透，像一个个小小的水晶球。风吹着那些白色的小伞，高兴地在草地上撒欢儿。看蒲公英在五月的风里飞舞，随口给笨唱起了一首小时候唱过的儿歌：

"我是一颗蒲公英的种子，谁也不知道我的快乐和悲伤，爸爸妈妈给我一把小伞，让我在广阔的天地间飘荡。小伞儿带着我飞翔，飞翔。小伞儿带着我飞——翔。"

两个中国学生匆匆走过我们朝大学的方向去了，他们的声音也像蒲公英的种子一样飘过：

"我妹问我为什么想回去，我说因为洋人讲的笑话每一个字我都能听懂，可我却不知道为什么好笑。"

"他们不懂，这儿再好都是人家的好。天堂也有孤儿啊。"

"Wilson—"笨看见了同学，举着蒲公英向前跑去，Wilson和他的妈妈在路边停下来等我们。Wilson从家出来多年，他爸爸在附近镇上的一个机械厂上班。因为镇上没有中国人，他们还是选择住在了中国人多的这里。现在，Wilson的爸爸每天上班早出晚归，妈妈就做饭干家务接送孩子。一次，这位在国内曾经是心血管大夫的女人说到自己，专门让我看了她来这里后长出来的许多白发，还告诉我她想报考护士学校去拿一个工作的执照。

孩子们继续玩着蒲公英，我给Wilson妈妈讲了刚才两个中国学生的对话，Wilson妈妈叹口气道：对我们来说只有战场，哪有天堂。他们现在经历的那些苦我们算是熬过来乐，可得失取舍谁又说得清呢？在国内想着国外好，在国外就老想着国内的好。这人出了国，心就永远开始流浪了。

片刻沉默后，Wilson 妈妈问起笨在学校的情况。我说，孩子特别喜欢这里的学校和老师，但语言不通对孩子还是有压力的。Wilson 妈妈安慰我：这是不用愁，你该愁的是过半年他就不愿意说中国话了。这里的中国人为了让孩子不忘母语，放学之后又把孩子送进专门的汉语班。汉语班的老师用国内带来的课本给孩子们上课，可孩子们在课堂上经常笑话百出。一次老师读到抗日这个词的时候，问孩子们"抗日"是什么意思？只有一个孩子举手说他知道并站起来回答：抗日就是把太阳扛在肩上的意思。

快到学校的时候，笨让我再给 Wilson 唱唱蒲公英的歌，我就把那支儿歌又唱了一遍：

"我是一颗蒲公英的种子，谁也不知道我的快乐和悲伤……"

我刚唱完，Wilson 吃力地用中国话问：

"'悲伤'是什么？"

他妈妈说：悲伤就是难过的意思。

"难过？蒲公英为什么要难过？"笨问。

我答：

"蒲公英离开了妈妈，就会难过。"

【音乐起】

男：来这里看了一场职业棒球赛，坐在那里竟然不知道该为谁加油，也听不懂周围人们狂热地喊些什么，就连来这里三年，已经读成博士的朋友也听不懂。我们只有吃着爆米花，看着别人投入并且激动。我知道有些事情经过努力我会接近它、融入它。可有些事情永远无法改变。在拿到签证的那一刻，我曾觉得这个美丽的新世界离我那么近。而身处此地，我才发现它离我那么远。这时候我突然明白，风筝的幸福，在于它还有自己可以回去的家。

【音乐完】

女：出国之前，一对夫妇冒雨送行时放下些各色茶叶，茶叶分别用小袋子装着，上面写上不同的名字。那字写得古色古香，可茶名大都闻所未闻。最别致的一种茶形如豆，缠绕成粒，叫茉莉绣球。他夫妇知道我不懂茶也不喝茶，走时便留下话：你心里太热闹，还不知茶的好处。不喝就送老外吧。

出来以后，第一次请洋人来做客，就用上了这些茶。那天，一位洋朋友带我去游览了这里的一个古教堂，还带我去了唐人街。在他乡头一次看见写满汉字和堆满国货的商店，竟然激动得鼻子发酸。看着一袋价钱比国内翻了十倍的方便面，又一次意识到时空已换，家乡已隔千山万水。回家，我把买来的国货做得足味的麻辣酸咸，吃得那位洋朋友是龇牙咧嘴。接下来的口渴使我一下子想到了那些茶。

马上浇水，特意挑出那包茉莉绣球，开始给洋朋友讲有关茉莉和绣球的东方故事，将中国人的绣球情怀，告诉她那首"茉莉花"的歌和"五典坡"的戏。洋朋友好奇地听着，不停地说着"好玩"。我对她用这个词来评价我的故事感到有些沮丧，也就明白好多故事后面的感觉是讲不出来的。

水开了。一边和洋朋友聊着一边倒出几颗带白绒花边的茶豆放进玻璃杯子里，水冲进去，茶豆随着水翻滚几次后都伏在了水面。过一会儿，慢慢渗出一点绿色。茶香出来的时候，茶豆缓缓落了下去。喝下第一口茶水，随着心底泛上的一丝略带苦味儿的清甜，那茶豆也在杯子里渐渐舒展开一个尖尖的边儿，啊——看出茶叶本来的样子了。

因为茶水太烫，洋朋友去倒了杯饮料，我却耐心地开始品味这原来准备送人的茶。端着饮料洋朋友又和我说起上午参观过的那个有一百多年的教堂，她自豪地讲述她祖父的父亲和这个教堂的故事，她告诉我这个教堂是他们国家独立富强的见证，是这里人民的精神家园。讲到这里，她湖蓝色的眼睛熠熠有光。

水不断地续着，紧紧紧缠绕的绣球也就一点点打开，那与生俱来又蕴涵深处的色、香、味也随之一点点释放出来，再一点一点沁人心脾。在离家如此遥远的地方，借着异国的热水，第一次，我静静地品味那些曾经忽略了的过去，那些曾经熟视无睹的风情。

“喜欢这里吗？”最后洋朋友问我。

我看着她的蓝眼睛诚恳地回答：“喜欢，非常喜欢。”

“那你们怎么打算？”

“学习然后回去。”再说这句话之前，我还没有做出这个决定。

“真的吗？为什么？”洋朋友的眼睛瞪得大大的，放下了她手中的饮料。“你们在这里可以比那边过得更好。”

是的，这也是我们原来想的。可到了这里我才知道，我已经习惯家乡3000年得麻辣酸咸、热烫苦茶；欣赏家乡3000年的琴棋书画、雪夜风花；珍惜家乡3000年的苦难跋涉、奋斗挣扎。到这里我才懂得了那首歌的一句话：“流在心里的血，澎湃着中华的声音，我的祖先早已把我的一切烙上中国印。”

最后，我笑笑对洋朋友说：“我住的城市有3000年的历史，3000年的历史可能就是我们这样人的教堂，就是我们这样人的精神家园。”

很长时间，我们喝着各自杯子里的东西都没有话。

“让我现在来试试你的中国茶吧。”洋朋友端起茶杯的时候神态严肃。

【音乐起】

有些事，要走过千山万水以后才会去想，才会懂得该放弃还是珍惜。

就像有些人，也要走过千山万水以后才能了解，才能明白该相聚还是分离。

男：今天是中秋节，一个华人医生邀请我们参加中秋电影晚会。那里有月饼，还要放一部中国电影。医生要笨笨唱一首中国歌，笨笨大声地唱了那首《龙的传人》，引来全体中国人的合唱。医生问孩子什么时候学的这首歌，我说：知道笨笨学校每天早上都要唱这里的国歌以后，我就给他教了。我想给孩子一个回家的方向，就像给风筝一根不断的长线。

女：回国后不久的一个周末之夜，正好是2008年奥运会申办城市的最后角逐。几个从国外回来的朋友聚在一起，一边聊天一遍看着电视，等待最后的结果。也许是经历过失败，也许是更多的知道对手的发达与富足，竟然没有一个人对北京的胜出有把握。

“为什么我们要这么在乎这个举办权？”在多伦多陈述的时候，有人问。

“起码我需要，为了我儿子。”一个从加拿大归国创业的博士接着说。

“我儿子现在就在多伦多，他一定在等北京的好消息。”

“那可不一定，你儿子六七岁就过去了，已经快10年了吧？多伦多对他要比北京亲切的多，这些孩子都是外黄里白的香蕉人。”

40多岁的博士慢慢地摇了摇头，给我们讲了一段他儿子的故事。虽然孩子很小就过去了，但博士夫妇从来没有停止对孩子的汉语教育。孩子自己也特别喜欢汉语言文学，特别是古典文学。就在博士决定一个人先回国创业之前,为了往返方便,他们夫妇决定加入加拿大国籍。在入籍考试的前一天晚上,夫妇俩在一起看一些关于加拿大历史的有关资料,已经长大的孩子显得有点不安,临去自己的房间睡觉时他给父母撂下了一个纸团。打开纸团,博士夫妻看见了孩子写的一首打油诗:

"公民考试非我梦,父母心情儿子懂。祝愿你们考成功,纸上枫叶心中龙。"

博士讲完这个故事,眼睛里闪着泪花。

最后北京拿到了主办权。

从朋友家回来,接到了夫的电话,地球那一边的他激动地说:"你知道吗?北京成功了。"

我故意淡淡地回答:"这和我们有什么关系?北京离我那么远,离你更远。"

"开玩笑,这是中国人的骄傲。"夫在电话里喊,"这里的中国人高兴得还准备放烟火呢。"

【音乐起】

接完电话,来到阳台。看着满天的星斗,想着今夜在异国升腾的火焰。那火花飞向天空的样子,也该像一条起舞的龙吧。

男:10月中旬,中国教育部会同有关部委,省市及国有企业和高等院校组成的大型代表团赴北美开展声势浩大的人才科技的好消息:"今年西方国家的经济增长速度预计平均是1%,而只有中国一枝独秀,达到了7%。"

那天晚上回来做了一个梦,梦见春天的时候好多的风筝要飞。

最后,起风了,风向偏东……

【收音机再出新闻声音】

女:据统计,随着国家政治和经济的开发,越来越多的留学生选择回国,改革开放以来,在中国向海外输送的30多万留学有7379人,几乎是1990年的5倍。最近四年,归国留学人员的数量每年以13%的速度递增,成为推动中国经济改革的新动力。

【新闻片段完　收音机换台的杂音】

听众朋友,文学专题节目"风筝"到这里就播送完了。主持人安珂感谢各位的收听,我们下次节目时间再会。

陕西人民广播电台(2001年11月28日首播)

张楠——与死亡对视

中央人民广播电台 刘红伟 姚科

【主题音乐出】听众朋友,欢迎收听中央台的文学节目《张楠——与死亡对视》

“生命”是人类难以跨越的鸿沟,人类永恒谈论的话题。“感受生命”是我们快乐的源泉,“超越生命”是我们永远的梦想。“诗歌”是精神的支柱,梦想的寄托。当我们日益被现实欺压,被物质囚禁时,或许通过诗歌,我们才能找到那一份天性的安逸,人性的自由。生命如诗,我们才能找到那一份天性的安逸,人性的自由。生命如诗,诗如生命。当生命被诗歌主宰,我们有理由期待,那将是升华的开始。

张楠,一位普通的渔家女子,年纪轻轻,却有着不幸的命运,两年多来,尿毒症一直伴随着她如诗的生命,如花的岁月。然而残酷的现实没有浇灭她心中的激情烈火,没有掠夺她与生俱来的浪漫情怀。她通过一首首诗歌,坚定、从容地向我们诉说着。在她的心中,诗歌占据了全部的生命。用诗来交流、用诗来把握成了她唯一的选择。

【配乐诗歌《我在北方》片段】

含泪的青鸟/衔一袭黛绿的忧伤/边走边唱/为了一朵野菊适应天堂……

【混大自然音乐、海声】张楠先生在渤海岸边的一个小渔村。后来,远嫁到青岛。她的丈夫是一个普通的维修工。他们有一个漂亮、可爱的女儿。两年前,她的家人发现她面色发暗,她自己也感觉到体力渐渐不支,视力下降,眼皮时时发紧。当时张楠对自己身体的种种异常变化并没在意,她并不知道苦难已向她走近。

【采访录音,张楠讲述第一次发现患病时的情形】

第一次发现自己患有尿毒症,是在1999年的12月份,那时候,当医生把病历递到我手里的时候,我看到了一行非常醒目的红字:慢性肾小球肾炎引发的尿毒症(晚期)。当时我就呆住了,好像从云端跌到了万丈深渊里,身体轻飘飘的,那种想呕吐的有过的苍白,然后我就双眼可怜巴巴地看着医生,那种惊愕和惋惜的目光,我从医生的眼神里能够感觉到当时有多么绝望。我知道这种病到了此时,任何药物都已经无济于事,只有两条路可走。一个是终生靠血液透析维持,另一个就是换肾,也就是进行肾移植手术。

【配乐诗歌《我在北方》出】

如今

我在北方

在北方爬满野坡的瘦菊里
灿然开放
风轻云淡
落满秋籽的榛树林
我是你古朴绣衣上
那一朵静若处子的蝴蝶
扑进你清冽的气息
我要感恩
来自北国与之同样晴朗的爱
歌声临近
从曲折的海岸
一路辗转
含泪的青鸟
衔一袭黛绿的忧伤
边走边唱
为了一朵野菊适应天堂
阳光成雨
水洗净阳光
我在北方
棕红的摇曳打湿我的灵魂
我听见夜来了
多么沉静的夜啊
睡眠是情人唇边的花朵
在遥远的乡村
梦中呼唤我的是一颗
苦难的灵魂
是的
苦难　苦难　苦难
甚至一次凝视
一声问候
都要流落于水　凝结成冰
此刻
我在北方
在北方的榛子树里
经历候鸟之爱
但是我不能把生命里的爱留在北国
我时时刻刻都要面对死亡
面对死亡

我依旧幸福着最初的幸福
依然痛苦着最初的痛苦
亲爱的情人
如果有一种祈愿叫来生
我会如一株水草
绕在你的命里成长
拥紧你的女人　我的爱
玫瑰适应了黑暗
你看　我缀着花瓣的长发
垂落如帘
用你那结满秋茧的唇　热吻
我失了血液的脚趾
用你那粗重的手指
拈起我如珠的眼神
在这个静谧的秋夜
请抱紧你的女人

正像张楠的诗中所说:“梦中呼唤我的,是一颗苦难的灵魂。”张楠仿佛命中注定要有一个苦难的人生,苦难对于她始终是如影随形。

【音乐出】张楠患病以后,她的家陷入了无边的苦难中。两年来,为了看病,家里已欠下八九万元的外债。分了新居以后,屋里空荡荡的,一件家具也没添置。女儿如今已长到八岁,没得到过一件玩具。不到过节时,餐桌上见不到半点儿肉腥。一家三口只能依靠丈夫每月几百元微薄的工资度日。每星期两到三次的数千元透析费已压得本不富裕的家庭几近崩溃。最后,由于没有钱,张楠不得不将本应每周两到三次的透析减到一次。

张楠说,她永远也忘不了第一次透析,当那根钉子般的大针,经过六七分钟的艰难探索,终于刺进脚里的时候,她疼得满头大汗,痛哭失声。她不停地在心里喊着:“爸爸,快来救救您的女儿吧!把她从这种痛彻骨髓的折磨中解脱出来吧!让她在您温暖的怀里,大哭一场,或者干脆让她死去……”

在短短的两个小时里张楠经历了从生到死,从死到生,从绝望到希望的痛苦过程。面对死亡的挑战,张楠最终决定要活下去。

【配乐诗歌《苦艾》出】

很早
我就把城市的天空
想象为一片陆地
晌午
土把艳阳照亮
我活着
尝过苦苦的药酒

类似于一茎艾草降落民间
从乡村到城市
从城市返回乡村
我看见了山来　看见了水往
看见了歌唱五月的翠鸟　手把苇叶
看见花瓣一心一意还给蝴蝶的
是自己的魂
挖地三尺
谁叫了我的根
苍凉厚土啊
我纵有万丈苦茎
托在你的手心
也是一枚甜丝丝的嫩芽啊

【音乐出】张楠虽然留恋生命,却绝不畏惧死亡。她把自己比做一棵艾草,在亲人的呵护疼爱下,虽苦犹甜。然而对于亲人,她无限眷恋的同时也感到愧疚。女儿丹丹两年来,从没得到过一件像样的漂亮衣服,吃的粗茶淡饭。然而,女儿却十分懂事,从没有过一句怨言。不仅常陪她一同落泪,还像大人一样安慰她。除此之外,时常闪现在张楠脑海中的还有一双苍老、混沌和悲伤欲绝的眼睛,那是母亲的眼睛。还有她至爱的父亲,一个善良、淳朴的老渔民,在与病魔做着无奈的抗争之后撒手而去。还有她的丈夫也在压力重重之中努力地带给她欢乐。正是有亲人的爱做后盾,张楠才可以勇敢地面对死亡。

虽然死亡的阴影一步步临近,但并没有摧毁张楠坚强的心,"以花朵般的心境活着",她时时以这样的话自勉。在张楠的诗中,有一首诗是她最喜欢的,这就是《秋蝶》。悬空而舞的秋蝶,是张楠美丽而坚韧的灵魂的象征。

【音乐出,混张楠朗诵《秋蝶》片段及张楠介绍成诗过程】

这首诗诞生在一个深秋的午后,那天我坐在床上,双眼呆呆地看着窗外,手里拿着一支笔,正在冥思苦想着一首诗的结尾。突然间,门房"砰"的一声被我丈夫撞开了,他看见我手里的笔,看见我发呆的眼神,非常非常地恼火,一把抢过稿纸。愤怒地撕成了碎片,边撕边跺脚,狂怒地大喊:"你怎么又写上了,不想活了吗?"说着拉开窗户,由不得我再说什么,把手中的碎纸片全部扔了出去。短暂的惊愕之后。我挺起了身子,一个健步冲到了窗前,然而那些碎片早已落入了空中。我正在为此惋惜落泪的时候,忽然那些飘向风雨中的碎纸片,在我眼中幻化成无数洁白的白蝴蝶,它们款款地飞舞着歌唱着,我的脑际迅速闪过生命苦旅中振翅而舞的秋蝶,就这样,那首《秋蝶》诞生了。

【配乐诗歌《秋蝶》出】

一团暖阳围住我
我就想听听你寒冷的声音
怎样打动一块恋山的石
落入我不顾一切绿着的园地

我在悉心聆听
同时想念
你在某个春天的第一个夜晚
携带而来的花片
那对生在野外　死在田间
甚至还活着你的泪水的万紫千红啊

我深深疼爱着你的清凉和潮湿
当你把过冬的预言呈给花心
当你咬痛散落于地的玉米叶
我知道

抚摸你成长的秋天
更加丰盛了

可是
用落叶去掩饰道路的荒芜
真的令人触目惊心

蝶
振翅而舞
故园的这把泥土
已在日益葱绿的地下
紧紧揪住你旋舞的血影

无法推开你满目的沉静
在自由自在的花间林隙
我做了一粒碎尘
倾尽一生敬仰你

【音乐除】当张楠不由自主地把这些诗词读出来时，丈夫感动得落泪了，他默默地转过身，开门走了。不一会儿，丈夫的手中捧回了许多沾满了泥水的“白蝴蝶”。

在张楠眼中，自己就像秋蝶，美丽而凄凉；在人们的眼中，她是爱的天使，是美的化身。中国诗歌学会秘书长张同吾在谈到张楠的诗与人时，难以抑制心中的激动之情。

张同吾评论录音：

我觉得她的作品有一个特点：以她女性的细微和敏感，捕捉到她对生命的热爱，对生命的渴求，对青春的眷恋，写得非常感人的。她又有一个特殊情况—身患重病。在这样一种特殊的境遇之中，感受生命、感悟生活、去感觉人生爱的真谛，恐怕就会更加深刻。诗到底是什么？我们可以从许许多多的理论著述中找到上千条的定义,我们有着非常美妙的比喻,说诗是什么?那么我们今天从另一个意义上来感觉到,诗是什么呢?应该说,诗是爱的精灵,诗人就应该是爱的天使,爱的前驱。

【音乐出】在现实生活中,张楠已经步履维艰,但她向往能与健康人一样自如地奔跑。她把她的希望和梦想用一支如花的妙笔淋漓尽致地表达出来。

【配乐诗歌《骑手》出】

攥着这深棕色的痛苦
目睹那些艳丽的蹄花
我真的很难过
可是我已经深深深深地爱上了那片迷幻
般的绿洲
我深棕色年少的跑马呀
你水澎湃试图摆脱枷身的惩罚
鲜血沥沥
掩在沙下
我苍白着脸庞
热泪盈眶
我触到生命的奇迹充满血腥
与死亡对视
我该仇恨
我在绝望里听到马的嘶喊
一声喊开千年铁树盛开的花龄

【音乐出】在诗中,张楠把自己比作骑手,她胯下的骏马能帮助她战胜疾病和死亡,去创造生命的奇迹。然而,自从绝症确诊之后这个过程就像铁树开花,千年一回,为此她要付出血与泪的代价。

【音乐出】张楠是爱的天使,她在把美与爱带给人间的同时也深深地感到了人间的美丽与温情。从2001年4月张楠抵达北京之日起,社会各界就向这位柔弱的女子伸出了援助的手,从新闻媒体、出版单位、医疗机构到普通百姓,来自四面八方的关爱为她撑起了一片美丽而多情的天空。在社会的帮助下,她的诗集《温柔为弦》得以出版,同时她还得到了医院的无偿救治。目前张楠仍然在医院通过每周的透析来维持生命。在死亡的威胁下,她没有忘记写作。对她来说,写作是生命的一部分。疾病使她的生命残缺,而诗歌恰是用来填补那空缺的,能使她的生命重新丰盈。对她来说,写作是她的必需,是她所有的勇气、毅力和梦想的总载体。正是借助诗歌的翅膀,她才可以勇敢地与死亡对视,与生命抗争。

听众朋友,刚才您收听的是中央台的文学专题《张楠——与死亡对视》。欢迎您收听中央台下面的节目。

中央人民广播电台(2001年12月20日首播)

大自然的守望

重庆人民广播电台　万曦　陈小利

女:听众朋友,下面听文学专题《大自然的守望者》。本节目献给新世纪第一个世界环境日。

【音乐起,混音声】

"敕勒川,阴山下,天似穹庐,笼盖四野。天苍苍,野茫茫,风吹草低见牛羊。"

【狂风大作声,音乐,混播】

女:北方,科尔沁草原。

有一个男孩从小喜爱动物,然而,狂风和沙暴把他可爱的小伙伴都赶走了。长大后,他开始去寻梦。无论是人迹罕至的雪域高原,还是神秘莫测的热带丛林,只要有野生动物的地方,就有他的足迹。后来他把自己的所见所闻所思所感都写进了书里。他,就是我们今天要认识的朋友——李青松。

2001 年 3 月 2 日,在中国新文学的殿堂——中国现代文学馆,世界自然基金会,中国环境促进会,中国报告文学学会联合主办了"李青松生态文学作品研讨会"。国内 50 多位著名作家,讨论家聚集一堂,对青年作家李青松的文学创作给予了由衷的称赞。从一名专门从事生态报道的记者到生态文学家,李青松走过了一条充满艰辛,坎坷的创作之路。

【出李青松电话采访录音】

有的时候搞生态文学很艰苦,它就不像现在那种追求比较时髦的,比较舒适的记者在城头采访那么容易。想起来有些事情令我非常难忘……【压混】

男:这的确是一条满布荆棘、杂草丛生的路。记得一位报社总编曾对我说:"只有像挖马铃薯那样的采访,你才能获得真正的价值的东西。"是啊,不走进森林、不走进动物、不走进自然,怎么能写出像根一样梦魂牵绕的作品。也许,生态文学作家是最辛苦、最寂寞的,有时甚至需要一种面对死亡的勇气。那是 1992 年 2 月,我工作的《中国绿色时报》接到老百姓来信,反映新疆阿尔金山地区,野生动物滥捕滥猎现象非常严重,我随林业部一位同志前去采访。【出风雪声、马嘶鸣叫】2 月的阿尔金山,天气异常寒冷,狂风呼啸,风雪弥漫。我们身上披着牧民穿的羊皮,脚上蹬着大头靴,骑着马,在山里整整走了一个星期,一边寻找野生动物的足迹,一边搜索盗猎者的踪影。由于海拔高不能生火做饭,只能吃维族牧民烤制的一种叫馕的食品,还有就是冻得坚硬的羊排。晚上睡在帐篷里,外面传来野狼骇人的嚎叫,让人整夜整夜难以入睡。有一天,我们在山里迷了路,眼看着天就黑了,在漫天风雪中,我抱着和自己相依为命的伊犁马度过了一生中最寒冷的夜晚,直到第二天早上救援的人赶到……

女:一次次像马铃薯一样艰辛的采访,触发了李青松的创作灵感,更唤起了他灵魂深处对动物、对自然包含的友善和亲情,这情感化做溪流从他的笔端流淌而出……

【水声,音乐起】

男:正是冰雪消融的季节。起伏的远山,静静的白桦林。

北方,长白山区。长白落叶松高大挺拔,在雪和水的边缘,黑色的土地上,一丛丛的杜鹃花开得热烈。几只斑尾榛鸡啄食着泥土中的食物。

冰封了一个冬天的小河苏醒了,河面上一块厚冰塌落下去,

一泓清水浸漫着厚厚的积雪。

在森林和森林之间,一群梅花鹿跳跃着奔跑,很快在森林中消失了。

远处传来东北虎的阵阵吼声。雪地上,一行东北虎的足迹清晰可见了……

女:这篇《音乐里的动物》收录在李青松的"生态文学专辑"《遥远的虎啸》中。著名文学评论家李炳银称赞作品《遥远的虎啸》"开启了生态文学创作的一个新领域,使人耳目一新,为之一震"。这本书把关注的焦点集中在野生动物的命运上,把探索的足迹深刻到人与自然的关系中。有作家跋涉西北荒漠地区寻找野骆驼的足迹,有他在岭南竹海品味中华竹文化风采和底蕴的感悟,有他对野生动物落寞凄苦的忧思,更有他对人类与自然关系的嘴稳和探索。著名作家徐刚在这本书的序言中写道:"读李轻松的作品,不禁为他涉猎生态范围而感动,更为作者的观察和思考而欣喜。他写到遥远的虎啸,那华南虎重归故里的长啸,以及人们听到这呼啸之后心里的慰藉,读来摄人心魄……"

在当今文坛闲适散文与私性小说四处张扬的"非常状态"下,从事生态文学创作,走下去的艰难和走不下去的困惑总是会有的,但李青松甘冒走沙漠深山的劳苦,在实际历练中寻求这对自然的独特理解,这种坚韧和执著是常人难以企及的。

【音乐起】

男:其实啊,我也曾经感到迷惘,有时也想退却,课每当这时候,故乡,就像深长在心底的梦一样猛然浮现在我的眼前。我是一个农民的儿子,从小在科尔沁沙地长大。科尔沁是咱们国家一个非常贫穷落后的地方,原来是草原,可现在土地都已经沙漠化了,到处是白茫茫的一片。在我的记忆里,乡亲们春天播下种子,秋天收获的却是泪水,我也曾因家庭的贫困差一点就上不起大学,这一切都是因为生态环境的恶化造成的。所以从很小的时候,我就下决心将来一定要成为根治家乡生态问题做一些事情。上大学的时候。我考的是中国政法大学法律系,毕业后原本可以做一名法官或当律师,可是想改变家乡沙地最直接的方式是造林种草,于是就去了林业部下属的《中国绿色时报》,当了一名专门从事生态报道的记者。这也许是最能与大自然接近的职业。我庆幸自己当初的选择,因为它不仅圆了我儿时的梦,而且让我走进了文学的神圣殿堂。

女:在十多年的创作生涯中,李青松几乎跑遍了所有的自然保护区,写下了《遥远的虎啸》、《林区与林区人》等上百万字的系列生态文学作品。他把这些浸润这感情、灵智、心血的文字作为对养育自己的家乡的回馈。在艰难跋涉中,李青松也结识了许许多多和他一样对动物、对自然怀有挚爱真情的人们,他们中有动物学家,有普通的林业干部,有生活在保护区的淳朴乡亲。这些为保护每一片绿叶默默奉献的人们称为作家创作的动力和源泉,他们与动物之间的故事

构成了作家笔下栩栩如生的画卷。《遥远的虎啸》中就描绘了这样一位爱鸟之人。

【出鸟鸣声】

男:雍水生是朱鹮保护观察站最年长的一位,头发虽然已经花白,身子骨却依然像当年当兵打仗时那么硬朗。解放鞋穿破了多少双说不清,反正收破烂的都认得他家门了。

老雍整日提一个黑色的包,里面装着雨衣、望远镜,还有一支圆珠笔和一个小本子。他上山从不带地图,他自己就是地图。洋县汉江以北的山山岭岭,沟沟岔岔,没有他不熟悉的。

"看鸟的老汉来了。"他一进村,村民们就围上来,把朱鹮在这里的活动情况绘声绘色地说给他听。

如果鸟有灵性的话,它们一定记得老雍那件咖啡色的鸭绒衣。

在它们患病或受伤的危难时刻,那件咖啡色的鸭绒衣为它们遮挡了多少风寒……

每次从山上下来,老伴总是叨叨:"这鸭绒衣上咋这么多鸟屎?"

老雍嘿嘿地挤出几个笑:"这屎珍贵哩!全世界都不易找到。"

目前,学术界对朱鹮雌雄区别的研究一直没有定论。而雍永生根据朱鹮脸上皱纹的粗细,某一根羽毛翘起的程度和鸟叫时的音质等常人难以掌握的细节便可以认知。

女:远离繁华都市在深山密林中生活是艰苦的,但与动物为伴,以自然为友的生活又是新鲜而美丽的,尤其是和像老雍这样朴实敦厚的动物保护者朝夕为伴使李青松胸中奔涌着灵动的诗情,他不由得发出了"自然是一切"的感叹。他在书里写道:"鸟语是美丽的。没有鸟语的森林是寂寞的森林,没有鸟语的城市是畸形的城市。"作家开始进一步反思动物、自然、人类这三者的关系:"花在枝则生,离枝则死;鸟在林则乐,离林则悲。鸟是属于大自然的。鸟失去了大自然,就失去了一切,人也是属于大自然的。失去自然的人类,注定要失去自己。"

读李青松的作品,你会分明感受到作家对人类在爱恨交织中表现出的负责精神和流露出的深情期待。作家对自然的守望和对于人类的觉醒始终是那样的至情至真。他访寻自然,看护家园,反思人类。为人们留下了许多心灵、情感和这里的记录:

【音乐起】

男:大自然宽容所有的生命。

生命与生命是一种依存,生命与生命又是一种制约。

生命的差异把大自然的链条奇妙地连接起来,并涂抹上缤纷玄妙的色彩,每一种生命都有自己的位置。每一种生命都有自己的位置,或在天空,或在森林,或在湖泊,或在草原……

岁月在白昼与黑夜的交替中一层层地剥落,而生命却在古老质朴的大地上生生不息,兴旺繁荣。

有时,生命能够超越现实和自身。创造出无可比拟的智慧和幻想。

凡有生命的地方就会有爱与恨的抗衡和统一。冷酷和残忍可以毁灭生命,也可以会没自然法则。

对于绿色生命来说,最难理解的不是将来,而是历史。

绿色应该而且有可能在世上永驻,大森林的生命往复无限……

女:写作,成为李青松生命的一部分,作为《中国绿色时报》副刊部的主任,他还以"绿地"副刊为园地。努力培养、扶持生态文学创作的新人。参与组织并发起一年一次的全国性生态文学研讨会。亲任"人与动物"丛书《大鹰高飞》的主编,中国作家协会副主席张锲称赞李青松是“有激情与创造力的作家,是生态文学创作群体中的佼佼者”。

有人说,生态文学之路是孤独的寂寞之路。可在李青松的眼里,它确实一条布满了新生命的道路。令人神往,永无尽头。

【出李青松电话采访录音】

我想文学的作用是不可忽视的。高尔基曾说过一句话:“文学就是人学。”在我看来呢,生态文学的作用在很大程度上就是校正人们的灵魂和观念,并呼吁人们创造出对自然更为合理的空间,以保持现代人与自然之间的一种平衡。从而使自然环境和社会环境达到高度的协调和统一。虽然生态文学是一个充满忧患意识的文学门类,但是我感觉希望总是大于失望。因为,21 世纪的中国已经进入了绿色的世纪,从我们国家来讲,已经充分意识到生态环境建设的重要性,而且正在开始去做了。从决策的高层到普通民众,这种一时是非常可取的。人在自然面前,你只要按照自然的规律去尊重它、去爱护它、去保护它,让它按照自然的法则自由自在地运转,不去伤害它,那么大自然带给你的就是神奇……【压混】

男:在中国,对自然的思考是源远流长的,早在许多年以前,我们的先人就在探求着一切生命的互动、平衡与和谐,从庄子的思想以及《山海经》中记载的古人的植物崇拜,都说明对生命的崇拜早期人类对待生活的一种态度。从先哲的书里,我仿佛看到那灵智的脚印正踏着落叶,向我走来,我仿佛与这些智者相逢在林中的小路上了……

【音乐起】

女:是啊,爱动物、爱自然、爱我们共同的家园,这是一种植根于我们古老文明中的朴素情感,这种情感虽然一度被物质的诱惑、流行的喧嚣所掩盖,但它必将会随着人类的不断进步而更加枝繁叶茂,生生不息……

【混童声,渐弱】

敕勒川,阴山下。天似苍穹,笼盖四野。天苍苍,野茫茫,风吹草低见牛羊。

女:听众朋友,您刚才听到的是文学专题节目《大自然的守望者》,介绍作家李青松和他的生态文学作品。这次节目播送完了,感谢您的收听。

重庆人民广播电台(2001 年 6 月 5 日首播)

广播文学节目2002年

面朝大海　春暖花开

——一颗心灵关于2002的文学印象

天津人民广播电台　胡静影　李道桐　戴根福

男声呼号:天津人民广播电台,现在是文学节目时间。请听文学专题《面朝大海　春暖花开》。

【海浪拍岸的声音,音乐干净而纯净】

主持人:这个冬天一直没有下雪,城市森林在喧闹中感受着寒冷。铅灰色的大海在黄昏蒙上了橙色,固执地不肯结冰。我也想找到一抹希望的暖色,因为害怕心会结冰。我去找那些文字,用心灵最熟知的方式,再一次去感受久违的文学。

在温暖的书店里,一片标明“读书时代”的新书架上,排放着台湾作家畿米用画笔讲述的文学。畿米那样的文字和图画,会让人在图画的浅近中感受到文学的隽永,接触畿米的一瞬间,几乎让我闻到了春天的味道,尽管开篇还是那熟悉的北风……

【风声,配乐】

男:那年的冬天特别寒冷,整个城市笼罩在阴湿的雨里。

女:灰蒙蒙的天空,迟迟见不着阳光,走在街上,常常就有一种落泪的冲动。

男:我住在城市一栋旧公寓楼里,每次出门,不管去哪里,总习惯先向左走。

女:我住在城市一栋旧公寓楼里,每次出门,不管去哪里,总习惯先向右走。

男:我近来不是过得很好,乐团不排练的时候我就去餐厅拉琴,赚点外快。

女:我正在翻译一本悲惨的小说,这常常让我觉得冬天更缺少温暖。

男:城市里的大多数人,一辈子也不会认识,却一直生活在一起。我习惯向左走。

女:但是,人生总有许多巧合,两条平行线也可能会有交会的一天。我习惯向右走。

男:于是,这天,在公园的喷水池前,我遇到了她。

女:于是,这天,(笑声)我和他度过了一个快乐的下午。

男:我好像找到了失散多年的左手。

女:我好像找到了失散多年的右手;冬天好像不再那么阴郁。

【雷声、雨声】

男:黄昏时,下了少见的冬雨。她撕下了通讯本上的一页纸,写下了电话号码。

女:他撕下了那张纸的一半,写下了他的电话号码。接下来,仓皇地在大雨中分手。

【踏在积水中的脚步声】

男:我,还是习惯向左走。

女:我,还是习惯向右走。

男:大雨把我淋透了,可我的心却是暖的。

女:雨,滴滴答答下了一整夜,我知道,因为,我第一次失眠了。

男:但是,人生总有许多的意外。

女:握在手里的风筝也会突然断了线。

【琴弦断声】

男:(惊诧)我从洗衣机里掏出衣服,记电话的那张纸被洗碎了。

女:我从湿书包里掏出那片纸,号码已经模糊一片!

【电话响】

男:哪里都不敢去,害怕错过任何一个电话。(激动地接电话)

女:握着模糊的纸片,打了一个又一个的错误电话。(女声道歉)

【钟表滴答】

男:我沮丧得无法入睡。天刚亮,我跑去相遇的那个喷水池。

女:几天时间,那个喷水池盖起了过街天桥。城市的变化,让我握不住缘分的尾巴。

男:我乐观地耸耸肩,告诉自己,也许就像电影里的情节一样,在下个街头的转角,就会遇到她。

女:冬天的夜晚,街角一棵挂满彩灯的枯树,突然亮了,星星在城市里迷路了,我哭了。

男:我依然习惯向左走。

女:我依然习惯向右走。

男:喂过同一只流浪狗,在阳光熹微的早晨,听到过同一只麻雀的叫声。

女:走过相同的一条林荫小径,踩碎过同一片落叶。

男:记得今天是她的生日,不知道她人在哪里?就为她拉支曲子。

【曲子】

女:今天是我的生日,他还在不在这个城市?隔壁的琴声,听起来好悲凉。

男:我开始怀疑,那个遇到爱情的下午,根本没有发生。我要离开这个寒冷的城市。

女:幸福如此靠近却又如此陌生。我感到冷,我要到阳光灿烂的南方旅行。

男:拎着箱子,我还是习惯向左走。

女:拎着箱子,我还是习惯向右走。

男:广场上,人们等待倒数秒数迎接新年钟声。(数秒声,新年钟声)我向左。

女:我向右,广场上,左右的人汇成了海洋。

男女:是你!!

男:她竟然住在我右边的隔壁。

女:他竟然住在我左边的隔壁。

男:我要回去问问房东,可否拆了我们中间的那堵墙壁。

女:寒冬走了,春天花会开。

【莫文蔚《爱》扬起】

主持人:这是畿米的经典作品《向左走,向右走》。洗练的文字描绘了城市生活的心灵寓言。在人生无尽的追寻之中,会有一个又一个的巧合与偶然,也会有一个又一个意外与错过,生命个体承载着没有承诺的梦。这样的文字在慰藉心灵,这样的文字在祝福人生:但愿注定相遇人们会有一个温暖的结局。文学,在这里承载了唯美的关爱。

【手机短信声】

男声:我把地球仪推给上帝说:求您让世界和平。上帝说太难办了!换一个要求!我就把你照片给他了,请他把你变漂亮。上帝脸都红了,说:"那还是把地球仪给我吧。"(笑声)

主持人:(会意的笑)我被冬天的头一场流感袭击了,养病在家,办公室的同事组织了"短信献爱心",于是,在看不见飞鸟的城市夜空,温情的文字默默传送。

【手机短信声】

女声:如果我有100万,就给你买下碧海。但我没有那九十九万九千九百九十九块九,所以只好用这一毛钱给你发条短信,祝心中长存碧海蓝天。

主持人:手机短信改变了城市里许多人的交流方式,也为文字开拓了一个行走无痕的另类空间。文学,不再面对表达困难的尴尬。

【手机短信声】

男声:你来自云南元谋,
我来自北京周口。
让我毛茸茸的手,
牵住你也还没脱毛的手。
是爱情那东西!
让我们直立行走。

主持人:多样化的表达将个人的体验付诸短信文字,在70个限量文字的流转之中,我们能感受到文学的民间力量。在这里,职业作家卸下了花环,普通人按下了手机键盘,用短信文字铺就了新世纪文学家园的生活本色。文学倾听到了自己平民化的脚步。

【风雪交加声,鹰鸣】

主持人:行走是追求生命个体色彩的方式。2002年,各种各样的热销的游记带我们张望了遥远的精彩,也让我们品味了"行走文学"的魅力。

刚刚走过的秋天,雪山怒发了,永远留下了四名"行走者",他们本来准备用年轻与文字去记录雪线之上的风景,去丈量人的勇气与价值。8月的希下邦马山,留下了北京大学山鹰登山队的4个生命,也唱响了山鹰社写在海拔6700米处的箴言:(集体吟咏)存鹰之心于高远,取鹰之志而凌云,习鹰之性以涉险,融鹰之神在山巅。

【车水马龙】

主持人:城市依然忙碌,我们用心穿梭在城市的森林中,尝试完成各自的找寻。还有几天就是2003年了,2003年,是人类征服珠穆朗玛峰50年,也是人类发明飞机征服天空投影大地100年。各种版本的游记与探险依旧热销,在这些文字面前我们看到了自己不安分的心。

不是每次行走都能把起点变为终点,有人选择离开,有人安然归来。不变的是文学语境中对人生价值的探索。

【狂风吹沙】

主持人:西海固,是甘肃地区西吉、海原、固原的总称,那是被黄沙包围的贫瘠的地方。复旦大学的一个女研究生,用一年支教志愿者的经历完成了青春价值的探寻。在西海固教书的第三天,是她24岁生日,她的学生们每人挖了10个土豆送给她做生日礼物,因为那是当地最好的食物。望着讲台上堆起的满满的土豆,她眼睛湿了。

女孩A:老师,你咋眼红红的咧?你来以后我讲卫生了,不用唾沫沾着翻书了……

女孩B:我天天早上挖完洋芋就背English了……(笑)

男孩:(喊)老师,10年后你再来,我们的洋芋比现在还大,村子和上海一样漂亮!

主持人:那个男孩喊出的那句信赖黄土地的话语,让她流下了眼泪,为自己一年志愿者的选择,更为西部孩子挚爱家乡的选择。于是,就在开课的第三天,她提前教他们唱了那首分别时的歌曲。

【扬起清唱《萍聚》:不管以后将如何结束,至少我们曾经相遇过;不必费心的彼此约束,更不需要言语的承诺。】

主持人:2002年,我们在胶片世界中也看到了不同以往的西部人文。电影《美丽的大脚》重新勾画了我们记忆中所有的西部,让我们借助电影文学走近了真实的西部人。他们也许有机会见识城市,但不忘乡土;也许有机会品尝财富,但不鄙视落后;西部,正是因为有愿留下肯回头的他们,才有可期待的西部。

【压混电影里西部小孩唱的歌】

主持人:电影里的民办教师踩着一双大脚走回了黄沙漫天的西部,带领着西部孩子追寻黄土地人自己的幸福。城市的过客带去了现代,让西部人更乐于给黄天厚土一个交代。在2002年的文学的话语中,我们读出了一种对弱势群体的平等关爱与尊重。文学不再简单交待西部苍凉和策动人的背离,毕竟,我们要开发西部而不是抛弃西部。于是,呼应时代的文学,散发出了活着的火热的呼吸。

【开门关门声】

【开电灯开关声】

主持人:在多少个这样无事可做的夜晚,我们也许会拧亮台灯,捧着一杯清茶用千百年来独处时最惯常的方式和心灵交谈。阅读成全了这一刻的感受。可是,接近文学的路径悄悄变更了,我们已经无法手捧长卷在淡淡的墨香中固守文学回家的路。

【电视剧《我这一辈子》开头曲。福海:我这一辈子哟!】

【电视剧《日出》主题曲。陈白露:我陈白露能活就活,不能活我就死!】

主持人:老舍笔下的福海在电视屏幕里慨叹一辈子的日子,陈白露像旋开旋败的春夜昙花,在夜间剧场绽放着曹禺先生的救赎。

也许我们都知道石挥演绎过电影版的《我这一辈子》,也都感受过方舒在银幕上刻画的陈白露,但是电影对文学的改变是一种凝练和对文学精粹的提取,而电视进入文学的方法则是铺陈和对文学间架的重构。经典文学在与电视的联手中重塑了自我。

在这个时代,电视多给予经典作品的重生是平面阅读所无法比拟的。我们尊重经典名著是因为它们滋养着我们,护佑着我们避免患上文化贫血症,而名著的电视改编正是我们受惠于文学的一种方式。2002年,在和电视相互依偎度过了一个又一个的夜晚之后,文学,仍和我们血肉相连。

【《激情燃烧岁月》主题曲】

主持人:如果说流传价值决定着文学的生命,民间热情则给予了石钟山小说健壮的生命。《激情燃烧岁月》陪伴了无数人度过了2002年不一样的夜晚。这是文学贴近实际、贴近大众、贴近生活的成功。在新世纪个性张扬的文坛上,一直流行探讨"牵手百年"的可能。然而在军旅文学这块最坚硬的文字泥土中,石光荣用坚硬诠释了人类情感的全部奥秘——那就是学会和生活讲和,在平淡中信赖岁月打磨的感情。文学在这里关照了最细微又最深邃的生活。

【《激情燃烧岁月》结尾石光荣:我这辈子,第一感谢共产党,没有共产党就没有我石光荣!第二我感谢你,没有你,我过不上这有儿有女有滋有味的日子!可这日子,没过够,我们就都老了,没下辈子,有下辈子,我还在这儿等你!】

主持人:"长相守"是民间智慧用文学解说的浪漫,而真正的浪漫极致是时代波澜壮阔的大手笔。2002年9月,随着最后一块巨石沉入长江三峡中,长江截流了,中国百年来关于长江的咏叹感叹有了回应。"神女应无恙,当惊世界殊"。21年前,舒婷曾经拜谒过女神:

【江船汽笛】

【船上发动机声一直作为背景】

江涛
高一声,低一声
美丽的梦留下美丽的忧伤
人间天上,代代相传
但是,心
真能成为石头吗?
为眺望远天的杳鹤
而错过无数次春江明月
沿着江岸
金光菊和女贞子的洪流
真煽动新的背叛
与其在悬崖上展览千年
不如在爱人肩头痛哭一晚

支持人:这首诗因为三峡的开发而成了2002年网络上点击率极高的一首老作品。中国人浩荡的长江梦想,让昔日的文字经由岁月又一次走入心底,赴那场文学和心灵的永恒约会。敏感在冬夜里会变得格外清晰,以至于我听到了时间的脚步和青春已逝的中年人对理想主义的叹息。诗歌是一代人为一代人的写作,而能穿透岁月的光芒,是因为有人认真写下了生命深处的东西,有人执著完成最后的心灵守望。文学守望了时代。江水又东,奔流到海,文学体恤的细腻触角熨帖这心灵的皱纹。

【海浪声。音乐悠远】

主持人:2002年就要走远了,大海覆上了薄薄的冰层。面朝大海,我倾听着冰层之下的澎湃,我知道那是文学在关注着生活的涓涓细流,观望着潮起云涌的激情时代,也关照着像大海一样深沉不可测的美好心灵。诗人海子听过的天籁，我也听见了——面朝大海，春暖花开。

【配乐】

从明天起，做一个幸福的人
喂马，劈柴，周游世界
从明天起，关心粮食和蔬菜
我有一所房子，面朝大海，春暖花开

从明天起，和每一个亲人通信
告诉他们我的幸福
那幸福的闪电告诉我的
我将告诉每一个人

给每一条河每一座山一个温暖的名字
陌生人，我也为你祝福
愿你有一个灿烂的前程
愿你有情人终成眷属
我也愿面朝大海，春暖花开

【音乐扬起压混】

【海浪压过一切，结束】

天津人民广播电台(2002 年 12 月 28 日首播)

不该忘却的英雄

安徽人民广播电台　申启武　苏拉　史辉

安徽人民广播电台，现在是文学节目时间，在这次节目时间里，请听文学专题《不该忘却的英雄》。

【音乐起，压低混】

位于革命老区舒城县境内的国家级旅游风景区万佛湖，群山环抱，绿岛点点，碧波荡漾，浮光耀金。前来观光览胜的人们无不为这里绚丽迷人的湖光山色所深深陶醉。

万佛湖在成为旅游景区之前一直被叫做龙河口水库,它是举世闻名的淠史杭灌区的重要组成部分,也是安徽省五大水库之一。让人难以想象的是,那巍然挺立在狮子山与栲栳山之间的海拔74米,长280米的水库大坝,拦截了大别山乌沙河与晓天河上游1100多平方公里滚滚而来的河水居然没用一袋水泥,一根钢筋。可是,这座被联合国官员盛赞为世界水利史上奇迹的神话般工程的背后是特殊年代里一个个治水英雄们英勇而悲壮的故事。那些默默无闻的英雄们用一生的代价书写了人类改天换地,征服自然的梦想,而自己却被无情地遗忘在岁月的角落里。【乐止】

是春桃的报告文学《失忆的龙何口》提醒人们去寻觅那段被忘却的历史,呼唤人们去善待那些被遗忘的英雄。

许芳华,这位当年活跃在大坝工地上的"刘胡兰战斗连"的连长,淠史杭工程中的"五大英雄"之首,也未能逃脱被遗忘的厄运。因此,在《失忆的龙河口》中,作家春桃怀着痛楚和不安的心情,给予许芳华浓墨重彩的一笔。

翻开春桃的报告文学《失忆的龙河口》,站在我们面前的许芳华面容憔悴,白发满头,正在县城的一户人家当保姆,伺候着一位70多岁的病人,靠每月150元的微薄收入维持着家庭的生计。淠史杭管理局的展览馆里早已不见了许芳华的照片和事迹,在五光十色的现代生活里,在这座小城人们的记忆中,没有人知道许芳华是谁,也没有人认识她,他们只是知道小区的黄昏里又多了一个年老体衰踽踽独行的老保姆。

【音乐起,压低混】

这是一个狂人的时代,澎湃的革命激情燃烧着每一个狂热的中国人,在"唯有牺牲多壮志,敢叫日月换新天"的革命英雄主义精神的感召和激励下,许多人都抱定一个共同的信念;为社会主义建设出汗出力,甚至流血牺牲,是他们生命的需要,也是他们无上的光荣。【乐止】

1958年水库刚开工,新婚才3天的许华芳就拎着包袱跑到了工地,一到工地,花棉袄一甩,就光着两只脚板,专找脏活累活干。她不仅跟男人一样挑着担子,迈着大步,身上还带着广播筒,一歇下来就宣传兴修水库的意义。特殊的年代造就出特殊的英雄,她一个月入团,3个月入党。当工地从全县成千上万个妇女中挑选出125人组建"刘胡兰战斗连"时,不满19岁的许华芳被选为众望所归的组长。

龙河口水库大坝为"黏土心墙砂壳坝",民工们将黏土挑上大坝后,要用8000多斤重的石磙子将黏土层层碾实,这是整个大坝建设中的一道至关重要的工序,无疑,拉磙子便成了水库工地上劳动强度最大的一项苦差。

【出《失忆的龙河口》片段】

这一天,许芳华找到工地指挥部,要领着"刘胡兰战斗连"的姑娘们和小伙子叫板,要在拉石磙子上比比高低。这事一下轰动了整个工地,一群膀大腰圆的小伙子说啥也不相信,找到许芳华问虚实,一听真有这事,惊得他们一个个直眨眼睛,说道:"太阳怕是打西边出来。比生孩子咱是没那本事,比拉磙子,比出牛劲,这种擂台你们也敢打吗?"

许芳华最听不得男人的这种口气,脆脆亮亮一个字:"敢!"

百十个小伙子觉得这事太稀罕,凑在一起一合计,当即组成一支"董存瑞战斗连",背地讥笑许芳华:"她八成是疯了,找着咱们比力气活,不是要气死大老爷们儿?"

一个个"董存瑞"摩拳擦掌,为显示出男人强健的肌骨,已给对方心理上造成压力,天虽然还很冷,他们却清一色地脱了个光脊梁,自喻“光巴团”。

一见小伙子居然赤膊上阵,许芳华暗自笑了。

擂台赛就在第二天的上午正式开始。

头三天,小伙子们犹如猛虎下山,蛟龙出海,8000 多斤重的石磙子被拉得平地生风,把姑娘们落下了 40 多个来回,但许芳华不急不躁,她平静地鼓励大家要沉得住气,她是个既能吃苦耐劳又有心计的女人,敢摆这个擂台,是因为她注意了男人的弱点;何况她父亲就是靠一根扁担养活了一家人的,知道挑担子的窍门;她叫姑娘们穿上薄棉袄,还教每人缝了一个又轻巧又硬实的垫肩,并交代大家拉起来再热不要减衣服,人一出汗,就像小车轱辘添了油,跑起路来反倒不觉得累。

进入第四天,双方形势有了变化。

出蛮力的小伙子的肩头磨得又红又肿,碰不得绳,刹不下腰,拉起石磙便痛苦的龇牙咧嘴。到了第六天,姑娘们就后来居上,与小伙子们打了个平手。

再往后,“刘胡兰战斗连”的士气大增,又是喊又是唱,越拉越欢。及至第十天,“董存瑞战斗连”就像一群老牛拉破车,一个个难受的五官错了位,溃不成军,终于败下阵来。

“刘胡兰战斗连”的姑娘们在擂台赛中获胜的消息被传得沸沸扬扬,许芳华也因为这次擂台赛而名声大振。

大坝一米又一米地上升着。说来也巧,1959 年的春汛来得特别早,当大坝升到海拔 50 米的时候,上游山区忽然大雨滂沱,咆哮的洪峰向水库汹涌扑来。库区的水位一下子猛涨了许多,比舒城县城整整高出 27 米,而全县的主要劳力,设备都集中在水库工地,一旦破坝,后果不堪设想。

【音效:风雨声起,压低混《失忆的龙河口》片段】

这是一个不眠之夜。刮着六级大风,还落着雨,许芳华因为搬运石料时砸伤了脚,住进了工地临时医院的帐篷里,她躺在几块木板拼凑成的病床上,听着外面的风声雨声,翻来覆去睡不踏实,担心山洪暴发危及水库大坝。

就在她胡思乱想的当儿,猛地,外面锣鼓声响成一片,接着狮子山的方向就撕天裂地响起枪声,一声又一声,很快帐篷四周便人声喧闹,脚步声嘈杂,像有千百万人在狂奔。

许芳华一惊,一个骨碌从板床上坐起。

她料定大坝准是出事了,撩开门帘,发现人群像一阵杂乱无章的漩涡,风雨之中,有的冲向大坝,有的逃往岗地……她边穿衣服边一瘸一拐地出了门,插进人流,向大坝赶去。(音效与音乐交替混入)原来靠近狮子山那一边的大坝被洪水冲开一条 20 米的大口子。黑压压的民工正呐喊着,将成麻袋的黏土和成板车的块石,疯狂地朝决口中掷,可是掷下去的麻袋和块石,在激流中只翻了个身,就被洪水卷走了,决口在迅速扩大,凶猛的水头像要吞噬一切,飞溅起冲天的浪花。

在一个闪电的光亮中,许芳华发现“刘胡兰战斗连”的姑娘们就站在离她不远的地方。她大声呼喊着她们的名字,早被这场面惊得不知所措的姑娘们,看到了自己的连长,一个跟着一个地挤过来,问她该怎么办。

“共产党员,共青团员们,下水!”许芳华大喊一声,然后纵身向激流扑去。

由于水势太猛,许芳华被一个波峰抛起,又重重地摔进浪谷,呛了几口水,却被一块大石头截住。

许芳华的喊声压倒了风声雨声水声。站在大坝决口前的姑娘们应着连长的召唤，也勇敢地跳进了水里，紧接着，黑压压的人群，有如瞬间崩溃的群山，带着惊天动地的呐喊，扑进水里。他们肩并肩，手挽着手，在风口浪尖筑起了三道人墙。

一阵阵口号声，炸雷一般在风雨中滚动：

“水涨一尺，坝高一丈！”

“老天有雨，我们有人！”

许芳华和500多名共产党员、共青团员在激流中筑起三道人墙，压住了肆虐的洪水，赢得了可贵的时间。于是更多的干部群众趁势而上，寻思将成排的木桩楔入坝身，同时把一捆又一捆稻草，一块又一块方石，一袋又一袋黏土，乃如成包的大米和面粉，一齐抛向龙口，去截住水路。

经过殊死的拼杀，被洪水撕破的大坝再次胜利合龙！

一个坝破人亡，水殃三城的可怕情景终于没有发生！【音效与音乐止】

洪水没有冲垮大坝，却把许芳华冲到了时代的顶峰。她成了人人敬仰的英雄，成了人人学习的榜样，成了安徽大学工农中学的学员，成了公社党委委员和全县唯一一位大队女支书。也成了地区和省里英模报告会的主角。

然而，成了英雄的许芳华做梦也没有想到她会为此遭遇一生的悲剧。

无数个风雨交加的白天和黑夜，许芳华和“刘胡兰战斗连”的姑娘们一起奋战在水库工地上，月经来了还泡在冰冷的泥水里，对这些姑娘们来说是最平常不过的事了，汗水，雨水，血水将她们抛向生命的极限和灾难的深渊，但她们豪情满怀，没有退缩，她们在实践英雄主义理想的时候，没有想到自己是一个女人，没有想到在生理的危险正在一步步逼近。直到肚子里淤积了两团大血块，许芳华才意识到英雄代价的沉重。

龙河口水库主体工程结束以后，“刘胡兰战斗连”的姑娘们不是患有严重的妇科病，就是不能生孩子，许芳华在夜晚哭泣，还得忍受泼向自己的一盆盆脏水，人们诅咒她是瘟神、是克星、是祸星、是妖精，埋怨她害了许多人家“绝了后”。（音乐混入）在长达五六年的时间里，许芳华没完没了地求医，没完没了的吃药，最终虽怀上了孩子，却依然厄运不断。前四个孩子一个接一个地夭折，第五个孩子又患有先天性痴呆症，好在第六个孩子降生后虽然也是小病小灾不断，总算不痴不呆地活了下来。而且在当时的社会环境下，许芳华是英雄，是劳模，她的丈夫就注定只能在她的阴影中生活，甚至连名字也似乎不重要了。别人只是把他说成是许芳华的男人。所以就变得情绪消沉，不思进取。为了发泄，竟然屡屡和别的女人私通，剥夺这许芳华作为一个女人最基本的尊严，然而精神的重压最终还是使沉沦的丈夫悬梁自尽。丈夫的死让许芳华在劫难逃，在不明不白之中，她被剥削为民，后来虽然恢复了工作，但心力交瘁的许芳华已顾不上大队那摊子事了。组织上安排她到公社的油厂当副厂长。这样，一干就是15年。退休后，每月从厂里领到的工资只有区区30元，所以许芳华就在当地粮站谋了个看大门的差事。当第二个丈夫撒手人寰后，她从精神到经济都陷入了极度的困境。（乐止）在走投无路的情况下，60多岁的许芳华才不得不进城做保姆。至此，一个时代造就的英雄和英雄的神话被人们无情地抛弃和遗忘了。

今天，在万佛湖中荡舟的人们，在城市里吃着“肯德基”的人们不会知道，无私奉献的英雄许芳华是如何挣扎在贫困线上,也不会知道在岁月的沧桑里,在寂寞孤独的夜晚,她流过多少泪水……

作为一个普通的劳动妇女,她没有想到凭借自己过去的荣誉谋取一些本该拥有的东西,但也没有人想到为她做些什么。42 年过去了,就连她曾经为之倾洒过热血和汗水的龙河口水库大坝也再没去过一回,不是她不愿去,而是她不敢去,她的一生已经被这座水库修改了。还是在作家陈桂棣和春桃的极力相邀下,她才故地重游。

【音乐起,压底混《失忆的龙河口》片段】

走上狮子山栲栳山之间的水库大坝,我发现,许芳华一路无语。

沿着长长的石阶,走到水边,只见她一遍又一遍用清澈的水库水洗着脸,满眼泪痕。

这是将近半个世纪之后,一位当年的治水英雄第一次用她亲手修建的龙河口水库的水洗上一回脸啊。

她听说水库改了名,怎么也想不通:"龙河口水库这名字多响亮,它又一个'龙'字,中国人不都是龙的传人吗？这水库到底是人定胜天的见证,它与'佛'有哪门子关系？为啥要改作'万佛湖'呢?"

陈桂棣告诉她:"这大概是为了发展旅游事业吧。"

她似乎明白了,又似乎更糊涂了:"难道除了钱,别的什么都可以不要了?"

我们只好陪着苦笑……

告别水库前,许芳华回眸已经陌生了的巍巍大坝,感情复杂地说道:"当年我带领的那些姑娘,今天最小的也是做奶奶当外婆的人了,不少姐妹苦命一生,但想想那些已经不在了的同志,想想这辈子毕竟干了件有意义的事,也就心满意足了。"【乐止】

《失忆的龙河口》去年年底在《当代》第 6 期发表后,在社会上产生强烈反响。一时间,洛阳纸贵,好评如潮。《新华文摘》、《作品与争鸣》、《学术界》、《安徽文学》、《新安晚报》等省内外许多报刊纷纷转载或刊登评介性文章。在"当代中国文学"最新排行榜上名列第三。有评论者指出,《失忆的龙河口》对历史的反思着意于现实,它对我们这个民族、这个时代的叩问足以引起人们的深刻思考。

龙河口水库固然是特熟年代产生出来的一项特殊工程,但是它毕竟是许芳华及同时代的劳动者们的心血、汗水、勇敢、与智慧的结晶,而且至今仍造福于千千万万的后代子孙们。龙河口水库的问世让我们看到一个不争的事实:即使像"大跃进"那样一个不堪回首的极"左"年代,劳动人民同样创造了令世人惊叹的奇迹。因此,我们就不难理解,为什么在新中国成立后的近 30 年的时间里,尽管天灾人祸不断,但新中国的原子弹、氢弹依然会爆炸,新中国的卫星依然会上天,新中国的石油依然会开采,新中国的长江大桥依然会建成,新中国的万吨水压机依然会造出……因为在那样的背景下,劳动人民对祖国的热爱是发自肺腑的,祖国的儿女们甘愿将自己的心血、汗水、勇敢和智慧倾洒在祖国的每一寸多情的土地上,不管是穷山恶水,还是戈壁荒漠。当然,"大跃进"运动给全国家和人民带来了深重的灾难,这一点已成定论。我们可以指责极"左"路线的危害,甚至可以指责那些头脑发热的领导者,但是我们应该善待那些在特定历史条件下涌现出来的像许芳华这样的劳动英雄,他们不仅为社会创造了财富而且高扬了一种无私奉献、勇于牺牲的崇高的民族精神、英雄主义精神。遗憾的是,许芳华及其同时代的劳动者们却被历史无情地遗忘了。这一严峻的社会现实,在很大程度上表明几代人曾经为之付出沉重代价而高扬的民族精神、英雄主义精神正在不停地丢失，而这种崇高的民族精神、英雄主义精神正是我们复兴中华所必不可少的。春桃显然发现了这一现象，并以她的勇气和才智，使报告文学再次拥有扣人心弦的力量，警醒人们从现实与历史的夹缝中去寻找那些早已被忘却的记忆，善待那些被忘却的英雄，期待那种可贵的民族精神和英雄主义精神的延续和再生。

春桃是一位以散文创作见长的女作家，近年来，她开始涉足报告文学创作，但面世的一些作品都是与爱人陈桂棣合作完成的。因为许芳华的故事给了她太多的震撼和感动，《失忆的龙河口》则由她独自完成。为了找回40多年前的真实记忆，春桃曾在大别山中穿行跋涉，遍访那些亲历过龙河口水库建设而至今仍健在的人们。为了寻找主人公许芳华，她更是鞍马劳顿、四处奔波。最后凭借女作家婉约细腻的才思和柔情，构筑成一篇发人深省、催人泪下的文学力作。在接受本节目记者的采访，谈到为什么写这篇作品时，春桃至今仍无法控制她那异常激动的心情：

【出春桃采访录音】

写这篇文章的动机是1999年，当时新中国建国50周年之前，中央电视台放了一组片子，把淠史杭工程作为一项重大成果放出来了。陈桂棣看了这个片子以后就给我讲，淠史杭这个工程我参加过这个写作组。当时分到的任务是写其中的一个女英雄，也就是“五大英雄”之首，但是可惜的是写了她却没有看见她。我就感到很奇怪，我说你作为一个报告文学作家怎么可以不去见自己的采访对象呢？这不是犯大忌的事吗？我觉得是太不应该了。第二天，我就拉着他到六安淠史杭管理总局去，我觉得我有义务把这个女英雄找到，我的良知告诉我，我应该为她做点事。然后我们就到了淠史杭展览馆去问那些管理人员，没有一个人知道她的去向，居然连她的名字都没听过。我真是感到非常奇怪也非常吃惊。一个为淠史杭工程出了这么大的力，作了这么大的奉献的女英雄居然连她的名字都不知道，这不是太不应该了吗？当时我就感到一种深层次的悲哀，就是在最不应该忘记她的地方都已经把她忘记了。可想而知，我们这个社会已经把这个英雄彻底忘记了。我心里真是不能平静，回来以后，我就一个念头，我一定要找到她，我要用我的笔，我来呼唤，像这样的英雄是不该忘记也是不能忘记的。过了一段时间，就到了舒城，经过几番周折我终于见到了许芳华，出现在我面前的许芳华要不是她自我介绍的话，我真是不敢相信。因为通过介绍她当年是非常漂亮的，飒爽英姿的，留两根长辫子。但是现在的许芳华满头白发，非常的憔悴，完全就是一副农村老太太的形象。我怎么也不敢相信这就是个英雄，这跟我想象中的英雄真是无法联系起来的。我们介绍我们的来意，她听过之后，眼泪就开始流了，一直流个不停。通过她的介绍我才知道，这几十年来她的生活非常坎坷，她的命运非常凄惨，可以说她已经沦为最底层的人。我听过以后就非常非常难受，我就觉得这是一个非常难得的题材，我就觉得应该用我的笔写成一篇报告文学。

【音乐起，压低混】

万佛湖是美丽的，它是历史留给我们的馈赠，它是许芳华及其同时代的劳动者们用心血与汗水、勇敢和智慧凝结而成的伟大的杰作。忘记他们，我们既愧对英雄，又愧对良知。

【乐扬起，数秒后压混】【乐止】

听众朋友，以上你听到的是文学专题《不该忘却的英雄》。

安徽人民广播电台（2002年3月28日首播）

难忘乌江

重庆人民广播电台 王倪 赖永晴 盛利 阿文

女:听众朋友,您到过乌江吗?您听过乌江的唢呐、乌江的号子吗?您见过乌江的男人闯滩、乌江的女人纳鞋底?您又感受过乌江温柔迷人的夜吗?今天,我们就在乌江作家赖永晴的带引下走进发源于贵州西部乌蒙山东麓、流经云贵高原和重庆东南部的千山万壑、最终在重庆涪陵汇入滚滚长江的千里画廊——乌江吧。

【背景:唢呐声渐出、压混】

男:一次又一次撞开我记忆的门扉是那支被粗黑的手擦亮的唢呐,一次又一次融入我难忘的梦是那支唢呐奏出的曲子。

然而,使我对那唢呐有着更深刻的认识,是在我参加了乌江汉子的葬礼之后。都说乌江汉子是将脑袋拴在腰带上,过激流闯险滩不在乎生命的人。他们生前也许有过许许多多的欲念,死后也不在乎用草席麻袋埋葬他们壮实的身躯,但由一支唢呐率一班子锣鼓却万万少不得。这一切死者当然不能看到,但生者却能领略到那壮烈的情景。一声声"呜哇哇"的唢呐之后,便是一阵阵"铿铿锵锵"的锣鼓,一帮汉子一群头戴孝布的女人孩子会同时"扑通"一下跪在死者面前。汉子们没有泪只有愁,而女人们早已是泣不成声。在长长的送葬队伍里,总是一支唢呐打头阵。是啊,还有什么说的呢?他们的整个哀思,全都托付给那支唢呐和乌江人熟悉的唢呐声中。

【出背景】

女:唢呐在乌江人心目中有着崇高的地位,在于它既能表达人的哀思更能赋予人欢乐。乌江人男婚女嫁,生朝满日哪里少得了这黑亮亮的管子。正月元宵玩龙灯,乡场上人声叠着人浪似潮水般涌来涌去。

男:一支唢呐兴致勃勃地拨开人群会引来一帮玩龙灯的精壮汉子。一条火龙在场口翻腾扑跃,将人声引过来又碾过去,于是乡场上便有了一年中少见的歌声笑声鞭炮声。仲秋时节的打谷场更少不了这位"乡间歌手",场景虽不及闹元宵那么快乐但味道却更显悠长。唢呐手坐在石碾子上,从容地从腰间抽出管子,然后鼓足腮帮便"乌啦啦"地吹下去。

女:这时打场的汉子和农妇会停下手中的活计,睡在草堆上,或看蓝天白云,或忆悠悠往昔,或去憧憬美好明天。

【背景起后下】

男:苍苍的乌江两岸,一到了秋天,远远近近一片迷迷蒙蒙。迷迷蒙蒙的闪闪水水,迷迷蒙蒙的山寨村落。我常于迷蒙中沿一条山道，去寻找那泓从山崖跌落的清泉，想那清泉来自哪里又流向何处。我也常常沿着那一道流动的清泉去寻一个更为遥远的地方。不过，我更多的是爱躺在一块平滑的礁石上，聆听江水撞击滩头，在空濛的山谷中回荡的声声绝唱。

女：滩，对乌江人来说是无法忘却的回忆。是乌江人，谁没有一次与滩较量的机会？然而，每一次较量，都会叫你对生活少几分幻想，多几分深沉。

男：这是一个凉透人脊梁的峡口，两岸的悬崖好像利斧劈下的一面绝壁。偶尔从绝壁的洞穴飞下来几只岩鹰在山谷中盘旋，随之丢下几声凄厉的惨叫。此时的船儿若打漂的叶子，人亦有了些许畏惧。汉子们都不说话，只齐刷刷地抽出篙竿，弯弓似的撑住滩头。

【背景音响】

男：滩头的水"哗哗"作响，耳畔的风"呼呼"有声。船儿在布满暗礁的激流中左迂右旋，每前进一步都得付出十倍的艰辛。忽然间一只舢板从峡的上游急驶而来，狭窄的江面无法容纳两只船身。急得船上的汉子高喊："打住啊打住！"紧急中艄公将舵往左一搬，船儿不幸嵌在礁丛间，那舢板则擦着船身疾驶而去。不过，它没有躲过一场无法避免的灾难，随着山谷中"咔——嚓"一声巨响，舢板撞在一块牙状的礁石上，瞬间变成了漂浮在江面上的几块木板……

这就是人们将乌江上的滩称为"鬼门关"的原因。在有意无意间它吞噬过多少船工的性命。而汉子们却照样要跳进齐腰的水里，他们要用肩上的力去撼动船身，凭借手臂上的力，将船儿撑过滩去……

【出舒缓的音乐】

男：滩，终于闯过去了，艄公将船停靠在回水沱让汉子们稍作歇息。趁着小憩时刻汉子们掏出酒壶仰脖长饮。是的，他们要用酒燃烧自己，驱散刚才那幕悲剧投下的阴影。汉子们清楚，命运无法让他们离开这多滩的河流，乌江人的面前，除了滩还是滩……

【背景减弱至完】

女：乌江女人会酿酒，酿出的酒沁香了整个心窝，使人无法忘怀；乌江女人会纳鞋底，纳出的鞋垫紧贴着脚板暖着整个胸怀。乌江女人的手有魔法，无论走得多远，都会牵着男人的心。

男：是的，如同忘不了那条生命的河，乌江汉子自然忘不了女人们纳的鞋垫。细细想来，那普普通通的鞋垫，在他们心目中，几乎有着与生命同等重要的位置。

女：在层层叠叠的吊脚楼群里，随时都可以看到三三两两的女人围在一起，用布壳下好鞋样，粘上碎布，蒙上面料，便开始飞针走线。一般说来，做姑娘时纳的鞋垫往往在媒人和后生手中传递，选用的多为"双蝶飞"、"枝连花"一类的图案。媒人在介绍女方时一般先不说话，而是掏出一双精致的鞋垫让男方过目，当男方露出赞许的神色事情便成了一半。恋爱中的女子纳的鞋垫则是作为信物垫在男人的鞋里，其图案多为"心心相印"，表示对爱的忠贞。在结婚的日子里，往往有几双喜色的鞋垫压在陪嫁箱内，图案多为"龙凤呈祥"或一个大红的"囍"。不过，这样的鞋垫男人是不轻易用的，往往要作为传家的珍品留给自己的子女。做了母亲的女人则爱用"花中果"、"果中籽"一类的鞋垫送给长年在乌江漂泊的男人，以示无论走得多远都不要辜负了妻儿的一番挂念。乌江人不善言辞，一双鞋垫描不尽她们心头的千番叮咛，万般情感。

男：难以说清那普普通通的鞋垫为乌江两岸留下过多少爱情的故事，更无法数清吊脚楼里有多少双这样或那样的鞋垫，但在集市和店铺却寻不到它的半丝踪迹。乌江人一直视鞋垫为最珍贵的礼品，即使再穷，宁肯从牙缝中节省，也不愿用心和爱的结晶去换钱。

女:是的,女人们纳鞋垫时是极虔诚的,心灵充满着爱意。而收到鞋垫的汉子们,却不再敢像乌江的流水那么放荡,凡事都得有所收敛。是啊,乌江女人的手是有魔力的,连同她们一针一线纳出来的鞋垫……

【背景渐下】

【背景:号子声】

男:我一直对船工号子充满了无限的眷恋,那是因为从小生活在乌江边的缘故。还是在乳母怀里的时候,我就开始接触那高亢而悲壮的旋律了。在我们居住的吊脚楼里,用不着打开窗子,就能听到远处传来的号子,它随着呼呼的江风,时时撞击着我家的小木门。在我稍稍懂事的时候,我发现乳母对那号子有着不比寻常的敏感,而在众多的和声中,乳母能分辨出一个略为嘶哑的声音,那是乳爹的声音。

【出号子:手爬石头脚蹬沙,成年累月把船拉。堂客娃儿要糊口,拉起船儿往前走。】

女:每每此时,乳母脸上总要掠过一丝惊喜,她连忙取出一壶白酒,搁在火塘旁煨着,然后从灶岩上夺下一块肥腊肉。也只有在此时,母亲那颗悬着的心才落了地。她抱着我,不时地用铁棍拨动灶膛的火苗,火苗亲热地舔着油黑的鼎罐,一支古老的歌谣从她口中娓娓飘出:

【出歌谣:一只船儿浪里翻,闯过滩头过河湾。靠头之后莫要走,喝上三碗包谷酒。】

女:这是一支母性化了的乌江号子,一经乳母的口中哼出,立即变得委婉深沉,它随着袅袅炊烟在吊脚楼四周飘荡,使这古朴的小楼变得格外多情。

男:乌江号子绝不是那些文人骚客案头上附庸风雅的摆设,它是乌江汉子们用生命在峡口浪尖撞击出来的,只有亲身经历了乌江的激流险滩,才会明白那一声声撕裂灵魂的呼唤是何等悲壮!

【出号子:龚滩庞滩羊角滩,滩滩都得鬼门关。鬼门关前吼三吼,吓得阎王软了手!】

女:乌江号子也有非常舒缓的时候,那是船儿行驶于宽阔平坦的河段。一场搏斗下来,心境宽松多了,抒情的慢板随之而起:

【出号子:柏木桡片摇三摇,摇到小溪独木桥。正逢桥头三月天,男人还要女人牵。】

【出笑声,减弱】

【出背景】

女:羊角滩旁的羊角镇,总是在夜的帷幕下才露出它的温馨。香烟摊、牛肉馆此时有了高高低低的吆喝,沿河街那一排排酒摊子,也已坐满了头捆白帕的汉子。

男:最引人注目的则数客栈院坝里高高竖起的那盏灯笼,不知什么时候已换成了红色,像一枚熟透的柿子,在风雪中来回摆动,欲坠不坠,远远地招着上上下下的船员。不一会儿,我们的木划子便被左左右右的船只围住,被粗粗细细的问候声围住。

【背景效果】

"二娃,二娃,宵夜没有哟?"

"没有诶!"

"没宵夜到我这里来嘛!"

"算了,婆娘还在屋头等哪!"

"哎呀,管婆娘啥事嘛!你在我这里来吃嘛,今天还打了点酒呢,快过来哟!"

"好嘛,好嘛!"

女:过了一会儿,那只船空了,这只船便有了三五盏马灯;这边船没有了声音,那只船便开始了喧腾。酒,最能打开汉子们的心扉,一时间,猜拳行令之声,醉汉狂放之言,笑声哭声掺杂着谁家船上不成谱的调儿,混混杂杂地搅在一起,羊角滩亦如一个狂醉的汉子。

男:和汉子们酒过三巡以后,我的乳爹就独自回到船舱。和往常一样,他照例靠着桅杆,取出旱烟袋,任刺鼻的烟草在旱烟锅里闪闪烁烁,任灶膛里的火苗袅袅升上夜空,与雪粒儿搅在一起变成水珠,落在船篷上滴滴答答落进江流悄然无息。

女:那悄然飘零的雪粒儿慢慢地变成雪片儿,盖住了喧闹的羊角镇和汉子们热腾腾的声浪。

男:随着夜色渐渐的深邃,汉子们激动的心平静了,那红红的灯笼也渐渐地暗下来,我多想披上乳爹的蓑衣,去拧亮桅杆上的马灯,去照亮明天的航程……

【出背景】

男:寻着水声,寻着当年常走的那条路,我找寻那遗落在乌江的故事。一路上仍是淡黄的野菊,一路上仍是乳母那不绝于耳的叮咛。

乳母曾告诉我,我是在漩涡中诞生的,是乳爹把我从血泊中抱起。她要我记住,我是乌江船夫的儿子。

而今,乳爹已变成乌江的礁石,乳母已变成乌江边的一蓬野菊,只有我远离了乌江。

今天,我踏歌而来,是为了找寻那遗落在乌江的故事;明天,我将踏歌而去,我要告诉我的孩子,远走的乌江人,不要忘记那清清的乌江,清清的乌江,总记着远走的乌江人!

【背景起后下】

女:听众朋友,刚才您听到的是文学专题节目:《难忘乌江》。编导:王倪,作者:赖永晴,作曲:阿文,编辑:盛利,演播:张民、王倪,录音制作:阿文,感谢您的收听!

重庆人民广播电台(2002 年 11 月 16 日首播)

雨果的中国情结

广东电台城市之声　吕琳　谢倍伟

【法语】

玛丽·雨果:今年,我们纪念雨果诞辰 200 周年,我们庆祝的与其说是诗人的诞辰,不如说是诗人的永恒……

女记者:雨果先生,您听到了吗?这是您的曾孙女玛丽·雨果在中国广东举办的雨果纪念大会上的讲话。

【音响叠混:法国女高音玛丽·德维勒罗在广东雨果诗歌作品演唱会上的演唱、音乐剧《悲惨世界》片段】

雨果:哦,我的曾孙女?在中国广东?怎么,怎么还有人在演唱我的作品?

女记者:是呀,雨果先生。这是来自您家乡的女高音在广东演唱您的诗歌作品,还有上海大戏院上演的音乐剧《悲惨世界》。您知道吗?这是21世纪的第二个年头,在广东,在上海,在北京,中国人民和法国人民以及世界各地的人民一样,在以各种形式纪念您诞辰200周年,企盼着与您这位人类精神文化领域里的巨人对话。

您一定想不到,今天我们广东的纪念活动,有一个前所未有的崭新的主题。这个主题就是——"怀着感激的心情纪念雨果"。

雨果:(笑)是吗?我真高兴。我的中国孩子,你说说,为什么要怀着感激的心情呢?

女记者:是因为100多年来,您的《悲惨世界》、《巴黎圣母院》、《海上劳工》等充满人道主义激情的作品滋养了一代又一代的中国文学青年吗?是,但不完全是!在参加了在广东举办的系列纪念活动,采访了研究您的中国"遇过专家"之后,我才惊喜地发现,这更重要的原因是,您不仅仅是我们中国人民喜爱的作家,您还是我们敬仰的伟大朋友。在您的世界里,深藏着谜一般的"中国情结"。

雨果:中国情结?是啊,作为小说家,我在小说《笑面人》里,提到过中国——

朗诵:中国在发明方面总是跑在我们前面:印刷术,大炮,气球,麻醉药,都是他们先有的。(小说《笑面人》)

女记者:而作为诗人的您,表达了更多的中国情结。您在《全琴集》里,收录了一首题为《中国花瓶》的小诗,竟是赠给中国小姑娘易杭彩的。您美妙的语言让我的脑海里呈现出这样一幅图景:

【音乐、音效】

雨果:来,来!易杭彩!来自中国的小姑娘,我为你写了一首小诗。

易杭彩:雨果伯伯!是写给我的诗吗?

雨果:对呀!来,过来,我念给你听!

【音乐】

朗诵:

你,来自茶国的小妹,
你做的梦又奇又美:
天上有座大城崔巍,
中国是天城的邻郊。

姑娘,我们巴黎昏暗,
你在寻找,天真烂漫,
找金碧辉煌的花园,
以及孔雀开屏美妙。

你笑看我们的天顶,
有小矮人高高兴兴,
对你的瓷白色眼睛,
把纯洁的蓝花轻描。

(《全琴集·中国花瓶——赠中国小姑娘易杭彩》)

易杭彩:太好了,太好了!雨果伯伯,谢谢您!

【音乐止】

女记者:雨果先生,您把来自“茶国”的小姑娘比喻成中国花瓶,是吗?

雨果:对,我喜爱中国花瓶。这首诗是1851年12月1日写的,刚好是路易·波拿巴发动政变前一天的夜里。

【回忆性的音乐压混】

雨果:记得那天夜里,巴黎的街头刮着凄冷的寒风,(风声,马踏石板路声,枯叶声)我的思绪很乱,政治上的压力越来越大,我就要离开巴黎那已是满城风雨的地方。可一个中国小女孩儿明澈的目光,却始终像撒了盐的烛火,不安分地在我脑海里跳着。于是,我就写了这首小诗。

【音乐止】

第二天,也就是1851年12月2日,政变开始,整个法国历史翻天覆地地从共和国转向帝国。那年我49岁,被迫离开法国,开始了19年的政治流亡,我的文学创作、政治生命也从此改变。

女记者:雨果先生,原来,您一生政治生命和文学生涯发生重大转折的前一天,是在家里接待一个中国小姑娘,是在创作一首题为《中国花瓶》的诗?!

可是,“易杭彩”是谁呢?她怎么会认识您雨果先生?又怎么会见到您?

雨果:哈哈……

女记者:(追问)雨果先生,雨果先生!为什么?您为什么笑而不答?

雨果:其实,易杭彩是谁并不重要,你说呢?

女记者:重要的是您有一颗喜爱中国的心,对吗?雨果先生?

雨果:对,对!

女记者:在您的眼中,中国的小姑娘是那么天真烂漫;在您的心里,中国的一切都是那么美好。您喜欢把中国比喻成一只大花瓶,一只“绝无仅有的花瓶”,“难得一见的奇迹”。在《跌碎的花瓶》那首诗里,您以丰富的想象表达了对中国艺术独有的钟情,而诗的第一句就语出惊人:

【音乐起、花瓶跌碎效果】

朗诵:

老天哪!整个中国在地上跌得粉碎!
这花瓶又白又细,像一滴闪光的水,
花瓶上画满花草和虫鸟,妙不可言,
来自蓝色的梦境,有理想依稀可辨,
绝无仅有的花瓶,难得一见的奇迹,
虽然是日中十分,瓶上有月色皎洁,
还有一朵火苗在闪耀,仿佛有生命,

又像是稀奇古怪，又像是有心灵通。
玛丽叶特在收拾房间，出手不小心，
碰倒了这个花瓶，跌碎了这件珍品！
圆圆的花瓶多美，圆得在梦中难找！
瓶上有几头金牛在啃吃瓷的青草。
我真喜欢，码头是我买花瓶的地方，
有时候，对沉思的孩子我大讲特讲。
这是头牦牛；这是手脚并用的猴子；
这个，是一头笨驴，也许是一个博士；
他在念弥撒，如果不是哼哧地叫喊；
那个，是一个大官，他们也叫做“可汗”；
既然他肚子很大，就应该满腹经纶。
这只藏在洞中的老虎，当心要伤人，
猫头鹰躲在洞里，国王在深宫高楼，
魔鬼在地狱；你瞧，他们人人都很丑！
妖怪其实很可爱，这孩子们都知道。
动物的神奇故事让他们手舞足蹈。
花瓶死了。我非常珍惜这一个花瓶。
我赶来时很生气，我马上大发雷霆：
“这是谁干的好事？”我嚷道，气势汹汹！
让娜这下注意到玛丽叶特很惊恐，
先看看她在害怕，又看看我在发火，
于是，像天使一般瞧我一眼说：“是我。”

（《祖父乐·跌碎的花瓶》）

【音乐止】

女记者：这首实实在在的中国题材的诗，写的是您家中的女仆不小心，打碎一只您心爱的中国花瓶。小孙女让娜十分懂事，利用祖父喜欢自己的心理，主动承认错误，保护仆人免受责罚。这首诗写得生动传神，难怪当年就有法国画家为它配了插图。

雨果先生，至今我们发现，作为诗人的您至少有两个作品是完完全全写中国题材的，一首《中国花瓶》，一首《跌碎的花瓶》。看来，您写中国，总跟瓷器、花瓶有联系。

雨果：是呀，我喜爱中国的花瓶、瓷器还有工艺品。1851 年 12 月 2 日政变以后，在女友朱丽叶的帮助下，我化装成印刷工人流亡国外，先在英国的泽西岛，最后跑到英吉利海峡上的根西岛。1856 年，我用《静观集》的稿费在根西岛买了一幢房子，可据说这房子以前经常闹鬼！我们在小岛上的流亡岁月相当艰难，为了节省开支，我在花园里种下四季豆……

【回忆】

【音效：海浪、码头汽笛声；音乐】

【音效：鹅叫、轰鹅声】

朱丽叶：维克多，我说，亲爱的，你在花园里做什么呢？

雨果：朱丽叶，你回来啦，快来看看我的菜地吧，邻居家的鹅又把豆苗吃了个精光！可就是这样，我还得向威严的维多利亚女王进贡，每年上缴两只母鸡！哎，好了，不提这些了。来，朱丽叶，今天我可有高兴的事情要告诉你！

【音效：进屋脚步声】

你看，我今天又在码头上买了两个中国花瓶，漂亮吗？

朱丽叶：漂亮极了。这些年来，你买这些中国艺术品花的钱加起来得有3000法郎了吧，够买这栋楼的四分之一了。

雨果：是呀，这些钱还足够我理6000次头发了。咦，摆在这里好不好？来，看看我为你设计好的中国客厅。看，那儿挂着喜庆的中国宫灯，这是中国椅子和漆器，还有这些瓷瓶和彩陶，你看这上面画的中国古典花卉和蝴蝶，“蝶恋花”，哈哈……来，到这儿来，这些是我画的中国人物，看看，你的客厅里足足有38幅中国题材画……（根据《根西岛记事本六册》记载）

朱丽叶：太美了！这里充满你神奇的艺术思想，科就像一首真正的“中国诗”。（1863年8月6日，朱丽叶感谢雨果，给雨果写信道：“我再说说我对这间神奇卧室的赞美之情，这是一首真正的中国诗。”）

【音效：海浪、海鸥止】

雨果：这些都是过去的事情了。不过，呃，我的中国姑娘，我可以告诉你一个秘密：在私生活的范围里面，我的最理想的境界就是用中国的艺术品和自己创造的中国题材的绘画，布置朱丽叶的“中国客厅”。让朱丽叶在东方艺术的氛围里畅快地呼吸……（音乐）

女记者：雨果先生，我知道，您不仅是个令人高山仰止的作家，同时还是个独辟蹊径的画家，您擅长的“水墨画”，不是欧洲画的主流，竟是中国画的特色，和中国大写意的山水画，竟是殊途同归、似曾相识。

雨果：对，我作画的时候，喜欢将一瓶中国墨泼在白纸上。再用手指，或随手抓到的一件东西，甚至一根火柴，在纸上东画西画，最后显露出一幅令人迷惑的景象……（夏尔·弗洛兰旦《雨果的雕虫小技》一文）

女记者：您画过整整一组58幅“中国题材画”。在色彩艳丽的《杂耍少年》里，一年少年正在玩着中国杂技，他那福娃发型、黄色皮肤、红色绣花裤子都表明他是一个标准的中国孩子。他在一张中国的椅子上玩着倒立，一副开心自在的表情。更妙的是少年身后的影子，自上而下，就是您维克多·雨果的第一个字母。

雨果：我喜欢把签名融入绘画，那是我独特的艺术。

女记者：在您的笔下，中国人都是健康快乐的。这幅《杂耍少年》流露出您对中国艺术的赞美，是您醉心中国艺术的最好证明。

雨果：咦，我的中国姑娘，这些你是怎么知道的？

女记者：因为在今天的法国雨果故居纪念馆的“中国餐厅”里，恢复重现了朱丽叶宅邸的原貌。参观者可以看到您用彩笔绘出中国人形象，个个栩栩如生。

雨果：是啊，我在一篇题为《趣味》的评论文章里说过：“此地是‘太阳神’，那儿是‘龙’……这最高趣味的一端有希腊，另一端有中国。”【音乐止】

女记者：在您的艺术观里，您盛赞以“太阳神”为代表的希腊艺术和以“龙”为代表的中国艺术，并以博大的胸怀、自身的艺术实践，在两种文明之间求索。然而，有一天，令您神往的东方艺术的圣殿却被无情地践踏了。

【音效:焚烧园林、屋垣倒塌、人马杂沓、枪炮;音乐】

历史终于有机会让您把对中国的倾心变成了正义者的呐喊。1860年第二次鸦片战争当中,英法联军把中国的圆明园给焚毁了,人类文明史上遭受了空前的劫难。恶行当道,周围却是一片可怕的沉默。

【海浪叠人】

此时,英吉利海峡的根西岛上,一个政治流亡者大义凛然地站了起来,一个伟大的思想家站了起来,这就是您——雨果!

【音效:大海潮音】

雨果:漆黑的夜里,在流放地根西岛冰冷的礁石上,我仰望着苍茫的天空,心情如同波涛汹涌的大海一样,无法平静。我写道:

朗诵:"在世界的某个角落,又一个世界奇迹,这个奇迹叫圆明园。艺术有两种起源,一是理想,理想产生欧洲艺术,一是幻想,幻想产生东方艺术。圆明园在幻想艺术中的地位,和巴特农神庙在理想艺术中的地位相同。一个几乎是超人民族的想象力所能产生的成就尽在于此……

这座大得犹如城市的建筑物,是由世世代代建造而成的,是为谁建造的?为各国人民。因为,岁月完成的事物是属于人类的。……如果说,大家没有看见过它,大家也梦见过它。这曾是某种令人惊骇的不知名的杰作,在不可名状的晨曦中依稀可见,如同在欧洲文明的地平线上显出亚洲文明的剪影。"(《致巴特勒上尉的信》)

女记者:在这封《致巴特勒上尉的信》里,您怀着对中国的向往,盛赞东方艺术顶峰的神圣。您在信中为遥远的中国仗义执言,谴责包括您的母国——法国在内的英法联军的强盗行径:

朗诵:这个奇迹已经消灭了。有一天,两个强盗进入了圆明园,一个强盗洗劫,另一个强盗放火……

在历史面前,这两个强盗,一个将会叫法国,另一个将会叫英国。我先要提出抗议……我希望有朝一日,解放了的干干净净的法兰西会把这份赃物归还给被掠夺的中国。(《致巴特勒上尉的信》)

女记者:您的信,您的如椽之笔,在正义良知被遮蔽的年代,如短剑一样划破黑幕,您发出自己慷慨激昂的声音,像钟声敲碎那个沉闷的世道。是您,雨果!也只有您,雨果!代表世界的正义,代表人类的良心,和被侮辱、被损害的中国人民站在一起。您是中国人民的伟大朋友!

雨果:回忆是力量——永远不要忘记周年纪念日,开展纪念日活动,如同点燃火炬。(散文集《言许录》)

女记者:您说得多好啊!雨果先生,您就是一把火炬,一把照亮人们心灵的熊熊火炬!今天,我们正是借着对您的追忆与纪念,感受着,汲取着这种超越时间长河而传递过来的力量。让人类文明的火炬,让文学道义与良知的火炬,点燃得更亮!

雨果:只要本世纪的三个问题——贫穷使男子潦倒、饥饿使妇女堕落、黑暗使儿童羸弱——还得不到解决,只要在某些地区还可能发生社会的毒害……只要这世界上还有愚昧和困苦,那么,和这同一性质的作品都不会是无益的。(《悲惨世界》序言)

女记者:雨果先生,您在小说《悲惨世界》序言里提到的"贫穷"、"饥饿"、"黑暗"依然存在于21世纪的世界里;如同您百年前所谴责的事实一样,在今天世界的某些角落,依然弥漫着战争的硝烟……

雨果:

当我听见在地球上的某个地方,
在无情的天空和残酷的统治下,
一个被奴役的民族正在呻吟和呼唤,
……
我就诅咒这些暴君……
我觉得诗人就是他们的审判者……
要用铁弦来加强我的歌唱!
(《秋叶集·朋友,最后一句话》)

女记者:雨果先生,今天,我们心中又响起了您的歌唱!21世纪,不论是在西方,还是在东方,我们仍然需要您"铁弦"诗人的歌唱,需要您人道主义的精神,需要您呼唤和平的力量!雨果先生,您的精神跨越地域,超越时空,您与包括中国人民在内的全人类,与乃至更为久远的人们心气相通、血脉相连。

雨果先生,中国人民感谢您!雨果,您与人类同在!

【音乐止】

各位听众,您刚才收听的是文学专题节目《雨果的中国情结》,由广东人民广播电台城市之声制作。

广东电台城市之声(2002年10月19日首播)

在希望中走向绝唱

——重读《安妮日记》

辽宁人民广播电台　周力　王亮　傅长春　陈婷婷

在世界文学的海洋里,《安妮日记》也许只是一道波纹,可在人类心灵的家园里,它却是盛开的鲜花;在历史的长河中,它记下的也许只是瞬间,可对于历史本身,它却是珍贵的永恒。

《安妮日记》先后被译成55种文字在世界范围内发行。在欧洲,《安妮日记》被评为"二战”以后，影响世界的一百部图书之一。

安妮是个犹太少女，13 岁生日时，也就是 1942 年 6 月 12 日，她收到父亲送的生日礼物——一个漂亮的笔记本，于是她开始写日记。

【出音乐】

【出《安妮日记》】

我不要像大多数人那样，过了一辈子，结果白活。我要有用，或者带给所有人喜悦，即使是我不认识的人。我希望在我死后，仍能继续活着。因此，我非常感激上帝给了我这个天赋，我利用这天赋长进，并且表达我内心的一切。

我希望会，哦，我真希望这样，因为写作使我能记上一切，我的所有思想、理想和狂想……

《安妮日记》记录了一个少女的心灵觉醒与成长，更为珍贵的是，她真实地记录了 50 多年前那场战争。当我们以动荡的世界为背景重读《安妮日记》，除了同情与泪水，心灵深处会受到巨大的震撼，从而升腾起一种责任。

安妮一家为躲避纳粹的迫害，从德国逃到荷兰，不久，父亲就接到所谓的“召集令”。在走投无路的情况下，她们一家 4 口在一个大雨滂沱的清晨，连同另外 4 个人一起躲藏到她父亲工作的大楼——阿姆斯特丹普森格拉特大街 263 号——的夹层中。

【出音乐】

【出《安妮日记》】

我几乎每天早晨都到阁楼……眼睛游过阿姆斯特丹大片地方，扫过屋顶，投向天际，遥眺那里一抹几乎看不见的蓝。

我还记得从前，美极了的蓝天，啁啾的鸟，月光和正在绽放的花朵都不会令我神往。来到这里，就不一样了……我一直到 11 点半都费力张大眼睛，等着好好看看月亮……可惜我的牺牲白费……另外一次，好几个月以前……我一直到不得不关窗才下楼。那黑暗、大雨的夜。那风，那些疾飞的云，把我迷住了……世间要是有什么其他任何东西都不能替代，那就是大自然！

是不是因为太久没有出门，我才对大自然这样着迷……许多人认为大自然美丽，许多人不时到星空之下入眠，许多医院和监狱里的人巴望能自由自在享受大自然的每一天，大自然和喜悦，不分贫富都能享受，可是很少像我们跟那些喜悦隔绝到这种地步。

安妮的这几段日记，以生动、形象、流畅的文字，倾诉着对大自然的热爱，抒发着一个天真烂漫的少女，在变为自我囚禁的囚徒以后，企盼自由的美好愿望。

安妮在日记中还详细地记载了全家出逃的经历以及长达 2 年之久的躲藏生活。他们除了每天打探消息外，还要想方设法解决吃饭问题。随着日子一天一天挨过，吃的东西越来越少，幸亏外边的两位好朋友隔三差五偷偷送来食物。他们在密室里过着黑白颠倒的生活，只有在夜间才能偷偷打开窗户，呼吸点新鲜空气。

【出音乐】

【出《安妮日记》】

这些困难再难也可以咬牙克服，但这令人窒息的气氛实在叫人处于神经崩溃的边缘。一有动静，大气都不敢喘，生怕被人举报或被党卫军发现。因为党卫军每天收捕犹太人。今天大家又紧张了一次，结果只是一只猫。这里的猫和老鼠这么多，而且都在拼命找东西吃。

外面变得很可怕。白天夜里任何时候，都有可怜无助的人被拖出家门。他们只准带一个背包和一点现金，就是很少这些东西，在路上也会被抢走。他们妻离子散，男、女和儿童各分东西。小孩子放学回家，父母已不见踪影。女人买东西回家，家已被查封，家人都消失了……人人都心惊胆战。

8个躲藏者生活在窗帘后面，他们唯一的世界就是那个密室。从1942年7月5日到1944年8月4日，密室与外界只发生了几件事情：普森格拉特263号易主，新房东带来了一个建筑师来看房子，幸好没有看密室；1943年7月16日有人进入密室偷走了能够购买150克糖的马克；1944年3月1日又有人第三次闯入密室。这一次将密室成员吓破了胆，因为他们唯恐被发现。其余都是些生活琐事，要么是厕所堵了，要么是猫招来许多跳蚤，要么是自以为有人闯入了，要么是有人病了。然而，事实远远要比人们所想象的残酷，他们过着恐怖而黑暗的生活。通过《安妮日记》可以看到人性是如何受到摧残，8名隐藏者内心又是如何承受孤独与绝望的。

然而，度日如年、担惊受怕、枯燥的生活，扼杀不了这位13岁少女富于幻想、乐观向上的天性；纳粹可以剥夺安妮的生存权，却不能剥夺她的梦想权。她常常在日记中回忆与小伙伴一起上学和玩耍的情景，也时常写下对未来的憧憬。

【出音乐】

【出安妮日记】

我的嗜好和兴趣好多……首先，写作……第二族系家谱……我的第三大嗜好是历史……第四是希腊神话和罗马神话……我的其他嗜好是电影明星和家族照片……我喜欢艺术史……音乐方面我可以稍后再下工夫……

这是我的照片，我希望我永远是这么漂亮，我会有机会去好莱坞的。

安妮在她的日记中还详细地记载了她对少年彼得的纯真恋情。

【出音乐】

【出《安妮日记》】

与彼得在一起我感到无比幸福和激动，生活是多么美好，我真希望快快长大。可是妈妈不让我接近彼得。你认为爸爸和妈妈能够赞同我这个年纪的女孩与一位17岁男孩接吻吗？我想不会的，但我得自己拿主意……

和彼得……我们和往常一样坐在长榻上，互相环抱着……我紧依偎着他，眼泪涌上了我的眼睛；左眼的泪落在他的工作服上，右眼的泪流下我的鼻子……他的感受和我一样吗？8点半，我起身，走向窗口，我们平常道别的地方。我还在发抖——他向我走过来，我伸起双臂环住他的脖子，吻他的右颊。我正要吻他的右颊，嘴就遇到他的嘴，于是我们四唇紧贴。我们在头晕目眩之中相拥，一遍又一遍，永远不要停止！

所有快乐和幸福都冲到表面上来……

这是一段让人心酸的日记。也许，安妮真的感觉到了幸福。可是，那是什么样的幸福啊？它是阴云密布下一闪即失的光亮，战火纷飞中即将被烧焦的小鸟！可恶的法西斯摧毁了安妮的又一个梦想。纳粹为何如此痛恨犹太人，安妮那幼小的心灵是不会找到答案的。

安妮非常关心战争，每天都在担惊受怕中偷偷地听广播，广播是她和他们的希望。密室里的人除了希望，什么也没有了。他们的希望就是盟军快快胜利，早一天解救他们。

盟军的飞机途径荷兰去轰炸德国时，会遭到德国空军的袭击，盟军的飞机也对德国设在荷兰的军事基地进行轰炸，轰炸使密室里的人既感到高兴又感到恐慌。

《安妮日记》提到了一架英国的飞机坠毁在卡尔顿饭店上空，维杰哲尔街和兴格尔街交界处的整个街角都变成了火海，那儿离密室只有百米之遥。

【出音响】

【出《安妮日记》】

……卡尔顿饭店毁了。两架英国飞机用烧夷弹把德国军官俱乐部炸个正着，维杰哲尔街和兴格尔街交口处的整片地方都变成火海。空袭德国城市的次数也在增加。

北阿姆斯特丹受到很严重的轰炸，好像破坏不小。整条街成为废墟，要花一段时间才能挖出所有尸体。到现在为止，有两百人死亡，无数人受伤，医院里人山人海。我们听说小孩子孤孤单单在冒着烟的瓦砾堆里寻找死去的父母。想到那沉闷、遥远、表示毁灭愈来愈接近的嗡嗡之声，我就不寒而栗。

昨天天下大乱，我们到现在还绷得紧紧的……第一声警报在我们还吃着早餐的时候响起，我们没有在意，因为那表示飞机刚飞过海岸线……两点三十分，警报又响起来，我们还不够快，因为不到5分钟，炮声大作，我们站在过道里。屋子震动，炸弹不断掉下来。我紧紧抓住我的"逃生袋"，与其说想逃走，不如说是想要有个东西可以抓。我知道我们不能离开这里，但假如我们不得不出去，在街上被看见，也和被空袭一样危险……

他们不可能像其他人一样躲进地窖或者防空洞里。只要外面有什么能表示危险迹象的响声，都会引起隐藏者的恐慌。最糟糕的是，他们不能直接获得外面的信息。偶尔他们能从帮助者那里得到些消息，但消息的主要来源是英国广播公司的新闻。

【出《安妮日记》】

……收音机带来奇妙的声音，帮助我们不要丧气，一直告诉自己：快乐一点，振作精神，事情一定会好转！

躲藏者通过收音机了解战争局势的进展，盟军的胜利，这对他们的情绪产生了巨大的影响。

【出《安妮日记》】

英国人终于在非洲打了几场胜仗，斯大林格勒也还没有陷落，男人们都很高兴，今天早晨我们喝了咖啡和茶。

1943年，局势渐渐明朗起来，德国很可能战败，即使这样，躲藏的人们仍然在希望和绝望中摇摆不定。安妮在日记中12次提到盟军登陆。

【出《安妮日记》】

皮姆预期盟军哪天都可能登陆。丘吉尔得了肺炎，但已渐渐好转……

……范·丹太太又开始了她的高论："盟军永远也不会登陆！"

全国都得了登陆热，热度一天比一天高……我整天听的就是这个。登陆，登陆，只有登陆。

终于，在1944年6月6日，安妮兴奋地写道：

【出音乐】

【出《安妮日记》】

今天是D日，12点的时候BBC宣布，就在今天登陆开始了！上午8点，英国那边报道说加莱、布伦、勒阿佛尔和瑟堡受到轰炸，加莱海峡省也是(那里早就在炸了)。德国新闻说，英国部队已经在法国海岸登陆了。BBC也说：英国登陆艇正在与德国海军战斗。10点，BBC用德语、荷语、法语和其他语言广播:登陆已经开始!这么说来,这回是真登陆了。艾森豪威尔将军对法国人民说:“现在将会有激烈的战斗,但这次战役之后,就是胜利!1944年是大获全胜之年。祝各位顺利!”1点,BBC英语广播:一万一千架飞机有的正在往返穿梭,有的待命往敌后空降部队或实施轰炸;四千艘登陆艇与小型船只陆续抵达瑟堡与勒阿佛尔之间。英国与美国部队已经与敌军剧烈交战。比利时总理杰布兰地、挪威国王哈康、法国的戴高乐、英国国王先后演说,丘吉尔压轴。密室里一片骚动!苦等已久的解放,真的开始了吗?我们谈了又谈,此刻还仿佛太美好,太童话,永远也不会成真。今年,1944年,会为我们带来胜利吗?我们还不晓得。不过,有希望,就有活路。我们必须勇敢,才能熬过还会到来的许多恐惧、艰苦和苦难。此刻要紧的是保持镇静和坚定,咬紧牙关……登陆开始了,最好的是我感觉到我们的朋友就要到了。可怕的德国人压迫威胁我们太久了,朋友和得救对我们的意义真是无比重大……今天又有两万架飞机出动。德国的海岸大炮在登陆前就已被摧毁,登陆部队已经建立一个小桥头堡。气候欠佳,但一切顺利。军队和人民合成了“一个意志一条心”。

密室里的隐藏者渴望已久的自由真会来临吗?他们情绪高涨。一切就要过去了,新的生活快要开始了。甚至为自己在躲藏中还没有忘记学习而感到自豪。安妮开始猜测自己10月份能否重新回到学校去。

1944年7月21日,传来了有人刺杀希特勒的消息,安妮希望之门打开了,美好愿望越发强烈了,她的精神由此振作起来。

【出音乐】

【出《安妮日记》】

我终于逐渐乐观起来。现在,情势终于看好!真的看好!大新闻!有人谋刺希特勒,这回,下手的是一个德国军人,他不但是个伯爵,还是个年轻人……想到10月就可以回学校,我太高兴……

天真的安妮哪里知道,这将是她的最后日记,她的日记在希望中走向绝唱。

1944年8月4日,大约10点到10点半之间,在告密者的引领下,纳粹将隐藏在密室的8个人全部逮捕,3天后抵达奥斯维辛集中营。据推断,安妮在1945年2月底或者3月初在集中营死于斑疹伤寒。她在困境中重新燃起的希望,连同她的梦想,像一朵尚未绽放的蓓蕾,早早地凋零了,叫人惋惜的是,安妮死在黎明前。

安妮在没有日记的陪伴下孤独地死去了。让人宽慰的是,《安妮日记》没有因她的消失而消失。战后,安妮的朋友将日记交还给她的父亲,由她父亲删修,1947年在荷兰出版。

《安妮日记》能够保留下来是整个人类的幸运,也是世界文学不可多得的宝贵财富,在世界呼唤和平的今天,让我们都来珍惜它吧!

【出音乐】

【出《安妮日记》】

我要有用,或者带给所有人喜悦,即使是我不认识的人。我希望在我死后,仍能继续活着……

【音乐扬起】

辽宁人民广播电台(2002年8月15日首播)

广播文学节目2003年

诗人之怒

广州人民广播电台　霍浩晖　潘健生

听众朋友们,下午好,欢迎收听《开卷有益》节目。

不知大家有没有读过《东京纪事》这本书,这本书是广州诗人李士非去日本探亲的三个月间,写成的一部诗文集。在日本流行文化充塞耳目的今天,在日本政客不断发表伤害中国人民感情的言论的今天,读一读这本书,也许更有利于我们正视历史、正视现实。

李士非,原来是花城出版社退休的老编辑,他,是个战士式的诗人,一直以来,他从不写风花雪月,他的诗平白如话,像《北大荒之恋》、《俄罗斯行吟》,他以战士的情怀讴歌火热的生活,揭露黑暗的势力。熟悉他的人都很难想象李士非可以不写诗,几年前,他因心肌梗塞入院抢救,病情稍有缓和,诗句就从他心中喷涌而出:"洁白的病床是思想起飞的跑道……"你看看,诗,简直就是他的生命。

儿子一家在日本从事电影工作,李士非前去探望他们,朋友怕他容易激动,对心脏不好,临行前叮嘱他"不要写诗,尤其不要写长诗",他答应了。结果,三个月后,他大病了一场,却又带回来了一本诗文集。

今天,我们翻开《东京纪事》,借着里面诗歌、日记的片段,重温诗人的这段称之为"继续抗战"的东瀛生活。

【东京日记】

3月28日,凌晨起身,香港招商局姜浩君送至港澳码头,搭的士赴机场。8点15分起飞,中午抵东京成田机场,儿子李缨接机。乘机场大巴行一个半小时到新宿。

总算顺利到达日本。

住处十分幽静,院中树木蓊郁,两株梅树新叶初萌,宛如绿梅,最大最老的银杏树枯枝未见叶芽,直指天空。一株不知名的树枝叶十分茂密,令人怀疑冬天是否落过叶。

东京的环境是优美的,从机场到住处,浏览过鳞次栉比的现代化建筑,诗人站在窗前,眺望这初春的街道;突然,一个景象触动了诗的火花,他掏出随身的纸片,捕捉住这片刻的思绪。

《东京即景》

大街

小巷

凡是有泥土的地方
都有树木花坛

流经市区的河川
清澈如山泉
水面没有垃圾
只有飘落的花瓣

可惜呼啸而过的右翼宣传车
破坏了美感

【东京日记】

下午，儿子约我们去新宿看夜生活，在街上吃晚饭。大碗辣面条十分可口，三个人经营这家餐馆已十多年了，只卖面条和煎饺两样食品，生意越来越好。煎饺味道平平，全靠面条吸引顾客。

我的家乡江苏丰县的美食，煎包、烧饼、炸糕、羊肉汤等，在这里是绝对尝不到的。如有人在此开个小店，可以倾倒东京。

新宿的红灯区，即“歌舞伎町”，见识了。女妓，男妓，应有尽有，大幅照片贴在街上，还有人沿街做广告拉客人。一家门外居然挂着“中国人入内不可”的牌子，堂堂正正的中国人干吗要进这种地方，不过由此也可以看到日本右翼势力的嚣张！

第一天煞风景的小插曲，虽然在诗人的心中留下了一丝不快，却并没有妨碍大家游览风景的雅致，来日本看什么呢？看樱花吧，听说是日本的“国花”。儿子所在的龙影公司，就在靖国神社的附近，那里是樱花盛开的地方。歇息几天后，李士非一家四口，便一同前去观赏樱花。

那天，靖国神社人山人海，如潮如汐，那天，在樱花道上，诗人亲眼目睹了右翼势力的嚣张，受到莫大的刺激，狂跳的心脏久久不能平缓。

【录音】

李：看到那些参拜靖国神社的人，特别是旧军人，穿着军装，扛着军旗在那耀武扬威地示威，大批群众盲从者也跟着参拜，这还不说，在通向靖国神社的参道上，搭着一个歌台，高音喇叭播送着歌曲，有 14 首歌，都是侵略战争时的军歌，一遍遍地播，攻打满洲的，攻打徐州的，攻打南京的，都是战歌，我听不懂日语，但那歌里面有“徐州，徐州”，是用汉语说的，日本话里“徐州”的音是不变的，可以听懂，这时，我受到了非常大的刺激。

《怒火》
徐州是我的故乡
60 年前
这狼嚎似的歌声在故乡轰响
他像鞭子抽在我八岁的心上
把我赶出了小学的课堂
这最初的恐怖
使我终生难忘
想不到六十年后

在靖国神社的樱花树下
又一次听到它
借助了现代化的音响
它更加嚣张
他们想干什么？
是不是还想血战台儿庄
再一次把徐州变成战场？

有人说，当然不是这样
这不过是我们的言论自由
谁都可以表达自己的主张

那么好吧，我也来利用这种自由
写一首愤怒的诗
和这种野蛮的歌声对抗
哪一个歌手敢唱？

我只有强抑怒火
一再安抚我的心脏
你不要狂跳，不要狂跳
气死在这里他们才高兴呢
千万别上这个当
要留着老命
回去，为祖国歌唱

诗人愤怒了，这首《怒火》，是从胸膛中喷出来的；从那一天起，李士非不再顾及朋友的健康忠告，又重新拿起了笔。他要继续写诗！他要把他看到的一切，告诉他的同胞；他要把他知道的一切，提醒那些迷失在狂热之中的日本青年。

【音乐过渡】

夜幕降临了，东京湾的灯火霓虹，争先闪耀，连成一片灯海。李士非登上了东京最高的电视塔观景台，观看夜景。从高处望去，日本最繁华的城市景象，火树银花，尽收眼底，这里，还可以看到皇宫、国会议事堂等建筑，他看到了日本建设的非凡成就，他看到了“大和民族”的骄傲所在，一时间，百年的历史涌上心头——想起了我们屈辱的过去。回去后，整个晚上，他一分钟也不能入睡，眼睁睁地想了一夜，起来就写出了《登东京塔》的第一段。

《登东京塔》
感谢东京塔，
给我一个制高点，
从250米的高处

俯瞰东京夜景
两个月的零星思索
突然连成一片
心中涌起
诗的流泉
面对茫茫夜空
真想大声呐喊

东京的夜景
当然比不上香港
香港得天独厚
有山有水
山水相映
形成立体的璀璨
不过与北京、上海、广州相比
东京却遥遥领先
毕竟是经济大国的首都
它有更多的现代建筑
更充足的电源
这个国家经济起飞
已经几十年
赶上它
还需要不短的时间
它早已没有文盲
城市差别已不明显
我们曾经梦想的
消灭三大差别
它都走在我们前面
许多日本人
瞧不起我们
自有他骄傲的本钱

可是作为一个中国人
站在东京塔上
不能不反问一声
这一片繁华的背后
难道没有中国的血汗
且不说1895年马关条约

那二万万两白银的赔款
那生生被东洋刀割去50年的台湾
单说一个抚顺
1905年日本从帝俄手中夺去
40年中夺掠了二亿吨煤炭
还有七千八百万吨油母页岩
留下的是30处万人坑
和遍体鳞伤的矿山

从1931到1945
日本从中国大陆抢去的财产
更是算不胜算
我们以三千万条人命牺牲
六千亿美元损失的代价
赢得抗日战争的胜利
却大度地放弃了战争赔款
我们损失和放弃的一切
全都流进了日本的血管
日本能从废墟中站起
能有繁荣的今天
谁敢说与中国无关?
为了世世代代的友好
我们以德报怨
可是人家既不承认我们的德
也不承认自己的怨
他们从骨子里瞧不起我们
以为我们想的是什么“日元贷款”
侵略者必须说的谢罪两个字
他们对韩国可以说
对英国可以说
就是对中国闭口不谈
……

生活在东京,李士非每天都受到各方面的刺激,国人的不争气,右翼分子的嚣张,巨大的社会反差,吃安眠药也不行,他说“箭在弦上,不得不发”,伴着狂乱的心跳,他把愤怒和思考,化成了诗歌。在右翼电影《尊严》出来之后,他们全家都拍案而起。

【录音】我儿子去拜访一个日本教授,他说到拍成了这部《尊严》,是东京的一个大老板投资15亿拍的。电影集中写东京审判,是为东条英机等战犯翻案的,说东条英机是日本的英雄,用生命捍卫了日本的尊严。他在监狱的时候,律师问他:你对南京大屠杀怎么看?他说,“那是中国人捏造的一个谎言,没那回事,日本皇军怎么会干那事?”我们全家人都非常愤怒,而且听说它的预售票已经几百万张,特别是优待小学生,我们就议论怎么办,认为我国的爱国人士要起来反击,要拍案而起!我们在日本,就好像又回到抗日战争年代一样,以前抗日时是“村自为战”,现在我们“家自为战”,首先,我就写了一首《东京上空的怒魂》,写一个山东的17岁的少女被日本人杀死吃掉,我写她的魂灵到了东京的上空,看看这片盛产杀人凶手的地方发生了什么变化?结果很吃惊,看见那些伸张正义的人士,生命正受到威胁,像本多胜一,他是第一个揭露日军731部队,揭露南京大屠杀罪行的,多少年来受到威胁恐吓,右翼分子要暗杀他。我的儿媳妇跟一个日本教授(一个中国通)辩论,他们辩论了12个小时,换了几家咖啡馆,这家关门了去那家,最后那个教授说:“好,你要是不服气,我们再打一仗,还是我们赢!”

接下来的日子,李士非只要不出门访客、浏览,就在儿子的住所看书写作,《龙影》、《空港》、《新宿红灯区》、《横滨海边所见》、《天皇的军队》,这部书对李士非震动很大,它写了日本华北派遣军第59师团从创建到覆灭的全过程,在两三年中,日本青年包括学生、店员甚至和尚被培养成的杀人机器。书中有一段一个日本士兵的回忆:他奉命杀死12个中国人后,在夕阳下,他居然发现人的脑浆流出来很有美感!这令我们的诗人看后寝食难安,疯狂的军国主义思想,把青年人变成了什么?!李士非决定去拜访本多胜一,见一见这位敢于讲真话的战士。

【采访录音】

李:在一个木板隔起来的小房间里,我们会了面,我们会面时他没有戴墨镜,他的话也不长,谈了一个多小时,他看看表说,对不起,我还有个会,得走了,他很忙。我就说,照个相吧,留个纪念。他马上掏出墨镜说,要发表吗,发表就要戴这个。

记者问:为什么要戴墨镜呢?

李:他怕人家认出他来,就是上电视他也戴墨镜,这是防人家暗杀的,当时我本能地就产生了一种悲壮的感觉:假如这时候有人从窗外向他开枪,我就会扑上去做他的掩体,替他挡一粒子弹。中国可以没有我,日本不能没有本多胜一,今天日本的战场,不能没有战士本多胜一。

在后来出版的《东京纪事》中,收录了李士非为本多胜一写的长诗《本多胜一》,上面最醒目的,是两个人戴墨镜的合照。听说,本多胜一也在他办的《星期五》周刊中刊登了他们两人的交谈。

6月24日,李士非结束了三个月的日本生活,启程回国。这时,他的行囊里,已经放着十首短诗、三首长诗,够出一本诗集了,他此时的心愿是,回去要千方百计把它印出来,然后请人译成日文,在东京出版,让日本人知道中国人是怎么想的。

【采访录音】

问:这期间一直没有停过写诗吗?

李:没有停过,到东京机场的时候,我已经走不动了,我这个心率呀,一分钟100多次,非常困难。回到香港,只住了一晚,那个晚上也是通宵不能睡觉,失眠,回广州第二第三天就住了院。

问:为什么不能不写呢?

李:写诗睡不着觉,不写诗更睡不着觉,这脑子开动了你没法停,脑子不像水管一关就不流了,哈哈,你激动起来就没法停止。欲罢不能啊!

广州人民广播电台(2003年9月17日首播)

假如给我三天光明

——读海伦·凯勒自传

辽宁人民广播电台　傅长春　王亮

男播:20世纪曾有一个独特的生命以勇敢的方式震撼了世界。她19个月大的时候一场大病把她变成一个又盲又聋又哑的孩子。她在安妮·莎莉文老师的帮助和教导下,顽强地跨越了命运为她设置的障碍,不但以优异的成绩毕业于哈佛大学而且成为一位著名的作家和社会活动家。她一生访问过35个国家,足迹几乎遍及全球。她用生命的全部力量四处奔走为残疾人造福。她虽然患有盲、聋、哑三重残疾,可生活却充满了浪漫:她可以把手指放在小提琴上听舒曼的《月光曲》。在音乐会上通过振动板感受音乐的美妙,还可以按照手风琴震动空气的节奏翩翩起舞。她会骑马、游泳、划船、滑雪、下棋……甚至还驾驶过敞篷飞机——残疾对于她来说似乎已经不再是缺陷而是一种超人的特点,这个人就是海伦·凯勒。

她一生写下的14部著作被译成50多种文字流传于世。华文出版社出版的《假如给我三天光明》把《我的生活》、《走出黑暗》、《老师》三部书以及那篇著名的散文《假如给我三天光明》汇编在一起,全面介绍了她怎样接受命运的挑战、以惊人的毅力面对困境,以及怎样在黑暗中寻找到了光明又把慈爱的双手伸向残疾人的一生。书中表现出来的海伦·凯勒精神,在人类跨入21世纪的今天,依然闪闪发光,这是人类精神永恒的骄傲。今天,当我们重新读起她的自传的时候,仿佛从遥远的历史回声中又听到她的声音:

【出音乐】

海伦:"面对阳光,在你心中呈现的是一片光明;背对阳光,你永远都只能生活在自己的阴影之中。这两种选择就是两种不同的人生。"

男播:这充满人生哲理的格言,没有因为1968年6月1日那个下午——她在睡梦中死去而消失,相反,它已经成为人们选择人生道路时的航标。

1880年6月27日,她出生于美国南部的小镇塔斯甘比亚。她一生虽然只拥有过19个月的光明和声音,可心中始终充满了阳光;她听不见声音,却能让喧闹的世界安静下来聆听她的述说。

【出音乐】

海伦:"我生命的开始像大多数人一样简单而平常……据家人说,我是在一岁的时候学会走路的，当母亲把我抱出浴盆，放在大腿上时，阳光透过风中舞蹈的树叶投射在光滑地板上的光影吸引了我……我禁不住从母亲的腿上滑下来，摇摇摆摆地向它奔去……当时我的确用自己的脚迈出了人生的第一步。”

男播：可是，疾病摧毁了她的人生脚步。那场大病之后，她听不到声音、看不见光明，也不能开口说话了。她无法接受残酷的现实，变得性情暴躁，稍不如意就不停地踢打、尖叫，直到筋疲力尽为止。她用手抓东西吃，抓自己的也抓别人的，搅得一家人无法进餐。一次，她刚刚出生不久的妹妹偶然占据了她布娃娃的摇篮，她一怒之下掀翻摇篮，差点把妹妹摔死。她把母亲锁在房间里几个小时不肯交出钥匙，自己则坐在门外快乐地享受母亲拍打房门时产生的震动……她的父母绝望之余，只好写信向波士顿帕金斯盲人学校求助，刚毕业的安妮·莎莉文小姐经过一番思考，来到了海伦的家乡美国南方小镇——塔斯甘比亚。

【出音乐】

海伦：“……那一天是1887年3月3日，离我7岁生日还有3个月。”“……我感到向我走来的脚步，以为是母亲，于是向她伸出了双手，她抓住了我，把我紧紧地拥在了怀里。她就是给了我世界，给了我人间最珍贵的爱的人——安妮·莎莉文老师。”

男播：安妮为海伦带来了希望，她要为她点燃生命的火炬。然而，火炬的点燃并非那么容易。海伦被家人宠坏了，盲目的怜悯助长了她的任性，使她成为一个无法无天的孩子。面对“小野人”般的海伦，安妮是坚定的。她不顾海伦父亲的强烈反对，把海伦带离了家人，在花园的一间小屋里与海伦展开了较量。较量是旷日持久的，每一个回合海伦都坚持到筋疲力尽才停下来，养精蓄锐之后又酝酿下一场“战斗”；较量也是惊心动魄的，发了疯的海伦一次又一次与安妮对抗，不肯服输。最后，安妮终于用爱和坚定征服了海伦，让她摆脱了从前浑浑噩噩的生活并且学会了拼写单词。

海伦：“这天早上，我和安妮小姐因‘杯子’和‘水’这两个单词起了争执，她竭尽全力地向我强调‘杯子’是‘杯子’，‘水’是‘水’，但我却总是顽固地把二者混为一谈。”

【出音乐】

“我们沿路散步到了井房，房顶上布满了盛开的金银花，沁人的花香让我们觉得心旷神怡。这时有人正在井边打水，安妮老师把我的手放在了喷水口的下面，我立刻感觉一股清凉的井水从我的手上流过。她在我的另一只手上反复拼写单词‘水’，开始写得很慢，后来就加快了。我静静地站着，所有的注意力都集中在她手指的动作上。突然间，我的思想意识变得无比清晰，许多混乱的困惑和认识都明朗起来。我感觉到了语言文字的奥秘，知道‘水’就是从这从我手上流过的清凉神奇的东西。从明白这个来源于我真实生活的单词开始，我的灵魂就被唤醒了……”

“记得有一天早晨，我第一次问起‘爱’这个字的意思。当时认识的字还不多，我在花园里摘了几朵早开的紫罗兰送给安妮老师。她很高兴地吻我，可我那时除了母亲外，不愿意让别人吻我。那时候，安妮小姐用一只胳膊轻轻地搂着我，在我手上拼出了‘我爱海伦’几个字。‘爱是什么？’我问。安妮老师把我搂得更紧了，用手指着我的心说：‘爱在这里……’我闻了闻她手中的紫罗兰，一半用字，一般用手势，问道：‘爱就是花的香味吗？’‘不是。’老师说。我又想了想。太阳正温暖地照耀我们。‘爱是不是太阳？’我指着阳光射来的方向问，‘是太阳吗？’当时在我看来，世界上没有比太阳更好的东西了，它的热力使万物生长。但安妮老师却连连摇头，我真是又困惑又失望,觉得很奇怪……那天,乌云密布,间或有阵阵的细雨,突然间太阳突破云层,发出耀眼的光芒。我又问老师:'爱不是阳光吗?'"

"老师说……'爱有点像太阳出来前天空中的云彩……你的手并不能触摸到云彩,但是你能感觉到雨水。你也明白烈日暴晒下,干涸的大地与脆弱的花朵得到雨水的滋润将多么开心畅快。同样的,爱虽然是摸不着的,但是你能感觉它给每个人甚至每件事物所带来的甜蜜幸福。没有爱,你就不会快活……'"

"刹那间,我领悟了其中的道理——感到仿佛有无数条绳索连接我与他人的心理,这就是人与人之间千丝万缕的情感吧!"

"……门外是光明、音乐和甜蜜的友谊……后来希望微笑着向我走来,轻柔地说:'忘掉自我,就是快乐。'于是,我就竭力把别人可以看到的光明化作我的太阳,把别人可以听到的音乐化作我的交响曲,把别人的微笑化作我的喜悦。"

男播:安妮小姐开启了海伦成长的愉悦和求知的渴望,她不断在海伦手中写满了字,海伦像一个饥饿的人面对佳肴时那样狼吞虎咽,把新学的字和意义接连不断地贮藏在脑子里,恨不得用她的手指吞噬掉所有的知识。

海伦:"在安妮老手的耐心教导下,许多孩子认为枯燥、痛苦、甚至恐怖的学习例如沉闷的语法、艰苦的算术、严格的概念解析等都充满了趣味……让我在不知不觉中把她所讲的内容刻进了脑子里。"

男播:终于,安妮认为海伦应该走出封闭的花园,感受一下外界生活跳动的旋律了。于是,她们到了波士顿的帕金斯盲人学校。海伦与小朋友们用手语不知疲倦地交谈……友谊赶走了海伦心中的孤独。随后安妮又带她去感受辽阔的大海。

【出海浪声叠音乐】

海伦:"我一直住在离海非常远的内地,没有机会呼吸到咸咸的海风……所以长期以来,我都渴望能够触摸广阔苍茫的大海,感受汹涌澎湃的波涛……我在她们的帮助下换上游泳衣后,便迫不及待地跳进冰冷的海水里……我问的第一句话就是:'谁把盐放进海水里了?'……海浪一个接着一个拍打着岩石,溅起骤雨般的水花向我迎面扑来……我则死死地抱着岩石,虽然已经被海水冲击得有点昏昏沉沉,但仍然沉醉于愤怒的大海的冲击和咆哮之中。"

男播:是的,海伦无法看到大海的辽阔,但她感受到了大海无边的震撼。大海的辽阔与震撼坚定了海伦的信心,她要学会说话。安妮带她去见霍瑞斯学校的校长莎拉·福勒小姐。福勒小姐被她的精神打动了,不但立即答应下来并且要亲自教导她。

海伦:"福勒小姐是用这样的方法教我的:她把我的手轻轻地放在她的脸上,让我感觉发音时舌头与嘴唇的变化。我认真地模仿着每一个动作,在一个小时的时间里就学会了M、P、A、S、T六个字母的发音……我永远记得当我第一次说出完整的话'天气很暖和'时内心那难以名状的激动与欣喜。虽然还有些断续不连贯,虽然还有点结结巴巴,但这确是人类的语言。"

"后来,在安妮小姐的不断帮助下,我数以千遍地练习,努力清晰准确地发出每一个音,并尝试将它们连贯起来。"

【出火车声叠音乐】

"能开口说话以后,我就迫不及待地想回家了……在我还没有意识到的情况下,火车已经到达塔斯甘比亚了,全家人都在站台上迎接我。我眼含泪水扑进母亲温暖的怀抱,她激动得浑身颤抖，说不出一句话，默默地倾听我发出的每一个音节。小妹妹米尔德里德抓住我的手不停地亲吻，兴奋得翩翩起舞，父亲一直沉默地站着，用这种无声的方式表达他对我的骄傲与思念。直到现在，我一想到此情此景，就不禁热泪盈眶……"

男播：1896年，海伦·凯勒终于取得了进入剑桥女子学校学习的资格，开始为报考哈佛大学做准备。

【出音乐】

海伦："在剑桥女子学校，安妮小姐与我一起上课，她将老师教授的内容翻译后告诉我……尽管大家都非常乐意帮助我，但是只有一个人是以单调辛苦的工作为乐的，那就是安妮小姐。"

"直到1900年，我的大学梦才实现。""不久，我发现大学并非我想象的那么浪漫。许多幼小时无知的梦想也渐渐变得不那么美丽动人了……"

"大学生活中最恐怖的要算各种各样的考试了。虽然我多次和它们较量，并将它们打翻在地，但它们又爬起来了，张着一副狰狞的面孔朝我扑来，吓得我灵魂出窍。考试的前几天，我拼命往脑子里塞各种神秘的公式和无法消化的年代资料……但常常是，在紧要关头却怎么也想不起来了。"

【出音乐】

男播：她像一个勇敢的登山者在哈佛大学这个知识的山峰上不停地攀登。她用一双手如饥似渴地吞食她所能接触到的盲文书籍，文学的，历史的，自然的……并能熟练地掌握英文、法文、德文、希腊文以及拉丁文。1904年她以优异的成绩获得了哈佛大学——拉德克利夫学院文学学士学位。毕业后，海伦想做的第一件事就是投身到关怀盲人生活的社会活动之中。

海伦："但是，真正有心为盲人谋福利却又非得透过团体的力量不可，唯有这样才能唤起舆论的注意与支援……为此，我必须多加练习演讲的技巧，以期在面对大众时更具有说服力。就在此时，我遇到了波士顿的怀特先生，他精通音乐理论，对人类的发声机能很有研究，我抱着碰运气的心理去请他帮忙。"

"怀特老师的训练方式是从发音器官开始，然后练习发音，最后才教节奏、重音及声音的音质、音调。这样，经过三年之后，我终于勉强可以在大众面前开口说话了。安妮老师与我首先在新泽西州的蒙他克雷做实验性的演讲，那是一次相当吃力的实验，现在想起来都觉得心有余悸。我站在讲台上一直发抖，一句话也说不出来，虽然早就拟好的讲演稿已经在喉头上打转，偏偏发不出声音。最后，终于积存了足够的勇气，用尽全力喊出来，此时我自己感觉犹如射出了一发炮弹，可是后来别人告诉我，我的声音小得跟蚊子一般……从讲台上走下来后，我不禁哭出声来……"

"令我感动的是，每当我讲完以后，听众们不论听懂多少，总是报以热烈的掌声，有些人还特地上前来鼓励我。"

男播：海伦的讲演虽然笨拙，但是安妮的讲演相当精彩。她介绍海伦的成长过程，每一个人都听得津津有味。到后来，海伦的讲演也渐渐熟练，也越来越受欢迎。她们虽然在短短的时间里就为残疾人事业筹集了几百万美元，可她们却过着十分简朴的生活。自从安妮老师病倒了以后，她们就失去了工作，生活也难以为继了。在海伦的一再坚持下，她们到杂耍剧团参加演出。这样她们的名字就只能和猴子、大象、鹦鹉等动物一起出现在节目单上，其中的滋味可想而知了。

【出音乐】

在一次演出的时候,海伦得到母亲去世的消息。这突如其来的噩耗使海伦的每一寸肌肉都想痛哭。偏偏在这次演出中,观众有人问她:你幸福吗?当时她的泪水就要夺眶而出,可是,她忍住了,用尽量平静的声调说:是的!我很幸福,因为我看见了上帝。

男播:在海伦心中,只有母亲和安妮老师可以和上帝相提并论。可是,安妮老师也在1936年10月19日与世长辞了。海伦从不相信与她朝夕相伴的老师会死去,可这次与前几次不同,老师怕是真的不行了。

海伦:"……安妮·莎莉文老师……向朋友诉说:'这些日子以来,欢笑是一件多么痛苦的事,我真痛恨这个老朽无用的身体。'她的朋友劝她说:'安妮,您怎么可以这样呢!您不能离开我们。海伦不能离开您。'她斩钉截铁地说:'果真如此的话,我的努力将全盘失败。'"

【出音乐】

男播:与海伦相知相伴49年的安妮·莎莉文,终于留下了海伦走了。海伦心中充满了悲伤和怀念,感到从未有过的孤独与无助。她几次想放弃工作,可老师的话总浮现在她的脑海中:"海伦,老师可不喜欢你这个样子。""果真如此的话,我的努力将全盘失败。"是的,老师不允许她半途而废,不允许她沉沦!老师喜欢坚强无比、勇敢向前的人!老师的话像一股清泉流遍她的全身,她重新燃起生命的火炬继续前行……

安妮·莎莉文培育了20世纪一朵不朽的奇葩。如今海伦·凯勒已经成为战胜困难取得胜利的精神力量。

海伦和安妮从1924年起,用了3年时间访问了123座城市,参加了249场集会,有20多万听众听过她的演讲。她们发起的募捐运动,得到许多人的支持。在她们的努力下,全国成立了盲人协会,统一了盲文文字,建立了盲人图书馆,政府还拨出一大笔经费为盲人出版书籍,各州的红十字会也成立了附属盲文机构,专门把书翻译成盲文。

在1959年联合国大会上,各国代表一致称赞她对人类所作出的杰出贡献;美国《大百科全书》称她是残疾人中最有成就的人之一;美国《时代周刊》把她评选为20世纪十大英雄。1968年6月1日那个下午,海伦平静地走完了她艰辛又充满荣耀的一生。为了纪念她,家乡的人们于1971年修建了"海伦·凯勒公园",她的半身铜像下方刻着她的名言:我为你们开启机会的窗口。

【出音乐】

海伦:"面对阳光,在你心中呈现的是一片光明;背对阳光,你永远都只能生活在自己的阴影之中。这两种选择就是两种不同的人生。"

辽宁人民广播电台(2003年5月18日首播)

柔石路三号

宁波人民广播电台　辛雪莉　蒋晓音　项亚萍　张健

【钢琴音乐混播】

宁海是个沉静的小城,无数的小巷中,无数的门庭里,藏匿着无数厚实的灵魂。正是这些灵魂,千百年来,以积聚久远的固执,使宁海保存了风韵的核心。

漫步在宁海的小巷中是一种奇特的体验。

一排排鹅卵石,一级级石阶,一座座门庭,门都关闭着,让你去猜想,猜想它的蕴藏,猜想它以前,很早以前的主人。而柔石故居就是这样一个宁静的所在。

一个细雨飘落的秋日,我轻轻地推开柔石路3号那一个老式庭院的古旧的门。

【出吱呀的推门、开门声的音响】

【出雨轻轻滴落在树叶上的音响】

你听这雨打在树叶上的声音,就知道雨下得并不大,是纤瘦的雨丝。这样的雨不可能让叶子颤晃,乱了神态。

在雨中,树叶一动也不动,静静的,静得像这个小庭院铺地的青砖。砖上染着斑驳的苔色,而庭院两侧窄窄的回廊,原先的红漆栏杆早已褪色,漆也成了碎片。一回眸,又看见高耸的粉壁上悬下许多雨痕,有新的更有陈年的旧痕,我们知道,我们应该放轻脚步。

此刻,小院里没有笑声,只有我们的脚踩在陈年的木质地板上的声音。我们正在参观一个读书人的少年时代。紧接着少年时代的是青年时代,这个清癯的读书人坚定地选择在青年时代死去,这完全是他的个人意志。鲁迅在《为了忘却的记念》中有这样的记载:

鲁迅在《为了忘却的记念》中的片段:天气愈冷了,我不知道柔石在那里有被褥不?……但忽然得到一个可靠的消息,说柔石和其他二十三人,已于二月七日或八日凌晨,在龙华警备司令部被枪毙了,他的身上中了十弹。

【小提琴音乐混播……】

他的头上、身上中了十弹。他的身体像一支箫,上面密布了十个音孔,殷红的音符从中涌出,向大地吹奏他生命的恋歌。

他选择了死亡,在青年时代。

那一年,他30岁,一个标准的青年。

他叫柔石。

【钢琴音乐混播、柔石所作“宁海中学校歌”旋律】

看他的塑像,很瘦,额头高起,颧骨微突,戴一副圆边的眼镜,满脸是纯粹的书生意气。这就是柔石吗?

《为了忘却的记念》的片段:他的家乡,是台州的宁海,这只要一看他那台州式的硬气就知道,而且颇有点迂,有时会令我忽而想到方孝孺,觉得好像也有些这模样的。我有时谈到人会怎样的骗人,怎样的卖友,怎样的吮血,他就前额亮晶晶的,惊疑地圆睁了近视的眼镜,抗议道,“会这样的么?不至于此吧?”

宅子建在一个叫城管西门的地方,据说前面是一条河,河上的桥镌刻有“柔石金桥”四个字。【钢琴音乐混播、柔石所作“宁海中学校歌”旋律】时光荏苒,沧海桑田,如今那座小桥,那块石碑终究再也无法寻觅了,而人们的心中却留下了另一块石碑,一块不朽不倒之碑——柔石。

柔石中学校长:柔石原名赵平福,他的父亲给他取了这个名字是期望儿子能平稳有福。后来他自己嫌这个名字太土,太俗气了,才改名为平复。1928 年他到上海后,开始用柔石这个笔名。柔石两字取自他老家旁的小桥,桥上刻着的“柔石金桥”四个字。

【钢琴音乐混播……】

在风雨如磐暗故园的那段岁月里,一个叫赵平福的 16 岁少年,把自己的名字改成了平复,他的少年就在老屋里度过,现在这里辟为柔石纪念馆。门槛上的题字是鲁迅夫人许广平的。

故居是旧式的三合院,穿过幽暗的客堂,拐上一排窄窄的楼梯,就是柔石读书的地方了。一张书桌靠着窗口,窗外数尺就是一堵高墙。不会有多少阳光洒下来。墙又是那么高,坐在桌前,仰起头也不容易看到星星。这是一间毫不温暖又毫无乐趣的书房。因为缺少阳光而显得苍白,因为缺少游戏而总在沉思的柔石在这里读书,读了许多书。我希望能够得到一份柔石的读书目录,这可能会帮助我理解,为什么这个古屋里会走出一个柔石。

柔石女儿赵小微:柔石是我的父亲。我爸爸从小喜欢读书,他读书是非常用心的,读书读高了,方正学(方孝孺)先生硬骨头精神学来了,(他)非常崇拜,把方正学(方孝孺)的遗像挂在自己书房,永远保存。

【弦乐音乐混播……】

小心翼翼地穿梭于几间旧旧的走起来已是咯吱作响的厢房中,用目光久久抚摸着那斑驳的如岁月般老去的遗物:笔筒、印盒、砚台、手迹……即可闻到那个才华横溢的、高额的、眼中永远闪烁着激情的青年气息:甚至依稀听得到深夜的书房传来的主人思想中的沉重的叹息声:他的痛苦与欢乐、寂寞和忧伤,感受到那一颗迂气而执著的灵魂在风雨如磐的深夜里呼吸着、彷徨着、澎湃着。那是一颗多么不安分的志在匡世济国的灵魂啊!

他用那略微有些驼的脊背伏在如豆的灯火下,奋笔疾书。20 岁的刚烈的血气在瘦弱的躯体里奔涌。也就是在这一间毫无乐趣的书房里,苍白而总在沉思的柔石写下了《旧时代之死》。

【小提琴音乐混播……】

他后来创作的《二月》中的萧涧秋最后离开了芙蓉镇,在给陶幕侃的信中这样写道:“人说光明是在南方我亦愿一瞻仰光明之地。又想哲理还在北方,愿赴北方去垦种美丽之花。”

又冷又压抑的老屋终于使柔石决定出走了。少年柔石迈过这座题有“柔石金桥”的小桥,走得远远的,终于,柔石渐行渐远的背影,被那座老屋视为看不到头的终点。而柔石的出走,也一定让这座百年老屋动荡得更慌张了吧？这老屋动荡了百年，难道就不能把这种动荡理解为是一场孕育，一场苦难的孕育，一场为了中国书生和中国文化的尊严而由一个家族担当了苦难的孕育？如果能够作这种理解，那么，柔石就是这个家族眺望了一百年的终点。

《为了忘却的记念》的片段：人们都睡觉了，连我的女人和孩子。我沉重地感到我失掉了很好的朋友，中国失掉了很好的青年，我在悲愤中沉静下去了，然而积习却从沉静中抬起头来。

不是年轻的为年老的写记念，而在这三十年中，却使我目睹许多青年的血，层层淤积起来，将我埋得不能呼吸，这是怎样的世界呢？

1930 年，在柔石生命的最后一段时光，柔石还是回过一次家的。

柔石儿子回忆：1930 年冬天祖母祝寿，59 岁祝寿。父亲回到宁海来过一次，阳历来讲是 12 月 23 日，离他逮捕不到一个月了；离他的牺牲也仅仅是一个月多一点的时间了。这是最后一次回到家乡，我的父亲有 3 年没回家了。那个时间他在上海参加了左翼作者联盟、参加了中国共产党，因为工作非常忙。祖母她对父亲是最喜欢，最心疼父亲了。这次好不容易回来一趟，一定要他多住几天，但父亲在上海方面有许多工作等着他去做，住了一个多星期就回上海去了，一别就成了永绝。

【管弦乐音乐……人声哼鸣混播……】

是的，只有极少数的院落能够走出一些杰出的儿女，他们震撼我们的良知、我们的民族和我们的生命史。他们使我们自身存在的这段历史更有了嚼头。

老屋看着他出生，看着他成长，又看着他孱弱的背影渐行渐远，老屋很为自己杰出的孩子骄傲。

但是柔石是灵魂像风的那类人，风是永远的旅人，风是没有终点的。他生命短短 30 个年华，为寻求自己行止的主宰，在频频遭际疾病和贫穷的痛苦里，在困顿与漂流的路途中，风萍浪迹，而终于让望眼欲穿的母亲再也等不到他归家的身影！

是的，青年柔石就是风呵，是深沉的大地上穿越阴霾的狂飙。或者说他只是风中的一片叶子，在中国有史以来最惨烈，最凄厉的一个年代里，上上下下地旋飞。直至湮没在血雨腥风里。

在一个远离尘嚣的郊野，在一个没有星光的夜晚，30 岁的柔石和同乡殷夫等五位年轻读书人被一字排开站在林立的枪弹前。

中学生齐读《为了忘却的记念》片段音响：前年的今日，我避在客栈里，他们却是走向刑场了。

我忽然间觉得，历史真的很虚弱，那么庞大或者那么悠久，忽然间就消失了；而门外柔石先祖栽下的大树，至今还在一片一片细数着夏天和冬天。

读陈列在书房里的柔石的遗稿，有这样一段诗句：

夜色如年老的瞎眼的母亲，

抱着我感到一溜紧贴而凄凉的温存。

我却几次地像白白小飞蛾般挣扎，愿扑向那灯光自寻到了陨灭。

看到这些诗句时，我忽然觉得这真像一个寓言。柔石因为不愿妥协于现实的黑暗，因为渴望心灵的灯光，终于不肯仅仅流连于小我的安稳而选择了另一种危险莫测的命运。这个年轻、热情、才华横溢却被生生扼杀的生命，真的很像瞬间划过黑暗天幕的流星，他为了一种信念而激情地飞奔着，在生命的燃烧中划出了一道绚丽的光彩，留下了可供后来者凭吊和思索的闪亮的精神光带。

【钢琴音乐混播……】

天飘着的是雨丝，下得久了，却也有雨水从屋檐角滴漏下来。我看着水珠从瓦缝里渗出来，一滴一滴，响亮地掉在盛水的铁桶里。在照明不足的展厅里，那一串串清脆悦耳的水声，很自然地让我想起自己的少年，听到漏雨声，我肃穆的心绪又恢复了愉快。

【出屋檐滴落的雨水打在铁桶里的声音响】

隔了一条柔石路，故居的斜对面就是宁海柔石中学，正是下午的自修课时间，可以听到那些孩子们的朗朗书声，从细雨组成的薄暮里缥缈地传来。那些孩子也有十六七岁了吧？和柔石出走时的年龄正好相仿！

中学生齐读《为了忘却的记念》一文中的片段音响：去年的今日，我在炮声中逃在英租界，他们则早已埋在不知哪里的地下了；今年的今日，我才坐在旧寓里，人们都睡觉了，连我的女人和孩子。

我不知道，在生命的最后一刻，柔石会不会想到刻着“柔石金桥”字样的故乡小桥呢，会不会想到小桥边的老家，那张书桌，还有那个长着一棵枇杷树的小院呢？长着枇杷树的小院里还有一口水井。朝里望，就看到自己的倒影，我们做着鬼脸，忽然就哈哈笑了起来。

【笑声……音乐、柔石所作的童谣“乌鸦”旋律】

这个游戏，少年柔石玩过吗？做父亲的青年柔石玩过吗？

柔石儿子回忆：我记得他每次回家，都买些玩具回来，狮子啊、黄狗啊。她会来的时候有时候去散步，散步的时候带我妹妹去，我跟在后面走，哈哈……

【柔石所作的“宁海中学校歌”旋律、音乐混播……】

细细听着，我们已是默默。忽然发现在青石的井圈与青砖地的接缝之处，长着一簇碧绿的草，那绿，不带有一丝杂质，再凑近些，还能看到一缕半缕的血脉，是那种再大的雨也冲洗不净的铁锈红。

【中学生齐读：夜正长，路也正长……音乐……】

刚才播送的是文学节目《柔石路三号》，这次节目播送完了。

宁波人民广播电台（2003年6月28日首播）

广播文学节目2004年

巴别尔和他的《骑兵军》

北京人民广播电台　高惠彬　郝卫群

1940年1月17日，苏联首都莫斯科，卢比扬卡监狱。

【枪栓　枪声】

这声枪响结束了一个天才作家年仅47岁的生命。就是这位作家被高尔基称为“俄罗斯奉献给世界的最伟大的作家”；海明威惊讶于他的写作竟比自己更凝练；博尔赫斯认为他的作品享有散文难以企及的，只有诗才配享有的荣誉；他在全世界拥有不计其数的崇拜者，他们热爱他写下的每一行文字；1986年《欧洲人》杂志评出100位世界最佳小说家，他名列第一；2002年、2003年，他的一本薄薄的短篇小说集连续两年名列美国畅销书排行榜——这就是20世纪俄罗斯文学天才伊萨克·巴别尔和他的在全世界流行80年，禁而不绝的奇书《骑兵军》。

【音乐起】

谈到巴别尔及其《骑兵军》就不能不提到苏波战争，不能不提到布琼尼和他领导的苏联第一骑兵军以及哥萨克。

您现在听到的是由中、乌合拍的电视连续剧《钢铁是怎么炼成的》的主题歌，其中有这样一句歌词“布琼尼的士兵准备出发”。歌词所描写的便是由布琼尼统率的哥萨克骑兵——在俄国内战中所向披靡的红军第一骑兵军。

1920年，苏波战争爆发。布琼尼的第一骑兵军还没有进入波兰便已令人闻风丧胆。据曾在波兰军中服役的美国志愿飞行员回忆，他们驾机在空中俯瞰过这支劲旅。只见，在沙皇铺设的通往波兰的官道上行进着一支骑兵军，每行八人八骑。骑兵们有的头戴圆桶形翻毛帽子，有的身披戴头套的黑色大氅；他们背上斜挎着步枪，腰间悬着长马刀和短匕首，在尘土中浩浩荡荡地前行，几公里外仍然不见尽头——在人类历史上第一次把大规模屠杀机械化的第一次世界大战之后，在被机关枪、坦克和飞机彻底改变了的欧洲大地上，这支马上的军队好像正默默地从传说的背后，从历史的深处杀出！

【音乐强　渐弱　停】

凶猛的骑兵军中来了一个26岁的青年。他是由处于俄国南部、黑海北岸的海滨城市敖德萨的共产党党委会派来的战地记者，叫科利奥·柳托夫。这是化名的巴别尔。他一边随军征战，一边在《红色骑兵报》上发表宣传性的战地报道和军情速写。“柳托夫”的本意是

“狂暴”,可他的身量、面目却和他的姓很不相称。他竟然带着一副哥萨克战士们最讨厌的细圆边儿眼睛,身材也不高,甚至有些未老先衰。这分明写在他的忧郁的脸上和已经开始谢顶的前额上。

见过他的人都说他举止没有什么特别之处,但只要直视他镜片后的眼睛,就会发现其逼人的穿透力——好像他能看到一切、明白一切。悲哀因之而生。这也是双猎人的眼,他都能立刻将其捕获射杀。那里面还有狡黠、反讽,甚至一个男孩儿的顽皮。这是一个心中藏着秘密的人。他是他的身份证上标明的那个狂暴的革命者吗?如果是,他为什么悄悄地、坚持不懈地在日记本中用铿锵的短句记录真实的所见所闻,同时又常常直抒胸臆——“这是一群有纪律的野兽”、“我控制不住我的悲伤”。——他看到了什么?他总是不断提醒自己:“描绘天空”,“记住他的脸”——分明在为以后的创作做准备。

果真,数年后的1923年,他把这些断断续续的意象锤炼成30多篇短文,长的不过五六千字,短的仅有半页纸——这就是《骑兵军》,这本曾经震撼过世界,今天仍然震撼着我们的短篇小说集。其中,战场的质地被转换成文字的质感——字里行间传达出军情电报的短促、骑兵战术的迅猛、马背上时空的变形;而跃动的铁蹄也扭转了传统的叙述脉络,颠覆了旧有的故事结构。终于,战火硝烟、人喧马嘶从迷阵般的段落章节里轰然钻出,在纸面炸开了……

【音响效果】

【翟万臣演播《泅渡》兹博鲁契河】

六师师长告,诺沃格拉德—沃伦斯克市已于今日拂晓攻克。师部当即由克拉毕夫诺开拔,向该市进发。我们辎重车队殿后,沿着尼古拉一世用庄稼汉的白骨由布列斯特铺至华沙的公路,一字儿排开,喧声辚辚地向前驶去。

我们四周的田野里,盛开着紫红色的罂粟花,下午的熏风拂弄着日见黄熟的黑麦,而荞麦则宛若处子,伫立天陲,像是远方修道院的粉墙。静静地逶迤西行,离开我们,朝白桦林珍珠般亮闪闪的雾霭而去,随后又爬上野花似锦的山冈,将困乏的双手胡乱地伸进啤酒草的草丛。橙黄色的太阳浮游天际,活像一颗被砍下的头颅,云缝中闪耀着柔和的夕晖,落霞好似一面面军旗,在我们头顶猎猎吹拂。在傍晚的凉意中,昨天血战的腥味和死马的尸臭滴滴答答地落下来。黑下来的兹博鲁契河水声滔滔,正在将它的一道道急流和石滩的浪花之结扎紧。桥梁都已毁坏,我们只得泅渡过河。庄严的朗月横卧于波涛之上,马匹下到河里,水一直没至胸口,哗哗的水流从数以百计的马腿间奔腾而过。有人眼看要没顶了,死命地咒骂着圣母。河里满是黑糊糊的大车,在金蛇一般的月影和闪亮的浪谷之上,喧声、口哨声和歌声混作一团。

深夜,我们抵达诺沃格拉德市。我在拨给我住的那间屋里,看到了一个孕妇和两个红头发、细脖子的犹太男人,还有个犹太男人贴着墙在蒙头大睡。在拨给我住的这间屋里,几个柜子全给兜底翻过,好几件女士皮袄撕成了破布片,撂得一地都是,地上还有人粪和瓷器的碎片,这都是犹太人视为至宝的瓷器,每年过逾越节才拿出来一次。

“打扫一下,”我对那女人说,“你们怎么过日子的,这么脏,一家子好几口人……”

两个犹太男人应声而动。他们穿着毡底鞋,一蹦一跳地走动着,收拾掉在地上的垃圾。他们像猴子那样不发一声地蹦跳着,活像玩杂耍的日本人。他们的脖子一个劲地转动,都鼓了起来。他们把一条破烂的羽绒褥子铺在地板上,让我靠墙睡在第三个犹太人身旁。怯生生的贫困在我们地铺上方聚拢来。

万籁俱寂，只有月亮用它青色的双手抱住它亮晶晶的，无忧无虑的圆滚滚的脑袋在窗外徜徉。

我揉着肿胀的腿，躺在褥子上，睡着了。我梦见了六师师长。他骑着一匹高大的牧马追赶旅长，朝他的眼睛连开两枪。子弹打穿了旅长的脑袋，他的两颗眼珠掉到地上。“你为什么带着你的旅调转枪头?”六师师长萨维茨基冲着脑袋瓜开花的旅长怒吼道，就在这时我醒了过来，原来那个孕妇在用手指摩挲我的脸。

“老爷，”她对我说，“您在梦里又是叫又是踢。我这就给您的地铺挪个地儿，省得您踢着我爹……”

她的两条瘦骨如柴的腿，支着她的大肚子，打地板上站了起来。她把那个睡着的人身上的被子掀开。只见一个死了的老头儿仰面朝天地躺在那里，他的喉咙给切开了，脸砍成了两半，大胡子上沾满血污，藏青色的，沉得像块铅。

“老爷，”犹太女人一边抖搂着褥子，一边说，“波兰人砍他的时候，他求他们说：‘把我拉到后门去杀掉，别让我女儿看到我活活死去。’可他们才不管哩。爱怎么干就怎么干——他是在这间屋里断气的，临死还念着我……现在我想知道，”那女人突然放开嗓门，声震屋子地说：“我想知道，在整个世界上，你们还能在哪儿找到像我爹这样的父亲……”

【音乐】这是短篇小说集《骑兵军》的第一篇《泅渡兹博鲁契河》。文中关于战场的描写美丽而绚烂。景色描写占小说的四分之一，毫无战争的烟火气；描写部队夜渡的场面，寥寥几十个字，竟然有着无穷的气势；在小说的结尾，对一个犹太孕妇的一段泼墨宛若石破天惊。如此美丽的文字构成了整篇小说，而战争的血腥与残酷像油画表面的凸点一样，在字里行间蔓延。

伊萨克·巴别尔，于1894年出生于敖德萨的一个农机商人家里。他18岁就曾发表短篇小说，1916年在彼得格勒结识了高尔基，成为后者最器重的少年天才。1917年他志愿到罗马尼亚前线服役，前线崩溃后，逃回敖德萨。在动荡不安的1918年冬天，只身一人冒死潜回彼得格勒加入了那里苏维埃政权组织的肃反委员会反间谍部。并且，在俄国内战期间，曾随莫斯科的征粮分遣队南下乌克兰粮仓征粮——这是一个积极投身革命的知识青年，他为什么要在红色骑兵军中隐姓埋名?

因为他是一个犹太人，而哥萨克，正是所有犹太人的天敌！1648年，在波兰和俄国第一次爆发了由哥萨克统领的屠犹活动，有10万犹太人被杀。1905年，沙皇尼古拉二世再次下达了屠犹令。上万名犹太人被打致残，数千人毙命；1918年至1920年又有10万名犹太人在乌克兰的俄国内战战场被无辜杀害；1920年，在苏波战场上，哥萨克的红色骑兵军从没有停止对犹太人的屠戮和暴行。

哥萨克天生就是战士和杀手，而与哥萨克相反，犹太人则是一个文化群落，他们强调读书，极其看重自己的文化传统。于是，一个犹太人来到哥萨克骑兵中，无异于一个犹太人加入了纳粹，这就是巴别尔隐藏身份的根由。

在这血腥的战场上，一个犹太人和一群哥萨克并肩作战——一面是文明，一面是野蛮；一方是诗人，一方是屠夫。这也就成了《骑兵军》的戏剧冲突的核心，它赋予了巴别尔这篇箴言玄经般的小说全部的内在张力。【音乐完】

因此这部真实描写了布琼尼第一骑兵军的哥萨克士兵们人性与兽性的小说集《骑兵军》一经问世，便引起了轩然大波。布琼尼元帅以及另几位红军将领指责巴别尔，说他的小说是对骑兵军的讽刺与诽谤，说他写的不是骑兵军，而是真正的马赫诺匪帮。对此，高尔基在《真理报》上发表文章，旗帜鲜明地为巴别尔辩护。

巴别尔将高尔基引为自己的文字导师和人生教父，并终生受到高尔基的保护，直到1936年高尔基去世。之后，巴别尔的作品立刻遭到全国范围的封杀。1939年4月10日，巴别尔被控“托洛茨基分子、外国间谍、恐怖分子”，称为人民公敌。1939年5月19日凌晨，巴别尔突然在家中被捕，并被立刻押往内务部的监狱。经过三天三夜的刑讯，被迫招供。而在1940年1月2日，巴别尔第三次致函检察院，称“我被迫诬告爱伦堡等人有反苏意图，这些都是不折不扣的谎言。我知道他们都是诚实的、忠诚的苏联公民。这些诬告都是我在审讯中由于自己的怯懦而招供的”。

在生命的最后关头，【音乐起】巴别尔还在祈求还自己的灵魂以清白，还在祈求以自己的清白来挽救朋友的命运，在生命的最后关头，他还在苦苦哀求法官能让他完成他最后的作品。

根据克格勃档案，25天以后，巴别尔在莫斯科被枪决，埋葬地点不详。

1954年12月18日，苏联最高法院作出了为巴别尔平凡并恢复名誉的决定，在著名作家巴乌斯托夫斯基的积极斡旋下，巴别尔的文学遗产于1956年开始解冻，回归苏联文学之中并迅速赢得了崇高的世界性的声誉。

王天兵录音：

我是《骑兵军》的编者王天兵。《骑兵军》是20世纪独一无二的一本奇书。巴别尔是20世纪的大家中——包括英法，包括美国，包括俄罗斯的作家中最具魅力的一位作家。当2001年的时候，《巴别尔全集》的英译本在美国出版的时候，有整整三代的美国作家、评论家竞相写书评，而这些书评家包括厄普代克、索尔·拜娄、菲力普·罗斯、格瑞斯·皮利、辛西娅·欧杰克等等，都是第一流的大作家，大评论家。而他们写起巴别尔来就好像写情书一样地喋喋不休，为什么呢？因为这些人，整整有三代作家，在他们的成长期，都是看着巴别尔，怀着对巴别尔的崇敬和热爱长大的。对他们来说，巴别尔是一个作家中的作家。比如说，我在美国认识的一个作家，他今年快70岁了，他叫大卫·麦克唐纳。他是短篇小说家，他获过所有的美国短篇小说方面的专业奖项，我和他谈起什么作家的时候，包括一些大家，厄普代克也好，福克纳也好，他只是说，这些人都是不错的，以这种口气说。可是，我一旦向他提起巴别尔，他提起我在档案馆里发现的巴别尔谈创作的一篇遗文，或者一张骑兵军的照片，他就像一个小学生发现了一个球星的蛛丝马迹一样跳起来，把那个东西抓到手里，冲到办公室里，到复印机上把它复印下来，保留下来。而像这样的，以这种态度，以这样追星的态度追巴别尔的，恰恰都是一些大家，一些有成就的大作家、评论家，他们就是怀着这种难以自制的，这种……

【压混】巴别尔在临终前仍努力保护的苏联著名作家爱伦堡曾这样评说他所尊敬的这位文学天才：“巴别尔是这样一个人，他的斗争，他的幻想，他的作品以及后来他的死，都是为了后代人的幸福而付出的代价。”【音乐高潮】

听众朋友，您刚才听到的是文学专题《巴别尔和他的〈骑兵军〉》，责任编辑郝卫群，录音师张校茵感谢您的收听，再会。

关于巴别尔及《骑兵军》的相关链接

自从巴别尔的第一篇小说译成法语起，我便知道巴别尔，读过他的《骑兵军》，我非常喜欢他的作品。

——海明威

巴别尔是作为一个胜利者和一个革新者，作为一个一级大师出现在文学中的，巴别尔的语言以不同凡响的新颖紧凑使人震惊，或者更确切地说，使人入迷。这个人带着我们没有的那种新颖，观察并倾听着这个世界。

——巴乌斯托夫斯基

当然，巴别尔写得很精彩，他能够把生与死、血与痛、勇敢与蛮横、仇恨与残忍、信仰与迷狂、卑鄙与聪明、善良与软弱审美化，把人性中最野蛮的与最不可思议的东西写得如此精练和正当正常，如此令人目瞪口呆，如此难以置信却又难以不信，这是很不寻常的。

——王蒙

北京人民广播电台(2004 年 11 月 21 日首播)

打开一片被遗忘的天空

辽宁人民广播电台　傅长春　王亮　洪波　李书宇

【出音乐——】

男播:2004 年初冬的某一天，年仅 36 岁的张纯如最终不能忍受多年忧郁症的折磨，在美国加州一条寂寞的公路旁自杀身亡，她的死震惊了华人世界，从东海岸到西海岸，许多华人社区为她举行了追悼会。哀伤笼罩了天空，泪水伴随着安魂曲洒落在大洋彼岸的土地上。美国上百家电台、电视台和报纸报道了她的死并向她致敬。

她是“在美国成长的华裔青年的典范”，“美国最年轻的优秀历史学家”，华裔美国妇女联合会“女性奖”的获得者，《读者文摘》的封面人物，她短暂的一生留下了三本书：一本是《中国导弹之父——钱学森之谜》，一本是《美国的华人：一部叙述史》，还有这本《南京暴行——被遗忘的大屠杀》。这本书的中文版 1998 年由东方出版社出版。

《南京暴行：被遗忘的大屠杀》这本书 1997 年在美国出版后，连续 14 周排行畅销书榜首，被评为当年的最佳图书，发行了 20 版 30 多万册。这是世界上第一部关于南京大屠杀的英文专著。《纽约时报》称之为“60 多年首次打破中日美的沉默，用英文向全世界详尽地揭露日本当年的兽性之极。”

【出音乐——】

张纯如在书中写道：“1937 年 12 月 13 日南京陷落，日本士兵在这里开始了一场人类历史上罕见的残酷屠杀。一连几个月,南京城街道上堆满了尸体,到处弥漫着腐烂的人肉臭味……如果把南京死难者的手连接起来,可以从南京一直拉到杭州,他们的血液总量可达1200吨。他们的尸体可以装满2500节火车厢。"

男播:南京大屠杀贯穿着中华儿女一脉相承的历史哀愁,包含着挥之不去的痛苦记忆。张纯如这个第二代华裔,这个说着外国话的炎黄子孙,追随着父母的记忆,用柔弱的肩膀承担起责任,对二战中最令人发指的一幕做了果敢的回顾。

【出音乐——】

张纯如:"我在自己还是一个小女孩时第一次知道南京的暴行……故事是我父母讲给我听的……在我整个童年时期,南京大屠杀是一个无法言明的邪恶的代名词……中学时,我寻遍了当地的图书馆……但一无所获。我觉得很奇怪:如果南京的暴行真是那么骇人听闻,真的像我的父母坚持说是人类历史上一次最残暴的屠杀,那为什么没有人把它写下来? ……南京暴行再次闯入我的生活几乎是在20年之后了。1994年12月,我参加了一个纪念南京暴行死难者的会议……大厅里展放着海报大小的南京暴行的照片——这是我一生中所见到的最可怕的照片。我对这些照片毫无思想准备……被砍下的人头,被刺刀剖开的肚肠,赤裸裸的妇女……在一个眩晕的瞬间,我陡然明白生命和人类的经历本身都是如此脆弱……"

男播:张纯如站在这些噩梦般的照片面前,愤怒让她几乎失去了知觉。她下定决心写一部专著,揭露日军的南京暴行,让西方社会知道20世纪30年代人类是怎样残杀自己的同类!

【出音乐——】

张纯如:"人类同胞相残的历史是一个漫长而凄惨的故事,倘若在这些恐怖的故事中存在着不同的话,那么,没有几次劫难能在程度和范围上与"二战"期间的南京暴行相比。""但是,南京的暴行一直是一个鲜为人知的事件。与日本爆炸原子弹和犹太人遭到屠杀不同,南京大屠杀的血腥恐怖很少为亚洲以外的人们所了解。"

男播:为了写好这本书,她几乎走遍了世界搜集历史资料,在不认识任何人的情况下独自来到南京。当她把幸存者李秀英、夏淑琴等人的采访录像整理后,她发现,这些幸存者的证词与马吉、麦卡伦等西方传教士50多年前在各自的日记里所描述的完全吻合。这次南京之行她还带来了《魏特琳日记》的复印件,这是国内第一次知道魏特琳当年记录了南京大屠杀的真相。

魏特琳的日记在耶鲁大学特藏室里沉睡了几十年,张纯如发现了它。《魏特琳日记》2000年由江苏人民出版社出版,厚厚的日记为张纯如的写作提供了真实的史料和素材,让她第一次领悟了人性的伟大和人性的野蛮。

【出音乐——】

张纯如:"人什么事都做得出,既有做出最伟大事业的潜能,也有犯下最邪恶罪行的潜能,一切取决于当时的环境。""在我为《南京暴行:被遗忘的大屠杀》搜集写作素材的时候,我第一次听说到魏特琳这位伟大的女性……我阅读她所写的每一页日记时,我无法控制感情,禁不住掉下了眼泪。""南京大屠杀开始后几周里,留在城中的西方妇女屈指可数,魏特琳便是其中之一。许多年后人们都会记得她,不仅因为她为保护数千名妇女儿童免遭日军欺辱时所表现出来的巨大勇气,而且因为她所保留下来的日记尤为珍贵……""魏特琳拒绝与其他美国人一道撤离南京……成了金陵女子学院的代理院长……到12月15日晚上,金陵学院难民营的人数已经达到3万多人……那个晚上,魏特琳在街上看到妇女们绝望地哀叫着,被日本兵拉走了……”

魏特琳:“那情景实在太令人惊心动魄了！疲劳的妇女,受惊的女孩子,她们带着孩子、被褥和小包衣服,步履蹒跚地走着……”“我永远都不会忘记那种场景,人们跑在马路边,玛丽·特森夫人和我则站着,耳边是干枯树叶发出的沙沙声,凄风的呻吟声以及被拖出去的妇女们的哭喊声……”“噢,上帝,请制止今晚的南京城日本兵的残酷兽行……如果日本妇女知道了这些可怕故事的真相,她们将会多么羞辱惭愧。”

男播:魏特琳为保护妇女免受污辱,无数次面对带血的刺刀毫不退让,一次次忍受威胁和气急败坏地殴打。然而,她用自己的生命保护了别人,却保护不了她自己。大屠杀结束后不久,她的精神彻底崩溃了,不得不回到美国接受治疗。1941 年 5 月 14 日,她打开煤气开关,结束了自己的生命,如战场上倒下的战士。【音乐……】

历史总是被不断提起,又总是被不断忘记。如果不是张纯如立志要写《南京暴行:被遗忘的大屠杀》而四处搜集资料,那精心装订成八大本的《拉贝日记》也许至今还放在拉贝后代地窖里落满灰尘。

在耶鲁大学图书馆,张纯如查找当年在中国美国教会的资料时,发现其中常提到一个德国商人约翰·拉贝。于是,她奔赴德国,历尽艰辛,最终在柏林找到了拉贝的外孙女莱因哈特夫人,她这时才知道拉贝先生留下了日记。在张纯如和纽约纪念南京大屠杀受难同胞联合会的努力下,促成了莱因哈特在 1996 年 12 月 12 日在纽约举行了新闻发布会,向全世界公布了拉贝日记。这本日记对于第二次世界大战史和中国抗日战争史都具有独特的意义。《拉贝日记》中文版 1998 年由江苏人民出版社和江苏教育出版社联合出版。

拉贝从 1909 年到 1938 年,在中国为西门子公司工作了近 30 年,他家的两代人都出生于中国。拉贝在南京大屠杀期间领导的狭小安全区保护了约 25 万人的生命。1938 年他回国后在德国外交部等处作讲演,用大量的事实和证据揭露日军在南京的暴行,6 月初他给希特勒写了一份 260 页的报告,请求希特勒劝说日军停止暴行,为此,他被盖世太保逮捕,审讯了三天三夜,命令他保持沉默。在不明真相的情况下在中国加入纳粹党的拉贝,这时才认识到了纳粹的本质。在纳粹的威胁下,西门子公司不敢雇用拉贝了。“二战”胜利后,他又因纳粹身份遭到了盟军的审判,直到 1946 年 6 月,才宣布他为非纳粹分子。这时的拉贝已经是 60 多岁的老人,全家六口没有生活来源,生活之艰辛可想而知。1948 年初,南京人民知道了拉贝的处境,立即成立了救助拉贝募捐委员会,将两千美元辗转汇给了拉贝,而后又多次寄去了食品和衣物,南京政府曾提议给他退休金,请他携带家属到中国安度晚年,但最终未能成行,如今,只有他和他夫人的墓碑安放在南京大屠杀纪念馆里。

【出音乐——】

张纯如:“历史上的每场战争中,总会出现某些不平凡的人物……也许在南京暴行这段历史中脱颖而出又最富吸引力的人物就是德国商人约翰·拉贝……从 1996 年开始,我对约翰·拉贝进行了一番研究,并最终发现了拉贝和其他纳粹党人的暴行期间保存下来的数千页日记。这些日记使我得出这样一个结论,约翰·拉贝是中国的‘奥斯卡·辛德勒’。在南京暴行之前……拉贝选择了留下,并不久就当选为安全区国际委员会主席,即使在日本使馆官员召见他,并强烈要求他离开的情况下,拉贝依然坚持留下。南京陷落期间,受上司派遣去保护拉贝的日军少佐问他:‘你究竟为什么要留下来？为什么要卷入我们的军务呢？这些事和你有什么关系呢?’……拉贝停了一会儿,然后回答少佐道:‘我在中国已经生活了30多年,我的儿孙们都在这里出生,而且我在这儿生活的很快乐,事业也很成功。我始终受到中国人的礼遇,即使战争期间也不例外。如果我在日本也居住30年,并同样也受到日本人的礼遇,那你尽可相信,当遇到像现在中国所面临的这种紧急关头的时候,我也绝不会离开日本人民的’。”

男播:在南京人民生死存亡的紧要关头,拉贝选择了留下,并且在他的日记中记录了日本军队屠杀南京人民的残酷暴行。

【出音乐——】

约翰·拉贝:“当时留在南京的27个西方人以及中国居民都被日军……进行的抢劫、强奸和屠杀等恐怖活动震惊了!”“12月13日,约有30个日本士兵出现在门东新路口5号房子前并想入内。姓哈的房主人……刚刚开门,立刻就被左轮枪打死。一位姓夏的先生在哈死后跪在士兵面前,恳求他们不要杀害其他居民,但他遭到同样的命运。哈太太质问日本士兵为什么杀害她的丈夫,也同样被枪杀。先前抱着一岁的婴儿逃到客厅一张桌子下的夏太太,被日本兵从桌子下拖了出来,她的孩子呗刺刀刺死,她的衣服被抢走,一个或几个士兵强奸了她,后来几个士兵走到隔壁房间,那里有夏太太的76岁的父亲和74岁的母亲以及16岁和14岁的两个女儿,他们要强奸两个女孩时,祖母试图保护他们,立刻就被左轮手枪打死。祖父去扶祖母,也遭杀害。他们撕去女孩身上的衣服,这两个女孩分别被二三十个日本士兵轮奸。后来大女孩被匕首刺死……小女孩也被刺死……后来还杀死了房子里哈先生的4岁和2岁的两个孩子。4岁孩子被刺刀刺死,2岁孩子的脑壳被军刀劈开……这些令人毛骨悚然的事件之后,所有邻居都逃到了安全区。”

【出音乐——】

张纯如:“中国难民……深深地敬爱着他……拉贝在安全区出现时,会引发人们一阵阵的欢呼声……拉贝不断给处于恐怖状态的难民打气,使他们保存活下去的愿望。每当住在院子里的女难民生产,他就会为新生儿举办小型生日庆祝会。每个新生儿都会收到一份礼物:男孩10美元,女孩9点5美元。(正如拉贝在给希特勒的报告中所言——‘在中国女孩没有男孩值钱’)。具有象征意义的是,当男孩出生时,便取名叫拉贝;如果是女孩呢,就用妻子的名字,叫多拉。”【音乐——】

男播:张纯如在搜集写作素材的时候,曾专程去日本采访当年参与南京大屠杀的前日军老兵东史郎。她在日本读到了东史郎日记的手稿,并直接从日文翻译成英文在自己的书中多处引用。东史郎25岁应召入伍,先后两次入侵中国,参加过南京大屠杀。战后的东史郎不断反思自己反思那场战争,人性得以回归。他曾多次作报告揭露南京大屠杀的暴行并多次来到南京谢罪。他把自己当年记录南京大屠杀的日记送给南京大屠杀死难同胞纪念馆,1998年由江苏教育出版社出版。东史郎的日记详细地记录了南京大屠杀的细节。

东史郎:“我就是被中国人民称为‘东洋鬼子’的东史郎……我的日记与拉贝日记不同,拉贝在南京救助难民,我却是一个加害者,我对中国人民犯下了罪行。”【出音乐——】“……12月13日。上午7点,我们列队出发。此时中队长宣布:‘南京已于昨晚陷落,即可入城!’”,“第二天早晨……我们听说俘虏们被分配给各个中队,每一个中队两三百人,以已自行处死……7000多人的生命转眼之间就从地球上消失了……”

“21日奉命警戒城内。中山路上的最高法院对面有一个池塘。不知道从哪儿拉来一个支那人,战友们像小孩玩抓来的小狗一样戏弄他。这时,西本提出一个残忍的提议,就是把这个支那人装入袋中……口袋被扎紧,那个支那人在袋中拼命地挣扎着、哭喊着,在地上来回地拖着……从破轿车中取出汽油,浇到袋子上……西本点着了火。汽油刚一点燃,就从袋子冲出了令人毛骨悚然的惨叫。袋子以浑身气力跳跃着、滚动着。有些战友面对如此残暴的玩法还觉得很有趣,袋子像火球一样满地滚,发出一阵阵狱中的惨叫。西本拉着口袋上的绳子说:'喂,嫌热我就给你凉快凉快吧!'说着,在袋子上系了两颗手榴弹,随后将袋子扔进了池塘。火渐渐低灭掉了,袋子向下沉,水的波纹也慢慢地平静下来。突然,嘭!手榴弹爆炸了,掀起了水花。过了一会平静下来,游戏就这样结束了。一会儿,这伙人便将上面的惨事统统忘记,如同没事人一样又哼起小曲走路了。"

东史郎日记出版6年后,那个当年在南京残杀中国人的西本以"日记不实"、"毁损名誉"为由状告东史郎。《东史郎日记》案已连绵六载,它已经不是一桩普通的民事诉讼,而是人类的良知正义与邪恶无耻之间的一场较量。

【出音乐——】

张纯如:"我写这本书完全出于一种愤怒的感觉……对我来说,我就是让世界上所有的人了解1937年南京发生的事情。""我相信最终真相将大白于天下,真相是不可以毁灭的,真相是没有国界的,真相是没有政治倾向的。我们大家要同心协力,以确保真相将被保存、被牢记,使南京大屠杀那样的悲剧不再发生。""在写作这本书的时候,我脑海里一直浮现着一句不朽的警句:'忘记过去的人注定会重蹈覆辙'"。"也许现在,这些故事再也不会被忘记了。"

张纯如的书和三本日记共同讲述的历史,超越种族、跨越国界,为西方打开了一片被遗忘的天空,让欧美第一次准确、翔实地知道了南京大屠杀的真相和日本士兵的残酷兽行。她的书和三本日记所讲述的历史,无论时光流逝还是人为抹杀,真相都会顽强地从历史的深处呈现出来并告诫人们:人性的颠覆是人类最危险的颠覆,记忆的丧失是人类最惨痛的丧失。

【出音乐——】

张纯如像一只美丽的鸽子从蓝天中陨落了。她短暂的一生留下不仅仅是她的书,她还历史于真实,她呼唤良知、拷问人性的正义和勇敢,永远闪烁着中华民族的伟大精神。我们怀念这个年轻而美丽的生命。

【音乐——】

辽宁人民广播电台(2004年12月18日首播)

徽州往事

安徽人民广播电台　吕卉　杨勤生　颜梦雪

【《文学风景线》开始曲】

【清脆的布谷鸟叫声，童声用方言朗诵童谣】

前世不休，生在徽州。十三四岁，往外一丢。做成生意，儿呀，娘的亲骨肉；做不成生意，在外成鬼也忽悠……

【幽怨的音乐起】

“无徽不成镇”，“钻天洞庭遍地徽”。胡适先生说：“一个地方如果没有徽州人，那个地方就是个村落。徽州人住进来了，他们就开始成立店铺，然后逐渐扩张，就把小村落变成小市镇了。”

明清之际，徽商的足迹几遍宇内，雄霸三百余年。漂泊四方的徽州男人，创造了巨大的财富和辉煌的文化，而站在他们身后的徽州女人们，在新安江边，在白墙黑瓦下，在牌坊祠堂林立的故土，为此付出了一生的代价。

请听配乐文学故事《徽州往事》。

【哗哗的新安江流水声，乡村里鸡犬声，孩子们唱着童谣】

高高的牌坊高高的墙，高高的天井高高的房。飞起的屋檐钩月亮，文史典故堆满堂……

【音乐起】

岩溪是我的老家，位于新安江畔。有人说，新安江是一条生命河，对于峰峦起伏，交通闭塞的古徽州来说，新安江是重要的，它是通向外部世界的主要孔道，一代一代的徽州人就是从这里走出大山，走向世界。也有人说，新安江的水就是女人的泪，几百年来，多少母亲，多少女人的泪，化作新安江水喧哗东流，悄然而逝。

【音乐止。水声、鸟叫声】

父亲对我说，岩溪最后一座牌坊建于光绪三十年，那是一座贞烈牌坊，一次共旌表节烈女子62人，我的祖奶奶就名列其中。

【女声哼唱起】

有一年，我回老家去看过这座牌坊，在徽州数以千计的牌坊中，岩溪的这座牌坊也许并不起眼，经过将近一个世纪的风雨侵蚀，它看上去已显残破，在杂草树丛中备觉凄凉。

【隐隐的雷雨声】

那是一个阴郁的日子，细雨霏霏，雾气蒙蒙，天地间笼罩在一片灰暗的潮湿中。只有新安江，像一个历经世情的老人，在心平气和地吟唱着。

徽州山多田少，土地贫瘠，田产不足以自给。史料记载，“歙休两邑，民皆无田，而业贾遍天下”。为了生存，一代一代的徽州人只有出外行商，求食四方。徽州谚语说，“以贾为生意，不贾则无望”，这是徽州男人的宿命，也是徽州女人苦难的开始。

【乡村迎亲鼓乐声、鞭炮声】

我的祖奶奶刚嫁到岩溪时，人们都叫她五嫂嫂，那是因为我的祖爷爷排行第五的缘故，刚到岩溪的五嫂嫂，端庄美丽，见过她的人，无不交口称誉，夸赞不已。

婚后第七天，五嫂嫂就开始为丈夫准备起行装，像大部分徽州人一样，我的祖爷爷在新婚后不久，便踏上了行商之路。五嫂嫂送走了她的丈夫，新娘送别了新郎，这只是无数徽州女人故事中的一个。

【音乐渐行渐远】

小船缓缓地驶离了江边，新婚夫妻依依难舍，春天的雨是绿色的，丝丝缕缕；山影倒映在江水中，玲珑剔透；微微的风从山谷中吹过来了，正是茶山飘香的季节，葱茏的茶树将盈盈的绿色，涂满了山野。五嫂嫂的眼眶里弥漫着潮湿的雾气，丈夫的身影渐渐远去了。看着小船像黑点似的越来越小，融化在春天缥缈的雾气中，她的泪水终于忍不住夺眶而出。这一年，五嫂嫂只有 15 岁。15 岁的年轻女人挑起了全部的生活重担，也挑起了沉重的思念和漫长的等待。

【一声、两声、三声……音乐象征着核桃扔进瓷瓶里的清脆音响】

丈夫走后第一年，五嫂嫂在供桌上的瓷瓶里，郑重地放上了第一枚山核桃，只要丈夫不回来，她每年都要在瓷瓶里放上一枚。鸟儿要归林，核桃树有根，就像歌里唱的，五嫂嫂相信，鸟儿不会忘了家，就像核桃树的根深深地扎根于泥土之中，这是一种祝福，也是一种祈望。

【哗哗的流水声，鸟鸣声】

新安江水日夜奔流，永不止息，春去冬来，四季更迭，日子也像这新安江的流水，年复一年。瓷瓶里的山核桃一枚枚地在增多，五嫂嫂的丈夫一直没有回来，他去了遥远的四川，据说在那里贩运木材，每次来信，他都说很快回来，可五嫂嫂一次次地失望了。她心里明白，丈夫的生意一定遇到了困难，甚至连回程的盘缠都无法凑齐，许多徽州商人就是这样，一去不返，永无归期。但五嫂嫂坚信，丈夫会回来的。

【音乐起】

五嫂嫂站在村口的大榕树下，遥望远方。新安江边，她长久的伫立，望穿秋水，长长的雨投入水中，激起层层涟漪。过往的商船来来往往，五嫂嫂幻想着有一天，丈夫也会从某一条船上下来，与她一起沿着熟悉的乡路回家。这就是希望。这希望支撑着五嫂嫂的生活勇气，她里里外外地忙碌着，养猪，喂鸡，背柴。拾草。茶山上闪动着她的身影；长长的村巷里响着她的脚步……

【乡村夜里的犬吠、虫鸣声】

苦和累都不可怕，最怕的是寂寞。丈夫走后，空旷的大宅子就显得更冷清了，漫漫长夜寂寞无所不在，像幽灵似的随风飘动……

【如泣如诉的小提琴音乐起】

凄冷的月光洒在高高的白墙上，映照着静寂的黑门，黑窗，黑瓦；四周万籁俱静，只有风的声音和老鼠的响动。五嫂嫂躺在床上，睁着双眼，望着斑驳的月光，长夜难眠，辗转反侧。秋雨拍打着扇牖，江水呜咽，如泣如诉。农闲时枯坐天井，望着屋檐下的滴水，五嫂嫂的思念也点点滴滴，滴不断，声声乱。思念是一条可怕的蛀虫，它吞噬着五嫂嫂的心，五嫂嫂的身体，还有她的青春容颜。等待是心的苦役，前程漫漫，跋山涉水无尽头。

【激越的鼓声，音乐渐起】

徽州的许多女人，就是这样度过了她们的青春，甚至一生。在这块号称“东南邹鲁”、祠堂高耸、牌坊林立的古老土地上，三纲五常，存理灭欲，已成为一种道德规范，它禁锢着人们，不得越雷池半步。饿死事小，失节事大，贞媛淑女，殉道倡节。一方面，她们的故事作为道德典范，通过数不清的祠、堂或牌坊，通过种种立传、立志以及戏剧等广为流传，家喻户晓；另一方面，宗法族规，如刃高悬。对于那些叛逆者极尽侮辱，毫不留情。

活在这种环境下的女人，她们的人性被扼杀了，身心几乎麻木。岩溪最后一次建坊旌表的62个女人，她们都和五嫂嫂一样“丹心铁石，白首冰霜”。或守寡尽孝，或洁身持家，更有甚者，绝粒而亡，以身殉夫。而五嫂嫂只是她们的中的一员。

【潺潺的新安江流水声，女声哼唱起】

又到了茶山飘香的季节，瓷瓶里的山核桃越来越多，渐渐地漫到了瓶口，苦苦煎熬的五嫂嫂已经熬成了五婆婆。丈夫的噩耗有一天终于传来了，他是在一次放木头时木筏漂了捆，不幸葬身水底。祠堂里摆上了新的灵位，招魂幡在江边迎风飘舞。五婆婆跪在江边把瓷瓶里的山核桃一枚一枚地抛入江中，泪水也一如江流，滔滔不绝，一世夫妻只有七天，这就是五婆婆的故事，这就是徽州女人的故事。

【新安江流水声中，混出童谣】

前世不休，生在徽州。十三四岁，往外一丢。做成生意，儿呀，娘的亲骨肉；做不成生意，在外成鬼也忽悠……

【音乐起】

苦难也是一种财富，在博大灿烂的徽文化中，女人的坚韧和苦难，也许是最动人心魄的……

【音乐扬起】

听众朋友，您刚才收听的是配乐文学故事《徽州往事》。

今天的《文学风景线》播送完了，下周的同一时间，咱们再见。

安徽人民广播电台（2004年11月30日首播）

嫁　妆

——张爱玲《怨女》的另类阅读

宁波人民广播电台　辛雪莉　项亚萍　艳萍　邬周维

一踏上青石板路，江南就来了。

路的尽头，红妆静静地休息着。雕花阁楼，莲花瓣垂柱，木格子门窗，站在那一片耀眼的鲜红中，我忽然觉得眼睛里春光一片，群蝶飞舞。然后，展厅里的一切变得昏暗起来。红的桌椅箱笼，一点点地褪色，褪成一种陈旧的、蚕丝一样的灰黄，像电影里的镜头从白天忽然转换到黑夜。那个名叫银娣的怨女从时光深处走来，向我悠悠诉说她嫁娶的无奈、生产的疼痛、守寡的落寞、情欲的纠缠、莫名的心酸……十年媳妇熬成了婆，轿、床、橱、镜、桶，在诸多红妆道具组成大的布景里，我走进一个女人荣耀与泪水交织的一生。

往日的故事就这样被唤醒了。那久远时光里的红妆队伍抬着花轿吹吹打打、嬉嬉闹闹从我面前络绎而过——

新娘子跟在后面，两个喜娘搀着，戴着珍珠头面，前面也是人字式，正罩住前刘海。头上像长了一层白珊瑚壳，在阳光中白烁烁的，大红百褶裙，每一褶夹着根裙带，吊着个小金铃铛。两个喜娘搀着新娘子，两个男佣人搬弄着新娘。

——张爱玲《怨女》

一、万工轿

宁波花轿，可以说是世界上最豪华的花轿了。因为需要八个人抬，故称“八抬大轿”，又因制造时曾耗尽一万工时，所以也称“万工轿”。

【出宁波民歌童声唱，由远及近】

咚咚咚，锵锵锵！

马来哉，轿来哉，王家嫂嫂抬来哉。

【喜庆的传统婚俗音乐中出背景音响：“花轿抬来了，花轿抬来了”“快，看新娘子，看新娘子哦！”放百子炮仗声，鼎沸的人声】

“一拜天地、二拜高堂、夫妻对拜——”

“新郎官新娘子吃青果茶，亲亲热热。”

“新郎官新娘子吃蜜枣，甜甜蜜蜜。”

“新郎官新娘子吃欢喜团,团团圆圆。”

“新娘子吃枣子桂圆,早生贵子。”

一对新人坐在上首,新郎是软骨病,坐不直,直塌下去,相形之下,新娘子在旁边高坐堂皇,像一尊神像,上身特别长。

“二奶奶可要上楼去歇歇?”

银娣站起来,她哭了起来。

“二奶奶不要难过,二爷虽然不好,又不靠他出去挣饭吃,他们那样的人家还愁什么?二爷样样事靠你照应他,比平常夫妻不同。二奶奶向来最要强的,别人眼红你还来不及,你不要傻。”

银娣别过身去。

“二奶奶不要难过,明年你生个儿子,照他们这样的人家,将来还了得?你享福的日子在后头呢。”

银娣脸上的胭脂把湿手帕都染红了。

“二奶奶不要难过了,脸上又要补粉。我去打个手巾把子。”正说着,楼下忽热一阵喧哗,吓了她一跳,连忙到窗口去看,是那班轿夫在门口嚷成一片。“舅老爷高升点!舅老爷高升点!”银娣站起来,躲在窗户一边张看。门口人围得更多了。灰色的石子路上斑斑点点,都是爆竹的粉红纸屑。

——张爱玲《怨女》

我是喜欢那红色的,犹如明亮的花朵,可她却衬着灰暗的背景,给人凄凉的感觉,使我微微打了个寒战。就像第一次读张爱玲的长篇小说《怨女》,拥着厚厚的被子,却感到来自心底的寒冷,翻书的手都被冻僵。那爆竹的红色多繁华多热闹,我却看见那繁花似锦后的哀凉,像是小说里女主人公银娣的一生。

二、朱金千工床

床榻是人们形影相随的器物。所以古代人们往往花费很多心思,有时历时数年甚至数十年才能制作出一张床。像这种床就叫千工床。

【叠宁波民歌童声唱】

花烛越点越兴旺,要看新娘新眠床,
印花棉被软绵绵,缎子棉被捂新郎。
花烛点起红又猛,要看新娘新嫁妆。
红漆箱笼十八只,大橱小橱程刮亮。
红烛光头红兵兵,你看这位大姑娘。
百样嫁妆都办齐,还差一只马桶箱。

高高的台阶上去,就是婚房了。房里铺的是长条的木地板,走在上面哐当作响。我一眼就看见它了——婚床,朱金千工床,可是它已经老了,红漆斑驳,恍若陈酒,让人想起时光的表情,想起所有经历过的岁月,浓浓淡淡的红色,依稀还残留着昨日的温度。

【混响,叠背景音响:初生婴儿哇哇哭声,“是个男孩,恭喜,王家有后啦”。】

一张红木大床是结亲时候买的,宽坦的踏脚板上去,是有一间房大。新款的帐檐是一溜四只红木框子,配着玻璃,绣的是四季花卉。里床装着什锦架子,搁花瓶、茶壶、时钟。床头一溜矮柜、一叠叠小抽屉嵌着螺细人物，扮演全部水浒，里面装着二爷的零食。床顶用金链条吊着两只小珐琅金丝花篮，装着茉莉花，褥子却是极平常的小花洋布。

这是她的雕花囚笼，她的世界。

她要整天直挺挺躺着，让“秽血”流干净。她有一种愉快的无名氏的感觉，她不过是这家人家一个坐月子的女人。

——张爱玲《怨女》

【市井场景】

我的脚步，一直牵着那个名叫银娣的女人的影子。总觉得每一件红妆背后有一双热烈而忧郁的眼睛。椭圆形的朱红子孙桶，上下两层，在墙壁的说明上，我读到“子孙桶是子孙投胎的地方，只有男性才算子孙，因此它也毫不留情地成了溺杀女婴的工具”。弦绷断了，一片静默，我听见自己心灵发出的长啸的声音。缠小脚的缠脚架、缠脚布甚至脚铐，女孩疼痛挣扎着，一双小腿就被固定在木板中的圆洞内，凄惨的哭声仿佛就在耳边。

那些无法触摸的时光啊。

三、三门红衣橱

三门红衣橱又称龙凤花橱，是红妆中最富有魅力的一种陈设家具，她是女性藏挂一家人衣物的地方。

来稻地，相嫁妆。

要相衣橱铜铰链，要相被柜对打对，

被柜里面阅宝贝，要阅七件八条裙，

小妮乌罩五色灵。

当我打开那个樟木橱柜的霎时，陈腐的香气与透过花窗的阳光融合在一起，弥漫在我的身边。那包裹了多年的心情，褪去层层叠叠的光阴，被太阳光照亮。

每年夏天，要把箱子里的衣服，一批批拿出来晒、簇新的补服平金褂子，大镶大滚宽大的女妖，像彩色的帐篷一样，就连她年轻的时候已经感到滑稽了。

银娣躺在烟炕上，正看见窗口挂着的一件玫瑰红绸夹袍紧挨着一件孔雀蓝袍子，挂在衣架上的肩膀特别瘦削，喇叭管袖子优雅地下垂，风吹着微微地摆荡着。红袖子时而暗暗打蓝袖子一下，仿佛怕人看见似的。过了一会，蓝袖子也打还它一下，又该红袖子装不知道，不理它。有时候又仿佛手牵手。它们使银娣想起她自己和三爷。他们也是刚巧离得近。但老跟她开玩笑，她自己也挺傻的，不该认真起来。银娣现在想到三爷可以不觉得痛苦了。有一点太阳光漏进来，照在红袖子的一角上。这都是多少年前的事了。

一只蜜蜂在对面一排长窗前飞过，在阳光中通体金色的。有只窗户不住地被海风吹开又关上，那声音异常荒凉。怎么一个人都没有，都出去了？

——张爱玲《怨女》

【出蜜蜂嗡嗡声】

柜子里的衣服仍在沉睡着。岁月的变迁，没能搅醒它。它像一个具体的、但又不知缘由的心事，独自沉默着。

灿烂的秋日午后阳光里，微细的尘埃飞扬着一个个尘世的梦……看层层叠叠的箱笼，有的上面还刻着些字呢，很是模糊了，已经很难看明白写这些干什么，但总会让人止不住地想象，想象着曾经是怎么样的一个历史。譬如手中的这面镜子。它曾经闪动光泽的漆面,曾经映照俏丽的面容。现在,那漆皮已经削落。

四、梳妆台镜子

中国古代的铜镜在先秦的书上已有记载,《诗经》中就有“我心匪鉴,不可以茹”的诗句。铜镜在民间多用在婚礼上作为象征吉祥团圆的物品。

镜子是放在紧挨床边的一张老式梳妆台上的,透着绿锈,泛着“水银古”的镜面依稀可辨,都有近百年的历史了吧,一个精致的空胭脂盒与几串彩珠彩花随意散放着,似乎刚有翩翩女子的惊鸿照影。

【叠丧礼音乐,哭声四起,音响中出慌乱的众口声“快,老太太不行了”,“二爷刚死,这么快老太太又走了,唉”】

银娣坐在梳妆台前,二爷的一张大照片配着黑漆框子挂在墙上,映在镜子里,风吹着直动,来回摇晃着,一下一下敲着墙。他死了,现在老太太也死了,她戴着老太太的孝。她站着照镜子,把一只手指插在衣领里挖着,那粗白布戳得人心慌。

十六年了。好死不如赖活,总算给她挺过去了。

——张爱玲《怨女》

我想象着那个姣好的影像。曾经的明眸皓齿,银簪繁花。一双玉手,轻拢慢捻,满腹心事,万千青丝。而现在,已看不出是一种哀愁呢还是一种沉迷。那浓长的云鬓,像是幻化了眼前这古琴上一根根细细的丝弦。目光放在那些弦上,总看出一丝不屈,一些不安分。空荡的大厅里,只剩下我一个人还留在这里。一些回响,轻轻柔柔地从历史的深处韵韵而来,拉扯住我的脚步。

五、桶

红妆里一定要有嫁妆三宝,小脚盆、小马桶和一只小水桶。小脚盆也称聚宝盆,寓意富足健康;小马桶也叫子孙桶,寓意早生儿女的意思;小水桶也称为财势桶,寓意有财有势。

天亮要箍天亮桶,晏昼要箍午时桶,
日落西山黄昏桶,半夜三更要紧桶,
还有一只奇怪桶,上头一记松,
下头扑隆通,拎起来满满腾。

旧时江南人家的日常必需品,面桶、脚桶、水桶……大大小小,深深浅浅,就这样承载着女人的悲喜欢乐。伴着平淡的日子无声地走过漫长的岁月。我在一片鲜红的各色提桶中静静伫立,微眯起双眼。

一不留心就有看见了她——

【洗澡水流动音响】

银娣光着身子躺在朱红的澡桶里留恋着。整个的天暗了下来。也许是要下雨了。外面每一个声音都是用湿布分别包裹着,又新鲜又清楚。哎啊……赤豆糕!白糖……莲心粥!高郎的嗓子,有点女性化,远远听着更甜。那两句调子马上打到人心坎里去了,心里顿时空空洞洞的,寂静下来,她眼睛望着窗户。歌声越来越近了。她怕,预先知道那守寡的哀愁滋味不好受。她从来没听见它这样的近。

——张爱玲《怨女》

【雨点敲打瓦片声,雨打在河面声】

雨点敲打着青瓦,绿水萦绕着白墙。雨打在河面上,溅起细碎的波纹,是女人额头上那不展的眉头吧。斑驳的朱红里,青铜的镜子上,那目光依旧盈盈地亮着。积满青苔的石板,绵绵悠长的细雨,不知道记载的是谁的前世今生。

穿行在展馆里,我看到一个匾,匾上有四个字:则百斯男——一百条规则都是为男人而立的。女人是不算数的。"无非是为了嫁人,好挑个好的"。这些生活在古老中国屋檐下的是最普通的女子,她们全都做不了自己的主,她们被一只巨手扼制着,他们都是红妆里一件雅致的摆设,一件必不可少的摆设。听,沙哑的大锣又呛呛呛呛地敲起来……

【沙哑的锣鼓响声】

六、红妆

红色是中国婚俗中约定俗成的喜色,所以嫁妆称为红妆,儿宁绍红妆的所有器物都是髹朱漆或泥金朱漆,故可谓是名副其实的红妆。

花被花席花眠床,
新新娘子新新郎,
拣个日子凑成双,
百年夫妻好风光。

【叠背景影响,喧嚣的人声音响中七嘴八舌出:还不来……要等吉时,时辰早到了。花轿去了几个钟头了?今天好日子,花轿租不到呢。现在少,就这两家。在城里……城里到一品香,还好,没多少路。】

现在大家都不赞成老式新房一色大红,像红海一样,太耀眼,刺目,所以她布置的新房极平常,四柱床,珠罗纱帐子,只有床上一叠粉红浅绿簇新的绸面棉被有几分喜气。新郎披红,也是同样的红绸带子,斜挂在肩膀上。

人堆里终于瞥见新娘,一身大红绣花细腰短袍长裙,高高的个子,薄薄的肩膀,头上顶着一方经布,那块布一直披到下颏底子。

新娘子进了洞房坐在床上,新郎接过小秤,用秤杆挑去盖头。

闹房的突然寂静下来,连看热闹的孩子们都噤住了。凤冠下面低着头,尖尖的一张脸,小眼睛一条缝,一张大嘴,厚嘴唇底下看不见下颏。

新郎转身就走。但是新娘子不得不坐在那整天展览着。

银娣低声叫:"哎呀!新娘子怎么这么丑?这怎么办?怎么办?"

银娣一天到晚跟她找茬,三十年媳妇三十年婆,反正每一个女子都轮得到。

——张爱玲《怨女》

她的故事没有结果。世上又有什么事情有结果呢?我在短短的半天里走过了一个女人30多年的生命历程,把时间浓缩成稠密得透不过气来的物质,化成一声长长的叹息。

就像在瞬间辉煌而过的红妆,在身后划下华美又凄凉的长长轨迹。带着时光不再的丝丝惆怅,留下无尽的论说与回味。

【旅行社汽车声】

【导游解说声:人们常用"良田千亩,十里红妆"形容嫁妆的丰厚。旧俗在婚期前一天发嫁妆,数里的红妆队伍经常从女家一直延伸到夫家,浩浩荡荡,仿佛是一条披着红袍的金龙,洋溢

着吉祥喜庆，炫耀家产的富足……】

【几个现代姑娘的轻松快乐的赞叹声，嬉闹声，渐隐】

姑娘1：快来看啊，这从前的千工轿！

姑娘2：我看看，让我坐一坐，唉，快，给我在这千工轿上照一张。

姑娘3：给我看看，真漂亮！给我也来一张！

姑娘4：好。笑一笑，再笑。好咧。

时光已将那些袅娜的身躯隐去，却将与她们一起生活过的嫁妆留下了，这些精巧的图案，这些风雨洗刷过的朱漆，似乎是为了证明那曾经让一个旧日的女子哭过、恨过、爱过的岁月而准备的。漫步在青石板街上，会突然发现一个似曾相识的女人迎面而来，或许她真的还没有远去，她还停留在溪边的树下。

【出陈慧琳《嫁妆》歌声】

“珍珠色婚纱，香槟色襟花，还好吗？你两个说过，想跟我出嫁，还想吗？”街上的小店音响里响着，陈慧琳在《嫁妆》中唱着。这是21世纪，在这个物质生活无比富足的时代，嫁妆却已经变得如此简单了。

张爱玲的《怨女》就像旧时江南红妆的印痕。留在青石板路上，风吹不走，雨冲不掉，历久弥深。

宁波人民广播电台（2004年5月18日首播）

婆

陕西人民广播电台　魏逸宁　王梅　高晓丽

【祖孙俩的对话似从遥远的天边传来】

孙：婆呀，你掐草编咋掐得这么快呀？

婆：哦，婆都掐了一辈子啦。

孙：婆，你是跟谁学会掐辫子的？

婆：跟婆的婆呗。

孙：那你也教我掐草编吧！

婆：俺娃不学这……

孙：（撒娇）不嘛，不嘛，我要学，要学嘛！……

婆:(笑)好,好,学,学,婆教你……

孙:好啊好啊……(声音渐隐)

【鸟鸣鸡叫声　衬】

婆坐在门口的石墩上,7 根白生生的麦秆在她的手中上下翻飞舞动,暖暖的阳光抚摸着婆的手指,婆的草编和婆满头的银丝……

婆说,春天里,是麦子从梦中苏醒的好时节,而我却要在这春日里,离开婆,离开家,远渡重洋去深造,去圆一个塬上女人更新更美的梦。

【音乐起　衬】

我的家在秦岭北麓的黄土塬上,一条细细瘦瘦的尤河将厚厚的土塬拦腰劈开,于是就有了东塬、西塬。塬上特殊的土质使这里的小麦不但好吃,而且麦秆节长柔韧,说不清从哪朝哪代起,掐草辫盘草帽就成了塬上女人一年四季不离手的活计,憨实聪灵的塬上人很形象地把编草辫成为掐辫子。当麦苗返青的时候,她们将积攒了大半年的草编拿出来漂白晾晒,然后,精心地盘成草帽。

夏收时节,是女人们最繁忙,也最兴奋的时候,她们怀着无尽的喜悦,无限的希望,用一种虔诚的心情,开始准备一年掐草编所需的麦秆,塬上人把那些节长、柔韧性好的麦秆叫“姑娘爱”。

【夏夜的鸟鸣声　衬】

白天照例是没有太多时间的,只有在夜幕降临,劳累了一天的男人们入睡后,婆才领着孙女,妈才叫着女儿,在麦场上,在或明或暗的灯光下,掐一撮麦秸用一种叫“爪子”的特制工具捋掉麦秆上的黄叶,剁掉麦穗,退掉秸头,折成小节,扎成一把,找一个风儿吹不到,日头晒不着,猫儿、狗儿拉不乱的地方,小心翼翼地收藏起来。然后,再用这一年剩下的时间,把它们掐成草编,盘成草帽,变成一家老小的柴米油盐,日用花销。

【音乐起　衬】

婆和所有塬上的女人一样掐辫子掐到了出神入化、如痴如醉的地步,婆常说:“女人干的是柴柴活,离开了柴柴睡不着。”赶集路上,下地途中,甚至走亲戚串门看秦腔,婆她们也不会忘了给腋下夹一把麦秆,真是走到哪儿掐到哪儿,闲下来不掐辫子的女人肯定不是塬上的女人。

在我儿时的记忆里,夏收就是陪着婆在麦场上捋麦秆,偶尔,婆也会停下手中的活就着灯光或月色,给我编个蚂蚱笼、草戒指、小马驹,可更多的时候,我还是看着婆将捋好的麦秆,细细地挑,细细地拣,细细地捆绑起来,听着她总也哼不完的秦腔调调,倚着麦垛熟睡在那片“刷刷”声里。

看婆掐辫子那才真是一种享受。7 根麦秆在她的手中上下翻飞抖动,刚柔相济的指尖下,如行云流水,如重峦叠嶂,往往是一段秦腔戏词还没哼完,婆绕在胳膊上的草编就又长了几拃。婆就这样一掐掐掐了 60 多年,少女变成了老妪,青丝染成了白发,婆时常感叹:“我这双手啊,真真是为了掐辫子才生的。”婆掐的辫子两头低中间高,如,门前的秦岭山一样,带着不屈的脊梁。

也许实在是想独自享有婆的爱抚,一天午后,少不更事的我将婆放在炕头准备晚上掐辫子的一大把麦秆悄悄地塞进了灶膛里。那天,婆第一次也是唯一一次狠狠地打了我,那一刻气急了的婆骂我是败家子,她眼中的失望、惋惜,最终化成了满眼的泪水。

我实在想不通,婆会为了一把麦秆动手打她最疼爱的小孙女,直到后来听说了爷的故事。

【音乐起　衬】

爷年轻的时候跑遍了两塬的沟沟峁峁,走乡串村收草帽。

用草编盘成的草帽塬上人分为两种:一种不带衬里拿到市场上去卖的叫"卖帽子",一种带了衬里的草帽,是用来馈赠亲友的,叫"戴帽子"。这种绣花全里的"戴帽子"也是婆那一辈子,塬上女子的爱情信物,塬上女子不善唱情歌,她们将自己对爱的渴望,对美好生活的希冀,全都盘在了草帽中。那时,哪家女子辫子掐得好,帽子盘得正,哪家女子就是聪慧的女子,聪慧的女子,自然是最美的女子,最美的女子,当然也是小伙子追求的对象了。

每年能盘出200多顶草帽的婆是当时方圆出了名的俊巧姑娘,婆掐的辫子光滑匀称,圆润饱满,婆盘的帽子周正细腻,棱角分明。当货郎的爷正是在那一把把草编一顶顶草帽的牵引下,走进了婆的生活。塬上的人都说,爷的命真好!

可是,突然有一天,老几辈传承下来的手艺,女人们用来补贴家用的草编草帽,变成了非割不可的资本主义尾巴。塬上崎岖的小路上不见了爷的身影,女人们掐好的辫子,盘好的帽子,都必须交给供销社统一销售,就连掐辫子的麦秆也是由集体统一分配的。油盐酱醋钱没了来路,饭量越来越大的儿子们的碗里的粥也越来越稀,婆实在看不下去了,便在半夜三更的时候,拿出偷偷积攒的草辫盘起了草帽。

婆对爷说:"管不了那么多了,做些'卖帽子',拿出塬下换些粮食回来。"爷被婆的举动惊得半天说不出话来,看着在昏黄的油灯下飞快盘着帽子的婆,爷翻来覆去只有一句话:"是得去,可别惹祸。是得去,可千万别惹祸!"

【雷声雨声起　衬】

婆果真惹了大祸,这场祸事在婆的心里留下了永久的悔恨,刻下了难以愈合的创伤。后来婆一遍又一遍地对爸说:那天半夜,捆好了帽子送爷出门的时候,她的心莫名其妙地慌,叮咛了许久,才让爷走入了那风雨交加的夜幕中。噩耗传来的时候,婆正坐在灶台前掐辫子,一句凄楚的秦腔戏词有一半永远卡在婆的喉咙里,再也没有唱出来,此时此刻整个世界在婆的眼中消失了,凝固了的婆只有手还在机械地狠命地掐着,一指掐,一指掐,鲜血从婆的指尖流到了手中的草编上,浸到脚下的黄土里。

爷是为了躲避盘查,沿小路下塬时,天黑路滑,一脚踩空滚下沟的,临终,爷还死死抱着那摞草帽。从此,塬上的人都知道,那个走乡串村收草帽的货郎死了,他聪慧能干的媳妇变成了只有掐辫子的时候才像个活人的呆子。

【音乐起　隐】

婆重新灵醒过来,是爸领着一位高中毕业的女子站在她面前的那一刻,婆的目光从指下的草编移到了未来儿媳的身上,久违了的笑在婆的脸上渐渐地绽开,掐辫子的"沙沙"声里又有了好久不哼的秦腔调调。

【音乐起　衬】

几年以后,一个春日的清晨,婆将妈也送上了走村串户收草编的路,那天,婆在妈走过的小路口,在初春料峭的寒风里中,如一尊雕像,整整伫立了一天,婆的嘴里反反复复地重复着妈说过的一句话:要想办法让草编金贵起来,草编值钱了,塬上人的命也就不会轻贱了,日子才会好起来……

后来当妈背负着草编奔波在崎岖的小路上时,当妈风餐露宿走出黄土塬推销草编时,当妈组织起塬上的女人创办草帽工艺厂时,妈说:她都会想到第一次见到婆时,婆脸上酸楚中透着企盼,无助中浸满希望的笑。

读懂了婆的笑,妈就读懂了塬上所有女人的心。妈的草帽工艺厂才成了塬上女人共有的财富。从这里,塬上女人的聪灵,塬上女人的质朴,塬上女人的温柔,塬上女人的刚毅,传遍了天南地北,海角天涯。

岁月如歌,从婆的指尖,从妈的草编工艺厂的机器声中匆匆飘过。掐辫子的手早已不再为柴米油盐日用花销操劳了,这时的婆一半是消遣,一半是习惯,整日里指尖飞快地起落着,偶尔还盘顶带衬里的,绣上精美图案的“戴帽子”与妈妈的机制工艺草帽比一比。

妈深知婆的心,她戴着婆亲手盘的草帽,塬上塬下奔忙着。参加人代会,妈戴的是婆盘的草帽,出国考察时,妈戴的是婆盘的草帽,接那辆桑塔纳轿车时,妈还是戴着婆盘的草帽。妈说:离开婆盘的草帽她的草帽工艺厂就成了无源之水,无本之木。

婆为妈骄傲。她说:看着儿媳妇草编厂晾晒的草编,满坡满眼黄灿灿的,就像是天上的金龙盘在了秦岭山下。婆感叹:“我做梦也没有想到,掐辫子还能掐出这样的光景。”婆更没有想到的是,她疼爱的孙女还会为了她指下的草编出国深造。

【小鸟欢快的叫声响起　衬】

婆依旧坐在门口的石墩上,极其投入地掐辫子,阳光在婆腋下那把格外光鲜的麦秆上欢快地跳跃着,一股凝重的神情笼罩着婆的脸庞,我猛然悟出:婆要为她远行的孙女盘帽子了,这草编时专为我掐的。

【音乐起　衬】

婆的指尖尽情舞蹈,婆的神情安然恬静,婆哼的秦腔调调婉转悠长,不知不觉中,泪水却盈满了我的双眸。为了去远方寻梦的孙女,我那从未离开过黄土塬的婆,又一次将塬上女人的心,将塬上女人的生命力盘在了草帽中。

【音乐　隐】

【祖孙俩的对话似从遥远的天边传来】

孙:婆,我长大了就不让你掐辫子了。

婆:噢,那你让婆干啥呀?

孙:坐飞机到处去玩呗。

婆:(笑)就是坐飞机婆也要把草编带上……

孙:好呀,那全世界的人都能看到婆掐的草编啦。

婆:那我娃走到哪儿,再就不怕晒不怕雨,还能找个好女婿。(祖孙俩的笑声渐隐)

听众朋友,刚才您听到的是文学专题《婆》。

这次节目播送完了,再会!

陕西人民广播电台(2004年4月8日首播)

推开文学大师的门

河北人民广播电台　任小敏　韩朝霞　王成树　晋国平

女:观众朋友,现在是北京时间10月10号的20点10分,在极富中国古典神韵的故宫午门前,来自法国最具有传奇色彩的国宝级音乐家让·米歇尔·雅尔正以他神秘激昂的音乐,拉开中法文化节的序幕。

【2004年10月10日雅尔午门电子音乐会实况录音,渐渐拉开,背景音乐,欢呼,嘈杂,气氛热烈　雅尔(中文):"今晚,中国人民、法国人民心心相印。"】

女:不同的文化之间需要交流、对话和碰撞,而这种相互碰撞一定会散发出璀璨夺目的火花。随着改革开放的深入,这种交流和碰撞也将会越来越多。下周二,也就是10月13日,由我们河北作家协会组成的代表团将远赴欧洲访问,首站便是法国的巴黎……

【飞机呼啸冲天声】

【行进音乐起】

女(呼唤):巴黎——我终于来了——(转抒情音乐)多少个星光璀璨的夜晚,我与生活在这片土地上的文学大师们在梦中一一相会……(轻叹)这片神神奇的文学土壤与我所处的东方古国之间有着千丝万缕的奇妙联系;雨果怒斥火烧圆明园,伏尔泰改编《赵氏孤儿》,罗丹闻名遐迩的雕塑《思想者》第一次远离家乡到东方游历,来的也是中国……然而梳理千头万绪,我发现,最能打动我的,还是那个又矮又胖,写尽人间喜剧的巴尔扎克,早在数年前,我就踩着那条由著名旅法女作家卢兰用文字铺就的小道,无数次朝拜过巴尔扎克位于巴黎第十六区雷奴亚尔街47号的故居了。

【音乐变奏。卢兰《访巴尔扎克故居》】

男:巴尔扎克故居在巴黎第十六区雷奴亚尔街47号,这座18世纪末的老房子,沿着山势而起,顶层外面是树影苍郁的花园。正是深秋季节,花园里,一片片红叶悄悄飘到巴尔扎克的头像上,然后,又轻轻滑落地面。那巨大的头像双眉紧锁,像沉浸在一个苦恼的思索世界里。

这座三层的楼宇,巴尔扎克以每季度175法郎的租金租下底层。他当年的书房有一张安乐椅和一张桃木书桌,就在这种桌子上头,他修改了全部的《人间喜剧》,还写下了《阴暗事件》、《搅水女人》、《交际花盛衰记》、《贝姨》、《邦邦舅舅》等作品。

在同一室的玻璃壁柜里,还展出了一个咖啡壶,上面有巴尔扎克名字的描写。咖啡壶下面有一只小炉,可以加热,给彻夜不眠的巴氏提供咖啡。你看着那小小的咖啡壶,却感到它那沉重的分量。巴尔扎克的作品，简直是用鹅毛笔蘸着咖啡写成的。就是那根鹅毛笔，那根颤抖着的、每天在白纸上行走15个小时的鹅毛笔，把巴尔扎克的人生变成一条写作的长河。

他神经质地在生活中徘徊，以贪婪、尖锐的目光观察社会、人生，将人物进行剖析，翻弄，就好像手持一把锄头，把泥土翻来覆去，将它们的另一面暴晒在阳光底下。他渴望创造，渴望成功，渴望出人头地，在这种困扰中，写作成为他唯一的救星。

他疯狂地想成为一个名作家，在这种意识后面，有一个光闪闪的影子引诱着他，这个影子的名字就叫"荣誉"。他说："当远远出现了一抹曙光，希望把我照亮了。终于，法兰西开始为我抖动了。"

1831年，他的小说《驴皮记》出版，获得好评如潮。出落头角的巴尔扎克，已经意识到自己的成功，他踌躇满志，被女性倾慕者的信件淹没了。豪门贵族开始接受他，那些镶着铆钉的香木大门纷纷为他打开了。文学，为他开辟了一条通向上流社会的道路。

博物馆的玻璃罩里陈列着一根十分名贵的手杖，硕大的柱头是纯黄金的，柱头上镶满了土耳其绿宝石。这根手杖当时价值700法郎。他以这根手杖，加上一身豪华的衣着，向上流社会进军。他西装革履，白领带，黑手套，蓝色礼服上钉着24颗金光闪闪的纽扣，里面衬着一件黑缎背心，头发蓬蓬松松，火苗似的高高耸起。

他的装扮别出心裁，人也兴高采烈，过分热情，有点像小丑。一旦向女性献殷勤，总是把握不住分寸，缺乏自我控制能力。这当然违反了上流社会的禁忌，但大家对他很宽容。由于终年熬夜，生活不正常，平日缺乏活动，他的肚皮变得又大又圆，个子不高的他，显得更加笨手笨脚。所有雕塑家，包括罗丹等给他塑的像，无一不是圆滚滚的。更糟糕的是他牙齿残缺不全，所有门牙脱落，说话时满嘴唾沫飞溅。在家中见客时，经常衣冠不整。这种不修边幅，引起当时文化界的颇多非议。但他目光炯炯有神，嘴巴能说会道。那些金枝玉叶的贵族妇人，钦佩他的才华，全不计较他的可笑和丑陋。文学将巴尔扎克变成了一位白马王子。

在众多仰慕者的来信中，有一封来自俄罗斯的敖德萨，署名"外国女人"，她就是韩斯卡夫人。从此，这位原籍波兰的俄罗斯贵族进入到巴尔扎克的生活中。1833年他们第一次会面，之后不断在国外约会。1841年韩斯卡的丈夫逝世，巴尔扎克表示希望跟她结婚。经过了18年爱情长跑后，有情人终成眷属。结婚之前，巴尔扎克偿还了所有债务，以便配得起这位贵族夫人。可惜命运另有安排，5个月后，巴尔扎克逝世，享年51岁。

【音乐止】

女：走出巴尔扎克故居，暮色正在四合。我拿出随身携带的一盒戏曲电影光盘，送给萍水相逢的游伴——一位有着棕色卷发的法兰西中年人，（英语交流）喜悦使他湛蓝的眼睛忽然变得阳光一般明澈，他比比画画地告诉我：他的母亲非常喜欢光盘封面上的这个人——我们都笑了：这个人是著名河北梆子演员裴艳玲扮演的钟馗。那一瞬间，我忽然想起拉希克总统访问成都前，接受新华社记者采访时说过的一段话："李白和杜甫属于同一时代，是伟大的人民诗人，我都很喜欢，但对李白更有特殊感情。"（笑）喜欢钟馗和李白，看来，法兰西民族的浪漫真是名不虚传。

结束了法国的行程，正赶上"河北文化周"在德国柏林举行。德国，美丽的莱茵河流经的地方。我最想去的是魏玛。在那里，我期待着推开另一位文学大师的门，与那位富足一生且风流一生的文学巨匠进行一次精神的约会。这个非同寻常的人，名字叫歌德。

【交响乐陡起】

女:柏林的音乐厅曾上演了一场由中国民族乐器和欧洲古典乐器共同演奏的音乐会,音乐会的主题是歌德的著名组诗《中德四季晨昏杂咏》,这是他根据中国诗歌的风格创作的一组爱情诗。歌德没有到过中国,只是大量阅读有关中国的书籍。由于对孔子思想的推崇,歌德获得了一个称号——魏玛的孔夫子。当然,这位魏玛的孔夫子,生活远比中国的孔夫子浪漫多彩。

【音乐起。陈丹燕作品《歌德的家》】

男:从柏林出发,经过一些德国东部不高的山冈,山上的树林被秋天的阳光晒得成了黄色的,浅金色的,金红色的和棕色的,橡树林像夜里的火焰一样灿烂,枫树林像秋天的阳光一样又明亮又脆弱,而松树林只是不动声色地微微发红了。有时看到远远的山冈上有金箔似的东西飘起,沿着山坡滑下去,那是从意大利吹过来最后的暖风。

秋天的魏玛,是一个被金色的橡树团团团围住的小城,满城都是落叶湿润而森然的芳香。在歌德家的门边,有一条小小的侧弄,那就是肥皂弄,卵石的路面上伏着落叶,踩上去沙沙地响。当年年轻的歌德,来到魏玛,在这里爱上了贵族冯施坦的妻子夏绿蒂,他是不是就是从这条路去见夏绿蒂的?她的家是一栋大面平淡的房子,面对着绿色的野地,后来歌德就把这片地方设计成了一个秀气的公园。歌德见到夏绿蒂的时候,她已经是八个孩子的年轻母亲。她当年一定是像歌德后来的小说里的绿蒂一样可爱,可是她不能离开家,去和歌德在一起。歌德总是到她家去看她,给她写信。在歌德爱着夏绿蒂的10年里,他给她写了1700封信。歌德总是穿着绿色短呢外套,是18世纪末的德国式样,带着他写的信,在10年中的一个秋天的下午,也踏着沙沙的落叶,经过寂静的小弄堂,去见夏绿蒂。他们一定是真正爱过,那种因为绝望而凄美的爱情,使夏绿蒂成为一个不快乐的妇人,使歌德写出《少年维特的烦恼》,使得当时德国怀春的少年,也穿上与维特一样的绿色短呢外套去殉情。就想要用死来摆脱一样,歌德离开魏玛去意大利。

生活就是这样的,美好的东西,像浮在河流上的落花一样,在你并没有想象到的时候来了,又不可阻挡地离你而逝,歌德和夏绿蒂一定是有过美好的时刻的,他们有10年的相恋。但是有一天,一切还是结束了。这结束致夏绿蒂于死地。而歌德顾不得这些,他将要成为德国的伟人了。

女:从歌德家中走出,眼前跳跃的依然是著名女作家陈丹燕关于歌德故居的文字。在魏玛这个被绿树和山冈环绕的小城,歌德度过了他养尊处优的一生。难怪余秋雨说:"我们历来被告知:一切优秀的文学作品总与作家个人的苦难直接相关,但也许歌德是个例外。"从广场上歌德的家,沿一条小巷去施坦诗人故居,不到五分钟的路程。路的两旁是古老的房子和古老的藤叶,那是歌德去意大利之前,每天下午的必经之路,想必那时候他怀着一颗维特的心吧,然而歌德又是哪一天决定要从施坦夫人的爱中避开的呢?陈丹燕这样写道:魏玛的老公墓里,埋了歌德,墓的右边,是夏绿蒂·冯·施坦夫人的墓,她比歌德早去世好多年,其实,大概在她发现歌德离她而去的44岁的那一年,她在精神上就已经死去了——生活里的残酷,是小说所始料未及的吧!

【飞机呼啸而过声】

【英文中文交替:"女士们先生们,从法兰克福飞往罗马的班机就要起飞了,欢迎各位乘坐本次航班……"】

【音乐起】

女:欧洲之行的最后一站是意大利,我在日记中写到:罗马、威尼斯、佛罗伦萨,是三种风姿不同的花。罗马像妖冶的玫瑰,威尼斯是秀美的丁香,而弗洛伦萨却是优雅的百合——它宁静、内敛却又华光四射。在这里,我想推开的是永远有一张忧郁面孔的但丁的家门。忽然,一位金发碧眼的十五六岁的小姑娘迎面跑来。(英语:你是中国人吗?是的。)她的脖子上挂着一件用青铜雕刻的汉字挂坠儿,小姑娘用略带青涩的目光打量着我们,询问这件挂坠儿是个什么汉字。我笑着,用不太标准的英语告诉她:monkey(猴),小姑娘欢天喜地地走了,留下我一人在正午阳光下的小巷里沉思:真有意思,不远万里来到这条小巷,原本是要推开但丁的门,看一看里面那被时间凝固了的历史,没想到,门还未开,先在门外看见了自己家里的光影,这使我更加喜欢这座至今依然响着清脆马蹄的古老小镇了。

【音乐起。但丁家】

男:那是些翡冷翠阴郁的古老小镇,在老城里,邻近老城中央的那个大教堂,是那种蓝天像一缕布一样盖在石头老房子上方的小巷,再烈的地中海的阳光都不能照到街巷里的石头上。

但丁就出生在这样的小巷子里,在1265年的5月,那是在阴郁的13世纪。他的爸爸是一个翡冷翠的小贵族。当过了7个世纪,我在一个早上找到但丁的房子,沿着长长的楼梯走向楼上,但丁已经是地球上最重要的诗人了。那个因为妈妈早逝而不快乐的男孩子,在这石头房子里怎么活着,由谁教会了他拉丁文,谁教会了他法语,又是谁激发了他对诗歌的兴趣,他小时候长得怎样,不再有人知道了。

从楼梯的窗子望出去,可以看到巷子对面褐色的房子。那是但丁家族的教堂。许多事都发生在家族的教堂里。听说,在但丁9岁的时候,在他家的教堂里遇见过一个美丽的女孩子贝特丽丝,并且爱上了她。

那是一个春光明媚的上午,阳光洒在阿尔诺河上,波光闪闪,把河上的廊桥和桥畔的行人映衬得更加光彩夺目。一位高贵而美丽的少女在侍女的陪伴下向老桥走去。此时,但丁正从廊桥的另一头迎着少女走上廊桥,两人在桥上不期而遇。但丁凝视着少女,既惊喜又惆怅;而少女却手持鲜花,双目直视前方,径直从但丁身边走过,仿佛没有看见但丁。但她的眼里放射出的异样的光芒和脸上泛起的潮红却透露出少女情动的信息。

贝特丽丝最终并没有嫁给但丁,在但丁第二次见到她时,她已被迫嫁给了一位伯爵,不久就夭亡了。贝特丽丝带走了但丁的梦想,也把美丽和哀伤留给了但丁。但丁在自己的作品《新生》中抒发了对贝特丽丝的一片纯真的爱恋之心后,继而将他的恋人描绘成追求天国真理的化身,她的灵魂飞向天空,得到了新生。即便到了晚年,但丁对贝特丽丝的那份执著依然难以释怀,他在《神曲》中,又把贝特丽丝描绘成集真善美一身,引导他进入天堂的女神。以此来寄托他对贝特丽丝的美好情感。爱情催生了《新生》,《新生》又为他晚年创作《神曲》作了情感和素材的准备。而这一切都源于廊桥的一次邂逅。正是在廊桥的这一次相遇造就了但丁这位"中世纪的最后一位诗人,同时也是新时代最初的一位伟大的诗人"。

如今在但丁家的房子里,一件他当年用的东西都没有留下。因为他后来被人赶出了翡冷翠,终生都没能回来。在流放的地方,他成了意大利最伟大的诗人,他使用的语言成为意大利国家的语言,他写出了13世纪最美丽的诗歌。走在吱吱作响的地板上,总是可以听一个慈悲的男声和一个慈悲的女声在朗读他的诗。他们的意大利语在这空空的屋子里是那么优美,那些音韵,那些词发出的声音。那寂寞男孩生命里最美的一部分,终于回到了自己出生的地方。像花散发出香气一样,在他出生的房子里散发着盎然的诗意。

他家的墙上挂着他的画像。他总是穿着尖尖的红鞋,带着红色的帽子,他的鼻子沉沉地垂下来,使他的脸变得忧郁。在他靠在海边读书的时候是这样,在廊桥那里又遇到他爱的贝特丽丝时,也是这样。在他再见到贝特丽丝时,他是一个翡冷翠已经订婚的绿衣青年,而当他结婚的时候,贝特丽丝已经死去两年了。他所爱的女人总是死去,开始是他的妈妈,后来就是他的爱人。在这阴郁的小巷子里,他坐在窗前,听着天主教堂的钟声在小巷子的墙上撞来撞去,他会是怎样的心情呢?

从1290年贝特丽丝去世,到1300年但丁开始写《神曲》,他们终于永远在一起了。原来一个人在9岁的时候的事,也能这样引导了一个人的一生,哪怕这是一个伟人,哪怕这是一个远远超越了爱情的意义重大的人生。

【飞机平稳飞行,雅尔音乐会《重返北京》音乐起】

女:欧洲之行结束了,透过飞机的舷窗俯瞰古老的欧洲,我再一次想起余秋雨的话:欧洲文明值得我们仰望的地方有很多,即使是与欧洲文明有着太多历史恩怨的中华文明,也正在渐渐明白与其他文明互相探究,互相提醒……李白,杜甫,曹雪芹……一连串熟悉至极的名字忽然在脑海中浮现,什么时候来自世界各地的朋友们也会踏上朝圣的旅途,推开中国文学大师的家门呢?我想,我已经听见了轻轻的叩门声。

【飞机呼啸而过声】

河北人民广播电台(2004年10月16日首播)

永远的长江三峡

湖北人民广播电台　姚华　周漫　宋维权　王红光

听众朋友,您好。在今天的文学节目中,请您欣赏文学专题:永远的长江三峡——读著名诗人谢克强的抒情长诗《长江交响曲》。

【音乐】

长江从青藏高原奔腾而下,劈峰斩谷,以气吞山岳的磅礴气势,造就了雄奇壮丽的三峡,也孕育了悠远深厚的历史文化。自古以来,多少文人墨客在这流淌的画廊里赋诗吟唱,可以说,是三峡造就了诗人。今天,又一部厚重的三峡诗作呈现在我们眼前。让人惊叹的,不仅因为这首表现三峡工程的抒情长诗，竟长达四千多行；更是因为诗人置身于广阔而深远的历史背景，摘取了有代表性的事件、人物和画面，歌吟了三峡工程的宏伟壮丽和时代意义，描绘了三峡工程建设者的英雄群像，讴歌了库区移民的恋土真情和无私奉献精神，使这部诗作具有了深远的历史感和厚重的文化意蕴，这就是湖北省著名诗人谢克强的抒情长诗《长江交响曲》。

【江水声】

【音乐】

【朗诵】

（男）若问我为什么眼含泪水/只因对你爱得深沉/我曾经歌颂过你/如同我曾经歌颂过的土地/歌颂土地一样的母亲/我是喝你的乳汁长大/我的血管里奔突着的/是你奔腾的激流与涌浪/当激流与涌浪相拥而下/角逐着/呼啸着/奔腾着/以奔流到海不复回的气势/从我心中流过/我珍视你的涓滴之恩/更爱你大江东去的磅礴/以力、以美、以诗情画意/激发我的遐想。

【江水声】

【音乐渐隐】

采访录音：

三峡是诗，我几次到三峡都是以诗人的眼光看三峡。只是到了1996年我去看望著名诗人徐迟的时候，他曾经对我说："我就是为了三峡工程才来湖北的，现在我老了，我是看不到三峡发电的那一天了，到那时候，你代我去看看三峡吧。"徐老的话对我触动很大，当时我觉得三峡不仅仅是历代诗人所写的人文的诗了，三峡在新的时代有新的内容了，这就是三峡工程，这就是中国人几代为之去奋斗的梦。大约是1997年大江截流后，我就到三峡工地去，深入到三峡工地的深处，深入到三峡建设者生活细节中去，了解他们的生活，了解他们的想法，了解他们的苦处，了解他们的欢乐。我的所感所想促成了我想写这篇长诗。由于三峡工程的修建，我听说屈原祠有一次搬迁，所以我特地来拜谒这位中华民族最伟大的诗人。当我到了屈原祠的时候，虔诚地向屈原三鞠躬的时候，我从来没有那么激动。最重要的是他"路漫漫其修远兮，吾将上下而求索"的探索精神，他的问天、问地、问人间不平事的精神，给了我启示，所以我在《三峡交响曲》里特地写了一首献给屈原的祭词。

【谢克强朗诵】

【音乐】

【渐弱叠入播音员的朗诵】

（男）很小的时候/每逢端阳节吃着粽子/爷爷总爱给我讲你的故事/那时我还有些懵懵懂懂/懵懵懂懂问爷爷/皇帝不喜欢就不喜欢呗/干吗要跳江呢。

（女）后来我长大了/后来读你的《离骚》《天问》/我这才知道/站在楚国的额头/你清冽的爱流向大地/流得你面容枯槁/然而/你浪漫地流淌的爱/无法淹没朝廷的噪音。

（男）后来/我也学着写诗了/我才真真切切体会到/诗人都是鄙视权术的/绝不会为了自己的生存/或者一点蝇头小利/放弃自由与尊严/更不会讨好权势/溜须拍马/加人风的合唱。

（女）这是诗人的光荣/纵然受罪受得瘦骨嶙峋/也要心怀天下忧国忧民/或仰天长啸/或长歌当哭/亦如你/来不及抚慰自己滴血的伤口/却以水的温柔血的热烈/震撼一个民族的灵魂。

【音乐渐隐】

家乡，永远是人们心中一道亮丽的风景。不管是谁，无论走过了多少岁月的风风雨雨，历经了多少生活的坎坷磨难,家乡在他心中的形象总是那么完美,如诗如画的意境令人魂牵梦萦。即便哲人说过:留恋过去就是对人生的羁绊,但人们还是义无反顾,无怨无悔。今天,当人类伟大的抱负需要三峡儿女把自己可爱的家乡留给历史的时候,他们毅然决然地丢开了对家乡的守望,为国分忧。诗人以深厚的感情,浓墨重彩,歌颂了三峡库区移民对故土的深切留恋和无条件服从三峡建设需要的博大胸怀。

录音采访:

三峡工程最难的不是工程,难的是三峡百万移民。这是因为故土难离,遗风难迁。所以我在三峡采访时候,更多地是感受到人性的东西。比如说,我写了一支船队即将起航的时候,一个母亲生产,新生儿子的啼哭与船队起航的汽笛重叠在一起,而且在黎明的时候,象征着新生儿子、新三峡与新生的太阳一起诞生。你比如说,我还写了一支车队即将出发,我看到一个孩子带着一条小狗,这个孩子依依不舍地望着那个生他养他的山村。而这时,这个狗子也依依不舍地望着远处的山村。你想想这种难舍难分的情景怎不动人。三峡的那些小学就要搬迁了,孩子们上了最后一课,老师眼泪汪汪地看着他相处的孩子们就要四散了,你说这种难舍难分的情感是种什么情感?还有,一个新娘子,要亲手砸掉她的新房,那大红的喜字还没有掉颜色。你说,她举起锤子的时候,那是一种什么感情?所以说,三峡建设中我们移民是付出最多。不是他们舍不得他们的财产,不是他们舍不得他们的家,而最舍不得的是代代相传的血脉,而由这血脉升华出来的人文环境。

【流水声、鸟叫声】

【音乐】

【朗诵】

(女)告别潺潺的溪水/告别横在溪上的小桥/告别桥头那棵白果树/告别洒在白果树上的一缕早霞/走吧/走吧/走过这条山间小路/山下就是大道了/移民车队/整整齐齐一溜排着/停在大道上/车上装着一个村庄/装着一支血脉繁衍的家族/也装着一村子村民的向往与期待/就要依依离别故土/向远方迁徙。

(男)跟着一头黄牛后面/一只黑色的狗/牵在一个孩子手上/缓缓向车队走来/缓缓走了几步/又不是回过头来/向渐渐远去的山村/不停地狂吠/人们知道/那一声声尖利的叫声/除了本性的忠诚/更多的眷恋。

(女)不远处/清风摇曳着路边的野花/似噙着泪/向孩子和他的狗/频频招手/就要上车了/已经没有时间/在昨日的生活里徘徊/孩子蹲下身子/欲要抱起那只黑狗/谁知它突然高昂着头/疯狂地吼叫/一时间/它身上所有的毛/都竖了起来/多美的山村/生长白云栖息梦的地方/种植欢乐/收获幸福的地方/牧歌在溪水里流过。羊群在白云间徘徊/而挂在枝头的橘子/享受土地的温馨与爱之后/如一盏盏灯笼/将峡江人的日子点亮。

(男)如今/向刻骨铭心的记忆告别/孩子默不作声/他默默地低着头/然后蹲下身去/将黑狗抱上车来/黑狗不叫了/但它仍高昂着头/从敞开的明亮的车窗/深情地眺望/谜一样/渐行渐远的山庄。

【音乐渐隐】

从人类文明萌发时起,我们的祖先就不断与洪水搏斗,治水成了我们民族无法忘却的记忆。那远古治水的大禹,修筑都江堰的李冰父子,已经成为我们子子孙孙代代相传的万世佳话和优美诗章。而最动人的诗章，却是今天我们整个民族共同演绎的“高峡出平湖”的英雄史诗。在长江三峡两岸的山山水水中，由几百万人合力书写的一部最感天撼地、又壮美得令人肃然起敬的诗章。一批批建设者们挥洒血汗，挟人类首次截断万里长江的威势，移峰倒水，再造江山！诗人描绘三峡建设者的伟大情操和奋斗精神时，不是选取那些铁铮铮的男子汉们，而是把视角转向一批娇柔的女孩子，正是匠心独具，意味深长。

采访录音：

三峡建设者做出的最大的贡献，是他们与亲人的分离。他们的那种孤独和寂寞，与现在这个社会的繁华与喧嚣形成了强烈的对比。三峡建设中大多数是男人，但是就在这个男人的世界里，有一支奇特的女子电焊班。我到她们工地看了一下，那种生活环境确实比较艰苦。艰苦到什么程度呢？夏天不敢喝水，因为工地上上厕所都很困难。她们都穿着牛仔裤，帆布做的。就是这样的困难，她们都说着只是一笑。我当时问她们，你们最快乐的是什么？她们说，我们最快乐的是做梦。她们的班长 31 岁，她的丈夫在兰州，一家三口在三个地方。跟女儿有时一两年也见不着，姑娘都不认识她，不喊她妈妈，她感到心里很内疚。所以她只是在做梦的时候，才看见一家三口在一起。听了这话，我这男子汉也是眼泪汪汪的。所以我当时不写她们的痛苦，而写她们的快乐，写她们的梦，以月亮的眼睛展示她们的爱，她们的快乐，她们的幸福。

【音乐】

【诗朗诵】

（女）她们睡得多么平静安详/灼热的呼吸在月光里起伏/舒展的身姿舒展成一个美的造型/亦如墙壁上的那把吉他/昨夜一阵激情之后/在静静安息/陪同她们静静安息的/还有放在床头的《电焊工艺》和编织她们梦与情感的/彩色毛线团。

（男）睡在中间的这位/面庞光洁而沉静/一只玉手似握着什么/是不是握着那柄焊枪/穿过闷热的空气/在混凝土浇筑仓中/在钢筋密密麻麻的丛林里/点焊每一处裂痕和缝隙/让那瞬间开放的花朵/在瞬间的亮丽中诠释生命与青春的含义。

（女）睡在窗前的那一个/嘴唇光亮鲜润/青睐的目光/在她富有弹性的脸上/漾起一波一波笑靥/莫不是她还站在领奖台上/接过奖旗奖金之后/面对记者摄像机的镜头/落出羞怯的笑意。

（男）这是一群电焊姑娘/这群神秘莫测的姑娘。

（女）这群操着各种方言的姑娘/这群脾气好坏不一的姑娘。

（男）这群妈妈眼里永远长不大的姑娘/这群在情人眼中大大咧咧的姑娘。

（合）她们用自己的汗水哺育大坝/也用自己的汗水美丽自己/她们相信女人的美/来自汗水。

【音乐渐弱】

抒情长诗《三峡交响曲》出版以后，在广大读者中引起了广泛兴趣。湖北省作家协会主席、著名的文艺评论家王先霈对谢克强的创作给予了高度评价。

采访录音：

谢克强这首诗《三峡交响曲》，是 21 世纪初诗歌创作中间一个很强的有特性的作品。作为一个诗人，它对民族的感情，对国家富强的期望，这两个东西融合起来，就使得这个诗既有气势，又很富有情感色彩，所以它就很能打动人。

谢克强的《三峡交响曲》章节安排中间，把三峡这个工程从最初一些伟人提出的梦想，到最后在我们的手上变成现实，它把这两者纵的历史线索和横的这个工程牵涉到的种种问题，纵横地交错结合，用诗的结构，把它表现出来，造成一种文学的结构美、一种韵律美。既有历史发展的深沉感，又有对三峡工程很多方面的概括性，还能够让你感觉到里面的起伏、快慢、抑扬顿挫。

《三峡交响曲》继承了中国几十年来政治抒情长诗的一些优点，又吸收了近十几、二十年我们诗歌发展中一些新的手法、新的特色，力求两者有所融合，比较贺敬之、郭小川那些政治抒情诗，它更具有现代色彩，比较我们当前的诗歌创作，它更具有时代精神。

【音乐】

【朗诵】

（男）说不出的激动兴奋/包括所有的中国人/包括所有的全世界的华人/与太阳一起睁大眼睛/目睹了这壮观的一刻/目睹了这醉心的一刻/目睹了世界为之一惊的横锁长江之战/历史从逐渐的实践凝重的历史/从现状的唐诗陶醉的历史/从远行的指南针远行的历史/从漂泊的瓷漂泊的历史/你记住了吗/公元 1997 年 11 月 8 日下午 3 时 30 分/中国人民用智慧胆量和勇气/又集结了万里长江一行举世无双的绝句。

听众朋友，尽管在短短的时间中，我们不能读尽这首长诗的无限内涵，但我们从段段诗情中，不仅可以品味那源远流长的历史意蕴，更能够生发我们对三峡建设决策者、劳动者和牺牲者的无限敬意。如今三峡大坝毅然挺立，它托起的一湖涟漪，给国人带来的将是无限的福祉与安宁。

哦！旧三峡，新三峡，我们心中永远的长江三峡！

【音乐渐弱】

听众朋友，刚才您欣赏的是文学专题：永远的长江三峡，读著名诗人谢克强的抒情长诗《长江交响曲》。

今天的文学节目就到这结束了，感谢您的收听，我们下次节目再会。

湖北人民广播电台（2004 年 8 月 8 日首播）

广播文学节目2005年

最长的一天(节选)

中央人民广播电台　集体制作

第一讲

【片头,音乐】

播音员:1939年9月1日,纳粹德国进攻波兰,两天后,英法对德宣战,第二次世界大战正式爆发。

1940年6月4日下午,在纳粹德国以闪电战横扫欧洲大陆直逼法国海岸的时候,英法联军不得不屈辱地从敦刻尔克撤退,以免全军覆没。此后,反攻欧洲大陆就成为英法联军的梦想。

1941年6月22日,德军突然大规模入侵苏联。6个月后,日本偷袭美国珍珠港海军基地。从此,第二次世界大战形成了由英美苏中等国组成的反法西斯同盟和由德意日组成的法西斯轴心国联盟。

1944年6月,德国军队在苏联战场上节节败退,英美盟军开始了反攻欧洲大陆的战略行动。这个军事行动被命名为"霸王计划"。这是人类军事史上规模最大的一次登陆战役,而描写这一战役的纪实文学《最长的一天》则是世界军事文学和纪实文学中的经典之作。

霸王行动,盟军进入欧洲是1944年6月6日零时15分整开始的。它和一个普普通通的英文字母D紧紧地联系在一起了。就在将永远被称为D日那一天的第一个小时里,在那个时刻,美军第101与第82空降师一些特选人员跨出他们的飞机,进入月光照耀下的诺曼底夜空。五分钟后,在50英里外,英军第六空降师的一个小组跳离他们的飞机。这些人是探路者,他们的任务是在空降地点燃亮信号,让后续的伞兵与乘滑翔机的步兵着陆。

盟军的空降部队清楚地标明了诺曼底战场最远的边界。在他们与法国海岸线之间,偃卧着五个准备在那里登陆的海滩,它们是犹他、奥马哈、古尔德、朱诺与索德。

就在伞兵们在诺曼底黝黑的树篱里战斗的拂晓前的几个小时里,世界上有史以来最大的舰队开始在那5个海滩外面集结——几乎有5000艘舰船,运载着20多万陆军、海军与海岸巡逻队的士兵。

清晨6点半开始,在一阵猛烈的军舰炮轰与来自空中的轰炸之后,数千名士兵涉水登陆,构成了那将永远被称为D日得第一个攻击波。

下面要讲述的是关于人的故事:盟军的士兵,和他们对阵的敌人,以及卷进D日血腥混乱中的平民百姓。战役开始的这个日子,将结束希特勒安图统治整个世界的疯狂赌博。

播音员:在被占领的法国土地上,德国人不再像前几年那样自负战无不胜。实际上他们已经开始等待英吉利海峡对面的美英联军的进攻。对纳粹德国来说,这意味着什么,没有人比德国陆军元帅欧文·隆美尔更清楚。

请听纪实文学《最长的一天》第一部《等待》,由郭宏演播。音响资料选自同名影片《最长的一天》。

【音乐起】

这个村子的名字叫拉罗什吉荣,它在潮湿的6月的清晨里,显得非常安静。它躺在从巴黎到诺曼底几乎一半路程的塞纳河宽阔、懒洋洋的弧弯里不受打扰,几乎有12个世纪了。多年来它仅仅是人们到某处去途中要经过的一个地点。这儿唯一的特色是有一个城堡,那是法国最显赫的家族之一拉罗什富科公爵们的府邸。正是这座突出在村后屏障般山丘旁的城堡,使拉罗什吉荣的太平日子走向终结。

在这个灰蒙蒙的早晨,城堡阴气逼人,它巨大的石块因为潮湿而闪着光。快6点钟了,可是两个铺着圆卵石的大院子仍然毫无动静。大门外面,大路延伸开去,很宽阔,空荡荡的,村子里那些红瓦顶房舍的百叶窗仍然紧闭。拉罗什吉荣非常的安静——安静得像是个荒芜的野地。可是这种寂静是不真实的。在窗板后面,人们在等待着钟的鸣响。

6点钟一到,城堡旁边那座15世纪的圣萨姆森教堂里的钟,就会敲响"奉告祈祷"的钟声。要是在太平年月,它的意义很简单——拉罗什吉荣村民会在胸前画个十字,停下来做一次祈祷。可是现眼下"奉告祈祷钟"有着比静思片刻更为丰富的意义。今天早上钟的敲响意味着一夜宵禁的结束和德军占领第1451天的开始。

拉罗什吉荣村每个角落里都安有德军的岗哨。哨兵们在有保护色的斗篷里蜷成一团,他们站在城堡两座大门的门洞里、村子两头的路障旁、小山丘白垩矿脉露头凹处的岗亭里,以及城堡上方最高的小山上古塔残址旁的哨所里。在那里,德军的机枪手居高临下,能把整个在被占领的法国中占领得最为彻底的村子里面的一切都看得清清楚楚。

眼下,拉罗什吉荣虽然有田园诗般的表面,而骨子里却是一座监狱。村子里里外外一共有543个村民,而德国军人的数目却是村民的三倍多。他们当中的一个就是陆军元帅欧文·隆美尔,德军西线最强大的B集团军群的司令。他的总部就设在拉罗什吉荣的城堡里。

从此处,在第二次世界大战关键性的第五个年头,全神贯注、意志坚定的隆美尔,准备为他一生中最最凶狠的一次战役而战斗。现在,他指挥着50余万军队,其任务就是防守一条极长的海岸线——延伸达800英里,从荷兰的海堤一直到布列塔尼半岛大西洋海浪冲击着的岸滩。隆美尔的主力第十五集团军集中在加来海峡省一带,这是英法海峡最狭窄的地段。

夜复一夜,盟军的轰炸机轰炸这个地区,这使得在隆美尔的第十五集团军中对轰炸厌烦不已的老兵苦涩地打趣说,最好的休息疗养处要属第七集团军的诺曼底驻地了,那里几乎没有落下过一颗炸弹。

好几个月了,在一片密林般的滩头障碍物和雷场的后面,隆美尔的部队在海边的水泥工事里等待着。可是蓝灰色的英吉利海峡一直空无舰船。什么事也没有发生。在这个宁静的星期天的早晨,从拉罗什吉荣村仍然看不出一丝盟军入侵的迹象。这一天是1944年的6月4日。

【片花】

此刻,德国陆军元帅隆美尔独自一人待在底层那个他用来办公的房间里。他坐在一张巨大的法国文艺复兴式办公桌的后面,就用一盏台灯照着亮工作。房间很大,天花板很高。一面墙上挂着一幅褪色的以法国著名染织家族命名的闻名于世的戈布兰挂毯。另一面墙上是法国17世纪的格言家、当今公爵的祖先弗朗索瓦·德·拉罗什富科公爵那副高傲的尊容——他从沉甸甸的金边画框里往下俯视。溜光的拼花地板上散放着几把椅子,窗前挂着厚厚的帷幔,除此之外就没有什么别的了。

特别值得一提的是,房间里除了隆美尔本人之外,再没有别的与他个人有关的东西了。这里没有他的妻子露西－玛丽亚或他的15岁的儿子曼弗雷德的照片。没有战争初期他在北非沙漠大捷的纪念品。甚至也没有1942年希特勒兴致勃勃地赏给他的那根华丽耀眼的陆军元帅节杖。这根18英寸长、3磅重、带有金鹰与黑万符号的红丝绒套子的金杖,隆美尔只携带过一次,就在他获得节杖的当天。甚至连说明他部队布防状况的地图也没有一幅。富于传奇色彩的“沙漠之狐”还跟以前一样,躲躲闪闪,捉摸不定;他可以一下子走出这个房间,连一丝痕迹都不留下。

51岁的隆美尔,噢,当然好像他应该是53岁。因为他出生于据此53年前的1891年。虽然看上去显老,却和以往一样精力旺盛。在他率领的B集团军群无人记得哪个晚上他睡眠超过5个小时。这天早晨和往常一样,他不到4时就起床了,此刻也在不耐烦地等待6点钟的到来。那时他将和他的幕僚们一起用早餐,然后就可动身去德国了。

【影片《最长的一天》片断】

这将是隆美尔几个月来的第一次休假。他打算坐汽车回去。希特勒坚持他的高级军官必须用“三个引擎的飞机……而且每次必须有一架战斗机护航”,这就使得他们几乎不可能乘坐飞机了。好在隆美尔也不喜欢坐飞机。他将乘坐他那辆有活动车篷的黑色“大霍奇”,走8个小时,回到他在乌尔姆市黑尔林根的家。

隆美尔一直在期待着这次旅行,可是做出走开的决定也不是一件容易的事。隆美尔的肩膀上负有巨大的责任,那就是盟军一开始登陆便立刻将其击退。希特勒的第三帝国遭受了一个又一个灾难,已有点步履不稳了;成千架盟军轰炸机日日夜夜连续猛炸德国,俄国强大的兵力进入波兰,盟军兵临罗马城下——不可一世的国防军到处在被击退、被歼灭。德国虽然离打输还很远,可是盟军的登陆将会是决定性的一役。处在生死存亡关头的正是德国的未来,而这一点隆美尔心中比任何人都清楚。

然而这天早晨,隆美尔却准备回家。几个月以来他都希望6月初能回得国去待上几天。有许多理由使他现在相信他可以离开,虽然他绝对不会承认实际上是自己非常需要休息。就在几天之前隆美尔打电话给他的上级,年迈的西线总司令、陆军元帅葛尔德·冯·伦德施泰特,请求暂时离开。请假立刻就被批准了。接下去他有礼貌地拜访在巴黎附近圣热尔曼－恩－赖尔的冯·伦德施泰特总部,去办理正式的请假手续。冯·伦德施泰特以及他的参谋长君特·布鲁门特里特少将见到隆美尔憔悴的面容都不免感到震惊。布鲁门特里特永远忘不了隆美尔看上去“又疲劳又紧张……显然很有必要回家和家人团聚几天”。

隆美尔确实是既紧张又急躁。从1943年将近年底,他来到法国的那一天起,何时何地与盟军交战就成为一个几乎难以承受的负担,压在他的身上。和海岸前线所有人一样,他一直生活在焦虑的梦魇里。他老得去揣摩盟军的意图——他们将怎样进攻,打算在哪里登陆,特别是:什么时候。

只有一个人真正了解隆美尔的紧张心情。对他的妻子露西·玛丽亚,他毫无保留地倾诉一切。在不到四个月的时间里他给她写了40多封信,几乎每两封信的一封里,他都对盟军的攻击作了新的预测。比如:

3月30日,他写道:"现在3月快结束了,而英美仍然没有开始进攻……我开始相信,他们已对自己的打算失去信心了。"

在4月6日的信里,他写道:"此间紧张情绪日益加剧……很可能离决定性的事件只有数星期了……"

4月26日的信里他说:"在英国,斗志很低……罢工接二连三地发生,'打倒丘吉尔和犹太人'与要求和平的呼声越来越高……对于一次冒险的进攻来说,这些都是凶兆。"

4月27日:"现在看来,英国人和美国人不会那么密切合作,愿意在最近的将来进攻啊。"

5月6日,隆美尔这样写道:"仍然没有英国人和美国人要来的迹象……随着每一天、每个星期的过去……我们都变得更加强大……我期待着这次战斗,信心十足……也许它会在5月15日到来。也许是月底。"

而到了5月15日,隆美尔这么说:"我不能进行更多远距离的视察、巡游……因为谁也不知道进攻何时开始。我相信再过几个星期西线这里就会有动静了。"

5月19日,隆美尔是这么写的:"我希望能比过去更快地推行我的计划……不过,我怀疑6月里能不能挤出几天离开此地。从目前的情况看根本不可能有这样的机会。"

然而,机会毕竟来了。隆美尔决定这个时候请假的原因之一,是他对盟军意图的估计。现在,放在他面前办公桌上的是B集团军群的每周报告。这份编写得很精细的预测,第二天中午将送交陆军元帅冯·伦德施泰特总部,用通用的军队行话来说,是"西总",也就是西线总司令部。到了这里,经过进一步的加工润饰,它将用作整个战区报告的一部分呈交希特勒的总部,亦即国防军最高统帅部。

隆美尔的军情估计里说,盟军已进入"高度戒备状态","传送给法国抵抗力量的密讯亦大量增加"。不过,报告继续说:"根据以往经验,尚不能得出结论说,盟军的进攻即将发生……"

但是,这一回,隆美尔判断错了。

播音员:听众朋友,刚才您听到的是解放军文艺出版社出版的纪实文学《最长的一天》。作者:美国作家科尼利厄斯·瑞恩,由郭宏演播。

下一讲您将收听到的是:一直期待与英美联军在法国的海滩上一决胜负的隆美尔,在诺曼底登陆战役开始的前两天,决定离开法国。由郭宏演播。

【电影音响,演播片断,音乐混《郭宏小传》】

第四十讲

【片头,音乐混】

播音员:1944年6月6日,星期二。

隆美尔一直期待的最长的一天已经过去大半了,而他居然没有在岗位上。他期待的装甲师终于开始行动,但是为时已晚。

黄昏来临了,黄昏增势能让人想起很多很多……

请继续收听美国作家科尼利厄斯·瑞恩的纪实文学《最长的一天》，由瞿弦和演播。音响资料选自电影《最长的一天》、《拯救大兵瑞恩》和电视剧《兄弟连》。

【德军军鼓音效】

布罗尼科夫斯基的坦克隆隆驶向比耶维尔高地。到现在为止，他们尚未遇到敌人的反击。随后，当他的第一辆马克4型坦克接近山顶时，从远处某个地方突然传来猛烈的炮火。他说不清到底是遭遇到英军坦克，还是遇上了反坦克火力。但是炮火既准确又猛烈，它们仿佛从五六个地方同时射出。突然，他的领队坦克一炮未发就被打中了。又有两辆坦克开了上来，并且开炮还击着。但是它们似乎对英军大炮没有丝毫影响。布罗尼科夫斯基开始明白为什么了：敌人的火力强大，远远超过了他们，英国大炮的射程似乎异常地远大。布罗尼科夫斯基的坦克一辆接一辆地被击中，不出15分钟，他就损失了6辆坦克。他从未见过这样的射击。布罗尼科夫斯基无计可施。他中止了进攻，下达撤退的命令。

在佩里耶高地，英军早已进入阵地。他们在威廉·冯·戈特伯格上尉的35辆坦克进入射程之前，就阻止了它们的前进。戈特伯格在几分钟之内就损失了10辆坦克。命令的延误以及企图绕过卡堡所浪费的时间，使英军有机会充分巩固了他们在战略高地上的阵地。戈特伯格把他想得起来的人逐个咒骂了一遍。他撤到勒比赛村附近的一座林边，他命令部队在那里挖壕固守，把坦克停在能观察到敌人并能向其射击的隐蔽地点，只露出坦克的炮塔，他肯定，英军会在几小时之内向卡堡进军。

可是，戈特伯格十分吃惊，时间过去了，没有发生任何进攻。后来，晚上9点钟刚过，戈特伯格看到了一个难以置信的场面。先是由远而近的飞机轰鸣声，随后，在远处仍然明亮的太阳衬托下，他看到大批的滑翔机从海边飞来，一共有几十架飞机，它们在牵引机后面排成队形平稳地飞着。然后，滑翔机在他的注视下同牵引机分开，盘旋着、倾斜着飞行，嗖嗖作响地下降，在他和海岸之间的某个看不见的地方着陆了。戈特伯格生气地咒骂起来。

布罗尼科夫斯基在比耶维尔也为坦克挖壕固守。他站在路边，望着“德国军官二三十人一群，从前线往后走——向卡堡撤退”。布罗尼科夫斯基不明白英国人为什么不进攻，在他看来“几个小时之内就能把卡堡和整个这个地区攻下来”。在队伍的尾部，布罗尼科夫斯基看到一名中士，一只胳膊挽着一个健壮的德国妇女队队员。他们“喝得烂醉，脸孔肮脏，左右摇晃”。他们蹒跚而过，对任何事物都毫不在意，用最大的嗓门唱着“德意志高于一切”。布罗尼科夫斯基望着他们，直到他们在视线中消失。他大声地说：“战争打败了。”

【片花】

隆美尔的霍奇车声音低沉地驶过拉罗什吉荣，缓缓地经过道路两侧一幢接一幢的房舍。这辆轿车驶下公路，经过16株修剪成正方形的椴树，开进拉罗什富科公爵的城堡大门，他们在门前一停下来，兰上尉就跳下车跑去通知斯派达尔将军，元帅已经回来了。在大走廊里，他听到参谋长办公室里传出瓦格纳歌剧的音乐。房门突然打开，音乐声大作，斯派达尔走了出来。

兰上尉既生气又吃惊，一时忘记了自己是在对一位将军说话，他怒气冲冲地说：“在这种时候你怎么还能听歌剧？”

斯派达尔微微一笑，说：“亲爱的兰，你不会认为我放一会儿音乐就能阻止进攻吧，是吗？”隆美尔身着长长的蓝灰色作战服，右手拿着饰有银盖的元帅杖，大步穿过走廊。他走进斯派达尔的办公室，双手交叉在背后站着观察地图。斯派达尔关上房门。兰上尉知道这场谈话要进行一段时间，便向餐厅走去。他疲劳地坐到一张长桌前，向勤务兵要了一杯咖啡。附近坐着一名军官正在读报。他抬起头来，心情愉快地问道："旅途如何？"兰上尉只是瞪了他一眼。

【电影《最长的一天》音响片断】

【音乐混】

在圣梅尔—艾格里斯附近的瑟堡半岛上，第82空降师的二等兵、"荷兰佬"舒尔茨倚在小型掩体的墙边，听到远处的教堂钟敲响了11点。他几乎无法让自己睁着眼睛。他估计，从6月4日晚进攻推迟、参加掷骰子赌博到现在，他几乎有72小时没睡过觉了。他想到，花了那么大气力把赢来的钱全部输掉是多么滑稽。——他什么也没得到，事实上"荷兰佬"感到有点儿局促不安。一整天了，他还连一枪都没有放过呢。

在奥马哈海滩的峭壁后面，医务中士阿尔弗雷德·艾根伯格疲惫不堪地猛然躺倒在弹坑里。他已经忘记了他治疗过的伤员人数。他累得骨头疼，可是他想在睡着之前再做一件事。艾根伯格从口袋里摸出一张皱皱巴巴的缩微邮政纸，在一只手电筒的光亮下，准备给家里写信。他写下："在法国某地"，然后开始："亲爱的妈咪和爹地，我知道此刻你们已经听到了进攻的消息。嗯，我很好。"然后这位19岁的医务兵就停住了笔，他想不出还要说什么。

【美国军队音乐混】

在海滩上，诺尔曼·科塔准将注意到"猫眼"，命令卡车熄灭车灯，听到宪兵和海滩指挥员们指挥队伍和车辆向内陆移动的叫喊声。四处仍有燃烧着的车辆，火光向夜空洒去一抹红晕。海浪拍岸，科塔听到远处有一挺机枪孤零零地时断时续射击着。科塔突然间感到十分疲劳。一辆卡车隆隆地向他驶来，科塔挥旗示意让它停下。他迈到仍在行驶的卡车踏脚板上，一只胳膊挽住车门。他回头望了一眼海滩，然后对司机说："送我上山，孩子。"

【电影《最长的一天》音响片断】

【德军军鼓音效】

在隆美尔的司令部里，兰上尉和其他人一起听到了那个坏消息："第21装甲师的进攻失败了。"兰上尉感到十分沮丧，他对元帅说："长官，你看我们能把他们赶回去吗？"

隆美尔耸耸肩，摊开双手说："兰，我希望我们能做到，迄今为止我几乎一向成功。"然后他拍拍兰的肩膀。"你看上去挺累，"他说，"你为什么不去睡觉？今天可是最长的一天。"他转身走开，兰目送他穿过走廊，走进办公室，房门在他身后轻轻关上。

【音乐混】

房外，两座铺满鹅卵石的院子里没有一点动静。拉罗什吉荣寂静无声。这座在所有法国村庄中驻军最多的村落，很快就要自由了——整个被希特勒统治的欧洲也将自由。从这天起，第三帝国的寿命不到一年。城堡外，大路宽而空荡地伸向远方，红顶房舍的玻璃窗全关得严严的。圣萨姆森教堂的钟敲响了12点。

【钟声回荡】

【电影《最长的一天》结尾片断、电视剧《兄弟连》第一集结尾片断、电影《拯救大兵瑞恩》结尾"牺牲"片断】

【音乐混】

伤亡小计:这些年来,就盟军在反攻头24小时中遭受的伤亡,提供了各种模糊并互相矛盾的数字。这些数字中没有一个算得上准确。它们最多不过是一些估计,因为就反攻的性质而言,谁都不可能得到确切数字。大体说来,多数军事史学家认为,盟军的伤亡总数是10000人,也有些人认为是12000人。

美军伤亡人数被估计为6603人,这个数字是以美国第一集团军的战后报告为基础的,它记有下列细目:1465人死亡,3184人受伤,1928人失踪,26人被俘。这份资料包括空降第82和第101师的损失,仅这两个师的伤亡与失踪人数就大约是2499人。

加拿大军队伤亡人数是946人,其中有335人死亡。英军没有公布任何数字,不过据统计,英军的伤亡起码在2500人与3000人之间,其中第六空降师遭到的损失为650人伤亡和失踪。

德军在D日的损失如何?没人说得出。在同德国高级军官的会晤中,我得到的估计介于4000人至9000人之间。但是,在6月底,隆美尔报告说,他的部队在当月的伤亡是“28名将军,354名军官和大约25万士兵”。

【片花】

播音员:1944年6月6日,一场伟大的战役催生了一本经典著作《最长的一天》。对全世界爱好和平与自由的人民来说,这是辉煌的一天,对纳粹德国来说,则是致命的一天。

战争把个人和世界都放在命运那运转不息的刀锋上。在这里你能够看到,孤单的个人面对黑暗和未知的恐惧与乐观,能够体会生命的脆弱和伟大,能够感受他们的勇气及忍耐,相信永恒的正义和奇迹,最终迎来胜利和荣誉。人们永远也不会忘记这最长的一天!

【演播者录音感言】

播音员:听众朋友,刚才您听到的是解放军文艺出版社出版的纪实文学《最长的一天》。作者:科尼利厄斯·瑞恩。参加演播的有:郭宏、吴俊全、马斌、李野墨、张云明、仲维维、方明、梁国庆、徐涛、洪涛、严燕生、周志强、翟万臣、王凯、陈铎、张家声、杨立新、李幼斌、宋怀强、瞿弦和。解说:姚科、傅淳。本节目策划:刘志宏、张斌、高阳、吴琼;编导:小雪、姜念光、邢晓春;统筹:叶咏梅;制作:孙峥;简直:刘志宏;总监制:杨波。

感谢四川人民广播电台、上海人民广播电台,乌鲁木齐人民广播电台对本节目录制的大力支持。

中央人民广播电台(2005年6月6日)

一个人与一代人

天津人民广播电台 邹莉莉 孙阳 郝宝卿 安迅

天津人民广播电台,听众朋友,请听文学专题节目——《一个人与一代人》。

【歌曲一支难忘的歌、天上有个太阳……】

听着这熟悉的歌声,您可能已经想起了小说《蹉跎岁月》《今夜有暴风雪》。可以说“文革”曾是很多作者钟爱的主题,回忆、书写“文革”的作品数不胜数,这些作品把人们一次次带回到那段一言难尽的岁月。

【——扬音乐】

有人说,那是一段激情燃烧的岁月;有人说,那是一段荒唐疯狂的岁月;还有人说,那是一段不可思议的岁月。这承载了太多东西的时光,在众多作者的笔下旋转、翻腾、飞舞……记忆似乎就要开始疲劳了,就在这时,《兄弟》到达我们眼前。

【——打字声】

2005 年 7 月,作家余华完成了长篇小说《兄弟》的上部。也许,正式抓住了“人”这个字的厚重与深远,18 万字的《兄弟》不仅让我们看到了那个时代种种变形的风景,更让我们看到尘土里生命的丰富与美丽。

余华在接受采访时说:我从特定的历史苦难中发现爱的深广、无私和无畏。所以我记录那段历史,我找到了时代命题背后的答案……

【采访录音】

节目 Jingle:余华,1960 年 4 月 3 日生于浙江杭州,3 岁时岁父母迁至海盐,在海盐读完小学和中学,曾从事过 5 年的牙医工作。1983 年开始写作,主要作品有《兄弟》《活着》《许三观卖血记》《在细雨中呼喊》等,他的作品被翻译成多种语言。2005 年 7 月,余华在文坛沉寂十年后,完成长篇小说《兄弟》的上部。本期节目,走近《兄弟》最让人感动的人物——宋凡平。

《兄弟》上部主要讲述了江南小镇两兄弟李光头和宋刚的人生,通过他们所在家庭在“文革”劫难中的崩溃过程,展示了个人命运的渺小,同时张扬了人性之爱。这里,余华至少将三分之一的笔墨用在了一个重要人物身上,这个人就是宋凡平。

仔细想想,宋凡平的名字本身就有歌颂平凡的意思。而宋凡平确实人如其名,他的生命自始至终都洋溢着对生的热爱与赞美。

在小说的第 28 页,宋凡平第一次出现。而此时,等待宋凡平的是一具令人作呕的尸体。

这一天,李兰的儿子李光头就要出生了,李兰的丈夫却因为不光次的举动意外跌进厕所的粪池,就在人们指指戳戳看热闹的时候,与李兰一家素不相识的宋凡平跳下去救人。接下来发生了什么?——仅仅是书中的文字,以让人感到不知所措。

【小说演播】

宋凡平走到厕所外面的粪池旁,外面的粪池是让环卫工人抽粪用的,宋凡平毅然地跳了下去。他胸口以下的身体都淹没在粪便中,他举着双手缓慢地在粪便里移动,粪蛆都爬到了他的脖子上和脸上,他仍然举着手移动着,只是当粪蛆爬到他的嘴上、眼睛上、鼻孔和耳朵时,他才伸手将它们弹走。

宋凡平把李兰的丈夫举到岸上,接下来人们看到一个一身粪便的活人背着一身粪便的私人走向李兰的家。后来宋凡平用井水洗净了自己和死者,又肚子把死者放进李兰家中。初春时节,一身冷水的宋凡平终于走远了,我们也许无法想象他身上有多污秽,但是我们知道他的新——干净得让人不敢逼视。

"文革"前,宋凡平的妻子病故,从此家里只剩下他和儿子宋钢。而此时,李兰正独自艰难地抚养着儿子李光头。种种偶然的机调让宋凡平和李兰走到了一起。李兰的儿子李光头于是和宋凡平的儿子宋钢成为了兄弟。婚后,李兰的头疼病越来越厉害,宋凡平写信给上海的姐姐,让李兰去上海的大医院治疗。李兰走后,"文革"开始了。

随着批斗的猛烈推进,李光头一句偶然的错话把宋凡平推向了深渊,宋凡平遭到毒打并被关押起来。家里没了父母,两个孩子有上顿没下顿地熬了很久……这一天,他们终于翻到了一些钱,吃了渴望已久的肉包子,来到关押宋凡平的地方——

【小说演播】

等待宋凡平的时候,李光头看到仓库里面有一个人抱着脑袋躺在地上,另一个人正用皮带抽打他。躺在地上被抽打的那个人一点声音都没有,倒是那个抽打的人在号叫着,好像是抽打的这个人在疼痛地喊叫。这情景把李光头吓得浑身哆嗦,把宋钢吓得脸色苍白,吓得两个孩子都没有注意从大门里走出来的宋凡平。宋凡平走到两个孩子跟前,问他们:"你们吃过肉包子啦?"

李光头看到宋凡平高大的身体站在前面,他的汗衫上沾着血迹,他的脸青了,眼睛肿了。李光头知道他是被别人打成这样的,宋凡平蹲下来,他抚摸着李光头的脑袋说:"李光头,你嘴角还沾着肉汁呢。"

李光头低下了头,难过地掉了眼泪。想到宋凡平对自己这么好,李光头流着眼泪吸着鼻涕哭出声音来了,他呜呜地说:"我错了。"

宋凡平用大拇指擦着李光头的眼泪,笑着对他说:"你没有把鼻涕吸到眼睛里去吧?"

李光头扑哧一声笑出来了。这时候仓库里的哭喊声和叫骂声越来越响亮,李光头害怕了,他和宋钢哆嗦着站在宋凡平的身旁,宋凡平好像什么都没听到,他高兴地和两个孩子说着话。他的左胳膊奇怪地郎当起来了,李光头和宋钢不知道他的左胳膊被打成脱臼了,他们觉得看上去很奇怪,像是一条假胳膊挂在肩膀上。他们问宋凡平,为什么左胳膊在郎当?宋凡平轻轻晃了晃自己的左胳膊,对两个孩子说:"它累了,我让它休息几天。"

这个宋凡平总是让李光头和宋钢充满了好奇,他们觉得他有着一身的绝技,他竟然有本事让胳膊郎当起来休息几天。

为了满足李光头和宋钢的好奇心，宋凡平就在这个鬼哭狼嚎的仓库大门前当起了教练，教他们如何让胳膊休息一下。他觉得李光头和宋钢学得差不多了，就让两个孩子排成一行，他喊着："一、二，一、二"的口令，让两个孩子在仓库门前斜着肩膀和垂着胳膊走过去和走过来。李光头和宋钢觉得每走一步，那条休息的胳膊就会晃动一下，两个孩子惊喜万分，互相看着对方晃动的胳膊，嘴里哎呀哎呀地惊叫起来。

宋凡平问他们："胳膊郎当了吗？"

李光头和宋钢同声回答："郎当啦！"

等宋凡平郎当着左胳膊走进了仓库，他在进门的时候回头对两个孩子说："回家接着练！"

这段描写让人想起意大利电影《美丽人生》，电影讲述的是二战犹太人集中营里，一位犹太父亲用机智、诙谐的谎言让年幼的儿子平安度过危难，当德国军官前来向众人训话时，不懂德语的父亲自告奋勇当翻译，那一幕竟和用断臂做游戏的宋凡平如此相像。

【——电影录音】

只有内心最强大也最柔软的人，才会在如此疯狂的岁月里让苦难褪色，让希望开放。灾难降临的时刻，宋凡平就是那位犹太父亲，犹太父亲就是宋凡平……爱到深处，忘记恐惧，再大的苦难也有力量用微笑迎接。对于宋凡平的经历，《兄弟》里有这样一段话（旁白）：

很多年以后，李光头每次提起他的继父宋凡平时，只有一句话，李光头竖起大拇指说："一条好汉。"

在那个混乱的年代里，宋凡平一面独自抵挡着残酷的迫害，一面尽最大力量去保护家人。他用完好的右手不断给上海的李兰写信，每封信都写得激情四射，让李兰感到宋凡平在"文革"的洪流中不仅安然无恙而且红得发紫。宋凡平超出常理地乐观着。"文革"刚开始，宋凡平似乎预感到什么，他做游戏似地教会孩子烧菜做饭；红小兵抄家后，家中没有筷子使，宋凡平找来青色的树枝应急，对孩子们说这是古人用的筷子。当红卫兵抄家整整一天，孩子们哀叹着太阳落山无法去看海时，他却说没有太阳还有月亮，带孩子们看到了银色的沙滩……

别人眼里越不切实际的举动，在宋凡平身上就越合情合理——被关押的他甚至答应妻子亲自去上海接她回家。写这封信的时候，这条好汉刚被人用皮带抽打了一个多小时。然而他竟设法溜走以便在约定的日期去接李兰。闻讯赶到的红卫兵拿着棍棒，他们看见了在车站等着买票的宋凡平……

几十分钟以后，一心想去上海接妻子的宋凡平——停止了呼吸。

【——扬音乐】

相对于《兄弟》上部里的其他人物，宋凡平是最忍辱负重、死得也最悲惨的一个。他所有活下来的力量都储存在对家人、对生活的深爱里。面对孩子的无助，他的一个个游戏让生活的屈辱消失得无影无踪；面对妻子，纪实被打得血流如注，他仍牢记诺言、一寸一寸爬向即将启动的长途汽车。这个高大英武的男人，在磨难中似乎变成了一个超人，所有的威胁和伤害都不再恐怖，他忘记了自己，心中只剩下满腔的爱……

【——垫入音乐】

生命的成功和伟大往往不在于你得到了多少地位和财富，而在于你遇到接踵而至的不幸和不公正，却加倍地热爱生活、加倍珍惜生命和现在拥有的一切。这个最朴素的道理正是我们最宝贵的财富。生活总是有喜有悲有荣有辱，此时耳边又想起《阿甘正传》的主人公那句简单却令人回味的话——

(电影录音:My mom always says life is like a box of chocolate you never know what you gonna get。译制配音:妈妈常说,生活就是一盒巧克力,打开之前你永远不知道盒中乾坤。阿甘正传《主题曲》)

是啊,生活就像一只万花筒,有时你真不知道下一刻等到的是什么,可不管迎接我们的路是宽还是窄,我们总要走下去。也许,窄路反而教会我们爱和珍惜。余华在《兄弟》的后记里写道:

【旁白】

起初我的构思是一部十万字左右的小说,可是叙述统治了我的写作,篇幅超过了四十万字。写作就是这样奇妙,从狭窄开始往往写出宽广,从宽广开始反而写出狭窄。这和人生一模一样,从一条宽广大路出发的人常常走投无路,从一条羊肠小道出发的人却能够走到遥远的天边。

我想无论是写作还是人生,正确的出发都是走进窄门。不要被旷阔的大门所迷惑,那里面的路没有多长。

一个在时代风暴里受过伤的民族是不幸的,一个穿越时代风暴继续前进的民族却是幸运而且伟大的。当我们合上《兄弟》,再次回望宋凡平的身影,我们看到的不只是宋凡平,在他背后有无数和他一样内心坚强、善良、乐观、光明的普通人——正因为他们,我们民族能走过愚昧、走过狂乱、走过灾难;也正因为他们,一代又一代人穿过历史的风云,默默前行,生生不息……

天津人民广播电台,听众朋友,以上您听到的是文学专题节目《一个人与一代人》。编辑、撰稿邹莉莉,播音孙阳、周振、赵巍,录音合成郝宝卿,监制:安迅、王晓彤。

天津人民广播电台(2005 年 10 月 23 日)

广播文学节目2006年

泪蛋蛋好比莜麦花花飞

——雁北乡巴佬曹乃谦

中国黄河电视台　陆霞　张越　孙永青　赵娜

【音乐】

他吃过栲栳栳，写出来的小说有一种莜面的味道；

他喝过塞外的风，吼出来的民歌有一种山药蛋的味道；

他淌过桑干河的水，心窝窝里长出来的是一种扯不断的乡愁；

他身居闹市穿一身警服，骨子里却是一个地地道道的乡巴佬。

请听文学专题《泪蛋蛋好比莜麦花花飞》——雁北乡巴佬曹乃谦。

【苍凉悠远的音乐】

女：塞外的雁北，曾经是一个偏僻闭塞的地方，那里的村民们遭受过愚昧、贫穷、饥饿和精神的煎熬。

1949年正月十五，曹乃谦就降生在雁北地区的应县。9个月大的时候，邻居的女人因为久不生育，在一晚上偷走了曹乃谦。

【小说《到黑夜想你没办法——温家窑风景》节选】

那一天晚上，邻居名叫换换的女人在毛驴儿的肚子下做了个吊床，把一个小包裹和我放在上面，就牵着毛驴出了村。走了不知多少里路，她把我解下来抱在怀里呦急匆匆的赶路。在路过桑干河的时候，我们差点儿就淹死。夜越来越黑，在赶路的途中，我们又遭遇了恶狼的追赶。就在恶狼扑过来的一瞬间，这个女人将铁杆插进狼的喉咙，竟然把祸害这一带村民的狼给捅死了。就这样一路上历尽艰险我们来到了塞外——大同。从此，我就跟着这个女人到处乞讨。因为没有奶水，只能靠喝米汤和面糊糊才能活过来。知直到4岁生日那天，我才第一次站立起来，结束了用四条腿走路的历程。日子虽然过得苦了些，可这个女人教我唱会了好多民歌，我没学会走路就学会唱民歌了。

"胡麻麻开花一片片黄，为了寻你碰着个狼……"

这一段奇特的经历成为我人生的底色。

【混播民歌《泪蛋蛋抛在沙蒿蒿树》】

羊肚子手巾哟,
三道道蓝,
咱们见面容易拉话话难。

一个在山上哟,
一个在那沟,
咱们拉不上话话就招招手。

我瞭个见那树树哟,
瞭不见人啊,
我泪蛋蛋抛在沙蒿蒿树。

女:这调子由着雁北人在高原上对着天、对着山梁沟壑,铆足了劲儿、拉长了音儿,像是要把肚子里的心事都翻腾出来一样痛快。曹乃谦从小就听惯了这些酸涩的民歌,以至于他在以后的小说中一糊片一糊片的引用了晋北的民歌,成为他小说中一种独特的语言。他说"只有这些民歌才能表达出老百姓对生活最基本的渴望和寻求。也唯有这些民歌才能表达出我对那片土地的热恋和倾心。"

【小说《到黑夜想你没办法——温家窑风景》节选】

小时候,在村子里有个放羊馆儿,会唱很多很多的山曲儿。他唱的时候,眼睛老是痴痴地盯着山下的村庄,好像是唱给哪个人听似的,慢慢的我也学会了。

【曹乃谦演唱山曲儿《圪梁梁》】

你在那个圪梁梁上
我在那个沟
看不见那个妹妹
我就招招手

男:唱完了山曲儿,他就坐在那里半天不做声,随手摸住身边的土坷垃或者石头蛋往坡底下狠狠地扔去。他把羊赶进针滩,站在坡梁上看日头,他觉得叫云遮住的日头,就像个烧红的山药蛋,他瞭了又瞭……后来,我知道了,他是个想坡底下那个叫山药蛋的女人啦。

女:不能说的话,都是用民歌唱出来的。

雁北这山梁沟壑生长的民歌,生长着他们一生都离不开的山药蛋、莜面、荞麦和黄米……

那时,雁北人最爱吃的也就是用黄米做的油炸糕了,最盼望的也就是能娶个媳妇,可是一年下来每人只能分上几两油,油炸糕就成了奢望品。他们就把女人比作油炸糕哦编编到歌里去:"油炸糕,油炸糕,谁不说是好?"有的男人穷的娶不起媳妇,就两个男人供养一个女人,这种"俩男共妻"和"打拼伙"在当地曾一度成了公开的风俗。

【小说《到黑夜想你没办法——温家窑风景》节选】

天黑后,人们就该吹灯睡觉了。可有些光棍们就聚在一起"打拼伙",你从家里拿点莜面,我从家里拿点胡麻油,大家都圪蹴在一起,把头埋进大海碗里,猛劲儿的吃,直吸溜着顺着鼻梁两边往下淌大汗。不知道这大汗里,是不是还掺和着光棍们的泪水。吸溜、吸溜,到处是这种哭泣似的吸溜声……

他们吃饱了就唱起这首麻烦调,这也是我这辈子都忘不掉的,开口就能唱的麻烦调。

【混播曹乃谦演唱麻烦调《到黑夜想你没办法》】

白天我想你拿不动针
到黑夜想你吹不灭灯
白天我想你盼到黄昏
到黑夜想你盼到天明

白天想你墙头上爬
到黑夜想你没办法
黑夜里想你抱枕头
咬破舌头满嘴是荞麦皮

女:为了生存,不少的光棍汉只好走西口,到塞外的内蒙古一带谋生。一路上无论多苦,都有民歌伴随。借景生情,借物思亲,不论唱啥,心里想的还是毛眼眼干妹妹。

【小说《沙蓬球》节选】

西口路上灰蒙蒙空荡荡的,走了足有七八里的路程,连个人影都看不见,想瞭个喜鹊都瞭不见。

路边的草窝窝里有沙蓬球,叫山风吹的一摇一摇的晃动,它们想离开烂草窝可就是离不开,它们叫草窝儿灌木的枯圪针给拴住了,就好比妹妹缠住哥哥的腿。

男:背起铺盖哭上走
泪蛋蛋滴的我抬不起头
沙蓬抛蛋树叶叶飞
想起毛眼眼干妹妹

女:走一步挪一步
扔下妹妹你走不成步
走两步退一步
腿把把好比绳拴住
走三步退两步
真魂魂牵住你咋上路

女:曹乃谦小说中的人物揪着人的心,小说中的民谣拽着人的情,而他的人生经历也是那么牵动着人的思绪。

1968年,19岁的曹乃谦高中毕业后,在井下当起了装煤工,因为能拉会唱,被选入大同矿务局当了宣传队队员。由于不认为《苏牧放羊》是反动曲子而多次演奏,被打发到一家小工厂当了铁匠。那年春节,他为铁匠房的大门编写了一副对联,由此名声传开,有位识才的领导说:"你天生应该捏琴弓和捉笔杆,不该抡这12磅的大铁锤。"就这样,1970年,他调到了大同矿区公安局写材料。可他依然是一副乡巴佬模样,经常被拦在门外,说他不像一个警察。没过多久,他就被派往大同的温窑村给插队青年带队一年。

温窑村是偏僻贫穷的山村,因为曹乃谦体内流淌着农民的血液,所以,他关心的是那些饥饿的农民。尽管一年的生活很快就过去了,可那里的人,那里的事,留在了他的记忆里,也留在了他后来的小说《温窑村风景》里,他清晰的记着当年的情景。

【小说《到黑夜想你没办法——温家窑风景》节选】

刚下过雨的云灰蒙蒙的。天底下没飞着燕子也没飞着雀儿,连只乌鸦也没有。庄稼都被割走了,田地一片片一块块,形状不一样,颜色也不一样,倒像是些补丁补在坡梁上。又爬上一个梁顶,看到了前面二里远近的那处沟坡上,横着竖着一些窑。有几棵不知是什么树弯弯曲曲的长在那里,还能看出村北有一处麦场,麦场上堆着的不知是什么庄稼的秸垛,一眼望去,像是几个扣着的破毡盔帽,又像是几堆突起的土包。眼前这景象实在是有些荒凉,可我的心还是不由得一阵阵激动起来。这就是温家窑,这就是我将要生活一年的地方。

温家窑的村民们都睡在土炕上,可再穷也挡不住他们对美好爱情的渴望。

【民歌苦伶仃《烂席片》】

麻圪阴阴的天

碎圪纷纷的雨

直趟趟的大路

就是不见个你

女:谁家的女儿到了出嫁的年龄,爹妈都不愿意把闺女留在当地,都想嫁到好过的地方去。在曹乃谦的小说《莜麦秸窝里》,雁北的女人有一种野性,就像是快要熟透的野酸枣,大胆而直白,可女人和丑哥相爱的心却被分离的痛苦所煎熬。

【小说《莜麦秸窝里》节选】

解说:天底下静悄悄的,月婆婆照的场面白花花的。在莜麦秸垛朝着月婆婆的那一面,男人和女人为自己做了一个窝。

男人:你进。

女人:你进。

男女:要不一起进?

解说:男人和女人一起往窝里钻,把窝给钻塌了,莜麦秸垛轻轻地散了架,埋住了男人和女人,男人张开胳膊往上顶。

女人:别管它,挺好的。

解说:女人缩在男人怀里说……

女人:丑哥,你保准不恨我?

男人:不恨,窑黑子比我有钱。

女人:有钱我也不花,悄悄儿攒上给丑哥娶女人。

男人:我不要。

女人:我要攒。

男人:我不要。

女人:你得要。

男人:我不要……

女人:丑哥。

男人:嗯。

女人:丑哥,亲我一下。

男人:别这样。

女人:要这样。

解说:男人看女人快哭了,就一低头在她脸上亲了一下,绵绵的,软软的。

女人:错了,是这儿。

解说:男人在女人嘴上亲了一下,凉凉的,湿湿的。

女人:什么味儿?

男人:莜麦味儿。

女人:不对不对。要不你再试试?

男人:还是莜麦味儿。

女人:胡说,刚才我吃过冰糖。要不你再试试?

解说:女人又往下扳丑哥的头。

男人:冰糖,冰糖。

解说:老半天他们又是谁也没言语。

女人:丑哥。

男人:嗯。

女人:要不,要不今儿我就先跟你做呢个啥吧。

男人:别,别,月婆婆在外面,这样是不行的,咱温家窑的姑娘是不会这样做的。

女人:嗯,那就等以后吧。

男人:嗯。

解说:又是老半天他们又是谁也没言语,只听见外面月婆婆的走路声和叹息声。

女人:丑哥?

男人:这是命,命啊。

女人:咱俩命不好。

男人:我不好,你好。

女人:我不好,你好。

男人:不好。

女人:好。

男人:就不好。

解说:男人听见女人真的苦了,也滚下了热热的泪蛋蛋,扑嗒扑嗒滴在了女人的脸蛋蛋上。

【民歌《泪蛋蛋流》】

你还说妹妹不想你
泪蛋蛋哭成连阴雨

你还说妹妹不想你
泪蛋蛋好比莜麦花花飞

你还说妹妹不想你

泪蛋蛋和泥土土盖起一座庙宇

女:作家沈从文看过说:“这真是金子一样的心,最后,他们还归结到这是命。”也许,妹妹和丑哥的泪蛋蛋能把那些陈年的习俗浇湿了,浇破了,把这片苦寒的土地浇的温暖一点儿,而曹乃谦的整个心已经被浇透了。

曹乃谦天生有一副柔软的心肠,更有一种乡巴佬“倔强”的性格,他豪爽,也好和人打赌。1986年的一天,有位朋友去他家做客,指着他的书柜说,别看你家这么多书,有本书一辈子也搁不上去。37岁的曹乃谦与朋友打起了赌,憋足一口气还真写出了一部小说——《温家窑风景》,就是以前那个小山村——温家窑的真人真事为原型的。他先是自费出版了这本书,直到现在,书捆得像个炸药包似的家里到处都是;后来又依然戴着大盖帽,操着方言土语,吼着那些竭力冲出胸膛的民歌,牵着一个个活脱脱的故事,荡入文坛,一发不可收拾;《沙蓬球》、《亲圪蛋》、《荞麦》、《山药蛋》、《豆豆》、《野酸枣》……这些来自于原生态的人和事,成了那个年代的缩影……

【小说《山丹丹》节选】

蓝蓝的天上没有一丁点儿云,就有一个光不溜秋的圆东西滚来关去,那是红红的阳婆婆。亲圪蛋围着红头巾爬上了山梁,远处是一条看也看不到头的黄河。她瞭啊瞭,仰起下巴瞭了日头,低下头来又瞭了黄河,可就是瞭不到哥哥你。

【民歌《瞭见黄河瞭不见你》】

山梁梁高来山弯弯低

走到天边边也忘不了你

东山山阳婆西山山落

瞭见黄河也瞭不见你

女:民歌是雁北人心窝窝里的泪,也是雁北人心窝窝里的爱。但只要你听过,无论你在山南海北,心都会被这样的声音所穿透。

1988年,著名作家汪曾祺在一次笔会中发现了曹乃谦的小说《温家窑风景》,喜爱之极当即向他建议:把其中一首民歌“到黑夜想你没办法”改为题目,并欣然提笔书写评论推荐给了《北京文学》。此后,曹乃谦依照汪老的建议,给小说冠以总题目——《到黑夜想你没办法——温家窑风景》。

这部系列小说陆续发表后还打动了洋人马悦然。马悦然是瑞典文学院唯一的一位精通中文的诺贝尔文学奖评委、汉学家。他亲自将这部小说翻译成瑞典文并作序,序言的题目就叫《一个真正的乡巴佬》。他这样评价曹乃谦:“这部书完全是民间性的,曹乃谦是一个真正的乡巴佬”,“我已经走不出温家窑的风景了”。

为了小说中所描述的“住窑洞、睡土炕、吃莜面、月亮地里听歌谣”,2005年的秋天,已经81岁的老人马悦然专程从瑞典跨洋过海来到山西,寻找到了这位在中国、在山西,甚至在他的家乡都不为人们所知的乡巴佬——曹乃谦,终于在那坡梁沟壑里听到了那叫人半含泪水半含笑的民歌。

【曹乃谦演唱民歌《胡麻开花》】

胡麻那个开花一片片蓝

来咚那个容易回咚那个难

【小说《野酸枣》的民歌】

菜籽籽开花一片片黄

瞭哥哥踩踏人家的房

女:同样也是正月十五出生的汪曾祺认为“曹乃谦的小说贯穿了一个痛苦的思想,……他的语言带有莜麦味儿……”台湾著名文学编辑初安民说:“曹乃谦无形中继承了沈从文、汪曾祺中国小说的传统,专注于地方特色和描写卑微小人的无奈。”他就是这样,以民歌的方式留住了那些逐渐消失的生活和民俗风情。直到现在只要是哪一有民歌的声音,他就不顾一切地涌上前去。

【混播民歌《想亲亲》】

男:想亲亲想的我手腕腕软

拿起筷子我端不起个碗

女:想亲亲想的我心花花乱

煮饺子下了一锅山药蛋

男:有一回,我见一个老汉和一个女娃儿唱民歌,就掏出10块钱给他们。为了听他们唱,后来我又跟着人家走了好几处地方。那老汉误解了我悄悄地又郑重其事的跟我说:“我看你是个好人,你就别再跟着我们啦。”

【混播曹乃谦演唱的《东方红》】

今年58岁的曹乃谦走起路来摇摇晃晃,依然一口难懂的方言土语,就像一个在地里刨山药蛋蛋、累了就要愣吼上两嗓子的乡巴佬。他一有机会就住乡巴佬的窑,吃乡巴佬的饭,喝乡巴佬的酒。只要是和乡巴佬在一起,自然要大喝大醉,醉后必是泪流满面,一是为他笔下这群淳朴的雁北乡巴佬而哭,二是为世界上有这么美得叫民歌的东西而哭。他哭吼的时候,脸皱巴的像个核桃,眼窝里都是湿湿的,……那是把人肠子都要揪断的声音,你听着想哭,……这才知道,人间为什么会有民歌。

如今,雁北的民歌随着他的小说唱到了日本、加拿大,也让他站在了国际的文学讲坛上,他才不管这些呢,照样扯开嗓子,用别人听不懂的雁北口音放声歌唱。

【曹乃谦演唱的民歌《那是个谁》】

对坝坝圪梁上那个是谁

那个是要命鬼二小妹妹

【抒情音乐】

对于雁北的农民来说,曹乃谦小说中的民歌所要表现的人类生存两种最基本的欲望——食欲和情欲,就是他们曾经的身后状态,也是他们生命的延续,再是“活着的文字”、“活着的历史”,他告诉如今的人们和以后的人们:你们的有些先辈曾经就是这样活着的……

刚才,您听到是山西文艺广播制作的文学专题节目《泪蛋蛋好比莜麦花花飞——雁北乡巴佬曹乃谦》,撰稿:陆霞;编辑:陆霞、张越;播音:舒畅、乐天、赵娜;制作:赵娜。

山西文艺广播电台(2006年)

狂 雪

——军旅诗人王久辛长诗《狂雪》印象

宁波人民广播电台 集体制作

又是冬天了,又该下雪了……
每当这样的时候,我总会这样想。
每当这样想的时候,雪也总会就这样飘起来,飘起来。
不是在风里,不是在云中,不是在天上,
是在我的心底。
每当雪在我心底飘起来的时候,我的思绪便也总会被牵引,
一路走进
一段记忆,一段往事,一段历史,
我痛苦!我悲怆!我愤怒!我激昂!
而那些雪啊,
那些洁白而鲜红的雪啊,
那些柔软而坚硬的雪啊,
那些温存而冰冷的雪啊,
那些轻盈而沉重的雪啊,
那些六十九年以前就开始下,下了整整六十九年还没停的雪啊,
现在我紧闭的双眼前,就在我圆睁的双眼前,
如泣如诉,如疯如狂……

1998年初春的一天,首届鲁迅文学奖的终评工作在北京进行。14位德高望重的评委,几乎同时收到一封由《十月》杂志资深编审金蝉先生写来的力荐长诗《狂雪》的信。

《狂雪》是何人大作?当评委们以怀疑的心态打开这部作品时,他们顿时就被眼前气势恢宏,如泣如诉的诗行所深深吸引。

狂 雪

——为被日寇屠杀的30多万南京军民招魂

大雾从松软或坚硬的泥层

慢慢升腾
大雪从无际也无表情的苍天
缓缓飘降
那一天和那一天之前
预感便伴随着恐惧
悄悄向南京围来
雾一样湿湿的气息
雪一样晶莹的冰片
在城墙上　表现着覆盖的天赋和渗透的才华　慌乱的眼神
在小商贩瓦盆叮当撞击中
发出美妙动人的清唱
我听见　颤抖的鸟
一群一群
在晴空盘旋　我听见
半个世纪后的今天上午
大雪　自我的笔尖默默飘来

这是一个诗人深厚凝重的心语，确如钟声一样久久回荡在华夏辽阔的苍穹，回荡在南京寂静的上空。

你可以不知道诗人王久辛，但你不可以不知道王久辛些的《狂雪》。那首23首的长诗，充满悲愤地记述和谴责了日本在南京大屠杀事件中的反人类暴行。王久辛用一个诗人的良知与感悟，用一个普通公民的责任和道义，用一个华夏赤子的真诚与热血，书写出具有宏大历史观的《狂雪》。当你听完这篇《狂雪》时，相信你也一定会记住王久辛的名字。

不是吗？我们应该记住的太多了。王久辛的《狂雪》正是为了提示我们，不能忘却历史，不能忘却那段白色的记忆……

这时候　鬼子进城了
枪弹　像大雨一样从天而降
打开杀的城门
杀得痛快的像抒情一般
那种感觉
那种感觉国人无人知晓
是那样的　像砍甘蔗一样
一梭子射出去
就有一排倒下　噗嗤
噗嗤　那种噗噗嗤嗤的声音
在鬼子的心里
被撞击的矿业无羁

读《狂雪》让我慢慢了解了王久辛。他是在写诗吗？我怎么感觉他像是在啼血？身体的每个毛孔都在往外啼血，我顾不上去擦拭，因为我忽然发现，我的周身也在开始往外啼血了，好多好多,好烫好烫……

这首长诗发表至今已有16个年头了,但它的魅力依旧,它的意义常在。特别是在今天,我们回过头再去看《狂雪》时,竟依然会激动起来,激动之余并能从中读出更深的感悟和使命来。

30万人,30万人啊！藏在这些令人发指的数字后面的,是无数个痛苦而无辜的灵魂。王久辛就在为了这些灵魂而建的纪念馆前,把自己的情感融入到那个冰冷而残酷的时间段里,那一刻,他深刻的体会到了时间的沉重……

那夜　全是幼女
全是素净的像月光一样的幼女
那疼痛的惨叫
一声又一声
敲击着古城的墙壁
又被城墙厚厚的汉砖
轻轻　弹了回来
在大街上回荡
你听　你听
不仅听惨叫　你听
你听　那皮带上的钢环的
撞击声　是那样的平静而又轻松
解开皮带
又扎紧皮带的声音　你必须
屏息静气的听　必须
剔开幼女的惨叫
才能听到皮带上的钢环的碰撞声
你听　你听啊
那清脆的　声音
像不像一块红布
一块无涯无际的红布
正在少女的惨叫声中抖开
越来越红　越来越红
红　红啊
不理解斯特拉文斯基《春之祭》旋律的朋友们
你想象一下　这种独特的红吧
那不是《国歌》最初的音符吗
那不是《国际歌》最后的绝唱吗
你听　你们听啊

风在呼啸,雨在飘摇,人类最惨痛的声音在南京城上空回荡,这是人性的搏击,这是民族的悲歌。

近于炼狱一样的情形,在过去的几十年之后,仍然那么强烈的刺伤了一个中国诗人的心。

在生与死都无话可说的时候，那漫天飘飞的纸钱就是他的思想碎片，他手中的笔抬不起来了的时候，分明感觉到了所有的语言都仿佛聚在了笔下，一种使人笔下蹉跎般的痛楚，一种每分钟都受到侵袭的痛楚，让他奋笔疾书……

我扎入这片血海
瞪圆双目却看不见星光
使出浑身力量却游不出海面
我在海中
抚摸着三十万南京军民的亡魂
发现他们的心上
盛开着愿望的鲜花
一朵又一朵
硕大而鲜艳
并且奔放着奇异的芳香
像真正的思想
大雾式涌来
使我的每一次呼吸
都像一次升华

或许，这正是王久辛创造《狂雪》的真实状态。

历史需要阅读，也需要掩卷深思。当王久辛的诗句触动了我们的每一根心弦时，我们发现，虽然曾经的灾难已化作岁月留痕，沉淀在浩渺的历史长河中了，但是，从诗人的心里发出的那种难以名状的悲愤和激愤，也正重新在我们周围的空气中慢慢扩散。这首凝固历史的长诗，就是对历史重托的一种凝思和审视。

王久辛必定是被这残酷击中了，他把自己忘却了，整个思维中全是那场战争，而当一切被他用史诗般的句子记载下来的时候，他才仿佛从历史中走出来。

许多人在评价王久辛的诗作时，几乎都这样说，他的诗直指人性，这是他的过人之处，也是他最让人感动的地方。而他自己也说："人在复杂的世界中生存，常常丧失那种能使人高尚起来的精神，所以，我坚持在人世中，在诗艺中，顽固不化的寻找并坚持人的人格精神。"

作为军旅诗人
我无法不痛恨我可怜的感情
无法不对这撕心裂肺的疼痛
进行深呼吸式的思考
我用尽全身的力量
深深地吸
吸到即将窒息的时候
眼睛盯着镜中的眼睛
然后 一丝一丝的推出
那种永远　也推不干净的痛苦

在王久辛流淌的笔墨之间，人们感觉到了激昂和悲壮。在久违的一种震撼和冲动中，我们除了缅怀和记住,还找到了思考和反省的契机。那一定历史犹如扎在我们心上的一根刺,那是我们的民族永远也无法抚平的伤痛……

我们可以想见王久辛是在一种怎样的情绪中开始这首长诗创作的。

那是1990年3月的一天,王久辛当时正在解放军艺术学院进修,一位白发苍苍的老教授在课堂上讲到南京大屠杀,伸出3个手指头对同学们说道:“1937年12月13日之后长达6周的时间内,侵华日军在南京屠杀了我30多万同胞。”老教授右手的大拇指和食指组成了“0”,中指、无名指、小拇指代表着“3”。老教授的情绪很激动,语言很悲凉。那天的课堂上少有的安静。作为一名现役军人,坐在教室里的王久辛平生第一次感受到一种彻骨的震撼。

它们成雾状围绕着我
在我和镜子的距离中
闪现被腰斩的肢体
涌沸血泉的尸身
被钉在木板上的手心
以及被浇上汽油
烧得只剩下半个耳轮的
耳朵　和吊在歪脖子树上的
那颗　仍圆睁怒目的头颅
等等　等等我无法无视
无法面对着惊心动魄的情景
说那句时髦的无所谓

激愤,激愤,激愤!同时,还有寒冷,还有悲凉。

想喊,喊什么呢?什么也喊不出来。

回到宿舍,王久辛依然深深地沉浸在一种激愤的情绪里。“我要写一首长诗,我要把这段历史写进诗里去。”王久辛心里膨胀着强烈的精神和气概。他从心的最深处调动起一种崇高的精神来支持自己的气概。这种精神不是简单的意气,而是一种人性中最原初、最朴实的情感冲动,甚至是一种看到同胞受苦受难而激发起来的相濡以沫的同仇敌忾的精神。

一夜未眠。一夜难眠。

王久辛想一吐为快,想把自己满腔的激愤传递给更多的中国人。但是,当他真正握住笔的时候,却一个字也写不出来。很久很久,很久的沉默之后,他比随心动,只一个劲儿的写着:狂雪,狂雪,狂雪……突然间,他的灵感来了,他终于知道自己该从什么地方下笔了——就从狂雪写起。雪下疯了,寒彻刺骨,1937年12月的南京城就躺倒在一片血海狂风之中……

1990年3月24日下午到25日凌晨3时45分,积压在王久辛心中的怒终于喷射了,于是,就有了23节,500多行、3.7万字的长诗《狂雪》;于是,就有了获得我国首届鲁迅文学奖的桂冠作品《狂雪》。

我　和我的民族
面壁而坐
我们坐得忘却了时间
在历史中

在历史中的1937年12月23日里
以及自此以后的六个星期中
我们体验了惨绝人寰的大屠杀
体验了被杀的种种疼痛
那种疼痛
在我的周身流淌
大水　大水
大水横着　竖着
横横竖竖的成圆周形爆炸
采蘑菇的小姑娘
你捡到了吗　那块最小的弹片
捡到了吗　捡到了吗
那最小的一块弹片

她捡到的
不是我父亲肩胛骨中的
一到梅雨季节
便隐隐作痛的那块弹片
那块弹片
那块弹片伴随着
父亲离休后的日子
在我和弟弟
还有姐姐妹妹
还有爱着我父亲的母亲心上
疼痛　并化作一块心痛
使我们无时无刻不惦记着父亲
不惦念着父亲的疼痛
战争结束了吗
我该问谁

《狂雪》完稿后的那天，王久辛异常兴奋地给《人民文学》编辑韩作荣打电话："作荣大哥，我写了一首非常好的诗。"韩作荣当时还奇怪："你怎么能这样自信？"但是看完王久辛的诗稿，韩作荣竟然当场拍板："这个稿子我们要了。"文坛大家刘白羽先生看后击节叫好："《狂雪》是绝无仅有的，我可以预言，《狂雪》一定会流传下来。"

果然，后来的经历证明了刘白羽先生的预言，《狂雪》获得五年一度的《人民文学》诗歌奖，其同名诗集获得我国首届文学最高奖——鲁迅文学奖。

王久辛，这位生于西安长与西安的西北汉子，这位中国人民解放军现役军官，最欣赏马塞尔·普鲁斯特的一句话："要治愈一种痛苦，只有把它体验到底。"王久辛体验了，在那个不眠之夜把这个体验化作为当年遭受侵华日军屠杀的30多万亡灵的祈祷，化作向全世界传达热爱和平的心声。

作为军旅诗人
我一入伍
便加入中国炮兵的行列
那么 就让我把我们民族的心愿
填进大口径的弹膛
炮手们哟 炮手们哟
让我们以军人的方式
炮手们哟
让我们将我们民族的心愿
射向全世界
炮手们哟
这是我们中国军人的抒情方式
整个人类的兄弟姐妹
让我们坐下来
坐下来
静静地 坐下来
欣赏欣赏今夜的星空
把宁静的又各自存在的
放射着不同强弱的星光和月辉的碧空啊

记史,抒情,言志,透射出历史掩埋不住的光芒,我们仿佛听到了来自诗人内心深处的一种声音,继而汇聚成一种让人血脉贲张的亢奋和冲动,迅速积聚起一股亟待迸发的力量。——这,就是《狂雪》。

中国作家协会书记处书记高洪波这么评价王久辛和他的作品:“他以诗进入历史,出入战争,写的大气磅礴,狂放不羁。作者努力通过诗歌来寻找人格精神,对理想、奋斗等均有角度新颖的理解和诗意的阐述。可以感受出诗人对历史的责任郑重中思考,对军旅生涯刻骨铭心的体验和表达,对民族和人类的精神命运也有自己独特的见解。”

中国人
中国人啊
这种经历 这种经历
像长城一样巍峨
一块一块条形的厚重的青砖
像兄弟一样 手挽着手
肩并着肩 组成了
我们的历史 瓷实
浑厚 使得我们无法佯装潇洒
一位诗人
就是我 我说

只要邪恶和贪婪存在一天

我就决不放弃对责任的追求

2003年12月12日，是王久辛难忘的一天，如果30万同胞在天有灵的话，也应该是他们倍感欣慰的日子。在侵华日军南京大屠杀遇难同胞纪念馆后墙上，一块长21米，宽1.2米，名为《狂雪——为被日寇屠杀的30多万南京军民招魂》的铜质诗碑被镶嵌在墨色大理石墙内。

幸存者来了，遗属们来了，南京各界代表们来了，全国各地的日本侵华战争的受害者们来了，甚至，良知尚存的日本友好人士也来了。驻足，凝视，抚摸，聆听，人们想起昨天，昨天狂雪扑面，寒流锥心刺骨……

84岁高龄的李秀英老人是被女儿用轮椅推来的。66年前，怀有7个月身孕的她，被日本人连戳了27刀，嘴巴，鼻子，眼皮都被刺破了，下腹刺伤深达两寸。饱受磨难的老人已看不清铜板墙上的长诗，她执意让女儿推着她从铜板墙前面走一遍，爆满青筋的手在凹凸的诗行上划过，浑浊的泪水顺着老人的眼角渗出。

日本著名版画家森本利根先生专程从日本赶来参加悼念活动，他对王久辛说："我为我的国家在66年前犯下的罪行感到羞愧，我们对不起中国人民，你的诗作让我有了更深的感动，请接受一位日本艺术家对中国诗人的敬仰。"

一部有着强烈的历史责任感和社会使命感的中国诗人的力作。

一面飘扬在20世纪和21世纪的中国新诗的旗帜。

一代中国人的骄傲。

《狂雪》把王久辛的名字和历史连在了一起。

是的　历史自有历史自己的道路

我们的愿望

如果没有撞破头的精神

青铜的黄钟便永远哑默不语

虽然　一位军旅诗人

三年前就说过

中国将不再给任何国度的军人

提供创造荣誉建立功勋的机会

但是历史

但是历史自有历史自己的道路

我们走在大路上

意气风发斗志昂扬

周恩来总理曾经说过这么一句话："可以原谅，但是不可以忘却。"

而王久辛也在用这样的语言来评价他的《狂雪》："如果说我们在呼唤责任，那我们写个责任就完了。不是，它是用境界式的，弥漫着一种境界，呈现在你眼前，让你感受到一种责任。"

又是冬天了，又在下雪了……

那些雪啊

那些鲜红而洁白的雪啊，

那些坚硬而柔软的雪啊，

那些冰冷而温存的雪啊,
那些沉重而轻盈的雪啊,
那些六十九年以前就开始下,下了整整六十九年还没停的雪啊,
现在我紧闭的双眼前,就在我圆睁的双眼前,
狂舞飞扬,
狂舞飞扬,
狂舞飞扬……

宁波人民广播电台(2006年)

广播文学节目2007年

红柳冢

黄河电视台 集体创作

【惨白的月亮、野狼的嗥叫、枪声、风声、苍凉的音乐……】

艺术家:几年过去了,无论我怎样努力,都无法忘记掩埋野狼的那一幕:野狼并没有因为被掩埋而从我的世界里消失,那一双最初的目光和最后的眼神,像两颗神秘的星座,总是在每一个夜晚的天幕上一闪一烁地照耀着我,让我挥之不去……

我永远都走不出野狼那凄惨的声音,走不纯那个叫红柳冢的地方……

【辽阔的音乐……】

艺术家:那是几年前的事情了。

大漠,一派苍凉的辽阔。搭起帐篷,即是安身之家。

长途跋涉之后,我实在太疲劳了,躺下就入睡,整夜无梦。一觉醒来,伸手一抓就是一大把阳光。

挑起帐篷的门帘,啊?我不禁倒吸一口冷气。惊恐突如其来,像一枚钉子,把我钉在那里。

【紧张的音乐……】

狼,一只野狼。在百米处的沙丘上的一块大黑石头旁,与我对视着……可那目光没有想象的那样凶残、贪婪,而是充满机警和好奇。我再定神一看,分明还闪耀着几分友善的光芒,还有一股摄人心魄的野性之美。它的四个蹄子,雪白雪白的。仿佛穿着四只白色的网球鞋。苍黄的毛色,光滑油亮。个头不算大,却显得的英姿矫健。

愣了一阵子,我才想起防卫,想到猎枪。当我端着猎枪走出帐篷时,野狼已经不见了。

【草原音乐……】

旁白:到了下午,他打开录音机……【草原音乐汩汩流淌出来……】

突然,从帐篷的缝隙里,他看见那只野狼正卧在早晨看到的那块大黑石头旁,侧着耳朵,一副聚精会神的样子,难道是野狼在听音乐吗?狼也喜欢音乐吗?狼也懂音乐吗?

艺术家:我忽然来了情绪,把警惕、人与狼的差别,与猎枪一起扔在一边,顺手抓了几块罐头里的肉,钻出了帐篷。

野狼看见我。吃了一惊,本能地跳了起来,退却了几步。

我使劲儿朝它甩去手里的肉,它却以为是它攻击,拔腿而跑。也许,是闻到了肉味,又猛地刹住，回过头来一步一步地向肉走去。

走到肉前，狼低一点头，敏捷地叼起肉，转身跑了一段路，这才掉到头来，一边谨慎地嚼着，一边摆动尾巴，就像一只狗在感谢它的主人。

我觉得不再寂寞和孤独，就冲着天空大喊一声，大漠，我爱你！

【辽阔的音乐……】

旁白：这以后，他一连几天，再没有见着狼。

第三次见着狼，是在一个傍晚时分。大漠孤烟直，长河落日圆……

野狼再一次来到沙丘，红艳似火的夕阳，染红了大漠，也染红了野狼的背脊。

当夕阳陷落在沙丘下，美丽的月光升起在天边时，一堆篝火和一支歌曲在夜色的大漠中燃放了起来……

【混播歌曲《北方的狼》……】

我是一匹来自北方的狼
走在无垠的旷野中
凄厉的北风吹过
漫漫的黄沙掠过

【渐弱】

艺术家：我点燃了一堆篝火，特别放着《北方的狼》这支曲子，随着音乐跳起舞来。

蓦然，我感觉不是在独自舞蹈，身边还有伴舞者，那便是那只可爱的狼，我想到了美国西部影片《与狼共舞》。

灯光照耀下，野狼踩着音乐的节拍，来回走着，那样认真，那样有趣儿，只是我发现，野狼的一条前腿瘸着，深一脚，浅一脚，少了几分先前的精神。是自己伤的？同类咬的？还是猎人干的？

我开始纳闷儿，这只野狼为什么总是跟着我？是为了排遣心中的孤寂？是把我当成异类中的朋友？还是把我想成了一顿美餐呢？

然而，有野狼伴舞，我跳得有点儿近似疯狂，累极了，我一头钻进帐篷，一屁股跌坐在地下……猛然间，我撩开帐篷的门帘，狼呢？什么时候离开了？它去哪儿了？它有家吗？家又在什么地方？带着一连串问题，我恍恍惚惚进入了梦境……

【夜色中的大漠，惨白的月光、狼嚎声、静谧的音乐……】

旁白：月照中天，整个大漠都笼罩在一片惨白之中，森然可怕。突然，一阵狼的嚎叫，把他惊醒他本能地弹跳起来。

艺术家：我从帐篷的窗户向外张望，啊！月光下，沙丘上那只野狼后腿支撑，身子直立，像雕塑一般，对月长哭，那哭声凄惨、悲戚、苍凉，我听得毛骨悚然，寒战不已。

猛然间，野狼前腿收回落地，朝我的帐篷一瘸一拐走来，并环绕着我的帐篷不停的号叫着。

狼！毕竟是狼！善性不泯，野性难改！穷凶极恶的家伙！我一直友好地对待你，你饿疯了，向朋友发难了。我突然想到柳宗元的《黔之驴》，那贵州小老虎不就是采用这样的手段，把那头庞然大物的蠢驴吃掉的吗？

蠢驴，我一边骂着自己，一边操起猎枪，从窗口伸了出去，却说不清楚为什么只是朝天开了一枪。

然而，无济于事，野狼真的疯了，竟然撕破了我的帐篷，钻了进来。【枪声】野狼应声倒下，它艰难地抬起头，痛苦地看了我一眼，挣扎着，淌着血，向外面爬去。

当我追出来的时候，狼已经死在了沙丘上那块大黑石头旁了。

【狂风四起……】

旁白：这时，惨白的月亮变得暗淡起来，天地呈现一片混沌。继而，一阵大风铺天盖地，不知从什么地方席卷而来，凶猛的风浪，就像谁抡起的大锤，猛然把他砸倒在地……

艺术家：当我醒来时，大风已经无声无音。太阳依旧鲜红地照耀着一望无际的沙漠。我发现，我的双手紧紧抱着那块大黑石头，身边是那只死去的野狼，而我的帐篷，散了架似的倒在了远处。

惨白的月光！野狼的啼哭！枪声！风暴！——昨夜静心动魄的一幕，在我的眼前翻腾着，闪回着【情景再现】……

"狼拜神月"，我蓦然想到这一古老的传说。

【音乐、狼嚎声……】

【旁白】

"狼拜神月"是沙漠里最美的图腾！传说，很久以前，每当月满之时，群狼聚集在一起仰天长啸、对月当歌，虔诚地朝拜美丽的月神……

有谁知道，多少年后，就在这样一个"狼拜神月"的夜晚，一只极富敏感的野狼，对着帐篷发出风暴来临的善意信号，祈祷着、呼唤着、嗥叫着，然而，野狼却遭遇了如此的命运……

艺术家：一只善良可爱的野狼，拯救了我的生命。不，是一只野狼用自己的生命换回了一个人的生命！不，是一个人残酷地杀了一只自己的救命恩兽。

我低下头来看了看野狼，它被黄沙埋了一半，那眼睛沉重的关闭着。但我知道，无论怎样努力，都无法抹去我在野狼眼睛里沉重的投影，可我还是想为被我枪杀的这只野狼做点儿什么。于是，就在这块大黑石头旁的沙丘上，我用两只手，一把一把地挖了一个深深的洞穴，把野狼轻轻地放了进去，再用沙土一捧一捧地掩埋起来。我又跑了很远很远的地方，找来一丛一丛零散的红柳枝，一根一根地插在了野狼的墓堆上，站在墓堆前，我沉思了许久……突然，我从身上找出那把撬罐头盒的十字军刀，在沙丘那块大黑石头上，雕刻下了一行字：红柳冢，一个人和一匹狼的故事。

【深沉的音乐……】

旁白：几年后，他怀着一颗比善男信女千里还愿还要虔诚的心，再一次来到大漠，来到这个日夜叫他魂牵梦萦的地方——红柳冢。

沙丘上那块大黑石头上，雕刻着的那行大字依稀可见：红柳冢，一个人和一匹马的故事。此时，墓堆上也长出了红柳。

艺术家：我久久的站立在红柳冢前，把一束特意带来的鲜花，放在了野狼墓冢的顶端，依然用录音机放在了那支我和野狼都熟悉的歌儿……

【歌曲《北方的狼》……】

我是一匹来自北方的狼
走在无垠的旷野中
凄厉的北风吹过

漫漫的黄沙掠过
我只有咬着冷冷的牙
报以两声长啸
不为别的
只为那传说中美丽的草原
……

【辽阔的音乐……】

旁白:红柳和胡杨一样,是生命力极强的树种,它们是风景着沙漠的风暴,生机着沙漠的生机,几年的时光,红柳树便是那一墓小山丘,茂密成一片红柳树,远远望去,红柳冢红得就像沙海里的一片映日荷花,红得就像他胸中那颗火焰般急迫跳动的心。

在红柳树的保护下,野狼的坟茔安然如石。那块大黑石头上的一行大字映入眼帘,跃跃然。一眼就读出了他,读出了镌刻在他头脑里那一幕人与狼的令人扼腕的悲剧。读得他心里生出一阵阵流沙般滑动的不安、愧疚和疼痛!

艺术家:到了红柳冢的那天晚上,我没有住在大漠的帐篷里,而是客居在大漠远处一个村镇的老猎人家里。

老猎人热情地为我烫了一壶“大漠牌”烈酒,一听说我去了红柳冢,眼睛突然朝我一闪,仿佛敲击燧石,迸出尖锐的火花,手中的碗也重重地落在桌子上,碗里的酒跳溅起来,汩汩流动的形状,就像我心中的诧异。

猎人:哎,小伙子,你说你是专门来看红柳冢的?

艺术家:是啊,大叔。

猎人:你在红柳冢都看到什么了?是红柳?还是墓碑?

哎,你听到什么了?是歌声?是狼的歌唱?还是红柳冢的吹动啊?

艺术家:嗯?

猎人:你知不知道红柳冢的来历?有没有听说过红柳冢的故事啊?

艺术家:红柳冢的故事?

猎人:是啊!过去,红柳冢有一只野狼,它叫吉尔。

艺术家:什么,野狼叫吉尔?

猎人:不错,吉尔是狼王的儿子,就是王子。

艺术家:吉尔是王子,狼王的儿子?

猎人:那件事,已经过去好几年了……

【深情的音乐响起……】

猎人:村镇上的一个小女孩,被几只野狼叼了去,村里慌乱成一片,人们都舞枪弄棒地要去闯大漠救人,人群刚刚到村口,突然传来一声女孩的啼哭,大伙一看,愣住了,胡杨树下站着的就是那个小女孩!叫人奇怪的是,女孩的身边还有一只野狼。那野狼一身好毛色,仓皇仓皇的,就像早晨蓬勃的阳光,四只蹄子雪白雪白的,就像镀了白银一样耀眼。它的眼睛里亮着和善的目光,谁看了都会觉得心热啊!

艺术家:这么说,是这只野狼把那个女孩儿送回来的?

猎人:你猜的不错,只是谁都不知道野狼群里到底发生了什么样的事情。眼前的事实是野狼把孩子送回来了，这就是我们为什么叫它吉尔的原因。

艺术家：吉尔，多好听的名字啊！

猎人：是啊，吉尔完成了任务，看得出，一脸的光荣和自豪啊！它转身要走，见鬼，人群里不知道是谁甩出了一把菜刀，只听得吉尔"嗷——"凄惨地尖叫了一声，随后就消失在无边的旷野里，像一箭闪电。

艺术家：这么说，吉尔，就这么拐着腿走的？

猎人：是啊，吉尔是拐着腿离开的，可它那敏捷的背影，一点儿也没有失去他的威风，尊严和高贵……

艺术家：听到这里，我脑子里突然又闪回了一个画面：篝火熠熠，勾画出一只野狼踩着音乐的节拍，一瘸一拐来回走动的身影……

猎人：哎，小伙子，你又在想什么呢？

艺术家：没，没什么……大叔，您再接着讲。

猎人：不几天，村镇上又传来一个叫人听了悲伤的消息，一个来大漠探险的艺术家，用枪打死了野狼。而那只野狼正是吉尔啊！

艺术家：这时，我的脑袋咣当一声，像一面铜锣受到一锤重裂的击打。老猎人一晚上的烈酒好像全都喝到了我的身上，我只觉得从头到脚一阵灼烫，一阵热辣辣的膨胀，胸中仿佛被谁塞进一团火焰，呼呼地燃烧着，腾腾地蹿动着……

猎人：哎，小伙子，你怎么啦？

艺术家：嗯？大叔，没事儿。

猎人：哦。哎，你在红柳冢中看到一块黑石头了吗？看到黑石头上刻着的那一行字了吗？

艺术家：不等我回答，老猎人叹了口气说道："唉！红柳冢，一个人和一匹狼的故事……"看着老猎人那专注迷恋的神情，好像对面坐着的不是我，就是那块黑色的碑石一样。难道，老猎人也见到过那块大黑石头上刻着的那行字了吗？

猎人：小伙子，我告诉你，有一天，我打猎返回镇上的时候，经过红柳冢，突然听见一阵奇特的声音。

艺术家：什么声音？

猎人：是狼，是狼的声音，可我一点儿都不觉得害怕和紧张，因为那不是叫，不是嗥，就像唱歌一样啊！

艺术家：老猎人说到这里，打住了话头，用微微发潮的眼睛看了我一眼，那一双红灼的眼睛里流露出了无限的深情和和向往。我敢说，这眼神比大漠上空的白云还要清澈和崇尚，比大漠丰饶的流沙还要洁净和神圣。老猎人猛地操起酒壶，咕咚咕咚把一壶烈酒一口气倒进了肚子里。顿时，老猎人的脸就像夏日雨后的红柳一样灿烂，光亮，神采焕然。

【深情的音乐……】

旁白：从那个夜晚开始，老猎人把心爱的猎枪，陪了他大半生的猎枪扔了。不光是他，还有许多人，许多像他一样听到过红柳冢狼的呼唤的猎人，都一个个的把猎枪扔掉了……

老猎人继续述说着红柳冢的故事。

猎人：有一次，咱镇上的一个人在大漠亲眼看到一群狼，少说也有百十只，都聚集在红柳冢前，齐刷刷地昂着头，伸长脖子，向天高歌呀！那声音拍打得你灵魂都要出窍。打那以后，我就把猎枪扔了……

艺术家：老猎人讲的红柳冢的故事，把我心中那一处隐蔽的伤口生生地揭了开来，一种说不出的痛，在我心灵深处颤动着，我的脑袋真的像灌满了烈酒一样，发沉，发晕，发胀。但我清醒地知道，我要做的是，必须从老猎人讲的故事里立即逃离出来，不然，我会发疯的！

那天晚上，我一直没有睡觉……

我深深地明白，野狼是不会因为我的追悔而复活的，也不会因为我的补过而重现于大自然的……

【恢弘的音乐……】

旁白：红柳冢像一个凄美动人的谜，神秘着神秘的大漠，神秘着大漠的神秘，让人联想到汉字中的“狼”字。“狼，似犬，从犬良声”。“良”，善也，良心。良知、美好的意思。或许，古人在造字时就有某种暗示和含义在其中。或许，是在提示人们不可忽视对狼的向善的一面吧?!

万千大自然的天籁，有一种撼人心魄的力量，他从森林和草原深处升起，那是野狼的歌唱，如果没有野狼，世界会不会寂寞呢?

黄河电视台(2007 年)

苦难熬成诗意人生

——介绍诗人桑恒昌

中央人民广播电台　刘慧颖　王敏

在诗歌日益边缘化的今天，读诗的人越来越少。然而，真正的诗人并没有背弃诗歌，他们依然在用心吟唱，桑恒昌就是其中的一位。

桑恒昌在诗里这样写道：“当神死/查封了我的呼吸/上帝之手/把我的命运抛弃/我只剩下/三分柔肠/七分脊梁/在诗里/”

“医学实习生/如果从我的颅骨里/豆荚般蹦出几句诗/请把它交给教授/收进我的诗集里。”

桑恒昌的名字，您也许不太熟悉，但如果您读了他的诗，一定会被深深地感染和打动。在桑恒昌的诗歌中，经常可以看到内涵深邃，想象丰富的诗句。把这些精彩诗句串联起来，您可以感受到他诗歌情感的力度和语言的独特。

1. 如果母亲是鱼/她会剥下/所有带血的鳞片/为儿女/做衣裳

2. 每当写到母亲/我的笔/总是跪着行走

3. 中秋月/自从母亲别我永去/我便不再看他一眼/生怕那一大滴泪水/落下来/湿了人间

4. 家园/无论多大也要走出去/无论多远也要走回去/人不出去心出去/身不归来魂归来的家园哪/我这一辈子/很少在你的上面/总会有一天/我将永远在你的下面

5. 每当苦难的重拳/把我击倒/都是自己的心跳/为自己读秒

6. 神秘果/也许真的如此/吃过之后/任何苦涩/都能吃出/几丝甜意/然而我却拒绝品尝/宁愿给我的诗和我的思索/留一把/辛酸

7. 现代医学/浑身都是解数/测血的纯度/测骨的密度/知道吗/唯有用诗/才测得出/心的真度

桑恒昌1941年出生在山东武城,曾任《黄河诗报》社长兼总编,现任中国诗歌学会副秘书长。在几十年的创作生涯中,他写了2000多首诗,出版了13本诗集,有的诗集被翻译成外文出版,比如在德国出版的中德文对照的《来自黄河的诗》,在香港出版的中英文对照的《桑恒昌短诗选》。桑恒昌的诗感情浓烈、真挚,每一首都是心血的凝结。

著名诗人李瑛说桑恒昌的诗"不是写出来的,是长期沉积在心头的感情的喷发,是他带血的生命的颤动,是他的声声呐喊和呼唤……读着它,仿佛感到作者写一首都是一次咳血,而我们每读一首,则都是一次生之颤动,灵之喊叫"。

著名诗人洛夫说:"桑恒昌的诗中横亘着一根嶙峋的骨头,让人有嚼头。"

下面来听听桑恒昌的一首诗《胡杨》,这首诗描述了胡杨坚韧、顽强的生命力,具有震人心魄的力量。

【出《林木中的汗血马》】

所有的汗都熬炼成血
只要体内还有活力在蠕动
就会拼出几片叶子

终因不敌而战死
就用自己的革
裹起自己的尸
或卧或立在沙漠里

惨烈的战场
随处可见
未曾掩埋的烈士

五指采几根苍苍白发
我的身上
唯此物能伴胡杨不朽

死去的胡杨
在夜风搅动的飞沙里
像一群溺水者
伸着求救的手
终因没有一线生机可抓
便和绝望凝固在一起

其实,胡杨想抓住的
恰恰是水
如果它们捐躯之后
能引来甘泉
胡杨群落
会义无反顾地再死一次

在桑恒昌的诗歌中,怀亲诗是非常重要的部分。桑恒昌的怀亲诗字字泣血,句句含泪。

桑恒昌出生在贫苦的农民家庭,父母整日辛勤劳作,支撑着艰难的生活。桑恒昌十多岁的时候,母亲得了重病,他每天要给母亲熬药。

有一回,因为贪玩儿,把药熬干了,他跟母亲说的时候,母亲脸上露出极度哀伤的表情。小孩子哪里知道,按民间的说法,药熬干了,病人的生命就快走到尽头。

不久,母亲离开了人世。母亲走了,12 岁的桑恒昌再也感受不到母亲温暖的气息和体温了。他拼命地哭喊,可是任他怎么喊,也喊不回母亲了。

【出《苦苦喊了四十多年》】

孩童的我
睡在母亲的身边
突然被一种怪声惊醒
母亲又犯了癫痫
我学着父亲的样子
掐住母亲的“人中”
“娘啊,娘啊……”
又哭又喊

母亲犯过多少次病
我已记不清楚
但是我知道,每一次
都是我把母亲喊回来的

母亲的黑发
一根根一缕缕

在我的头上变白
母亲的泪水
一行行一滴滴
从我的眼里流干

这回怎么了?
从山东到山西
从河北到河南
从东海到南海
从平原到高原
从地上到天上
从醒着到睡着
从有声到无声
我苦苦喊了四十年

娘啊
我喊您　就是想
把您给我的心跳和体温
还给您

50多年过去了,岁月沧桑,桑恒昌的头发已渐渐变白。但是,他对母亲的思念一分也没有减少,母亲的怀抱永远是他最感温暖的地方。把母亲葬在哪里他都不放心,他要把母亲埋葬在自己的心里,永远和她相伴。

【出《心葬》】
女儿出生的那一夜
是我一生中最长的一夜
母亲谢世的那一夜
是我一生中最短的一夜

母亲就这样
匆匆匆匆地去了
将母亲土葬
土太龌龊
将母亲火葬
火太无情
将母亲水葬
水太漂泊
只有将母亲心葬了

肋骨是墓地坚固的栅栏

桑恒昌的怀亲诗发表以后，引起了很多读者的共鸣。山东临邑县一位叫李艳红的小姑娘，失去母亲，痛不欲生。她读了桑恒昌悼念母亲的诗后，泪流满面。她连夜把这 18 首诗抄写一遍，第二天跪在母亲坟前，一边哭，一边读给母亲听，读一首，烧一首。

桑恒昌的诗总有一种沉甸甸的分量，让人感受到生命的厚重，这和他坎坷的人生经历是分不开的。

中学毕业以后，桑恒昌被保送到武汉空军雷达学院。六十年代中后期，那是一个万马齐喑的年代，不能有任何不同的思想。桑恒昌因私下说了句对当时的一个大人物大不敬的话，被隔离审查，长达四十多天，没脱衣服睡觉，随时准备被带走。幸好，只确认为“怀疑”，没有定为“反对”。如若不然，他的命和命运就可想而知了。

虽然躲过一劫，但所谓政治污点却让桑恒昌背上了沉重的包袱。毕业时，他主动申请去最远最远的西藏去服役。心想，离家越远越好，万一死了，就地一埋，就了结了。

来到边疆之后，他又有两次走到了生死边缘。一次是突然得了一种怪病，身上皮肤溃疡，越来越重。去北京求医，大夫说，这是白塞氏综合征，一般活两三年。两三年后，溃疡蔓延到内脏，就没办法了。那时，桑恒昌刚刚三十岁。

带着绝望的情绪，桑恒昌回到济南养病。神奇的是，他求治于山东省中医院，服用了许多中药，病没有复发。

还有一次，桑恒昌带着一支车队，送复员的老兵出西藏。下午翻越 5300 多米的唐古拉山。突降暴风雪，车轮陷进雪里，无法开动。桑恒昌下车去察看，阵阵狂风袭来，他感到窒息，皮大衣像张牛皮纸一样薄。幸亏战友把他拖进车里，才没有像风筝一样被风刮走，或被铺天盖地的狂雪埋住。

艰苦的生活，生死的体验，使桑恒昌对生命有了深刻的感受和理解，他的诗因此而深沉、凝重。

【出《生日》】
亲人围着餐桌
餐桌围着蛋糕
蛋糕数着蜡烛
蜡烛数着岁月

尽管所有的蜡烛
都点燃了心
并且发愿要为我
从这头一直燃烧到那一头
我还是刚刚点燃
就把它们吹灭了

在祝福的歌声中

心圆泪圆的我
操刀在手
一下一下切割着自己

我不知道
哪一块是童年
哪一块是中年
也说不上
哪一块是昨天
哪一块是今天

多少把血当汗洒的日子
多少把汗当泪流的日子
这会儿送进嘴里
都是不能承受的甜

当生命中需要蜡烛的时候
常常没有烛光相伴
生活中不会缺少蜡烛了
总有一天我将不再点燃

我真的好怕
怕给后人
留下一堆
时间的骨灰

“小诗大境界”是桑恒昌诗歌创作的追求，桑恒昌的诗都不长，却内涵深邃，令人回味，他善于在小事中发掘出引人深思的主题。

来听听下面这首诗《食客与小狗》：

谈笑
顿收
食客的目光
聚焦在一只
奶声奶气的
小狗的身上

小姐
在陈述它的优点

从头说到尾
从皮说到肋
说来说去
它最最适合烧烤
烧烤之后
最最是一盘佳肴

小姐走了
牵着绳子
绳子走了
牵着小狗
小狗走了
牵着自己的命

分明无助的它
偏偏有助似的
一步一回头
一步一回头

回顾几十年的诗歌创作,桑恒昌深有感慨:

【出桑恒昌本人电话录音】

我常说的两句话:“做不做诗人其实并不重要,重要的是做一个诗做的人。”我觉得,如果一个人有了诗的素质,喜欢诗,诗会使人很有灵性,也会使人很深刻。再一句就是,“诗会要命的”,尤其是把诗当成生命来看待的诗人们,诗在他心上的分量是非常重的。

我和诗的关系,是血和肉的关系。写得好的诗就像我身上的血肉。每当有了这种身上长出血肉来的感觉,我就特别兴奋,就会一夜难眠。

应该说我是一个辛辛苦苦写诗的人,有的人说我是诗的苦吟者,这个一点不假,就是说,任何时候都不会是轻松的,玩着写诗。也许别人是这么做的,但我不会这样做。

著名作家冰心曾经说,“年轻的时候,人人都写诗。年老的时候,还能写诗,才是真正的诗人。”

现实的功利,生活的琐碎,磨掉了多少人心中的激情和诗意,很多有点才华的人也早早搁笔了。诗歌实在离功名利禄太远,带不来什么世俗的好处。

然而,也有一些诗人,他们不是为名利而写诗,诗歌是他们生命的内在需求,是他们人生不可或缺的一部分。只要生命在,诗情就不会枯竭。就像埋在地层深处的煤,他们是阳光转化的,尽管形状和色彩都已变化,但它们心中的热情并没有衰减,它们仍然能发出火和热的能量!

让我们以桑恒昌的这首诗《阳光不会变质》作为节目的结尾。阳光不会变质,诗人那颗真挚的诗心也不会变质,它永远是鲜活的,跳动的,火热的!

在地层的八百米深处

在神话般的巷道里
中间是天
四周是地

心头豁然一亮
解破一个千古之谜
后羿射落的太阳，
有一颗竟然埋在这里
埋得太久了
当初地球还没有记忆
压力太大了
几乎是窒息性的封闭

所以——
阳光变成黑色的
阳光变成固体的

不过
无论埋在哪里
无论埋多久
阳光都不会变质
【音乐扬起】

中央人民广播电台(2007 年)

广播文学节目2008年

想和天使说说话

天津人民广播电台　邹莉莉等

【配乐起】

我愿在自己孩子的心中,偷偷占一角清净地。

那些从不说话的人,那些看去永远静止的人,都带了他们的故事,捧着装满五颜六色玩具的盘子,匍匐来到他的窗前。

是的,我愿解脱了一切的束缚,在横过孩子心中的路上,畅游。

——选自泰戈尔《新月集》

【音乐渐隐】

报头:天津人民广播电台文艺广播,请听文学节目《想和天使说说话》。

【音乐起】

每个孩子都是一个天使。

在一个被理性和成见定下坐标系的世界里,他们是另一时空的存在。

也许孩子对一切知道的太少,所以最纯洁、最柔软;也许孩子反而了解一切,所以眼神清澈,心灵圆满。

有些人,随着长大就丢失了天使的翅膀;还有些人,同样不再是孩子,身体里却仍然睡着一个天使,一个伴着钟声、风声、歌声、虫鸣声,会随时醒来的天使。每一本写给孩子的书或者用孩子心境所写的书,都是这样的"醒来"。这些作者,常常以孩子的好奇打量一切,用孩子的执著关照一切。

翻开书,文字交织成一个臂弯,我们和孩子相互依偎,不知不觉便打开心扉、轻声细语……

细语中,一句话传来,如醍醐灌顶:"孩子,你,慢慢来。"

在龙应台所写的《孩子,你慢慢来》这本书中,她用温婉的笔触勾勒出一个属于孩子的独特时空:

【音乐起】

我对卖花人说:"请您帮我拿这一束!"

黑衫黑裤的老妇人便把二十几枝桃红色玫瑰从桶里取出,交给小孙儿,转身去找钱。

小孙儿大概只有5岁,清亮的眼睛,透红的脸颊,咧嘴笑着,露出几颗稀疏的牙齿。他很慎重、很欢喜地接过花束，抽出一根草绳绑花。花枝太多，他的手太小，草绳又长，小小的人儿又偏偏想打个蝴蝶结，手指绕来绕去，这个结还是打不起来。

“破孩子，手快点，赶紧，人家在等哪！”老祖母粗声骂起来，还推了他一把。

“不要紧，花太多，让她慢慢来。”我一边安抚了老祖母，一边在石阶上坐下来，看着这个五岁的小男孩，还在很努力地打那个蝴蝶结。

小小的街头，阳光斜照着窄巷里这间零乱的花铺。

而我，坐在斜阳浅照的石阶上，望着这个眼睛清亮的小孩专心地做一件事；是的，我愿意等上一辈子的时间，让他从从容容地把这个蝴蝶结扎好，用他五岁的手指。

孩子，你慢慢来，慢慢来。

【起歌曲《静静的河水慢慢的流》】

春江水暖谁先知道

知了声声催天热了

不需要安排也不用说好

C'est la vie 就是季节

有太多事不舍得

所以我们才等等等的逗留

但是时间从不守候

从来不因为躲躲躲而跳格

你看你看河里头的小鱼

不快不慢不缓不急的游

走过多少自己一点一点一点苦与乐

它也总是慢慢游

Lalala……

【压混】

“孩子，你慢慢来。”——这是一种由复杂归于单纯后的领悟，是生命中最原始的一段悠闲。在文字里，和孩子有关的一切，是如此温柔、如此亲切，因为那正是我们曾经共有的生命记忆。成人的逻辑在孩子的天真里瓦解，一个人被不由自主带回了童年，这时的你我真正用一双慧眼看世界。

在一个孩子那里，什么都有可能，什么都会赶来。一个肥皂泡在他眼里也许就是一个宇宙，一颗钻石也许被他当成豌豆埋进土里。孩子赋予每件事物一个崭新的价值，我们悄悄跟在他们身后做起记录，然后不得不琢磨着是不是要重新计算和定义我们的世界。

当每个人重新回到未知的时候，生命的存在一下子饱满了。而这些改变，都因为一个生命的诞生……

【音乐起】

有一天夜里，我看见这样一个画面：夕阳下，一座大型火车站的道口，很多列车在编组，在进站，层层叠叠压在一起，像有人在拉巨大的手风琴。

你从暗绿色的一节车厢露出身子，跳下路基，圆圆的笑脸，戴着嵌有蓝珐琅圆帽徽的无檐帽，穿着沉重长大的俄式黄呢子军大衣，帽檐和双肩披着一层光芒，是一个远方归来休假的女兵,满心欢喜,迫不及待。

这是你出生的那一刻,你在宇宙洪流中,受到我们的邀请,欣然下车,来到人间,我们这个家,投在我们怀中。每个瞬间都是一幅画,美好的,死亡那一刻也是如此。

你是从画上下来的,我们都是,我们为人之前都是在画中。永恒是一幅无涯的壁画,我们是其中的一抹颜色。

——选自王朔《致女儿书》

听过一段关于生命降生的描写,仿佛我们自己随着孩子,随着这样的叙述,张开一双美丽的翅膀,再次欣然降生。我们把祝福给了孩子,孩子则把自己给了我们,那无疑是命运赠与我们的最大的祝福和礼物。关于孩子的祝福,泰戈尔在诗中这样写道——

【音乐】

祝福这个小心灵,

这个洁白的灵魂,他为我们的大地,赢得了天的接吻。

他爱日光,他爱见他妈妈的脸。

他没有学会厌恶尘土而渴求黄金。

紧抱他在你的心里,并且祝福他。

他已来到这个歧路百出的大地上了。

我不知道他怎么从群众中选出你来,来到你的门前抓住你的手问路。

他笑着,谈着,跟着你走,心里没有一点儿疑惑。

不要辜负他的信任,引导他到正路,并且祝福他。

把你的手按在他的头上,祈求着:底下的波涛虽然险恶,然而从上面来的风,会鼓起他的船帆,送他到和平的港口的。

不要在忙碌中把他忘了,让他来到你的心里,并且祝福他。

【起歌曲《女人与小孩》】

唔我的星星

我不知道这个小孩是不是一个礼物

但我知道我的生活不再原地踏步

陪他长大给他很多很多的爱

让他拥有自己的灵魂和梦

因为一个小孩是一个神秘的存在

跟星星一样奇异一样发着光

跟水果一样新鲜

花儿一样芳香

Lalala……

【压混】

“因为一个小孩是一个神秘的存在,

跟星星一样奇异、一样发着光,

跟水果一样新鲜、花儿一样芳香”

——这样的歌词仿佛灵动的手指,拨动着人的心弦。有什么礼物比写给孩子的一首歌或一段文字更美丽呢？

不知是谁说过：我们书写孩子，书写童年，书写天真，不只是因为我们对凡俗有种种不满和不解；我们之所以书写，还因为我们背负着写的责任，背负着守护天使心灵的责任。不仅是守护，还有托举和放飞的责任。

是啊，我们听孩子说话，于是我们才有资格写孩子；反过来，孩子听我们说话，并不是我们有资格去说，我们的说和写，绝不是一个随便的事情，想起那个最古老的比喻，孩子是一张白纸，我们写上去什么，它就是什么了。于是我们说什么、写什么就在温馨的色彩之外平添了一抹庄重的严肃。

早在20世纪初，鲁迅在《我们现在怎样做父亲》的文章中就写道：

【混响效果】

"生命何以必须继续呢？就是因为要发展，要进化。有如单细胞动物有内的努力，积久才会繁复，无脊椎动物有内的努力，积久才会发生脊椎。所以后起的生命，总比以前的更有意义，更近完全，因此也更有价值，更可宝贵；前者的生命，应该牺牲于他。

总而言之，觉醒的父母，完全应该是义务的，利他的，牺牲的，很不易做；'自己背着因袭的重担，放他们到宽阔光明的地方去；此后幸福的度日，合理的做人。'这是一件极伟大的要紧的事，也是一件极困苦艰难的事。"

鲁迅的话在今天读来仍旧历久弥新。他的话不是对孩子说的，但他着实是孩子的守护者。鲁迅在提醒那些为人父母的男女，听孩子说话或者当孩子听你说话的时候请务必认真些。我想作家张大春也许就读过这段话，不然在他写的小说《聆听父亲》中，不会冒出这么动情和忧虑的段落——

【音乐起】

我不认识你，不知道你的面容、体态、脾气、个性，甚至你的性别，尤其是你的命运，它最为神秘，也最常引起我的想象。当我也还只是个孩子的时候，就不时会幻想：我有一个和我差不多、也许一模一样的孩子，就站在我的旁边、对面或者某个我伸手可及的角落。当某一种光轻轻穿越时间与空间，揭去披覆在你周围的那一层幽暗，我仿佛看见了另一个我——一个不存在的你。我还认识另一个小孩，他的名字叫陆宽。就在陆宽即将念小学的前几天，我坐在他家客厅的一角，读一本杂志或什么的。我忽然听见他说了一句话：

"住进一个没有命运也没有浴缸的房子。"

"这是哪里来的话？你想出来的吗？"

陆宽指了指电视机荧幕上的迪斯尼卡通片说道："卡通说的。"

呵呵，没有命运也没有浴缸？好逃避人生的巨大与繁琐吗？

孩子，我要对你说，活着，是一个多么复杂的工程——它包括太多无论是苦是乐是悲是喜的小零件；活着，就自然包括浴缸这种东西，还有更大的——那就是命运。

【音乐渐隐】

从原点出发，最后又回到原点，其实生命莫非如此。人老了，会再次回到初生时的状态，身体渐渐笨拙，心思慢慢简单，这是生理的、也是心理的回归。便又想起朱自清的《背影》——老父亲的背影印在儿子心中，那不再仅仅是一个父亲的背影，同时也是一个应该被保护的天使的背影——

【出《背影》原声片段(孙道临演播)】

他用两手攀着上面,两脚再向上缩;他肥胖的身子向左微倾,显出努力的样子。这时我看见他的背影,我的泪很快地流下来了。

想和天使说说话,那么,就和自己的孩子或父母说吧,趁他们还小或者还在。当我们面对生命的坎坷时,想想心中的天使,也许,一切都会简单、透明、完好如初。

【压混歌曲《守护天使》】

Angel 天空灰暗了太久
黎明的阳光是孩子甜蜜的梦
迷惘悲伤流淌的眼眶
流浪的人啊快回到家人身旁
这路太长
总会有风浪(而)迷失方向
勇敢坚强
My angel 为你歌唱
天使守护在你身旁
带你回到梦的家乡
天真的孩子合着手仰望
不同的天空有同样的梦想
穿越美丽无限的海洋
带你找回失落的信仰
远航的风帆它已经起航……

【压混】

报尾:刚才您听到的是文学节目《想和天使说说话》,感谢您的收听,再会。

天津人民广播电台(2008 年)

广播文学节目2009年

爷爷的童谣

宁波人民广播电台 张文 周冠宁 小轩 彤宇 雪莉 亚舟

【音乐】

女:如果可以我愿意这样入睡

童声:枕头真好给我讲了许多许多童话故事

女:如果可以我愿意这样等待

童声:天天给我们讲故事,一边讲一遍摸着……

女:如果可以我愿意这样成长

童声:迎着阳光,风筝在天空自由的飞翔

女:如果可以我愿意我和我的孩子都这样相信

童声:晚上大树保护小鸟睡觉,大树和小鸟亲近得像一家人

女:如果可以我但愿自己永远是个孩子

【孩子的笑声】

男:文学专题《爷爷的童谣》,听余长飞儿歌里的故事。

【海浪声】

童声:一朵朵浪花,大海妈妈的娃娃,趁着涨潮跑到沙滩上玩耍

男:退潮喽

【孩子们的笑声】

童声:他们急于回家,忘记了带回玩具,有海星、海螺、海虾,我们把它们收藏起来,请大海妈妈不要牵挂。

【音乐】

女:听起来这似乎有点简单,是的,儿歌的故事有些不经意,短小像孩子突然发出的咯咯的笑声,而这个儿歌爷爷余长飞也不是一个出名的诗人,他只是一个退了休的教师,喜欢和孩子们待在一起,他知道那一千多首儿歌好像也不会给他带来无上的荣耀。就像获得的小花狗奖一样,让你不曾听闻,但他沉醉其中,因为那是一条用纯真与善良砌成的秘密通道,与世界保持着最童真的联系。

【啊~小扫帚,小扫帚,他是我的好朋友,不怕脏不怕臭,扫除垃圾显身手,我家评上清洁

户，光荣匾儿挂门头，小扫帚，没做声，悄悄躲在门背后】

女：你看，我们绝不是一个无动于衷的看客，所以，这些悦动的文字才会如此轻易的打动我们，所以，我才必须要告诉你们，在一个变的世故之前的世界里，这类语言也许会成为我们所有人的希望。

【蛙声】

【儿歌：萤火虫，萤火虫，爷爷出门提灯笼，飞到西，飞到东，照纺织娘开夜工】

【音乐：轻快】

女：你要相信，儿歌里的一切它必定来源于宏伟的发现，不要因为那些执著的想法而让你觉得微不足道，你要相信，一个有良知的作家他几乎不会忽视任何梦想天地，开始萌芽的细微响动。从这个角度讲，余长飞就是这么一位作家。他就像一个固执的孩子一样，对爱他的世界深信不疑。并且决定从写儿歌的那一天起，做回一个永远也长不大的孩子。于是，他把一切童年的趣闻，那个寻梦的孩子，那个撒过笑声的孩子，还有那些至真至纯的故事都描绘成了一个又一个奇特而温暖的瞬间。变成另一些孩子的梦，和我们那个不该忘记的最初世界。

【音乐：轻缓】

男：亲爱的冰心老师，您好！不知道你看没看到这封信，我叫余长飞，我是在《儿童时代》上看到你写的儿童诗的，还有那些写给孩子们的话，连载了好几期，我每期都看，我知道您是一个大名鼎鼎的儿童文学作家，所以，我想请教一下。我也挺喜欢写儿歌的，只是不知道写得好不好，您能告诉我什么才是孩子们需要的世界么？

女：时间是1958年，信是写给大作家冰心的。写信的时候余长飞还是一名师范学校的学生，由于那个时候杂志上没有刊登冰心的联络地址，余长飞只好把信寄给了《儿童时代》的杂志社，之后，他也没有再去期盼信的下落，也许，这个写信的举动更多的是在于为自己的勇气找一个释放的理由。只是，令余长飞没有想到，这个理由却真的会有兑现的那一天，没过多久，他竟然收到了冰心的回信，附信一同寄过来的还有一本冰心的诗集《繁星》。

余长飞：那冰心老人，那想不到的啦，这么个大诗人……我现在讲起来我要流泪了。

女：余长飞有些出乎意料的感动，这感动的力量恐怕是刻骨铭心的，所以，他才会用心的记住冰心在信上写的每一句话，并且，50年了，还一直在应承着话里的含义，默默地坚持为孩子们写他们的儿歌，到如今，余长飞已是一位年过七旬的老人了，可是，当你细细揣摩他儿歌里的每一个故事，却依旧会获得和孩子一样的幸福感，就像入梦之后那些无休止的想象，正在开始。

余长飞：我生活在孩子们中间，感到自己好像也年轻了好多，与他们在一起，童心也会焕发出来。

童声：昨晚我做了一个梦，真奇怪，闭上眼睛也有色彩。还有枕头给我讲了许多许多童话故事。

童声：梦是从哪里来的呢？

男：梦……啊……梦是从西面的烛光里走下来的。

童声：那他是怎么走进屋子的呢？

男：哈哈，那是因为孩子你总是忘记在睡觉的时候关上窗户。

童声：那么梦又会告诉我什么呢……

男：《爷爷的童谣》梦的故事。

女:儿歌的字句段落被拉得很大,总是能给予我们一种潜在的自由和宽容,绝不像长大后我们与这个世界固定的关系一般让我们感到压抑和惶惑,如果,你已经在一夜之间急匆匆的忘掉了所有用简笔插图描绘的故事,那么,把余长飞的儿歌当成一种提醒吧,让我们一起回忆,4岁时你会梦到滑不到头的滑梯,五岁你的梦里会出现甜甜的岩石和甜甜的山,6岁梦会告诉你为什么会有日夜的交替更迭,于是你就会明白当我们还小时对这个世界是期待的。

男:太阳下山了。

童声:像个大圆饼。

男:夜妈妈出来了。

童声:捧着咱们给分了。

男:分给谁?

童声:小星星。

男:小星星吃的多么高兴。

童声:你看你看你看……

童声:一个个乐的直眨眼睛!

女:当梦想成为我们前行的方向时,我们心中的童年就会为我们带来无数恩泽,可前提是我们必须和曾经的那个孩子共同生活,并从这种生活中得到一种对根本的认识,只有这样整个生命才会因此而枝繁叶茂。这就是为什么夜空下的星星会眨眼的原因,它会让你和世界的关系变的如此贴近,当你带着孩童的眼光对待世界,世界即以母亲的姿态把你拥入怀里。你看这是多么温暖而神奇的改变,所以,让你的孩子拥有这样的世界吧。当你一旦被这些稚趣天真的语言说服,那么我们就会成为一个孩子,惊喜地注视着你看到的一切。然后恍然大悟,心变大了,世界变小了,万种生灵开始为我们喝彩了。

童声:枫叶为秋天的成熟极力叫好,不觉的就拍红了自己的手掌。

女:这就是一个对世界的梦,将我们放在一个天地中而不是一个社会里,那是一种心灵状态,是整个心灵与儿歌天地的全盘表露,在你没有被告知自然规律之前你并不知道枫叶为什么会在秋天变成红色,所以,你才有无数种猜想的可能,比如他们是在为满山的秋色喝彩,这样你就会带上一种疼惜友好的姿态走过去和那片自然的山野拥抱,并认为他们就是一个与你一样有情绪的灵魂。其实谁也不能说事实一定不是这样的,他在张开你想象的同时也张开了你内心的善意,他会对你说,如果你砍倒了一棵树,那么你就禁止了一片生命的喝彩。

童声:秋姑姑像个理发师,借来秋风当做电吹风,在公园里给一个菊花姐姐吹出了满头卷发。

余长飞:也许我以后,就生活在孩子们的中间,所以天天接触孩子们,那么孩子们的童趣啊,童情啊,都好像反映到我的身上。

【儿歌:一粒小小的种子,睡在冬妈妈的怀里,并织着一个绿色的梦,轰隆隆……春雷公公唤醒了它。在春天的队伍里,它举起了一面绿色的小旗】

童声:幼儿园里有许多外国的小朋友,有白皮肤,也有黑皮肤的。

男:哦,那你怎么和他们打招呼呢?

童声:我在图画课上画了一个彩色的太阳,还有我们的笑脸。

男:《爷爷的童谣》,色彩的故事。

女:每个孩子都梦想有一盒七彩的画笔,每个拥有孩童般梦想的人都会渴望拥有一个斑斓的世界,并从灰暗的现实环境中把自己拽出来,建造一个自由活泼的生存空间,所以你才发觉,在一首首儿歌的故事里停留久了,会挺想成为一个落拓的孩子,成为邋遢大王成为流浪猫成为无数历险记中的一个个主人公,以便让自己可以在明媚的阳光中醒来,在寂寞的风中悄悄的长大,这么一来,一路上看到的风景就会成为你的一部分,你也会变成他们。

童声:冬爷爷真好。他怕麦苗儿冻坏,一夜间弹出了洁白的棉絮,给麦苗儿盖上,感觉暖暖的。

女:有时候你会奇怪,为什么美妙的童趣和一个到老的人生会结合成一个晶凝的世界,你分不清这些类似孩子的碎语,究竟是在听一个老人讲故事,还是一个飞翔的精灵在带你飞进梦幻的岛屿。进入这个妙趣横生的世界吧,去遭逢一种爱的奇异,你会看到整晚的月光变成了紫色,太阳升起来的时候,草地里长出了羽毛,大地会映出天空的色彩,鲜花也会慢慢盛开成为天上的星星。

【儿歌:红稻花,黄稻花,朵朵张开小嘴巴,甜甜春雨轻轻洒,好比妈妈喂娃娃】

女:进入这个妙趣横生的世界吧,你看,成千上万的色彩,从你的心底流过,不至于让那些尘埃玷污了你想象的翅膀,而让你在灰暗的低空独自徘徊,波兰诗人,诺贝尔文学奖获得者米沃什在晚年的诗句显然也更接近了儿歌,并一再告诫世界直起腰来去望见蓝色的大海和帆影。是,否则你将永远看不到我们距离简单纯真的旷野还有多远,看不到我们与炙热梦想的距离还有多远。最后这种种的发现会令你相信,世界上没有任何一种渺小的存在。

【儿歌:答滴答答滴答,答滴答滴答,小喇叭开始广播。答滴答,答滴答,滴滴答滴答。牵牛花牵牛花爬上金色竹篱笆,篱笆挂满小喇叭,牵牛花银墙爬,一直爬到窗口下,打开窗看一看,送我只只小喇叭,答滴答,答滴答,答滴答,哒哒】

女:现在你们明白牵牛花在清晨说了些什么吧,所以就在这天,你开始不由自主的打开窗,迎面碰见竹篱笆上缠绕攀爬着的一些成年勇士,现在的世界看起来欢呼而雀跃,在那里面还有一群孩子面朝橘红的朝阳深情地吟唱。

【牛叫声,音乐声起,儿歌至渐隐】

余长飞:那我写的儿歌,能够被孩子们接受,孩子们在唱,我的心也跟他们快乐去了,(笑)我就是不大能唱,能够唱就跟他们一起去唱去。

女:春妈妈来了,看一看过冬的娃娃。

童声:娃娃在哪里啊,地上的草,书上的花,春妈妈,用暖暖的风,轻轻地拂过,用甜甜的雨,一点点喂它。

男孩:爷爷

男:嗯?

男孩:我扶着一位盲人叔叔过马路了。

男:哦。

男孩:他丢了一首诗,我把它捡起来写在本子上,这样他看不见的时候诗就不会寂寞了。

男:爷爷的童谣《爱的故事》。

女:现在是时候让我们试图了解爷爷的童谣了。一个老人是想用一生的时光,去张扬一种自然的本质,是的我想一个诗人的本质必然是善良的,他表达的是一种人类良知的方向,尤其当我们面对孩子的时候，从师范学校毕业以后，余长飞被分配到了大运河边上的一所农村小学工作，学校四周零星分布着十二个自然村，是一个典型的贫困之乡，许多孩子因为家里穷而耽误了上学的年龄，可是他们的歌里话里还是会潜藏一种大风呼啸般的想象，这些与孩子们相处的日子，也渐渐的，缩成了一幕幕温情与暖意交织的存在。

【儿歌：手扬竿，山唱歌，我和哥哥去放鹅；小河水，荡清波，白鹅展翅扑下河。大白鹅，漂满河，好像天上云朵朵；鹅下蛋，我唱歌。一个鹅蛋一支歌】

余长飞：年逾古稀不服老，而更显得夕阳红！现在孩子们在支撑我了……

女：你听爷爷又在给孩子们讲故事了。

童声：山爷爷高高立，清清小溪把他长长的白胡子拖呀拖，一直拖到大海里。

女：一个孩子趴在老人背上沉沉的睡去了。

童声：摇啊摇摇啊摇摇到外婆桥……

男：爷爷老了，爷爷的背弯了。

童声：看上去像一座桥。

男：看到桥，你想起了。

童声：在这座桥上曾唱过我童年的歌谣，摇啊摇摇啊摇摇到外婆桥……

【音乐】

女：不要去叫醒那个做梦的孩子，即使他做了一个孤独的梦，不要轻易遗忘这种声音，即使你表面上不会承认那些幼稚的故事对你的影响，你注定一辈子逃不掉童年的影子，因为只有我们感受到了最初的纯洁和良知，人类才有希望，才有了可以回归的家园。

童声：风来啦！风来啦！

男：风来啦，把我的孩子一个个浮上了天，我目送着孩子默默地祝愿，去吧孩子在新的土地上繁衍春天。

【音乐抒情】

结束。

宁波人民广播电台（2009 年）

广播文学节目2010年

聆听——老家在丰润

丰润人民广播电台 李峰

【优美的音乐】

男:聆听。

女:聆听。

男:是春雨。

女:是晨雾。

男:是情感。

女:是倾诉。

男:是回味。

女:是追忆。

男:是美。

女:是诗。

男女合:心语心相约,我和你共度,聆听你,聆听我。

女:聆听。

【悠扬的音乐】

主持人:收音机前的听众朋友,大家好,您现在收听到的是丰润人民广播电台文学直播节目《聆听》。我是主持人李峰。

听众朋友,老家是一个让我们留下美好记忆的地方,老家的清新,老家的恬淡,老家的宽阔,老家的亲切,让我们时时感到心灵的回归。老家留下了我们童年的趣事,让我们怀念小时候那无忧无虑的幸福时光。老家记载了我们青春岁月的追求与向往,让我们感怀时代的变迁和生活的冷暖。今天的《聆听》节目,我们的主题是:老家在丰润。

那么接下来呢,我要为大家播出的是我们丰润区几位文学爱好者怀念老家,怀念童年以及赞美我们可爱的家乡的文章。

【欢快的音乐】

女:我愿意书写小草的情怀,献给这片绿地。

男:文学芳草地。

【舒缓的音乐】

主持人：好，听众朋友，首先为大家播出的是丰润区文学爱好者子米悠悠的文章《老家》。这篇文章选自丰润原创文学吧。

【散文《老家》】

外出的时候，老家就像风筝的线，给我们无限的牵挂。无论你这只风筝飞多高，老家的一切总会把你呼唤。对于恋家的人，老家的一切都是有生命的也都是有感情的。老家对与依恋它的人总是敞开它的胸怀，拥抱每一个回家的人。

家，在田野。金色的麦浪散发着香甜的气息，刚刚破土的玉米苗，精神抖擞展示出旺盛的生命力。田间地头的杨柳天仙如清纯的少女娇羞欲语。

家，在河边。碧波荡漾，鱼虾畅游，蜻蜓点水，水藻摇摆弄倩影，蛙声咕咕唱丰年，阳光和着小河的节奏流淌出一曲曲美妙动人的旋律。

家，在小院。红樱桃颗颗饱满像粒粒玛瑙串成的项链装点美丽朴素的农家少妇。柿子树铺展肥厚的枝叶撑开一片绿荫，斑驳的树影下是鸡爪子花仰头微笑。葡萄架下，老两口正在谈论着讲不完的情话。

家，在门前。夜幕降临，左邻右舍欢聚一起手拿芭蕉扇摇响今天的奇闻趣事，孩子们光着脚丫在身边、胯下钻来绕去，笑声传破浩渺九天，笑的星星只把眼睛眨眨。

老家，在火炕上。母亲依旧讲着，讲了无数遍，几代人听了无数次的古老的童话。

这，就是我的老家，这就是我不断向往的牵挂。

老家是温馨的港湾，当我们疲惫的时候它会铺开一张舒适的床，让我们安适地休憩。老家就像嘹亮的号角，当我们打拼的时候给我们战斗的激情。老家就像香浓的奶茶，当我们快乐的时候，给我们浓郁的感受。

漫漫人生路，饥了，渴了，累了，倦了，失望了，痛苦了，迷茫了，困惑了，别忘了回趟老家，它是最安全的依靠。

【歌曲《老家》】

那年我离开老家
天空中有雨在下
肩上的背包沉沉的啊
装满外婆的牵挂
我看到她眼中有泪花
风中飞舞着她的白发
拉着我的手啊紧紧的
还有说不完的话
小鸟儿在叽叽又喳喳　催我出发
田间的小路坑坑洼洼　我走走又停下
老家　老家
脚步踏遍海角天涯　心儿却系着她
那年我回到老家
天空仍有雨在下

葡萄架下空空的啊
没有外婆讲童话
恍惚中我又见到她
微笑着对我说话
温暖的手啊轻轻的啊
抚过我流满泪的脸颊
小河边的树叶儿沙沙　那是外婆在说话
老广播还在咿咿呀呀　可我再也见不到她
老家　老家
脚步踏遍海角天涯　心儿却系着她
老家　老家
脚步踏遍海角天涯　心儿却系着她

【轻快的音乐】

女:我孕育抒写小草的情怀,献给这片绿地

男:文学芳草地

【宁静悠扬的钢琴声】

主持人:听众朋友,您现在收听的是丰润人民广播电台文学直播节目《聆听》,我们今天的主题是"老家是丰润"。接下来呢,为您播出的是丰润区文学爱好者爱不悔的文章《又是一年槐花香》,选自丰润原创文学吧。

【散文《又是一年槐花香》】

时间真快,这一晃就到了五月中下旬了。前几天还觉得天气阴冷,早上阵阵寒风,哪知道这气候真是说变就变,刚刚才下过雨,这几天那太阳的脸就变得越发的火热了,直至让我们感觉到了空气的窒息与沉闷了。天气热了,花花草草的也热闹起来了。在不知不觉中,我突然发现槐花开了。

我家的院落没有槐树,但是我东西两院的邻居家里正好都有槐树,并且是我们那条街道或者是我们村儿仅存的槐树了。此时正是槐树开花时节,那花开的很繁盛,老远的就能闻到香气。再看那树的枝头,根本看不到一点点绿叶,上面全是一缕缕的花朵,那花朵多的压弯了枝条,而在枝条周围却是蜂唱蝶舞。

我本来是很喜爱槐花的,从小就对槐花很有感情。记得小时候,也是这个季节,我们几个小伙伴每天都会沉醉于摘槐花的玩耍当中。那时,家家还比较贫穷,孩子根本没有什么零食吃。因此,孩子们玩累了,总是找一些很方便的东西来吃,而那时最好的东西就是榆钱儿和槐花了。

过了4月,榆钱儿是没有了,代替榆钱儿的正好是槐花,此时的槐花开得正盛正香甜,我们几个小伙伴整天的拿着树杆子到槐树下打槐花吃。那槐花在杆子的打击下落的一地满是,我们几个哄抢着,很是热闹。如果当中的小伙伴有能上树的,他们也不怕槐树的树干上有刺儿,无论是男是女,只要有勇气就向树上爬去,爬到树上用手去掰树枝儿,然后扔到地下,摘了很多后我们几个拿着槐花唱着得胜歌打着得胜鼓到别处去玩了。

当然了,摘槐花也会挨父母批评,大人是不让孩子们上树的。一是怕孩子们从树上摔下

来，摔坏了身体。二呢，是怕孩子们上树划破了衣服。因此上，大人总是瞪着眼睛对我们说："你们不要上树淘气，如果上树淘气让我们知道了，一定打烂你们屁股。"我们对着大人的目光装作很怕的样子说："不去。"而事实上呢，大人做事儿，一转眼，我们就不见了。当大人看到我们上树时，总是拿着笤帚疙瘩来打我们，我们一见，急忙撒腿就跑。有时候，衣服划破了，鞋也丢了，真是滑稽极了。

现在呢，槐树很少了，很多老宅院通过房子翻新，原来的树木都没有了。即使是槐树这种很常见的树木，也不多了。如果再想看到，到处是槐花满村庄的飞扬那种景象很难得了。只是我比较幸运，还能在现在看到槐花开放。每天清晨，闻着满院的香气，顿觉神清气爽，这也是一种缘分吧。

槐树越来越少，明天还能看到槐花吗？我不知道了，都说生活越来越美好，但是有很多东西不见了，我们只能回到美好的记忆中去与它们相见了。生活在变，但对过去生活的思念永远不会变。槐花开吧，希望你会带我入梦，回到昨天的美丽中。

【歌曲《槐花香》】

悠悠晚风轻拂你的衣裳
皎洁月光挥洒在你的脸上
我们牵着手　走过小村庄
来到初恋相约的槐树旁
我的空间是你飞翔的天堂
你的真心给我幸福的翅膀
春夜的气息就是不一样
风里夹带着春天的花香
爱情路上不管有多大风雨
都有我甘心情愿为你遮挡
我的胸膛是你避风的城墙
一辈子你都会陪在我身旁
千年以后　彼此都不会遗忘
这个美好的晚上
我们徘徊在这槐树下
一起分享槐花散发的芳香
一起分享槐花散发的芳香……

悠悠晚风轻拂你的衣裳
皎洁月光挥洒在你的脸上
我们牵着手　走过小村庄
来到初恋相约的槐树旁
我的空间是你飞翔的天堂
你的真心给我幸福的翅膀
春夜的气息就是不一样

风里夹带着春天的花香
爱情路上不管有多大风雨
都有我甘心情愿为你遮挡
我的胸膛是你避风的城墙
一辈子你都会伴在我身旁
千年以后　彼此都不会遗忘
这个美好的晚上
我们徘徊在这槐树下
一起分享槐花散发的芳香
一起分享槐花散发的芳香……

爱情路上不管有多大风雨
都有我甘心情愿为你遮挡
我的胸膛是你避风的城墙
一辈子你都会伴在我身旁
千年以后　彼此都不会遗忘
这个美好的晚上
我们徘徊在这槐树下
一起分享槐花散发的芳香
一起分享槐花散发的芳香……

【音乐】

男:我们走在人生的路上,有时需要一个人面对

女:面对理想、面对过往、面对爱情

男:一个人终其一生就是个寻找的过程　寻找爱　寻找暖　寻找你

女:多希望有这样的一个空间　沉淀下纷扰的喧嚣　赢一份宁静给自己

男:文学节目聆听　让你找回自己的故事

女:每天中午 13 点到 13 点 30 分准时播出

男:聆听像射字栏目听博客　散文诗歌选播、中短篇小说故事,文学芳草地　主持人耿宁李峰欢迎您关注

女:《聆听》你永远的朋友

【音乐】

女:我愿意书写小草的情怀,献给这片绿地

男:文学芳草地

男:听众朋友,您现在收听的是 FM98.4 兆赫丰润人民广播电台每天中午 13 点到 13 点 30 分准时为您直播的文学节目《聆听》,我是主持人李峰

今天我们节目的主题是《老家在丰润》。

接下来的时间里,我要为大家播出的是丰润诗词协会会员史爱织女士的两首词,首先呢,是《沁园春　浭水生辉》

【诗歌《沁园春　湮水生辉》】
千载湮洋　古俊流芳　士俊地灵
望山横玉带　孤峰耸秀　平湖倒影　水潜汤龙　小视银横　披霞晚照　天赐明珠　耀气东出巨匠　筑红楼一梦　四海扬名
心逢盛世昌明　成伟业　英雄去建功　有惠丰引路　推陈摧朽　长空不见　飞起霓虹
梅画丹心　独为铁骨　一路高歌　胆气宏　待来日　看曲楼望月　才凤凌空

【诗歌《满庭芳　还乡晚晴》】
雨季云开　山闲落日　入眼画卷凭栏　柳韬芳草　看绚丽瑕天
何处幽香暗送　凉亭下寒露红莲　云高处双双紫燕　正展翅翩跹
陶然风送爽　秦有古韵　心醉神安　碧涛湮湖水　波泛微蓝
惊叹还乡巨变　能不盛赞　是华年　情无限　心潮鼓荡　肺腑咏新篇

【音乐】

主持人:在节目的最后呢　我们播出史爱织女士的一首《吾律是歌今日还乡赞》

湮水一湖碧　长堤杨柳风
春催池草绿　雨润岸花红
起舞蝶相戏　放歌鸟和鸣
还乡辞旧貌　万众其声平

【音乐】

主持人:听众朋友　席慕蓉在她的诗歌中这样写道:“故乡的歌是一支清远的笛,总在有月亮的晚上响起,故乡的面貌却是一种模糊地怅望,仿佛雾里的挥手别离,离别后,乡愁是一棵没有年轮的树,永不老去。”

好,听众朋友,我们今天的节目到这里就结束了,感谢您的收听,让我们下期节目再会。

丰润人民广播电台(2010 年)

古诗词欣赏杜牧《山行》

中央人民广播电台　林万成　傅明月

听众朋友,今天我们要欣赏的是晚唐著名诗人和古文家杜牧的诗《山行》。杜牧,字牧之,京兆万年(今陕西西安)人,精通兵法,有政治才能,诗文都写得很好,诗以七绝最为出色,与晚唐著名诗人李商隐齐名，并称李杜，为了与李白、杜甫并称的李杜区别开来，又称“小李杜”。

杜牧出身长安望族杜氏一门，所谓“城南韦杜，去天尺五”，关中巨姓，只有韦姓可以与杜姓相提并论。杜氏家族，自汉代起就多有文学词章，而杜牧是长安杜氏家族最著名的诗人。

下面我们来欣赏杜牧的《山行》（出万成吟诵）

【音乐】

San hêng

唐　杜牧《山行》—

ōan siōng hân\san se′kkèng\siâ pek\n seng – chhu iulin\ka(khia)

远　上　寒山石　径　斜，白云生　处　有　人　家。

Theng ku chō\ai/hong – lim\bóan song – iap hong – u – ji guat hua

停　车坐　爱枫　林晚，霜　叶　红　于二月花。

这首诗用现在的话可以这样翻译：抬头看，弯弯曲曲的石子小路一直蜿蜒到寒冷的山头，在白云飘浮的地方有几户人家。我将车停下来，欣赏这片黄昏下的枫树林，在夕阳的照射下，秋天的枫叶比江南二月春花还要火红。枫树在民间叫做“png 树”。

下面我们来了解这首诗的韵脚：（出万成讲解）

唐朝著名诗人杜牧的七言绝句《山行》，“山 san”是“山 sua”上的山，这里要读“山 san”，行是行走的“行”这里应该读“San hêng”，不能读成“Sua hêng”。

这首诗的起韵是：“斜 siâ”字，收韵：二月花的“花 hua”字，再加上第二句：人家的“家 ka 字”，都有“a”的韵，这就是押韵。如果用“国语”读，第一句韵对不上。押韵的目的是为了声韵的谐和。同类的乐音在同一位置上的重复，这就构成了声音回环的美。

“斜”普通话读“xia”。唐代“斜”字读音和现在“国语”的读音并不一样，但和闽南话的读音却是一样的。我们用闽南话的文读音来读这首诗，听起来就很美，很准，韵压得住。用白读音来读，韵就压不住。

在这里，要注意第二句：“白云生处有人家”ûn 的音，这里不能读读 hûn，第三句：“停车坐爱枫林晚”的“车 ku”，“车、马、炮”的“车”这里不读 chhia，须读古音，“un 和 ku”

【音乐】

据说《山行》是杜牧在游潭州岳丽山时所写的。诗人通过描写了一幅秋景图，从而赞颂了秋色的美丽。

诗的第一句“远上寒山石径斜”，由下而上，写一条石头小路蜿蜒曲折地伸向充满秋意的山峦。诗中的“寒山”是指深秋的山。“石径”是指石子小路。

第二句“白云生处有人家”，描写诗人在山中行走时所看到的远处风光。“白云生处”是指山的深处。一个“生”字，形象地表现了白云升腾、缭绕和飘浮种种动态，也说明山很高。“有人家”三字会使人联想到炊烟袅袅，鸡鸣犬吠，从而感到深山充满生气，没有一点儿死寂的恐怖。

第三句“停车坐爱枫林晚”的“坐”字解释为“因为”。因为夕照枫林的晚景实在太迷人了，所以诗人特地停车观赏。这句中的“晚”字它蕴含多层意思：首先点明前两句是白天所见，后两句则是傍晚之景；因为傍晚才有夕照，绚丽的晚霞和红艳的枫叶互相辉映，枫林才格外美丽；诗人流连忘返一直到了傍晚，还舍不得登车离去；因为停车甚久，观察入微，才能悟出第四句“霜叶红于二月花”。形容深秋的枫叶是春花所不能比拟的,不仅仅是色彩更鲜艳,而且更能耐寒,经得起风霜考验。“霜叶红于二月花”也成为千古流传的名句。

杜牧没有像一般封建文人那样,在秋季到来的时候,哀伤叹息,他歌颂的是大自然的秋色美,体现出了豪爽向上的精神。秋天在诗人的笔下不再是萧瑟灰暗的,而是挺拔向上和充满生命力的。这首小诗是诗人内在精神世界的表露,志趣的寄托,因而能给读者启迪和鼓舞。

下面我们再听一遍杜牧的《山行》(出万成吟诵)

【音乐】

最后我们来欣赏根据杜牧的诗《山行》谱写的闽南语歌曲。

中央人民广播电台(2010年)

《第二十八封信》

中央人民广播电台　段媛媛

【解说片花】

他是一名军人,执行任务前,他都会给未婚妻写一封信。这是他在执行一次紧急任务前写的信,这是他的第二十八封信,这也成为他写给未婚妻的最后一封信……

【场景音响:追击敌人的脚步声—枪声】

“站住……”

“队长……队长……”

【转场音响:电闪雷鸣—救护车】

【渲染情绪的音乐】

“陆扬,你醒醒,醒醒啊……你能听到我的声音吗?!”

“嫂子,这是队长给你的信。”

【音响:拆信封】

【主线哼鸣乐】

小芳,你好!这是我给你写的第28封信,时间过的真快,我们相识都已经三年多了,回想起这三年来我们相处的日子,我真的好快乐,感谢上天让我遇上那么好的你……小芳,不知你是否还记得我们第一次见面,在那条林荫小道上,当我第一眼见到你时,就认定了你是我这辈子相互温暖的爱人。

【环境音响:鸟语花香,流水声,散步】

“小芳,你是第一次来这里吧?”

“嗯。”

“这个地方真不错!”

“很美,我挺喜欢这儿的。”

“那我愿意以后能经常陪你来这里。”

第一次在那条林荫小道上遇到他时,他身穿深绿色的军装,憨厚的样子还带着几分羞涩,那一刻我就被他吸引住了,在交谈中,我知道他经常外出执行任务,有时还会有危险。自从和他第一次见面后,我就开始为他担心……

【主线哼鸣乐】

小芳,你知道吗,每次执行任务前,我都会写一封信给你,怎么说呢,我是想让你对我的工作多一些了解,给我们的生活多留一点儿回忆,其实我是不想让你为我担心,为我害怕,认识三年多了,你承受的太多太多,我保证以后一定加倍补偿你,等到有一天我们老了,头发白了,我一定把这些信亲口念给你听。你还记得我们上次在林荫小道的见面吗?

【环境音响:鸟语花香,流水声,散步】

“你就只知道你的事业,你说,我们多久没见面了?”

“前段时间工作忙,任务重,今天我一定好好陪陪你。”

“好,一言为定!”

“嗯。”

“陆扬,每次看见你离开,我都会担惊受怕,怕你受伤,出意外……”

“别担心,我一定不会有事的。”

“你的工作那么辛苦,执行的任务又那么危险,我怎么能不担心嘛?!”

“放心吧,小芳,一切很快就会过去的,以后我会天天陪着你。”

【音响:手机铃声】

“喂,我是陆扬,嗯,好的,知道了,我马上到。”

“又有任务了,你刚刚还说今天要好好陪我的……”

“对不起,小芳,别怪我,我答应你,任务一执行完,我马上回来,一定好好陪你几天,决不失信。”

【主线哼鸣乐】

小芳,我本来打算向你求婚的,当时电话响了,我知道一定又有任务,我真的不想接的,为什么总是在这么关键的时候发生这种事情,我能感觉到当时你很生气,小芳,我何尝不想好好陪陪你,何尝不想和你一起悠闲地走在林荫小道上,可是,我是一名军人,必须履行军人的职责,请你能够理解,小芳,等我执行完这次任务以后,我们携手步入婚姻的殿堂,好吗?

中央人民广播电台(2010 年)

致最后的七月

——七月派诗人孙钿诗中那些随风飞逝的往事

宁波人民广播电台　交通音乐频道集体

【音响:翻书声】

女:我听见,诗人在回忆里狂奔!

【音响:枪炮声】

男:我真想用绳子捆住双手,不让我的诗在田野上、在心灵上、在花丛中狂奔!

【音乐】

女:无数的诗,在他的脑子里不断地轰鸣,显得寂寞而坚强!

男:他是一粒种子,没有死,他发芽了。

女:是他决计把生活变成了诗,在无尽的岁月里,作着诚恳而不屈的回答。

男:灾难的年代过去了,不再来了。

【音响:翻书声】

男:文学专题:《致最后的七月》——七月派诗人孙钿诗中那些随风飞逝的往事。

【采访录音:孙钿】

女:如今诗人老了,老到听不见我在说什么。于是,我们的采访,一会儿是静悄悄的,只有笔尖在纸上摩擦的声音。一会儿就是老先生突然发出的大声回答……因为诗人,老了。95 岁高龄的七月派诗人孙钿,静静地拢在窗口斜射进来的阳光下,笑眯眯地看着我。一个曾经以自己的语言当子弹,在烽火硝烟里写作,在白色恐怖里写作,在东京早稻田,在香港书肆里不停写作的诗人,今天,在我的稿纸上,写下了很多地名、很多名字,萧红、潘汉年、廖承志……并且不停地问我,这些名字你知道吧。

【采访录音:孙钿】

女:我想说,这些人我都知道,可是老人听不到,还是顾自说着、颤颤写着。我猜想,他一定又看到他们的模样了。也对,我知道些什么呢,一个名字、一段轶事,老人一定觉得遗憾极了,那些岁月里的呼吸,已经那么遥远,难以复活。他仍旧颤颤地在纸上写着:诗,是我的生命!

【音响:喧噪声】

男:我理了发,镜子里看到了我自己。25 年不见了,我到饭店稀里糊涂吃了一碗大肉面,舔舔嘴唇,可美呢!自行车的车轮在飞转,我有点头晕,我的身子浸在浴池里,深深舒了一口气。

【音响:鸟鸣】

女:诗叫《第一天》。这个1980年的某一天,被诗人看作了永久的第一天。从1955年被打成胡风反革命集团分子,25年的噩梦结束了。诗人捡起了废弃25年的笔,要知道大肉面也成了诗,自行车的转动都能让他幸福到头晕!因为,这是他的第一天!

【音乐】

女:诗人的解放来得好晚啊,甚至没有人和他一起庆祝,他只能独自狂欢。幸好,诗人的喉咙还没有喑哑。所以,我决定从这首还不太有人注意的小诗说起,我坚信,没有什么比还原真实的生活更能打动人心了。

男:每天抓着自己的衣袖,抓着抓着,25年,衣袖化为纤维,一丝丝,从一个小小的铁栅的窗口,飘出去了!

【采访录音:孙钿】

【音响:走向老人家中】

女:现在,诗人就住在宁波城东一栋老的公寓楼里,墙门外每天都有无数的人经过,继续和重复着巡来往去的生活。你一眼就能找到孙老的楼道,因为在这个泛着青苔的墙面上,孤零零地悬着一个古旧的大信箱,上面写着"407",显示着主人与外界的联系。顺着逼仄的楼梯上去,楼板空空回响着,你的心开始震动,黑黑的楼道,仿佛是一个时光隧道。四楼的门,早就开了。满头白发的师母,早就迎了上来。孙老就坐在阳光下。可是,他就是孙钿吗?是的,他就是孙钿。

【音乐】

我们也知道,今天我们势必绕不开那些沉重的灾难。在中国现代新诗的历史上,这个名字和整个七月诗派几乎都曾被深重地伤害。监禁和苦役,构成了他们的盛年时光。但今天,你看着老人安详的面容和淡然的笑容,你知道这是一位真正的诗人。犹如他们的诗作,他们依然那么充满了激情,与几近天真的盼望。胡风,这个注定让诗人记住一辈子的人,曾经这样说:"真的啊,孙钿的诗足以让新诗骄傲,让中国文坛骄傲,让中国人民骄傲。"

我在纸上写着,孙老,您给我挑一些您自己满意的诗吧。孙老先翻看了一下诗作的日期,指着最后一行说,1937年9月18日。然后,打下了第一个钩——《给敏子》。

【采访录音:孙钿】

【音响:战斗声】

男:不知您能否念到我的诗!敏子啊,您的笑,您的信,您的伤感,您的心,在九一八纪念日的今天,在秋天的阳光里,我深深地洞悉了。【音乐】我们怀着同情为您哀息、愤恨,然而哟,我们没掉泪,您的心爱的人儿,死了。他死在中国的土地上,他死在哀怨的河流边。他为了什么?敏子啊。

女:这首《给敏子》的诗,现在被认为是孙老的成名作,也是代表作。1937年,写下这首诗的时候,抗战爆发只有两个多月,是"九一八"的纪念日。诗人在报上看到一架执行轰炸任务的日本飞机被义勇军击落,而死去的飞行员身上,还藏着他在日本的妻子——敏子写给他的信和一直带在身边的照片。诗人看到了,他们是人,是人就会有所动容,他于是继续写着。

【音响:喧杂声、战斗声】

男:须渴望、醒悟、反抗!从你们心底下滋长出来吧,别盼望,您的心爱人儿的归来。他已经无谓地做了侵略者的牺牲品了，他已经给战神吞噬掉。他怀中，敏子，他怀中藏着您的相片，您的信，您祝祷他平安，您伤心地等待他早一点归来。您发现了悲溢的情绪，一天天跟着寂寞浓厚起来。他死了，他永远不能回到您的怀里了，他为了什么？

【音乐】

女：现在，我们开始听到当年这位年轻的诗人心里那些雄陈博大的情感，听到了超越战争的一种善的力量，一种被胡风称之为情绪的、毅力的、情感的力量，和超越民族本位的思想力量。写一首诗给敏子吧，告诉无数的敏子，他们正用死亡换取着死亡，哭泣换取着哭泣，用仇恨换取着仇恨。诗歌后来发表在巴金、茅盾主编的《烽火》杂志，也揭开了诗人用这种短促有力、情感充沛的文字开始叙述人生的过程。先天的禀赋和后天的环境使孙钿选择诗与世界对话，他用生命和青春呼号抗战，传承的是中国数千来知识分子的秉性——“国家兴亡，匹夫有责。”

男：曾经在一个暴风的晚上，乌黑的大地骤然爆起火花，枪声、马蹄声大作！诗的旗，倒了！吸着热的鲜血，旗更美丽！我们把它竖起来，虽然，旧了、破了，我们是疼爱的！狂风使旗儿像水一样流动。旗，革命的旗；旗，光荣的旗，是我们的眼睛啊！

【采访录音：孙钿】

女：旗，是诗人心里的方向。这方向好像也成了他一生紧盯的目标，一个不可撼动的决心，一种胜利在握的信仰，使他在翻江倒海的日子里不致沉沦，保持一个勇士的模样，他的姿势是何等庄严！

【音乐】

女：诗人渴望光明与忠贞的情感，他的青春在战斗中彻底成熟。“七七事变”爆发了，诗人毅然回国，先在上海参加抗日救亡，随即就来到大别山参加新四军。他的敏感而热切的心，被活生生撕开了。他看到了兄弟姐妹的血流出来，在战场上那些滚烫的血甚至溅到了他的脸上和手上。

男：枪，热了！我们的眼珠酸了。但是啊，只要瞧得见敌人，我们还是要冲去！我们的手，握过铁锤，拉过风箱，抓过泥块，捏过锄头。今天，我们的手握起了枪，多么结实的枪！

女：要不是抗战的爆发，孙钿很可能不会成为一位著名的诗人。他的诗在大别山的战火中，在行军途中涌流出来，在废纸条上，在军衣军帽的白布内层，甚至在小竹片上。诗人说，诗是他的精神，他的枪和子弹。

男：他是一粒种子，没有死，他发芽了。我们要看见的，春天一定会来的。发了芽的种子，一定结实！我们要看见的，冷酷的冬天，有可能阻止春天的行进吗！野绿了，花开了，草青了，小鸟长出新的柔羽了！听，战斗的号角响起了，倔强的灵魂，是不灭太阳，强烈地发光吧！

女：平心而论，他们的有些诗章，现在看来常常是激情的天真，他们经得了战火的洗礼，但禁不起灵魂的伤害，那些几近天真的理想，也仿佛是注定了他们多难的命运。中国诗人，自古就大多心怀天下，他们骑着马匹走在这片热爱的土地上，他们看到八月的稻穗枯倒了。他们犹如这田间的孤独者，盼望春天，望眼欲穿！

诗人的笔，颤颤巍巍地抖着，看着自己的诗集翻过来翻过去说：这些诗啊，我不想让它们出版的，这是他借去的，这个不好。然后我发现，他直接掠过了好厚一沓纸。我知道，那么多岁月，就这样，轻轻翻过去了。这些日子，诗人不想再说。

男：一阵阵敲门声惊醒了我，寒冬的夜、深沉的夜，北风呼啸，冷彻我的心骨。谁啊，谁在敲打我的破门。我心爱的诗啊,你为何要来这里,为何要来啊!我的诗,在这破屋里旋舞齐来,我擦了一根火柴,诗啊,去吧,离开我吧,我怎忍心你跟我一起挨饿,我怎忍心你跟我在这牢狱般的生活中煎熬,我怎忍心你跟我在风涛的漩涡中沉没!我的诗,像一支小夜曲,在琴弦上狂跳!在轻快的音符里,诗,在呼唤!腊梅香了,腊梅香了!

女:就这样,诗人的春天整整晚来了25年。"七七事变"后回国时候的激情澎湃,大别山时候艰苦卓绝的行军跋涉,十里洋场惊心动魄的潜伏生涯,香港九龙书店的秘密编撰,仿佛都成了黑白的默片,一切恍若隔世。25年后,一切都变了,变得让他感到昏眩。这位从未公布地下党身份的老党员,直到建国都没有公开其身份。从1950年开始他在宁波筹办卫生学校,当语文教员,等待着上级命令,以便到台湾开始地下工作。可惜,这一等竟然等来了漫长的苦役。

【采访录音:孙钿及夫人】

男:母亲来了,站在铁栅门前,声声呼唤,呼唤我的名字,十一月的狂风,像一群野狼狂奔狂吼!母亲,只穿了一件薄薄的单衣,白发飘飘,挨着铁栅栏门边,声声呼唤,呼唤我的名字!我惊栗,急奔到铁栅门,叫一声:妈!谁伴你来到这里,这不是你该来的地方!

女:承受着巨大的痛苦,诗人还在那么无畏大胆地前行着,好像他的诗行一样,愤怒地抗议,并坚定地相信着春天的来临。25年后,被解放的诗人把一切都变成了诗,于是沉默开始有了自己的语言,他有很多话要说。对新来的日子,他拿起扫帚,抓着抹布,急忙升起炉子烧开水,多么殷勤的姿态!对历尽百劫的朋友,他抹着感激的泪水,只是说:欢迎欢迎!他张开双手,只是说:欢迎欢迎!他坚信,一夜的霜冻,冻不死所有的果木;无数的利刃割不断人间所有的歌喉!1985年,胡风逝世,诗人终于将回忆勾连成篇。

男:最大的悲哀,最苦的折磨,总要过去!过去了的每个瞬间,砍凿下惨痛的教训,一斧又一斧,多么深,多么深!而诗人啊,你睁大了智慧的眼睛,透过你向往的、可爱的光辉,瞧着什么呢?而今,你憎恶的魔性,终于开始了荡涤!你尊重人的价值,终于获得了拯救!你追求的可爱光辉,终于喷薄四射!时间,再度出发了,你却来不及疏散满胸激愤,远去了!

女:是的,现在诗人们老了,一个个走了。老先生最后看着诗集里的那些名字,发愣。他说他们都已经走了。诗人的神情是那么悲伤,他一遍遍地说:他们走了。他怀念曾卓,他怀念绿原,他怀念化铁,他怀念罗洛,他怀念贾植芳不断的叮咛!

男:一路走好啊,不要忘记,你的手杖!

女:是的,诗人们老了,那些嘹亮的军号声,已经远了。尽管它不吹响,但是我们的记忆还是完好的。我敬重你,诗人!你那些饱和的爱与信仰,不是虚眉假眼的人所能得到的,在你的战斗里,包含着全人类庄严的、高贵的、不懈地理想!诗人说,让往事都随风飞吧!因为他知道,要是人值得一活,就必须为一种伟大的理想所灌注!

【采访录音:孙钿】

男:孙钿,原名郁钟瑞,中国现代著名诗人,诗歌翻译家。30年代开始发表作品,从此驰骋诗坛六十余年,著有诗集《旗》、《望远镜》等。由于其大量作品发表于胡风主编的《七月》、《希望》等杂志,被称为七月派诗人。"七月派"是中国现代文学史上历时甚长、富有探索精神、而又具沉重悲剧命运的著名文学进步流派。

宁波人民广播电台(2010年)

中国广播电视文艺大系

2001—2010

第三部分

电视文学作品

广播电视文学节目卷

电视文学节目2001年

迟　到

林海音

不思量，自难忘。

我是多么想念住在北京城南的那些景色和人物呵。北京而今已物移人非了。可是，随着岁月的荡涤，在我，一个远方游子的心头，却日渐清晰起来。我所经历的大事也不算少了，可都被时间磨逝了。然而，这些童年的琐事，无论是酸的、甜的、苦的、辣的，却永久永久地印在我的心头。

每个人的童年不都是这样的愚蠢而神圣吗？

我的童年是在父母的呵护中度过的。

我的父亲很疼我，但是他管教我很严很严。有一件事我永远忘不了……

当我在一年级的时候，就有早晨赖在床上不起来的毛病。每天早晨醒来，看到阳光照到玻璃窗上了，我的心里就是一阵愁。心想，已经这么晚了，等起来，洗脸、梳头、换制服，再走到学校去，准又是一进教室就被罚站在门边，同学们的眼光，会一个个向你投过来。我虽然很懒惰，可是也知道害羞呀！所以又愁又怕，常常都是怀着恐惧的心情，奔向学校去。最糟的是，爸爸是不许小孩子上学乘车的，他不管你晚不晚。

有一天，从早晨起就下大雨，我醒来就知道不早了，我听着不停的大雨，心里愁得不得了。我上学不但要迟到了，而且在这夏天的时候，还要被妈妈打扮得穿着肥大的夹袄，一路走到学校去。想到这么不舒服的上学，我竟很勇敢的赖在床上不起来了。

等一下，妈妈进来了。她看我还没有起来，吓了一跳，催促着我，但是我皱紧了眉头，低声向妈哀求说：

“妈，今天已经晚了，我就不要去上学了吧？”

妈妈就是做不了爸爸的主，当她转身出去，爸爸就进来了，他站到床前，瞪着我：

“怎么不起来？快起！快起！”

“晚了，爸！”我硬着头皮说。

“晚也得去，怎么可以逃学？起！”

一个字的命令最可怕，但是我怎么啦？居然有勇气不挪动。

爸气极了，一下把我从床上拖起来，从桌上抄起一把鸡毛掸子，我挨打了！

爸把我从床头打到床尾,外面的雨声混合着我的哭声。最后还是冒着大雨上学去了,我像是一只狼狈的小狗,被宋妈抱上了洋车。第一次花五大枚坐车去上学。

我坐在放下雨篷的洋车里,一边抽抽搭搭地哭着,一边检查我的伤痕。那一条条鼓起的鞭痕,红肿的,而且发着热。我把裙子向下拉了拉,想遮盖住最下面的一条伤痕,我是怕同学看见了要耻笑我。

虽然迟到了,但是,老师并没有罚我站,这是因为下雨天可以原谅的缘故。

老师教我们先静默再读书,坐直身子,手背在身后,闭上眼睛,静静地想五分钟。老师说:想想看,你是不是听爸妈和老师的话?昨天留的功课有没有没做好?今天功课全带来了吗?早晨跟爸妈有礼貌的道别了吗?……我听到这儿,鼻子不禁抽搭了一大下,幸好我的眼睛是闭着的,泪水不至于流出来。

正在静默的当中,有人拍了我的肩头一下,我急忙睁开了眼,原来是老师站在我的位子边。他用眼势告诉我,让我向教室的窗外看去,我猛一转头看,原来是爸爸站在窗外那瘦高的影子!

我刚安静下来的心,又害怕起来了!爸爸为什么追到学校来?爸爸点头招我出去了,我看看老师,征求他的同意,老师微笑的点点头,表示答应我出去。

我走出了教室,站在爸面前。爸没说什么,打开了手中的包袱,拿出来的是我的花夹袄。他递缎带给我,看着我穿上,又拿出两个铜板递给我。

后来怎么样了,我已经不记得。由于这件事,我从此一生做一个守时守信的人。

中央电视台(2001 年 12 月 10 日)

忆三毛

吴幼平

青叔:三毛,10 年前你离开舟山时,曾亲口对我说,我还会再来故乡看你的。但你这一走却再也没有回来过。今天,我来到了故乡人为你修建的祖居,不知你看得见家乡人为你安的家吗?你看,这些你用过的东西还是你弟弟从台湾带来的。你穿过的衣服还在,包还在,它们曾伴着你浪迹天涯走过万水千山,现在你却再也用不着它们了。你还记得这块骆驼头骨?这是荷西送给你的结婚礼物,是从非洲带来的。你曾在《我的宝贝》一书中这样告诉给人们:

三毛:"这副头骨,就是死了也不给人的,就请它陪着我,在奔向彼岸的时候,一同去赴一个久等的约会吧。"

青叔:三毛,你现在已经和荷西在天堂相会了,我想你一定会带荷西来故乡的,来看一看你们结婚的信物。三毛,时光流逝的真快啊!那已是11年前的事啦,但在我的记忆中好像就在昨天一样。三毛,那天,你一见到我就抱着我说:“四十年前你抱过我,现在让我来抱抱你。”三毛,你知道吗,在我的头脑中你有两个,一个是四岁的你,一个是四十岁的你。记得你四岁那年,你们家刚从重庆搬到南京,住在鼓楼头条巷一幢公寓里,我在你父亲、伯父开的律师事务所中做事,那时候你聪明活泼,逗人喜爱,还常缠着让我给你讲故事,教你认字。你寄给我的《但有旧欢新怨——金陵记》,让我再一次清晰地记起那段往事。

三毛:楼下除了客厅、书房、饭厅之外,另一个小房间,那是竹青叔叔居住的地方。竹青叔叔姓倪,是我们同乡,练得一手好字,当年一切文书全以毛笔字抄写的时代,青叔是伯父以及父亲必须的依靠。青叔自家人,父亲长竹青叔七岁。在冬天下雪的时候,我最爱最爱跑到楼下的书房中去,那是家中的办公室,也是竹青叔写公文的地方。而我们小孩子,一再被严重警告——不许进去玩的禁地,永远一袭长袍,不说什么话,而散发出一份文人雅士的清幽之气——谓之风华。那时竹青叔叔不过二十多岁。

青叔:三毛,想不到你的记忆这么好,这么多年了还记得我在你们家的那些小事。10年前,你从舟山回到台湾后,你用你的深情的笔把这次故乡之行写进了《悲欢交织录》中。

三毛:在春天,我想去看那油菜花。于是,终于选择了我最不该碰触的最柔软的那一茎叶脉——我的故乡、我的根去面对。就这么决定了,要对祖先和传统回归,对乡愁有一个交代,然后,才能将自己的心情变成一个游客。

青叔:那一天,当你进入一位堂伯母的老房子,有人捧来一盆洗脸水,我看着你坦然地拿起毛巾,用故乡的水洗掉了四十年的风尘。记得1949年,你们全家去了台湾,我也去了上海谋生,从此断了音讯,这一断就是几十年,一直到海峡两岸通邮后,你从同乡中得知了我家地址,在1988年5月给我写来了一封热情洋溢的长信:

三毛:“倪叔叔,您好。在这许多年来,爸爸和妈妈一直挂念着您的情况,苦于两岸相隔,无法查找,有同乡返回舟山,方才知道您的消息,一时里更加想念。四十年来的事情,要说十张纸也说不完。前一个月,台湾有一本杂志,叫做‘中国地理’,其中介绍了‘舟山群岛’,我们将它收存起来,一看再看,使我们这些没有见过故乡的孩子也产生了很深的乡愁。我们四十年来没有忘记过您,就是下一代,也对您是记得的。而今相见有望,内心感触很深,真是人生如梦。明年此时,也许我们已经相聚。望倪叔叔身体保重。”

青叔:三毛,你来故乡,最大的心愿就是来看看你的爷爷,来寻找你自己的根,今天,我沿着你那年踏走过的小路,又一次来到你的老家,来到你爷爷安息的地方。三毛,你一再对爷爷说,明年再来,可是你走后却再也没有给你爷爷讲讲话。三毛,看过你书的人都说:你是一个敞开心灵的人,爱大地、爱自然、爱父母、爱丈夫、爱人间的一切,可你竟会这样匆忙离开人世。你从在台湾荣民医院给我的信,收到时你已去世已经十多天了,想不到这竟是你一生最后的绝笔啊!

三毛:叔叔(婶婶):很想念,很想念。

我非常累,写不动信……生了与我母亲同样的病,而且查出来三个地方都有。我下半年没法工作了,手边有四个剧本也不能做了。好在有房产,有版税,我不可能叫老父付我药费。“寿衣”想来很好看,我倒是也去做几件放着。人生一场,劳劳碌碌,也不过是转眼成空。这几个月,我忙得太厉害。我没来信,表示在休息。无法再工作了,真想大哭出来。

青叔:从抽屉中翻出你所有的信,数一数有40多封,我按时间前后把它们编了号。字里行间都是你的心声,你的喜怒哀乐、甜酸苦辣。

三毛:竹青叔,你是我在大陆最亲爱的人。叔叔,我内心不是没有感到孤独,但我丧失了去爱一个男性的能力,这真是一种深悲。我是宁为玉碎、不为瓦全的人,在情感上,尤其在男女的感情上自律很严,非常冷静。可是我一旦再婚,必然是个好妻子。我的一生最是自讨苦吃,我爱挑战,会早死,别人一辈子生命,我拿来活了一百次,合算。父亲太了解我了,他要我过一个精彩的人生,他太明白我,我并不要长寿。人生,过自己爱的日子是快乐的,而不是小心翼翼的守住一个平淡的余生,我爱燃烧。

青叔:三毛,和你通信一年后,你来到了我家。记得那天,因为你的到来,使我们家多了一份清脆的笑声。你指着四十年前我和你们全家的合影兴奋不已。那天,你还看中了我家的一只老箱子,说它古色古香很好看,我就把旧箱子送给了你,你回台湾后,把这只箱子放在家中,还拍了一张照片寄给我,背后写道:"青叔老箱,伴我日常生活。"看到这对老糖罐时,你更爱不释手,想把它带回到台湾,只是怕路上不好带才把它留下。三毛,我和你最后一次见面是在杭州。那是1990年10月,你又一次来大陆,约我到杭州,相见时,你高兴得像个四岁的孩子。第二天,你推掉所有的应酬陪着我们荡舟湖心,漫步西子湖畔。三毛,离开故乡时,你又一次拥抱着我,你不断地擦着脸上的泪。你轻轻地挥一挥手,想不到这一挥手竟成了终诀。人生悲哀莫过于白发人送黑发人,三毛,你走得太匆忙了。由于两岸阻隔,我不能亲自去送送你。三毛,你不是很喜欢我的字吗?那么这二则挽联就算我送给你最后的礼物吧。

隔岸惊噩耗,惜君早逝,情谊至今犹在怀;
回梦忆斯人,痛尔遽离,名声终古长留世。

浙江舟山电视台(2001年3月2日)

深圳写意

深圳写意(之一)——红树林

赖伟宜

从季候的喘息中,我展开翅膀,擦亮高远的苍穹。风帆不见,渔歌已歇,你的小小的船儿,还要漂泊吗?

只需一个驻足,那生命的触须,就澎湃成无法抑制的葱茏。以咸涩为血,以风浪为魂,你的根,一直在演绎着那个靠岸的故事。

我在五千年的憧憬中孕育,羽毛在传说与现实的交替中渐渐丰满。我看见,工业文明的焦虑,正笼罩着宽阔的海滨公路。

我听到,互联网的速率,在呼唤着绿色和平的歌吟。而你,却以独特的语句,募写着大海的神韵。

一棵、两棵、千万棵。蓦然回首,我已振翅,你已成林。只有那片天空,依旧莹莹地蓝着;那道海湾,依旧这样郁郁地绿着。

深圳写意(之二)——书香

侯军　吉明

如果有人问我:在深圳,你最喜欢的地方是哪儿?我会毫不犹豫地回答:自然是深圳书城喽!

是的,我喜欢逛书城,遨游于书海之中。徜徉于如饥似渴的求知者们中间,我不仅有一种“牛进了菜园子”的快乐感,而且体味到书香带给我的沁人心脾的感觉。正是这种独特的书香,伴随我行程万里。记得十年前,当我决定告别故乡南下深圳的时候,一位曾在80年代闯过深圳的朋友,临别之际对我说:“伙计,多带些书去吧!别的东西深圳都能买到,唯独书……”听从他的劝告,我把自己的全部家当都留在了内地,却从自己的藏书中精心挑选了数百本好书,装进30个纸箱里,历经千辛万苦运到了深圳。到了深圳我才发现,像我这样千里运书的人,并非少数。许多人都是尽量精简行装,却把大量图书塞进背囊。在他们看来,深圳虽然并不缺少花香、果香、茶香、酒香,但却很难寻觅到书香。

是的,深圳是经济特区,时间被金钱换算,生命被效率切割。港口、货柜、证券交易、建筑工地,到处都是热火朝天,随处可见喧嚣骚动……即使是那些把读书思考视为生命的文化人,一到深圳也会身不由己地加入到动荡的人流之中。于是,那一箱箱沉重的旧书,从一个住所搬到另一个住所,无论生活多么动荡,迁徙多么频繁,别的都可以舍弃,书却如影随身,不忍割舍,恍若一个失去家园的人守护着硕果仅存的故什。当内心渐渐和夜晚一样宁静,一卷在手,仿佛又找到了自我……过去的信念被唤醒,书使我感到充实和富有。

当年深圳最大的新华书店是解放路书店,面积不过230平方米,店内永远是人满为患,“购书难”一度成为深圳各大媒介竞相讨论的热点。然而,如今的深圳却处处散发着书香——营业面积14800平方米的深圳书城,文化气息浓郁、功能齐全的深圳图书馆,以及遍布在大街小巷的书店、书廊、书吧,甚至连超市、便利店里都弥漫着书香……看着那些埋首于阅览室的读书人,那些在书吧里一面呷着咖啡一面翻阅书籍的年轻人,那些席地而坐、津津有味、大模大样地看书的孩子,我真心地为他们庆幸,他们再也不必经历我们那种痛苦了,他们属于一个拥有书香的深圳。

月上中天,清晖泻地。伴着案上青灯,我沏上一壶浓茶,享受着茶香、书香、墨香的温馨之夜。

深圳写意(之三)——家园

彭明燕

我的家在梅林水库之畔的围园。围园的生活很热闹,尤其是早晨。老人们在练功,就像洒在住宅里的一抹朝阳。他们每天都在旋呀转呐,旋出了严冬中的春意,转出了酷暑中的清凉。不同的是有一对老夫妻却在躲避着热闹。老奶奶移动着沉稳的脚步,推着一辆小推车,老爷爷坐在车上,手里总是拿着一份报纸。每天上午,他们都绕着围园走上好几圈。老奶奶坚定的脚步,老爷爷谦和的笑容,成为红墙绿窗衬托的一道风景。那小车推呀推呀,推走了冬天,迎来了春天;推来了太阳,送走了月亮。那轻轻的吱呀声,分明是他们在相互叮嘱,在相互鼓励,在相互诉说。几十年风风雨雨,几十年相濡以沫,全部浓缩在那条五米见宽,椭圆形的小路上了。

我走近了老奶奶,老人家依然是那样谦和。她告诉我她们从湖南来,是奔侄子来的,他们唯一的儿子三年前参加抗洪,不幸在洞庭湖……她有些哽咽了。我有些歉疚,搜索枯肠想说句安慰话:到这里来好啊!您看,天多蓝,花多红,山多青,空气多新鲜哪,爷爷会强壮起来的。老奶奶笑了,说她侄子也常常这么说。也许是觉得投缘,奶奶向我诉说那一次洪水冲屋的时候,爷爷为了保护她,双腿落下了残疾。

过后不久,我发现这对老人的身影突然消失了,我再也听不到窗外小车的歌唱了。我有些牵挂起来:他们回到湖南了?老爷爷病情重了?没有了这对老人,我的围园里少了一抹色彩,少了一份生气。孩子们的冰鞋与水泥地碰撞的哗哗声,失去了小车吱吱的衬托,总觉得单调了些。

有一天,我下班归来,远远地看见一对老夫妻,互相搀扶着慢慢地一瘸一拐地走着,不知谁家又接来了老人。天哪!我不敢相信自己的眼睛,就是那对患难与共的老人。有一位中年人伴在一旁,想必就是那孝顺的侄子。难道一个失去儿子,下肢瘫痪了的老人会重新站起来吗?我的眼睛湿润了。花在向他们点头,树在向他们问候,我明白了,老人生命的活力,来自那些花、草、树,来自弥漫在围园里的善意、友情。你瞧,青草染绿的小土丘、大花园,鲜花簇拥的大马路、小亭台,星星般微笑的路灯,绸缎般轻盈的小溪,孩子们在纵情地嬉戏,女人们在轻松地逗着宝宝,家的港湾伸出温情的臂膀呵护着八方来客,于是,奇迹在这里出现了,生活的家园是爱的港湾,心灵的家园又何尝不是如此呢?

深圳写意(之四)——一座城市,一条路……

吴亚丁

这是一座年轻的城市,这里有一条和这座城市同样年轻的路。在这条大路的西边是新安故城,号称深圳文化之根。浓荫之中的古城墙,沧桑历尽,苔痕俨然,太阳一如往常照射在这座小镇上。

然而,在20年前的一个金色八月,这里的阳光开始显得格外明媚和灿烂。机器的轰鸣取代了虫鸣蛙唱,山冈平了,道路宽了,深圳,这蜷缩在历史角落里,经年寂寞的南国小镇,抖落了千年的浮尘，开始成为活力四射的城市。这条被称做深南大道的路，也在渐渐地长大、变宽、延长，而路的西旁，那无处不在的风景，更是日新月异，增色添辉。

老东门，昔日里它只是一条普通的小街，今天竟成了万商云集，人头攒动的著名商业区。那匆匆的、密密的脚步，宛若海的波浪。路的南面是国贸大厦，八十年代初期，它曾以三天一层楼的速度，在丰富蕴厚的中国现代语汇中，写下了一个著名的词汇：深圳速度。在它的北面是地王大厦，那奔天而去的姿势，仿佛提升着深圳的高度。仅仅20年时间，这里奇迹般地建成了一座令世人瞩目的国际花园城市。这些华美的建筑物，像珍珠般散落在深圳的土地上，映衬着从容而大气的深南路，使这条路成为闻名遐迩的通衢大道。将科技兴市定为市策，高新技术产业园区落户在深南路的西部。21世纪的深圳，将从这里开始新的腾飞。

这就是深圳的路呵，这是一条和时间赛跑的路，是一条敢为天下先的勇敢者开拓的路。集世界于方寸之间，锦绣中华，民俗文化村和世界之窗，每天迎送四海宾朋、八方游客；抒豪情于风云之上，激情啤酒节、世纪狂欢夜，每晚留给浩瀚星空下面这座美丽城市的，是无限遐思、无数梦想。

恐怕还没有这样一条路，聚集了这么多来自五湖四海的人们的心血和汗水；也许还没有一条这样的路，点缀了这样多的鲜花、草坪和绿树。这条路灌注了多少心血，寄托着多少希望，它从历史深处走来，穿越时空，向我们迎面走来，一直伸进我们的心里。

深南路，那么新，那么新，新得好像春天里，漫山遍野的树枝间勃发的嫩芽，伴随年轻的城市，年轻的人。

中共深圳市委宣传部、中共罗湖区委政府、深圳罗湖区电视制作中心（2001年3月16日）

小巷笛声

小西

从最繁华的大街，猛一下扎进这条小巷，就好像从现实扎进了历史，思绪便也从激流泻入缓滩，风止浪静了。都市用又高又宽的规划，切蛋糕一样把小巷割首掐尾。留下的小巷，在古树的遮荫下照样恬静着；留下的小院，在小巷的庇护下照样闲寂着。幽幽的竹笛声，就像涌自地心的音泉，叮咚地从小屋、小院、小巷弹出来，竟然是一首早已熟悉却又陌生的《北京的金山上》。

我放慢车速寻找笛声。笛声质朴，符合乐曲的风格，就像才旦卓玛流云般掠过雪山高原的嗓音一样，清亮、纯净、原始。而我迷醉这笛声，这不含任何卖弄的质朴，让人顿觉那么熨帖、亲切、踏实，像青青草叶上不含任何污染的露珠，甚至像母亲唤我们回家吃饭的嗓音，这实在是一种久违了的奢侈的享受。我遗憾见不到吹笛人，或者说没有勇气推开那道黑漆斑落的大门，只能猜测吹奏者是小巷从前的男孩。不知他用了什么办法，任凭世道变迁，风尘熏染，一直不褪那童稚之心，守着小巷的幽古深邃，完整保持着曲调的意趣和韵味，到了该吹一段的时辰，指唇就搭凑起来，把茶余饭后的院落小巷点缀得恬静闲适。

在那样一种笛声的意境里，只要是那个年代走过来的人，都会忍不住驻足聆听。胸中那些沉寂着的、以为早已荒芜了的情苞，竟然那样新鲜地被激活了。先是拧结着恩怨、疑惑的疙疙瘩瘩，在这近乎天籁的笛声中，悄无声息地解开了；继而旋进脑中的旋律，清扫得颅腔空净，令你真想对谁友善地笑笑，邀他分享突然流进你心田的美感。这完全不同于你在星级酒店大堂里听到的萨克斯风《茉莉花》，那虽然也亲切，但似乎被绣在靡华虚幻的吧廊间，或金碧辉煌的厅顶上了。你充其量不过感觉着一种模糊的亲切氛围而已，没有此刻全身心地被沁润。这木门砖墙、高高的窗台、曲弯的独树，以及阳光在小巷投下的暗影，只要有这笛声缭绕，就无不令我们莫名其妙地流下眼泪，却又不知被什么所打动，心底里通通透透的畅快，真过瘾！这时候，你面对的这个云遮雾罩的城市，突然豁然开朗，变得十分亲切可爱了，就因为它有着这样的小巷、小院和这样的笛声。

山东淄博电视台（2001年3月30日）

归来的湖神

阳旸

又起风了，冬天也到了。什么都是灰蒙蒙的，天、地、还有那些远离喧嚣、一天天老去的树。到了这个季节，从青海湖迁徙越冬的候鸟们，就该回来了。

说它古老，是因为它已拥有15万年的地质年龄，是中国最大的天然水湖泊之一。说它神奇，是因为它地处乌蒙山脉离太阳最近的地方，那里被称为“贵州屋脊”。

这片位于云贵高原中部，贵州省威宁县境内的深情绿海，人们叫它“草海”。

如果说，草海是高原的一颗明珠的话，那么，黑颈鹤来到草海，就成为这里的众鸟之王。

人类首次发现这种稀世珍禽，可追溯到19世纪70年代。而有关黑颈鹤的文字，我国史书中已早有记载：“女像黑颈雁，男像长脚鸿”，诗句中的黑颈雁就是黑颈鹤。

从雅鲁藏布江河谷、青藏高原到乌蒙山脉的路，并不平坦，这些风雨兼程从远方飞来的黑颈鹤，被当地人虔诚地奉为“神鸟”。每年十月，人们总会在心中默默祈祷：神鸟归来！

它们与众不同的仪表，给人留下难以磨灭的记忆。那高达1.2米至1.5米的形体和细长的双腿以及在浅水中的轻盈步履，显得雍容高贵。它们已经习惯于在沼泽地带生活，大多数黑颈鹤早晨离开巢穴外出觅食，临近黄昏才返回这里。这里完整的湿地生态环境，足以支撑它们熬过漫漫寒冬。

高原的天气变幻无常，昨天还白雪纷飞，今天却是阳光明媚，但这丝毫不影响鸟儿平静的生活，它们与自己的同伴共享这宁静的家园和自由的空间。

作为世界上最晚被人类发现，又最早被确定为濒临灭绝的黑颈鹤，越冬期喜欢结群，所以，人们又常把鹤喻为恋家的族类。那些好不容易才存活下来、追随父母穿越万水千山的爱情的产物，自然被双亲视为珍宝。无论走到哪里，全家老小总是形影相随，难舍难分。

结伴而行的夫妻始终信奉爱情的永恒，一旦结合，便白头到老，永不分离。远古传说里，双鹤中若有一只死亡，另一只则会整天郁郁寡欢，哀鸣不断，甚至绝食而亡。那远离群体孤独的沉思者，悠长的鸣唳为什么总含着些许悲凉，它究竟在倾诉什么？

人们说，在鹤的世界里，爱，才可以称为不朽。水是草海的精魂，候鸟因水而来，海就是鸟的归宿和依托。历史上发生的“围海造田”，曾一度使这片美丽的草海苍白而寂寥。

草海与鸟永远是一体的。草海是高原的净土。每年从各个繁殖地飞来越冬的候鸟超过数十万只，有了它们的欢聚，萧瑟的冬日也变得生动起来。来到草海越冬的候鸟们，一般会在这里待上五至六个月，每年十月飞入，次年三月飞离。所有的鸟儿都把草海当作了快乐的天堂！

快乐也感染着人们。那些怀着美好希冀远道而来的人们纷纷走进草海，走进鸟的世界。饱尝了寒冬肆虐与艰辛的草海，依然是那么宁静、祥和，透出一种历经磨难后的超然与淡泊。

太阳出来了！

太阳底下是鸟儿心爱的草海，草海是属于它们的，属于这些湖之神。

贵州有线电视台（2001年3月30日）

永远的廊桥

陈瑞晨

一个叫罗伯特的美国人，曾用他的镜头感动了世界，人们纷纷把目光投向那座叫麦迪逊的廊桥。而这个时候，我常常更多想起了我的故乡。

这些年，上学，然后到艺术团，走了太多的地方，看过各种风景，但我忘不了故乡，首先忘不了的是那儿的廊桥。在离家十年后的今天，我回来了。青山依旧绿，溪水依旧清澈见底，翩飞的落叶依旧迎送着季节的变迁，我又见到那棵柿子树了。它的枝干粗壮得我已摇不动它了，只是红红的柿子依然像当年点亮山区的秋色。

此时，我知道廊桥已离我不远了。这古朴的圆柱上我看不出时光的变化。窄窄的条凳也仿佛昨天这儿坐过歇脚的乡亲、坐过挑担的货郎、坐过历代上京赶考的秀才，但廊桥，你最记得的应该是我们这些山里娃。放学的时光，廊桥是孩子们的天堂。我们这些咸菜坛子喂养的孩子，这些稻草垛焐暖的孩子，这些嚼着野果子长大的孩子，童年早跟这儿连在一起。没有玩具，有这长长短短的栏杆就够了。小小的纸片飞旋而下，童年也就像蝴蝶在山间扑打着翅膀；没有花园，这一根根廊柱就是不断长出快乐的大树。我们尽情地转呀转呀，纷纷撒落的笑声铺满了每一块木板。

当然，对女孩子来说，百玩不厌的还是跳橡皮筋的游戏。在那些脚步的一起一落中，廊桥也给激动得一颤一颤的。我常是一边玩，一边心不在焉地伏在栏杆上写作业，于是便有了这样一件事：那天边上的同学正在玩"编织手网"的游戏，我看得心里痒痒的，于是就放下书本和她们一起玩了起来。不知不觉，课本被山风吹下廊桥。这下糟了，急得我直想哭。那天，直到天黑我也不敢回家。那一本课本对我们家来说并不容易，父母亲的一顿打是逃不了了。夜色中，我忽然看见远处有火光，星星点点的火光在山野间游动，走近一看，是我的同伴拿着火把走来了。火光照亮了他们红红的脸蛋，他们一双双小手捧着刚刚从山里采回的蘑菇，还有一个男孩捧着一只美丽的山鸡，说要拿这些换了钱，为我买课本。

廊桥是令人回忆的，或者它就是一个时间的入口，沿着这些古代的图饰，再向前走，我们甚至可以触摸宋、元、明、清，触摸那个叫做历史的东西。上大学后，终于有一天，我看见了廊桥的资料：这些桥建的年代非常早，据说《清明上河图》里那座著名的桥在这里尚可找到原型。这在今天看来，实在是一个奇迹。我不知道，是哪个朝代一个很了不起的能工巧匠，偶然的机会避世到了这浙南的大山，带来了高超的建桥技术；还是这儿的山民自古就出能工巧匠？我想后面的想法可能性更大些。我没有发现哪个地方有像这儿一样，有这么多的廊桥。

这儿是廊桥的故乡。这个想法不是来自某个专家，它只是一个孩子瞬间的感觉。那年我12岁，功课平平，文艺却不错，我考上了艺术学校的附中。离家的时间越来越近，本该高兴的我却有些闷闷不乐。我对同伴们说："我不想去，我不想离开你们。"小伙伴拉着我的手说："别傻了，你一定要去！"我说："我喜欢廊桥，其他地方也有廊桥吗？"伙伴们愣了一下，接着交头接耳说起了悄悄话。几天后的一个早上，我走进教室，不知谁带头喊了一声我的名字，每个同学从背后拿出一张画。这些画画的都是廊桥，可每一张都不一样。为了拿出自己满意的作品，我的同伴们不知爬了多少山路。想起他们被钩破的裤脚，想起他们从鞋子破洞里露出的脚丫，我再一次被感动了。我一下子拥有了这么多的廊桥！这些留在大山深处，留在岁月深处的廊桥，就这样也被留在了乡情的深处。

廊桥被山藏着，被树掩着，它不显山露水，哗众取宠，但每一个根柱，每一道梁，每一个构件都是十分实在。它让人们坦坦然然，从山的这边跨到山的那边，特别是山雨欲来、狂风大作，这儿仍有一种家的安然，甚至脚下山洪暴发、浪涛飞卷，这儿还是那种神闲气定的坦荡。我忽然想，这样的气质已并不仅仅是说桥，它也是山里人质朴、热情、坚韧生命力的注解。这也许就是为什么在离开故乡多年之后，在现代都市建筑物的丛林里，我至今无法忘记这里的一切。

我永远的廊桥！

浙江温州电视台（2001 年 3 月 30 日）

高原随想

李钢

我在寒冷的季节来到高原。

这次到高原，只有大概的方向，没有准确的目的地，走到哪儿算哪儿。这就有了些漂泊的意味。

这个季节的高原晚上很冷，昼夜温差很大，由于干燥，空气中的氧气似乎也少了点儿。但是这里空旷，适合摆放思想。

我从海拔四千八百米的高处回望，看见了雪山。雪堆积在雪山上，闪闪发光。冷调子的太阳照着它，像银子；暖调子的太阳照着它，像金子。金山银山总是让看见它的人们惊喜不已，千辛万苦跑近了一看，是雪，人就走开了。

太阳从雪山背后落下去，其实是从另一个地方升起来，把另一座雪山照亮，那里的人们又开始欢呼。雪那么洁白，却把雪山变得那么神秘。

雪和雨其实是一回事，它们是云在不同季节不同地域生的孩子，就像北边的人和南边的人。雪水是雪的暮年，如同所有事物的暮年一样，稀里哗啦地流走了。只有雪山顶上的雪终年不化，让人觉得它们的中年期特别漫长，神话一般漫长。雪水流走时的样子十分壮观，高原留不住它们，像人的脸颊留不住眼中滚落的泪。

高原的风是耀眼的。风从各处吹向我的时候显得很亮，仿佛把阳光也刮过来了。我不得不闭上眼，刹那间，风就把无数根太阳的毛刺热辣辣痒酥酥地钉满在我身上。

风从我身边经过的时候，我感觉它是有鳞的。有好几次它掀掉了我的帽子，我不知它是用爪子掀掉的还是用触须扫掉的，风不喜欢帽子。风喜欢朝旷地和山谷狂奔，很远的地方一眨眼就跑到了。在洼地，曾有一股风猛烈地掀我，我努力稳住脚跟，风就把我踩在地上的身影刮走了，我的影子掠过了好几座山梁，替我看见了我将要到达的地方。

风的声音多半是粗哑的低吼和凄厉的呼啸，但是有一个早晨，我在结冰的海子旁听到了风唱。起先是一股风的独唱，接着，许多股风加入了合唱，庄严浑厚，在海子上空回荡。我脚下的冰层颤动着炸裂，发出打击乐般清脆的响声。这时，太阳从我肩头升了起来，照亮了海子、风和树林，我在瞬间的辉煌中激动不已。

还有一些时候，风也把另外的声音带来。比如它曾把远处寺院的鼓乐声传到我耳边，又把山坡上的经幡刮得呼啦啦地响。更有一个下午，我行走在无人地带，忽然一阵风带来一个女人清亮的断断续续的歌声。我不知那歌声起自何处，起码在几座大山背后，或许更远，在高原尽头，时间深处。不管在哪里，只有风能越过。

女人呵，她出现了，消失了，风却带着她的声音飘向永恒。

荒野之上，巨石横陈，像无数颗头颅矗立，让我触目惊心。那是一座山崩塌后的遗迹。石头是山的今生。山的崩塌对于高原只是顷刻，高原的顷刻，就是人的世世代代。

我相信石头也会走动，它没有脚，有时风是它的脚，有时水是它的脚。多少年后，每一块石头都不在原来的地方。就像每一朵云不在原来的地方，每一个人不在原来的地方。

走动的石头也会停下来，一定有什么事让它们停下来。我看见坡上停着一块锋利的石头，举起它的刃尖，它一定是想割破什么。比如当云层滚滚压过，它就会割出一道道雷电。

因此我又相信，石头也会思索，它们凝视的样子看上去似乎想得很深。它们也会交谈，用一种智者的语言，只是人听不见，听见了也听不懂。

有一天我忽然觉得石头也有生命，是另一种形式的生命。我如果在石头旁站久了，可能就会站成一块石头，而现在的我原本就是石头的我。那时我正在一座村庄的山腰，看见一个少年坐在石头上，样子跟石头成为一体，又像在孵那块石头，也许他天天要在那里坐一会儿，起初是思，后来是悟，某一天石头孵熟了，他站起来走开，就是一条汉子。

石头的来世是砂粒，砂粒的来世是土，高原上的土。纵然小到肉眼看不见，石头也认为自己是石头。高原的来世是什么？你怎么知道石头里孵出的不是一座山？我不能解释这些，就只能被石头震慑。

但是在高原，震撼了我的是树林之死。那是一片被天火烧死的杉树，布满了山谷。烧焦的树倒下了，构成了巨大的黑色图案；而图案之中，更多的树，枝叶焚尽，躯干斑驳，却依然直直地挺立，尖刺一般指向天空。那是死去的树的骨骼，保持着生前的姿态。在一个黄昏，我看见了树的墓园，看见了树用自己的骨骼为自己立的墓碑。

卓玛在高原上，就像云在天上。卓玛在高原上走着，就像云在天上飘。卓玛是藏语仙女的意思，就像云是云的意思。

我管所有的藏族女子都叫卓玛。卓玛从村庄走出，卓玛从山上走下，卓玛在冰河旁背水，卓玛在泉边洗衣服。我找人问路，喊声卓玛，一个卓玛回过头，四个卓玛回过头，所有的卓玛都回过头。她们的眼睛一尘不染。其实她们各有各的名字，有的叫央宗，有的叫旺姆，但心里却是卓玛。

卓玛在高原上生儿育女。生了女儿仍是卓玛。卓玛老了就到寺院去，虔诚地伏在高高的门槛上。我在寺院碰到老年的卓玛，她告诉我，她的头发白了。我抬起头，寺院的飞檐上飘着一朵云。云是转世的卓玛。

高原的天空是云的天空，聚集着世界上最漂亮的云。云像高原的灵魂，它们轻盈多姿，飘来飘去，遮住太阳又散开，在晨曦和暮色中变成缤纷的彩霞。云落在山头是雪，落在山腰是雾，落在草甸上是深亮的海子。

云,无处不在。

中央电视台(2001 年 4 月 13 日)

西极的云

刘湘晨

很多年以前听人说过木吉,这是中国最后一个目送日落的地方,乌孜别里大断层是数亿万年前地理板块大碰撞的标志,由此,才有了柯尔克孜人的这个地名儿。这里的每一座山都是那个伟大地质年代的遗存。

在乌孜别里山地,随意能见到这种石头。它的边缘和底面坚硬无损,岩面却纹痕纵横,间有细密的孔点,似在描述古远又复杂的一个故事。仔细一看,却没有一个字的形迹,不知道出于天工,还是出于外星人的旨意,我称之为“无字天书”。

另有几垛硕大的岩石,岩面上已裂为横迭坚并的许多岩片。这恐怕是大地上仅有的、最大的书页了。我相信每一片岩石之间必有许多从未见诸人世的隐密,有关一座山,有关所有的山,有关所有的山与广阔天空构成的这个世界,每一笔都会给予详细记载。

这不是通常纪年方式所能描述的史实,一定是地质纪年非常久远的一个早晨或黄昏,在喜马拉雅山运动的强力推动下,地球之巅最为壮观的地理大颠覆揭开了序幕。它持续的时间之久,变化之剧烈,都是地球诞生以来最为非同寻常的。我脚下的山地仅是其中最不经意的一个片段。岩浆突涌,突然在帕米尔高原地极的一角炸开硕大的一团烟花之花,它迅速堆积、抬升,并且向四野奔流而去,最终形成了保留着火山岩浆原色的一座大山。绵延十几公里,成了中国西部边缘最为醒目的地理标志之一。

随着岩流奔涌的一瞬,天空也被灼伤。巨大的疮痕缀在天空,一直到今天,那是帕米尔高原的云。

站在山顶,极目望去,这处有一座顶有凹陷的山,我想那是一座山口,与我脚下这座山属不同一个地质年代,只是已沉睡多年。

在帕米尔高原的这一端,每十平方米内不会有三片叶子,只有一种紫绒花在乱石之间零星分布,成了秃裸山地最凄美、娇冶的点缀。

坡地和山顶偶能见到兽粪,这里的海拔高度已在 4700 米以上,狼、狐狸和黄羊躲在巨大的岩石下避风，或者晒太阳。这是冬季到来之前最后一抹阳光。兽们竟然可以臣在山地上静静地睡去，闭目之前，它们又回到了只有兽没有人的那个遥远的从前，连远处山顶一块巨大的石头掉下来都没有听见。

山顶上，有一垛岩石让我肃然起敬，上边有稀稀拉拉的白色痕迹，我想，这可能是鹰经常栖落的地方。

鹰是遥远山地的王者，在整个漫长冬季，它很少能吃到东西，久久立在岩石上，任由卷着雪片的大风凄厉。它站在岩石上一动不动，可以长达十几天以上。其实，在鹰飞翔的万米高度，即使在盛夏，也比山地最冷的时候冷，人们只是不知道，这么久久伫立的鹰在等待什么呢？直到最后饿死，也保持着王者风范，站在最高的地方朽去……

中央电视台、新疆电视台、武警新疆边防总队(2001 年 4 月 13 日)

默读父亲

邓皓

父亲故去已多年，却在我记忆深处一直清晰着。这么多年没父亲可叫了，心目中父亲的位置却还留着，没有人可以取代。每每回到家，看着墙上父亲的遗像，心里便贪婪地要一声一声地孩子般地唤出“爸爸”两个字，那种生命中的原始投靠，让自己全然忘却了男人的伟岸和情感上固守的坚强。

父亲只是一个普通的工人，一辈子生活在乡下小镇上。他以吃苦耐劳、忍辱负重的品格铺平了平平淡淡、与世无争的一生。父亲的生命里没有半点的风光和传奇，或许正是这样，淳朴、敦厚的父亲做成了我最真实和最可以膜拜的父亲。

我是父亲最小的儿子。初二那年，我的作文得了全省中学生作文竞赛一等奖，这在小镇上可是开天辟地头一遭的事儿。学校为此专门召开了颁奖会，还特地通知父母届时一起荣光荣光。父亲听到这消息，好几天乐得合不拢嘴，时不时嘴里还窜出一拉子小调。等到去学校参加颁奖会的那天，父亲一大早便张罗开了，还特地找出一件不常穿的中山装上衣给穿上。可当父亲一跨出家门临上路时，任性而虚荣的我却大大地扫了父亲的兴。我半是央求半是没好气地说：“爸，有妈跟我去就成了，你就别去了。”父亲一听，一张生动的充满喜悦的脸一下子凝固了。父亲犹疑思忖了片刻，终于看出了我的心思，用极尽坦然却终究掩饰不住的有些颤抖的声音说：“爸这就不去了，我儿子出息了就成，去不去露这个脸无所谓，谁不知道你是我儿子呀！”

看着父亲颓然地回到屋里，且对我们母子俩好一阵叮咛后关上了门，我这才放心地和妈妈兴高采烈地去了学校。可是颁奖大会完毕后，却有一个同学告诉我，你和你妈风风光光坐在讲台上接受校领导颁奖和全校师生钦羡的眼光时，你爸却躲在学校操场一隅的一棵大树下，自始至终注视着这一切呢！顿时，我木然。心里漫上一阵痛楚……这一段令人心恸的情结，父亲与我许多年以后都一直不曾挑明，但我清楚地记得，那一个黄昏，我是独自站在父亲凝望我的那棵树下，悄悄流了泪的。

父亲最让我感动的是我19岁初入大学的那年。刚入大学的时候，寝室里住了四个同学，每个人都有一只袖珍收音机，听听节目，学学英语很让人眼馋。我来自乡下小镇，家里穷，能念书已是一种奢侈，自然就别再提享受了。后来，与其说是出于对别人的羡慕，还不如说是为了维护自己的自尊。我走了六十里地，回到家眼泪汪汪地跟父母说，我要一只收音机。父亲听了，只知一个劲地叹气，母亲则别过头去抹泪。过了一段时间，父亲到学校找到我，将我叫到一片树林里，从怀里掏出一样东西放在我手上，伸开手掌，正是一只我心仪已久的袖珍收音机。事后才知道，父亲是进城抽了500CC血给换来的。

父亲没能活到六十岁便猝然病逝了。就在那一刻，还压根儿顾不上对父亲尽孝道的我终于发现：无论儿女多么自信坚强，天下父母总希望自己能呵护他们一生的啊！是的，父亲虽然没能扶携和目送我走更长更远的路，但是父亲一生积攒的种种力量，已渗透到我生命中来……父亲一直活着，因为在我的心里，父亲永远是一尊不倒的丰碑，更是我堪以默读一生的大写的精神。

浙江电视台（2001年4月27日）

圆梦

龚志坚

每当吟诵铿锵豪迈的唐代边塞诗："功名只向马上取，真是英雄一丈夫"的诗句时，常常压抑不住内心的豪气，觉得建功报国本是男儿天职，岂能容小家情怀所夺。

参军后，虽无身经百战之誉，但是过惯了军旅生活，和妻子两地分居倒也习以为常。儿子快满周岁了，我还没见过这个"小将军"！

岳父在东北铁路的一个小站上工作，儿子出生后，妻子要应聘上班，于是儿子便跟随岳母也来到了那个小站安营扎寨。

一位著名的心理学家曾说过:“做梦就是为了要将事实上无法满足的愿望,从梦中获得满足。”的确,从儿子降生的那天起,他便成为我梦中永恒的主题,那个在地图上根本没有标记的小站点儿,也竟然成了我凭空构想的“战略要地”。

机会终于来了。今年冬天,我奉命去外地执行任务,列车要经过岳父工作的小站,遗憾的是在小站不停。我灵机一动,上车前给岳母挂了个电话,告诉她我乘坐的车次、车厢号及列车经过小站的大致时间,希望列车经过小站时,岳母能抱着儿子在站台上,让我看上一眼。

从列车一启动,我就开始想象着那魂牵梦绕的小站,惦念着与我生命相连的儿子,热盼着那父子相见的一刹那。

列车离小站还很远,我便数着沿线经过的一个个车站。顺着火车奔驰的方向,我的眼睛望得都有些灼痛了,唯恐错过了这对我来说弥足珍贵的一瞬间。随着小站越来越近,我的心越来越激动。在一望无边的银色天地里,渐渐地,我能看见小站的轮廓,小站快到了。马上就要见到朝思暮想的儿子了,我的心骤然紧张起来,甚至能听到自己“嗵嗵”的心跳声。

难道真是天意?!火车在小站原地不停的呀,可现在火车却缓缓靠在小站的站台边儿……而我乘坐的车厢离站台很远,无论我竭力分辩,仍看不清楚。

情急之下,我摘下军帽,拼命地挥舞着,大声地呼喊着。远远地,我看见有人朝这边跑过来了,我的眼睛忽然亮了一下,似乎所有的生命力都聚集在我的目光里,那正是岳母抱着我的儿子!岳母终于看见了我,她愈加趔趔趄趄地跑着,跑到我面前已是气喘吁吁。

车窗离地面很高,我够不着儿子,只能嘴里不停地喊着儿子的乳名。我多想亲亲儿子冻得红扑扑的小脸,多想看到儿子在我梦中的笑貌……可是儿子却用怯生生的眼光看着我。是啊,从未见过面的父亲在儿子的记忆中真是难觅一丝的印迹,这也许是他对我这个不称职父亲的谴责吧。不知怎的,那一刹那,泪水涌进了我的眼窝。

随着汽笛的一声嘶鸣,火车又缓缓前行了。风雪里只见儿子的小手儿似乎动了一下,他要跟我道别吗?泪水模糊了我的视线,我已无法看清楚……广袤的雪野中只留下尚未散尽的汽笛余音。

许久,我发觉周围许多旅客正用几分惊奇又几分激动的目光看着我。这时,一位旅客友好地递过来一张照片,那正是刚才岳母抱着儿子的情景。原来,这是一对新婚夫妇,用一次成像相机拍下的镜头。

列车加速了,车窗外仍是银蝶飞舞的世界,而我的视线却再也没有离开过这“珍贵的礼物”。

事后我知道,是小站的信号灯出了故障,才有了那次的临时停车,让我圆了这场与儿子相见渴望已久的梦,并被定格在永恒的记忆之中。

这张照片一直伴随着我,我想等儿子长大后,他会理解我。

辽宁抚顺电视台(2001年4月27日)

白马湖

朱自清

今天是个下雨的日子，这使我想起了白马湖，因为我第一回到白马湖，正是温风飘潇的春日。

白马湖在甬绍铁道的驿亭站，是个极小极小的乡下地方。在北方说起这个名字，管保一百个人一百个人不知道，但那却是一个不错的地方。这名字先就是一个不坏的名字。

据说从前有个姓周的，骑白马入湖仙去，所以有这个名字。这个故事也是一个不坏的故事，假使你乐意搜集，或也可编成一本小书，交北新书局印去。

白马湖并非圆圆的或方方的一个湖，如你所想到的，这是曲曲折折、大大小小、许多湖的总名。湖水清极了，如你所能想到的，一点儿不含糊，像镜子。

沿铁路的水，再没有比这里清的，这是公论。遇到旱年的夏季，别处湖里都长了草，这里却还是一清如故。

白马湖最大的，也是最好的一个，便是我们住过的屋的门前那一个。那个湖不算小，但湖口让两面的山包抄住了，外面只见微微的碧波而已，想不到有那么大的一片。湖的尽里头，有一个三四十户人家的村落，叫做西徐岙，因为姓徐的多。

这村落与外面是不相通的，村里人要出来得撑船。后来春晖中学在湖边造了房子，这才造了两座玲珑的小木桥，筑起一道煤屑路，直通到驿亭车站。那是窄窄的一条人行路，蜿蜒曲折的。路上虽常不见人，走起来却不见寂寞。尤其在微雨的春天，一个初到的来客，他左顾右盼，是只有觉得热闹的。

春晖中学在湖的最胜处，我们住过的屋也相去不远，是半西式。湖光山色从门里、从墙头进来，到我们窗前、桌上。我们几家连接着，丏翁的家最讲究。屋里有名人字画、有古瓷、有铜佛，院子里满种着花，屋子里的陈设又常常变换，给人新鲜的受用。他有这样好的屋子，又是好客如命，我们便不时地上他家里喝老酒。丏翁夫人的烹调也极好，每回总是满满的盘碗拿出来，空空的收回去。

白马湖最好的时候是黄昏。湖上的山笼着一层青色的薄雾，在水里映着参差的模糊的影子。水光微微地暗淡，像是一面古铜镜。轻风吹来，有一两缕波纹，但随即便平静了。天上偶见几只归鸟，我们看着它们越飞越远，直到不见为止，这个时候便是我们喝酒的时候。我们说话很少，上了灯才多些，但大家都已微有醉意，是该回家的时候了。若有月光，也许还得徘徊一会。若是黑夜，便在暗里摸索、醉着回去。

白马湖的春日自然最好，山是青得要滴下来，水是满满的、软软的。小马路的西边，一株间一株地种着小桃与杨柳，小桃上各缀着几朵重瓣的红花，像夜空的流星，杨柳在暖风里不住地摇曳。在这路上走着，时而听见锐而长的火车的笛声，是别有风味的。

在春天，不论是晴是雨，是月夜是黑夜，白马湖都好。雨中田里菜花的颜色最早鲜艳，黑夜虽什么不见，但可静静地受用春天的力量。

夏夜也有好处，有月时可以在湖里划小船，四面满是青霭，船上望别的村庄，像是蜃楼海市，浮在水上，迷离惝恍的。有时听见人声或犬吠，大有世外之感。若没有月呢，便在田野里看萤火。那萤火不是一星半点的，如你们在城中所见，那是成千成百的萤火，一片儿飞出来，像金线网似的，又像要着许多火绳似的。

离开白马湖，是三年前的一个冬日。前一晚"别筵"上，有丏翁与云君。我不能忘记丏翁，那是一个真挚豪爽的朋友。但我也不能忘记云君，我应该这样说，那是一个可爱的——孩子。

浙江绍兴电视台(2001 年 5 月 25 日)

魂系三棵树

尹君　李光宇

这件还没有完成的根雕作品，已经伴随了我整整五年——一个弓身裸背奋力向前的"黄河纤夫"，它来自沙漠边，黄河岸，用大西北独有的树种——沙枣树枝制作而成，而它的魂灵则来自三棵树那动人的故事。

据说这小城外，古黄河边上曾经有三棵高大的沙枣树。附近住着打鱼拉纤的父子俩，二人相依为命。有一次，去拉船的儿子再也没有回来。忧虑的父亲每天望着河边的三棵树，在寂寞中充满希望地等待着儿子的回来。日复一日，年复一年，黄河激流淘走了岸上的茅屋，也冲倒了那三棵高大的沙枣树。苍老的父亲彻底失望了，这里从此再也见不到他的身影。

三棵树永远消失了，却留下"三棵树"这个地名，还留下了黄河纤夫令人心酸的故事。多少年了，我都无法忘记那个老纤夫和他的儿子，我总觉得在我的作品中只有老纤夫是不够的。我开始为老纤夫寻找他的儿子，寻找他生命的寄托，生活中没有的，或许在艺术中能够实现。

三棵树变了，故事中的那份沉寂与孤独、心酸与悲哀，如今早已被一派生机与希望所替代。变化了的三棵树冲淡了老纤夫的沧桑，却不能改变我寻找的初衷。我留连于三棵树，沿着纤夫老人无数次寻儿的脚步,不断地寻找,寻找一位父亲破碎的希望,也完成我多年的心愿。

黄河演绎着人间悲欢离合,同时以它母亲般博大的襟怀养育着芸芸众生,保佑着万物生灵。在我 18 岁那年,我跟着父亲从沈阳来到这黄河边,我想这或许也是我的祖先“西迁”时曾经路过的地方。

我始终都在寻找“黄河纤夫”的儿子。在大漠深处、黄河滩头,在一片片沙枣林中寻觅,在一堆堆废料中翻捡。好在这充满孤独和艰辛的日子,总有一些意外的收获让我欢悦,让我飞腾。

面对这一片死亡和沉寂,我仿佛看到了沙枣树曾经孕育的生命,那斑驳的躯干,刻满了时光的皱纹也留下了鸟儿的喃喃细语。无数次的萌芽,无数次的零落,它们从从容容走过了不知多少年,也灿烂了不知多少年。而眼前,叶子、果子和栖鸟已随风逝去,消失在斧刃和风沙间的生命,显得那样无奈又那样悲怆。

再再后来,在三棵树的这位渔夫打捞出很多沙枣树的枯枝,在那里我找到了老纤夫的儿子,在长长的等待和苦苦寻觅中,一个漂泊多年的灵魂,终于有了归宿。

三棵树的梦圆了,“黄河纤夫”也有了完整的结局,然而我的寻找才刚刚开始。

内蒙古乌海电视台、内蒙古电视台(2001 年 5 月 25 日)

山水赣南

李四平

这是群山汇聚,峰峦凝翠的家园。大自然把无尽的青山厚赠给赣南,给了人们坚实的靠山,也营造了“开门见山”的语境。

山不喧闹,也并不沉寂;峰不张扬,却自有韵致。众山相聚,群峰相连,便有了难抑的灵动与生机,并深深触动过大文豪苏东坡的灵感,悠然吟出“山为翠浪涌”的感受。

在赣南人眼里,涌动的青波翠浪,不仅是绝妙的风光景致,更是生存的故土、温馨的家园。四围青山里,他们世代相守,平静耕织,播下希望的种子,收获平安的日子。唯有在这山的领地,才能将古朴而清静的历史图画,与清新而平和的现实情景,关切地融为一体。

赣南的青山,是长流碧水的摇篮。在文天祥的心里,赣南的水带给他“一水楼前绕,半空图画开。”的深刻印象和奇妙感受。

对于这里的水,两次到过赣南的苏东坡可谓情有独钟,他既吟咏过“山为碧波涌,水作玉虹流”,也有过“楚山澹无尘,赣水清可厉。”的深刻感慨。

章江和贡江,是汇合成赣水的两大支流。中国文字的深意和神奇,在这流水中映现得清清楚楚。

赣南的水,充满着生命的灵性。那不息的潺潺流水,是缠绵于青山的碧缕银丝,它们有着明亮而不耀眼、活泼却不张扬的神采。涓涓滴滴的山泉,清明地映现山林的起伏。如风如雾的瀑流,轻灵地丈量行程的长短。凝翠聚玉的深潭,沉静地观看云烟的舒卷。

峡谷激流,在奔涌时获得自由的快乐,在生长中拥有百折不回的信心和力量。清泉,终究要奔流出山,就像孩子早晚要离开摇篮。当他们走出深山幽谷时,面对全新的世界,流水放慢了脚步,好像有了对山的深深依恋。

赣南的水,是如此清澈,又是如此多情。有了这样的情怀,赣南的流水便多了几分静气,它们在田野上悠长地涌动,如玉带舒展,平和中不失生动。

赣南的流水,是一种象征,也是一种不可抑制的力量,八百年前,辛弃疾面对滚滚的赣江流水时,就已经深切地感受到了——那就是“青山遮不住,毕竟东流去。”

中央电视台(2001 年 6 月 8 日)

翠竹清音

李四平

流连在赣南的山水间,常常被一种生命的景象所打动,那就是随处可见的丛丛翠竹。翠竹,是赣南山岭上不会褪色的衣裳。翠竹,是赣南江河边舒展大气的图画。翠竹,是村头屋舍边忠诚友善的陪伴。

“翠竹江村缭白沙”的美景,曾使苏东坡以为是梦,当然“酒醒风动竹”的深夜,他又从随处生存的竹子身上,获得了心灵的莫大慰藉。

赣南的竹子,是一种平常可见的景观,更是与山水同在的生命。每一棵竹子,拥有着坚韧不阿的骨气,任凭风雨吹打、霜雪欺压而不屈的筋骨,颜色不改、根柢不移的性格。

每一竿翠竹,都有对家园的挚爱,它们守持故土,不为疾风流云所动。每一竿翠竹,都是威武不屈的英雄,富贵不淫的丈夫,贫贱不移的君子,它们忠贞其志,不改其节。

作为和睦融洽的群体,翠竹是一种清雅的生命,平和的风景。它们相依共存时,可以漫山遍岭地同生长,一起把生命的青颜翠色延伸到天高地远。

有了翠竹，莽莽山岭就不会荒芜；有了翠竹，蜿蜒河流便有了生动的坐标；有了翠竹，宁静村舍就多了希望的生气。翠竹摇风，在赣南山水间挥扬起生命的旗帜。

潇潇竹林、淡淡清风，曾使多少客居赣南的人心生诗情雅意。曳曳竹影、淅淅雨声，曾使多少学者灵光闪现，意解心开。

在赣南的清风竹影中，周敦颐开蒙课徒，传道授业，将“莲花出淤泥而不染”的精神注入人们的心灵。

在赣南的山岚竹韵间，一代理学宗师王阳明先生，不仅力倡“知行合一”，更用“正心”与“良知”的至理，感召着世道人心。

赣南的竹子，让苦难者找到坚强，让思想者受到启示，让智慧者得到顿悟。

翠竹，是坚韧而灵动的生命，在它的悠长清音里，原本就有一番境界。

中央电视台(2001 年 6 月 8 日)

小银鸟

马锐

这一次我又回到了牛角寨，这与上次的离去相隔了整整 25 年！

上飞机前的那个晚上，我又梦见了她，梦见了那棵古老、苍劲的大榕树，还有她背在身后箩萝上那银质的鸟发出的“叮当叮当”声，那声音总在我耳边回响，那么熟悉，仿佛就在昨天，仿佛又是那么的悠远……

我没有去坐班车，而是循着我当年走过的路。通往县城的路现在已经铺成了柏油路，但是回村的路依然是那条古道。这条古道不知是走过了多少代人，留下了多少悲欢离合的故事，这两旁参天蔽日的原始森林就是见证。离寨子越来越近了，脚步却越来越沉重了，而一直以来的期盼变得那么脆弱，不知是为什么。

黄昏时分，我终于望见了远处的寨子，我的心一下子提了起来，因为我清晰地看见——那山中，那云中依稀错落的房屋透着淡淡的乡情，在这其间的房屋里，她——一个平凡的花腰傣妇女也许正坐在织机前恬静地织着，织着……岁月在机梭上流动，浓情编织着图案，往日的美丽平添了几丝华发。我疾步走到寨子口，使我梦牵情绕的那棵高大、古老、盘根错节的千年古榕树依然耸立在那里，十年恍如一日。这树干斑驳苍老，似乎有刻不完的岁月痕迹，似乎有说不完的悲情往事。时光倒流，我仿佛又回到了当年……

每每收工回来,她总是坐在这棵大榕树下静静地做着针线活,树下筛下来的细碎阳光在她身上跳荡着,戴在手上的银镯闪动着光芒,她的面容在阳光下是那么的美丽而安详。这时,恍惚听见歌声,古朴而悠扬。她知道是他在唱,她急忙用手背捂着嘴,吃吃地笑。

小曼勒和我是在凤凰花开的季节认识的。当时她和同村的小姑娘们在赶花街,穿着妈妈亲手做的节日盛装,就像一朵盛开的凤凰花,纯净而清新,散发着诱人的花香。当时小曼勒羞得什么话也说不出来,只是笑着让我看她背上的秧箩,这是表示她也喜欢我,我发誓说要打一对天下最好的银鸟送给她,让好运永远伴随着她。当时激动的心情至今仍记忆犹新。

到了寨中,我循着熟悉的路来到了她的家,还是原来那样宽大,敦实的土房子,她的织机还在,机梭上的彩线还在,一切是那么熟悉,仿佛她还在织布,仿佛我还坐在她身边……她年迈的老母还记得我,老母眼中噙着泪,说她早已嫁到别的寨子去了。据说,我走以后她没有哭过,只是每天执著地坐在寨口的榕树下等我,一等就是几年。第二天,我早早起来,到了当年我们相会过的竹林边。绿油油的稻田里弥漫着淡淡的清香,高高的槟榔林雾气缭绕,那么宁静、怡人,令我怦然心醉。一阵银铃声突然把我拉回了现实,一群傣家少女闯入我的眼帘,她们肩挑竹箩,嬉笑地迎面而来。啊!多么熟悉的画面,我屏住呼吸,尽力地辨认着,辨认着,一股暖流传遍全身,我仿佛回到了当年,仿佛看到了凤凰花,看到了那熟悉的小银鸟。

中共云南省委宣传部、云南影视广告艺术公司(2001 年 6 月 8 日)

灯

林孙珍

葫芦过桥,笑看青山枕碧水。

樟树临江,坐听雏燕戏游鱼。

我就出生在赣东北老革命根据地的一个山区小镇里。

小镇很美,就是一点不好,每当夜幕降临,全镇一片漆黑。

顽皮好动的孩子们,只能挤在青油灯下,听老人们一遍一遍的讲述那些久远而又怪异的故事,听了让人毛骨悚然,可孩子们依然听得津津有味。

小镇也有亮堂的夜晚,那是弋阳腔剧团来演大戏,古戏台前的草坪上,就会点亮打汽灯。

当时汽灯是稀罕玩意儿,全公社只有两盏。专门管汽灯的人叫丕乾,村民都叫他麻子乾,我不敢叫,按辈分叫他公公。

汽灯真亮,就是要经常打气,那天不知为何,汽灯总出毛病,不停泄气,乾公手忙脚乱,从板凳上摔下来。砸了戏场,跌了面子,群众不满还驮了领导批评。

汽灯砸锅,扫了全镇人的兴,好在不久,县电影队来,小镇人打着火把来看电影。

我是第一次看见电灯,它比汽灯干净、亮堂,真得神奇极了,就连发动机的“嘟嘟”声,都让人舒畅、悦耳。

我家没有汽灯,更没电灯,晚上点的是青油灯。母亲总是利用这点亮光,为我缝补衣衫。飞针走线,让人看得心醉,倍感母爱的温馨。

不记得什么时候起青油灯“退休”了,改用洋油灯。

当时叫美孚油灯,是玻璃吹制的,灯口有个齿轮可以控制灯芯长短,火焰大小。这种灯,当时在乡下算是奢侈品,只有嫁闺女,作为陪嫁,就像今天陪送彩电、冰箱一样,吹吹打打、招摇过市。

我家没用过美孚油灯,听母亲说,爷爷入党宣誓时见过美孚油大吊灯,有玻璃罩子,说是能聚光,照得满屋通亮,就像早晨的太阳。

我家点的洋油灯,是母亲用墨水瓶子做的,虽然可用,但常结灯花。母亲说:“灯花爆,喜事到”。这话后来还真应验了。

1962 年,小镇建起小水电站,我家是第一批用电户。通电那天,那个热闹劲,真是无以言表;男女老幼,说像过大年一样,看了东家看西家,比比谁家的更亮堂。

乾公那天也乐得喝多了酒,竟举着烟袋向电灯借火抽烟,成了全镇人的笑料。

我大学毕业分在城里工作。我看到同事家的灯各色各样,完全成了艺术品,不但新潮,更富个性。

城市的夜晚,是灯的世界,灯的海洋。

八一大桥,灯火高悬,照亮了豫章城。

灯,像一首醉人的诗。

灯,像一幅迷人的画。

清明扫墓,回到阔别的家乡。童年记忆中的小镇变大了,变高了,变得让人不敢相认。

由于国道穿镇而过,小镇变得空前繁荣。新建的楼房,争芳斗艳,新潮的灯饰,姹紫嫣红,然而奇怪的是,再美的灯,几乎过目即忘,而青油灯,记忆犹新。

江西有线电视台、江西弋阳电视台(2001 年 6 月 22 日)

歌行抚仙湖

森茂芳

抚仙湖,方圆212平方公里,水深155米,是全国第二大深水湖。因许多城镇无缘无故一夜之间沉入水底而得名。

一切是那么的宁静,宁静得有如梦中的水乡,一切的一切是那么清纯,清纯得有如一杯春酒。

小燕飞过,嘬一口湖水;抚仙湖的早晨就像一篇美丽的神话。

彩霞满天,山水朦胧,笑迎晨风,览湖光山色。

抚仙湖醒来了,醒来了就让人沉醉。

多美的渔家情歌啊!

有人告诉我,抚仙湖最奇的是水,最美的还是水。

古老的鱼篓,古老的水车,这是抚仙湖的智慧,就是靠这些,抚仙湖养活了湖畔渔村千万年,就是靠这些,换来了这清凌凌的水呀,湛蓝蓝的天。

日出而作,日入而息,这是抚仙湖的呼吸。

耕田而食,凿井而饮,这是抚仙湖的逻辑。

人与自然的和谐,犹如梦入桃花源。

远处隐隐传来雷声,湖水波动,这是抚仙湖换了一种神态,偶尔露出生气的样子。

刚才还是雷声隆隆,现在就雨过天晴了,这是抚仙湖的魅力。

水清如镜,照见天地日月。

水甜如饴,酿成山青树美。

水美如诗,染得夕阳如血。

抚仙湖的生命是那样辉煌,碧波万顷间,银色的鱼网,金色的湖水,金湖银网,这哪里是在撒网打鱼,这是在收割水中的彩云,捕捞湖中的阳光。

夕阳如血,红日如轮,那是抚仙湖母亲般温暖的眼睛,金色的童年,美丽的童年,就在母亲的眼睛里。

歌行抚仙湖,寻梦抚仙湖,我醉入了诗里梦里。

中共云南省委宣传部、云南影视广告艺术公司(2001年6月22日)

读雪

吴亚丁

冬天的北方只有一种颜色，那是一种肆意扩张、绵延不绝、无始无终的颜色。在这样严酷的灰暗的天色里，有一种东西在飘，那就是雪。

雪，是北方的精灵。

那亘古不变的黑土地呢？在未有这铺天盖地的白色之前，那沉默不语的冰冻而坚硬的黑土地，在哪里？这无言的白色飘逸的一群，穿过遥远的寒冷的天空，穿过沉寂的布满小树的山冈，穿过悠然的空旷的城市街道，穿过生生不息的粗犷的人群，来吧，那些记忆里或者想象中才会拥有的一切，那些异域的城市，辉煌而古老的宫殿，那些沉默的山峦、宁静的湖泊和湍急的河流，那些天真的儿童、真挚的少年、热情的青年和安详的老人，那些久远的往事、离别的亲人、生死相依的爱恋和不朽的友情，敏感如思想、晶莹似童真、脆弱像爱情、温暖如幻境。这，就是冰。当水变成冰，热情就在严寒里凝聚，追求就在凝固中升华。假如每个冰雪之际都有一个梦想，我们就有千万个梦想；假如每个青葱生命都有一种渴望，我们就有无数个希望，这千万个梦想和无数的渴望，好像那漫天而来的雪花，飘荡在辽阔的冰雪的国度；这千万个梦想和无数的渴望，好像这遍地比肩相依的冰之造型迎风而立，像这冰雪雄鹰振翅欲飞笑傲人生。

冬天的北方只有一种颜色，那是一种肆意扩张、绵延不绝、无始无终的颜色啊。在这样严酷的明亮的天色里，有一种东西在飘，那是雪，那是精灵，那是永远飘动着的——北国之魂。

深圳罗湖区电视艺术家协会(2001 年 6 月 22 日)

一步之遥

王志生

赤岸，挺洋气的一个村名。说起来你也许知道，是赫赫有名的一二九师也就是刘邓大军司令部所在地。村子不大，像一块翡翠玉石镶嵌在太行山一个山环水抱的山坳里。

今天我要说的这个故事，是一个红色边区革命根据地。八路军的司令部在村南，参谋部又叫“黄海部”在村北，村西的半山腰是太行剧社，奶奶说，太行剧社就住在她的娘家。

由于剧社天天排练又三天两头给前线下来的部队演出，时间长了，奶奶也看得多了，那戏里的一段段唱词，一句句道白，她都烂记在心里。没人的时候，奶奶就一个人唱，特别是《小二黑结婚》里小芹的那段“清泠泠的水来，蓝个莹莹的天”，奶奶更是唱得真真切切，入情入戏。她还能把剧社里男男女女的战士，按照所扮演的角色，一一叫上来名字，比如：小芹、二黑、黄世仁、喜儿什么的，就像今天的追星族。奶奶说，有一年夏天，从上面来了一位摄影记者，要给剧社拍合影照，奶奶掀起帘子看着，就是不敢往前站。她说，真羡慕他们啊。

奶奶是那个时候赤岸村有名的漂亮姑娘，活泼、勤快的性格，使得剧社的人都很喜欢她。她常常和战士们在一起。奶奶说，那是她一生中最快乐的日子。有一次，奶奶一个人正在屋里一边给剧社缝红旗一边唱，房门突然被推开了，奶奶抬头一望，是剧社里的“二黑”和“小芹”，原来他们是循着歌声来偷听的。奶奶一下子红了脸，不好意思地低下了头。“小芹”一个劲儿夸我奶奶唱得好，长得也好，再加上这身农家姑娘的衣裳，如果上台演出，不用化妆准比我演得好。“二黑”说，希望奶奶能到太行剧社里参加演出。并且说，参加剧社就是参加抗日，就是革命等等一些大道理，“二黑”是剧社团长，说了算的。

奶奶一直红着脸，低着头，没说一句话。他们临走时，奶奶只红着脸说了一句：让我娘和我婆家人商量商量。原来，奶奶已经是有婆家的人了，只是没有过门儿。

命运的脚步终于向奶奶走来了。奶奶说，响堂铺战役胜利后的一次慰问演出，那天晚上，剧社正给参战部队和乡亲们演出《白毛女》。这正是一出奶奶能从头到尾唱下来、演下来的戏，她只是没有正式登过台，剧社里的人也都知道的。

奶奶当时正在后台给演员倒水，只听“咚”的一声，喜儿退场时不小心，一下从舞台上摔下来，脚崴伤了。团长和后台几个演员跑过来，只见喜儿疼得站不起来，这个时候，戏已进入尾声。再有喜儿的一段唱，全剧就结束了，救场如救火啊。

演员中不知谁指着我奶奶说了一声“让这个喜儿上！”奶奶一时乱了方寸，她没有一点思想准备啊，团长急了，冲我奶奶吼了一声“你到底上不上?”这一吼，奶奶的眼泪唰的就下来了，她最终也没有向舞台挪动一步。喜儿只好忍着伤痛，由人扶着上场把全剧演完。

自打那儿以后，奶奶再也没有看剧社的排练演出，更不敢到战士的屋子里去了。有几次她在挑水时碰到剧社的人，奶奶就远远地躲了起来。从此，奶奶常常一个人站在高高的山坡上仰望蓝天，她不知道那天没有登上台替喜儿到底是对还是错，只是觉得自己的心像天上漂浮的白云一样，让人思绪万千。她几次，她把自己亲手从山上采来的剧社的人都爱吃的野菜，悄悄地放在他们的门口就走了。奶奶曾经对我说过这样的话:其实啊，那天我一咬牙，一步登上台，我这辈子会变成另外一个样儿哩。

奶奶说，一咬牙的机会对于她来说，还有一次……

那是奶奶出嫁的头一天，家里人为她一生的大事在里里外外地忙着。即将初为人妻的喜悦使她陷入甜蜜的梦境，奶奶仿佛在花轿上看到了自己婚后的小日子，也看到了抗战胜利后的新生活，她陶醉在今后日子的憧憬里。突然，奶奶听到屋外有响声，原来是剧社的战士正在打背包，往马车上装演出的道具箱子，奶奶老早就听说剧社要走，没想到今天就要出发了，比她出嫁早了一天。

奶奶疯了一样地跑出去。“二黑”看见她，依然憨厚地笑着，全然没有一点责怪她的意思，并且告诉她，剧社要走了。奶奶听了一时无语，怔怔地站在那儿，眼泪扑哒扑哒地往下掉。“小芹”走过来，拉着她的手，劝奶奶能跟她们的剧社一起走。大道理和团长讲得一模一样，并且悄悄告诉奶奶，她们就是这样偷偷跑出来后才给家里捎信儿的。

说话的工夫，剧社立刻就要出发了，几辆马车整装待发。“小芹”也催着奶奶快快拿主意，如果奶奶同意，团长那儿，由她去说。

奶奶说，真难啊！想想家里为自己忙碌的亲人，再看看剧社即将出发的马车，她真的不知道该怎么办。就一步啊，剧社的马车启动了，团长把那张留有奶奶镜头的照片和识字课本送给奶奶，“二黑”和“小芹”还在向她伸着手，如果奶奶一咬牙，把那一步跨上去，唉，她的一生将会发生什么样的变化啊！反正，奶奶最终也没有跨上剧社的马车；而在第二天坐上了爷爷家吹着喇叭来抬她的大花轿……

奶奶今年已经八十多岁了，一生中她不断地在讲这件事，压在箱底的最珍贵的东西就是团长临别时送给她的那张发黄的老照片和识字课本，每当想念他们的时候，她总是让我们推着她到村头的一二九师纪念馆门前。这个时候，奶奶对着照片上的喃喃话语，只有她和照片上的人能听得明白……

河北邯郸电视台(2001年7月16日)

幸福已经满满的

郭葭

中专毕业后我当了一名护士,和大多数人一样,我的生活平凡而平淡,我不太留意这个忙碌的世界,这个世界也以它的现实漠视着我。随着时间的推移,我发现我曾经不太留意的这个世界对我有着越来越多的诱惑。于是平静被打破了,总想得到更多。

我不是彻底的物质主义者,但我愿意享受生活,我希望可以过上一种足以称之为"幸福"的生活,却不能为"幸福"下一个准确的定义。上小学时有一篇课文《幸福是什么》,我想现在没有人愿意相信小学课本里的东西,包括我。

去年夏天一个极普通的下午,我百无聊赖地在街上走着,街上人多车多,一辆摩托车撞倒了一个农村小女孩,小女孩跟着她爷爷,她爷爷苍老而贫寒,车主是城里所谓的"痞子",撞了人后扬长而去,看着街头相依的爷爷和孙女俩我默默叹息,走上去看了小女孩的伤口,说没事,我带她上医院包扎一下。老农感激地带着孙女跟我上医院。路上老农说,没法子,乡下人穷,进城来卖点水果,没想到遇到这样的事。对我,他谢了又谢。我帮小女孩包扎好,说不碍事的,过几天就好了。老农从口袋里掏出一卷零钞,战战兢兢不知要付多少医药费,我说不用了,老农和孙女千恩万谢地走了。

这件小事我很快就忘了,我策划着一种又一种的生活方式,然而一次又一次地碰了钉子,我在一个夜班时悲哀地想,幸福离我是越来越远了。那我心乱如麻,清晨七点,我伏在窗口看外面忙碌的世界,不知道自己的位置在哪里。

有人叫我:"医生,医生!"我回头,叫我的不是病人或家属,但似曾见过,想起来了,不久前我帮助过的爷爷和小女孩。小女孩拉拉她爷爷的衣角:"是那天的阿姨,"老农放下负着的大口袋,口袋很沉,他这么大岁数还背得动,还得背,我竟有些感慨,在这灯红酒绿的城市之外,他们简单而沉重地活着。老农笑着说他孙女头上的伤全好了,多亏好心的我,这次进城,他们是专程来谢谢我的。说着把沉沉的大口袋解开,天哪,里面是满满一口袋苹果!又红又大,多得让我吃惊。老农说那是他全家细细挑的,乡下人没什么好送,就送些苹果表表谢意吧。我惊讶得说不出话来。真的,那一刻我眼睛竟有点湿润的感觉,为这爷爷和孙女俩简单而质朴的谢意。我请他们坐下,突然想起现在才七点,哪儿有这么早的车?对我的询问老农说,他们早上五点就出门了,走了两个小时才到这儿。我说怎么不晚点好乘车来呢,老农憨然地笑了,说乡下人不比城里人,走惯了……

送走爷爷和孙女俩，我看着那足有十多斤重的苹果，想到他们一家人摘、在院子里细细地挑，想到他们走了十几公里的路把苹果送给我，想到他们简单而淳朴的心愿：希望小孙女上城里的高中，希望成绩好的小孙女像我一样，有好的工作和生活……

我从不知道我是如此地幸福：年轻、能干、有学问、有一份好工作，有一颗好心。看着那满满一口袋鲜艳的苹果，我知道我拥有满满的幸福，那幸福就像这又大又红的苹果，一个一个地真实可触，是那么满满的，满满的。

我想我可以为幸福下一个定义了。珍惜你所拥有的每一样东西，你会发现，幸福简单得让人无法置信。

浙江电视台（2001年7月16日）

库姆塔格逸事

刘湘晨　董立勃

吹不尽的风，流不尽的沙，岁月如风飘荡，如沙弥漫……

连绵不尽的沙岭让最早来到鄯善的人把这片金灿灿的沙原称作库姆塔格，意思是大沙山。两千多年前，这里是丝绸之路的必经通道，史称大海道。

随着海上丝路的兴起和一条条大河的干涸与改道，大海道最终被放弃了，当地的骆驼客却没有停止他们拉着骆驼纵横大漠的行旅，驮着葡萄干和哈密瓜出去，再驮着布匹、茶叶和盐回来，时刻和死亡相伴，我爷爷就是当年最有名的骆驼客之一。

爷爷创造了他一生的传奇，创造了他和奶奶惊心动魄的爱情故事，他的每一次远行和归来都成为当地人传说的一个话题。

从此，人们说到库姆塔格就会说到爷爷，库姆塔格成了爷爷一生最好的描述，爷爷和库姆塔格的故事一直到许多年以后还在流传。

沙泉是库姆塔格方圆几百里间唯一的水源，往复穿行的骆驼客最经常的话题就是沙泉的这汪水和水边儿天天唱着木卡姆古曲的老爷爷，还有他和沙泉一样漂亮的孙女，那就是我奶奶。

爷爷的驼铃是嘉峪关城外一位铁匠的礼物，驼铃的铜比铁多，声音沉厚传得远，隔着几十里，奶奶就知道来的客是谁，沙泉里的水波纹儿就会映在她的脸上，映在她心里慢慢荡开……

初夏随着季风缓缓来到了库姆塔格，在沙柳环围的沙泉边儿突然明朗了，鲜亮了，卸下驼垛子的爷爷变得脚重了，一天没走，两天没走，三天还没走，他说他的骆驼太渴了。奶奶帮他饮骆驼，拎了一天水，两天水，三天水，没有一罐水不往外洒。库姆塔格的这个初夏哟，只有老爷爷平添了许多心事。

初夏之后，库姆塔格进入暑季，这个时候，沙漠腹地随时可以看到海市蜃影里的湖波光粼粼，人渴极了追下去，终将有去无回。奶奶守着一片有百灵鸟歌唱的水面，她让爷爷别贪恋别处的湖水不回来。爷爷知道库鲁克塔格沙漠只有沙泉这一片水面，他知道水边儿有一位漂亮姑娘为他久久守候。

有了奶奶挂念的爷爷成了库姆塔格那个年代最剽悍的骆驼客。每次返回沙泉，爷爷总要以最快的速度登上距沙泉最近的那座烽火台，用狼粪重新燃起烽火台几千年前曾经袅袅升起的狼烟，这是爷爷只为奶奶一个人发布的消息。

不知道从什么时候开始，奶奶生活的意义变得如此单纯，只有等待，只为等待，她等待狼烟升起，这是她梦里无数次出现的情景；她等待狼鼓再响，这是她最想听到并愿意久久沉浸其间的声音。

一次一次的分离，一次一次绵延不断的思念，奶奶从她十三岁的花季长到了十九岁，到了这个年龄邻家的女孩儿早该是人妻人母了。爷爷已拥有了库姆塔格最庞大的驼队，一条从兰州城经库姆塔格再到天山两边的驼路畅通无阻。

在又一次从很远很远的地方回来，爷爷吆喝着骆驼赶到了沙泉，他心里总披着五彩霞光的棚屋依旧，却是人去屋空，再没有鲜羊奶和包谷馕的浓香。置身于再也没有奶奶笑声的棚屋里，爷爷感到了比被沙尘埋掉更恐惧的绝望，掩不住鼻子里有酸杏子的味道。

这个渐渐秋凉的午后，驼队没有像往常那样卸掉垛子，爷爷拉着驼队往沙漠深处走去。同行的人劝爷爷及早放弃这个疯狂的念头，要不然骆驼会一峰接一峰的死掉。爷爷抛下驼队只身而去，那是七天七夜的长途，一群饿极了的沙漠狼见到近于发疯的爷爷也躲开了。爷爷喝干了最后一滴水，一瞬间想起了奶奶给他灌水的情景恍如隔世。在第九天的早晨，爷爷终于追上了正在赶往途中的奶奶和老爷爷，两眼相对，泪在心里。奶奶只问了一句话：

你愿意放弃驼队做一个木卡姆的传人吗？

爷爷没说话，默默地点了一下头，从此决定终生。

爷爷和奶奶的婚礼，成为库姆塔格那个年代最炫目的一幕盛景。

爷爷婚后的第一件事，就是把骆驼全部分给了与他闯荡沙漠多年的同伴。与同伴分手的那个晚上，他弹着弹拨儿唱遍他所有会唱的情歌，眼里噙满泪花。从此，爷爷成了继老爷爷之后的又一代木卡姆传人，他陆续传唱和记录了全部十一部鄯善木卡姆套曲。库姆塔格后来成了闻名天下的旅游胜地，人们从很远很远的地方专程来感受木卡姆所能给人的那种震撼，这是维吾尔人最古老的艺术，那中间九十高龄的舞者就是我的爷爷。

中央电视台、新疆电视台(2001 年 7 月 30 日)

女兵二十一

李力

女兵时常会想起她第一次穿上军装的模样:肥大的军装,不合脚的胶鞋,略大了点的大檐帽。虽然还没有授衔,可她望着镜子里的女孩,是那样神气,加上帽檐外的两根麻花辫,她发现自己从来都没有今天这么美。女兵是军营中的焦点,而被特许留长发的女兵,更是万绿丛中的一朵红花。像她这样擅长歌舞被特招来的女兵,平时在营部的电影里任放映员,遇上有什么文艺活动时,就会被抽上来一显身手。

刚刚结束军训换上新装的女兵,兴奋得像只初飞的小鸟,迫不及待地飞到了军营的林荫道上。四月的暖风吹绿了她的笑脸,引来了无数男兵偷视的眼睛。女兵这只骄傲的小鸟,飞过了刚露嫩芽的枝头,飞上了梦一样的蓝天……

"站住,你是哪个单位的?"一声厉喝,女兵条件反射地打了个立正。糟糕,纠察!她没敢回头,壮着胆儿用余光向后瞄了一眼:笔挺的军装,雪白的手套,大檐帽下一张严肃而又英俊的脸。女兵第一反应就是:还有这样帅气的纠察!不对呀,肩上扛的黄牌牌上好像,好像有闪亮的星星。她的脑袋一懵,完了,碰上了首长。"两只手插在裤兜里,哪像个当兵的样子。""首长,我错了……"女兵的声音像蚊子。"你是哪个单位的?""报告首长,我是刚分到电影队的新兵。""军容风纪直接影响军人形象,你是怎么参加军训的?"女兵恨不得把头埋进肚子里,"我,我一定改正,请您……请您千万别告诉我们队长。"女兵的眼泪掉在了地上。"回去好好看看条令条例,下次别再让我看到你这副懒散的样子。""是。"女兵逃得一溜烟儿,像兔子。

连着几天,女兵的心里很矛盾,她一直不清楚那天训她的那个首长究竟是谁。去找班长打听?不行,如果让班长知道了,肯定会告诉队长,如果让队长知道了……天哪,女兵不敢再想。一星期后,在营部召开的新兵授衔大会上,女兵惊奇地发现了训她的那个"纠察"竟然坐在主席台的中间。她这才明白,那天撞上的首长是他们年轻的营长。

肩上已经扛上两条黄道道的女兵,看上去已经兵味十足了。只是那两根麻花辫依然伸在大檐帽外,走起路来一翘一翘的。她忘情地摘掉帽子,边走边唱。突然,一双雪白的手套已经印入了女兵的双眼。真倒霉,怎么又撞上了他。她把帽子飞快地戴到了头上,行了一个漂亮的军礼,"首长好",年轻的营长还了一个标准的军礼。女兵嘘出一口气,刚要逃,又听首长喝了一声:"站住,你的头发怎么回事?""报告首长,演出需要。"女兵理直气壮,"不演出时,你还是一个兵,就要把头发盘到帽子里。"首长的声音不太严厉,但又不容申辩。女兵把辫子盘到了帽子里,“回家后,想怎么美都行,但现在你还是一个兵,当兵的就必须有个当兵的样子。”“知道了”。女兵抬起头,她看到一双职业军人自信的眼睛。

女兵爱做梦,可最近的梦里,老是出现那双自信的眼睛和那副雪白的手套。她开始责怪自己的个子,为什么不再长得快一些,自己的那张脸为什么看着总像个小丫头,她甚至不明白自己为什么会有一种能再“撞上”他的渴望。但是她却清楚地知道,自己只是一名普通的女兵,而他却是营长。以后的日子里,女兵几乎一有空就跑到军营的林荫道上,因为她太热爱这片绿色了,这绿色总是带给她新的希望,而最最重要的原因是女兵希望能再“撞上”她的营长。这当然是她当了三年兵,唯一守住了的小秘密。

直到女兵服役期满,在营部召开的欢送老兵大会上,她才第三次“撞上”她的营长。“这下你可以好好地美了。我相信穿过军装的你,一定会有种特殊的气质,一定会跟普通的女孩子不一样,你信吗?”营长望着女兵。“我信”,女兵盯着那副雪白的手套,她没有看营长的眼睛……在那个欢送会上,女兵第一次也许是最后一次握了营长的手,那是一双多么有力的手啊!

女兵漫步在军营的林荫道上,一身合体的军装,没有军衔和领章,但是军姿很标准。她知道这是自己最后一次在这里散步了,她要再多看一眼。她知道那双自信的眼睛和那副雪白的手套,将会成为她心灵最深处永远的记忆,她没有忍住眼泪……

那一年,女兵二十一。

浙江电视台(2001 年 7 月 30 日)

命运敲门声

何葆国

一

房门上响起持久、顽固的声音,看来我要是不开门,它就是三天三夜也不肯停下来。

我只好搁下手中的笔,走过去把门打开,心情一下子变得很坏。

又是他!一个叫作简进的狂热级文学青年。

都怪一个亲戚多事,把他介绍给我,这些天来他几乎天天上门,要我指点他那狗屁不通的文章。昨天我不得不硬着头皮对他一篇所谓呕心沥血的新作提了几点意见。

“邹老师,我遵照您的意见修改好了,”简进谦恭得有些畏葸地双手呈上一沓稿纸,“请邹老师……”

我想发火,但最终还是克制了。从他手上拿过稿子,我淡淡地说:“我帮你推荐出去,你就在家等着发表吧。”

“谢谢,”简进接连点头哈腰,“太谢谢了,邹老师,太谢谢了……”

简进走后,我再也没有情绪继续写作,心想,这家伙想发表想疯了,天天上门骚扰,这可如何是好！我忽然想到去年有篇旧稿,自己不太满意,一直没有寄出去,干脆……我找出旧稿,署上简进的名字和他的地址,给一家熟悉的报纸寄去。

大概半个月后,简进来了,看样子他激动得面孔都有些变形了,手颤抖了许久才从口袋里掏出一张报纸。我一看,正是我署上他名字的那篇稿子。

“邹老师,您帮我修改的文章,终于,终于发表了……”他的声音激动得哆嗦。

“很好嘛,这是第一步,希望你埋头苦干,不要荒废了时间。”我煞有介事地教导他。

“是,是,是。”

从此,我很长一段时间没有看到他,也许他上门找过我,但我不在,总之我渐渐把他忘了。大概是4年之后,我有一天到那个亲戚家闲坐。他忽然问我,你还记得简进吗？我摇头。他说,就是那个我介绍他去找你的文学青年啊。我一下就明白了。他叹道,一个好好的人迷恋什么写作,现在疯了,我们活活把他害了！原来,简进在发表“处女作”的巨大精神动力之下,没日没夜地写……可是再也没有发表一个字,他就疯了……

我听得胆战心惊,忽然觉得自己是个罪魁祸首。

二

房门上响起持久、顽固的声音,看来我要是不开门,它就是三天三夜也不肯停下来。

我只好搁下手中的笔,走过去把门打开,心情一下子变得很坏。

又是他！一个叫作简进的狂热级文学青年。

都怪一个亲戚多事,把他介绍给我,这些天来他天天上门,要我指点他那狗屁不通的文章。昨天我不得不硬着头皮对他一篇所谓呕心沥血的新作提了几点意见。

“邹老师,我遵照您的意见修改……”简进谦恭地说。

“行了,我不用再看了,”不知怎的,我忽然克制不住自己,粗暴地打断他说:“你根本不是搞文学的料,修改一百遍也没有用!”

简进一脸窘迫。

“我劝你别白费劲了,把时间和精力拿去搞点别的东西,现在改革开放,干什么不行,偏偏要在文学树上吊死……”

我正口若悬河,忽然发现简进不见了。不知他什么时候偷偷跑了,他一定受不了我的尖刻——管他呢,我继续写我的。

大概是4年之后,我有一天上街取汇款。忽然一辆轿车嘎地在我身边停住,我吓了一跳。车窗里探出一张熟悉而又陌生的面孔,“邹老师,你忘记我啦?”原来是简进！他下了车,热烈地握住我的双手,“邹老师,你真是我的再生父母啊,我真不知如何报答你!”我懵头懵脑的,“我当初痴迷着文学,是你一番话让我迷途知返啊,我真不知如何感激你!”

原来,简进被我批了一通之后,丢掉文学转头卟通跳“海”,现在有了公司有了车,连别墅也有了。不久,简进诚心诚意拿了数万元,帮我出了一套文集。我以恩人自居,但心里不免酸溜溜的。

三

房门上响起持久、顽固的声音，看来我要是不开门，它就是三天三夜也不肯停下来。

会不会是他？好吧，我就是不开门，看你的耐性有多好！

大概15分钟之后，敲门声渐渐弱下去，像一朵云飘散了……

浙江电视台（2001年9月3日）

情醉湖山

刘郎

一

江南，一个动人的字眼，一个秀美的区域。这里，良田无际，河网交错，物产十分丰饶。而位于钱塘江入海口北岸的海盐，恰就是这样一个典型的鱼米之乡。

在过去漫长的岁月中，这一方沃土，原以盛产海盐而闻名遐迩。在海盐做过县令，并以“柴门闻犬吠，风雪夜归人”这样的诗篇而名世的唐代诗人刘长卿，早就在这里留下过这样的句子：“潮声来万井，山色映孤城”。经过沧海桑田的变迁，刘长卿描写过的万千盐井、无数盐田已不复存在，但是，海盐的历史，却特别地注入了一种与其他水乡有所不同的盐的滋味。

这里的山，就仍然沐浴着咸咸的海风，这里的水，就依然闪耀着盐一般的光亮。就说这里的湖吧，也因为海盐的地理与海盐的历史，使人感到它是那般的滋味悠长——

二

南北湖的每一天，都是被一声鸡啼唤醒的。这一声嘹亮的鸡啼，不仅唤醒了清晨，同时，也唤醒了春天。

水中的蝌蚪被唤醒，它们在湖水中欢快地浮游；

村边的菜花被唤醒，它们在阳光下茂然地开放；

花间的蝴蝶被唤醒，它们在春风里尽情飞舞；

山坡的毛笋被唤醒。它们在竹林中破土而生。

这便是我们的南北湖。

粗略一看南北湖，你会觉得，它好像并没有什么不寻常，这里，不过是——周边有青山环护，水岸是村庄围绕，一道长堤，将湖水分成南北，两方明镜，容纳些云影天光。

但如果你已经有过许多天涯行脚，见惯了世上的名山大川，而要进一步发现山水之美的真意，在这里驻足一番，你便会产生一种与在名山胜水中截然不同的感受。真正熟稔那些高贵的艺术殿堂的人，一旦深入民间，发现了一方构思别致的剪纸，一只年久日深的瓷碗，或一块古朴动人的蓝花布，往往会怦然心动，便是这个道理。南北湖，就是这样一种湖，它照样可以入画，可以入诗，但，更可以——入心，因为它离民间最近，离乡土最近，离人，也最近。

明代作家张岱说过，西湖之胜，不在水，而在山。其实，若把这种概括用于南北湖，则更为准确，因为南北湖恰恰是一个山水的系列，恰恰是一种风景的组合，山水山水，只有山，没有水，便显得单调，只有水，没有山便显得空寂。从水面看山，这里的山，有不尽的远近高低，从山上看水，这里的水，有无穷的波光潋滟。因为在这里的山上看水，你能够近看山下之湖，远看钱塘之水，遥看东海之波。与别处的山水更为不同的是，这里的湖，像盐一样地把乡村的质朴，融化在水里；这里的山，又像臂膀一般，把淳厚的民风，揽在了自己的怀中。

三

许多年来，我们这一方秀美的湖山，得到了许多现代文明的恩惠，然而，也许是因了青山的环绕，它的古朴却没有受到现代文明的冲击。所以，南北湖竟依然保持着一种农家山水的本真。

是的，有山水，有田园，有农家，那一番古意便能鲜活起来，鲜活得就像悠悠的湖水。只要你稍加留意，在湖边，在水畔，你便会见到许多久违的景况，这白鹭，这桃花，我们早就熟悉，熟悉于张志和的《渔歌子》。但，那桃花流水毕竟只是古代词人的绮词丽句，而在南北湖这样的地方，你却能实实在在地体会到那美妙宋词的还乡。

真正的田园之美，是人们主观上心灵净化的追求，与客观上宁静安详的融合，是一种非常独特的审美范畴，是一种天人合一的崇高境界，不要以为这普普通通的鸡犬桑麻与瓜棚豆架过于平常，不要以为这疏疏落落的农家山水与低墙短巷司空见惯，设若真正发现田园之美的要义，其实并不简单，从古到今，真正能够发现田园之美，并能写好田园诗歌的作者，从来都是大诗人。

四

古代诗人们曾这样勾勒他们心中最为理想的生活场景："数间茅屋，藏书万卷，投老村家。山中何事，松花酿酒，春水煎茶。"

我们的这一方农家山水，不正是一个最为形象，最为现实的注脚吗？

五

现代生活的节奏，使人类逐渐疏离了美妙的大自然。就在人们蓦然回首的时候，这才发现，是一种本能与天性，竟使人产生了许多的疏离自然的惆怅和回归自然的热望。时下，人们都愿意远离都市，去到名山胜水之中，寻回人类最初的童心。其实，置身于田园诗画之中，才更能够找到人类审美的华年。而在集山水与田园于一身的地方，你将会获得一种更为丰富的感受而情醉湖山。

海盐，这一方古老盐乡的热土，占地并不广，面积并不大，但它却和苏杭二州遥遥相望，占据着天堂一角；南北湖，这一片锦绣农家的山水，群山虽不险，湖水也不深，但它却和潮汐为伴，与江海为邻。而能够使人心灵净化的南北湖啊，恰是这海盐山水的精华。

"昔我往矣，杨柳依依，今我来思，雨雪霏霏。"只要来过一次南北湖，你便一定还会再来。人世间最难割舍的，总是那段情缘。

浙江海盐广播电视局、浙江海盐电视台(2001 年 9 月 17 日)

福海神韵

韩冰　潘秋晨

当曙色从天际弥漫开来，布伦托海在晨曦中泛着神秘的波光，它从雄山大漠中升腾起一片浩荡的水泊，变幻出四季莫测的诱人魅力。它有人们理想中的水草丰美、鱼米满仓，也有传说中的爱情长久、一世安康。这就是沙漠中人们所期待的幸福天国——福海。

每到四月，福海的山山水水在沉睡了一个漫长的冬季之后，开始萌动生命的芽簇……

在中国新疆北部与蒙古国交界处，额尔齐斯河迤逦出境，向北流入北冰洋，而同它平行西流的乌伦古河则流经黄金峡谷——阿尔泰山谷，流经福海，最后注入布伦托海。山流清醒，草木转绿，各种蓬勃的小生命在自然宁静的春光下复苏并忙碌起来……

在乌伦古河谷冬牧场蛰伏了一个冬天的哈萨克人，被春天唤醒了，他们赶着大尾巴羊群，开始向阿尔泰山前的丘陵地带转场。每年的春、秋转场，像一个符号给季节描上了清晰的轮廓。

古老的乌伦古河汇聚了蒙古国境内布尔根河和阿尔泰黄金山南坡青格里河消融的雪水，直奔布伦托海。这山水的雄奇奔放与这片土地上的民族一同构成了它特有的宽博宏厚，而正是这天地间回荡的浩浩灵性，筑就了沙漠中一个令人叹为观止的奇迹——乌伦古湖。

“乌伦古”据说出自蒙古语“云雾”之义，是我国十大内陆淡水湖之一。春天擦拭乌伦古湖宝镜似的冰面，“八百里洞庭”般浩荡的水泊笼罩着缭绕的轻纱。千百年来，就这样静静地横卧在沙海之中。有着被称作“母亲湖”的美誉。

布伦托海真正的魅力在于它的夏天，这时的它既有深居亚欧腹地干旱沙漠区大海的气度，又有内陆湖泊的清丽灵秀。那捉摸不定的神奇，使它时而浩瀚无极，时而婉约多情……沙漠中的人们，对这样一片汪洋的水域，虔诚地惊叹为“天赐之海”！

也许正是上天的恩赐，福海不但水草丰美，而且鱼类和鸟类资源都极为丰富。这里有鱼虾满仓的富饶，有鸟儿栖息、繁衍的自由，更多的是人与自然的和谐统一。几十种鸟类、数万只水鸟群栖群游，毫不惧怕来来往往的人们，不知从什么时候起，这水、鸟、人就这样世世代代与世无争、和睦相处，形成了一个鸟儿的自由王国。

由于十几公里长的沟谷中原始、自然风貌未遭到任何破坏，每年六月至九月间，数百种蝴蝶汇集于此，云蒸霞蔚，神秘莫测的蝶泉谷成为金塔斯草原一道令人惊羡的人间奇景。

由于受西伯利亚冷空气的影响，福海的秋天来得快、来得急。骤然的降温，使沟谷中满树的秋叶纷纷零零。“一叶落而知天下秋”，秋，使一切变得冰清透明，变得高远澄澈。

历史上，福海曾经是众多民族纵马驰骋的战场和牧场，也曾是西域通往中原北大道的交通要塞。游牧人在这些裸露的岩石上刻下他们幸福的回忆，任时间沉淀出恒永不变的草原文化气息。苍穹与大地是如此的贴近，时间，顺着牧人转场的钟摆再次指向秋天。哈萨克人按着季节的方向开始一年中的第二次转场。

秋天平和的阳光拥抱着从容、悠闲的大草原，哈萨克人在忙碌了一个夏天之后，开始在秋天囤积着收获。

秋天，迷离着越走越远，似乎要躲到山的那一边去。渐渐地，只剩下秋风斜倚着平静的乌伦古湖。鸟儿们迟迟的还没有南去，也许是眷顾着家园？也许在搜寻与人类的亲昵？“落霞与孤鹜齐飞，秋水共长天一色”，黄灿灿的芦苇摇曳着烟波浩渺的秋色……

此时的乌伦谷湖安详地紧挨着赫色的山地，雅丹地貌造就了雄奇与柔美的山水融合，山有山的厚重，水有水的飘逸，水天相连，波光粼粼，一碧万顷。天光云影共徘徊，秋天在冬季到来之前绽放出它所有的光彩。晚云在暮霭中低语，当夕阳的最后一抹余晖沉入湖底，夜色已分不清水天一线。桨声灯影、夜阑人静。又把你带到一个千里冰封的雪国。

春天远了，秋天去了，但生命依旧、热情依旧。

哈萨克青年像冬日的太阳，散发着青春的光和热。两个相爱的青年只有接受了乌伦古湖严寒的考验，才能成为世界上最幸福的情侣。零下40摄氏度的严寒使整个福海银装素裹，而哈萨克人对幸福的执著就像冰层下的嫩芽，其乐无穷。

福海冷暖季节的差别很大，冷季长达7至9个月，尽管冬季漫长，却似乎磨砺了人的意志。春的娇美、夏的浪漫、秋的华贵、冬的纯净，可以说福海之美是厚积而薄发的美，它的冬天尤其显出了它的本色。

“宁静以致远，淡泊以明志”，一幅山色有无的水墨画，不着一色已胜似万紫千红。福海的冬天净化了一切色彩，过滤了所有的喧嚣，它把这个3.65万平方公里的世界整个包裹起来，悄悄地为来年酯酿着久蕴的幸福滋味。

超然物我的境界蜕变出原始的永恒，万籁俱静中是春天的祈盼，悄然流淌着生命的律动……

当地的人们爱护着自己的家园，决心使福海永远成为幸福宝地。

人世间的来来往往抵不过大自然的真实永恒，如果寻找的过程是幸福的，那么，福海必定是踏遍千山万水的旅程中，最有神韵的一站。

等待春天的心情是喜悦的，岁月的更迭让我们的追求历久弥新，而生命的欢乐却随着时间的流逝，永无止境……

新疆电视台（2001年9月17日）

天一生水

袁坚 王玮

我恍惚看见自己又走在那些弯弯绕绕的小巷当中，这些夹杂青砖黑瓦的老式民居一间一间地向我身后隐去，小巷的延伸曲折而又悠长。时间应该是江南的梅雨季节，雨丝无声无息地笼罩着一切，笼罩着思绪的蒸腾，散发……

江南是一个偏安于时间逻辑之外的存在，兀自发生着自己的故事。故事的流传总是有着种种的缘由，在这座城市里人们谈论得最多的，是有关于一座藏书楼以及藏书的故事了。

播音员："天一阁，是我国现存中最早的藏书楼，也是世界上最古老的三大藏书楼之一。它始建于明代嘉靖年间，是当时兵部右侍郎范钦的私人藏书楼。天一阁的藏书在中国文化史上有着重要的地位。自清朝康熙年间著名学者黄宗羲撰写《天一阁藏书记》以来，已有许多人士从不同角度对它进行了研究。在天一阁所藏的各类书籍中，有着大量的珍本、孤本和善本，其中最具有代表性的为地方志和登科录。天一阁的主人范钦及其家族为了保存这些藏书……"

很长一段时间里，我经常会在巷子里晃来晃去，漫无目的的，有一种游荡的感觉。巷子里的建筑无一例外的都是些典型的江南民居。雨季来临的时候，巷子里总会弥漫着一股潮湿的气息，并且不断地散发出一阵阵陈旧的霉味。

巷子的尽头兀自座立着一座深宅大院，虽然有些陈旧，但还是很有些气势。斑驳的木门和廊柱表示了这座宅院年代的久远，而门前长久蹲立的两座石头狮子，则一直保持着同样的姿势，漠视着存在的逝去与逝去的存在。

这座宅院有着一个一度让我十分费解的名字，叫做"天一阁"。据说，里面放着一些谁也不许看的书。很长一段时间里，我百思不得其解。

我的床底下曾经有过一些残缺不全的线装书，好像一直以来就留在那里。也许是我对它们不太忠实的缘故，它们对我也一直有所保留。

钱绣芸的故事是我在无意间得到的。大体的意思是：她是清朝嘉庆年间宁波知府的内侄女，因为想读一读天一阁里的书，竟要知府做媒把自己给嫁进了范家。结果是最终也没能看到天一阁里的任何一本书，年纪很轻就死了。

老先生："……可惜啊，那么年轻，她就这样把自己嫁了过去……"

我一直不明白钱绣芸执意要嫁入范家究竟是出于一种什么样的情结，也不知道这一楼藏书对她而言究竟有多么的重要。也许仅仅是为了那一份对书籍无以化解的心结？或许只是为了三生石上曾经有过的一个旧梦？我说不清楚。

终究她还是做了她所能做的一切，把自己嫁进了范家，嫁给了这座楼里藏着的书，或是藏着这些书的楼。

雨季的春天总是有些迷惘，过冬的树叶到了该离去的季节，一片片地从树枝上脱落下来，落在地上，浸湿，无声无息地腐烂……

据说这座宅院的主人一生唯一的嗜好只是藏书，临终的时候，他把自己的财产分成两份由后代的两房挑选：一份是万两白银，另一份则是需要耗费大量钱财保存的一楼藏书。他的长子开口选择了后者，于是范钦便心满意足地死了。

学者："……天一阁的藏书文化可以说是江南文化的一个象征，而范氏家族的族规也几乎和他们的藏书一样的有名。范氏族规的层层建立，同藏书的保存、家族的繁衍几乎也是同步进行的。为了保存这些藏书，范氏的族规采取了当时最严厉的规定：子孙无故开门入阁者，罚不与祭三次；私领亲友入阁及擅开书橱者，罚不与祭一年；擅将藏书借出外房及他姓者，罚不与祭三年；因而典押事故者，除追惩外，永行摈逐，不得与祭……"

也许钱绣芸的愿望一开始就注定不可能得逞，她所做的一切终究也只能是一种徒劳。因为藏书的原始动机到后来已经变得不再单纯，藏书已经成为了一种神圣、一种膜拜、一种荣耀。在此之下，其余的一切都已经变得不再重要，一个女人的愿望则更不重要。

雨季里，床底下线装书潮湿的霉味继续加剧，除去这些霉味变成了我唯一可做的事情。泛黄的书页常常会让我有一种恍恍惚惚的不真实感，好像隔了很久以前的阳光，在黑暗中摇曳，散发……

江南的夜晚依旧还是很安逸。巷子里的路灯屹立在尽头，散发出支离破碎的光芒，宅院门口的石头狮子依然保持着一成不变的姿势，在夜色光线的照耀下，散发出一种颓废的神情……

有关于钱绣芸不能登楼的说法有两种：一种说法是，族规中当时已有一条禁止女子登楼；另一种说法是，她所嫁的那一房在当时已属旁支，没有权力登楼。钱绣芸也许是没有意识到这些问题的严重性，也许从来就没有想过，或许根本就不愿意想。她在范家的日子里所抱的一线希冀，是希望也许终有一天，这些门会因为这个"也许"而一扇一扇地打开……

弯弯曲曲的巷子里继续弥漫着一股往日的沉寂，仿佛很久以前就已经静止了，静止在岁月的终点的沉默当中。

雨季里，雨滴在水洼中荡起一个又一个涟漪……

"我"："这把铜锁有很多年了吧？"

男人："你是说这把锁啊？这是一把老铜锁了，你看上面的做工多少考究啦，一看就是大户人家用的。你看你看，这上面刻的是福寿图，上面刻的是拜寿……"

老式的铜锁表示的应该是一种安定，虽然这样的安定早已是不复存在了，而钝钝的光泽却总会让人觉得有一些压抑。

铜锁在我手里沉甸甸的，一如钱绣芸的心绪，很沉、很沉……

钱绣芸终于死了。终于没能看到天一阁里的任何一本书，郁郁而死。

纤弱的生命周旋于对天一阁的深深渴求，就像翻飞在梦想边缘的纸鸢，竟是那么脆弱。虽然，她已经走得离这座楼这么近……

雨季过去了，脱去了冬叶的树木在阳光的气息下变得茂盛，白云在空中飘荡，野草在雨水浸泡过的朽木上开始疯长……

晒书的工作也到了最后，这些陈年旧书将最后在阳光底下晒上一遍，收回床底，等待来年。

终于，不经意间我触动了冥冥之中的玄机，天一阁名字的来历竟然长久以来就一直隐藏在自己的身边。全部的意思就来自于《易经》中的八个字："天一生水，地六成之"。这句秘咒的所有含义只不过是借水防火，来免除历代藏书者的最大忧患，仅此而已。

原来如此！

老先生：你是……找书啊？

"我"：找一本……这个。

老先生：我查查看……没有了。

"我"：怎么会？……记载上是有的……

老先生：早没了。民国初年，那次小偷进来后，很多很多的书……

那一次，几乎偷去了天一阁一半的珍贵书籍，藏书的失散，从此开始了。范钦的这句秘咒，防住了火，防住了登楼的脚步，防住了钱绣芸，却终究没能防住小偷的手。钱绣芸哀其一生都没能实现的愿望，小偷却轻而易举地实现了。

藏书楼的楼板上只留下了小偷吃剩下的一堆枣核……

过冬的树叶始落殆尽，这些飘零的落叶带着昨日的旧梦在慵懒的春风中轻舞飞扬着，好像隔了茫远的时光再看回去的样子。像似一本断了线的线装书，轻轻地一扯，就散了。只留下了一个意味深长的背影。

岁月在时光的飘荡中继续地延续，曾经的一切都渐渐地散落了，散落在逝去的流逝中。余下的，是曾经的一楼辉煌，以及在一楼辉煌的背后，那一阵阵的苍凉……

导游："游客们，这就是世界三大古老藏书楼之一的天一阁。它也是我们吴越文明的一个骄傲。天一阁建造于明朝的嘉靖年间，是当时的兵部右侍郎范钦的私人藏书楼。里面所藏的珍本，善本和孤本不计其数，以至于清朝乾隆年间编写《四库全书》时，大量的书籍内容都是由天一阁提供的。好，接下来我们到里面去参观一下……"

中央电视台、宁波电视台（2001 年 10 月 15 日）

中国画里的村庄

金好　陆志坚

当我的脚步又一次走过这古风古韵的古桥，当我的双手又一次触摸到这精美绝伦的雕刻，当我的目光又一次停留在这白墙黛瓦的古民居的时候，我的心灵被又一次震撼。四年的大学生活，不仅没有解开我的乡恋情结，反而使这个情结愈发紧扣。今天我又回到了我的家乡，我的徽州，回到了我日思夜想的中国画里的村庄。

【画里村庄的建筑】

白墙黛瓦，错落有致，掩映在皖南的青山秀水之间，一眼望去，真让人有一种走进中国画的冲动。这就是我的徽州。

走进村落，我信步走在一线天的街巷里。那清一色的青石板路，老式的木门板店面，高耸的马头墙屋檐，以及那安放在街头巷尾的石礅、石凳，一切都是那样的亲切、熟悉。

我们徽州的古民居建筑大多都是砖木结构的楼房，显得素雅、端庄。随意走进一家院落，你都会惊喜地发现在那端庄的近似单调的高墙内，竟然是一片生机盎然的天地。花草树木、假山鱼池，都经过精心的构思和布局，勃勃生机中透视着主人的修养品位。透过雕花的漏窗，还能窥见墙外的风景，连那高高的马头墙，也因为顽强地生长着几棵小草，而显得生动、活泼了许多。这马头墙又叫山墙，又叫封火墙，是为防火防盗修建的。听老人说，以前的强盗是不敢进这样的民宅和村落的：一是因为墙高入不了院子；二是因为在高墙与高墙之间形成的青石板小路上，转来转去会找不到出路的。

天井，是徽派建筑的一个重要特征。我们徽州的民宅，整幢房屋很少向外开窗，即便开窗也多是一尺见方的小窗。由于窗户小、光线暗，天井就成了采光的主要设施。当然，天井的开设还有“四水归堂”的说法，让四方之财如天上之水源源不断地通过天井聚集到家中。这是心愿，也是祈祷。

与民宅的小巧精致相比，村庄里的祠堂就要大得多了。作为一个家族祭祀祖先、集会议事的地方，有钱人家是不惜巨资来建造的。几十根粗壮的木桩支撑着宗祠的大厅，就像支撑着家族万世繁衍的血脉。大厅四周的楹联、字幅、牌匾更是治家传世的格言宝典，支撑着家族的人生信念，树立起子孙万代成家创业的信心，鼓励着先人们走出这封闭的山村，从而创造出徽商几百年的辉煌，而辉煌的徽商又走回家乡，带回这文明、这财富、这发达，让我们今天站在这建筑前，感受着几百年的沧桑，感受着先人们的生活创造和艺术创造，感受着这创造过程和结果的久远而醇香。

【画里村庄的雕刻】

寻着一阵悦耳、熟悉的雕凿声，我欣然走进一栋老宅。一位雕刻师正在专心致志地雕刻，那神情、那投入，包括那清脆的雕凿声让我怦然心动。其实，在我们徽州，只要信手推开一扇宅门，你就等于进入了一个雕刻艺术的陈列馆，触目之处全是雕刻。大门门罩上的砖雕、围栏花窗上的石雕、门窗拱梁上的木雕，人称“徽州三雕”。雕山水草木、雕飞禽走兽、雕人物戏文。真可谓无所不有、多姿多彩。

徽州民居的砖雕主要用在门罩门楼上，依照门罩门楼的大小，砖雕图案的取材也是多种多样。但不管取材如何，都无一例外地体现了房子主人求“福”、求“禄”、求“寿”的美好愿望。

石雕的应用比之砖雕更普遍、更宽泛。那高高耸立的牌坊，祠堂门楼前的石鼓、石狮，特别是那各具特色的深院宅巷中的石雕窗和祠堂照壁上的石雕图，或圆或方，或如扇面，或如云朵，无不精雕细刻，把一幢幢古宅雕饰得古朴典雅、文采飞扬。

如果说，三雕是我们徽州文化中的经典，那么，木雕又是三雕中的经典。人称“三雕第一楼”的卢村志诚堂,其精华就是木雕。据记载,当年建造这座楼房,仅木雕一项就耗时二十五年。记得小时候,我只要一有闲空跑到志诚堂看木雕。这里的木雕不仅雕刻工艺精湛绝伦,而且雕刻内容宽泛,有民间传说,有历史人物,有古装戏剧,总之,它就像一部中国历史文化和传统礼仪的教科书,让你在欣赏艺术美的同时,又长了许多知识。

今天,当我再一次站在这精美的雕刻前,再一次触摸着这些凸凹的艺术珍品,我突然有一种打开心窍的兴奋。我除了感叹几百年前的先人们非凡的艺术创造力之外,我更钦佩他们以苦为乐,锲而不舍的人生态度。如果没有他们对生活的强烈感受和热爱,怎么肯花几年甚至几十年的时间于一块木头、一块青砖、一块顽石。而这一木一砖一石或许就是他们的整个人生,整个世界,这里分不清是痛苦还是快乐,分不清是现实还是追求,分不清是艺术还是生活。他们分明就是在雕刻着自己的人生。这些,也许正是我苦苦追求的艺术真谛。

【画里村庄的古桥】

小时候,爷爷给我讲过一个故事:有一条小路,曲曲弯弯地从山村里走出来,走到了新安江,被湍急的江水挡住了脚步。桥来了,背负着小路过了江,送到对岸的绿草地上,让小路又远远地奔向了山外。这座背着小路过江的桥就是徽州古桥。

现存我们徽州境内的古桥,多达一千零五十四座,大都建成于徽商鼎盛的明清时期,是徽州文化中不可多得的人文景观。这些古桥或横跨于崖壁涧溪之上,或长卧于古驿阡陌之中,或点缀在村落的水口园林之内。且造型多样,设计精巧,有拱桥、曲桥、平桥、月桥,更有众多的廊桥、亭桥,真是千姿百态,各呈风格。

徽州古桥以石拱桥为最多。而且使用的石材基本上都是我们徽州的赭石和青磨石。精湛的建筑工艺,特别表现在桥基和桥拱上。水下的桥基大都采用条石码砌,桥拱的结构除了需要精确的计算,还采用了滕汁、糯米粥和石灰搅拌的特殊材料密缝,从而使这上千座徽州古桥,虽经几百年的洪水冲击和风雨洗礼,依然坚固如初、巍然挺立。对于廊桥、亭桥,却是徽州古桥中的典范。在石拱桥上建廊建亭,又在廊亭内打造长条木凳,让桥既可引渡行人,又为行人遮阳避雨,停足歇脚;还增添了建筑工艺上的美感。这种以人为本的人性化、个性化设计,在古老的徽州、在数百年前的古桥建造上,得到了充分的表现。

于是,有多少徽州男人的匆匆步履从这一座座古桥上远去,又有多少徽州女人送别和期盼的眼泪在这古桥旁抛洒。古桥承载了艰辛,也承载了希望。岂不知,这些徽州女人们用泪眼送走的是布衣草鞋的山民,迎来的却是衣锦还乡的徽商,他们把桥当成自己的人生驿站,在家乡不断建桥修桥,还在桥上修建佛龛供奉神灵,以祈求平安,走向富裕。正如现代文学史家唐弢先生所说,桥代表了改变,象征着飞跃,是向前者愿望的化身。

如今,我又站在这背着小路过江的古桥上,用我的心与古桥对话,与历史对话。千百年来,山村里的徽州人正是靠桥的引渡,才能从封闭走向开明,从此岸的荒芜走向彼岸的绿草地。没有桥的引渡,徽州的生命只能停留在衰老的山村。

而我今天也正是在这桥的引渡下,从此岸到彼岸,从今天到历史,从家乡到山外,又从山外走回家乡,走进这白墙黛瓦的皖南,走进这精雕细刻的徽州,走进这浓墨淡彩、积淀深厚的中国画里的村庄。

中央电视台、安徽淮南广播电视局(2001 年 11 月 12 日)

梦幻同里

作者 张抗抗　改编 章一鸣

春天心里总是想着那个叫做同里的江南小镇。它位于太湖东岸，京杭大运河畔，距苏州只十几公里。同里是必须得去的，不然它就像一条波浪中的小船，老是在心里荡来荡去。

终于有机会去了同里。同里镇四周有五湖环绕，江河湖汊天水相连，同里镇就像是浸在水中的一粒珍珠，圆润得使人不忍抚摸……同里镇家家临水，户户通舟，小桥流水人家又被人誉为东方威尼斯。同里镇上的嘉荫堂、崇本堂、世德堂、陈去病故居等庄重古朴的深宅大院以及精巧玲珑的园林小筑，各有千秋，毫不逊色，无一不力透出深厚的文化底蕴，与浓烈的明清宅院的艺术氛围。

同里镇古宅群中，还有被同里人最引为骄傲也被世人竞相传说并无数次进入影视的独一无二的“退思园”呢。

退思园，为光绪年间安徽兵备道任兰生遭贬回乡后所建的私家园林。“退思”二字取“退而思过”之意。因是戴罪思过，那园子必须得有些低头顺眉的小模样，自然是不能如同位在高官时那样张扬跋扈了，自然得打破常规，作出检省内愧的收敛状。这一“思过”，连宅子的方位也整个改向，由纵向变为横向，自西向东一路苦思，左为宅、中为庭、右为园，竟构思出一座别具一格的“贴水筑”，为江南古镇留下了一处颇费后人寻思咂味的别样庭园。

相传任兰生在同治年间官居安徽凤颖六泗兵备道道台兼凤阳关监督。凤阳关监督为肥缺，凡过往商贾都要向他送红包，因此宦囊充盈，方才能在家乡同里镇上兴建这样一座显赫气派的私家宅园。取名“退思园”，只不过制造出一种认罪悔过的假象，专门糊弄皇上罢了。

既是闭门思过，“退思草堂”是不可缺的；贴水近湖，视野开阔，园中山水尽收眼底，心胸仍然豁朗；解甲归田，不在其位不谋其政，自然得有“水芗榭”和“眠云亭”下棋解闷，“揽胜阁”作画；春有“闹红一舸”，夏有“菰雨生凉”的情趣；还有横空出世、八面来风的“天桥”，可令人精神一爽。再有读书思过的“辛台”，抚琴听乐的“二曲桥”，将园主的退休生活，安排得有声有色、滴水不漏。

却因是解职下台，清静中不免寂寞冷清，门前车马日稀，因此，中庭通往园内，泊有一艘旱船，好似一艘正在靠岸的到客船，为园主请来了一批批嘉宾。侧旁的“岁寒居”，正待好友围炉品茗，舞文弄墨，谈古论今，以期有朝一日宦海复出，东山再起。

质朴而秀美的同里，常让人思念。再思同里，却是为了那座名闻遐迩的“退思园”——为什么人们总是要待“退”时才能思过呢？尽管退而思过，当强于退而拒思者百倍，但若在“进取”时，亦能冷静俭省自己，岂不是能避免更多“过错”么？

退思园在江南的雨雾中变得朦胧。退出那个园子以后，我们或许有了一种异样的思绪。同里那片富土也由于退思园的存在，而区别于其他江南小镇，被罩上一层冥思苦想的思辨色彩。

深圳一鸣数码影视工作室(2001年11月12日)

箫

楚楚

那时住在山中。夜，毫无预感毫无缘由地突然箫声就起，远远飘了来，音乐很钝，却一下就刺穿我，令我战栗不已。

箫在音碟中的圆润，那叫音乐。而在这样的山中，又是这样的夜晚，它怎么会是一种乐器呢？我就这样被它走近。它的声音由于山岭起伏的坡度，显得有些滞涩；由于露水与风，它有些潮湿与断续；由于树枝与鸟兽的撕扯，它磨起一道毛边；由于荒冢与夜色，它还沾上几丝诡异之气。等经历这么多周折辗转到我身边，它已不成曲调，不成曲调便又自成曲调，离音乐远，离人却近了。

我找不到这箫声确切的缘起，弄箫何人？但我认定是个男人，是个心灵受过重创，在情感上有着深刻隐痛的男人。

那些日子，那些铺满竹叶的夜晚，我一直被这管箫折磨着，吞噬着，那是痛苦的愉悦，那是无心无欲、旷绝千古的禅境。再没有什么奢侈能超过一人独对一管箫声，我几乎相信这世上只剩下我和箫两个人，甚至连吹箫人都不存在。箫看着我，并透过我看到我身里和身外其余的我；我看着箫，并透过箫的眼睛对红尘视而不见。箫于我，是一种忧郁中的忧郁，如冰在雪中，如紫在紫中。人，总有几处不流血的伤口，在手够不着的地方，是箫替我触摸到它。我相信我是与箫有缘的人，我恣情恣性，淋漓尽致地挥霍我的忧郁。我没有想过来年的这个时候，我的这些心事会在哪里？

失去箫，是在秋凉的时候，仍是猝不及防。它的来与去，都如一道宿命。也许真有其人其事，他在暗夜里舔干了伤口又回到阳光下去了？也许原本就是我的一个幻觉。弄箫者是人是鬼是仙？成了悬疑。在我失去箫的同时，也把自己弄丢了。

夜真的凉下来,心真的空出来。

箫声拂过的那些日子,永远不可能再回来……

“箫”我轻轻读它的音,倒像叹一口气。它的名字天生就是低音的,你无法大声喊它。它是朴素的,淡、雅,一点都不张扬,就像磨砂过的棉布或洗旧的丝绸的质感。但它又是深邃的,不可捉摸的。我甚至觉着应该在焚香沐浴之后,用心而不是用嘴来感觉它。

奇怪的是每次听箫,都闻到一丝苦意,说不清是哪种苦。既像苦丁茶在舌尖的清苦;又有点像割草机刀刃之下青草汁液在鼻端的生苦;更多的时候它离眼睑近,是盈睫泪意的涩苦。

箫的音韵无疑是低调的,甚至有些压抑、喑哑、憔悴。适合独语细吟,即便与古琴琴箫合鸣,也越发显得孤独与清癯。我一向认为低调的乐器才最能与人的心音相和,如箫、如埙、如古琴。记得小时大声呼口号,其实不知喊的什么意思,可是初恋时一个男孩用几乎听不见的声音说出那几个字,我却如遭雷击。才知道什么叫轻声说重话。当我们必须维持高调时,不得不放弃许多精微的东西;而静夜里的低语却能听到整个世界的回应,因为我们用心。我总觉得一管箫比人更懂得在无声中说话,在低语中撼人。

我从未摸过箫。心里有点怵,总觉得那是摸在一个相约了千年,却又从未见过面的、熟稔而又陌生的人身上。我暗自揣测:手感一定有点凉、有点湿、有点浮。

一直藏着一个心愿,就是自己来吹箫。可是,我的身体这样重浊,我如何接近箫?爱看它,爱听它,但我不堪忍受正在被吹奏着的它。我不能想象一个实实在在的人把嘴唇迫近箫时的情景。那简直是亵渎。它圣洁的音孔就只适合留给餐风饮露的世外高人。

这面墙上挂着一把二胡和一管箫。它们的主人是个爱穿黑衣的人。一双黑黑的眼睛,眼睛周围永远围着黑晕。他似乎对这个世界始终漫不经心,心神远坐在影子的边缘。想来日常的事便是“闲拈古帖临池写,静把清樽对竹开”了,否则,飘袂之间,襟袍过处,怎会厚厚薄薄地阵阵墨香?那是芭蕉窗前,端砚边,经史子集,诗书画印里经年浸润才可能养出的书卷气息。他是蕴藉的,也是郁郁寡欢、落落寡合的,即使不穿黑衣,我也能感受到他的悒郁与清寂。一直从骨头里渗出来,即使在白天遇到他,也错觉是在夜里。话很少,低音,但很瓷实。反正冷暖浓淡都是自知的,他似乎有理由沉默,至多用那把二胡说话,也是悒郁的、幽怨的,把金属弦一直嵌到人心尖上去的那种痛。我总觉得他与多年前山中邂逅的箫声有着某种意外的关联,使我暗暗心惊。幸好他从不去碰那管箫,这很合我的心意。即使他就是那个弄箫人,他也不该再去碰昨天的箫。就让它挂在今天的墙上,像个暗语,像个用心交换的默契。

箫,我无法拒绝它真实的存在。

我心中的那管箫,真的要隔着岁月编织的篱笆,隔着空山幽谷,隔着夜,隔着梦,隔着痛听,才好。

也曾溺爱一个青花瓷盏,时常放在手边把玩,一日竟失了手,瞬间化为虚无。这才知道,爱的东西,原是不能放得太近的。

这管箫,我不能再失手。

中央电视台(2001 年 11 月 26 日)

梦萦阿诗玛

杨振昆　胡志刚

我对长湖的向往,不知是始于何时。也许是从早年听到她的许多传说故事开始的;也许是年轻时看那诗一般的电影《阿诗玛》萌生的眷恋之情。但不管怎样,多少年来,关于长湖的梦总是带着神秘而浪漫的色彩萦绕在我的身旁。长湖似乎是有生命的,她的每朵浪花,每块石头都会讲述神奇动人的故事。

关于长湖的起源,彝家是这样传说的:天神古兹不佩服彝家的摔跤英雄努斯玛,便来和他比赛。摔跤开始了,他们粗重的喘气使沙飞石走,天昏地暗;双脚蹬踏地面,响声如雷,使山谷为之震动。但是,三次比赛都以古兹天神失败告终。第一次,他被努斯玛摔倒跌坐在地上,留下一个深塘,以后便形成了圆湖。第二次,他被斜摔在地,砸塌的地方成了月湖。第三次,他被努斯玛高高举起,摔出老远,横身落下,便砸成了长湖。这传说记载着撒尼人民敢与天神搏斗的自豪与骄傲。

长湖的水纹曾录下阿黑与阿诗玛真挚动人的情歌,长湖的湖面曾摄下阿黑与阿诗玛相亲相爱的倩影……长湖在我的心里,就像一面魔镜,会幻化出五颜六色神奇的光彩;长湖在我的心里贮满的不是普通的水,而是圣洁的深情。

长湖离昆明仅一百三十二公里,离石林县城只十五公里。人们常习惯于在别人脚印填满的地方,添上自己的脚印;人们蜂拥到石林,去看变成石头的阿诗玛,却忘记她所热爱的生她养她的故地。

多少年后,当我真正来到长湖边时,我仿佛是来寻找一个早年的梦境,仿佛是走进一个梦想中的天地。

好静呵,周围是出奇的恬静:没有村寨、没有人影、没有尘烟、没有喧嚣。三百米宽、三公里长的洁净透明的湖面雾气蒸腾,甚至看不到一点波浪,听不到一点水声。湖的四周,松林环绕,林中鸟鸣时高时低、时远时近,不时响起,叫得婉转,叫得动听。走在松林和落叶铺成的小路上,脚下响起细碎的沙沙声。林边土路上,似有牛车走过,牛铃声在湖面上久久地回荡,叮咚叮咚的响声,像摇着我走入梦境。

这就是阿诗玛生活过的地方,这水、这村、这山仿佛都藏着一个神秘的故事。湖边怪石奇岩,参差错落,隐没于绿草红花之间,有的像仙翁醉卧,有的如渴牛伏饮,有的似群童嬉戏。四周起伏的山峦中,尤以磨盘山形状独特怪异,它拔地而起,形似磨盘,保护着这洁白无瑕的秀湖。在天光云影共徘徊的湖面上，磨盘山峻峭的倒影时隐时现，平添了几分秀色。一脉山峦像一位身姿优美的少女，安详地躺在守护神脚边。这就是阿诗玛吧？哦，我放轻了脚步，生怕打扰了她的梦境。

久居喧腾烦扰的城市，突然地来到这湖边独处，身心的劳顿都似乎涤静，顿生一种超凡脱俗，羽化成仙之感。我甚至确信阿诗玛就在这山水之间，我想找寻，我想呼唤，阿诗玛，你在哪里？也许她在湖边风拂水摇的芦苇花中，不然，在阳光照射下，怎么竟会闪射出如银似金梦幻般的光彩；也许她在水中晃眼的虹彩里，不然，那随着涟漪漾动的霞光，怎会这般迷人美丽。我似乎找到了我早年的梦境，那不是一个洁白无瑕，恬静安适，没有被打扰，没有被玷污的梦吗？

好静呵，长湖这出奇的静，轻雾般迷漫在我的四周，把我融化了。我多想有更多的人能来分享这梦幻般的时刻，来涤荡那尘浊填满的心胸。但我又怕，怕不安分的人们打破这甜美静谧的梦境，惊扰了阿诗玛的宁静……

中央电视台、中共云南省委宣传部、云南紫金影视艺术广告有限公司（2001 年 11 月 26 日）

汽笛·布鞋·红腰带

陈忠实

一个年过五十的人，依然清晰地记得平生听到的第一声火车汽笛时的情景。

他那时刚刚勒上头一条红腰带。这是家乡人遇到本命年时避灾禳祸乞求福祉的吉祥物。母亲自己纺线、煮染、浆洗、打蜡织成一条红腰带。年三十晚上，母亲叮嘱他天明起来换新衣新裤时系上那根红腰带，他那时只是感到新奇而激动不已，却不能意识到生命历程的第一个十二年将从明天早晨开始……

半年以后，他勒着这根保命带走出了家乡小学所在的小镇，到 30 里外的历史名镇灞桥去报考中学。领着他们去报考的是一位 40 多岁的班主任，姓杜。他是同学中年龄最小个头最矮的一个。

这是一次真正的人生之旅。

同学们谁也没出过远门，一路说说笑笑叽叽嘎嘎。他和老师同学相跟着走，走着走着他感觉脚后跟有点疼，脱下鞋子看了看，鞋底磨透了，脚后跟上淌着血，他穿的是一双早已磨薄了鞋底的旧布鞋。他心情坏了，步子也慢了，他看见杜老师向他招手，他听见同学在前头叫他，他流下泪来，觉得再也撵不上他们了。抬脚触地时的痛楚引发了他内心的卑怯，他没有说明鞋底磨透磨烂的事，他怕那些穿耐磨的胶底鞋的同学笑自己的穷酸。

他已经看不见杜老师率领着的那支小小的赶考队列了。他从路边的杨树上采下一把树叶塞进鞋窝儿，走不出十几米就结束了短暂的美好和幼稚。他又从书包里摸出擦脸用的布巾，用布巾包住一只脚踮着脚尖跛着往前赶，走了一段路程，布巾磨透了，他把布巾倒过来再包到脚上，直到那布巾被踩磨得稀烂。他最后从书包里拿出了课本，一扎一扎撕下来塞进鞋窝……只要能走到考场，他自信可以不需要翻动它们就能考中。纸张更经不住砂石的蹭磨，直到课本被撕光，走进考场的最后一丝勇气终于断灭了。伟大的转机在他完全崩溃刚刚坐下的时候发生了，他听到了一声火车汽笛的嘶鸣。

他被震得从路边的地上弹跳起来。他慌乱不知所措而茫然四顾，终于看见一列呼啸奔驰而来的火车。这是他平生第一次看见火车。列车从他眼前的原野上飞驰而过，启开的窗户晃过模糊的男人或女人的脸，还有一个男孩的脸。他无法理解火车以及坐在飞驰的火车车厢的人是什么滋味儿？坐在火车上的人瞧见一个穿着磨透了鞋底磨破了脚跟的乡村娃子会是怎样的眼光？尤其是那个和他年岁相仿已坐着火车旅行的男孩？

天哪！这世界上有那么多人坐着火车跑而根本不用双脚走路！他用双脚赶路却穿着一双磨穿了底磨烂了脚后跟的布鞋一步一蹭地踯躅！似乎有一股无形的神力从生命的那个象征部位腾起，穿过勒着红腰带的腹部冲进胸膛又冲上脑顶，他无端地愤怒了，一切朦胧的或明晰的感觉凝结成一句，不能永远穿着没后跟的破布鞋走路……他把残留在鞋窝里的烂布绺烂树叶纸屑腾光倒净，咬着牙重新举步，走过一阵儿竟然奇迹般的不疼了，似乎越磨越烂得深的脚后跟不是属于他的，而是属于另一个怯懦鬼的。他终于赶上了老师和同学，却依然不让他们看他惨不堪睹的脚后跟。

在那场十年浩劫发生时，他正好勒上第二条红腰带开始第三轮十二年的时候。他所钟情的文学在刚刚发出处女作便夭折了，家庭的灾难也接踵而至，很快便觉得进入绝境而看不出任何希望，给他力量的便是他曾经听到的发自生命内部的那一声汽笛的鸣叫……

在他勒上第三条红腰带开始生命年轮的第四个十二年的时候，又遭遇到一次重大的挫折。他曾想告别政坛也告别文学，重新回到学校做一名乡村教师。在那个人生重大抉择的重要关头，他不仅又一次听到了那声汽笛，而且想到了那双磨透了鞋底磨烂了脚跟的布鞋。有什么可畏惧的呢？

后来他成为一个作家，这个作家已过“知天命”之年，回顾整个生命历程的时候，所有经过的欢乐已不再成为欢乐，所有经历的苦难挫折引起的痛苦亦不再是痛苦，变成了只有自己可以理解的生命体验，剩下的还有储存于生命磁带上的汽笛鸣叫和一双磨了底的布鞋。

他想给进入花季刚刚勒上头一条或第二条红腰带的朋友致以祝贺，无论往后的生命历程中遇到怎样的挫折怎样的委屈怎样的龌龊，不要动摇也不必辩解，走你认定了的路吧！因为任何动摇包括辩解，都会耗费心力耗费时间耗费生命，不要耽搁了自己的行程。

西安有线广播电视台（2001 年 12 月 10 日）

寻人

李钢

这个夏天快要过完的时候,有个人从世间的另一处给我寄来一封信。信上说他在那个地方待了许多年,现在病了、咳嗽着,恐怕没有什么指望了,希望我能去看看他。因为,我是他唯一能够想得起来的早年的朋友。这个人可能是我以前的同学或者同事、或者战友。总之,我无论如何也想不起来他的模样,记不清何年何月跟他在一块儿干过些什么。只是依稀记得信上所署的这个名字。我不知他从哪儿搞到我现在的地址,这封信在路上走了很多天,因为他待的那地方很偏远,也很冷。信送到我手中时,上面的每一个字还都是凉的。我好像没费什么心思就做出了选择。在抽了一阵烟、踱了几趟方步之后,我决定打点行装,去看看这个对我来说几乎陌生的人。

命运——在火车上,我不知为何一直琢磨着这个词。火车跑起来有一种光阴似箭的感觉,把千山万水抛在了身后,就像我们把一生的许多好时光,抛在了身后一样快、一样干净。我几经辗转,来到了我要找的人信上所说的地址。那是荒远地带的一家路边旅店,有低矮的院落、杨树、太阳和狗叫。我推开了门,屋内空着,没有人躺在床上咳嗽,被窝胡乱地卷起,桌上扔着几块矿石。一切凌乱而简陋。很显然,这个人走了。在这家旅店病了一阵之后,他又健康起来。他选定的归宿成了他又一个起点。一只灯泡从梁上垂下来,像这间屋子唯一的眼睛。它大概见过我要找的人和信上描述的情景。但现在是白天,灯睡了。我第一次发现,

灯泡在睡着的时候也是瞪着的。现在我的旅行一下子变成了自我放逐。我要找的这个人是我的目标,但这个目标是移动的,看不见、摸不着、只是心里觉得有。我向周围的人打听,有人见过他、有人没见过他、有人说根本就没有这样一个人,也有人告诉我,这是一个飘忽不定的人,许多年以来在许多地方出现、用许多种方式活着。他和我隔着一段距离,是远是近我不知道,但我必须不停地去寻找。有几天,我钻进了很深的煤井,井下黑洞洞的、古老原始、闷而潮湿,感觉像另一个世界、像死了一回、又像回到母亲的子宫。庄严与神圣包围了我。厚实的煤层下、黑暗之中,我被久久酝酿、塑造。在某个时辰,我和煤块一道被运出了地面。一切都那么新鲜。色彩、空气、阳光缭乱耀眼。那是一种重诞的感觉。

我从很咸的地方走过。这里产盐,盐铺在地面上、路基旁,看上去像积雪不化,脚踏着走却像踏着厚实的冰。盐比冰更坚硬,人走过去不会留下脚印。和凝重的盐层相比,人的脚印显得多么轻浮。盐和冰雪都是有经历的物体,它们在结形之时都选择了冷峻的白色,我的头发也选

择了白色。无论如何,这个人的存在,对于我就是一种暗示。那封偶然的信是让我无法回避的召唤。这个人在前方不断消失,在他的后面,我出现了。我和他好像在进行着一场生命的接力。在一间屋子里,我看到了我要找的人留下的痕迹。他用棋子复述了一遍自己的经历,或者说,摆弄了一次别人的命运。这个人总在前方,把完全陌生的世界留给我、把不曾见识过的生活留给我、把变幻无常的气候留给我。某个早晨,我面临海一般宽阔的大湖,浩渺的湖水如同湛蓝色的大寂寞,太阳从云层中投下巨大的光柱,在湖面划出一道炫目的亮线。我感到体内压抑着的最本质的生命力被激活了,我产生了跋涉的愿望、奔波的冲动。从现在起,我不是过客,我是生活者。湖岸上,大片的油菜花怒放,黄得浩浩荡荡,仿佛辉煌时期的爱情。我知道,在旅游者的眼中,这是让人神魂颠倒的风景。但我不是游人,我是生活者。生活者的路途上没有风景。我已经不是原来的我,从前复杂的我如今已变得简单,从前单调的生活现在已变得复杂、面目全非。

当我确定自己为生活者后,一切经历都变成了生活。我的生活——一个人的生活。大漠荒野之上,秋天滚滚而来、无边无际。它是我今生见过的最庞大的季节。正是我的孤独支持着我在秋天中穿行。我尝试了各种各样的活法:有时像骆驼一样活着、有时像骆驼草一样活着。我从庄稼地中穿过。我伸手抚摸庄稼的穗子,庄稼摇摆着。它们一定以为是风的手在拂动。庄稼站立在泥里,对于它们来说,我就是风,一掠而过,比它们孤独。庄稼在泥里站了一生,它们长得不好,但仍然活了下来。在这个秋天,金黄了、熟了。我停下步履,庄稼的一生深深打动了我。我走在风中、走在雨中。冰凉的雨滴打在脖子上,让我清醒地意识到:

我正行走在泥泞的现实而非梦境。我知道前方有他,他却不知道身后有我。失去他,我的行走就变得漫无目的;而寻找他,我的一举一动却仿佛是被谁暗中操纵、牵制、摆弄。这个人随时都在我视而不见之处。对于我,他辽阔得像世界、重要得如同人生意义、神秘得仿佛不可捉摸的命运。回首从前,恍若隔世。

大雨之后的一个夜晚,月亮升了起来,我鬼使神差地走回我要找的人住过的那家旅店。我一身疲惫,栽倒在他躺过的床上,忽然产生了强烈的想要写信的念头。我在床头褥子下发现了一支笔、一个信封,抽出信瓤来看,是一张没有写过字的白纸,像是事先就为我准备好了的。我心里猛地一惊,当初躺在这里的这个人,莫非早就知道我会有同他一样的心情。从他到我,莫非正是一个轮回。夜半时分,我恍惚看见对面床上躺着一个人、咳嗽着。我知道这是一个幻觉,只是不知道,幻觉中出现的这个人是他还是我自己。

我不知道,下一个轮回又是谁。

中央电视台(2001 年 12 月 24 日)

山色销魂

李钢

让我跟随　不定向的山风去吧
脚踏永不回头的路
姓名和身世都留在山外
从此在我云游的地方
总会甩下　一串响叶杨的笑
山这么高　我太渺小
一旦融进山中　我就会有足够的日子　任风挥霍
许多自由自在的日子　落在泥土里
裸着叶脉的日子　我的生命　也将生出细致的年轮
我不是独自一人　还有隐居的秋
一旦融进山中　满山遍野　像散漫的红发的巴族部落
涧水随意敲响　有韵的山　敲出飞禽和兽影
两岸隐约着　来度蜜月的流霞
涧中洗浴的大卵石　是染上洁癖的谪星
还有我　我是哑掉的歌人
久久不能开启　缄默的嘴唇
因一张口　长鳞的诗句　就会跳到涧水重游
石壁上　垂下冷峭的天气
静静地看你　你每一种媚态　都是野生的
时间长了我也要回家　不回原来的那个
我和你　去做潮湿地带的菌子
或到一片黄栌叶上　做贪食秋色的　两条打嗝儿的毛毛虫
我承认　我被城市惯得很坏了
也泛情　也任性
唯独面对你时　却不敢莽动
你有太透明的纯洁　流动着的纯洁

倘若我失脚跌入　必会放弃挣扎　做心甘情愿的溺水者
而如果我俯身去饮
那就只需浅浅的一口　便可教人忘记归途
终生守在这河畔　头上长出好看的鹿角
这山色　因你的善绣而多变
树红着那种蛊人的红
天蓝得　足以让汉子掉泪
还有随处的草　卧一会儿　就能将身染绿
连风也是很斑斓的　像独行的山侠　冷不丁地　从灌木丛中跳出来
一下子便掠走　我所有的往事
那你就收留我在此　过仙一样流浪的日子
和你仙一样地聚会　仙一样地散
这山色原是很可人的　可餐　可听　可穿戴　可以搂着共眠
绝尘的峰顶　挺拔着离世的山毛榉林
仿佛贵族站在末日之端　依旧傲慢又优雅
仿佛散发的黄衣隐士　只爱秋的高旷
嗅着斜阳　掷着星子　结交一些漫游的云
而把人这种动物　抛到了很远的山外
我虽跋涉来此
隔一条小河　与遍山棘藜　路也无法靠近
许是林间容不得都市的俗气
在这世袭的树的领地　我只配仰视　像个随时听候吩咐的小厮
我欲留在此为伴　一生选择牧放
当我挥动鞭子　四周便响起　美丽情绪的蹄声

中央电视台(2002 年 1 月 7 日)

太爷

国风

人到了中年就爱做梦，常常梦见过去的人和事，尤其是童年的事，我近来就常常梦见我的曾祖父。

我们那地方把曾祖父叫太爷。我们的家，是一个大家庭，方圆几十里，上千户人家都是一个姓，曾出过好几个进士，太爷20岁就成了秀才，他是清朝的最后一科秀才，也是我们这个家庭的最后一个秀才。

对太爷最早的记忆可以追溯到我3岁的时候，那时他已经70多岁了，在我的记忆中他是一个高个、清瘦、穿一身灰色棉袍、拖一条长辫子，白须飘然的威严长者。家里的人，包括爷爷都非常怕他，村里的大人小孩也都怕他。看见他走过来，都一哄而散，躲得远远地瞧着他，而他总是若无其事，不紧不慢地走他的路，对周围的事连看也不看一眼。太爷既是村里的长者，也是村里的智者，有什么大事，人们都要请他指点。谁家闹家务，也请他去断公平。而经他裁决的事，大家都很服气。

我们那个地方自然条件很差，素有"陇中苦瘠，甲于天下"之称。人厚道、朴实，在外面的信誉很好，和人打交道人家觉得可靠。我们那地方的人还有两个爱好：一是爱干净。穷归穷，但家家都收拾得窗明几净，人出门也是利利索索，每天早晨一起来，每家人都先忙着打扫卫生，房前屋后，里里外外，都收拾得整整齐齐，如果谁家脏和乱，就不敢接待客人，让客人看见了，就感到是一件丢脸的事。第二是崇尚文化。家家都重视让孩子读书，学有所成。谁家如果祖上出举人、秀才，认为是很光荣的事，谁家的孩子如果考上大学，或者上研究生、博士，父母亲就感到非常自豪，到处夸耀，比赚多少钱看得重要多了。村里人谁有学问，谁字写得好，是非常受人尊重的。每年过春节，家家都写春联，贴对联，而且互相登门串户，看谁家的对联写得好，字写得好。我们家就有一副对联，上联是"地瘦多栽树"，下联是"家贫勤读书"。据说是乾隆爷的御笔，也成了我们的"族训"。这副对联由太爷亲自保管着，只有在每年全族人祭祖时在祠堂里摆一会儿。村里人都爱听太爷讲故事，当然只有少数在村里有名望的人才能听到他讲，据说有一次，太爷讲了三天三夜还没有把带木字旁的字讲完，由此便得了"木头圣人"的称谓。

北方乡间流行着一个习俗，孩子满一岁时要过"周岁"，这天有一个仪式，就是端一个盘子，里面放着刀、笔、锄、秤等小模型让孩子抓，抓到什么就预示着孩子在那方面有灵性，将来就可能是干什么的。我作为长孙，当然也经历了这场预测。据妈妈说，盘子摆到我面前时，我一眼就盯着笔不放，当然就抓了笔，这着实令全家人高兴了一番，太爷说这孩子“性灵”，是个读书人。

自然，我的第一个启蒙老师就是太爷了。4岁时，太爷就开始在堂屋里给我上课，5岁开始背“千家诗”、“唐诗三百首”，到7岁上小学时，我已经能背好多古诗文，能一字不漏地背下《滕王阁序》和二百多行的《离骚》，可以看竖版繁体字的古典小说了。太爷教书的办法很特别，他不给你讲意思，也不给你看书，只是让你背，他背一句，你背一句，然后两句三句四句这样连着背，整篇背下来后，他才给你书，让你认字，然后又默写。太爷有一句名言，就是：“书读百遍，其义自见”。以致后来上学后，背课文对我来说简直是易如反掌。老师和同学们都佩服我的记忆力，殊不知，我是从4岁就开始修炼才有的这身功夫，这应该是太爷的功劳。

奇怪的是，上小学后太爷再也不教我学习古文了，也从来不过问我的功课怎样。但由于他对我的启蒙教育，使我打下了坚实的基础，也培养了我读书的兴趣。我的功课成绩一直很好，每次期末考试以后，妈妈都让我拿着成绩单给太爷看，太爷每次都看得很仔细，看了一遍过一会儿再看，但他从来没有说过一句表扬我的话，只是让我吃饭时坐在他身边。我看得出来，他心里是高兴的。

由于爸爸、妈妈在省城做事，上中学时，我便随他们到城里读书，从此，就很少见到太爷了。城里离老家很远，来回要花很多钱，所以我很少回家，直到我要上大学的那个暑假，才得以回去看看他老人家，这已经是四年以后的事了。我给太爷带了龙井茶和绿豆糕。太爷见到我，拉着我的手，微微地含笑，嘴里还是喃喃地说着那句老话：“平平（我的乳名）性灵，是个读书人”。这时太爷已经不能下床，只能倚着被子坐会儿，他让我从他的书柜里拿出一个小布包，他亲手抖抖索索地打开，把里面仅有的100元钱和50斤粮票递到我的手里。望着太爷饱经沧桑的神态，我的心里一阵酸楚。太爷近来常常神志不清，恐怕是不久就要走了。

两年后，我已经是大学二年级的学生了。一天，爸爸来到学校说爷爷捎话来，太爷病危，恐怕没有几天时间了。第二天，爸爸就回了老家，那几天，我每天心里都忐忑不安，夜夜做梦，梦见太爷威严的眼神，梦见太爷给我上课的情景，梦见他在喊着我的名字……有时半夜惊醒，不禁汗涔涔而泪潸潸。噩耗终于未能幸免。一个星期后，爸爸从老家回来告诉了太爷去世的消息。爸爸说，太爷去世前精神很好，太爷临走时的最后一句话念叨我，问我还有几年就该娶媳妇了。世上最真诚的爱莫过于心的牵挂，我第一次当着父亲的面放声大哭。

太爷是前清的最后一科秀才，享年88岁。

西安电视台（2002年1月7日）

昆仑采玉人

刘湘晨

在距今一亿多年前,欧亚板块与印度洋板块碰撞,昆仑山是青藏高原隆起的第一幕。一系列的地壳运动给这个世界创造了一种美丽的东西,人们将它称作玉。人类第一个使用玉的人打磨了一面玉斧器,那是一个夕辉飘荡的午后,距今一万两千余年。

采玉人脚下没有路,只有黄羊过往留下的蹄子印。这一年,相继已有七个人,到这儿看了一眼,掉头背着行李走了。留下的人,将终生托付给大山,这儿是他们梦想开始的地方。

雪窝子里抱回来的小狼两个月大了,厨师蒸上第一锅馒头,山里的汉子们陆续钻出了帐篷,这是小狼最兴奋的时候。

近些年来,来自四川、河南、山东、甘肃各地的民工进了山,昆仑山四周的农民也撂下了砍土镘把子,吃着山上沸点过低永远也蒸不熟的馒头,心里是攒了几辈子人的想法。

在大家伙儿喝着酽茶吃馒头的时候,最初把小狼抱回来的奴尔没吃。山下的女儿远,小狼成了他的另一个女儿,只是让一个久在大山的父亲更揪心。

这一年,昆仑山上的雨雪盛,一下二三十天,活了 80 岁的人也少见。采玉人蜷在帐篷里出不去,雨雪落地流成河,十天前送菜就该来的驴队到今天也没有踪影。

库尔班是地道的昆仑山土著,自小跟着爷爷在如今他采玉的这些地方放羊。到这一年年底,同村的古丽曼热娜将和他成亲,两年之后能买一辆摩托车,可以驮着村里各家的羊皮出去卖,这个想法使他山里的每一天都不寻常。

昆仑山五月开冻,到了九月,离大雪再封山的日子就不远了。在整个夏季,库尔班用了所有的空闲时间磨这个心形的玉坠,终于等到下山的这一天,山下是家的方向,一步一步走下去,山道的难行和五十公斤的玉石也挡不住一个归去的念头。

九月的初雪一过,昆仑山所有的玉矿都开始往山下运玉石。海拔最高的海尼拉克矿没有牲口走的路,只有靠人工往下背,脚下的每一步都是对命运的叩击。

这一年,阿勒玛斯矿开采了一吨多玉石,最大的一块 180 公斤,昆仑山山地找不到一头能驮动的骡子和驴,只能由人往山下抬。估计,这段路要走 5 天。

从昆仑山各个玉矿运下来的玉石先由人工背两天,再转由驴队驮三天,才能运到昆仑山可以通公路的第一个村子。这条大道连接着城市,连接着中国几乎每一个人口稍微密集一点的地方。在较为久远的年代，这条路被称作“玉石之路”，比后来著名的“丝绸之路”还要早两千年！这条大道上流动着一种有着美丽光泽的东西，犹如血液在血脉中流淌，从久远的史前一直到今天，人们将它称作“和田玉”。

中央电视台(2002 年 1 月 21 日)

电视文学节目2002年

笛　　声

胡念邦

有一种笛声已经被我遗忘很久了，是中国的竹笛，又短又细的那种，不是舞台上的表演，是30多年以前，在深秋和初冬的夜晚，在冷清的门洞里，一个少年面对着寂寥的夜空，面对着荒凉的街道在吹奏。

这是一条贫民聚居的老街，在这条街上发生的每一个故事几乎都源自贫穷。

我就是在这条街上度过了我的童年、度过了我的少年、度过了我的青年。在这里我尝受过饥饿、尝受过寒冷、还尝受过被剥夺被遗弃的那种伤痛，同时我还享用过另外一种东西。也许可以说，我所享用的是生活里温馨的那一部分，可这样说显然远远不够。很久以后我才知道，这种东西我很难说清楚，我只有在老街才能享用到它。

夜晚是从家家户户简陋的晚饭开始的。在这条街上，每家每户的食谱几乎都是一样的。每一棵白菜、每一块豆腐、每一滴花生油、每一两玉米面，都是定量供给。可越是这样，我们越是重视对饭菜的品尝。我们总是郑重其事地以极其认真的态度，来做来吃这顿清汤寡水的晚饭。常常饭还没有吃完，天就完全黑了下来。拉亮十五瓦的电灯，挂上厚厚的缀着补丁的棉窗帘，这样家与外部世界似乎就完全隔离开了。不用出门，我也会想象出屋外的荒寒。阒无一人的街道、孤零零的路灯、幽暗的街角一只猫倏忽而过，所有的门窗在沉睡。深夜在八点钟就已经来临了。

就在这时，突然响起了笛声。这笛声不做任何试探，只第一声就穿透了冷冻的空气，紧接着一连串响亮、短促、跳跃着的音符组合成欢快的旋律，沿着斑驳的墙壁盘旋而上，响彻了老街空旷而灰白的天空。这是那首著名的民乐曲《喜洋洋》。随着欢快的乐曲，一种崭新的洋溢着喜悦气氛的生活骤然间自天而降。老街一下子被这种生活照得明亮通透，仿佛到处是喜气洋洋的喧闹声，有许多人正欢笑着拥向街头。这笛声在房屋与街面之间、在台阶与墙角之间、在树与树之间自由婉转地回响。这笛声把老街带入了一个神奇之境。乐曲起始的快板像是轻捷的风，在沉寂的院落吹动、在衰败的门洞吹动，吹拂着老槐树干枯的枝条。随后乐曲转入慢板，像是温暖的手轻轻抚摸着破旧的门窗、抚摸着暗淡的灯光、抚摸着老街夜晚的落寞与荒凉。

这是住在和兴里大杂院里的三胜吹的。三胜总是在这样的时刻吹笛子。我不记得他在别的时候吹过笛子,在春天、在夏天、在清晨、在整个白天,我都没有听他吹过笛子,他只在深秋的夜晚和初冬的夜晚吹。在这种季节,几乎每一个晚上,这个矮个子少年准时走出他那不足十平方米的拥挤不堪的家,走下陡峭阴暗的楼梯,站在和兴里冷清的门洞口吹笛子。他从来没有吹过别的曲子,他只吹《喜洋洋》。他每天晚上反复吹奏的只是这支曲子。我至今不知道,三胜为什么只在这样的晚上吹笛子,他为什么只吹这一支曲子。住在这条街的人们都喜欢这笛声。邻居们当着三胜的面对他的吹奏夸赞不已。如果有一个晚上听不到他的笛声,就会有人去问他。

三胜用他灵巧的嘴唇和双手,用一根小小的竹笛,营造出一种非现实的欢乐情绪,契和了老街某种深在的生活感情。这笛声传达出了无望之中的盼望、破灭之后的梦想。也许没有谁会意识到这一点,然而欢乐的生活情绪无疑是老街人们每时每刻的所想所求,哪怕只是一晚上、只是一小时,哪怕只是来自一首乐曲的些许抚慰,也足以让他们品味生活的美好。老街的邻居们,请原谅我说起这一切。

每天晚上我都等待这笛声,倾听这笛声,不仅仅是因为没有娱乐、没有书读的日子太枯干。我从这笛声中还听到了另外一种声音,尤其是当笛声停止、无边无际的空旷重又在老街降临时,这种声音就在我心里嘹亮起来。我始终说不清楚这是一种什么声音。

听着悠扬的笛声,母亲在默默做着手工活,缝制出口的高级羊皮手套。昏黄的灯光把她瘦弱的身影映照在窗帘上。她的手指已经变形,她终日操劳不停,日复一日、年复一年。我不知道今天晚上老街的窗户上映照出多少母亲劳碌的身影,可我知道这条街上所有的母亲都和我的母亲一样,一直在坚韧地生活着。

漫长的贫困日子早已断绝了人们追求物质的欲念,生活的全部意义只在于质朴、在于平和、在于道德、在于真情。这种源自本性的生活让人们纯朴善良、相濡以沫。他们对未来的憧憬更多的是内心美好感情的实现,而不是外部生活利益的获得。老街的母亲们大多不识字,没有正式工作,孩子长大是支撑她们顽强生活下去的唯一情感希望,也是她们唯一美好的追求。尽管每天都要为吃穿的最低需要苦苦筹划,她们却从不奢求物质富有,只期待感情的回报。她们营养不良的面孔、她们不知疲累的脚步、她们不甘示弱的笑声、她们对孩子殷切地呼唤,全部化作了浓郁醇厚的气息,整日整夜弥漫在这条苍老的街道上。这是我们生活历史中不会再有的一代母亲伟大生命的气息。即使后来我离开了这条街,离开了这座城市,老街的气息却从来没有离开过我。在那些空洞的岁月里,是这气息在庇护着老街的孩子、滋养着老街的孩子、引导着老街的孩子,让他们懂得在命运面前什么最珍贵。

寂寞的夜晚,苍凉的街道,我的老街正如诗句里所说的那样是"天空的一道伤口"。三胜——这个在贫穷中长大的孩子面对着这道伤口在吹笛子。

我也曾经是老街的孩子,可今天我已经不能再回到老街。老街早就被拆毁了。房地产开发商把街道两旁的房屋树木消灭之后,又盖了一栋巨大的高楼。那曾经飘散着母亲气息的街道空间,如今全部变成了可以出售的建筑面积。那条街道永远消失了、那些气息永远消逝了,我再也看不到它们了。老街的邻居们都住进了高层商品楼,三胜也不知到哪里去了。

老街的笛声并没有离弃我,如今听到这沿着岁月的街道传来的笛声,我明白了被我当初享用而现在已经失去的是什么。当我走过一条条灯火辉煌、高楼林立陌生的宽阔大街,满怀疲惫地走进家门，在我把脸伏向枕头的那一瞬间，我就又回到了老街，听到了那消逝已久的遥远的笛声。这笛声如今听来，又孤独、又忧伤……

青岛电视台(2002 年 3 月 18 日)

以母亲的名义

王耀成

一个乍暖还寒的春日，一位白发老人从香港回到阔别多年的故乡。他探视了祖居，祭扫了祖坟。祖居门前的小河，流逝了他的童年；熟稔的家门口，不见了依门翘望的亲娘……在母亲的坟前他默默伫立，一任思绪如雪白的发丝在春风中飞舞。

12 岁那年，他要到离家十几里的学校寄读去了，母亲送他到门口，走出很远很远了，他回过头去，母亲还在门前凝望。记得每逢清明假、寒暑假回到家里，母亲头一件事就是给他洗脚。母亲的洗脚水总是不冷也不烫，母亲的手总是那么柔柔的、轻轻的、痒丝丝的，没有再比母亲洗脚更熨帖、更舒服的了。

已经记不清母亲给他洗过多少次脚了，但他永远不会忘记母亲最后一次给他洗脚的情形。22 岁那年远行归来，他不好意思再叫母亲给他洗脚，但是母亲不由分说把他的双脚按在暖融融的脚盆里——在母亲跟前，再大的儿子也是儿子啊！

可是就在那年春上，母亲去世了，年仅 40 岁。那时他出门学生意已经 8 年了，正当可以报答养育之恩的年岁呵，怎奈“子欲养而亲不待”，母亲撒手去了。从此，他一别故乡，浪迹天涯几十年。然而，不管闯荡世界的他身在地球的哪一方，故乡那条穿镇而过的小河总像血脉一样在他心中流淌，在那记忆之中的母亲河上，飘摇着他的生命之舟。

这以后，他的事业获得了成功。他有了满堂的儿孙、有了轿车、有了别墅、有了名誉、有了地位……别人有的，他都有了；人生应该有的，他都有了。但是在他内心深处的一角，始终还空缺着一块，那是一种无法补偿的深深的遗憾。晚年的他，伫立在香港玫瑰新村 18 层的公寓阳台上，眼望着繁华的维多利亚港，心中却每每想起祖国大陆的老家，想起乡下外婆家，想起那个叫作团桥的浙东小镇……而每一想到母亲就不禁潸然泪下。他千百次地默想着、幻觉着，要是上苍能够赐给他为母亲洗一次脚的机会，什么样的代价他都会毫不犹豫地答应——一次，哪怕就一次！

又是一个春天，他带着这份深深的遗憾，再次来到昔日外婆家的小镇。走过那座童年的小桥,就是他最初的母校。母校年久失修,教室漏雨。家乡想造一幢新教学楼,但苦于缺乏资金。他冒雨考察了母校,决定出资重建。

新楼在6个月之后顺利落成。但就在即将举行落成典礼的时候,却遇到一个难题:乡亲们为了永久纪念他的善举,要求以他的名字“赵安中”命名新楼。但是他坚决地谢绝了,因为他压根就没想过要为自己扬名。

两难之际,镇上的老人想起了这样一段往事:

在上一个世纪的初叶,就在这所寺庙改建的小学刚刚兴办起来的时候,有一个年轻的女孩子也兴高采烈地走过了这座小桥,走进了课堂。但是仅仅29天之后,这女孩便失学了,带着失望,带着哀怨和无奈,又从这座小桥退回到了“女子无才便是德”的老路……这个有着不平凡求学经历的普通女子名叫林杏琴,她是这所学堂创始人林炳荣先生的女儿,也就是如今秋霜满鬓的安中老人的母亲!人们提议:为了缅怀并告慰这位早年失学的慈母,就把新楼命名为“林杏琴教学楼”吧!在乡亲们热切的眼光中,老人点头默许了。

乡人提及的旧事激起了他心中的波澜,他忽然明白了母亲给他洗脚时那深深的目光,那里面包含的,是一个渴盼知识的母亲对于求学幼子的热望,是延伸了一代的殷殷寄托。在过去的60多个春秋里,他都没有读懂,而现在,他终于领悟了,他要竭尽所能,去完成母亲这从未言传的夙愿。

浸润万物的缠绵春雨勾起了他无尽的思念,也萌发了潜藏在他心中的希望的种子:以母亲的名义,尽自己的财力所及,在故乡的贫困山村建造一批教学楼,让像母亲小时候一样的孩子都有书可读,让像母亲一样望子成龙的慈母实现梦想,不正可以告慰母亲于九泉之下,实现母亲未遂的心愿吗?

就从那个春天开始,他每年春秋两季都要回乡。匆匆到母亲坟前祭扫一番之后,就在市县领导的陪同下,跋涉于山区、海岛,考察贫困乡村的教育状况,确定一批批新的捐建项目。就从母校第一幢“林杏琴教学楼”开始,在四明山革命老区、在象山半岛的渔村,第五幢、第十幢“林杏琴教学楼”相继落成;在浙江温州、丽水、金华的贫困山村,第五十幢、第一百幢“林杏琴教学楼”拔地而起;在长城脚下朔北塞外的国家级贫困县,第一百零一幢,第一百零五幢“林杏琴教学楼”巍然耸立……16年来,他卖掉了在美国和加拿大的房产,几乎用尽了毕生的积蓄,在国内省内捐建教育项目123个,捐款总额超过5000万人民币。林杏琴,一个普通母亲的名字,被一百多次化成金光闪闪的大字出现在世人面前。

在贫困的河北滦平山区,“林杏琴教学楼”被称为全乡第一楼;在许多山乡,“林杏琴教学楼”是当地最漂亮的建筑,甚至男女青年结婚的时候,往往要在“林杏琴”这个名字下留个影。而数以万计、十万计的少年儿童,在一百多幢明亮的“林杏琴教学楼”里,沐浴着一个本与他们无缘无故的、去世已经60余年的普通母亲给他们带来的恩泽。

又是一年春草绿。84岁的赵安中老先生,再一次回到故乡,再一次来到母亲的坟前。与16年前初次回乡不同,现在他觉得可以稍稍告慰母亲了,他以一个母亲的名义,尽到了一个儿子的心意,可以求得一个心之所安了。但他还是在心里对母亲说:“在我有生之年,总要为家乡、为祖国的教育事业竭尽全力,愿天下的小孩子都有书读。”因为,他知道在世间所有的情感中,有一种情感是永远无法报偿的,那就是母爱,因为她最深厚,最无私。

纵然子女是参天大树,母亲永远是白云悠悠的蓝天;纵然子女是奔腾咆哮的长江大河,母亲永远是容纳百川的大海。古人说得好啊:“谁言寸草心,报得三春晖?”而他唯一能尺寸相报的,就是完成母亲从未言表的夙愿,帮助更多的孩子重返明亮的课堂,就以一个母亲的名义。

杭州西湖明珠电视台(2002 年 4 月 1 日)

山口的风

刘亮程　孟卫平

又刮风了,风拍打着窗户,像它多少年前第一次拍打我的窗户时一样急切。已经是老朋友了,它在外面喊我,它想进屋来,我在这样的夜晚想念家和孩子。

白天在办公室时,常会听到有人说又刮风了,其实风就没停过。

还是那场风,从早晨刮到黄昏,从寒风刺骨的三月刮到炎热的七月,从我 20 岁刚到山口海关工作的那一年刮到今天。十几年的人生,丢在这个偏远山口风中。我还做着多少年前的那些事情:审单、放行、顶风去车站验货,这就是我的工作,像一场风一样无法停住。我把家和孩子扔在城市,自己在这个边境山口的大风里,一遍遍的想念着他们,感到生命像一堆沙土正被一粒粒刮走。

青春随风而逝,漫长的风,街上空荡荡的,地吹得干干净净,天空没有半朵云,很少的一些树全朝东南匍匐着身子。

风中什么都没有,风是透明的,整个山口让开路,腾开天空让风通过。风却永远过不去,一场风刮到头,紧接着另一场又来了,还是同一场风。不断地回到它开始的地方,就像一个人回到家乡。人们说阿拉山口是风的家乡,每年八级以上的大风就有 160 多天,从这里刮出去的风走遍天下,又全回归到这地方。

风不停,人就无法出去,空无一人的街道上,太阳照着大风,明晃晃一片。夏天,风也是炎热的,热浪逼得人喘不过气。到了冬天,寒风像针一样刺在身上,生疼生疼。风把多少人的梦想推远了,在阿拉山口最先盖起的铁路道班房早已被风吹破,最先来到山口的那些人,也都被风刮老了。有时,我听那些老海关官员们讲述那时候的风,仿佛更大更猛,那时的工作生活也比现在远为艰辛。

我在这里似乎在一直在等风停住,多少年了,我早该被一场风刮走,却还留在这儿。你看,我剩下的全是整年整月的漫长岁月。一夜一夜在倾听风,一日一日地做着那几样事情。风拉长了时间,有时一天就像一年那么漫长,风把消逝的时间呼唤了回来,山一样堆在两边。我一直记着夜检国列的那些夜晚,我们挤在铁路边的小房子里,等境外的列车鸣笛进站,那几个小时多么漫长啊,都等得没耐心了。列车还是不进站,眼看就要等到地老天荒,那些现实中的钟点,仍像星星一样那么遥远。

这里的生活就像一个梦境,大风一夜一夜地搬走现实中那些细碎的东西,风留下另一场风,我剩下了什么呢?我常常这样问自己。当我的发丝在风中一缕缕飘去,风抖擞我的衣裙,似乎一切的一切都交给风了。我常常看那些脚手架上劳动的民工,腰上拴着绳子,风把人吹得变了形,那一张张风中的脸,表情全被风刮跑了。目光吹弯了,我在这样的大风里挽留自己。我站起、又坐下,出去、又走回来。

现在,我能安安静静地讲述一场风,安安静静地谛听那一列列经我们查验放行的货车,在风中奏响的笛声。回味那几次在昏天黑地的大风中,悄然进行地缉私行动。我在一场一场的风中安静下来。多少人走了,多少人又来,我都能听懂风的喊声了。有时它像历经沧桑的老人在倾诉人生,有时它像父母兄长在我耳边呼唤叮咛,有时它像恋人的手一样轻摸慢抚,我在这样的大风里酣然入睡。

风来了,风又来了,已经是多少年的老朋友了。风刮走一切,我还在这里。

新疆电视台、乌鲁木齐海关(2002 年 4 月 1 日)

庐山思绪

陈世旭

我要到庐山去,以梦为马,今夜就出发。骑着追风的马匹,刹那就是千里,千年的云雾,千年的舟车,千年的明月,千年的诗。庐山!我从黄昏和黎明的铜镜中打量你:你的起伏和挺拔的峰峦,以及像终年的云雾一样萦绕不去的关于你的诗文。

我要到庐山去,一刻也不迟疑。我离开她太久了。一排排时间与树木,一排排大路和谣曲,在我面前倒下。我越过历史和书籍,楼台或车仗,去赴历代诗人的约会。

陶渊明

【结庐在人境,而无车马喧。问君何能尔,心远地自偏。采菊东篱下,
悠然见南山。山气日夕佳,飞鸟相与还。此中有真意,欲辨已忘言。】

凡诗人都是嗜酒的,凡诗人都是爱花的,只要有酒有花的地方,就该是诗人的故乡。或许应该说,诗人的故乡,就是有酒有花的地方。

那年，命运落在你头上，纷乱为一根根风中的发丝，你唱着《归去来辞》返回庐山脚下的故里，所有的花和草，树和溪流在山谷里举行空前的盛典。掩盖了你来时的道路。

你放牧，你耕作，你带月荷锄归，你采菊，你醉酒，你登高赋新诗。一杯酒在胸膛燃烧着另一杯酒，你的叹息，使一溪清流落英缤纷。你日渐衰弱却不失勤勉的手，抓牢了农家的劳作之锄，愿后世的人们，在桃花源的风景里男耕女织。你的心则随风景而去，苍茫不可知。你不止于静穆，因为你伟大。一首伟大诗篇的诞生，也就是一个诗人的永生。没有人不会知道，那个丽日蓝天的上午，你悠然面对南山采摘的菊花，便是性灵和诗歌的本质。你蹲下身子的时候，自己就成了一株悠然的菊花。不知是该你采菊，还是该菊采你。也许本该是你生在疏落的篱下，而让菊在篱外开花。其实你们都很清楚：世界很大很大，大自然才是你们心灵栖息的田园。因此你们彼此相约：在一个百花萧瑟的季节，笑傲天下。

李白

【日照香炉生紫烟，遥看瀑布挂前川。

飞流直下三千尺，疑是银河落九天。】

一面芙蓉般的金色的山，露出青天削出的身段。我要和色彩、音韵、云雾以及树林一起，投入山的怀抱；我要接受诗歌的桂冠和祭酒之司，涉过天才与诗的河流，把酒奉给李白。

松色如暮。一袭洁白的衣冠，在江南透明的斜照里时隐时现。你的目光越过壁立的山峰，宽大的棉袍里，藏着锋利的笔和剑，你举手若电，从汹涌的云海里，抓住一剑铿然。豪气在刹那间逼近，照亮了语言。

唐朝宜酒宜诗不宜诗人。从蜀道向长安，从长安向庐山，你一生好入名山游，却是一条平平仄仄的命运之途。从世俗到灵魂，只隔着一层薄得看不见的门。李白在里面经营意境，偶尔取出一些，就惊呆了历代狷狂之士的眼睛。一柄寒气逼人的长剑，从诗歌的战场划过，一步一诗，把内心的痛苦与盖世的才气，轰轰烈烈地走出一首首千古绝唱。

太白的诗写在天上，飞翔的生命挂在悬崖。把心灯祭起，把心香焚起，千丘万壑，紫烟茫茫去不还。长袖临风，一扫漫天阴霾。

白居易

【浔阳江头夜送客，枫叶荻花秋瑟瑟。主人下马客在船，

举酒欲饮无管弦……同是天涯沦落人，相逢何必曾相识。】

弹琴的人在水上，听琴的人在马上，弹琴的人和听琴的人相遇在一条船上。这条船便是一张琴了，被水的手指拨响。所谓知音，便是一个人与另一个人的心事被琴说穿，被水流传。人人都在世上寻找知音，却不知道在何时会偶然出现机缘。今夜，谁在那一钩残月下，独自临风抚琴？大音如霜降于四野，飘向远处的琴声比远处更远。寒夜秋月，千古心情，在玉指和轻弦上泛漫。庐山多愁善感的情怀，在一个古代的夜晚，被诗与琵琶说尽。

浔阳江水在琵琶上翻滚流淌，白司马搁下酒杯，用悲怆在琴弦上定音。一曲终了，弹琵琶的手指在弦上轻轻滑落。于是，载满秋怨的小舟随琴声的消逝而永远消逝。而诗人则踏着湿漉漉的诗行，忧郁地走进经典。两行长长的泪水，垂在历史的脸庞，再也无法抹去。

苏轼

【横看成岭侧成峰，远近高低各不同。

不识庐山真面目，只缘身在此山中。】

东坡居士不是居住在坡上，居士谪居在自己的诗文里。他其实骄傲，却衷心佩服陶潜。赋闲的时候到处游荡，用蜡烛寻找先贤的身影；在乡间，他跟陶潜一样生活，用浓重的四川军话，哼着陶潜的诗句，摇摇晃晃走向幽深的庭院。他写诗，说自己的前生一定是陶潜。他跟陶潜一样喜好喝酒、吟诗、漫游以及跟和尚聊天。聊到尽兴处，打个喷嚏也是诗。没有人能真正读懂他的内心。他却洞察了人世最深的奥秘。哪怕那奥秘埋藏在庐山似乎不可穿透的神秘诡谲的云雾深处。

庐山是一个挤满了诗人的所在。诗人们在庐山攀爬、喝酒或赏花。然后上马沉吟，下马写诗。不写诗的时候，看看风景也是文化。

我要到庐山去，乘灵感的快马，在诗的森林里出入。千年的诗，千年的月，千年的云雾和流泉中的胭脂如火焰。千年的历史，千年的风流，千年的莲花开了又落。庐山，庐山，你有多么悠久的历史，你就会有多么悠久的风流。

中央电视台（2002 年 4 月 15 日）

山顶上的日子

马晓音　诚然

大兴安岭的春天来了，悠悠暖意，步履蹒跚。飞机越过浩瀚的林海把护林员送到了那片原始森林的腹地。漫长的护林生活就这样在春天开始了。进入这片森林的时候乍暖还寒，我甚至都怀疑现在真的是春天吗？那醒来最早的达子香花还没有来得及开放，只有洁白的雪花在天空中飘飘洒洒。那白呼玛尔河还没有解冻，冰雪融化后的水，山里人还得吃上一段日子。

深山里的夜晚是沉寂的。围坐在蜡烛旁，山里人讲述着大山里的故事。这故事一直讲到漫山遍野都绿了。远远望去，在那郁郁葱葱的山林后面，在那云雾环抱的群山尽头，那屹立着的瞭望塔就像一个森林卫士，威武雄壮的站在山顶。

清晨静静的，草尖上的露珠被飘然而来的吉他弹奏声悄悄震落。寂寞与艰辛伴着悠远的旋律，换来了润润的春雨。在蒙蒙细雨中，那只山雀也欣然接受着大自然赐予的这份特殊的洗礼。

雨季来临，白呼玛尔河的水清亮了，下山背水的次数也多了起来。往返两个多小时，在林子里跋涉，在山麓上背驮，为了生命中的水，忠贞不渝。路边草丛里，一只受伤的飞龙鸟引起山里人的关注。这是一种带有灵性的鸟。放飞自由却又怕它再经受不幸，抱回来为它疗伤，却不知为什么，它又引颈而死去。一个生命的结束给年轻的护林人心里蒙上了些许的伤感。生命本不该如此短暂、如此脆弱。飞龙鸟死了，但这片山林里又响起了更多的鸟的鸣叫声。

夏日来了吗？夏日真的来了，但山里的夏日却缺少浪漫的情怀。还是这些人，还是这身质朴的不能再质朴的衣裳，多的只是与那只小狗在林间的欢呼雀跃。在大山里，还有什么是比人的快乐更加重要的东西？一只蘑菇在雨后长出，一只狍子竖起耳朵听同伴的讯息，还有小松鼠跳来蹦去地传递着消息，这就是森林王国，那么和谐、那么富有情趣。山里人说，这片林子属于自然界的所有生命。

攀上瞭望塔吧，站得越高，望得越远。每天依然用步话机向山外诉说着大山里平安的消息。阳光依然这样日复一日的沐浴着这片神奇的土地。

通往山下的路，是人与动物共同踩出来的。在这深山老林里，生命是平等的。越过峻岭，趟过大河，八小时的路程，二十公里的山路。渴了，喝几口泉水；累了，洗一把倦容，为的是去看看父母，再见一见山外久别的朋友。

秋日的气氛深深地笼罩在山顶，日渐枯黄的灌木中，秋风染黄了落叶松的针叶，却抹不去樟子松的四季常青。日子悄悄延续着，白呼玛尔河的水也透出了深秋的凉意。去河上的“鱼亮子”里捞几条冷水小鱼，再背上足够山上吃两天的水，悠悠地、沉甸甸地伴随着夕阳归来。算算时间，防火期快结束了，护林员也快到了回家的日子。在寂寞的秋色中，会常常看到这样一种景色：悠远的天空映衬着年轻的身影，伴着空灵与宁静呵护着身边的一草一木。

当茫茫的秋色渐渐褪去，我再一次回望这片苍茫的山林，这是大兴安岭入冬以来的第一场雪。铺天盖地、纷纷扬扬、飘飘洒洒，把山上染白了，把山下染白了，把一切都覆盖得严严实实，这让山上和山下的人措手不及。风雪中飞机无法进入深山，风雪中亲人们盼着护林员早早归来。山下的人集合起来，带着一种悲壮去营救被困在山里的好兄弟。

大雪封山了，而那条河流却无法遮盖，裹着希冀奔流不息。几天之后当护林人终于走出了大山的时候，他们在山顶上已经坚守了整整 183 天。大兴安岭这片古老的原始森林又是一个平安年。

黑龙江电视台(2002 年 4 月 29 日)

大树下的春草

阿炳

这棵大树太老了，无情的风霜雨雪，早已经把它的身躯浸染得满目苍凉。这棵大树太执著了,不管严冬有多么漫长,只要春风轻轻地一声呼唤,它就会毫不犹豫地在新枝上释放出生命的消息。

春草默默地站在大树底下,目光像一只不知道疲倦的鸟儿,衔着企盼和等待,随着通往山下的那条曲折崎岖的小路,飞得很远很远。

每一天的太阳又升起来了,第一缕阳光总是最先洒落到春草那张似乎与大树一样苍老的脸庞上。那一年春天,春草在大树底下依依不舍地送走了新婚的丈夫。那时候,小夫妻喜庆的红烛才刚刚点燃,幸福的花朵刚刚才散发出醉人的芬芳,新婚的丈夫却毅然地从洞房里走出来,准备奔赴保家卫国的朝鲜战场。

春草没有阻拦。春草只是默默无语地将心爱的丈夫送到路口的那棵大树底下。要分手了,春草轻轻说:我要天天想你,就在大树底下想你。你是顺着这条山路走的,我要天天望着山下的这条小路,一直等到你回来……

起风了,山里总是要起风。山风吹到大树底下的时候总要停留一会儿。山风悄悄告诉在大树底下苦苦等待的春草:秋天过去了,冬天就快到了。

春夏秋冬排着队一串串地走过去了。大树底下春草已经不是一个人在等待了,她的背上背着还没有见过父亲的儿子。刚刚学会说话的儿子喜欢眨动着新奇的小眼睛在母亲的背上发问:妈妈,我们在大树底下等谁呀?

下雨了,晶莹的雨珠滚落在春草开始憔悴的脸庞上,分不清是雨水还是泪珠。大树的旁边已经垒起了一座新坟,丈夫的躯体已经长眠在了异国他乡。坟墓里葬着的是烈士离开家乡前的一只新婚枕头。凄风苦雨中,春草仍然站在大树底下,身旁伴着丈夫的坟墓,目光依旧落在山路的尽头。春草的内心里,总有一个声音十分执著地在对自己说:孩子他爸,你恐怕已经在回家的路上了吧,快回来吧。天塌了,山崩了,我也要等你。

白云在天空中一朵一朵地飘过去了,儿子长大了,儿子的模样同他的父亲几乎没有两样。有一天,儿子从山下回来,满腹心事地坐在正在小溪边洗衣的母亲身旁,目光跟随着苍茫天空中的一只孤鹰茫然飞翔。儿子终于鼓足勇气告诉春草:妈,我已经报名参军了。春草听了,浑身猛地一颤。

儿子还是走了。临行的那一天,春草仍然将儿子送到路口的大树底下。儿子突然返身过来,扑通一声跪倒在母亲的脚下,泪流满面。春草把儿子扶起来,努力地笑了一笑,对儿子说:去吧,儿子,到外面去长长见识,妈在大树底下等你回来。

相依为命的儿子走了。大树底下,春草那双已经渐渐失去光泽的眼睛里,又重新燃起了期盼的火苗。当时间这根残酷的皮鞭,抽打得春草心灵滴血的时候,儿子终于回来了。儿子是躺在一只精致的骨灰盒里回来的。部队上的人对春草说:好妈妈,您的儿子为了救三个落水儿童光荣牺牲了。

当大树旁边又多出一座坟茔的时候,那条挂在山下的小路,突然变成了一道耀眼的闪电,金光一闪,蓦地无声无息地消失了。春草的眼睛从此什么也看不见了。

春草的眼睛失去了光明,心里却越来越明亮了。那条通往山外的小路,已经深深地铭刻在她的心中。无时无刻,春草都能够看见丈夫和儿子顺着山路,正一步一步地朝自己走来。春草在大树底下也长成了一棵大树。

此时,山脚下大型的水利工程轰轰烈烈上马了。移民工作组来到了大树下。他们在春草面前欲言又止,谁也不忍心惊扰这位苦命而又让人肃然起敬的春草大娘。春草说:我知道你们想对我说什么,我老了,一辈子都是在大树底下过来的,我的根已经和大树连在一起了。

移民工作组的同志十分为难,眼看大部分移民已经搬迁出去了,哪怕只剩下春草大娘一人不走,也不能算是完成了移民搬迁任务,何况春草大娘还是一个令人尊敬的烈属和英雄的母亲。移民工作组的同志谁也不说话,只是天天都到大树底下默默地陪伴着春草大娘。

那一天,春草枯涩的眼窝里,突然流下来两行清泪。大树底下,春草跪在丈夫和儿子的坟前呜咽着说:我走了。我已经把你们全印在心上了。

人们按照当地的风俗,为春草大娘举行了移民区最隆重的欢送仪式。

重庆黔江电视台(2002 年 4 月 29 日)

仙境

李钢

一

我似乎总在行走,沿着今生。我预感有一种地带,存在于某个高度,等我进入。它应该拥有蓝色。那蓝色,比海蓝更高,而比天蓝蓝得更深。那高度,当在欲望之上,杂念之外。从那儿飘来的云,视我为一粒灰尘。

它已经诱惑我了,虽然它在我视而不见之处。我寻找它,虽然我不知为何寻找,向何处去寻。我只知道——倘若世界小如我的心脏,它就在我心中;倘若我的心像世界一般辽阔,它肯定就在世上。

我听说寻找它的人,不能用脚,要用翅膀飞翔。我想起我的翅膀存放在我的梦中,但不知道是哪一夜的梦。

一切要发生的,将在该发生时发生。

一切要到达的,将在该到达时到达。

二

长长的跋涉之后,我卸下鞋和双脚,同时在那个夜晚的梦里获得了翅膀,高高飞扬。我在天空遇见了风,遇见了云和太阳。我到达了从前可望而不可即的高度。我明白了人为什么要羡慕鸟。鸟不是动物,鸟是空中的境界。飞翔原来如此快乐。我感受到从未有过的轻盈自如,如释重负。

我应当感谢我的经历和年龄,是它们组成了我翅膀上的羽毛,让我飞起。我应当感谢地上的生活,它让我有了飞翔的愿望。我还应当感谢我留在地上的双脚,是它带我行走,让我走进有翅膀的梦中。从前的行走原来是为了飞翔。祝福所有收藏着翅膀的梦。祝福所有寻找梦的人。

三

我在飞行中听到了心脏跳动的声音。我俯视,发现我的内心竟如此丰富,它真如大地一样开阔——河流蜿蜒于其间,森林生长于其上,群峰叠错,绵延不绝……那些交叉在林间的小路,曾让我多次迷失,现在竟看得如此明白。那湍急的流水,陡峭的山崖,曾让我望而却步,如今竟能一掠而过。我仿佛已知,人在地面上行走时,其实也正在自己的心路上行走。那么此刻,我究竟飞行在天空,还是飞行在自己的心境?

世界的道路也就是心境的道路。心境的天空也就是世界的天空。

四

我看见了那片让我神往的蓝色,真山真水,一尘不染。我知道这里仍是人间,但绝非俗世。

我要降临。我欲作最完美的解体,以雪花的形态降临。那是我儿时冬日的憧憬,是今生所有愿望的愿望。

当我的愿望实现之时,我将在空中任意舒展,随风飘舞,像神采飞扬的思绪,像壮丽洁白的颂歌。无声之歌。

在这样的地带,面对这样的蓝色,这是唯一的方式,也是生命的过程。

我降下。落在寂静的山峦上,连成一片,仍然是今生的我,却获得一种重诞的感觉。

我仰视。仍然有无数的我在空中飘落,纷纷扬扬。那么纯,那么干净。我在寒冷中领受到一种彻骨的畅快。我领受到一种前所未有的晶体状的净化。

五

太阳照耀在我身上,我在融化。那太阳,它让我的每一个祈愿都能得到满足。

我正在融化。我的身体发出细微的响声,内心充满喜悦。融化使我产生力量,使我的生命产生奔放的冲动。而我的生命注定要选择水的形式。这就意味着,我必须选择流淌。是的,选择流淌。

我存在于流淌中,我的肢体清亮透明,无拘无束。这是奔涌跳跃的时刻,激情肆意泛滥的时刻,前方再无任何障碍。

我渗入厚厚的泥土,又从岩缝溢出;我仔细亲近我所流经的每一个地方,抚摸每一块石头;我从植物的根部流过,我生命的一部分注入它们身上,草木因此而绿。我从岩壁上宣泻而下。我选择了水的形式,我体验了生命的自在。

六

我今生经历了行走、飞翔和流淌,当我需要静止的时候,让我临近万古之蓝。

我已体验过行走的艰辛、飞翔的超越、流淌的自在,当我需要智慧的时候,让我面对万古之蓝。

在这样的高度,这液态的、平静的蓝色啊！它是很浅的,清澈见底,因此它很深;它是很深的,深不可测,因此它很浅。因而它就是智慧、它就是万古、它就是永恒。我正与永恒对视。

是谁在永恒中遨游？是一群快活的鱼。

是谁溅起永恒的波纹？是细小的雨点。

是谁从永恒中探出身子？是一丛丛芦苇。

是谁已整个儿插入永恒？是倒下的大树。

接着，我从这一片蓝色中，看到了自己的身影，看到了群山，雪峰，太阳和天空。

万物聚齐。一切从蓝色开始。

中央电视台（2002年5月13日）

最忆是江南

高维敬

江南，我回来了。

一千年了。

周遭世事沧桑变迁，喧哗或耳语中流传的故事再无法讲述得清，只有我对你千年未改的痴情轮回依旧！

这漫长而倏然掠过的岁月让我浮沉变幻，我却清晰地记着你娇美的容颜。

我人世的留连执著只是因为你，你的笑语仍在我记忆的时空中婉转回旋。

江南，你还记得那个总爱在腰间带一把剑的孤傲少年吗？那时的我，自以为是顶天立地的大丈夫，不屑于沉溺于小儿女的温情。可当我从风沙飞扬的地方来到江南，杨柳春风里，翠径花台，红袖满楼，软语巧笑，蝶舞莺啼，处处迷人心眼，竟软化了我的傲慢啊。英雄气短，儿女情长，我怎能抵挡的住你风情万种的美丽，终究沉醉在这缠绵旖旎的温柔乡里！

人不风流枉少年，那时的我毕竟是个少年人啊！

春风又绿，杨柳风依旧柔媚撩人，正是江南好风景！多想再同你相拥游走在这无边的风月里，可我彳亍的脚步再也找不到你曾殷殷守望的渡口。

你在哪里啊？这一千年里，年年春天我都回来找你。我已找遍了江南啊。

每每会在一砖一瓦一桥一桨，水波流转或风过花落间，恍惚看到你的身影，仿佛仍能听到你欢快轻灵的哼唱，却怎么也无法捕捉到你真实的踪迹。

我找不到你，你也一定认不出我了。我再不是那个意气风发的少年。

太久了，江南。

江南，为何你不再是我记忆里的模样啊。

梦里水乡,水已不再轻灵,欸乃的桨声搅动着比米酒还黏稠的河水。江南的水啊,你呼应着多少人午夜梦回时无法停歇的叹息。你为何不呼啸奔腾,总是这样缓慢流淌?你在迟疑什么?你在叹息什么?

太多花,太多水,眼花缭乱的色彩漾动里,看不明虚实,分不清究竟;水性的流淌中,绞碎了太多人多情的幻梦,终成镜花水月的虚幻。

江南,我曾以为你就是我的永远之国。

我在你杏花春雨的涤荡和杨柳春风的吹拂中,度过了我最美好的青春时光,在和你两情欢悦的依偎里,我写下了我最纯真最深情的痴恋啊。

可翠宇珠帘终究锁不住少年血脉里远大志向的激荡。

越来越渴望回到北风吹来的地方啊,回到那有风沙也有烈酒的地方。江南黏黏细米酿出的酒太甜太腻,太软了,不能振奋我,只会浇熄少年人的壮志雄心,消磨了风发的意气。我沉迷得太久了。

去策马杀敌,去建功立业吧!

我还在犹疑不知如何开口,善解人意的你已明白,离别终究来临了。

没有你,我的灵魂再踏实不下来。你一定不知道,我怎样刻骨蚀心地想你。凄风苦雨里怎样在炉火中找寻你的温润,午夜梦回时怎样将窗棂间的树影读成你。

总幻觉着在某一个瞬间捕捉到你的声息,想象着你会在一个时刻来到我面前,轻灵美丽,笑语嫣然。我怎能不时刻等待,准备张开双臂拥你入怀。

你在我心里。而我,在天涯。

你也曾一年年地来到我们离别的桥边,长久而无声地向路上张望。我应承下的,等桥边的那棵桃树长到桥亭檐角,花开满树的时候,我会回来接你。

只有江南的春雨年年如约而来,一样细细飘洒。雨丝温柔的滋润下,桃花也年年自在地盛开,那个佩剑少年却再没有出现。路上越来越热闹了,你却越来越寂寞。

春雨,桃花,这些江南的精灵啊,装点着小桥流水的欢娱,滋生着老砖古瓦的生机,却凋零了你小小的欢乐。

江南,我并没有背弃我的誓言啊!

我以为我可以在完结了少年的抱负后再志得意满的回来找你,年少轻狂的我如何想到,这世事不在我的掌握中啊。我万丈的豪情成全不了自己的命运,一腔热血只能被北风无情的吹冷。

鬓染微霜,少年已老。腰间的长剑已经锈蚀。

回首一路萧瑟,才发觉自己如此孤寂无依。

江南,我还能重回到你的温情里吗?

一年一年,你用枝芽的萌生,柳絮的飞扬提示我:春天了,还记得江南在等你吗?

精巧的园林还是太压抑了。窄小的亭台深锁了深深的寂寞,却锁不住你日渐无望的哀愁。等待经年,终于也荒芜了你日日夜夜的期盼。

江南,我来得太晚了。

我在亭台楼阁古镇乡村穿梭,在桃花流水间一一辨认,那令我神迷的容颜始终没有出现。春风恣意,春花烂漫,唯独我一怀愁绪。我不敢呼喊,内心的虚怯让我惶恐烦乱。我在杨柳春风中迟疑。

哪个是我牵你手跑过时碰落的一枝？哪间有我们缱绻达旦燃尽红烛的卧榻？

说好了，我本应是那个掀起你红盖头的人啊！

你究竟在哪里啊？

我是那个最疼你又背离你的人啊！

一千年了，你还负气恨我吗？还耿耿于怀不肯原谅我吗？

我辜负了你如水的柔情，毁了你的年少春闺。竟让我用千年的时光来懊悔啊！

可一千年的懊悔也换不回你青春的美丽啊！

我在无尽的追悔里终于读懂了你殷殷等待的忧伤，我在痛彻骨髓的孤独里终于听清了你深深的叹息。

江南，我如何可以在现实中辨认过往的故事，我能相信那些断片残简吗？那些零星散落风蚀锈腐的旧物如何能拼回一段真实的记忆？

谁能找回江南的明丽，谁能改写那些哀伤的故事，谁能让往事重来，谁能追回我们虚掷的时光，弥补我们的过失，重新圆满我们年少轻狂中错过的美好？

没人会在意我了。

我终是个无根的人！

我是个永远的异乡人啊。

江南，我真的再也找不到你了吗？

当年的那个佩剑少年不会知道，他轻轻在你耳边诉说的一句话，竟要用他的生生世世来兑现。

无论怎样，我洗去铅华，扫净心尘，终于可以在晚来的追悔里恪守与你的诺言。

江南，我再不会背离你。我会和杏花烟雨一起，年年回来，等待你的美丽在某一个春天重又浮现。

江南，我对你的爱因了这追悔和等待而成永恒。

中央电视台（2002 年 5 月 27 日）

九九女儿红

黑白

小时候在江南，老家有一种酒叫女儿红。

女儿红总让我联想到画家陈逸飞或林风眠的某些古典唯美的作品——贴了方块红纸的酒坛子搁在雕花桌案上，穿红袄的女儿面对烛影鬓红，大红灯笼挂在高高的屋檐上，一队民乐班子在天井围着花轿吹吹打打。

现在我很想喝女儿红。我有女儿，据说有女儿的父亲才有资格喝这种家酿酒。

你想想看，在大雪封门的冬天或春雨潇潇的夜晚，身穿青袄、鬓簪梅花的妻子就着红泥小火炉为我温一壶女儿红，放入青梅和姜米，让滚烫的酒浆暖一暖为夫为父的酒杯苍凉。三五杯下肚，喝得头重脚轻，然后蘸着夜色，铺开宣纸，《采桑子》或《一剪梅》，写什么都可以，只要押得上韵脚就行，这样的古词写起来心头就更暖和了。

只是可惜，这不过是我诗意的想象罢了。我住在水泥钢筋的森林里，到哪里搜寻这一番古韵？

我又不懂民俗，据说有女儿的父亲也是不能随便喝女儿红的。在多水多桥的江南，父亲是一定要等到女儿出嫁的那一晚，才能开坛喝女儿红。

女儿红又叫九九女儿红，九加九等于十八，女儿 18 岁了，她要坐着花轿乘着乌篷船出嫁，就像一叶水草，从一个村庄漂向另一个村庄。殷实的日子是女儿的未来，父亲不用愁烦，他心眼里只有高兴，打开女儿红，还没喝，他就醉了。我渴望有朝一日也像江南农耕的父亲一样，在民乐丝竹声中喝下一坛子女儿红，然后无所顾忌地醉倒在家门口。

可是，我没有田亩种植糯米，更不会酿制女儿红。现在想起来，乡间的父亲其实更懂得爱呀，只是他们不善言辞。在某个艾草清凉的晚秋，女儿下地的第一声啼哭，肯定会让他心头一热，三亩田的糯米就酿成三坛子女儿红，仔细装坛封口深埋在后院桂花树下，就像深深掩藏起来的父爱，没事的时候就到桂花树下踏几脚，踏几脚仿佛心里也踏实一些。回头望一望女儿，女儿头扎红头绳，眉眼儿像清明时节的柳叶，一天比一天明媚。本家兄弟过来打趣道：老五啊，什么时候喝女儿红呀？他笑着答：还早着呢。一笑之间霜花飞上鬓角，苍茫岁月中一个青皮后生成了中年汉子，一坛子美酒由爱作酵母，在桂花树下、在他心头无声无息地酝酿了九九一十八个冬春，就等待着开坛启封的那一天，那一天也许就在大雁南飞的九月初九。

一坛女儿红，我不用看，也知道那是江南民间最美的颜色；一坛女儿红，我不用喝，也知道那是最正宗的中国滋味。

浙江新昌电视台（2002 年 6 月 10 日）

魂系泸沽湖

《魂系泸沽湖》系列之一:《最后的赶马人》(上)

胡志刚

看着一幅幅熟悉的照片,一张张可爱的脸庞,泸沽湖畔一幕幕生动的场景就在我眼前浮现,我仿佛又回到了暖暖的火塘边,喝到了喷香的酥油茶……一种强烈的愿望在我心中激荡!我在心灵深处已经听到了泸沽湖向我发出的深情呼唤!

不知何种缘故,我的摄影生涯竟会与泸沽湖和摩梭人结下一份不解之缘?十多年来,泸沽湖在我眼中依然是那样的清纯美丽、神秘诱人;摩梭人在我心里依然是那样的淳朴友善、热情开朗。只要有一段时间不去走走看看,心头就会堆积起许多的挂牵和思念。

看来,我是应该再去泸沽湖看看了,我心头有多少的渴望!有多少的思念啊!

重返家园般的冲动,使我总觉得车开得太慢。看着车窗外熟悉的景物,我不禁又一次问我自己:究竟是什么东西使我对泸沽湖如此迷恋?是清澈透明的泸沽湖,还是湖上荡漾的猪槽船?是白云缭绕的格姆山,还是山下炊烟袅袅的木楞房?是摩梭人独特的“女儿国”风俗,还是它那远离都市俗尘的宁静与天然?这一切的一切,似乎都是,似乎又都不是……

树底桥到了,离泸沽湖不远了。多少年来,我一直期望让自己走得离泸沽湖和摩梭人近些,再近些,走到现在我仍然觉得离他们十分遥远。

现在的路和车实在是好多了。记得60年前发现纳西族东巴文的学者李霖灿先生来泸沽湖时花了整整十天,十多年前我陪北京记者第一次来泸沽湖时花了整整五天,现在只用两天就赶到了。

我们的车终于翻过了挡在泸沽湖前面的最后一座高山。我终于又看见了日思夜想的泸沽湖!天宇间,青黛色远山与雾气烟岚环抱中的泸沽湖一片碧蓝,如梵天净土般圣洁、神秘。

初春的草山上依然是一派冬末的景象,满山的枯草在高原特有的阳光照耀下,一片金黄。山风送来一阵悠扬的马铃声,一队马帮走了过来,一心挂念着老赶马人布甲平措的我,心头一阵欣喜。记得平措大叔曾给我讲过,早年,这一带的摩梭汉子多以赶马为生,树林里、山道上经常都能遇到行色匆匆的马帮。这些年,公路修通了,汽车也多了,马帮越来越少见了。我庆幸今天还能遇见这队马帮,犹如一幅色彩鲜明,质感极强的油画,让我仿佛看见了一段悠远历史的真实再现,听见了一曲古代音乐的原声回放。

马帮的生活是艰辛的,常年风餐露宿、漂泊动荡,却又有一种特别的自由与豪迈。在一片开满桃花的小树林,马锅头吩咐大家到林中歇脚做饭。我骑在马锅头为我安排的“坐骑”上,随着马帮走进了他们选中的“天然伙房”。

摩梭人真够聪明的,出门在外不便携带打茶筒,(他们)竟能信手制成如此精巧实用的“打茶叉”。一缸浓香的酥油茶打好了!我喝着马锅头调制的酥油茶,吃着青稞炒面捏成的糌粑,真是惬意极了!

风光秀丽的落水村就在眼前,我马上就可以见到平措大叔了。

凭着往日的记忆,我来到了平措大叔家,眼前的景象却使我迟疑起来:小木门换成了大铁门,小木楼建成了大高楼,院里的花楼似乎也和原来不一样……循着推刨的声响,我沿着后山坡蜿蜒的木梯找去。

几年没见,老人家依然那么开朗、健谈。我真想知道是什么让这位八十四岁的老人活得这样乐观,这样坦然?

一双苍老的手,牵着我一连迈过两道门槛,那份亲热,那份自然,使我感受到一种特有的温暖。(老屋里烟雾缭绕,燃烧的火塘中弥漫着摩梭人家特有的温馨。)我按摩梭人的习俗,把带来的礼物恭恭敬敬地放在锅庄上,坐到大叔身边等待他祭锅庄。摩梭人祭锅庄就是祭祖先,每天吃饭前,家中最有威望的老人总是要把家人还没吃过的食物,先取一些供到锅庄上,请祖先来与活着的家人共同分享。

看着大叔与祖先对话时那专注的表情,我相信,平措家的先人们,此时就和我们一齐亲亲热热地围坐在火塘旁……

多年来,我一直对这位和蔼可亲的摩梭老人非常敬重,在我们的接触中,老人传达给我的那种真诚、淳朴、厚重的情感,常常使我为之感动。

平措大叔亲手打的茶依然那么地道,喝到嘴里格外的浓香。

暖暖的火塘边,酥油茶的香味在烟雾中飘散,久别重逢后的喜悦,把我和大叔带进对往事的回忆中……

那个晚上,我就像回到了离别多年的家一样,与大叔谈得很晚、很晚……

《魂系泸沽湖》系列之二:最后的赶马人(下)

胡志刚

早晨,我约平措大叔到他平日转经的玛尼堆前照相。这位摩梭老人,牵着他心爱的马,手摇转经筒,缓步走在玛尼堆前。从老人那凝视前方的眼神中,我看到了老人一生的艰辛。养育了他的泸沽湖,像一位慈祥的母亲在画面的背景上,无声地为他作证……

古老的湖依然年轻,渴望永远年轻的人却已经苍老。人生易逝!我不禁发出一声淡淡的叹息。

拍完照,我请大叔拎上他的宝贝马镫,到湖中的谢瓦俄岛去看看。我知道,这副旧马镫是早年在岛上住过的洋博士洛克送给他的,前几年来的时候,我就想陪大叔上岛去看看,却总是没能如愿。

在沿着湖边朝码头走去的路上,我和大叔兴致勃勃地谈起洛克在泸沽湖一带留下的神奇传说。

洛克博士是美籍学者,1922年来到云南丽江,做植物学和动物学研究。到达丽江后,他惊异地发现,摩梭人生活的泸沽湖保存了世界上仅有的母系社会的婚姻家庭形态。于是他留在丽江27年,写出了《中国古西南的纳西王国》一书,第一次向世人详细介绍了摩梭人的生活习俗,从此泸沽湖和摩梭人引来了世人的热切关注。

浪花轻抚着湖岸的“沙、沙”声,使我的思绪绵绵不断,许多早已沉浸在湖里的往事,在层层波浪的推涌中又浮现在我的眼前。80年前,洛克为了能在这里长久地居住下去,曾动用飞机空投生活用品的“神奇”场景,使他在摩梭人心中成了能通天神的“奇人”。

湖上起风了,看着湖上一阵紧似一阵的风浪,上岛心切的我拉着大叔去找船老板商量,希望他们能送我们到谢瓦俄岛去一趟。

船老板告诉我们湖上风浪太大,不能出船。我望着近在咫尺却不能上去的谢瓦俄岛,心里一阵沮丧。

当晚我就住到了平措大叔家。

熊熊的火苗把祖母房照得通明透亮,我和大叔一家亲亲热热地围坐在火塘边,好客的主人举杯欢迎我的到来。

看着我拍的照片给这个摩梭人家带来的欢乐,心里感到非常欣慰,我庆幸自己有缘结识这样一家人。

清晨的泸沽湖,风平浪静、一碧如洗,迎着霞光划过湖面的小舟,使人生出万般美妙的遐想……

也许我和大叔上岛的诚心感动了格姆女神,今天的天气格外晴朗。如果昨天没上成岛是一种遗憾,那么今天该是一种幸运了。

看着湖中的谢瓦俄岛,我想起这座小岛还有几个别的名字,便向大叔打听。大叔告诉我,早年这座小岛的四周因为聚集着许多蛇,人们就把这座岛称为蛇岛;后来,永宁土司府总管阿云山在岛上修建了高大巍峨的土司行宫,人们又把这座岛叫做土司岛、总管岛;再后来,阿云山总管为躲避土匪的抢劫,把土司府的金银财宝收藏到岛上,有人就把这座岛称为金银岛;当洛克博士应阿云山总管的邀请,到岛上住过之后,又有人把它称为洛克岛。摩梭人至今仍按祖先留下的名字叫它谢瓦俄岛。

转眼间,我们的船已来到谢瓦俄岛。大叔激动地告诉我,他已经50年没来过这里了,今天还能再上岛来看看,也算是了却了一桩心愿。

看着年事已高的大叔,我担心他爬坡上坎吃不消,却没想到一脸兴奋的大叔一蹬连一蹬爬得还挺带劲。

我想只有情到缘到的人才能走进这道门,而走进这道门里的他心里该是怎样一片宁静。而像我这样一个徘徊在门外的人,又怎能深切地体会呢?恐怕只有永远地想象了!

大叔从洛克拍的老照片中,看到自己年轻时曾经走过的那些地方,心情格外激动,仿佛又回到了跃马扬鞭的青年时代。我们真要感谢洛克博士,为我们留下了这些十分珍贵的历史镜头。

大叔指着路边的一片空地告诉我,那就是洛克种过尤加利树的地方。被砍倒的树虽然没能复活,洛克离别谢瓦俄岛时,刻在树上的英文诗行,却一直在摩梭人心中流传。

说来也怪,泸沽湖这个神奇的地方,似乎连天也知道人的心意。就在我与大叔告别的那天下午，刚才还晴着的天，这会儿竟然星星点点地下起了雨，为我与大叔的分别平添了几许莫明的感伤。临走时，大叔提着他心爱的马镫子，一定要送我到村口。我与大叔在村口难分难舍地絮叨了一阵，最后，才不得不挥手道别。

此时，我感到，站在风雨中的平措大叔不是最后的赶马人，不是！

每一个时代都有自己的拓荒者。赶马人就是驰骋在他们那个时代"高速公路"上的拓荒者，历史会记住他们——最后的赶马人。

《魂系泸沽湖》系列之三：摩梭女人（上）

胡志刚

清晨的泸沽湖一片宁静，湛蓝的湖水似乎可以把人带进梦幻的世界。十多年来，我曾多次在湖边寻觅，思考怎样才能把泸沽湖那内在的美，真实地再现出来？然而，面对美丽、神奇的泸沽湖，我时常会感到迷惘与困惑：它那天然、纯洁的品质；宁静、温柔的性格；如梦如幻的意境，究竟应该如何去表现？一位画家说：泸沽湖不能画出来，它的水太蓝，画出来像是假的；一位作家说：泸沽湖的水可以直接吸进笔里作诗，但诗不能穷尽它的意味。难道泸沽湖真的是只能领悟，无法表现？噢！也许还可以用音乐来表现。因为只有音乐才可以把情感深处那无色无相的东西表现出来。那就让我伏在这充满母性的湖边，仔细地聆听它吧！听它的呼吸、听它的心声、听它灵魂深处的诉说……

泸沽湖是女人的湖，走在静静的湖边，静静地聆听是最好的选择；听风、听浪、听笛、听歌，听听关于女人的故事与传说。

4 年前，从广州到泸沽湖旅游的海伦，结识了英俊的摩梭小伙大狼，俩人心中产生了爱情，于是多情的泸沽湖就把她留在了这里。

我翻看着准备带给肖淑明的照片，不由得想起这位"末代王妃"的种种传奇故事。

提到肖淑明，泸沽湖边的摩梭人都亲切地称她"肖婆婆"。大约 60 年前，未满 16 岁的她，还在四川雅安女子中学当"才女"、做"校花"的时候，就被父亲安排嫁给了左所土司府的最后一个土司喇宝成。一个识文断字、能弹会唱的汉族大家闺秀，就这样成了土司的"王妃"。

晚风将湖水推起道道波浪，浪声中，我似乎听到湖对岸传来肖婆婆最爱弹的那首《松花江上》。泸沽湖 60 年的风雨春秋，洗尽了花季少女的稚嫩，把肖淑明这位有史以来第一个走进摩梭人中的汉族少女，浸染成了典型的摩梭女人。今年 75 岁的肖婆婆，虽然不再有人称她为王妃，但是她凭着在湖边度过的一生，赢得了摩梭人的敬重。

深情的浪花，请你带去我对她的问候，对她的祝福吧！

初春的山野，空气里飘散着泥土气和着野草味的异香，从远处传来的悠扬的山歌，温润着封冻已久的土地，唤醒了睡梦中的村庄，静谧的山野中，处处萌动着生命的力量。

这不正是我渴望已久的"田园牧歌"吗？让我忘掉一切吧？忘掉市井的嘈杂，忘掉生活的琐屑，忘掉我自己，融入这最最自然的自然中去吧！

早春二月，盛开的李花、桃花在素净的老村里显得格外鲜亮，这就是永宁坝子里最大的自然村落泥鳅沟。百年老树已经长出嫩绿的枝芽，满怀情致的我，走在村中的小路上，悉心体验着这座村庄的古老、宁静、平和给我带来的轻松与快乐！

我要来的人家到了！这位摩梭朋友家的祖母房最近刚刚翻修完，他请我一定要过来坐坐。

摩梭人家庭中，女人是这里的主角，最受尊敬的人是老祖母，生活中当家做主的女人是能干的达布。

重新翻修过的房屋果然漂亮！火塘边，当家的达布正在为全家人做饭。不谙世事的小孙女，戴着阿妈的花盘头，若有所思地趴在门槛上，那神情，不禁会使人联想到十多年后，她伏在花楼窗户边张望心中阿夏的模样。

红光闪闪的火塘边，老祖母正按习俗在吃饭前用馒头和酥油茶祭锅庄。听着老祖母与祖先对话时"秋多、秋多"的话语，我相信，她们家祖先的灵魂和供在火塘上方的火神，一定领受到了她们一家人的敬意。

摩梭大家庭中，舅舅们也极受尊重，他们是不可缺少的顶梁柱。在摩梭人的正房中，都有两根从同一棵树上采来的大柱，根部做女柱立在右边，梢部做男柱立在左边，这种习俗体现了摩梭人崇母的风尚，也体现了对舅舅们的尊重。

坐在火塘上方的这位喇嘛，不是请来做法事的宾客，他和身边的几位舅舅都是兄弟。按摩梭人的习俗，凡有两个以上男子的家庭，都要有一个或几个从事喇嘛职业。有男子当喇嘛的家庭，在当地很受人尊敬。

看着这一大家团结和睦的摩梭人，有说有笑、热热闹闹，我真羡慕！

摩梭女人，真叫人敬佩！她们在家中赢得的爱戴、享有的威信，全凭自己的勤劳、智慧、善良和慈爱。她们在家中获得的支配权，是一种神圣的责任，是一种奉献，是一种慈母般博大的爱！

我好像已经有些明白：正是有这样一群充满慈爱的女人，才使这片土地到处洋溢着母性的魅力，才使摩梭人心中永远都会藏着一份对母亲的深切眷恋。

《魂系泸沽湖》系列之四：摩梭女人（下）

胡志刚

静静地躺在群山怀抱中的温泉村，在白濛濛的晨雾笼罩下，像是还沉浸在甜甜的梦里，若不是看见屋顶已经升起炊烟，我真不忍心走进去打破它的宁静。

这次来温泉村，一定要到达什布赤家去看看。上次来村里拍锅庄舞时，听说她的女儿正在生病，现在不知怎么样了？

一进院门，达什布赤的阿妈从屋里迎了出来。不经意间，我看见花门帘的下角被一只小手轻轻地撩开，一张天真可爱的小脸露了出来。红扑扑的脸蛋上，一双明亮机灵的大眼睛里闪动着疑惑的眼神。看着她那小模样，我猜想她一定就是达什布赤的女儿。

坐在这个充满生活气息的小院里，看着又是端茶，又是拿青稞炒面的摩梭母女，我又一次感受到摩梭人待客的盛情。

我们谈得兴致正浓，院门开了，一位摩梭妇女走了进来。老阿妈高兴地向我介绍说，这是她的大女儿，今天特意送酒来给她喝。

早就听说布赤的二姐是村子里第一个嫁到内地去的摩梭姑娘，这次，得知她已从杭州回到家乡,我便请布赤带我看看她的二姐。

交谈中得知,她嫁到杭州后生了一个女儿。8年后她与丈夫分了手。在女儿满13岁那年,她还专门去杭州把女儿接回泸沽湖,按照摩梭人的习俗,为她举行了成丁礼。

布赤是村里最能歌善舞的摩梭女人,每次我来拍照片,她都会帮着邀约村里的能歌善舞的伙伴们,到后山草坡上跳锅庄舞。离开家乡多年的二姐,很久没跳锅庄舞了,布赤帮着二姐收拾打扮,要让二姐和村里的姐妹们痛痛快快地玩玩。

后山的草坡真像是一片天然大舞场。天空与群山是它的天幕,金黄的山草是它的绒毯,格姆女神把这舞场当作最好的礼物送给她宠爱的女人们,让她们来这里纵情舞蹈,放声歌唱。

来到天然舞场上的摩梭女人,自由得像泸沽湖里的鱼儿、格姆山上的小鸟,尽情地展现着自己的美丽与健康。

地面在她们的舞步下颤动,空气在她们的歌声中震荡。她们的舞姿,不仅给了我一幅幅鲜活生动的画面,也在我脑海里留下了永不褪色的记忆。

山村的夜,很静,很静,摩梭人家里的火塘烧得很旺,很旺。火是他们生活中的希望,火光折射出他们心中的激情。坐在这群开朗大方、热情奔放的摩梭女人中间,听着她们的低吟高唱,我好像听懂了她们的心声,听到了她们的渴望,我离摩梭人的心似乎又近了一些……

当晚,我做了一个梦。

蓝色的泸沽湖上洒满月光,在闪烁的星光中,我独自躺在湖边的一条猪槽船上。清风徐来,小船轻荡……恍惚间,似有女子在轻声小唱,还有桨声哗然,我急忙起身张望,只见那边柳枝下有两位摩梭女子在划船。是哪家的女子,这么晚还在湖边玩耍?莫非是格姆女神派出的巡湖信使恰巧来到我身旁?!我不假思索地抓起相机,对着两位信使就调起焦来……咦?两位女子在我的取景框里似有似无,总也对不准焦距,没等我按下快门,她们就没了踪影。闪烁的星光中,一只空船在湖边随波漂荡……

又要告别泸沽湖,回昆明了。站在小旅店的走廊上,心头顿生几丝莫名的焦躁与不安。我不明白,为什么每次当我离摩梭人很近的时候,相反会有一种离他们很远的感觉?而当我回到昆明,又觉得离他们是那样近?

出村的路上,我又见到这座熟悉的玛尼堆。每当我看见它,眼前就会浮现出那些在玛尼堆前悠悠而行的老人,就想去定格他们虔诚的面孔,就想去揣摸他们内心的世界,就想去解读他们心灵的密码。

这是离别的人看泸沽湖的最后一处胜地。十几年来,我已记不清站在这里为泸沽湖拍过多少张照片。

多少年来,我一直想把泸沽湖和摩梭人所有美好的瞬间都凝固成与时空俱存的永恒,我这样做了,但总觉得没做到。

世界上许多美好的东西,可以让你欣赏、品味,让你用文字、用绘画、用音乐、用摄影、用一切艺术形式去表现,却永远不能让你穷尽和拥有。然而,痴迷的人们还是希望去追求去拥有。

中央电视台(2002年6月10日至24日)

门

原野

如果说，摇篮是童年的象征，一杯热茶是温暖的象征，启动的车窗上紧握的手是友情的象征，那么门就是家的象征。门的朴素的脸上，写着我们的寄托、欢喜和庇护。在心底抹不去的记忆里，门的表情清晰如昨。

儿童初窥世事的时候，用肩膀倚在自家的门上往外张望，仿佛那边是海，这边是岸。当受了委屈的孩子从外面跑回家，双手刚刚拍到门上时，便开始大哭。在这里，门划分了“他们”和“我们”。门里门外，是两个截然不同的世界。靠在家的门上，可以痛哭；坐在家门脚下，可以用指尖蘸取唾沫翻小人书、用刀子在门上刻线，可以看看自己长高了多少。站在门边，如同站在父兄的身旁。推开门之后，传来“吱呀”的回应，这是家的歌声，耳熟能详。

在我还很小的时候，父亲远赴他乡，母亲也忙于工作，每天深夜才能回家。那时，我们常常夜深了还没能入睡，总是躺在床上不安地等待。轻轻的敲门声，使我们在无数个夜晚一跃而起，抢着去开门。因为，开门就有妈妈。外出求学的日子未必有多辛苦，也未必有多想家，但是在回家时，润湿我眼睛的，是我家的那扇门。它依然是原来的样子，醇厚古质。残褪的油漆稀稀落落地附着在涟漪似的木纹上，就像一位慈祥可亲的老者。我发现，对家的渴念，包括秘密与惊喜，原来都包括在见到门的最初那一眼里面。

如今，门与母亲形影相依。当淡淡的阳光遍洒院落时，母亲已经忙完家务，开始坐在门口继续她的那些针线活。针线在母亲苍老的手中翻飞，斑白的发丝不时掠过额头，母亲清瘦的脸颊就像那满是木纹的门，在我这游子的心中叠印、幻化，占据了我整个乡愁的心海。每次回家，阔别之后的柔情便会在抚到门的那一刻迸发。拍一拍它，心中装满期待。

门的后面，包括门，是我们的家。

宁波鄞县电视台(2002年6月24日)

井冈杜鹃红

刘华

“1929 年，第三次反围剿期间，井冈山青年林同生告别心上人吴月娥，参加了红军。临行前，二人相约，来年相会在杜鹃花盛开的时候。”

我来了，我已经收到了你的邀约，柔情似水的江南，留不住我茫然的脚步，林中飘荡的倩影，就像我落寞的心灵。我匆匆前行，为了采摘一片绿莹莹的清静，我寻寻觅觅，为了追回那个红艳艳的花期。

就这样走，一直走进山的深处、云的深处、春的深处，一直走到林的边缘、崖的边缘、梦的边缘。路在崖边断了，花却在崖下红了。

就这么悄然地绽开。一枝枝、一簇簇，伫立在村舍边、山溪畔，是娇羞的、也是热切的，拨开潇潇春雨，撩起蒙蒙晨雾，翘望着春的来路；一团团、一片片，是娴静的、也是野性的，往泉声里躲，往林深处藏，却是藏不住的春色满山流淌。

我涉过溪涧寻找你的踪迹，我真切地听到你的山歌了，那妙龄的山歌唱得瀑在奔泻、云在翻卷、花在怒放。我攀上山岩仰望你的容颜，我清晰地看到你的眉目了，那青春的笑颜映得瀑生虹影，云若霞飞，花作浪涌。

我来了，沿着当年你走过的路。你还在守望着山路，约会着花期吗？

“杜鹃花还没有开，林同生已经牺牲在了八面山。当年春天，吴月娥也遭抓捕，敌人逼她带路，吴月娥将计就计，将敌人引上了悬崖。”

密密匝匝的鹃林，绵延十里的花廊，随着带雨的山风且歌且舞，伴着嶙峋的怪石同吟同唱。

我看到你了，你就是在这里被捕的吗？我看到你了，你就是这样穿过蓄势待发的花山，把敌人带上断魂的悬崖？你就是这样以花一样的生命，制成了箭一般的武器？

你要走了吗？你已经不记得相约花期的诺言了吗？你要走了吗？你难道不珍惜含苞待放的花季吗？你一定要去吗？

我目送你走向深邃。深深的荆丛、深深的林瘴、深深的险境。你看到了吗？十里杜鹃林为你轰然点燃，燃得蓬蓬勃勃，燃得汪洋恣肆。我目送你走向崇高。高高的峰峦，高高的林梢，高高的悬崖。你听到了吗？在你的脚下，猎猎飘扬的红，唤着万紫千红汇聚在一起，交织在一起，织成彩练，织成灿烂的花季。你一定要去吗？

“趁敌不备，吴月娥拖住敌军官跳下了深渊。第二年，井冈山上漫山遍野，开满了杜鹃花。

人们传说,那是吴月娥姑娘的鲜血染成的,所以,叫它'井冈杜鹃'。"

你纵身跃下,比瀑更果敢、比鹰更刚烈、比云更飘逸。你的秀发栖在绝壁,长成了迎客松;你的声音洒在谷底,长成了井冈兰;你飞溅的青春,落在山脊是杜鹃树,落在山下是映山红。

我记得,你曾深情凝望。我想,你是在向鹃林中的古松致意。那些多姿的古松,是威武挺立的战士,是凌空长嘶的骏马,是昂首探海的蛟龙。它们是杜鹃眼里的英雄吗?它们是杜鹃心中的怀念吗?千般缱绻,万种风情,令你感动,令你留恋,而你义无反顾。

我记得,你曾回眸一笑。我想,你是看见我了,那笑意照耀了漫长的岁月。含着露、含着情、含着晶莹的心事,偎着春光、偎着井冈、偎着不败的花季。灿烂而温存、多情且奔放,年年岁岁,以浓墨重彩,把生命的热情抒发得如此浪漫动人;执著而坚韧、自信且骄傲,岁岁年年,以脉脉深情,把红色的传说演绎得如此扣人心弦。

一树树的花团锦簇,一树树的火一样的人生。路在脚下红了,花在路上伸展。花与路形影不离,路与花魂牵梦系,饱经风霜却无怨无悔,岁月无痕却烂漫无涯。一生就为了这一次盛开。开放,便无私地袒露出全部的美丽,即使搂抱着岩石的虬根也春情漾动,即使是一柄柄花蕊也春意盎然。

在梦的边缘,我踏花归去。你掠过林间,俏立枝头。花在心里昂首,心在花中绽蕊,有许多的秘密被花映红了,有许多的心愿被花催醒了。短暂的花事,竟是这样的壮观。从三月到五月,从早春到初夏,从昨天到今天,从丘陵到峭岩,从山野到庭院,从自然到心灵,五彩缤纷的繁花,把次第到来的花期连缀成一个完整的春天。

灿烂的花季,竟是这样的漫长。漫长得像一次精神游历,走过花的季节,走过花的世纪。

中央电视台(2002 年 8 月 5 日)

井冈山抒怀

江子　羽人

山与石

井冈山近了。野风轻轻地吹着。有清脆的鸟鸣从高空掷下,被群山送远。

谁采下两片树叶在吹?乐声中透着花香,融合了黄昏与清晨的色调和情绪,遥远而又贴近。

山是画里的,像是用了浓淡不一的墨色。墨色渲染开来,山就湿了。而满山的树木,使用的是点皴的笔法,墨色更重,山就向深壑幽谷中去了。墨色一淡再淡,淡到最后就轻了,云就飞了起来。

山过去是山,山的过去还是山。近处的是墨绿,远处的是深绿,更远的是淡绿,再远,就成了雾里的浅蓝。

喊一声,远方有了回应。再喊,又回应了,春天就从远方一点点地来了,满山就绿了,冬天就从这里去了,一点点地远了,春来冬往,井冈又是一年。

年年井冈,无数的春来冬往就形成了石头上的锈色、石头上的纹理、石头上的斑点,还有石头上的苔藓。轻轻揭去其中的一片,许多远去的时光就会被唤醒。

石头,本身就蕴含着时间深处的秘密。秘密积累得多了,也就看淡了浮华。

鲜有文人墨客在这里挥毫吟咏风雅,也少见达官贵人在这里雕琢夸饰升平。井冈石不需要人工书写的历史。

它或者隐形在浓浓的绿荫深处,以松为友,结竹为伴;或者现身在绝险的千仞峭壁,坦坦荡荡,素面朝天。

为它抒写历史的,是大自然。

泉与瀑

是谁拨动了大山的琴弦?是飞泉和流瀑。井冈是山的王国,也是水的世界。

最初的水被草的嘴尖含着,被绿树的根噙着,这晶莹圆润的水珠,和一片月光、一缕阳光有什么区别?谁能说,这小小的水珠深处,没有比钟声更庄严纯净的声响?

水在路上,在树丛中,追逐着,奔跑着,在山势低回处流淌出精致的弧线,在小溪荡起美丽的水纹,或像一把梳子,梳理着石头深处的月光。再追再跑,花就开了,鸟就叫了,树就绿了,山就活了。

追寻着井冈山的飞泉和流瀑,就该知道,井冈山有一副绝妙的歌喉。那是被轻风、鸟鸣、花香和满山的绿滋润了的嗓音,是朴实无华的心灵对生命的抒情。听着这汩汩的变幻无穷的乐声,这仿佛从大地深处润出的歌声,你醉了吗?

井冈山的水就这样千回百转、一路唱来,歌声的高亢部分,瀑布宛如从高空掷下,飞花溅玉。瀑布从高处跌落,形成壮美的景观,而声音在空山中回荡。

不经意间,已经唱彻了远古,又唱彻了今天。唱不尽的,是这座山。

云与雾

天下名山往往被僧道占尽。

井冈远离尘嚣,不驻仙佛道场。自然也就没有了晨钟暮鼓,没有了香烟缭绕,没有了所谓的祥云瑞霭。但井冈有自己的云。

天色微明,井冈云醒来了。

最初的那朵云,抱着星辰的光辉,带着几许慵懒,开始缓缓游动。仿佛是一朵云悄然唤醒了另一朵云,仿佛是一朵云牵着另一朵云的衣袂,仿佛云与云相邀去赴一个约会,各种形状的云纷纷挤出天庭的大门,飘飞在茫茫的井冈山。

云在山头团积、簇拥,渐渐成了壮观的云海。云海涌动,被霞光铺满绚丽的色彩,闪闪烁烁,把井冈群峰装点得分外秀丽。

而后,云随着长风婆娑起舞,把浩瀚蓝天化作奇妙的大舞台:一会儿是天马扬鬃奔腾,一会儿是鲤鱼摇头摆尾,头尾渐渐摇变了形,就成了舞着巨螯的虾蟹,爬着爬着,又演化为洁白的羊群,在天际怯怯移动。沉睡的老龙苏醒了,蜷曲起多鳞的身躯,探头探脑蜿蜒入水,倏然间,又幻化出一对流光溢彩的青鸟,正展开长长的翅膀,凌空翱翔。满天的迷离扑朔,满天的梦幻。梦幻中浸透了纯净。

云自有情。山渴了,田干了,无需菩萨天师降符点化,井冈云便纷纷聚拢,以柔柔的躯体去遮蔽烈日,直至把自身化作一天甘霖,洋洋洒洒播向人间,滋养万物,无痕无迹融入了一方水土。

井冈如诗,云是它的韵脚;井冈如歌,云是它的旋律。

总是在雨后,雾就从山谷升起,从石头上的青苔升起,从一丛丛浓绿中升起。

和云比起来,雾更轻,更单薄,更柔弱,像白釉薄胎瓷,一不小心就会破碎。可是,当心,这也许是假象。

雾是大山的幽灵。雾的行踪更诡异,心思更难测,雾里隐藏着更多难以参透的奥秘。雾来了,和你若即若离:你不理睬它,它就欺身而上,舔湿了你的鬓发;你恼了,伸出手去捉它,它却从你的指尖轻轻滑过——雾有点淘气。

看来,它不喜欢过于清晰的因果,所以,专来模糊这世上的一切规矩方圆。雾让你的双目迷茫,却很大度地解放了你的其他感官。置身雾中,你很难不变得更为敏感。雾气缭绕,你发现了么?——雾在蒸腾,井冈山在行走,它像一头灵性的巨兽,变幻不定,长着雾一样的软足。

它伏在你耳边幽幽发问:“你,知道些什么?”

老人

云来了,云去了;雾起了,雾散了。留下一个苍老的身影。静坐在大山中,看云、踏雾。

一身粗布衣裳,满脸的岁月斧劈之痕,老人像山一样沉默,也像山一样神秘。岁月还没有将他雕成铜像,还剩下最后的几笔。

屋前种树,屋后养花,山泉沏茶,腊肉下饭,绵长的日子过得别有滋味。他是谁,是一位普通的山民吗?也许是吧。不然,他怎么会对这块土地如此眷恋,对这座大山如此熟悉。农家活计,桩桩件件,拾得起,放得下。瞧,那一双编织竹篾的手,能让傲岸的竹子化为绕指柔软。

也许不是?他的目光如此深沉,分明看透过山外的大千世界。他最常去的地方是松柏掩映的墓地,在那里,他为亡灵的家园掸去落叶,扫尽浮尘,一坐就是一天。该有多少昔日的风云潜藏在这瘦削的身躯里?

潇潇细雨,又是一年清明。老人举着一壶酒,肃立在烈士墓前。今天,老人不用花环祭奠。他知道,长眠地下的井冈汉子们,有满山的杜鹃相伴,也许更需要一杯酒来暖和寒凉的身躯。

那些熟悉的音容笑貌,是否依然鲜活如初?家乡的醇酒,是否仍能激发满腔豪情?轰轰烈烈拼杀一生的父兄们,喝吧,喝下这杯酒吧!远山传送着他内心的祭词。

酒是老酒。酹酒的人也老了。是雨水吗?一点一滴飘落在胸襟。老人嘴角微动,似乎唱起了歌。风声,雨声,恍惚间,谷壑松涛阵阵相和,飞泉流瀑频频响应,漫山遍野都是歌声。

歌近终了,人行渐远,老人的身影融入了巍巍群山。

中央电视台(2002 年 8 月 19 日)

荷醉

章一鸣

深圳的夏天总是紧随着春天接踵而来，年年初夏时节，洪湖公园里的荷花就绽开了她的笑容。万顷碧波间、绿茵草地旁、淙淙清流边，荷花怒放、浮香绕岸、满园锦绣，宛然升腾起了一片片缤纷斑斓的云霞，蔚为壮观。清澈的水面波光粼粼、白鹭点点、游艇悠悠，蓝天、白云、飞鸟、荷醉，好似瑶池仙境，美不胜收。

自古人们爱赏荷。"予独爱莲之出淤泥而不染，濯清涟而不妖。"北宋哲学家周敦颐的这一千古咏荷绝唱，道出了荷花生淤泥之中却能自洁自清，常洗濯于清波之间却能不媚不艳的君子品格。正是荷花这种高尚、朴实、纯洁的荷之美、韵之情，勾起了无数文人骚客的赏荷遐思。

而我更是因为朴初老那篇脍炙人口的咏荷诗："惠我一盆莲，感君多美意。清水照明妆，微风散香气。枝枝作佛供，叶叶任鱼戏。此花圣之和，浊世嗟难及。"使我对荷花的喜爱升华为一种由衷的敬意。那荷花醉人的色、香、姿，也平添了几分凝重。

赏荷，茗赏者上也，谈赏者次也，酒赏者下也。而今赏荷，很少有人有茗赏或酒赏的习惯，一般以静观为乐，故有"静观万物皆自得之趣"。古人认为：不谙莲韵，难入高雅境界。韵是指莲的风度、品德和特性。韵是内在的美、真实的美。因此赏荷之美、观荷之雅，是中华民族传统的审美习惯。

赏荷求雅，清香而不艳者为雅，也就是说一是清香，二是色淡。据说白居易一生酷爱白莲。唐宪宗元和十一年，白居易谪居江州司马，这年秋天，他登庐山赏景时，被东林寺池中的白莲所吸引，于是感慨万千，写下了著名的《咏东林寺白莲》。

"东林北塘水，湛湛见底清。
中生白芙蓉，菡萏三百茎。
白日发光彩，清爽散芳馨。
泄香银囊破，泻露银盘倾。"

白莲之中点缀着零星红莲显得格外红艳，如珊瑚灼海，因而平添了几分"非花斗妆、不色春色"的意境。

由荷花想及人生，岁月如歌，生命如荷，人生经历的一次次磨炼，便是荷花年年岁岁的枯荣。而人生也只有饱经风霜了的洗礼之后，生命之荷才会绽现出最为绚丽的色彩，实现人生的飞跃、精神的升华。纵使最后只剩下残叶败梗,留给了泥土,也为那曾经有过的灿烂而无愧,而无悔。

深圳一鸣数码影视工作室(2002 年 8 月 19 日)

走边城

彭涯

黄昏时分进入凤凰,披一件经夕阳濡染的云裳,行在古老的小桥上,灵气扑面而来。这个时候离傍晚很近,往往会有精灵拉你的行囊,那无影无痕流过的是怅然的忧伤。

老墙上烟熏的旧痕是古城额前的皱纹,空气中腊肉的陈香如远古缥缈的歌声在游荡,水中的倒影似是而非,江边仅剩的几栋歪斜的吊脚楼收藏了多少流逝的瞬间,不知还能装点多少人的梦。

远处吊脚楼上有人影倚着围栏,我猜想那可能是位归来的隐者,守候着凤凰的梦,守望着梦中的情人。那曾经得到的和曾经失去的已不重要。

这里的雨有时如心丝般细而透明,绣在石板街的风景里,将过客也绣了进去,让人觉得有什么会顺着雨丝滑下来。石板路并不会记得有谁来过,谁又去了,而来过的人大多忘不了这石板路。雨落在雨上,不知谁的心情似这潮湿的石板路一样。

很多梦醒时就已忘记,而有些地方却总觉得以前曾经来过,一种迷离涌上心头……

那时江岸的吊脚楼很密,水边开满了山茶花。那个清晨没有太阳,我在古老店铺后面看到一位姑娘,就像两道老墙间闪过的阳光将我的眼睛刺伤,她给我喝的是一杯山茶花上的露水,将那个早晨永远融化了。我是背着空囊离去的,一路上行囊渐渐地丰满,而我却渐渐消瘦。

石板路的尽头连着跳跃的神经,牵挂着一处恍如隔世的地方。水牛在秧田中伫立眺望,有人走在回家的路上。文人们牧着梦中的白云,而这里的人,白云看护着他们的梦。有闲的人听风赏雨的季节,正是农民下秧田的时候。那偶尔唱着山歌劳作的人,那离不开泥土的人,借着歌声的翅膀像鸟儿一样在山谷中飞翔。

春天懒散的阳光抖落在瓦片间,轻轻的,我缓缓地落在叶上,惬意的麻木片片脱落,生命开始鲜活,只觉得这里是心灵的裂缝中遗落的美丽。

云水往事不会留影,风花雪月自然有情。心灵如莲花般慢慢张开,不知不觉,醒时的梦呓被思考穿破,刺向透明的真理。在苦乐界限模糊的生活中,人们怎样坚守那种美,等着外面的人来心痛，来感动？

阳光是好东西，可当你刚要渴望它将潮湿的角落照亮时，某种美丽已经蒸发、远去。

凤凰就是旅店，情人们一一出现，不管你是虚度昨天，还是预支了明天，真正来过的人即使丢失了一切，这儿也不会计较，因为你再也离不开了。

这是收藏灵魂的地方，你用灵魂抵押，然后带着心走。心灵的世界应该有树，灵感会在那里投宿，当阳光洒进时，它会惊醒，带你飞翔。

有人在人生的边上作注，有人在心灵的边城出生。我在懦弱与鲁莽之间发现了飘忽的勇敢。在这里，你不会被时间追赶，不会让思考留下的伤口吞噬了快乐，扔掉行囊就找到了故乡。

美让人心痛，只有带着心的人才能感到。身在一个注定要消逝的风景里，面对一双留人的眼睛，又怎是心痛所能了得。当眼睛不再是心灵的窗户而可以自娱自乐时，谁还能想起，有一种愉悦叫归来。

涅槃之后谁会年轻？发现者已将火把点燃，挖掘者的脚步也近了，在醒来之前，我要将最伟大的礼物留给自己，那就是希望。当回忆重建的过往在心与心之间流传，毁灭前的奇迹就必然出现在毁灭之前。迷人的时候只管陶醉就对了，不定哪一个雨夜，如墨的夜色里，心花怒放，顺着雨丝滑下来，精灵们来一次合唱：年华老去，也要畅饮过往。

中央电视台（2002 年 9 月 2 日）

卖书

原著　李钢　改编　罗攀

数年之前我妹妹出国，临走时送给我好几箱书。抽空打开一只箱子清理，发现多为文史经典著作，有不少与我书架上的重复，多余了。还有一些数理化外语之类的杂书，于我无用。这些书，留着也是累赘，就决定卖掉。

正巧楼下有收破烂的吆喝，那人是个 60 多岁的老头儿，满鞋泥浑身汗气。我让他在外面站着。我们家进屋是要脱鞋的，我嫌他臭。

一摞书只卖了两元多，我嫌钱少他嫌货少。他瞥见屋里一地的书，就问还有么？我说有是有，还没清理呢。他便坐在了楼梯上，说声你清吧，我等着。我对他说："你先回去，我慢慢清，三天之后你再来，全给你留着。"老头儿不信。我又大声说一句："保证给你留着。便不睬他了。"

后来过了三天，我把卖书的事给忘了，一大早和家人去朋友处聚首。午后下大雨，傍晚借伞走人。回家后做好饭端上桌，已是晚上八点多钟。

这时有人敲门，门口站着那个收破烂的老头儿，背着背篓披块塑料布裤管淋得透湿。他说已来过好几趟，冒雨在外面转着等我。我这才想起卖书的事，过意不去，让他进屋歇歇。

他脱鞋进来，把背篓反扣在地，坐到上面。我赶紧去搬书，我太太估计他肯定饿着肚子，就盛了一碗饭，拨上些菜给他。老头儿嘴上说不吃不吃，却端着碗大口小口地扒，是饿慌了。我太太又给他一只馒头，夹着煎鸡蛋。

我对老头儿说：你这把年纪了，何苦冒着雨来收这几本书呢？他说没办法，儿子儿媳死在前面，留下两个孙子在县里上中学，要靠他收破烂供他们念书。说罢搁下碗，将书过秤，付钱，道谢。他装起那只馒头说是边走边吃。我太太心软，在耳旁嘀咕道：这老头儿怪可怜的，把书送给他算了。我假装没听见。

转眼到了今年八月下旬的一天，我们全家外出应酬归来，院里有个孩子交给我一封折成纸条状的信，拆开来看，落款处签着两个陌生的名字。信中说：这两个年轻人曾来拜访过我，但我不在家，他们说我不认识他们，但曾得到过我的帮助。几年前那个来我家收书的老人，就是他们的爷爷。

信中说他们的爷爷供他们上学，吃了很多苦。还说有年夏天他们还吃到了从我家带来的鸡蛋馒头。信中还说这位老人识字、爱读书，并总是从收的书中找出有用的给他们读，增长他们的知识。信中说他们现在长大了，决定接老人回家，并按老人的意思上门谢谢当年的好心人……

对着这封信我发了半天愣，我做了好事了吗？我自己怎么不知道呢？而且我怎么把好事做得一点儿都不像好事呢？我很窝火。

这时我的儿子已换上了球衣，他踢了一夏天的足球，我要他认真读读这封信，他只瞟了几眼，满不在乎地扔给我，抱球出征，我大怒，一把将他拽回来，弄到树下站好，立正，罚站一小时。

中央电视台（2002 年 10 月 14 日）

徽州往事

季宇

岩溪是我的老家，位于新安江畔。

有人说，新安江是一条生命河。对于峰峦起伏、交通闭塞的古徽州来说，新安江是重要的，它是通向外部世界的主要孔道。一代一代的徽州人就是从这里,走出大山,走向世界。

也有人说,新安江的水就是女人的泪。几百年来,多少母亲、多少女人的泪,化作新安江水,喧哗东流,悄然而逝。

父亲对我说,岩溪最后一座牌坊建于光绪三十年。那是一座贞烈牌坊,一次共旌表节烈女子62人。我的祖奶奶就名列其中。有一年,我回老家,去看过这座牌坊。在徽州数以千计的牌坊中,岩溪的这座牌坊也许并不起眼。经过将近一个世纪的风雨侵蚀,它看上去已显残破,在杂草树丛中倍觉凄凉。那是一个阴郁的日子,细雨霏霏,雾气蒙蒙,天地间笼罩在一片灰暗的潮湿中。只有新安江,像一个历练世情的老人,在心平气和地吟唱着。

我的祖奶奶,刚嫁到岩溪时,人们都叫她五嫂嫂,那是因为我的祖爷爷排行五的缘故。刚到岩溪的五嫂嫂,端庄美丽,见过她的人无不交口称誉,夸赞不已。

徽州山多田少,土地贫瘠,田产不足以自给。史料记载:"歙、休两邑,民皆无田,而业贾遍天下。"为了生存,一代一代的徽州人只有出外行商,求食四方。徽州谚语说:"以贾为生意,不贾则无望。"——这是徽州男人的宿命,也是徽州女人苦难的开始。

婚后第七天,五嫂嫂就开始为丈夫准备起行装。像大部分徽州人一样,我的祖爷爷在新婚不久便踏上了行商之路。

五嫂嫂送走了她的丈夫,新娘送别了新郎。这只是无数徽州女人故事中的一个。小船缓缓地驶离了江边,新婚夫妻依依难舍。春天的雨是绿色的,丝丝缕缕。山影倒映在江水中,玲珑剔透。微微的风从山谷中吹过来了。正是茶山飘香的季节,葱茏的茶树将盈盈的绿色涂满了的山野。

五嫂嫂的眼眶里弥漫着潮湿的雾气。丈夫的身影渐渐远去了,看着小船像黑点似的越来越小,融化在春天缥缈的雾气中,她的泪水终于忍不住夺眶而出。

这一年,五嫂嫂只有15岁。15岁的年轻女人挑起了全部的生活重担,也挑起了沉重的思念和漫长的等待。丈夫走后第一年,五嫂嫂在供桌上的瓷瓶里郑重地放上了第一枚山核桃。只要丈夫不回来,她每年都要在瓷瓶里放上一枚。"鸟儿要归林,核桃树有根。"就像歌里唱的,五嫂嫂相信,鸟儿不会忘了家,就像核桃树的根深深地扎于泥土之中。这是一种祝福,也是一种祈盼。

新安江水日夜奔流,永不止息。春去冬来,四季更迭。日子也像这新安江的流水,年复一年。瓷瓶里的山核桃一枚枚地在增多,五嫂嫂的丈夫一直没有回来——他去了遥远的四川,据说在那里贩运木材。每次来信,他都说会很快回来,可五嫂嫂一次次地失望了。她心里明白,丈夫的生意一定遇到了困难,甚至连回程的盘缠都无法凑起。许多徽州商人就是这样,一去不返,永无归期。但五嫂嫂坚信,丈夫会回来的。她站在村口的大榕树下,遥望远方。新安江边,她长久地伫立,望穿秋水。长长的雨投入水中,激起层层涟漪。过往的商船来来往往,五嫂嫂幻想着有一天,丈夫也会从某一条船上下来,与她一起沿着熟悉的乡路回家……

这就是希望!这希望支撑着五嫂嫂的生活勇气。她里里外外地忙碌着。养猪喂鸡,背柴拾草,茶山上闪动着她的身影,长长的村巷里响着她的脚步……

苦和累都不可怕,最怕的是寂寞。丈夫走后,空旷的大宅子就显得更冷清了。漫漫长夜寂寞无处不在,像幽灵似地随风飘荡。凄冷的月光洒在高高的白墙上,映照着静寂中的黑门、黑窗、黑瓦。四周万籁俱静,只有风的声音和老鼠的响动。五嫂嫂躺在床上,睁着双眼,望着斑驳的月光,长夜难眠,辗转反侧。

秋雨拍打着窗牖,江水呜咽,如泣如诉。农闲时枯坐天井,望着屋檐下的滴水,五嫂嫂的思念也点点滴滴，滴不断，声声乱。

思念是一条可怕的蛀虫，它吞噬着五嫂嫂的心、五嫂嫂的身体，还有她的青春容颜。

等待是心的苦役。前程漫漫，跋涉永无尽头。

徽州的许多女人就是这样度过了她们的青春，甚至一生。在这块号称“东南邹鲁”，祠堂高耸，牌坊林立的古老土地上，三纲五常，存理灭欲，已成为一种道德规范。它禁锢着人们，不得越雷池半步。“饿死事小，失节事大。”贞媛淑女，殉道倡节。一方面，她们的故事，作为道德典范，通过数不清的祠、堂，或牌坊，通过种种立传、方志，以及戏剧等，广为流传，家喻户晓；另一方面，宗法族规，如刃高悬，对于那些叛逆者，极尽“戳辱”，毫不留情。生活在这种环境下的女人，她们的人性被扼杀了，身心几乎麻木。岩溪最后一次建坊旌表的62个女人中，她们都和五嫂嫂一样，“丹心铁石，白首冰霜”，或守寡尽孝，或节身持家。更有甚者，“绝粒而亡”，以身殉夫。而五嫂嫂只是她们中的一员。

又到了茶山飘香的季节，瓷瓶里的山核桃越来越多，渐渐地漫到了瓶口，苦苦煎熬的五嫂嫂已经熬成了五婆婆，丈夫的噩耗有一天终于传来了：他是在一次贩木头时，木筏漂了捆，不幸葬身水底。

祠堂里摆上了新的灵位，招魂幡在江边迎风飘舞。五婆婆跪在江边，把瓷瓶里的山核桃一枚一枚地抛入江中，泪水也一如江流，滔滔不绝。

一世夫妻只有七天——这就是五婆婆的故事，这就是徽州女人的故事。

同是徽州人的胡适先生说：“一个地方如果没有徽州人，那个地方就是个村落。徽州人住进来了，他们就开始成立店铺；然后逐渐扩张，就把小村落变成小市镇了。”——“无徽不成镇”、“钻天洞庭遍地徽”。明清之际，徽商的足迹几遍宇内，雄霸三百余年——这就是徽商的历史写照。漂泊四方的徽州男人，创造了巨大的财富和辉煌的文化，而站在他们身后的徽州女人们，在新安江边，在白墙黑瓦下，在牌坊祠堂林立的故土，她们付出了一生的代价。

苦难也是一种财富。在博大灿烂的徽文化中，女人的坚韧和苦难也许是最动人心魄的。

中央电视台（2002年10月28日）

背影

朱自清

我与父亲不相见已二年余了，我最不能忘记的是他的背影。那年冬天，祖母死了，父亲的差使也交卸了,正是祸不单行的日子,我从北京到徐州,打算跟着父亲奔丧回家。到徐州见着父亲,看见满院狼藉的东西,又想起祖母,不禁簌簌地流下眼泪。父亲说:“事已至此,不必难过,好在天无绝人之路。”

回家变卖典质,父亲还了亏空;又借钱办了丧事。这些日子,家中光景很是惨淡,一半为了丧事,一半为了父亲赋闲。丧事完毕,父亲要到南京谋事,我也要回北京念书,我们便同行。

到南京时,有朋友约去游逛,勾留了一日;第二日上午便须渡江到浦口,下午上车北去。父亲因为事忙,本已说定不送我,叫旅馆里一个熟识的茶房陪我同去。他再三嘱咐茶房,甚是仔细。但他终于不放心,怕茶房不妥帖,颇踌躇了一会儿。其实我那年已20岁,北京已来往过两三次,是没有什么要紧的了。他踌躇了一会儿,终于决定还是自己送我去。我两三回劝他不必去,他只说:“不要紧,他们去不好!”

我们过了江,进了车站。我买票,他忙着照看行李。行李太多了,得向脚夫行些小费,才可过去。他便又忙着和他们讲价钱。我那时真是聪明过分,总觉得他说话不大漂亮,非自己插嘴不可。但他终于讲定了价钱,就送我上车。他给我捡定了靠车门的一张椅子,我将他给我做的紫毛大衣铺好座位。他嘱我路上小心,夜里要警醒些,不要受凉。又嘱托茶房好好照应我。我心里暗笑他的迂,他们只认得钱,托他们真是白托!而且我这样大年纪的人,难道还不能料理自己么?唉,我现在想想,那时真是太聪明了!

我说道:“爸爸,你走吧。”他往车外看了看,说:“我买几个橘子去。你就在此地,不要走动。”我看那边月台的栅栏外有几个卖东西的等着顾客。走到那边月台,须穿过铁道,须跳下去又爬上去。父亲是一个胖子,走过去自然要费事些。我本来要去的,他不肯,只好让他去。我看见他戴着黑布小帽,穿着黑布大马褂,深青布棉袍,蹒跚地走到铁道边,慢慢探身下去,尚不大难。可是他穿过铁道,要爬上那边月台,就不容易了。他用两手攀着上面,两脚再向上缩;他肥胖的身子向左微倾,显出努力的样子。这时我看见他的背影,我的泪很快地流下来了。我赶紧拭干了泪,怕他看见,也怕别人看见。我再向外看时,他已抱了朱红的橘子往回走了。过铁道时,他先将橘子散放在地上,自己慢慢爬下,再抱起橘子走。到这边时,我赶紧去搀他。他和我走到车上,将橘子一股脑儿放在我的皮大衣上。于是扑扑衣上的泥土,心里很轻松似的,过一会儿说:“我走了,到那边来信!”我望着他走出去。他走了几步,回去过头看见我,说:“进去吧,里头没人。”等他的背影混入来来往往的人里,再找不着了,我便进来坐下,我的泪又来了。

近几年来,父亲和我都是东奔西走,家是光景是一日不如一日。他少年出外谋生,独立支持,做了许多大事。哪知老境却如此颓唐!他触目伤怀,自然情不能自已。情郁于中,自然要发之于外,家庭琐屑便往往触他之怒。他待我渐渐不同往日。但最近两年的不见,他终于忘却我的不好,只是惦记着我,惦记着我的儿子。我北来后,他写了一信给我,信中说道:“我身体平安,唯膀子疼痛厉害,举箸提笔,诸多不便,大约大去之期不远矣。”我读到此处,在晶莹的泪光中,又看见那肥胖的,青布棉袍,黑布马褂的背影。唉!我不知何时再能与他相见!

中央电视台(2002年11月25日)

瀑布与石头

许达然

在我有声有色的风景里,你是还未被别人发现的瀑布,清高洁白。就是因为那样清高才跌得这样惨,白白把自己交给山谷,咕噜咕噜积成青潭,嬉玩自己激起的泡沫;潭受不了,推开你,你沿路淙淙流荡,最后只好把自己交给海,变成浪。

一大早,从暗处倾泻下来的阳光就缠着你不放,还制造影子,让你跳入,你怎样奋力都甩不开。阳光甚至嫌四周不够辉煌,还着色,更不合你透明的性格了。本以为入夜就可免除这些干扰,偏偏月有时幽柔,下来照亮你的山歌。

你的山歌总是奔放,然而即使在晚上都唱不出什么名堂。虽激昂如进行曲,也不过使附近无法行军的树,边听边摇边叹而已。既然活在你洪亮的声音里,那些树只好日夜摇叹了。

鸟曾来过。不能啄你的清高,也不能栖息在你的清白上,怎样重奏合唱都比不过你,你又吵得潭里无鱼。鸟不愿在长年安定的树上造巢,飞走了。

风总是来。不能在总是冲动的你上面雕刻什么,又抱不走你;它一用力,你就知它挣扎不清。它若发怒挟雨而来,你淋久后也激动,竟不管下面已泛滥,还往下冲,你觉得很不英雄。

因为是水,跌不死,所以才总是那么壮烈。其实你并没有自己。也不知是谁,水总在推,只好向前,向前,不能再向前时,只好嚷着向下跳。总是向下跳,无时间思考,你觉得没什么可赞美的。

不能赞美的也只是愤怒却不知在咆哮什么,整天就落进自己的呐喊,自听自赏自鼓掌。虽然你的激情感动不了山的淡漠,你仍坚持力的表现,只是没被发现就不能发电,你觉得寂寞。

在你无言的素描里,你拒绝是与世隔绝的瀑布。你宁可是无桥的溪中一块石,硬不怕汹涌;不大,但从水面凸出给脚踏过。不稀罕什么雄伟、什么壮丽,也不计较是否被发现了。

中央电视台(2002 年 11 月 25 日)

朝觐生命

陈世旭

你从哪里来？要到哪里去？你的眉头像未解的结，你的脚步疲惫而蹒跚。

我把喧嚣的城市留在身后，我把拥挤的人群留在身后，我把所有的躁动和冲撞留在身后。

把自己交给苍茫。

你失落了什么？你要寻找什么？你想得到什么？

我问蓝天，我问大地，我问草原。

草原，向我张开博大的襟怀。从两边涌到路上来的、被露水淋得透湿的花枝和草棵子殷勤地拂着我的裤腿，像默默的爱抚。

古老而烂漫的克什克腾草原。这是埋藏无数卜骨、陶片、断简、残碑的土地；这是站立长城、寺庙、黯淡的宫阁和拓荒者废墟的土地；这是横亘叱咤风云的康熙大帝平息叛乱的土地；这是勇猛剽悍的八旗壮士演习杀戮的古御道的土地。

乌兰布通，红色的山。大清王朝的十二连营埋进深草；抚远大将军的鹿角枪炮没入沼泽。方尖碑如断锷。水泡子是宵遁的噶尔丹饮恨苍天的眼睛。从刀光火石到金戈铁马，从血流漂杵到冠盖如云，都杳然如苍狼呜咽。帝王的霸业连同古战场一起退出历史，一个鞍马部族的史诗在季节的河道声息干裂。

而草原依旧。

思想就像徘徊在迷离草莽的孤马，你会一再地想起那些似乎遥远的、已经忘却的过去，心里无端地涌起一种莫名的、淡淡的却是幽深的甜蜜或忧伤。你会感到好像早就有过这种体验，要不就是做过一个和眼前的情景极为相似的梦。但是究竟是在什么地方、是在一生中的哪个幸或不幸的时刻，你怎样也记不起来了。生活就像流水一样，淙淙地从你身边流过，你失落了很多，却不知道那是些什么。

真静啊。天地间是一片亘古的肃穆。远远的什么地方，好像有人在动情地唱歌。那是幻觉。只有风，只有白桦林，只有不甘寂寞的杜鹃、野百灵和蜜蜂在私语。

最远的地方，热浪蒸腾的高坡，号角悄然耸起。最初是一对，然后是一簇，然后是一片。然后，草原生命交响的高潮赫然君临。

万种天风骤然狂作。骏马雄壮的肌群，突起为跳跃的峰峦。马群纵姿跋扈，从远方或更远的远方潮涌而出。

大宛汗血天马从西极承灵威、涉流沙而来，从黄河负图而来。与犁铧一起耕耘生民的艰辛；与刀斧一起划破凝滞的血海；与香车一起装点贵胄的荣华。你为文明所依赖，你也为文明所驾驭；你为文明所恩宠，你也为文明所束缚。

什么时候，文明放逐了你，文明解放了你！

于是你重又成为草原的王者至尊。自由与奔放重又成为你的特权。铺张扬厉的野性重又回到你的身上。

狂舞的铁蹄在我的血管里奔腾，惊心动魄的轰响是冰河破裂一泻千里。我忽然明白了我的沉重；我忽然知道了我的寻找；在地震般的战栗和闪电般的快乐的瞬间，我领悟了生命的开端和终结的全部欢乐和痛苦的奥秘：挣脱欲望的缰索，卸下诱惑的鞍辔，去呼应草原生命大气磅礴的抒情，一种别样的、博大的爱情——爱生活、爱生命、爱大地，直到永远！

夜要来了，多情的落日在吐力根河对岸向草原告别。暮色像紫丁香，有一个骑手在火红的天边向远方顶礼。

公主湖丝绸一样温柔。草原的水像人的心灵——当心灵纯净而充满幻想，它就变得无比深邃——深邃得能容纳整个世界。

我走在七月黄昏的草原，草原的路通向一切道路。远处是辽阔明亮的地平线，身后是觉醒的脚印。

这一天多么好！整个世界像在童话里变了样子。这样的日子一生也许只能遇见一次。这样的日子一生只要遇见一次。

感谢你，草原！感谢你金灿灿的光，蓝湛湛的水，甜丝丝的风和轰轰烈烈的生命。

在怒放的花丛中尽情流连吧，在熊熊的篝火前尽情跳跃吧，在生命的潮水里尽情徜徉吧。火在战栗，酒在燃烧，舞在踢踏，灵魂在响着黄钟大吕的律动。当黎明再来，金子般的朝霞又会喷薄而出，我又将远行，让圣洁的大光明永远朝觐生命的虔诚。

中央电视台（2002年12月23日）

阅读绝壁

许武才

如帆。远方的海枕一千年的眺望。

如旗帜飘扬的天空已被会飞的翅膀占领。

敞开沉默。敞开长满青苔长满孤独的等候。沉默是一种语言,从无声的岁月开始;孤独是一种守望,是一枝寒秋独立的梅,开出芬芳开出冷冷的微笑。

谁从春天走进春天,谁从孤独走向孤独?

从此,成为一部书的封面。

我站在封面的视线之外,你站在我之外;

我阅读你尘封的凝思,你阅读我盛开花朵也长出落叶的心灵;

我没有翻开你刀切的层次,你洞穿了人类灵魂的细节。

仰视的是我,低头的是你,低头比仰视站得更高,你听到了飞翔的脚步声。

岩鹰振翅而去,我在明天的天空寻找翅膀。

中央电视台(2002 年 12 月 23 日)

你在谁的伞下

李钢

某个雷雨之夜我赶路回家,没带雨具,前面几步远的距离,一位姑娘持伞而行,那伞宛若一朵无雨的云。

雷雨交加,街上行人稀少,那姑娘不时地回头望我,目光带着疑惑甚至惊恐,很显然,我的存在使她有后顾之忧。这虽让人心寒,但也不能怪她,因此情此景也太像一些虽不高明却足以令人紧张的小说情节了:深夜,一条汉子尾随一个年轻的女郎,在雨中。

君子坦荡荡,为了她的安宁,我加速走到她前面去。我只担心在经过她身边时,她别吓得尖叫起来。电闪雷鸣之际再加上女人的尖叫声,会搞得这城市神经错乱的。

我把背影留给她,这样便显得更纯洁些。我哼着小调,步伐坚定从容,并竭力装出好人的样子——大概世界上再没有比好人假装好人更加狼狈的事了。

雨至滂沱,我已浑身湿透,忽然发现她竟跟了上来,走在我身边,事情发生了戏剧性的变化,她有意无意地向我靠拢,慢慢地又将伞举到了我的头顶。雨被截住了,拍着伞。

我给了她安全感,她给我信任和帮助,转眼之间,我们成为一柄伞下的同路人。在城市,这是很动人的一刻。人与人的心灵原是可以相通的,凭借着雨夜,伞是小小的道具。

起初我挺拘谨,东张西望,有做坏事的心情,见四周一片茫茫,也就释然了。我接过伞来举着，路过自己的住所也未离开，像个真正的保镖一样，把她护送到家门口。她要我带走伞，我谢绝了，尔后我们像朋友似地道别。

故事本可以到此为止，然而时隔数日，我在街头再次遇见那姑娘，互相一愣，犹豫了一瞬，又像陌生人一般擦肩而过，连招呼也未打。这是白天，没有雨，街上人涌如潮。

这个破坏性的结果无疑令人失望。我为此假设过多种结果，反过来看看，唯有它真实得不可动摇。因为它绝对符合现代城市的性格。

在日趋冷漠的城市里，人们习惯了隔膜与生疏，每个人都是一座孤岛，挨得很近也无法连成陆地，孤独感使人对沟通和交流产生抗体，再没有什么比陌生更让人熟悉。想一想，人真可算作一种自相矛盾的生物。人类创造出现代文明来掩埋自身的情感，同时，又渴望着人性能够破土抽芽。城市实在是司芬克斯一般的怪物，人建造了它，住在里面，它却把人变成难以解开的谜。

今夜又是雨夜，乱雨敲窗，不知此刻路上的行人，谁在谁的伞下？

中央电视台（2003 年 1 月 6 日）

妈妈的婚事

作者　婴宁　改编　任萍

我结婚一个月后，母亲忽然对我说，她想结婚，不再和我一起生活了。

母亲说这句话的时候，我正在阳台上修剪树枝。冬天的阳光正透过宽大的玻璃窗，洒在母亲身上，她说话声不大，在我的记忆中，母亲始终这么说话。

那句话，她没有重复。

我用了很缓慢的思维感觉它的真实。

很生涩，对母亲的笑。我说妈，给我点时间好吗？心里已是千回百转。

母亲笑了笑，转身，离开。我站在阳台上，站了好久，没办法给自己一个答案。

母亲快 50 岁了，十五年前，她 30 岁多一点的时候，父亲因病辞世。那年，我 10 岁。

那时候母亲还很年轻漂亮，虽然年少，我也知道在父亲离开我们后，包括奶奶在内的所有人，都劝母亲再嫁。

母亲从来没有问过我，是否还想要一个父亲，因为她从来没有打算再婚。在父亲去世后，她忽然变成了一个沉默坚强的女人，独自支撑着我的成长，让我拥有一个女孩子在成长中想要的一切。

十五年很快过去了，在母亲的疼爱中我长成了一个漂亮的女子，热情向上地追逐生活和爱情,然后在她的祝福中为挚爱的人穿了嫁衣。

当然还是和母亲生活在一起,那也是我结婚的前提。

但是现在,母亲忽然对我说她要结婚,要离开我和另外一个人一起生活。

母亲没再提那事,更没有告诉我要和她生活在一起的那个人是谁。

我不问,让日子一天天过下来。我知道母亲是那样一种人——她决定了什么,就一定会做,早一天晚一天而已,她不说,是多给我一些时间。

我回避,却偏偏让我遇到了这样的尴尬,我忽然知道了母亲要嫁的那个男人,竟然是我认识很多年的唐叔叔。

然后春节就到了,春节的三天后是情人节,那天早早地,我把爱人准备的大捧玫瑰插在花瓶中,花开得很热烈。母亲说,真漂亮,年轻时,从来没看过这么好看的花。

我忽然有些心酸,看着母亲出去的身影。

门铃在母亲离开后响起来。打开门,看见住在对门的杨阿姨站在门边。

一直没有什么来往的,和对面的那家人。只知道她姓杨,在一所中学教书,先生是个普通的警察,有个20岁左右的女儿,最近好像不常回家。

请她进来坐。她犹豫片刻,说,想请你帮我发个短信息,然后递给我一个纸片,我看到上面的手机号码和一句话:情人节快乐。

很意外很意外,对这句话。

然后就听她说,我和你叔叔都是很笨的人,连个信息都不会发。

终于忍不住问:阿姨你想发给谁呢?

她叹了口气,是未未,我的女儿。她不久前和男朋友分手了,今天是情人节,怕她会更伤心,就想对她说这句话。反正她不会想到是我和她爸爸,也许会想,除了那个男孩,还有很多人爱她的……

我慢慢、慢慢呼出一口气,压得很重,很酸涩的那种感觉。

我说阿姨我现在就帮你发,多发几遍……

她谢了我,转身,离开。

我的手指一下一下落在信号键上。那个正在伤心的女孩,也许一辈子都不会知道,在某一年情人节,母亲为了她,请求别人给她的手机发一个短信息,说的是“情人节快乐”这样一句话。

那天下午,在小区,我碰到了那个女孩,她手拿一朵玫瑰,只有一朵,也许是她买给自己的,我们看着对方都笑了笑,她很年轻、很美丽的脸上,没有伤心的痕迹。

三天后,我找到了唐叔叔。我还知道了这样一个真相:他和母亲十年前就已经登记了,但是因为我,因为母亲固执地要等我出嫁后才开始自己的生活。就让唐叔叔和她自己,等了整整十年。十年,母亲耗尽了一个女人的青春,而十年中,我却没有感觉出蛛丝马迹。

这些年,我一直以为对母亲的爱,即使无以回报,但也是了如指掌的。但是,我所自以为是的了解,连表层都不是。

哪个孩子能知道母亲的爱有多长呢?那个失恋后不肯回家的女孩,还有我。

等有一天我们做了母亲,也许,也许会知道的吧。

中央电视台(2003年1月20日)

酒肆风雪夜

阎宪奇

又下雪了。远在故乡的父亲写来了信，说镇上要我家把以往的小酒铺再开起来。父亲很高兴，答应了。他在信中说还要把五十年代的那块“巷子深”的牌子再亮出来。

父亲的信，使我想起了童年时遇到的一件事来。我的故乡小镇，是个傍山靠水的地方，交通也还方便，来往的船只、商旅不少，文化和商业自然也还算发达。父亲在镇上开了间小小的酒铺，铺面不大，但在镇上还小有名气。曾祖父那一辈，因为水灾，举家逃荒到贵州茅台镇一带，结识了一位酿酒的师傅，俩人成了莫逆之交，老人学会了煮酒的功夫，还得了一个类似茅台酒的配方，回到镇上，开始做起酒的生意来。因为有这祖传的酒方，煮出来的酒和人家的不同，又香又醇，喝下去不上头，引来一些喜欢这杯中之物的汉子，宁可少吃一顿饭，也要来喝上两盅。

记得五十年代中期，我有10岁了。又到了除旧迎春的时节，镇上家家户户忙着迎新年，一派欢乐的气氛。春节在我们乡镇上，要算最隆重的节日了。家家都有贴春联的习俗。上下两联，一帧横批，红红火火，大吉大利。在我们那儿，春联就犹如人家的门面，不止春联的内容，上下两联的平仄对仗不容忽视，落在纸上的字体、书法，更是路人、邻里评价高低的对象。一交年关，老人们忙着买纸，四处央人写联。镇上写着一手好字的那几个秀才家，门是要被挤破的，央求写联要排队，等个把星期是常事。可那一年，父亲却为写春联的事犯起愁来。原来，年年为我家写联的王铁笔老先生，年前乘鹤西去，作古了。眼看到了年三十，我家的春联仍无着落。好强的父亲，生怕第二天贴不上联，招人耻笑，讨个不吉利，急得来回踱着。

已经是黄昏了，屋外飘起了雪花。这时，从飞舞的雪雾中，走进两个肩头洒满白雪的人。看样子他们是走了好远的路，疲乏得很。年长那位有30多岁，跟着个十八九岁的小伙计。来客进门说年三十了，很多人家忙着过年，铺子关得早。只有我们家的酒招竖得高，才翻过西山梁就看见了，所以径直奔了来。吐出的话语不像本地的乡音，倒像是常来镇上贩卖桐油猪鬃的湘客。

听到客人夸奖，父亲自然高兴，很快就排出了几样酒菜。只见来客提起了锡壶，从低到高，一线纯酒像眼泉水似的吐了出来，刚要满杯，就戛然止住了，一滴也不溢出，酒香立马溢满了小小的店铺。来客赞道：“好酒！老板，你这酒有点来头，是自家煮的吧？”这一声问，使侍候在一旁的父亲兴奋起来，从我家曾祖父逃荒贵州茅台镇到回故乡开酒肆度日，着实渲染了一番。

父亲的话引起了那位湘客的注意和兴趣,刨根问底地扯谈起来。啥子酒谷怎么解决呀?一个场期卖几坛酒呀?税收重不重够不够糊口度日呀……父亲一一回答。他喜欢别人知这开店的苦衷,尤其是碰到了这样的知音。

当湘客得知我家正为过年的春联发愁时,便说离赶船还有几个时辰,可以为我们涂上几笔。父亲喜出望外,忙招呼我为客人备纸磨墨。客人在落笔前说的那番话,我至今还记得。他说,这酒好就好在货真价实,不掺一丁点假。做生意要讲信誉,不能坑人,希望我家酒铺今后都能打酒不掺水,卖酒不蚀秤,公平交易,老少无欺。说罢落笔而书,只见他写到:"酿出春夏秋冬酒,醉倒东西南北人。"横批:"巷子深"。父亲看着新写成的春联,眼泪花花转了起来。拉着来客的手说:"老兄,只有你才真懂我的酒好啊!"他从后院杏子树下挖出一坛埋了五六十年的"女儿红"陈酒,与来客围炉痛饮。

江面上传来船笛声,班船要开了。来客告辞要走,年轻的伙计来算酒钱,可我们哪里会要呢。父亲送客人到门外。他敬畏这位干练,热情的客人,难舍这知情达理的知音。

客人走远了,在茫茫雪雾中。江畔的最后一班驳船,在雪夜里鸣着汽笛,招呼着年关还在路途的旅人。我进门收拾盘碟,才发现盘子下压着一卷包好的酒菜钱。父亲识字不多,但纸角上的"人民政府"的通红字样,还是知晓的。只听他喃喃自语道:"我早看出来了,他不是个凡人,是为咱老百姓操心的父母官啊!"

第二天,大年初一,粘着浓浓的米汤,把联贴出去,父亲还破例放了挂五百头的大鞭,鞭响联红,父亲一脸喜气……

第二年才进腊月,县里新华书店就下来人了,摆着地摊卖春联和年画,省了许多小户人家求人写联的苦处……

从那以后,大凡县里为镇上办了好事,父亲都认为是那个——雪夜来访的父母官办的。父亲说:"如今的政策这样投老百姓的心思,他肯定在上头为咱们讲了话哩!"

我常想,也许那位县里的干部,当年只做了他自己认为应当做的一件平平常常的小事,可他哪儿知道,这件事在一个普通老百姓的心中,竟会贮存的那么久远?正如那埋在地下的酒,愈是有些岁月,愈是醇香醉人!

广东电视台(2003 年 1 月 28 日)

电视文学节目2003年

东边我的美人西边黄河流

潘向黎

你愿意生活在哪个时代？有一天，突然有人这么问我。

唐朝！当然是唐朝。只是在那个年代，我希望我是个男人。虽然那个时代的风气相对开放，但是女人美的极致是收敛含蓄的，一旦张扬总要破坏那种轻柔细腻的阴性美。只有奔放昂扬的男儿意气，才能和那个时代的雄浑开阔相称。

做一个唐代的翩翩少年郎！想一想都让人热血沸腾。

“新丰美酒斗十千，咸阳游侠多少年。相逢意气为君饮，系马高楼垂柳边。”著名的新丰美酒一斗值一万钱，咸阳的游侠多么年轻潇洒！彼此相逢又这么意气相投，且一起去畅饮一番吧，把马系在酒家旁的柳树下，且别管它。多么飞扬跋扈，多么潇洒不羁！第一次读这首《少年行》，我就想，只有那个胸襟开张、元气淋漓、高歌狂饮、八面来风的唐朝，才出得了这样英气勃勃的少年郎。什么少年老成，什么仕途经济，都成了饮酒时的笑谈！除非是那些无情无趣的呆子，谁“忍把浮名，换了浅斟低唱”？何况“安能摧眉折腰事权贵，使我不得开心颜”！

我要练就一身好武艺。我要四处游历名山大川。我路见不平，拔刀相助。我轻财重义，一诺千金。我来去如风，形迹萍踪。

“洛阳城里春光好，洛阳才子他乡老。”在自我放逐中用乡愁下酒，这是我的宿命。什么“记得绿罗裙，处处怜芳草”，我可不喜欢这样的柔情羁绊，那会让我的马蹄沉重蹒跚。青春作伴，四海为家，我的心像一羽飞鸟，功名利禄和儿女情长都是我要躲避的罗网。嘚嘚的马蹄一路惊起许多卷帘人，我也不会回头望上一眼。

也许我会在江南多停留一些日子。烟雨水上，画舫船头，那个长得像露珠一般的姑娘对我唱：“人人尽说江南好，游人只合江南老。春水碧于天，画船听雨眠。垆边人似月，皓腕凝霜雪。未老莫还乡，还乡须断肠。”她的嗓子真是动听，琵琶也弹得好，害得我那天晚上差点失眠。但是我不能像一个白面书生那么多情，他们可以红袖添香，装模作样地读书，而我不能，握剑的人，心要纯正专一。

别以为我终日到处游荡、饮酒作乐、挥金如土、不务正业。我是一柄宝剑，别看我在壁上假寐，可是一尘不染，削铁如泥。一旦外敌入侵，边关告急，我就会精神一振，飞身上马，纵马绝尘而去。

此一去"西出阳关无故人"。此一去"大漠风尘日色昏"。此一去,"黄沙百战穿金甲,不破楼兰终不还"!

一旦凯旋,我要马上去久违的酒家痛饮一场。我会痛快地喝至酩酊,醉里绝不挑灯看剑,而是胡乱唱着我喜欢的歌:"人生短短几个秋呀,不醉不罢休,东边我的美人哪西边黄河流,来呀来个酒,不醉不罢休,愁情烦事别放心头。"真的,生在盛唐,又正年少,我不知道什么叫"忧愁"!

中央电视台(2003 年 1 月 7 日)

承德书札

赵竹毅

带着远途跋涉的行色,我走来了,在这个阳光灿烂的下午。我想看到些什么?是一个老大帝国逐渐黯淡的背影,还是这远山近水隐含的昔日文明?承德,你能告诉我什么呢?

【第一封信】

塞外的风,顽童一般拨弄着天光云影,我在风中凝神谛听,我听到了流水声和马的嘶鸣。

热河,一切的一切,都从这条不冻的河开始……

三百年前,清晨,河边水汽蒙蒙。无数面旌旗拥簇着一匹骏马,马背上骑坐着踌躇满志的康熙大帝,他久久地眺望周围景色,似乎有些忘情,随后,轻轻甩手,把马鞭投入了水流。

这是个信号。

此后百年间,一个强大的封建王朝蜂蚁般不间断地营造着,把自己的韬略、财富和欲望陆续投进了这条热气腾腾的河流。一座规模空前的皇家园林诞生了,一个新的皇权中心君临了,历史就这样改写了热河。

热河被更换了更为尊贵的名字——承德。作为陪都,帝王们率领万千亲随政要来来往往,年年五月至九月,数不清的诏书、政令从这里传播到四面八方。

热河也就这样改写了历史。

塞外的风,变得有几分慵懒了,在古建筑间徘徊,在树梢缠绕,脚步有些起伏不定。

登上虎皮墙,远眺外八庙,透过将近一个世纪的风雨飘萍,我仍然可以强烈地感觉到这个已经融入历史背景的王朝的霸气:普宁寺,立有平息准葛尔部叛乱的碑碣;普陀宗乘之庙,立有记载土尔扈特部从伏尔加河回归的碑碣;须弥福寿之庙,专为从西藏远来、参加乾隆寿辰的六世班禅而建;普乐寺,专为来到避暑山庄朝觐皇帝的少数民族瞻礼而建,溥仁寺、殊像寺、安远庙、普佑寺,哪一个都昭示着不同凡响的文治武功。难怪修建它们的那个封建王朝曾经炫耀,一寺能抵十万兵。

旷野间,我仿佛看到了那些帝王的身影。

那生气勃勃的,是康熙么?

康熙如同大地上燃烧的烈火,气焰逼人,烧灼着他的时代,也烧灼着作为陪都的承德。

那雍容华贵的,是乾隆么?

乾隆有如皇家盛典上施放的礼花,虽然绚丽夺目,夸饰的成分居多,已经没有了燃烧后劲。

那神气萧瑟的,是咸丰么?

到了咸丰,不是烈火,也不是礼花,是一只宫廷纸灯笼。尊严富贵只剩下一层表皮,烛照微光在风中颤抖。

咸丰死在了承德。那以后,王朝的统治者们蜷缩京城,再也没有勇气出塞。

国势衰微了;再以后,皇权崩溃了;再以后,灾难降临了。

普陀宗乘之庙,大红台。大殿鎏金顶上划痕累累,那是无数把刺刀留下的刮痕。这些搜刮佛祖的利刃来自崇尚菊花与刀的邻邦,据说那也是个尊敬佛教的国度。每片鎏金瓦上都刮走了黄金三钱,同时,刻下了永难遮掩的贪婪和野蛮。

我走在空旷的广场上。当地人说,脚下曾是秀甲一方的东宫。那支劣迹斑斑的占领军放过一把火,大火过后,所有的人间美景化归乌有。如今,只有凹凸不平的廊柱和支离破碎的青砖,还在提醒着人们,这里曾经有过的繁华。

塞外的风,有几分沉重了,把这无言的亭台楼阁山光水色,吹成了一副凝固的表情。

【第二封信】

沿着城墙,我拾级而上。

城墙是后人建的。原来的虎皮墙要么已经成了残垣断壁,要么,已被覆盖在厚厚的水泥下面,它们能做的,只有无尽的冥想。

揭去吧,揭去这层粉饰的平静,袒露出岁月的峥嵘。

在这个人流如织的下午,我一个人默立在残损的墙前,轻轻的叩问,细细的聆听。

我进入了一个美丽的梦境。

城墙在叹息,它悄声告诉我,它有一个江南的梦。它越过了莽莽山林,来到湖边,把梦轻轻地放下。

莲叶田田,莲花照水,水里映出的,是江南娇俏的笑脸。

芝径云堤,云帆月舫,路上走着的,是江南柔美的身段。

一片云,如意洲,环碧岛,烟雨楼,江南就这么有情有义地醒了。

水榭歌台,雕楼画舫,曲径通幽,小桥流水,江南就这么无怨无悔地来了。

轻轻地,推开一扇虚掩的门,我像一个莽撞的孩子,闯进了这个佛家圣地,闯进了一段莫名的心事。

这里原是僧人打坐诵经的地方,四处摆满了经卷和佛像。然而,吸引我的,不是佛祖,而是这扇窗。

这分明是江南的窗棂啊，在草长莺飞的江南，那绣着锦帕的少女，不停张望的，不就是这扇窗吗？淡烟疏柳，寒鸦社鼓，那点点滴滴的黄昏雨，声声敲打的，不也是这扇窗吗？好风如水，明月如霜，那摇曳婆娑的竹影，悄悄爬上的，不正是这扇窗吗？

而今，它却到了塞外，到了佛家圣地。

我想，那位造窗的工匠，一定来自遥远的江南。离家太久了，他一定时常做着同一个回家的梦，在梦里，他打开了一扇他渴望已久的窗，那里面，有绿绿的草，柔柔的风，蒙蒙的细雨和细雨过后房檐下的凝露，点点滴滴，直到天明。

梦着梦着，这里的窗就做成了江南的模样。想着想着，佛家胜地竟有了家的感觉。

我在想，究竟是什么，让别却了帝王霸业的承德，仍有一片好山好水，仍有一股淡淡的别样情怀，浸润着游人的心？

【第三封信】

再看一眼承德，我将离开。

我坐在承德避暑山庄的楠木殿前，我的身后，是上好的金丝楠木，有风吹过，楠木细细的幽香，浸润着这里的每一个角落。我的心沉醉在夏日的风里，随着楠木的幽香，穿过回廊，越过房檐，踏过松涛，掠过云海，向山庄的更深处走去，向生命的更深处走去。

我走入山林，阳光洒在肩上，我分明能感觉到它的重量。这是一片寂静的山林，静得可以听到泉水的心跳。然而，三百年来，这里曾是喧嚣的舞台。大幕合起，人去楼空，山林依旧寂静，却再也掩不住对面传来的阵阵钟声。

我穿过回廊，阳光透过瓦当，打在我的脸上，阳光是当年的，瓦当却已不是旧物，我徘徊在光与影的交界，游荡在新与旧的边缘。

从水草茂盛的河边村落，到指点江山的塞外陪都，再到伤痕累累的文化名城；从平静到喧闹又归为平静。三百年，承德经历了一个轮回；三百年来，只有热河，脉脉无语，不舍昼夜，一如当年。

我离开的时候，山庄还在整修。人们在这具古老的躯体上敲敲打打，似乎充满了热忱。

他们在修什么？

中央电视台（2003 年 1 月 14 日）

China·瓷器·景德镇

《China·瓷器·景德镇》系列之一《绿云,从远处飘过》

羽人

我在一所大学里攻读古代文明史。

今年的实习项目,导师让我们走出校园,用自己的眼睛去寻觅古老文明的痕迹。实习地我选择了被称为中国四大古镇之一的瓷都——景德镇。

临行前,导师交给我一片旧瓷,说:"这瓷片材质上乘,工艺精湛,足以展示不凡的才思和巧艺。它似乎应该出于古代景德镇的精品窑制,但缺乏证据,建议你去考察一下它的来历。"

此刻,这瓷片就静静地卧在我的手里。它泛着绿光,提醒我的手、我的心,它来自与我毫不相干的另一个世界。

我仿佛感觉到,几个世纪的漫长岁月正透过这土花斑驳的瓷片打量着我。

于是,带着求索古代文明的一腔热忱,我上路了。

景德镇,瓷的王国。

这里无论春夏秋冬,烟雾总是遮掩着晨星;任凭阴晴雨雪,窑火总是烧熔了暮色。

我看到了无穷无尽的烟,不止不熄的火。

我想,它该见证了景德镇的久远历史和窑工的千年劳作。

古矿场,古窑址,古街坊。而今,我的脚步却轻轻踏上了这曾经滚烫的土地,悉心倾听着脚下土地无言的诉说:

初唐,此地首次开窑举火;北宋,始由昌南改称景德;元明,青花佳瓷行销天下;清代,色釉粉彩声名远播。

面对一件件巧夺天工的瓷器,我由衷地赞美:不,它们怎么会是烧结的矿土?分明是火的精灵,大地的魂魄!

祖国陶瓷艺术的精深博大深深打动了我。

然而,那块旧瓷片却牢牢呵护着它的秘密。我走访专家学者,四处查阅资料,寻遍了研究机构、图书馆、博物馆,竟然一无所获。

是什么样的诡异身世,值得它如此藏形敛迹?

归期一天天迫近,我的自信心动摇了,破解谜团的热情开始消减。每到黄昏,我都要去古窑场遗址静静地坐上一阵，让晚风慢慢抚平内心的焦灼。

那天，又逢江南霏霏细雨。

我独坐古窑遗址，听任时间滴滴答答从檐间洒落。直到混沌中一把伞轻轻划开了恼人的雨丝风片，飘进我的眼帘。

执伞者是位年逾古稀的老人。

相互攀谈中得知，老人祖祖辈辈都曾在这里烧制瓷器，他本人是陶瓷工艺大师，早已退休，只是割不断对这古窑莫名的眷恋，无论阴晴雨雪，总喜欢到这里散散步。

怀着一丝朦朦胧胧的希冀，我把古瓷片拿给老人看，并把令我沮丧的寻找经历告诉了老人。老人仔细看了一会儿瓷片，对我说：

"姑娘，景德镇有些民间传说，从来没形成过文字，世上知道的人怕是不多。来，我给你讲一个。也许，它能解释这块瓷片的来历。"

宋，元，明，清？已经说不好是哪个朝代了，有一位手艺非常高明的陆师傅。陆师傅妻子早已亡故，他本人又长年守在景德镇皇家御窑烧制瓷器，婺源家乡只剩下年迈多病的老母亲和他的独生女儿云姑。婺源是个山青水碧的地方，好山好水滋养人，云姑出落得端庄灵秀，小小年纪就承担起了生活的重负。

雨声点点滴滴，敲打着飘飞的思绪，我的思绪随着老人的话语，飘向了遥远的过去……

京城皇宫里，有个万千宠爱集于一身的美丽妃子。这妃子酷爱绿，身边服饰器皿都离不开绿色，人称"绿妃"。

一个寒冷的冬季，绿妃突然重病不起，延医求药都没有效用。她苦捱着，盼望再看上一眼来年春天缀满枝头的新绿。

可她还是没有如愿，她死了。

痛惜之余，皇帝颁下诏书，命景德镇御窑的能工巧匠立即烧造一套能够尽显融融春色的特殊绿瓷器皿，随绿妃在春季入葬。他想用这种方式让自己宠爱的女人泉壤下得到安息。

我知道，景德镇的御窑向皇室提供各种瓷器，可是，没有样色，没有图式，谁能揣测出皇帝的心意？

几番呈献样品后，不满意的皇帝失去了原本就不多的一点耐心。他派亲随大太监星夜兼程赶到景德镇，限期督造成功。

督造太监异常残暴。每次熄火开窑，他都命令刀斧手到窑前守候，失败了，当班烧制本窑瓷器的艺匠就地问斩。

一次又一次开窑，一次又一次灾难……

春天来了，南国山水依次绿了，这绿意渡长江跨黄河渐渐北移，时限已所剩不多。

我的心在颤抖，遥望着那个本该是一团妩媚的江南春季。

开窑的日子又到了。这天，当班的艺匠是陆师傅。

他哪里想得到，自己被拘禁在窑场为皇家研制新瓷的这些天里，远在婺源家乡的老母亲得不到儿子的消息，急病交加，已经去世。临死前，她嘱咐孙女儿，背上盛满家乡新茶的竹篓，到景德镇来投奔最后的亲人——父亲。

那就是兼程赶路的云姑么？她满面憔悴，风尘仆仆。

临近熄火，陆师傅拼尽平生技艺，难以控制住窑温的微妙变化。他知道，自己已经无能为力。他的生命即将结束。

含悲忍泪的云姑不早不晚，正好赶到了窑场。

感觉到了身后刀斧手凌厉的杀气，陆师傅难以抑制满腔悲愤，他转身向火蛇狂舞的窑口走去。烈焰吞没他的瞬间——

我听到了云姑撕心裂肺的呼喊。

云姑呼喊着扑到窑旁，呆呆站立。

我看见她回眸，泪光里淌满了对人世的无限哀怨。

白色衣衫一闪，云姑背着茶篓，消失在剧烈抖动着的窑口火舌之中。

窑场秩序大乱。

待人们七手八脚浇灭窑火、打开窑门，顿时惊呆：满窑竟然一派盎然春绿，仿佛云浮翠岚，嫩柳含烟，瓷器——烧成了！

瓷器——烧成了？

督造太监禀报了烧造经过。皇帝沉默良久，提笔写下了御批："此物伤生过甚，永世不再烧造。"

旨意得到了执行。随着毁窑，焚方，瓷器伴着绿妃入土安葬，这件事算是销声匿迹。

以后，民间生怕招惹口舌之灾，官府更是讳莫如深，听任时间慢慢冲淡了一切。

只有极少数景德镇烧瓷世家里，口口相传留下了这段旧话。那窑瓷器私下里也有自己的名色，称作——"绿云"。

雨，似乎下了整整一千年。

雨中，只剩下了我。

恍惚间，我一遍又一遍自问：也许，这只是幻觉，没有老人，没有传说，也没有长谈？

我完全没有想到，这瓷片让我解读的，竟是一个如此美丽而又残酷的传说。

夜深了。

古瓷片不知在我手里攥了多久。

它不再冰凉冷漠，竟有了几分莹润和温暖。此刻，瓷片似乎在轻轻诉说，它不是一团无生命的泥土，很多曾经鲜活的故事隐藏在它里面。

我长舒一口气，该结束了，这场对绿云的苦苦寻觅。

太阳再次升起的时候，瓷都和我都会迎来新的一天。

绿云的故事只是一个传说
传说中的绿云今天已经无缘相见
见到的
只是千年的窑火、千年的废墟和瓷片
在景德镇这样的瓷片还有很多
每一枚瓷片
都经历了千年的风雨
每一枚瓷片
都凝结着一代又一代瓷艺人的心血
每一枚瓷片

都蕴含着一个美丽的传说
在那个雨后的黄昏　我看到
绿云
从远处飘过

《China·瓷器·景德镇》系列之二《青花》
刘华

青花:瓷器的釉彩名,是一种白地蓝花瓷器的专称。先在瓷器毛坯上用钴土矿描绘纹饰,再上一层无色透明釉。以高温烧成。元代已相当发展,明代达到成熟阶段。以景德镇烧造的最佳。

——摘自《辞海》

我所端详的青花是父亲给的,父亲给我的青花是残缺的。父亲说,你该去寻找,找到了那一片,就找到了完美。

父亲是镇上的名人,在这个以瓷器闻名天下的古镇上,他烧制的青花独树一帜,我们家世世代代,以青花为业,以青花为荣。在父亲制作的青花里,有一种独特的配料,这是家传的技艺,祖传的配方。

出生在陶瓷世家,我是他唯一的传人。他用美术哺育我、用瓷艺滋养我,却从不肯把祖传的配方传给我,我问过父亲,父亲说,因为时机未到,因为我还没有长大成人,因为我还不懂得什么是完美。

直到有一天,父亲给了我这樽青花的瓷器,父亲说,你应该去寻找,找到了青花,也就找到了你自己。

我听懂了父亲的话,那是一句无言的允诺,要得到祖传的配方,我必须先修补好这残缺的青花。

什么样的瓷片才配得上这样的青花?什么样的青花才是完美?我无暇仔细思索,就开始了苦苦的寻觅。

我在千年的碎片中寻找青花,我在艺术的城市中探访青花,那片青花,像是我心仪已久的女子,她裹在岁月的迷雾里,不见身影,只闻幽幽长歌。歌声如水,涓涓潺潺流入我的梦境。在梦中,我听到了震耳欲聋的鞭炮声,那是开窑的盛典,在梦中,我看到了父亲严厉的脸,我知道,那眼神里满是企盼,可是,父亲,你要说什么呢?

在古窑的废墟上,在千年的烟火里,我锲而不舍地翻寻着历史的遗址。终于,我拾到了那片缺失的瓷片,它和我的青花完全吻合。

难道这就是青花的答案?难道这就是完美的境界?我小心地黏合着青花,黏合着我长久以来的心事。我虔诚地抚摸着青花,抚摸着那即将到来的交接。

然而,修复的青花并不能让父亲满意。

又到了采制青花配料的时候,提着鸟笼,踏着薄雾,父亲又出门了。躲过早晨的问候,躲过邻里的视线,也甩掉了我的追踪、我的逼视。以遛鸟的名义,他进了深山。那苍老的背影里,藏着家传的配方、家传的技艺,那神秘的形迹,却分明是拒绝我的探究。

我已经找到了瓷片,不是吗?我已经修复了青花,不是吗?我的技艺不够精湛吗?我的青花不够完美吗?难道,这不是父亲当初的允诺吗?我,还缺少什么呢?

傍晚,父亲回来了。父亲没有声音。父亲只有颜色。鞋上的黄泥,裤腿上的红土,衣袖上的绿汁,脸上的血痕,还有手里的一包配料。这个青布包裹里面,藏着青花所有的秘密,它近在咫尺,却仿佛远隔千年。

或许,父亲觉得,修修补补不配成为青花的传人,或许,父亲并不了解我烧制青花的技艺,或许,我需要一次完美的证明。

我决心复制祖辈的青花,我要用自己的手弥补那残缺的一片,我要让祖辈的青花不再有任何的遗憾。

复制的青花,没有丝毫瑕疵的青花,却仍然遭到了父亲的冷眼。

我觉得,父亲有些过于严厉,父亲却说,当年他获得配方的时候,同样经历了这样的仪式,每个人都有他自己的青花,自己的青花,要靠自己去寻找。

父亲要告诉我什么呢?我的青花到底在哪里呢?

我端详着父亲的鸟笼,梦想着青花。在梦想中,祖辈的青花纷至沓来,仿佛向我昭示着什么,而我,却满眼的迷惘,仿佛痴情的少年。

我凝视着满地的毛坯,梦想着青花。在梦想中,完美的青花时隐时现,仿佛向我炫耀着什么,而我,却满脸的疲惫,仿佛活过了一千年。

我想,我的青花应该来自春野。我看见,我的青花盛开在草滩,那牛群的后面,有个梳着羊角辫的牧童;盛开在山间,那花径的尽头,有个披着羽衣霓裳的仙子;盛开在田埂,弯弯的小桥、弯弯的索链,弯弯的笑眉拥着一位勤勉的村姑。

我想,我的青花应该来自秋水。我听见,我的青花唱响在清澈的溪流。在水里成长,在水里欢乐,像一尾欢快的游鱼,依存于水,游弋于水。把水激活了,把每个日子都激活了,平凡的生活荡漾起一圈圈的涟漪。

我想,那残缺的就让它残缺了吧,我不再痴迷,不再留恋,不再固执地寻找那枚瓷片。我的青花应该顺其自然,那残缺的一片,正是精华所在,我仿佛看到那残缺的美,照亮了祖先欣慰的笑脸。

这正是我要寻找的青花,它用泥述说,用泥歌吟。声声如磬,如钟,如弦。澄澈处,有翩翩舞姿呼之欲出;苍茫中,有行吟诗人流连其间。

这正是我要寻找的完美,它用火洗礼,用火梳妆。洗去了一千年的岁月之尘,抹上了一千年的青春之釉。朴素而华美,平凡却高贵。镜一般的明亮,玉一般的圣洁。

今天的我,终于窥破了当初父亲的心机。修复和复制都不是青花的归宿,完美的青花,应该在超越中得到传承。

爆竹声声,爆竹为青花点燃,爆竹为我点燃。声声爆竹,映红了父亲欣慰的笑脸,映红了一个盼望已久的交接的盛典。

父亲扫起满地的爆竹屑,扫起满地的欢喜和赞誉,把家传的配方交给我,父亲说,其实,配方已经算不上什么秘密,它是一件十分寻常的东西,只不过,从来没有人把它说破。

我梦寐以求的青花,如今就在我眼前,它是什么?是一枝青杏,一朵青梅?一袭青衣,一竿青竹?还是一盏青灯,一座青山?

《China·瓷器·景德镇》系列之三《五色土》

赵竹毅

在学校里,我听人说起过五色土的故事,我听说,北京的社稷坛上埋着五色的泥土,五色象征着天下。我还听说,最初的紫砂陶器也是由五色土烧成的,五色炼成了紫砂。我一直以为,这只是掌故和传说而已。想不到,在景德镇,我真的遇到了五色土。

听祖辈人说,最美的瓷器应该是用五色土烧成的,五色土是祖辈们埋在我心里的一颗种子,我知道,它迟早有一天是要发芽的,只是没想到,这一天来得这么快,这么突然。

这一天,我的实习已经结束了,我本来打算再看一眼这座古镇,然后就离开它,回到我的城市,我的生活。不过,一次相遇改变了这一切。其实,那只是一次意外的邂逅,一次邂逅中忍不住的回眸。

是的,我忍不住回头,我觉得她好像认识我,也许,她是认识我心里的那颗种子。我听到那颗种子伸了个懒腰,忽然坐了起来,然后,就开始拼命的疯长,我的心也跟着疯长,直到长满了我的胸膛。

就是这一天,我听到了他关于五色土的梦想,他要采集天下五色泥土,烧制最完美的瓷器,说着说着,我忽然觉得,这也是我的梦想。或许,我该向学校请几天假。

我开始采矿炼泥,紫色的砂泥,奶色的白泥,橘色的黄泥,猩红的朱泥,黛色的绿泥,一点点汇聚起来,我不知道是为了她,还是为了我自己。

这是我第一次炼泥,江南春雨,春雨推动水车,水车流转,流转出我湿润的心事。水碓起起落落,我的心也有些起伏不定,我知道,那举起的,一定会落下,而落下后,一定会有一些东西,被打得粉碎。我明知道的,却有些无可奈何。

江南春雨,春雨让水车更加寂寞,春雨推动了水车,水车兴奋得流转,流连往复,恋恋不舍。而春雨却悄然离去,成了匆匆的过客。留下寂寞的水车,起起落落的心事,没人愿意说破。

五色土是鲜亮的,我的心情也是鲜亮的,鲜亮得就像雨后的莲叶,我第一次发现,其实莲叶也可以盛开,也可以怒放,也可顾盼生姿,楚楚动人。

五色土是温润的,我的心情也是温润的,温润得就像待放的莲花,含羞的一朵,就像尚未破解的心事,欲言又止,欲说还休,半梦半醒中,悄然立上了枝头。

刚刚成型的泥坯必须晾干,可是,泥坯越干,我的心情就越潮湿。我提醒自己,她不属于古镇,不属于这样的作坊,她来自另一座城市,另一种生活,就像架子上的这些泥坯,它们待在那儿,只是为了把自己晾干,晾干了的泥坯,只属于火。

熊熊的窑火燃烧起来,五色土,带着我的希望、我的梦想的五色土,迎来了火的梳妆,火的洗礼。

我的希望和梦想也在一同受洗,另外,还有那段朦朦胧胧的心事。五色土,我已经将我的心事交付给你,你能帮我做这个决定吗?

封窑了，瓷器就是这样，不到开窑，一切都是未知。

未知的还有脚下的这条路，你要把我带向哪里呢？

五色土，你这土的精灵，泥的魂魄，你愿不愿意听我说，你愿不愿意替我说呢？

开窑了，满腔的热情，却等来意想不到的结果。

这就是传说中的五色土吗？这就是祖辈们说的完美的瓷器吗？或许，我本来就不该相信那样的传说，或许，我应该冷静地思考一下我的处境，我的未来。

听说，女娲抟土造人的时候，用的也是五色土，所以，我们才会有黑色的头发，黄色的皮肤，蓝色的眉毛，白色的牙齿和红色的血液。

你的眉毛是蓝色的吗？

你不相信传说了？

我不知道。

你也不相信奇迹了？

我不知道。

你要走了，是吗？

我，我真的不知道。

是的，我要走了，今天下午，我接到一封信，是学校来的，催我回去，我想我是该走了，你看到这封信的时候，我已经坐上了回城的汽车，古镇的长街，已经空了。

五色土，这才是我要的五色土！我忽然明白了，五色土，五种颜色不应该是分开的，只有把五色揉在一起，合拢在一起，才会烧出最美的瓷器。

我又回到了从前的城市，可是，我好像再也无法回到从前的生活，身边的一切，每一分钟都在提醒我关于古镇的故事。

瓷器烧成了，糅合在一起的五色土，变成了我们皮肤的颜色，我想，这正是那个传说的寓意所在。

不管是在教室，在校园，还是在图书馆，我总也无法沉静，眼望书本，心却已经飞回了那个千年的古镇。

五色土，我魂牵梦萦的五色土，你已经点拨了我，成全了我，如今，我的心事，你还愿意听吗？

中央电视台(2003 年 2 月 11 日、18 日、25 日)

雄哉，天柱

陈所巨

惟其雄，才这样正气凛然、直刺青天。就连文在项背上的“中天一柱，孤立擎霄”八个大字，都似乎是一种亵渎。这才是名副其实的天柱啊！

难怪汉武帝封禅此山为“南岳”，左慈、葛洪等借此山的一脉灵气成仙得道；也难怪古往今来皇天后土之上，官宦子民蚁涌而来，或虔诚礼拜，有求于山；或鸿志在胸，有借于山哩。无论帝王、仙家、官吏、百姓，他们的心里或都有着对天柱山，那一柱擎天的雄风豪气的敬畏罢。就连古往今来的文墨大家：李白、苏轼、王安石，也不禁为天柱峰的威猛雄风所折服，发出了“待吾还丹成，投迹归此地”之类的感慨。

我亦如斯！脚踏旋涌而来的山的波涛，置身于风云交会的磅礴，极目潜、皖二水龙蛇般的狂书大草，心有灵犀、神驰八极。而一旦与那金刚立挺的天柱峰相对，便禁不住呐喊：雄哉，天柱！

山高月小、云长云消。茫茫岁月、滚滚红尘莫不都在俯视之中。而那些深沟大壑、重峦叠嶂所遮蔽和掩藏的，莫不又是我们心灵之中渴望破译的奥秘。而正是这种独特的俯视和遮蔽效果，给予了我们无尽的猜测与感叹：那是山么？当然是山！那真的是山么？或许不是。我一时间竟捉摸不透山和人的本质区别。是山，哪来的一身正气？非山，谁能耐得住那恒久酷毒的刑苦？一路登攀上来，就觉得山真的好痛。百千万年，乃至一个又一个漫长的地质纪，山何以堪！

过神秘谷的时候，看见那些胡乱堆垒苍黑而无言的巨石，心便酸楚。那是山峰坍塌之后的断肢遗爪、败鳞残甲，也是一个失败者轰轰烈烈又陡然沉寂的全部遗憾。也许，那曾经有过的山峰更陡峭、更高峻、更加横空出世、遗世独立、唯我独尊，然而，不知何时，也不知何故就倒塌了。倒塌得如此彻底、如此无奈、如此的没有一丝一毫东山再起的机会。但你仔细地观察和聆听一番便知底细：即便粉身碎骨若此，哪一块石头不是保持着昂首向天的姿态；哪一块石头的内心，不藏着一颗永恒不灭的雄心呢？

洞穴中的回声、残崖上的水滴没于溪涧石缝中的流泉，以及岩石上那些毫无规则的巨大的罅裂，是不是时时刻刻都在以有声或无声的方式，表诉着几乎相同的心迹：山不在高，有雄则刚、有刚则正、有正则威。那雄风和刚正不正是天柱峰令人钦佩和敬畏的根本么！无疑，我面对的天柱峰不是失败者！它不曾坍塌，也不会低头。风鞭雨笞如此，晴和温煦依然；受皇封贵为“南岳”如此，失去封号沦为红尘一粟亦然。无欲无私无畏，一派大丈夫气度。

赤身露体的阳刚之神，那是天地间雄风正气的表率。似乎是与天柱峰同时呼喊："我是谁？"问天、问地、问无垠无极的空旷。谁在回答我，谁能回答我呢？

来路渺渺、去路幽幽，而在来路和去路之间所留下的，似乎只是一粒黑褐色的孤独和一片钢蓝色的寂静。

是不是山？是不是那尊遗世独立的阳刚的本体？是不是超然物外那缕透明的灵幻？或者，是不是借山的刚正本质立身于世的品高德馨者？竟没人回答我，哪怕给我一些暗示和点化。天柱峰只是唯一，我却无数。天柱峰可以趋近永恒，我只是茫茫时空的匆匆过客。若我是山，何以欲望太重；若我不是山，又何以那样渴望与山融合与同一呢？我终于明白，山有山的方式，我有我的缘由。山则是山，我则是我。与天柱峰相对，似乎底气不足，似乎短缺些什么。那短缺的莫不正是铮铮凛凛的雄刚之气！或许生活中有着太多私欲、太多疲羸、疲软之气的缘故，倒使我们遗忘了一些不该遗忘的人生本质的词汇。譬如：正派无私、刚直不阿、见义勇为、清风两袖。立在山顶，敞开胸襟，山是真正的山，我是真正的我。

此时山和我的思考无疑是相同的，那就是存在和存在的价值。社会不需要太多软体动物。人们呼唤一座又一座雄刚凛冽的天柱峰。

雄哉，天柱！

中央电视台（2003 年 3 月 4 日）

江南忆太平

赵焰

这一片烟波浩渺的水面就是我美丽的母亲。不仅仅是我，每一个生长在这里的人都会把她当作母亲湖，因为她一直用清澈的乳汁喂养着我们，让我们长大成人。如果一定要我谈谈对太平湖的感觉，我会说，我属于太平湖，只有跟她在一起的时候，我才会感到心灵的宁静与富足。

老一辈的人说，这太平湖的水是最有灵性的了，因为它发源于天下最美的山——黄山。然而，它们的美又是截然不同的。黄山将山川之美推向了极致，这种美是运动的，瞬息万变的，充满活泼的激情。太平湖却不一样，它是静谧的，从容的，蕴涵着一种温柔而又坚定的力量。微风拂过，清波荡漾，粼浪层层铺展开来，直到薄雾氤氲的天边。它的水总是绿的，是一种澄明的绿，也是一种沁人的绿，既深不可测，有着无限内容，又清澈无比，明净可人，能滤清杂念，洗尽烦愁，使人变得快乐而单纯。

我是在太平湖边长大的。很小的时候，父亲就经常带我到湖上泛舟，有时是捕鱼，有时干脆就是在湖上玩耍嬉戏。寒来暑往，日升日落，我渐渐熟悉了太平湖的每个季节，每个场景。晴天，太平湖宛如一个健康明朗的青春少女，一派美好与无邪；而雨天的时候，一座座小岛散浮于烟云之中，像极了一个缥缈而美丽的梦。

长大了，我离开太平湖，在一所大城市读书。离开家的那几年，太平湖经常在梦中萦绕着我，不知怎地，我经常没来由地想着它，在梦中听到太平湖的水声。我知道我离不开这个美丽的地方。只有在太平湖的怀抱里，我才会感到快乐和充实。因此师范一毕业，我就回到自己的家乡，当了一名普普通通的小学教师。

你看到我现在的学校了吗？我的小学就在这个小岛上，它有一个非常普通的名字——曙光小学。它是那样的简陋，就像一株小小的银杏树，在荒草乱石的缝隙里，顽强地扎下了自己的根须。全校只有十几个学生，分布在四个年级。而我，是校长，也是他们唯一的老师。

学校的生活是清苦的，不过我很快习惯了。白天，教孩子们读书、计算，和他们一起出黑板报，打乒乓球。每当往黑板旁边贴上一张新的奖状，我总是掩饰不住心底的快乐。夜幕降临的时候，我便一个人待在学校里，备课，学习，直到深夜。有时候实在太累了，我就一个人走到湖边，看着夜色中沉静的太平湖，我常常不由自主地向它诉说我的快乐与苦恼，而它就像一个宽容慈爱的母亲，微笑着，静静地聆听我的喃喃絮语。

老师，我又忍不住给您写信了。每天送走最后一个学生后，我总是想跟您说一说今天的教学情况，谈一谈我的感受。我喜欢老师和同学们给我来信，喜欢听你们告诉我外面的事情，更希望知道母校的变化。有同学来信问我：为什么不愿意留在繁华的城市里，却偏要回到那个寂寞的小岛上？我怎么跟他们说呢？我希望他们来看一看，只要看一看太平湖，看一看我们的学校，看一看这些可爱的孩子，就会明白，为什么我每天都这么快乐了。

我的生活实在是太平常也太简单了。可以说，生活在太平湖边的每个人的故事都比我的动听，我只是太平湖的一个孩子，哪有孩子不觉得母亲美丽的呢？在我眼中，太平湖是这个世界上最美丽最富饶的地方，它以博大的胸怀养育了这里的树木、飞鸟、游鱼，以及生活在它怀抱里的人们。与此同时，它还给人以心灵的滋养，使得太平湖的儿女们个个健康美丽，勤劳善良。

小岛四面临水，学校与外面联系，唯一的交通工具就是小船。每天清晨，孩子们由家长摇着小船送来上学，呀呀的橹声惊碎了太平湖的晨梦。有时候天气晴好，我干脆把课堂挪到湖面上去，一边欣赏湖光山色，一边给孩子们讲故事。我们一起读书，一起唱歌，歌声和笑声沿着粼粼波光，滑出很远很远……

曾有一个音乐家来太平湖采风，就住在我们的小岛上。每天清晨，他早早地起来，漫步在湖畔，听风的声音，鸟的声音，湖面的声音。走的时候，他告诉我，对太平湖，不仅仅要去看，更重要的，是要用心去聆听、去体会。他感慨地说，只要用心去听，你就会发现，静寂的湖泊中，绵延着一曲有着巨大感染力的交响乐，一组涵容了深刻意蕴的壮丽诗章。后来，我终于能听到自湖底传来的音乐了，我时常被震撼着，被感动着，这片茫茫的水面就是一种丰富的生命存在，而我们，只是它生命华章里跳跃的一个个小小的音符。这时候，我觉得我是真的长大了，懂得了太平湖，懂得了生活，懂得了生命原来可以这样恬淡沉静，而又激越婉转。

中央电视台（2003年3月11日）

黄山春雪随想

——2003年初春·黄山第一场雪

刘祖慈

雪静静地落着,落着……

守望一冬的瑞雪,在开春最初的日子里飘然而至。这是春天寄给黄山的第一张请柬,与之相伴随的是春雷的第一通迎春鼓乐。身披银氅的黄山,静静屹立于天地之间,如朵朵莲花秀出于风尘之上。扑面而来的是人字瀑两匹巨大的白练,沛然自云中跌落,喷珠溅玉,夺路而去,发出震耳的轰鸣。

而在溪畔、泉边、草丛、林间,处处已可闻及大地深处初春的絮语。这絮语,是雪花沾地的声音,是微风拂草的声音,是泉水渗滴的声音,是幽篁细吟的声音,犹如宿鸟呢喃,静谧中蕴含着春气拂拂的温馨。

我喜欢这冰雪覆盖下的黄山。我更喜欢黄山冰雪怀抱中的无限生机。

雪静静地落着,落着……

如梦似幻的雪花,一边飘落,一边融化。黄山依然如我记忆中那样,在银白泛绿的冷冷色调中,展现出她那特有的无与伦比的高雅气质。

这是特立独行绝俗至极的凄清。

这是超然尘外冷隽至极的妩媚。

这是谁家的泼墨之作呢?是渐江,是梅清,还是石涛,抑或是雪庄呢?无人能告诉我。其实,我又何须知道呢?

沿途俯拾不尽的诗情画意。哪一处不是当年江南的旧相识啊!

雪静静地落着,落着……

虽然此刻,黄山松翠绿欲滴的针叶,杜鹃树柔韧纷披的枝条,以及叫不出名字的坚守枝头经冬未凋的花朵,仍包裹在透明的冰雪之中,好似玻璃、水晶和珊瑚;虽然此刻,树干枝桠,崖壁边缘,条条冰柱仍如寒光闪闪的利剑,倒悬空中,一派森严之相;虽然此刻,天都峰、莲花峰,仍以其横空出世、傲视苍穹的雄姿,襟冰披雪,耸立于乱雪纷飞的空中,缄默不语;但,毕竟地气已动,春风正轻轻吹来。

我喜欢这春天将至未至时的那份守候与期待。

那些令人横生奇思妙想的怪石,仿佛也脱去冬日愀然不语的凝重颜色,重获灵性;那些撑天拄地探海拏云的奇松,虽然还一身冰雪,但风中粗犷的吟哦,依然豪气干云;那些隐居于高山大壑绝非凡种的黄山杜鹃,虽然枝头堆雪,尚在梦中,但她高洁的神韵,注定将出演黄山春天最后的压轴歌舞。

雪静静地落着,落着……

不知什么时候,天竟放晴了。当我从光明顶回归北海之时,夜空澄碧如洗。一片将圆未圆之月,如同碧海青天之心,照耀于我的头顶。

初春。静夜。明月。白雪。这是何等澄澈宁静、圆融美妙的夜晚啊!这使我想起一个传说。当年,离此不远的狮子林,曾有一幅明人手书的楹联。上联是"岂有此理,说也不信",下联是"真正妙绝,到此方知"。用这副楹联来表明我今夜的心情,我以为再贴切不过。能有缘在这样美好的夜晚,踱步于这样圣洁的山上,这是人生难得的福分。

雪,终于完全停了。

辉煌灿烂的日出,又为春雪之后的黄山,揭天新的一天。

树间的积雪,在阳光的辉映下,细如晶亮的绒毛。山风吹来,冰雪碎落,发出环佩一般清脆明亮的声响。那最先融化的一滴水珠,悬坠枝头,犹如春天之歌最初的音符。冰壳之下,贴地的春水已汩汩流动,急于奔赴江河,赶着去会汹涌澎湃的春潮。而山间重重叠叠的瀑布,村前奔腾湍急的山溪,早已按捺不住,一路大呼大叫,越过巨石的阻拦,堂堂奔向山外。

正是:残雪尚随冰笋滴,新春已向柳梢归。望着山下寻常的农家庭院,望着村前明亮的粉墙青瓦,望着篱边如火的灼灼红梅,望着枝头摇曳的树树花蕾,黄山、黄山,让我为正在向你走来的春天大声祝福吧!

中央电视台(2003 年 4 月 4 日)

马背日记

《马背日记》系列之一《奴尔布比》

刘湘晨

木吉远到天边了,不知道选择这样一个地方搁置心情是幸运还是不幸。走得远了久了,相牵着淡淡的乡愁,再回来就是心念兑现的重归。在乡里唯一的一家小店给那扎尔别克家的每个人选择了礼物,再出门赶一天的路,高原上属于流浪汉的那首《牧羊人之歌》,像七月的草浪那样在心底涌起,这样的时候真是幸福。

走进那扎尔别克一家的毡房,坐下来长吁一口,一路颠簸的遥远路途被撂在了脑后。在多年往复高原的飘荡中,那扎尔别克的家是我走累了可以昏睡几天再走,和出门给我往背包里不断装馕和酥油的地方。我知道这个家里每个人的性情。

隔了两年再回来,最突出的感觉是一头黄毛的奴尔布比已长成了大姑娘。在那扎尔别克的几个女儿中,我最喜欢奴尔布比的名字,高原上有几个叫月亮公主的姑娘呢?见过高原上才会有的那种月辉透朗的月亮,你就知道这个名字有多美!希望高原上所有的女孩子都会有这样一个美丽的名字。

高原边远的牧场至今古风依旧,一家的客人就是整个牧村的客人,落脚就会受到各家毡房的邀请。主人家的优先权是可以在第一天以他们所能有的最隆重的方式来为你洗尘。

宰牲待客是柯尔克孜人的一件大事,能招呼到的人都会到场,羊肉炖到锅里的时候众人散去晚上再聚,这个聚会要持续到半夜以后了。

前一天城垛子一样的云垒换来的是第二天早晨的漫山浓雾。高原初春的天气,牦牛呵口气就变。我多少有些意外地发现奴尔布比正在和她的母亲一块儿挤牦牛奶。几年前,挤牛奶这种重活儿都是由两个姐姐干的,我注意到她穿的风衣也该是她二姐往年挤奶穿的那件。

小牛犊子乱拱的时候是高原收获最旺的时候,各家毡包里的女人都被一天出几锅的牦牛奶牵拽着。柯尔克孜人无不把各种各样的奶制品视作人间的美食至尊,实在是搭进去的心气劲太重。这个时候,高原被飘散不尽的奶香熏醉了,刚拽过一片云巾掩住眉眼,半桶奶的功夫,火燎火燎的脸颊又把山壁映红了。

高原上的女孩子,能捆住牦牛腿挤奶的时候,就开始有高原女人的风韵了。几年前初见中学毕业回家的奴尔布比,我知道她的最大愿望是希望有一天能像二姐那样去喀什那样的大城市读书。二姐走了没回来,奴尔布比穿着二姐的风衣长成了大姑娘。在整个牧村,找不出第二件这样的风衣和第二个像奴尔布比这样穿着风衣挤牛奶的女孩子。

不知道该不该算一件大事,在奴尔布比这样花艳的年龄,方圆几十条沟里的小伙子都知道她的芳名。含在舌尖上蹦出来就是一串随风、随畜群飘去的歌谣。奴尔布比听到先是害怕躲进毡包里哭,再后来就只有愁了。今年她家的毡门已经第三次被人掀开,远道而来的小伙子拜托同村最德高望重的长者上门提亲。

提亲的人坐在毡包里由父母和大姐照应,姑娘家这时候是不能露面的。奴尔布比揪起一坨一坨的面揉好再放到锅里,这一天,她已经烤糊了几个馕。奴尔布比想知道毡房里说的什么,又怕知道确切的消息。

照柯尔克孜的习惯,提亲的人初访上门不会大肆铺张。若是应允了这桩婚事,主人家会立即杀羊待客,一个月后就定婚。老那扎尔别克夫妇先后生育了六个孩子,以他们一生与人为善的心地断然难以拒绝每一个上门提亲的人,只是碍于奴尔布比的两个哥哥没有成家,老两口只能婉转谢绝客人,请他们明年或者后年再来提亲。

母亲把应亲的结果告诉了女儿,正在烤馕的奴尔布比一脸笑容。其实,我也希望是这个结果,让奴尔布比多一个像她二姐的机会。

牧村的男人们都在这天半夜之后披着星星走了,他们要把各家集中起来有数千头之多的牦牛赶往另一条峡谷轮牧,这是整个牧村的大事。我起来喝完奶茶,奴尔布比带我去赶牦牛的地方。

赶牦牛最困难的事,是把散布在各处各个沟角的牦牛赶到一条沟里先集中起来,然后才能吆喝着整个牦牛群走。牦牛野性未驯,天越热爬得越高越分散,我赶到的时候牦牛群刚刚拢到一块儿。老那扎尔别克一声吆喝,整个牦牛群开始缓缓启动。

终于到了分别的时候,那扎尔别克一家张罗着为我送行,我的心思重了,甚至有些感伤。这时候,我看到奴尔布比散开了柯尔克孜女孩子绝不会在外人面前轻易散开的发辫让我拍照。那一会儿,我总觉得相机的取景框里有些模糊,擦了几次也没用。

我的背包依然像这些年我每次离开的时候一样,被那扎尔别克的女儿们拎过去填满了一个长途旅人必不可少的东西,最珍贵的有酥油和这天早晨的鲜牦牛奶。

我拎着陡然增重了许多的背包走了,又似乎把许多东西留在了这里。不管走多远,那份心境想起来就会让人怦然心动。等我下次再来,那扎尔别克的女儿们肯定会有许多让人想不到的变化,我唯有在心里为她们默默祝福。祝福高原永在,祝福奴尔布比有高原明月那样的未来。

《马背日记》系列之二《喀里巴拉》

刘湘晨

一场风能吆着石头像撒出去的羊群,这样一个地方却有一个让人惦记的地名:喀里巴拉。喀里巴拉的意思是孩子留下来的地方。

我与米尔札老人约定在这一年春牧的时候相见,不知道老人给没给我采摘这一年刚开的苜蓿花,不管带到什么地方去,那种鲜灵的紫色会让人蓦然悟到高原神秘而野艳十足的一面。

我与米尔札老人的相识缘于他带我去看一片火山喷发地。

高原上的牧人追着草情走,落脚就是家,米尔札老人沿着一年周转的牧道盖了四幢房子,喀里巴拉是春牧场。

我多少有些意外:喀里巴拉的风糙得让人的肌肤被灼痛,马蹄下的烟尘竟是往年大片绿草茵茵的沫屑,没有河水的喧嚣和几步外就能看见的水的露头,让人觉得这个世界真是有什么事在发生。

与米尔札老人的相识使我有幸跟着他家的羊群经历了一次完整的转场,从春牧地到夏牧场,那段路走了三天。半道上,米尔札老人的羊群又添了两只羊羔,刚生羔子的母羊叫得可怜,米尔札老人把它们捆在了牦牛驮子上,我和他各抱了一个小羊羔裹在衣襟里,那一瞬让我感到了高原无所不容的博大温情。从此,喀里巴拉这个地方融入了我的记忆和生命中,什么时候想起来,让人都会有一种抹不去、扯不开的眷恋。

又见喀里巴拉,一种羊毛一样柔软的感觉让风也变得透爽,耳畔似有苏格兰的风笛响起,这是天下旅人心念里回家的情景。

我的心情很快又被浇了一桶山里十二月的冰水,喀里巴拉完全是一座空寨,甚至没有一声狗叫,让人稍感安慰的是各家的门锁都是空挂着,高原柯尔克孜人的古风未衰,他们担心自己的离去会让远道而来的人不方便,空挂的门锁是对你的允诺,告诉你他们的诚心和对你永远不变的期待。

初踏进米尔札老人的空屋里只有沮丧。蜡烛、折好的铺盖和墙上晒干的紫苜蓿花都是米尔札老人尚在的痕迹。一路见到草情荒得重，喀里巴拉的人也许提前转场迁往下一个牧地了。难免今夜形影孤单，闻闻屋里的气息就会相信米尔札老人一家人的音容犹在。

随米尔札老人转场最后一天的情景让人终生难忘，我们赶到喀里巴拉的时候大雪横飞，那是高原七月的大雪。苍天的神秘之手排出一个特别的布景让柯尔克孜人来演绎高原人生的浩茫飘荡，撩开毡门就是风雪难掩的生命气息的流溢，热腾腾的景象能让草芽子顶穿石头拱出来。米尔札老人那天给我炖的肉，是我辗转高原多年最深刻的美味记忆。

生平第一次像标准的柯尔克孜主妇那样用牛粪饼把一炉火点起来，没多大功夫，火旺得就把半截炉筒子烧红了。炉火的响声顿使屋里有了生气，一刻间明白了高原人始终对火敬如神明的古老心境，一炉火就足以让人活下去。

远没到高原人家掌灯的时候，我把油灯和米尔札老人留给我的几根蜡烛全点着了，我想我需要屋里有烛火的这种人气，想象里的情景也不会太苍白。

记忆里初到喀里巴拉那个午后，转场刚落定的人们唱了很多歌，先是小辈的人唱，米尔札老人不满意接过去唱，没想到他的哥哥才是最后的歌王，在炖着大块肉的炉子边上，我听到了流传数百年之久的那些柯尔克孜民歌。

米尔札的哥哥六十六岁，他的女儿才六个月，风尘磨砺的沙哑不掩歌声里抹不去的情韵。接下来我生平第一次有幸听到散落在民间的玛纳斯奇演唱《玛纳斯》史诗，这是柯尔克孜人的口传历史，这位民间歌手在颂唱两千多年前柯尔克孜人的那个遥远乡土。

睡了一个晚上再爬起来，我始终不相信我的喀里巴拉之旅会是一次徒劳，心存侥幸米尔札老人突然会策马而来，我没法撤腿走，愿我的等待总会有个结果。

终于相信米尔札老人不会回来了，依我们的约定，若是错过一个牧季，我们来年在下一个牧季再见。我走了，希望哪一天他进屋一眼就能看到我的礼物。

终没有见到米尔札老人，来年的牧季还很远，希望我能如约再来。不管走多远，喀里巴拉这样的地方总有牵着你的东西，希望来年驮着我的马不会太乏。

《马背日记》系列之三《阿寅勒》

刘湘晨

大概是因为山衔领着草浪连天，才会有三块石头这样的地名，玉其塔什是新疆天山以南最美的高原草甸，清晨则是玉其塔什轻挽一袭纱衣时候。

羊群吆动的时候太阳刚从山后探出，羊群寻着草尖儿上一溜鲜湿的露水而去，才会有这里的羊肉誉满天下的好味道。天下的柯尔克孜人莫不以吃一块玉其塔什的羊肉和喝一口玉其塔什的马奶子为一生的好福气。

挤奶是这个季节让女人们最操心的活儿，她们一天开始的时候总是先挤羊奶和牛奶，牛羊散去才会腾出手挤马奶，其间多了一份细细的品味。马奶少，发酵了就是马奶子酒，草原上会用一千种东西盛牛奶羊奶，只用羯羊皮熟制的皮口袋灌马奶子，一个庞大家族常会有一条传了几代人的皮口袋专用以盛马奶子。年代越久，酿制的马奶子酒就越浓、越香，草原上的马奶子酒节就在这个时候来临。

在马奶子酒节的当天，牧村这个夏季出生的男孩儿叫奴尔别克，意思是阳光王子，这一天正好也是他出生的第七天。从四十家毡房要来四十块布，请来牧村里最德高望重的老奶奶给他缝百家衣，取意让他带着所有的祝福长大成人。

羊群是牧人视作生命之源的土地，老奶奶用带着四十个羊粪蛋的水为小奴尔别克完成了他人生的第一次受洗，再给他喂一口被柯尔克孜人视作天下美味之最的酥油，愿他未来的生活丰裕富足。当老奶奶拽着刚缝好的百家衣从膝下绕过三次再给小奴尔别克穿上，那是希望小家伙以后能像老奶奶一样福寿久远。

在小奴尔别克穿上百家衣的时候，毡房外的年轻人正在玩着草原上流传久远的古老游戏，马奶子酒节是草原牧人最恣情肆意的一天。

小奴尔别克被抱进摇篮的一刻，是他生命初始最重要的人生告白，一个骑手的马背生涯从此开始。

草原如疾风扫过的马群凝敛着马背民族所有的辉煌与梦想，马群的嘶鸣足以让柯尔克孜人每一个毛孔都在瞬间张开。高天、阔地和大山在豪情的肆溢中被颠覆，心的跳动和着马蹄的敲打声把草原夏季的风情推向极致。

草原时节的轮回实际上是随着畜群的变化而变化，小羊小牛满地跑的时候人们忙于挤奶，剪完毛就是擀毡子的时候了，媳妇姑娘们在这之后纫上第一绺五彩线开始缝制柯尔克孜人闻名于世的花毡，针脚的交叠之间，娶媳妇、嫁女儿的人家着手准备婚礼，人间的一桩盛事将成为这一年的压轴戏。

草原上至今没有严格意义的私生活概念，婚礼总会牵动整个牧村的参与，大娘、大婶和远近相邻的人都把这一天当作自家的喜事。

草原民族至今敏感地把婚嫁视作血脉的一次延伸，婚礼的每个步骤都在部族整体意志的观照之下，族中的长者和姑嫂为新娘沐浴梳理，其间的每个细节都蕴含着恭敬与虔诚。新娘在这一天什么都不做，细细地酝酿心情，只等待生命的欢悦降临。

柯尔克孜将马视作英雄的翅膀，只有在婚礼这样的场合才会杀马，以示庄重和意义非凡。

新娘进入角色的仪式是从换装开始的，草原上千百年的婚装已被大城市如今流行的婚纱取代，拉起一道布帘子准备迎接人们前来祝福。

婚礼是整个牧村的盛事，人们以各种游戏和马背上的驰骋往复尽意表达着豪情和喜悦，这是整个部族对新人的祝福。就在这个时候，簇拥着新郎的迎亲队伍来了。

新娘的痛别是一次重生，世界上才会有柯尔克孜人这种喜极悲绝的哭嫁。

老奶奶以怜惜无比的哭嫁歌把眷恋和祝福同时给了孙女，新娘由父亲牵着马送往新郎所在的毡房。这一天的天幕湛蓝，柯尔克孜人一对新人的人生由此开始写下第一行内容。

《马背日记》系列之四《驯鹰人》

刘湘晨

很久很久以前

柯尔克孜人居住在遥远的叶尼塞河流域
被称作山林猎人
鹰在他们的捕猎活动中不可或缺
由于古老的游牧文化的影响
柯尔克孜人长久将鹰视作
通天的使者

夏牧场游走了一季的牧人吆着羊群在这一年的初秋回到了冬窝子,没顾上安排别的事,老阿吉做的第一件事就是把困在黑屋子里熬过了整个夏季的鹰抱出来放到了院里的阳光下。在他这个岁数,除了眼花,最无奈的事是没有办法控制两只手的抖动,他还是不让老婆和孩子们插手,自己动手给他的鹰缝制鹰帽。

阿吉夫妇共有五个儿子,长子和次子已先后成家,第三个儿子也在随父亲从夏牧场回来之后开始给他这一年盖起来的房子上第一遍房泥。

老阿吉家养鹰的历史传到他已是第三代,到了阿吉这一辈人,给每一个分门立户的儿子盖一幢房子,随送一些大小牲畜,再给一只鹰,阿吉以为是自己对儿子们的责任,只是今年春天才从山崖鹰窝里掏回来一口一口喂大的这只鹰让他这个驯了一辈子鹰的人舍不得,他给这只鹰取了一个名字,叫黑眉毛特那尔。

成家盖房子,是一个柯尔克孜男人一生中的大事;吆着羊群再有一只鹰,就该是山里人最让人羡慕的日子了。这些天,阿吉家三儿子的心里比九月的暖阳更让他这个初长成的柯尔克孜汉子陶醉。正在三儿子吆着两个弟弟上房泥的时候,老阿吉带着家里另一只养了近20年的鹰来到了一片山前开阔地,经常看到有鹰在这一带的上空盘旋,老阿吉埋下了专用于捕鹰的夹子,希望在儿子搬家的时候能捕到一只鹰送给他。

从草色未尽的夏牧场急匆匆地赶回冬窝子,最紧迫的事是赶在大雪之前打完牧草,这是山里牧人大小牲畜一个冬天的饲料。

整个夏季忙于放牧,回到冬窝子,牧人们一有空就会驯鹰,一人拉着填着草的狐狸皮套子跑,一人放鹰去追,以保持鹰的捕猎本性和技能。据说,柯尔克孜人早在一千多年前就在使用这种驯鹰的方法了。

在儿子们驯鹰的时候,风从大片的云垛子底下贴着远处连绵的山越刮越疾,裹挟着潮雾一样细碎的凉意,让人能感到冬天的脚步正从岁月深巷的尽头渐渐迈过来。这样的大风,能把戈壁滩的石头掀起来,老阿吉不得不把原来埋的鹰夹子刨出来重新布置。

隔个三五天,老阿吉总要来他埋鹰夹子的地方看看,喂喂鹰,以使它有足够的气力招引天上过往的鹰,老阿吉希望尽快能有个结果。细算算,这段时间过去也有二三十天了。

老阿吉一家所在的地方原是一片赤裸山地,短短几年间,围起栅栏垛起石圈子,再开了渠引水,干涸得石头都能裂开花的一片莽野变成了连绵几百亩的草甸子。从夏牧场回来攥着大钐镰挥了二十多天,到了今天这个早晨,阿吉家的最后一车冬草也就拉完了。

大雪未落之前,还不是把羊圈在圈里候冬的时候,挤完羊奶把羊群吆出去,是阿吉家每天早晨的头件大事,大片的山前荒漠长着芨芨、沙蒿和其他荒漠植物,牲畜们很爱吃。

能不能具备最好的捕猎能力,是看猎鹰能不能最终适应野外环境。阿吉带着鹰亲自驯,让即将分门立户的三儿子拖着狐狸皮套子跑,实际上,他是想把自己一生驯鹰的绝技交给儿子,希望儿子将来驯鹰的水准不致于有损他这个驯鹰世家的名声。

三儿子新房的内外墙已经上了泥，最后几块窗玻璃也托人去县城买好、划好拿回来装上了，只等褪褪潮气，人就可以搬进去了。当妈的开始为一个即将分家的儿子做准备，相邻的人家也来搭把手，老阿吉家今年五六月间剪的羊毛能给儿子缝十八床被褥，这是一个开始独立支撑门面的柯尔克孜人家所不能缺少的。

除了放牧，山里的柯尔克孜牧人还有一半农人的日子，一场大雪延续几个月的冬季已经不远了，老阿吉把他的骆驼绑成一串开始碾场，骆驼蹄子之下是这一带山地唯一能生长的青稞，那是老阿吉家几匹马一个冬天的精饲料。

老阿吉夫妇一辈子生了七个孩子，嫁出去的两个女儿不算，娶媳妇立户的儿子已经轮到第三个了。照柯尔克孜人家的习俗，儿子出门的被褥必须由母亲亲手缝制，当妈的高兴，孩子们的长大成人是父母的骄傲，多少也有些心酸，像是什么东西撒开手就永远失去。老人家用了红毛线来给儿子缝被，细细密密地缝过去，也把缕缕的心思缝进去。

羊群头晚上回到圈，阿吉发现少了三只羊，让三儿子天没亮就爬起来出去找，忙了一大早没找到，三儿子倒是发现父亲埋的鹰夹子有了收获，他打发弟弟掉头去叫父亲。

阿吉跨下马，还没来得及拴马，一眼就看出抓到的是一只好鹰。在当地，柯尔克孜人把天下的鹰归为十三大类二十几个品种，其中，特那尔是最极品的鹰，它的特点是爪子之间有一个眼儿，能穿过去一根火柴棍，当年老阿吉的祖父曾养过相同品类的一只鹰，以捕捉六十只狐狸、十几只羚羊和不计其数的野兔子在整个中亚地区名噪一时，有人愿意出十头牦牛换，这么多年过去再次捉到这种鹰，实在是一个养鹰人一生的荣幸，老阿吉兴奋地以为这是祖上的无限荣耀和对自己家族的眷顾。

老阿吉决定把跟随自己十几年的那只鹰放归自然。围着老阿吉父子绕了两圈，这只鹰最终飞走了。

三儿子如期开始搬家，老阿吉夫妇也在给儿子搬东西。其实，要搬去的新家就在老阿吉的屋后，这件事和这个过程却是一个柯尔克孜男人必须经历的人生内容。三儿子很兴奋，最兴奋的事是在他搬家的这一天，也意味着从此他可以拥有自己的猎鹰了，对于一个养鹰世家的后代来说，这才是整个家族对他身份的一次正式确认。为此，他对他的父亲将永远充满感激。

随着秋意的深浓，遥远山地的每一缕风都透出越来越浓的腥气。稍有经验的人都知道，那是狼和狐狸身上的气味，荒野之间的每一棵树都变成了燃烧的火炬。这个时候，柯尔克孜的每一个男人都会在梦里醒来，能看到成群的火红色的狐狸从门前跑过。

据说，金雕在全世界都有分布，唯选择老阿吉家所在的莽山一带产蛋，这里因此被称为金雕的故乡，养鹰驯鹰在当地形成风气。每年秋末冬临，这是养鹰人的节日，柯尔克孜人特有的围猎从这个时候开始。

在围猎即将开始的时候，相邻牧村一个婚礼的叼羊也在进行，漠野之间，呼叫声和马蹄搅起的烟尘久久不散，这使得围猎的男人们更有了一种激情四溢的心境。

围猎的队伍在叼羊的马队之后出发了，其中就有老阿吉和他的三个儿子。不知道会不会有所捕获，年近七十的老阿吉丝毫不比年轻人的马蹄子慢，他渴望着应该属于他这个家族的一份荣耀。

在围猎活动中

老阿吉二儿子和三儿子的猎鹰
各捕获了一只狐狸

中央电视台(2003年4月8日至29日)

高海拔地带

李钢

今年春天的一个早晨,我离开城市,到高海拔的地方去。我去那里是何原因并不重要,重要的是:这次我没有同伴,我必须独自走过雪山和大片的草原,然后在和人约定的时间内进入另一座城市。以下是我在这段行走的日子里,随手记下的一些断章。

海拔越爬越高,气候和山势开始严峻,云层压在头顶,汽车盘旋着穿入云中。我好像要到云层以外去。云层以外还有云层,世界原本是多层次的。冰川展现在脚下像瞬间凝固的波浪,这一个瞬间就是上千万年。现在,我真切感受到天外的寒冷,我呵出的白气像雾弥漫在山林。我在大雾中穿行。我想起不久前城市里春天拂面的感觉,那样一种喧闹的暖意。而冬天比春天,是存在于更高境界的季节,它洁白傲慢。它甚至不是季节,比岁月更长。我离开城市就像离开一间屋子。

顺路捎我的司机刹住车,把我搁在路边,又开车走了。他要去另外的方向,我们就此分道扬镳。我们在云层之上告别,像路遇的仙人。

高海拔的日子已呈现在我面前,不容置疑。它是辽阔的日子,它是险峻的日子,它是冰冷的日子,它几乎是我一个人的日子。我累了,躺在雪坡上,如同躺在悠远的记忆里,如同死而复生。我仿佛经历过这样的日子,那不是今生的事情。它就在我的面前变幻,是无法摆脱的诱惑。我驻足眺望,它是雪山和荒原;我抬脚前行,它就是人生。

我一边走,一边想着与这日子的缘分。在这里,我曾被雪崩掩埋;曾是被冻僵的牛羊;曾是一粒草的种子被风卷走,不知去向,然后在不确定的地方生长。

我似乎是来寻找从前遗落在这里的什么。一串红缨马铃?一条放牧的鞭子?或者是一些感觉?周围皆是永恒之地,无始无终。它使我的经过显得短暂,也有些悲壮。空旷的荒野不断让我陷入饥饿。无论走着或是停下,我随时感受到的,只有自身的渺小。

夜晚,我和村落的人们向篝火聚拢,篝火点燃的地方,就是夜的中央。篝火烤出了人的气味,人身上的杂质随气味而去,从躯体到心灵都变得纯粹。最纯的人通体透明。

当地的牧人告诉我:如果在一个早晨你看见一座雪山放出金光,你应该匍匐膜拜。因为那是神在暗示你,你在旅途上将遇见奇迹。如果你在一条峡谷中看到了温泉,你应该立即跳进去沐浴。因为那是神在暗示你,洗净自己的灵魂,做一个真实的人。果然,第二天我就看见了金光闪闪的雪山。之后是暴风雪,那座山许多天藏在了云里。接着,我在无人区迷路了。我进入冰川地带,地势险恶。我不知走了多久,始终找不到出口。天空阴郁,另一场暴风雪就要到来。绝望之中,我想起了牧人所说的奇迹。奇迹总是在人万念俱灭的时刻发生。我在雪中看到了一串清晰的脚印,我踩着它,从根本没有路的地方绕出了冰川。我愣住了。山崖上走着一个女人。

有许多事情是无法让人置信的。有许多谜永远都是谜。我不知道她是谁,不知道她为何会在无人区出现。我跟随她走下去,像走进了幻觉。晚上,我和她坐在一座山庄温暖的房间里,沉默着,用大杯子喝了一夜酒。酒是用来暖和身体的。沉默是用来共享的。而这一切,像是从天上掉下来的。我用了好几天的时间琢磨这件事,翻来覆去琢磨不透。然而,牧人的预言再一次应验——我看见了温泉。我赶紧跳了进去,从灵魂开始洗涤,成为一个真实的人。后来我睡了。睡得很深,睡了很久,仿佛睡了一生。等我醒来的时候,她已经不见了,山庄里空无一人。

阳光穿透好几世的梦,又一次把我唤醒。在高原的每一处,我睡我醒,犹如我死我生。我醒来,太阳已在我身上烙下深深的印记。我感到太阳才是真正的牧者,它放牧整个高原,从天空的云朵到地上的生命。当春天来临,春雨沙沙落下,我们以为冬天已经消失,其实它正高踞在云层之上,和群山在一起,和天空在一起。你不是杉树,无法接近冬天。你不是雪峰,无法理解冬天。

经幡也是声音,是另一种声音。它是虔诚的祈愿从生命的心灵深处发出,随风飘扬,在耳朵听不见的远处让眼睛看见。高高地竖起就是大声地呐喊。我从经幡下走过,被这七彩的声音震撼。寺院是金色的。寺院是人们朝拜的地方。人们走上寺院的台阶,从那里想象另一世界的样子。在这高海拔地带,人们相信生命的完成不是一生一世的事情,而是生生世世的事情。我从他们的眼睛里看到了一种生的勇气、生的执著和对生的持久信念。高原上,浩荡的时间无限,生命因此而漫长久远。

我用双腿行走,同时,我思考。我从一个村庄走向另一个村庄。我从一座雪山走向另一座雪山。我从白昼走进黑夜,再走向另一个白昼。我与影子同行。我的身影从草原上掠过,它常常走在我前面,也常常跟在我身后。走累了我停下来。有时候停在现实里,有时候停在幻觉里,有时候停在喇嘛的诵经声中。对高原的一切理解都是对自己的理解。对高原的一切解释都是对人生的解释。

我穿过最后一座雪山时,又看见了那女人。她坐在山脚下,亦真亦幻。她的出现与她的消失一样突然,充满了神秘。我和她一同进入城市。我知道她会再次失踪的,我也知道,我不可能找到她。

中央电视台(2003 年 5 月 27 日)

追寻鹤故乡

陈世旭

在我的印象中,很难把老叶跟艺术联系在一起。一个农民的儿子,读书上学,然后从政,烦琐的公务充满了他的人生。然而到了晚年,他却忽然成了摄影家。他摄影的主要题材是鸟类,最喜欢的是白鹤。他用他的镜头,记录了一首首生命的诗,生命的歌,生命的舞蹈,那么美妙,那么灵动,那么令人神往。

全国第十九届摄影展上,第一次有一位江西的作者获得了金奖,这个作者竟然是老叶。这引起我莫大的好奇。我决定跟老叶去看看他是怎样捕捉这些奇妙镜头的。

深冬的早晨,我随老叶去鄱阳湖,去寻找越冬的鹤群。老叶显得特别兴奋,因为今年到鄱阳湖来越冬的鹤是历史上最多的一年,因为今天是个摄影的好天气。

鄱阳湖,中国第一大淡水湖,上吞五水而下纳长江,大气磅礴而波动日月。这里是云的故乡,水的故乡,神话、英雄和诗歌的故乡。是鹤故乡!

鄱阳湖是有冬天的,但冬天如此短暂。一年里这个最后的季节还没有走开,下一年的春天就迫不及待地来了。是像我们一样,为了赶赴鹤的盛会吗?

十年来,老叶在整个冬季就这样日复一日地寻找,跋涉和坚守。在鄱阳湖寒冷彻骨的数九风雪里,待一整天一整夜。他把最多的心血和汗水、最大的欣慰和遗憾都交给了鄱阳湖候鸟保护区。而鹤是那么难于接近。因为珍贵,它矜持;因为敏感,它警觉。它的精灵般的倩影,在遥远的烟波里闪烁。它的飘动让人心醉,它的诱惑让人迷恋,它的时隐时现让人难以捉摸。整整一上午,老叶一再移动机位,试图接近鹤群。白鹤却要么远远避走,要么倏而惊飞。

午饭是当地老表送来的。老叶每次都自己带着干粮和茶水,每次都不惊动他们。但老叶每次来,不论走得多远,藏得多深,他们都能找到他。他们从不把老叶当作外人。他们知道老叶,粗茶淡饭,别无所好。

一只反扣过来的破木船就是餐桌。饭菜的确简单,老叶却吃得极香。我对老叶这个年纪的人如此自讨苦吃多少有些不解。老叶说,倘若你多跟我跑些日子,你就不会像现在这样可怜我,而会羡慕我了。世界上有哪个能比一个全身心拥有大自然的人更有福气的呢?

今天的等待,也一定不会落空。整理好地窝子,安放好镜头,轻轻地,静静地,默默地,凝望和谛听。终于出现了!终于来临了!终于被感动了!

长羽临风,翩跹而来;长喙含云,吟哦而来;长跖踏浪,高蹈而来。阳光温柔而轻盈,漫天是惊心动魄的欢歌。湿地辽阔而明亮，遍野是如梦如幻的狂舞。

难怪鹤会成为华夏民族文化精神的载体；难怪鹤会被赐以品位俸禄：难怪善良风雅的中国人爱鹤、伺鹤、咏鹤、写鹤，如敬神物。“鹤舞和鸣”，是太平安宁的祥瑞；“鹤寿千岁”，是生命健旺的象征；“鹤立鸡群”，是精神品格的高扬；“延颈鹤望”，是有信有义的典范；“鹤有盛德”，是知恩图报的君子啊。

黄昏，老叶回家，回到他的老表中间。他谈笑风生，喜气洋洋。明天老叶还会再来，还会走得更远。

是谁说“云是鹤故乡”？我想说，人类博大的情怀，才是鹤的真正故乡。我愿鹤的故乡，因为有老叶和那些爱鹤护鹤的人们，更加亮丽、更加繁荣。

中央电视台（2003 年 7 月 1 日）

江州烟雨《琵琶行》

赵竹毅

一千一百多年前，白居易左迁九江郡司马，在鄱阳湖边住了下来。一个秋天的夜晚，诗人被一声琵琶惊醒了，循着琵琶声，诗人发现了自己，鄱阳湖流下了两行清泪。琴声和着泪水沉到湖底，千年之后这里仍然能够听到嘈嘈切切的琴弦。

我也是被琵琶声惊醒的，走在湖畔，千年之前的那声裂帛，仿佛就在耳边，仿佛就在昨天。

那一个瞬间，白居易走在歌女的弦上，琵琶声响在诗人的诗里，拨弦的人轻拢慢捻，弦上的人醉不成欢，琵琶声渐行渐远，在心头响起，在诗里隐没，书案前，只留下江州司马，泪湿青衫。

浔阳江头夜送客，
枫叶荻花秋瑟瑟。
主人下马客在船，
举酒欲饮无管弦。

新醅的酒，明前的茶，饮不醉但求一醉的白司马；湖心的飞鸟，湖边的新芽，挑不明诗人的醉眼昏花。你来了吗？你醉了吗？你要走吗？你醒了吗？诗人与秋风，一问一答。江南的秋雨扯天扯地，诗人的酒杯，举得起，却放不下。

醉不成欢惨将别，
别时茫茫江浸月。

忽闻水上琵琶声，

主人忘归客不发。

石狮子立在湖边有上千年了，你们还记不记得那个白司马？白司马怕是已经记不得你们了。那天，晚归的诗人真的醉了，烈酒烧灼着他的胸膛，他的胸中，只有难酬的壮志，烈酒朦胧了他的双眼，他的眼里，只有模糊的背影。

我闻琵琶已叹息，

又闻此语重唧唧。

同是天涯沦落人，

相逢何必曾相识。

琵琶声并未远去，但春天还是来了。

诗，是有气味的，这会儿的诗，有一种湿漉漉的青草的芳香。诗人一来，满山的清流鸣泉便开始吟咏唱和，天罡浩荡，那是风在寻章摘句。诗人一伸手，便拽了满把的新诗，诗太多了，诗人开始随手抛撒，我跟在后面，一俯身，便是千古的经典。

诗实在是太多了，诗人专门为它们建造了家园。

白居易草堂，这是一个诗的乐园。日上三竿，诗人在这里高卧，伸一个懒腰，竟也是诗意盎然。

我独坐在草堂前，守候着诗人，守候着白司马有些迟了的春天。

琵琶还在，我分明听到了欣喜的弹拨，比诗人的脚步更迫切，比诗人的心情更舒展，比诗人的诗更浪漫。

诗人归来了，一起归来的，还有诗，有酒，有花。

一朵花，一杯酒，一首诗，分不清谁更醉人，谁更灿烂。分不清谁会芳华于弹指之间，谁将流传得更加久远。有花，有酒，白司马醉倒在诗的马前，诗无言，诗是诗人最初和最终的家园，诗是诗人永远的春天。

今夜闻君琵琶语，

如听仙乐耳暂明。

莫辞更坐弹一曲，

为君翻作琵琶行。

江州任职时期，白居易自编诗集十五卷，有诗约八百首，《琵琶行》六百一十六言，最为脍炙人口。

中央电视台（2003 年 7 月 10 日）

浣花溪水草堂梦

徐仲旭

“万里桥西宅，百花潭北庄。”这是儿时就记得的文字。初冬的清晨，我暂别都市的喧嚣、事务的烦忧，沿着江边的小路，沿着深红的围墙，又来到了，又来到了这久违的老门前，来到这座被称为“杜甫草堂”的诗歌圣殿。

还是那样的安详宁静。古树森森、芳草依依，圣洁而素朴的氛围含蕴在这层层殿堂之间。千多年了，多少沧海桑田的变化，多少龙腾虎跃的诗魂在你的面前展开，在你的周围汇聚，延续着中华史诗的血脉。风霜雨雪、兴衰沉浮，而诗人的精神永远放射着不灭的光芒。诗人的梦是青春的梦，充满了自信、充满了创造，充满了建功立业的梦想。

“读书破万卷，下笔如有神。”

“会当凌绝顶，一览众山小。”

“致君尧舜上，再使民俗淳。”

这些朝气蓬勃的语言，令多少人与之同歌、与之共舞啊！

然而，动地而来的“安史之乱”无情地粉碎了诗人的梦想。在他的笔下，鸟叫惊心、花草带泪。于是有了《春望》、《北征》和“三吏”“三别”这些民间疾苦的真实记录、这些居安思危的历史遗训。虽然苦难玉成了作品，成为千古绝唱，而现实之中的诗人却在兵荒马乱里四处奔跑、流浪、漂泊。天地之大，何处可以容身呢？

发现使人快乐，发现使人产生新的希望和梦想。几乎绝望的诗人终于发现了一方天地。那一年是公元759年，冬天。

浣花溪水水西头，
主人为卜林塘幽。
已知出郭少尘事，
更有澄江销客愁。

诗人来到成都，一眼就选中了西郊清幽怡人的浣花溪。多谢亲友的帮助接济，盖起了几间草屋。在兵荒马乱的岁月里，饱经忧患的诗人终于有了一个安稳的家，得以歇一歇动荡的心，得以抚一抚遍体的痛。这大概是诗人的庆幸吧。而草堂，竟从此开启了中国诗坛的新篇章，这或许又是艺术的幸会了。诗人在这儿生活，苦心经营草堂，他把李子、枇杷、腊梅种在房前屋后，还栽上了桃树、松树，新辟花圃和药栏，竹叶随风吟，燕子来筑巢，清新迷人的田园风光竟像一幅幅风俗画徐徐展开。

两个黄鹂鸣翠柳，
一行白鹭上青天。
窗含西岭千秋雪，
门泊东吴万里船。

雨淅淅沥沥地来了，是春雨。诗人说：

好雨知时节，
当春乃发生。
随风潜入夜，
润物细无声。
野径云俱黑，
江船火独明。
晓看红湿处，
花重锦官城。

诗人在这儿享受了平静生活的自由，一切都在悄悄地、奇妙地发生变化。几年前，饱经颠沛的那些激愤的情绪暂时平和了。定居成都，他的诗风也为之一变，变得清新、质朴、优美、从容。诗人在这里发现了大自然的自由和美丽，尽情倾吐对理想人居环境的由衷渴望。这些诗篇是杜甫成都诗中最美的风俗画。散发着永恒的青春的风采，毕竟那是人类普遍的梦想啊！

那么，到底是成都改变了诗人，还是诗人改变了成都呢？我们不知道，是要感谢草堂这块圣地，荡漾出诗人那么多的才思呢？抑或是要感谢诗人让草堂成为千百年来中国诗歌的圣殿？其实这些并不重要，真正重要的是诗歌在飞翔，是诗人的梦想在飞翔，是诗人秉承的中华诗魂的精灵在飞翔！

有人说，诗人是流云、是落叶，飘无定所、任意东西；这是诗人的宿命，也是杜甫的宿命。成都是诗人的第二故乡，草堂是杜甫梦想的寓居，然而这些系不住漂泊的宿命、停不下那颗驿动的心。杜甫终于走了，他告别了我们眼前的这一切，把永恒的梦想留给后人瞻仰。东向那长江三峡而去……

白日放歌须纵酒，
青春作伴好还乡。
即从巴峡穿巫峡，
便下襄阳向洛阳。

啊，别了，草堂，我也要向你道一声再见。让我们记住大门这幅绝响的长联吧，真正伟大的诗情真有那龙腾虎跃的神采吗？

异代不同时，问如此江山龙蜷虎卧几诗客？
先生亦流寓，有长留天地月白风清一草堂。

公元759年冬，杜甫来到成都。

公元765年，杜甫离开成都。

公元770年冬，杜甫病逝于湖南的一只残船上。最终没能实现还乡的梦想，终年59岁。

中央电视台、成都电视台(2003年7月17日)

辋川尚静

朱鸿

辋川是一个长长的峡谷,王维曾经在这里居住。如果一个20世纪的人,为尘世而效仿王维的行为,到辋川生活,那一定荒唐,尽管辋川尚静。

辋川确实很静,一条河流,两岸青山,仅仅是这种结构就区别了乡村的小巷和城市的大街。那里的人烟总很稠密,但这里却稀疏得忽儿就融化在风云之中。我是坐着三轮车到辋川的,同行的农民陆续地到了站,转身即消失在树林中。点点房屋,筑在岩石之侧,并不容易发现。

我到这里没有什么明确的目的,只是为了感觉一下这里的气氛。

司机将我拉入辋川的深处,收了使他满意的钱,兴奋地驾驶着他的三轮车走了。辋川一下子归于沉寂,孤独的我,望着在河床里滚动的白水,竟觉得恐惧,这恐惧没有对象,只有这里的空,这里的无声无息。

王维栽种的银杏,挺立在雨后的河岸,树皮满是裂纹的粗壮的主干,被水淋成了黑色,从它的叶子上流下的水,继续洗濯着树皮。它已经在辋川生长了千年之久。风云掠过它高高的枝头,小而圆的叶子将水唰唰地摇落。这样葱茏的叶子,生长在几乎腐朽的枝头,这些奇崛的枝头很多都像烧焦的干柴,触之就会掉灰,然而我由此知道了生命的顽强。年迈而伟岸的银杏,压得我十分渺小,仰望才可看到它的全貌。山峰罗列在它的周围,尽管那些都是秦岭的余波,但在峡谷,我仍感到它们的伟大,它们需要仰望。

王维在辋川的别墅,开始是宋之问的。王维刚到辋川的时候,宋之问已经死了。那么他是怎么来购得这个别墅的呢?我能想的是,辋川的美一定是迷惑了王维,不然,他怎么单单要购得宋之问的别墅呢?终南山中,可供他居住的地方应该非常多的。时间将他的别墅早就摧毁了,幸运的是,支撑某个柱子的扁圆的石墩,竟然穿过层层的岁月而保留下来,而且完整地放在银杏旁边,那些湿漉漉水汪汪的苔藓,绣住了它的每条皱纹和每个斑痕。

《山居秋暝》
空山新雨后,
天气晚来秋。
明月松间照,
清泉石上流。
竹喧归浣女,

莲动下渔舟。
随意春芳歇,
王孙自可留。

秋天的雨顺利极了,仿佛云微微扭动一下它就有了。辋川的雨是明净的,线似的,一根一根拉到峪谷,却空得它无声无息。山坡上的红叶,渲染在碧翠的草丛,颗颗青石,则架在杂树的根部,危险得随时都会滚落,然而,濛濛的雨送给它们一层薄薄的梦,梦悬在辋川的山坡上。王维一定见过这样的梦,甚至入过这样的梦,不然,他的诗画怎么那样惟妙惟肖,有声有色!王维之后的三百年,苏轼书摩诘蓝田烟雨图而赞叹:味摩诘之诗,诗中有画;观摩诘之画,画中有诗。摩诘就是王维,是王维的字。

王维他能购有辋川的别墅,证明了他是一个很富有的人。他在20岁左右就及第进士,又得到王公的喜欢和当时的宰相张九龄的器重。恰恰是这个年岁,他开始迷恋山水,来往于朝廷与辋川之间。他既做官吏,又当隐士,往返于人类斗争与自然情调的两极。官场的险恶,伤害了他的心,辋川的美妙,又给他以抚慰,他就是这么生活的。除此之外,王维的任何做法都可能是下策。人总是希望自己生活得能够好一点。

以王维的气质,他不能完全陷入官场的名利之争,同时以王维的经历,他也不能彻底寄情辋川的田园之乐,他必须两者兼顾。他这样做,既得到了入世的好处,而同时又扬弃了入世的坏处。他既得到了出世的乐处,又避免了出世的苦处。在入世和出世之间,存在着一个广阔的地带,他奔走其中。人可能只能这样生活才会好一点点。不然完全媚俗和完全脱俗,都可能导致很大的痛苦。

雨中的辋川并不知道人的思想,它只是自然而然地呈现着它的状态。秀峰沉默,乱石相依,雨悄悄地缝合着万物。

公元756年,安史之乱,已经55岁的王维被叛军逮捕,软禁于洛阳的一个寺庙。唐朝征服了叛军之后,皇帝对那些接受伪职的人统统定罪,然而,王维在软禁之中,曾向探望他的朋友裴迪诵诗,此诗受到皇帝的嘉许,对他的处理仅作降职。这是王维的幸运了,其诗是这样的:

万户伤心生野烟,
百官何日再朝天。
秋槐叶落空宫里,
凝碧池头奏管弦。

尽管如此,岁月纷乱毕竟摧残了这个老人,他逐渐变得消沉了。或者,他变得更加淡泊,更加寂寞。他常常拄着拐杖,站在门外,眺望辋川的落日炊烟。暮色之中,稀疏的钟声,归去的渔夫,飘走的花絮,柔弱的菱蔓,都使他感到惆怅,他看着看着,就转身回到他的屋子。他坐在枯寂的辋川,闭着眼睛,寻找着解脱烦恼的路径,企图超越生死之界。香烟袅袅,烛光闪闪,王维的心凄凉而宁静。

独坐悲双鬓,
空堂欲二更。
雨中山果落,
灯下草虫鸣。
白发终难变,

黄金不可成。
欲知除老病,
唯有学无生。

我只感觉,自然如我面前的辋川,社会如我身后的市井,都有美的一面,它们都能给我以享受。然而,我的辋川之行,却明显地含有烦于我那圈子的成分,是的,我很烦,某些时候我简直为堪负荷。从我栖身的圈子走出,到辋川换换空气,我确实感到一种轻松。辋川很静,一只鸟也没有,一只兔也没有,甚至除我,一个人也没有。

我不赞同一种观点:认为王维没有像陶渊明那样,彻底地决裂于官场,这种观点是苛刻的。人生真的像王维觉悟的这样么?我不知道,唯有达到王维的境界才能理解王维,但我没有。

中央电视台(2003 年 7 月 24 日)

《江山如画》——献给祖国的诗篇

为了庆祝“七一”党的生日,《电视诗歌散文》精心制作了《江山如画——献给祖国的诗篇》特别节目,祝福我们伟大的中国共产党生日快乐!

在本期节目中,您不仅能欣赏到南国的小桥流水、塞北的雪域风光、纵马驰骋的辽阔草原……同时著名艺术家张家声、齐克建,央视主持人任志宏、鲁健也将为您倾情朗诵现代抒情诗歌经典名篇。精彩的视听享受,您一定不要错过!

央视主持人鲁健:

谁能不爱自己的祖国呢
“祖国”,当你轻轻说出这个词
等于说出你的命运、亲人、家乡
而当你用目光说到“秋天”
那就是岁月,人生啊,远方
……

央视主持人任志宏:

我是你十亿分之一
是你九百六十万平方的总和
你以伤痕累累的乳房
喂养了
迷惘的我　深思的我　沸腾的我

……

著名艺术家齐克建：

小时候
乡愁是一枚小小的邮票
我在这头
母亲在那头
……

著名艺术家张家声：

假如我是一只鸟，
我也应该用嘶哑的喉咙歌唱：
这被暴风雨所打击着的土地，
这永远汹涌着我们的悲愤的河流，
这无止息地吹刮着的激怒的风，
和那来自林间的无比温柔的黎明
……

中央电视台(2003 年 7 月 1 日)

胡杨·古道·飞天梦

北方

在辽阔的中国西部，有一座横跨河西走廊的冰雪山脉——祁连山。绵延千里的积雪冰川，像一条横亘的银河，普照着整个河西走廊的灿烂文明。嘉峪关像一尊遥遥展翅的雄鹰，驾驭着河西走廊的咽喉要冲。

发源于祁连山的弱水河，一路穿山越岭，到此便折北而上，进入了茫茫无际的瀚海沙漠。这条若隐若现的沙漠河流，在波涛汹涌的沙海里显得平静而安详。从河岸的漫漫黄沙放眼望去，巴丹吉林沙漠像一幅巨大的绸缎铺泻天际。高大密集的沙山群跌宕起伏，摩肩接踵，绵延万里，把人们的视线引向神秘无边的魔幻世界。漪波荡漾的轻盈沙纹，刀锋剑壁的柔美曲线，沙漠的粗暴所造就的极端艺术，温柔、细腻、圣洁而又迷乱。

沙漠中行来的驼队，他们不知道这条河到底流淌了多少个年头。生长在这里的胡杨和梭梭草，也只粗略地告诉人们，六千多万年前，这里的古地中海已经开始干枯。

踏上这片古老而神奇的土地，总被一种博大而深远的气氛包围着。扑面而来的荒凉，包含着西部永恒的豪迈与粗犷，把你带进了原始而陌生的自然怀抱。坚硬而粗糙的戈壁滩，没有留下任何岁月变迁的痕迹，参错峥嵘的石岩地貌，依然保持着它亿万年前的样子。只有胡杨凋残的落叶，提醒着时空季节的轮回。

弱水河畔的肩水金关，是西汉肩水都尉和肩水侯官驻地。这里出土了数以万计的居延汉简，翻开了两千年前的争战风云，把人们带进了波澜壮阔的历史年代。

两座古城遥遥相对，肩挑着弱水这道天然屏障。城池周围峰燧林立，遥相呼应，至今仍能让人体会到“固若金汤”的含义。从人类文明起步，到如今数千年的漫长岁月里，北狄、匈奴、乌桓、鲜卑、党项、蒙古等北方民族，都先后在这里逐水而居，历代王朝也留下了他们艰难的足迹。居延都尉府的修筑，把弱水流域正式归入了中国版图，开始了它战争背后的和平。唐代的大同城，依稀凝固着丝绸之路的繁华，给夕阳的余晖增添了几分迷醉。元代的五塔，静静地矗立在地平线上，像是朝圣者祭拜的身影，包含着人们最质朴的精神寄托，对和平真诚的向往。

居延汉简的出土，给这些古城遗址赋予了沉甸甸的文化气息。风雕雨琢的千年城墙，如同一座座不朽的丰碑，刻录着那一段永恒的历史。读不尽的居延沧桑，读不尽这弱水三千。盛极一时的西夏军事重镇——黑城，附带着一个王朝的背影，在烟波浩渺的大漠深处，显得孤独而苍凉。那里出土的成千上万的西夏文书，大量的珍贵文物，把黑城永远地写在了人们心中。遗憾的是，它随着俄国探险家科兹洛夫的盗掘，走向了世界，同时也走向了被毁灭的边缘。登上黑城，风沙凌厉，昔日的辉煌都埋在了残砖败瓦的废墟里，高大的城墙在肆虐的风沙中奄奄一息。只有那些被盗掘挖宝的痕迹，像是它难以愈合的伤口，诉说着无法挽回的悲哀。

历史是如此的深重，历史是如此的灿烂。脚下的每一步路，似乎都成了对空间和时间的穿越。前能见古人，后可见来者，历史与现实的交替，无不传达着它丰富而深刻的意蕴。也许，这是一个突然但最为合理的过渡方式。历史的长河中走来了这样一群人，他们用自己的双手，缔造了中国航天最艰苦辉煌的基础，实现了几代人梦寐以求的愿望。从万户造箭到两弹一星，从敦煌飞天到宇宙飞船，一次次历经磨难，一次次跨越艰险，中国航天在前进的道路上，留下了艰难的脚步，也使得这里名副其实地成了中国航天的摇篮。

发源于祁连雪山的弱水，注定与飞天有着千丝万缕的历史渊源。早在东晋南北朝时期，祁连山下的马蹄寺石窟内，就已经有了泥肉飞天这种追逐神秘宇宙最理想的表达方式。敦煌石窟的散花仙女，再一次把人们的飞天之梦，寄托在了遥不可及的神话传说里。古老的中华民族，面对头顶上面的那片天空，迷惑、无奈、畏惧而又向往。谁会想到，千百年后的弱水河畔，会成为中华儿女探索宇宙的起点。

崛起西部的东风航天城，像一颗璀璨的戈壁明珠，镶嵌在弱水河的胸前。碧波荡漾的东风水库，水鸟成群，飞鸣嬉戏，鸭浮绿波，鹅翔空际。放眼眺望，“落霞孤鹜齐飞，秋水长天一色”，一派塞外仙境，令人心旷神怡，流连忘返。

自古以来，“弱水流沙”就谱写着悠远而凝重的塞外传奇。“居延城外猎天骄，白草连天野火烧。”这是当年唐代诗人王维对弱水流域的真实写照。弱水沿岸红柳密布，芦苇浩荡。眼前河流清澈蜿蜒，远处胡杨千姿百态，在蓝天白云的衬托下，形成一道独特的大漠风景。偶尔有骆驼来访，羊群出没，吸一口水，悠闲地来回散步。它们都是弱水河最熟悉的过客，传递着来自胡杨树下的生命之音。孩子们嬉笑玩耍的声音，拨动了河弦的琴声。随着水波依稀荡漾，弱水河最大限度地满足了孩子们天真的向往，给了他们无尽的遐想和空间。

前来西部旅游的人们，都由衷地赞叹胡杨的美丽。当一夜秋风，树叶尽染，你就再也找不到一片异色的斑点。它们或成片成林，或孤身守候，都给你一种出乎意料的视觉享受。每当秋季，大片的胡杨林如潮如汐，斑斑斓斓漫及天涯，弱水河畔一片金色海洋，富丽堂皇美不胜收。一个严冬的考验，一个暖春的萌动，一个酷暑的煎熬。胡杨，用火一般的热情点燃了生命，点燃了沙漠。它那金光灿灿至纯至净的绚烂，把生命的光辉表现得淋漓尽致。你只有接受，接受大自然无穷无尽的描绘；你只能感受，感受大自然挥霍张扬的表现力；你只好享受，享受大自然纯洁、遥远的心境。

都说胡杨千年不死，千年不倒，千年不朽，其实，那不过是人们对它们悲壮生命的感情寄托。弱水尽头的居延海早已干枯，代之而起的肆虐风沙，正一步步掩埋着胡杨远去的身影。走进惊心动魄的死亡森林，一股严肃而冷峻的气氛扑面而来。一棵棵枯树苍劲淋漓，化石般地耸立着。僵硬的枝干伸向苍穹，在质问、在叹息、在挣扎、在求援。生与死的强烈对比，深深地震撼着每一位前来的参观者。的确，它们是英雄的树，选择了沙漠，就注定了它悲壮的一生。即便是死亡，也依然有一种不愿屈服的顽强。

生命，最终没有留住它们的声音，却留下了它们死亡的永恒。没有人能猜透它们的用意，在耗尽了悲壮的生命之后，却以这样的方式警世着我们人类的未来。

今天，断流多年的居延海终于回到了水的怀抱。弱水河岸的胡杨林，也呈现出勃勃生机。他们，生活在这里的土尔扈特后裔，对胡杨有着特殊的感情。对他们来说，胡杨是阻挡风沙的绿色屏障，是他们的空中牧场。

热情、好客的土尔扈特人民，像是戈壁滩忠实的守护者，数百年来都那样平静而顽强的生活着。纯朴的民族风情，隐隐透露着一个游牧民族强悍的古老遗风，给这片土地赋予了真诚的文化底蕴。

源远流长的文化古道，写满了民族的交融，写满了自然的风情。胡杨，这个古老而又年轻的生命，以它那超凡脱俗的独特秀美，征服着世人挑剔的目光。如今，它们已不仅仅是一种风景，那是一个民族的精神，抗御着骄阳的灼烤，烈风的摇撼，风沙的侵袭，干旱的威胁，却依然保持着峥嵘挺拔，不屈不挠的姿态。那是一种精神的象征，领尽瀚海风骚，一如谱写在旷野的诗篇，一幅壮美的画卷。

中央电视台(2003 年 11 月 6 日)

电视文学节目2004年

阿里札记

阿里札记之《兵车新藏线》

刘湘晨

阿里的春天
从每年的5月开始
我的阿里之行历时四个月
行程8000公里

【歌词】
人人都说开车的好
开车的苦头谁知道
清早起来不洗脸啊
戈壁滩上跑开了
左手握的是方向盘
我右手叼的是莫合烟
左脚踩的是离合器啊
右脚踏的是鬼门关

·库地达坂　海拔4200米

新藏线,北起新疆喀什地区叶城县,东南至西藏阿里地区普兰县,全长1449公里。

前往阿里高原的一路风景,都在强调这个世界所能有的严酷与苍凉。在这样的地方,人与人的相识都是缘。买买提·库尔班即将结束长达20年的军旅生涯,这是他最后一次出车,出发的这一天,是他儿子7岁的生日。

吴畏的妻子在阿里工作,度过山上长达半年不通车的冰封期之后,两人才能见面。这段时间,吴畏一直很苦恼,他妻子自他们婚后第一次怀上的孩子已流产了。

·麻札达坂　海拔5000米

新藏线是世界海拔最高、行驶难度最大的公路,这里只有冷暖两季,大雪横飞却是一年常有的风景。这是阿里高原的5月,我随车队进山的第一天就碰上铺天盖地的大雪,车队有人和古六言诗韵填词一首：

山高路远谷深
汽车纵横驰奔
谁敢跨越昆仑
唯我汽车大军

雪在天黑之后还在下，5月高原夜的气息一半儿是漆黑，一半儿是雪，半步外就是落差几十米、几百米的悬崖，车队的行驶速度大受影响。赶到这一天的宿营地，已是午夜两点，五连二排排长刘斌感到明显的不适。

·界山达坂　海拔6700米

这里为新疆与西藏阿里地区的天然分界。

·班公湖

阿里高原最捉人眼珠子的风景就是湖，大片寸草不生的裸地环围着一湖被透亮阳光照耀的碧蓝，还有水里的鱼，让我和一路奔波的战士们，都有一种意外的心境。

新藏线穿越昆仑山脉、冈底斯山脉，最终抵达喜马拉雅山脉之下，大部分路段从无人区通过，露营和野炊是汽车兵的家常饭。能坐在班公湖畔吃这顿晚餐是一种福分。正是班公湖涨潮的时候，我想，也许只有这种起伏跌宕的生活，才会有高原人生那种简单透明的色调。正是夜色阑珊的时候，不知道是高原天然风情万种，还是这些面色粗糙的汽车兵善解浪漫，班公湖畔的这个夜晚将会随波入梦，让人遥想久远。买买提·库尔班和几个战士帮我架起了帐篷，午夜之后，气温降到了零下二十度。

天冷让人最担心的事就是冻坏水箱，战士们在这个晚上发动了五六次车，不知道睡在大厢板下边的人会怎么样，这时候，黎明悄悄来临。

这一天，车队比往常跑得快，大家都为八连长吴畏高兴，只要一到狮泉河，也就意味着他和他的妻子就要见面了，这将是他们久久相别、相思之后的一次短聚。

·阿里地区首府　狮泉河

吴畏的妻子不知道丈夫什么时候到家，丈夫的突然到来多少让她有些意外。初入家门的吴畏看着妻子给他操持做饭心里很不是滋味儿，他没法告诉妻子自己第二天一早就走。实际上，离离别别已是他俩儿婚后生活的主要内容。

【歌词】

人人都说开车的好
昆仑山上比比看
库地达坂我扒过胎呀
死人沟里我睡过觉
界山达坂我撒过尿
班公湖里我洗过澡
神仙湾上我照过相
红柳滩上我想姑娘

第二天，吴畏告别妻子，率领车队继续前往新藏线上最远的什布奇边防连。

即将与自己跑了20年的新藏线告别,买买提·库尔班最大的遗憾是没有带自己的孩子来看看车轮子下边他跑了20年的这条路。大约10年前,他的第一个儿子不幸落水淹死,当时的车队正要出发,买买提·库尔班竟然没能回去看一眼就走了。

车队驶向新藏线更远的地方,我与他们告别去寻找古象雄人文明的痕迹。但是,我相信,买买提·库尔班和吴畏们的故事将同数千年前的古象雄人一样,同样是阿里高原最富传奇的传奇。

阿里札记之《转山》

刘湘晨

·塔钦\海拔4675米　神山之下唯一的小村

已没有人知道神山之下,这个小村最早的建立者,是一个吆着羊群偶尔路过的牧人,还是远道而来的香客。这里的每一块石头都会因神山之名而贵重。

小村因神山而吸引着天下人,陆续迁来的商贩建起了这条帐篷街,卖的东西与转山有关,最多的是从西藏地各地汇集而来的藏饰。

搭在荒野中的零星帐篷,住的多是苦修的朝圣者。他们来的地方很远,也会在这儿住很长时间。

到达小村的第一天,最让我感动的是这些远道而来的康巴人,他们每次转山回来得晚,在小村人人过往的河边小道,抻开铺盖卷就是床,第二天天不亮又出发。他们要这样连续转13圈神山之后,才会离开这儿回家。

我们雇的驮工和牦牛比我们约定的时间晚了半天才到,这个季节不是转山的旺季,各家的牦牛都撒在山里,一时急用才牵出来,三位剽悍的藏胞兄弟多赶了一个晚上的路,才赶到与我们约定的地方。

转山的路有两种走法,一种是顺时针方向转,一种是逆时针方向转,我和我的朋友们没有宗教概念,仅知道脚下的路已被人走了千百年,踩着这些千百年层层叠叠的脚步去看神山,这让人的心境悠远而博大。

·神山\冈仁波钦　冈底斯山主峰　海拔6638米

在转山道上第一个能见到神山的地方,我首先被人们朝见神山的仪规所震撼。我不知道遍地摊的衣物和经幡飘荡的确切寓意,不过,我相信,这可能是人们所能有的、所能想到的最极致的表达方式了,这正是千百年来神山在人们心目中的位置。人们跋山涉水、历经磨难被召唤到这里,对于人生和生命而言,这都是一个无比庄严的时刻。

·札群阿碟天葬台

这天晚上,我们驻扎在拉曲峡谷的拉曲河畔。

驮工们的帐篷远比我的登山帐篷大,帐内弥漫着牛粪火和酥油茶的酽香,露宿在5月初春夜风习习的神山脚下,这种气息让人很温馨。

三位驮工都是祖籍神山之下,至少三代以上的当地人,先辈们慕神山之名从遥远的地方迁居神山之下,后来又一代一代繁衍下来,有关神山的一切已成为他们最重要的家族背景。我很幸运我的神山之旅，由这几位最著名的神山世家的后代相伴，与他们相处的每时每刻，无不让人感到神山的气息无处不在。

最不幸的事在我们聊天的时候发生了，我们的牦牛丢了。打着手电和三位驮工找了大半夜，最终也没有找到。

找不到牦牛，就意味着我们无法再往前走，驮工们比预定的时间起得早。这个时节，草芽子刚窜出地面，牦牛嗅着草鲜气跑出去十几里是常事。也有另一种可能，牦牛又回到刚把它们拽出来的那个山里了，那样找回去，往返至少是一天的路。

·拉曲河\意为:神水河　－25℃　糌粑

驮工们留下能说汉语的罗丹陪我，白玛希绕和久美去找牦牛。不知道他们会走多远，仅希望他们能及早回来。

这天傍午之后我们的牦牛回来了，白玛希绕和久美往返走了一天。

我们沿着拉曲河谷继续前行。雨雪和风的侵蚀造化了神山，这种蚀化过程仍在继续……

·格萨尔王的马鞍子　格萨尔王妃珠牡的辫子

我对世界上最长的史诗《格萨尔王》并没有太深的了解，几位驮工把格萨尔王的马鞍子指给我看，依然让我吃惊不小。一生征战的大王到神山来干什么呢？大王与他的王妃进入了神山，我脚下的粗粝山路曾有大王的仪仗走过，他们的目的可能与我相同，也可能完全不同。

继续前行的路程，海拔高度明显抬升。除了河里的水，这里没有任何春天的迹象。

傍午之后，我们到达了第二个能见到神山的地方。

赶到这一天的宿营地，神山之旅的行程已过大半，看着四周山地的雪比往年厚，驮工们很担心今年第一次牵出来的牦牛能不能再往前走，我们明天将翻越本次行程的最高点——卓玛拉山口。大家最后商定，假定过不去卓玛拉山口，牦牛随我们走到山口之下以后，我们一人扛一件最亟须的东西继续往前走，其余的东西交由一名驮工赶着牦牛顺原路返回，三天后我们在塔钦村相会，这种假定一时使营地的气氛变得有些沉闷。

并不是黑透天的时候，浓重的云雾已让人看不出几十步外。我跟随驮工拍摄他们的活动，然后再往更高的地方走，希望能在一个最近的地方看到神山。

这是一个冒险的决定。当我最后走到无法再往前走的地方，没想到两位兄弟担心我有什么意外，他们一直跟着我走了上来，我对着镜头讲述了自己当时的心境。

这段山路上来至少有5公里，海拔很高，没想到我的兄弟摄影师党成华先生，和我刚认识的英俊的藏族小伙子元旦，他们一直跟着我上来。我们在这个山头抢拍了这组镜头。人们对这个神山的感情可能已经有好几千年了，走到这个地方，这些摆起来摞起来的石头，都是表现人们向神山祈福的这样一种心境。最早的不知道是从什么时候开始，我们可能是今天我们所知道的刚到的人，我在这儿大大小小捡了13块石头，特地捡了一块红色的石头，它像一个心脏，我把它放到最中间，我看了一下，所有的石堆都没有我这个石堆大，因为这代表着我很丰富的心情，代表着所有的兄弟姐妹、所有的亲人、所有的朋友、天下所有的人，在神山之下，为他们祈福。

必须赶在阳光尚不足以让积雪融化之前，翻过卓玛拉山口，不然，牦牛踩塌雪面埋到雪窝子里的可能性很大。看着牦牛驮着东西走动的样子很担心，这时候地面的冰碴子冻得比刀子还坚利,不小心就会伤了牦牛的蹄脚。

以为是雪面刺眼的反光让人头晕,实际上是海拔增高的自然反应。在这里,每挪动一步已有山下万米长跑的难度。我们开始进入最后翻越卓玛拉山口之前的大陡坡地带,隐约感到风力在渐渐增强,这是唯有高原极顶才会有的晴空之下的劲风。

·卓玛拉山口\海拔5630米

卓玛拉山口是整个转山道的最高点,所有人都会在这儿用最极尽虔诚的方式,来表达对神山的崇敬之情。我打开一路背在身上的经幡系好,嘴里也学着几位藏族兄弟的口吻说出让运气抬升的话。我得承认,这太不正宗,远没有他们喊出来那样洪亮、灿烂,那之间的差异远不是转一次神山所能弥补的。

·宗曲河\海拔4800米

翻越卓玛拉山口之后,宗曲河两旁的草甸初显春色,我们进入了另一个季节。这一刻,我相信我们已悄悄地推开了天堂的大门。

在最后告别神山的一瞬,接连看到三位牧羊女吆着羊群走过,我惊异地发现她们成了转山人的引领者。不知道这些让我们看不清眉眼的牧羊女是哪儿来的,又会把人们带到哪儿去,我想她们仅是在演示一个的寓言,与一个人的心灵世界有关。

·磕长头的转山人

当我们的牦牛队最后走出宗曲河谷,我已看到了远处的那木那尼峰,它的下边就是玛旁雍错,那是由神山之水汇流而成的圣湖。

·圣湖玛旁雍措\意为:不可征服的湖泊

发源于此的当却藏布马泉河,流向东方下游为布拉马普特拉河

发源于此的马甲藏布孔雀河,流向南方下游为恒河

发源于此的朗钦藏布象泉河,流向西方下游为苏特累季河

发源于此的森格藏布狮泉河,流向北方下游为印度河

阿里札记之《黑草甸的心愿》

刘湘晨

每年的6月下旬,藏北的春天姗姗来迟。牧人从困了大半年的冬牧场,迁往春牧场……

藏北高原是世界上海拔最高、距人群密集区域最遥远的山地,能长草的地方比酥油珍贵,当地人因此把这里称作为黑草甸。只是草情薄,无法容牧人和羊群长久驻牧,这里是他们从冬牧场转向夏牧场之间的一次短暂过渡。

老嘎玛丹曲和他的羊群曾是当地备受赞誉的一幕盛景,三年前,他的300只羊和15头牦牛尽数被女婿吆出去换大汽车至今未归,这使老嘎玛丹曲和老伴儿不得不与分家立户的儿子重新生活在一起,原来只有两架帐篷的黑草甸从此又有了老嘎玛丹曲夫妇的一架帐篷。

这个季节正是牦牛褪毛的时候。加措是老嘎玛丹曲的儿子,今年25岁。

羊群产羔的时候是牧人的麦季,除了添的羔子,牧人收获最多的是羊奶,老伴儿忙不过来,儿媳妇常来搭把手,照老嘎玛丹曲的打算,在羊群转往夏牧场之后,他将带一家人前往200公

里外的神山转山,打出来的酥油是带给沿途寺庙的供奉。

每天中午是羊群被吆回来挤奶的时间。次旦卓玛是老嘎玛丹曲的女儿,今年28岁。在丈夫失散后的第二年,她的儿子也因病死去。

丈夫的久去不归和儿子的死去,使女儿次旦卓玛徒有成家的名义,已没有任何家的内容。父亲的帐篷和弟弟不到两岁的儿子,是她今天唯有的安慰。

藏地牧人的传统是,羊群集中起来由每一家轮流放牧,挤奶却是大家共同的事。男人把母羊赶到一块儿拴成一排,女人们拎着各家的桶子开始挤奶。一手利索的功夫是藏地每一个女人的基本功,从姑娘到出嫁,再到老年,妙如天籁的挤奶声将贯穿她们每个人的一生。

挤好的羊奶经过加热发酵,再加上水,尽力摇动,让油和奶渣分离,浮在表层的就是最初级的奶油。这几乎就是整个藏地牧区全部生活的终极追求。由此,奶油被牧人视作世间最珍贵无比的东西,也就不奇怪了。

藏北高原至今仍是世界上人为影响最小的地方之一。在当地,羊群受到狼的袭击被称作狼害。加措扛回走失被狼咬死的这只羊,无限惋惜。先用耙子扒羊绒,他接着开始剥羊皮。自从冬牧场转到春牧场以来,只有少量的鲜奶和奶渣补充,加措和父母一家的主食除了糌粑还是糌粑,这次意外让他们有了一次添些荤腥的机会。

加措的妻子拿出常日难得吃一回的精白面和面。她和加措商量给一家人包一次包子吃。揉面揉得劲儿大带动了肩痛,这是高原女人的通病。一生也不会有停下手来的可能,过度的劳累常是女人们为一架帐篷之下的日子必付的代价。

春牧场没有足够的干牛粪,蒸包子烧得远比炖肉省,只是海拔太高,这里蒸出来的东西发黏熟不透。不过,这仍是全家人期待的一次盛宴。

在掀开锅盖的一瞬,蒸包子的香气使春牧场枯荒草稀的日子有了一种特别的味觉。对于严酷的高原环境而言,吃一顿饭常是牧人最庄重的人生仪式之一。只是放羊的女儿次旦卓玛还没回来,加措嘱妻子给姐姐留出包子。羊群回来的时候,要到太阳落山以后了。

从冬牧场转往春牧场十多天后,家里吃的粮食已所剩不多了,老嘎玛丹曲动手收拾牦牛驮子,准备把家里的羊绒拉出去卖了,再驮些粮食回来。

老嘎玛丹曲的这双鞋子已穿了不下十年。

他心里有个另外的想法没有说,一直为三年前让女婿吆走家里的羊和牦牛自责,只要有外出的机会,老嘎玛丹曲一定会四处去打听消息,这是他心里无法向人说的隐痛。

高原上的牧人,平常舍不得卖牦牛和羊,这些年城里人要的羊绒是他们唯一能拿出来换钱的东西。这一年的春季,才巴家拉羊绒比加措拉得晚,加措父子前来帮忙,这是高原从有人放牧的时候一直保留到今天的传统。与高原厮守了一辈子,老嘎玛丹曲对谁家的羊群和基于羊群的收获,都充满了一种期待和喜爱。

从古到今,在高原上,凡是有拉羊绒或类似于拉羊绒这样的大活儿,主人家都会拿出最好吃的东西,招待来帮忙的每一个人。

老嘎玛丹曲这一辈子,大多数晚上都睡在羊群边上,守着羊群就守着他一生的梦。实在没有什么别的东西,能比羊群的气息更让一个牧人能够安然入睡。

对于女儿次旦卓玛来说,父亲的每次外出都会让她心境波动。她知道父亲的外出多半与她有关,她已失散三年的丈夫至今没有任何音讯。

年复一年的盼望无归已足以让人放弃希望,可是,次旦卓玛没有任何办法改变这种无奈的等待,这使她每次绝望的时候又心存侥幸,远方总有她的期待。

次旦卓玛自小常滚在一架帐篷里的伙伴儿,专程从另一个春牧点来看她,这让她很高兴。

次旦卓玛的伙伴儿也带来了另一个消息,说老嘎玛丹曲有可能在第二天回到黑草甸。

在老嘎玛丹曲和才巴走后,黑草甸三架帐篷唯一的汉子就是加措了。他把羊群拴起来让女人们挤奶,用的功夫比常日多。

次旦卓玛已连续三年用这种方式,等待丈夫有可能回来的一天。

买回了足够一家人转往夏牧场吃的粮食,老嘎玛丹曲没有对老伴儿和女儿说别的,老伴儿和女儿也没问。娘儿俩对老嘎玛丹曲没说出来的结果似乎已习惯了。

老嘎玛丹曲在革吉县城给孙子买了一双鞋,儿媳妇很高兴,儿子加措对这种年复一年的期待已没有兴致了。

春牧场的草情很难让黑草甸三家人的羊群维持一个月,转往夏牧场的日子眼看着就到,这使老嘎玛丹曲对前往神山的朝圣更多了一种期待。老嘎玛丹曲嘱女儿和儿媳磨足够的糌粑,和打尽可能多的酥油,全家人前往神山还愿,为死去两年的外孙超度,也希望给一家人带来好的转运。

阿里札记终篇《神秘的古格王朝》

刘湘晨

追寻着古象雄人的传说来到了被土林环绕的扎达,在临街的这家藏式奶茶馆坐下来,我等待着带我去叩响古象雄大门的那个人。酥油茶的酽香缭绕,我的思绪悠长。久远从前的一天,一样的一碗酥油茶之前,不知道有没有同我一样的一个人,也在揣想久远的从前。岁月的尽头是一片华丽色彩的流溢,那是传说和想象的质地与光泽。

不知道古象雄人距今数千年,还是更久远,他们是藏地的第一个土著,一支99万人的军队护卫着由外象雄、中象雄和内象雄构成的辽阔疆土,据说“象雄”一词就是源于古象雄语,意为“大鹏鸟之地”。由此推断:这是一个以大型猛禽为图腾的民族。

古象雄人创造了象雄文和藏地最原始的本教,据说他们常以一千头牦牛和一千只羊作为盛大祭祀的祭牲,其辉煌的历史一直延续到公元7世纪而亡,此后,古象雄在人们的关注视野中杳无音讯,没有人见过他们其中的任何一支后裔留下来。

扎达县派来陪同我的人如约而来,她的名字同天下所有叫卓玛的藏族姑娘一样。我注意到她特意穿了漂亮的藏服,头顶的饰圈已在她的家族中传了五代。知道藏地已找不到任何一个与古象雄人有联系的家族,我依然相信卓玛的出现是来自一个久远的相约,她正要带我去推开古象雄人的那扇神秘的大门。

在如今的扎达县境,已很难找到古象雄人的遗迹,卓玛带我来到这座千年古寺,这是我有可能瞭望古象雄人久远历史的一个可以凭借的高地。

古象雄人以他们的诸多创造和影响力使阿里高原一度成为整个藏地的文明中心,这个时间贯穿阿里高原自有社会人类以来一直到公元7世纪中叶的漫长历史。陀林寺的辉煌使阿里高原再度成为整个藏地文明的中心,这个时间距古象雄人在阿里高原的最后消亡已去四百年。

说到陀林寺,不能不说到建造陀林寺的决策人益西沃,贵为当时古格王朝的第一代王子,他把王位传给了弟弟自己专心事佛,取名拉喇嘛益西沃,“拉”在藏语里的意思是“天”。

拉喇嘛益西沃一生做的许多事让今天的藏地百姓口拈能详,他选派了二十名藏族俊才远赴印度求佛法,其中的仁钦桑布成为后来藏地文化史中里程碑式的人物;益西沃主持修建了陀林寺,取名“飞翔”之意,其间寄予着他的多少抱负!在他的晚年,不惜以老迈之躯率兵亲往异地征讨,以获取黄金前去印度恭请阿底峡大师进藏,不幸最终兵败,客死他乡。

公元1036年,阿底峡大师历经十年颠簸,最终来到了阿里,入住陀林寺。从此,藏地开始了以“上路弘法”为标志的佛教昌兴时期。阿底峡大师的进藏有可能出于各种原因,但是,拉喇嘛益西沃的精神感召无疑是最重的一个砝码,由此,阿里高原才有可能再一次呈现出足以与古象雄人相媲美的文明胜景。

随卓玛来到她的爷爷奶奶家,是我阿里高原之旅最愉快的记忆之一。老木桶打出来的酥油茶再和上两位老人家对卓玛的浓浓亲情,自然是人间的一道极品。卓玛的爷爷已在当地居住了三代以上,这引起了我的注意,我很想在老人的口中了解一下古象雄人在民间口传系统中的线索。

我知道,阿里高原在古象雄人之后的再度辉煌,应归功于拉喇嘛益西沃的爷爷。家庭内部的急剧变故,迫使这位藏王之后从遥远的前藏来到了阿里,与当地的土著十八王联合建立了自己的霸业。后来,他把版图分给了自己的三个儿子,始有“三衮占三围”之说,其中的小儿子德祖衮就是益西沃的父亲,从此,扎达一带成为他的世袭封地,古格王朝的第一代国王由此开始了他漫长的建国之路,这里被称作土林环围的地方。

古格王朝盛时曾有十万户之众,每当春季来临,这些年年岁岁盛开的野花也曾映照那时古格的无数花容月貌。

古格王朝的版图,大致是久远之前古象雄人的中心版图,照一般的概率算,拥有一支99万人军队的古象雄,人口应在数百万之众或接近千万,如此庞大的人口数字,这些野生动物出没的荒漠草甸为他们提供了最强有力的生存依据,这里浮动的畜群曾先后负载着两个显赫的王朝在历史的尘烟中跌宕起伏。

不过,依然有一个巨大的疑问:严酷的高原环境不具备生长高棵植被的条件,无法建造大量的通常概念的房子,何处可以让如此众多的人口安身呢?我相信,同样的疑问也曾困惑第一代古格王和久远的第一个思考这个问题的古象雄人,他们的目光最后久久注视的地方,就是这片夕阳之下的土林。

在扎达县方圆数百公里的地方随处走走,很容易看到这些相似的洞穴,扎达纵横坦陈的土林给定了这个条件,人们尽可以择地安身。我注意到有些洞穴至今还在使用,大部分洞穴是古格人掏出来的,最早掏洞的人和始居住者很可能是古象雄人。

古格王国遗址　始建于公元10世纪

古格王国　夏宫

从纵横土林间散布的那些零落洞穴走到这里,就到了王国的都城。

想想久远之前,一个从遥远边地来到这里的古格人或象雄人,会是怎么一种心境呢?此刻,我相信他的脚下会有久远年代以后走在长安街上或香榭丽舍大街一长串的踏踏响声,这是都城之于边地的永久魅力。

古格王朝与更久远的象雄人有种种的不同和差异，但是，这座王城足以让我们今天的人相信人类在一片土林中所可能有的辉煌创造，它历经古格王朝二十六代国王，前后延续了七百年。

公元1653年，古格王朝最后的终结者是冷兵器的锋刃闪烁和持续不断的大火，拉达克人最终进入了这座巍然屹立了七百年之久的王城。

在古格王朝末代赞普的最后岁月，他曾引进天主教与王朝内部已过于强大的僧侣集团抗衡，终致积怨成仇。战争的直接原因却是缘于赞普欲娶达拉克王妹为妃后又悔婚，导致达拉克大军掩杀而来。同样的一幕，也出现在已显得过于久远的古象雄时期，公元644年，象雄王李迷夏将贵为松赞干布王妹的赛玛葛王后打入了冷宫，终致杀身之祸，延续了八千年之久的象雄王朝被断送在一念之间。

阿里高原文明的两度繁荣又两度消亡，其原因竟如此相似，突出地反映了阿里古代社会钙质的普遍缺乏。王朝的悲剧，成了往昔久远辉煌的一曲悠长而凄美的挽歌。

终没有找到有关古象雄文明足以让人信服的线索，我和卓玛把一条八十米长的哈达献给了土林，这些历经沧桑的自然造化曾经见证久远岁月的每一天。

我和卓玛把哈达献给了象泉河，它是一条哺育了往昔与今天的大河。

中央电视台（2004年3月4日至25日）

边城印象

《边城印象》系列之小城凤凰

董夏青　刘胜军

有这么一座小城，它静静地存在着，青山和碧水包围着它沧桑古老的面孔，记录了它亘古不变的历史。它就是——凤凰。

——题记

相传在大湘西莽莽苍苍的群山之中，跃然飞出一只火凤凰。火凤凰涅槃后，演化成一座风光如画的美丽小城，它就是湘西古城——凤凰。

小城山清水秀，地灵人杰，以它自己独特的自然景观、人文景观和浓郁的民族风情征服着世人。新西兰著名作家路易·艾黎就将它赞为中国最美的小城。沱江穿城而过，江流舒缓、水平如镜,舟行款款,如滑动在琉璃之上。水纹细小而柔美,涟漪渐生而渐散,河水晶莹透澈、纤细可见。水下藻荇丛生,随水摇曳,依依袅袅。远处画桥如虹,飞阁垂檐,极尽清丽典雅之风致。两岸青山吐翠,城郭峨峨,悬楼吊脚,一并倒影在那清流之中。影影绰绰,似幻还真。一汪清澈沱江水,养育百年性情人。就是这泓从高山峡谷中奔泻而出的江水,千百年来一直与古城人的血液相溶在一起。沱江的水是平和的,一如今天凤凰人平静的生活。沱江的水是清澈的,它似乎又与凤凰人达成了一种永恒的心灵同构。它那处事不惊、优游闲适的秉性流溢出凤凰独特的人文精神。

吊脚楼沿河而搭,站在不同的角度观望,吊脚楼都会有不一样的情趣。隔岸站立凝望,吊脚楼像兵士组成的方阵,由高到低一字排开,严整中透出几分活泼。隔岸侧面遥望,吊脚楼像江岸上搭建的古栈道,那些粗细不同、有高有矮的木柱,像一个个历经沙场的壮士,把坚挺的双腿插入江中,用有力的臂膀,撑起了一个个甜蜜温暖的家,担起了整个古城的重量。这些不仅仅体现着凤凰先辈的审美情趣和建筑理念,更是凤凰人坚忍不拔、桀骜独立精神的体现。吊脚楼高高低低、错落有致,温柔细腻的线条,包裹着几许轻灵、几许柔情,它们就像凤凰的女子,作风豪放、外形纤柔、内心善良。那曲曲折折龟裂的木板,像涂了柏油一样乌黑,曾经荡漾在表面上,那一层流光溢彩的生命力已经消失殆尽,剩下的只是暗淡、沧桑,以及那内在的坚韧魂魄。

这是一座有灵魂的小城。所有与这座小城相关的情感,沉淀到了一块块或青或红的石板上,汇集到暮色中城楼的月晕里,流淌在静静的沱江水中。依城而过的沱江,夺走了历代凤凰人所有的爱与恨。逶迤曲折的一条条石板街,记录了凤凰城万物的生老病死。

岁月的长河,静静的在凤凰城的一条条石板街中流淌。每一个屋角,每一角飞檐,都是一个传说,都是一个梦。世世代代的凤凰人都是生在一个个故事中,死在一个个传说里。在他们的内心深处,都有一个属于他们永远的精神家园。

凤凰的石板街最初为红石板,形成于乾隆年间。当时的凤凰,商贾云集,来自江西、福建等地的客商在此开店设号。这座小城中汇集了各地的文化精华。一代代的凤凰人从这一条条石板街上走过,或轻或重的脚印,永远的重叠在了一块块或红或青、或宽或窄、或方或圆的石板上。这一块块的石板,便记载了凤凰城和凤凰人的历史。

就在近代中国百多年历史中,从凤凰城中走出去的三品以上文武官员就有188人。一大批政治家、军事家、学者、文化大师。钦差大臣贵州提督田兴恕、民国内阁总理熊希龄、自称"乡下人"的文坛巨匠沈从文、当代著名画家黄永玉,这一个个鲜活的名字,哪一个不是从凤凰巷陌里走出来,而后进入历史的大舞台。也许这就是人们千里之外寻找这个群山环抱中小城的全部理由。但他们并没有占去凤凰的整个灵魂,古城的主角、中心人物,仍然是芸芸众生。

生活在凤凰城中的人,汲取了这座小城得天独厚的灵气,他们或擅诗文、或工丹青。最朴素的如城墙根下锉花的老妇。在凤凰,几乎人人都有一门深藏不露的看家绝活。生活在这么一座充满着灵性的小城市中,什么奇迹都有可能发生。正因为如此,凤凰人才如此眷恋着生长于斯的这座小城。眷恋着这座小城中的一条条石板街。一个士兵,要么战死沙场,要么回到故乡。凤凰永远是凤凰人的故乡,不管他走了多远,看过多少地方的云,走过多少地方的桥,喝过多少地方的水,爱过多少地方的人,他们的根,依然在这座美丽的小城。大多数的凤凰人,似乎都不愿意离开这座小城,即使离开了,他们的根仍在此。千年万年之后,他们的魂,依然飘在这座小城的老街上。

历史的巨人，在湘西把笔锋抖了一抖，抖出了一座精致的小城，留下了满城的故事，留下了亘古缠绵的情与爱。

边城印象之《歌者默然》

陈镭

不是每块土地都能拥有属于自己的歌者。但在沅水流淌的土地上，沈从文以沅水一般的节奏唱出一种平静的歌声。这歌声是温暖的，然而温暖里面，有一种深深的悲剧感升腾起来，就像是沅水上朦胧的烟雾，透过烟雾可以隐隐看得见歌者的影子，于湘西的烟水迷离中，这影子带着宛转的歌声，没入人群深处。

对我来说，沈从文是那种适合在十一点的月光下，默默阅读的作家。我喜欢看月光像烟雾一样照在窗台上，但窗外的风声并不能把烟雾卷走，一卷又一卷故事就在默然中无目的地流逝。我喜欢他对乡土的态度，因为离开故乡的人深知这其中的酸楚。

我喜欢他作品里具有的那样一种贯穿性，可以让人从少年走到青年，让热情的目光收缩，沉静地看待冷酷的世间。然而这绝非世故，因为他只是让这热情向内聚敛；然而这聚敛也并非压抑的火山。因为他内里其实是温暖的热泪，在流动中，隐含着生存的艰难和对于艰难中的生活的敬畏。当然，更重要的，是热泪中沉重的爱。

这是我称他为歌者的原因。因为真正的歌者，歌声永不会肆无忌惮，他会在在歌声中轻轻包上一层薄纱。这层薄纱包裹得那样艺术，令歌者在描述故乡时，为绵绵的深爱添加了透明的颜色。让那故乡，又遥远，又亲近；又虚幻，又真实。像沅水摇荡的青波，像水手熟睡中的笑容。让你的心口微微一暖，又微微一痛。

我想起《萧萧》，想起《长河》，想起《丈夫》、《三三》，还有那已致极点的《边城》。想起那些在不可知的命运中，坚韧地生活下去的人们，就不能不想到歌者同样的一生。

如果我们凝视歌者笔下长河般的画卷，我们会发现，他常用看似清淡的笔墨，点出令人心灵颤抖的故事。萧萧的悲剧，夭夭的痛楚，以及《边城》中美得几乎让人忘记了的不幸，让人看到他深爱的美在无可挽回地消逝，令陌生的旁观者亦忍不住为之深深痛惜。

一个世界正在失去，另一个世界并没有弥补住破损的缺口。现实与梦幻水乳交融，失望与希望都诉说着人性。沈从文的书中绝少刺激，只有平缓深远的歌声，勾勒出神话与历史间的原乡，将湘西的幽邃气息，传送又传送，传送到远方。

然而我们不能说沈从文是在勾勒梦幻。他也曾蓦然回首，想起溪流边斩首尸身的血迹。在他的那些散文里，歌声拖上了略带凄凉的尾音。他已看到家乡劫数难逃的未来，隐然有不可以已于言者的悲怆。然而这一切换成了一掬烧剩的纸钱。“似乎是平常所见路边的蓝色野花，化为灰蓝颜色，很凄凉地与已凝结成为黑色浆块的血迹相对照”。

那歌声的画卷中缀满了血色的梅花，然而这梅花也终究只是背景的点缀，让人稍稍有些惊悸，旋即又木然，旋即又宁静。“大家就是这个样子活下来”。于是梅花淡出，头颅烂去，满纸烟云的青山绿水依然铺就长卷，那些人也就如翠翠手中渡船的缆绳，坚忍不拔地系在乡土，目送逝者随青波远去。

这是又一个沈从文,雄强的男儿与柔美的女子只在梦中。然而梦极浓郁,心极沉静,使得梦里的乡土潜入他意识的河流中,化为河底五彩的卵石,从粗糙变为光滑,从棱角变为圆润,终于被他从梦中拾起,痴然凝视。

有时我会想起歌者构画的这个湘西,想到乱世里,人命真不如蝼蚁。然而歌声却尽力地缝补过去。夕照、炊烟、春情、兵变,杂然无属,却又彼此深深联系。沈从文只是缓缓放歌,在对死亡的白描中,更包容了生命本能的惊奇。于是抒情的笔触一幕又一幕,于荒诞无道的世路中,更有连绵柔韧的生命和生命的憧憬。这场景,正像是芳草斜阳外,婴儿的哭声想起,震颤了欲看斜阳人的心灵。

所以沈从文是又勾勒梦幻,又勾勒现实。只为这现实实在只是梦幻的衍变,更欲在文字的寓言之中,化解他内心的生命创痛。他将众生白相组合,不仅仅为的是带我们去湘西的世界,更为的是在纷乱的时代中,把握把早已失落了的对于人的信仰。作为歌者,他开五四以来中小说之未有,更于对文学寓言的追求中,创后来“文化”、“寻根”一派的源流。让我们在绵绵的歌声中,也能自我构筑虚构的希望,并想到无论如何,我们也将活下去,坚韧地活下去。哪怕我们只是又一个故事,只是所谓生命的基石。

这也许是歌者带给我们最坚强的信念——活下去。

风声呼呼地吹过,窗玻璃上生出了蓬松的、清冷的水汽。在十一点的月光下,屋内很安静,这加大了风声恣肆的魅力,使人的心情慢慢平缓下来,渐渐觉得沉静。在这样的时刻,许多人的渴望无非是能听到、看到一些真正的故事罢了。

刚好有这么一个人,他的前半生是歌者,后半生也是歌者。只不过前者优美而绵长,而后者没有歌词,只在周围的声音中沉默。

对我而言,沈从文始终是作为湘西的歌者而存在的。在我的阅读视野中,我不止一次地看到不同时代的人对他的回忆和感叹。

注视歌者的一生,像是传奇,又像是在上世纪的动荡中很寻常的中国人的缩影。我不想用冗长的笔调去说他的跋涉,他的爱情。我只看见那个在残酷的岁月、残酷的环境中追求美好、善良的湘西小兵,没有绝望,只是迁徙。在北平,去上海,最后在研究古人的衣饰中磨净最后的光阴。

对他这样的歌者而言,不是个人不能容忍时代,也许只是时代不能容忍个人。他不革命,也没要求阶级的解放,他只是要人们从他的全部歌声中去认识我们这个民族,他想用湘西去探索更深层的题旨——有关人的重造。他从来不是主流,因此倍感寂寞。在受人冷落的岁月里,他重视亲友的感情,对忘记他的朋友,他想到别人的苦处。其实他需要的就是那一点悲哀的暖意,仅此而已。

我凝视着他的相片,那是新中国成立初期,他穿着中山装,仪容整洁,脸上露出平静的笑意。他真的看到自己的命运了吗?他想得到他最后与身后的声名了吗?这个和蔼的中年人只是平静的笑着,让人忘记了他是伟大的歌者,忘记了,在他笔下,世界看到了那片神奇的土地。

边城印象之《黄永玉其人其画》

一

在天涯海角,我都为它骄傲,它就应该那么小,那么精致而严密,那么结实。它也实在是太美了,以至以后的几十年,我到哪里也觉得还是我自己的故乡好。

——黄永玉《太阳下的风景》

有人说,世界上有三个湘西:一个在地球上,一个在沈从文的笔下,而第三个则在黄永玉的画里。

黄永玉,今年八十高龄。12 岁那年离开凤凰,开始四处漂泊。他具有极高的艺术天赋,年轻时就以线条粗犷、刀法奔放的版画赢得赞誉,后来又以自成一家的国画闻名于世。他的漫画极富哲理,总以寥寥数笔勾勒出人生万象,闪烁着人生的睿智。而他在油画方面的成绩也丝毫不比版画、国画和漫画逊色。他在澳大利亚、德国、意大利等许多国家及地区举办过个人画展,在海内外享誉甚高。

黄永玉:恐怕是在情感上有影响,另外在这个,你比如说有些基础啊,画画的那些观念、美的观念,它是同外界不一样的,比较特殊的。道教的画、傩教的画、佛教的画,佛教的雕塑、道教的雕塑,各种各样的东西,但是能够启发我们从小就感觉到美。我这么小,六七岁的时候,我就在这个诸葛亮(山)这边,就是现在的山水讲堂这边,就看对面,回龙阁。我说这么好的地方,这么小的屋子,真好。我长大之后,我在那边盖个房子多好。还有从沙湾往虹桥那边看,右手边,有一家人家的房子。那个细致、讲究,漂亮得不得了。很小感觉到。那么在横过来一直下去,站在沙湾那边一直往下看,就是往夺翠楼下面看,那个时候的屋子都是吊脚楼,也没有这么多,不太讲究。因为不讲究所以有天趣。那里头有桃花、有杏花、有杨柳,坐在那里就感觉到那么美、那么好。想着那里头应该有个什么人在里头就好了。或者是好看的女孩子,或者是怎么样就好了。或者是有个什么故事就好了。很小就能感觉到。

还有呢,两个人就衔接起来。外头来的文化就衔接(起来)。你比如说李叔同的那个"长亭外　古道边"。你要是在北京、在南京或者在上海,他就感应不到。"长亭外,古道边,芳草碧连天",我们都有啊。啊,对呀,就是他写的这个样子的。我们先感应到这个东西才出去的。还有呢,气候也决定了这个。在外面世界听说或是书上讲的,我们这里能看到。那个时候的天特别蓝,因为可能是大气或者是污染的问题现在。那个时候天蓝,能看到很多很多的星星。也看过扫把星、也看过流星,怎么以后就看不见了。春天、秋天看到大雁,飞过去飞过来。那么大桥头那边——虹桥那边,有几千只乌鸦、喜鹊,"七夕"晚上,鹊桥会,喜鹊真的在飞。平常也不飞。老鸹黄昏的时候、清早的时候,老鸹哇哇哇地(飞),还有的跑到每一家的墙上面,哇哇地叫。喜鹊叫,哎呀有信来了今天家里边有信来了。后来春夏秋冬明明白白的事情,还有跟着老人家打猎呀干什么,这种课堂到哪里有呢?从小把那种生活吃得饱饱的。

二

一个人怎么会把故乡忘记呢?凭什么把它忘记了呢?……你是放在天上的风筝,线的另一端是牵系着心灵的故乡的一切影子。

——黄永玉《太阳下的风景》

小的时候,黄永玉喜欢在青石板小巷里闲逛。最爱的是边街,那里是各式各样的民间艺人的天地。在他的印象中,有一家姓侯的风筝画得最漂亮,他常常站在门前一看就是半天。雕菩萨的铺子也是他常去的地方,而重阳登高、元宵舞狮、清明上坟、红白喜事,这些民俗更让童年时的黄永玉体味到了后来在世界上的任何国家都未曾体会到的如此完整的民间文化。

黄永玉:凤凰的情况就是这样,有很多到外头打仗回来有地位了,回来怎么样,他带着文化回来了。于是就今天盖个庙,明天修个什么,后天修个什么,所以有时候非常富于幻想。在我们这个地方有个叫堤溪上面,堤溪的石壁上、悬崖上,他挫了一条路。一条路上面修了个庙。那个庙有多大呢?大概有两张双人床那么大。那解放后都拆掉了,接着现在又随便修了一点,将来要修得好好的,再修修。谁会想到在那个地方去修个庙?有什么必要呢?为了美,是吧。为了把幻想变成现实,就是这样。很多庙都是一代一代地修起来的。多少代的老人家,艺术的气质都是很浓的。凤凰几十座庙,解放都拆掉了。那庙当时不光是道教、佛教、还有伊斯兰教什么的、天主教什么的。不是教的问题,另外还有建筑艺术。那个建筑艺术在我看起来,那都小巧精致。那种建筑上的严格。还有菩萨做得非常规矩,那个都是极少有的。我在以后看的外面地方很少有的。

东南边街上,整条街都是的,所以我逃学就有地方了。每天都去看,明明不必要走那条街都要走那里。今天雕到哪里,雕到鼻子雕到眼睛了,明天雕到手了,我的雕塑就是从那里学的。我还从哪里学的呢?我又没有进过美术学校,怎么学雕塑呢?粗坯怎么做、底下怎么做、这是讲木雕。那是讲究的,非常讲究的。

故乡是黄永玉最爱的题材之一。他一次又一次地画凤凰那些原始古朴而出奇美丽的风景,画那些同在这片土地依偎的苗族、土家族老人和孩子们。他画斗鸡、赛龙舟,画放鸭、赶市集,还画打架、挑大粪……在漫漫人生的跋涉里,这一幕幕童年生活不断地闪回在他的记忆中,这些似梦似幻的生命因缘,在黄永玉的笔下,变成了可亲可感的图画,唤起人们心中对故乡、对童真、对那些无忧无虑的时光的真切怀念。

黄永玉:凤凰是一个割据的地方,谁来就打谁。这样的情况有三十多年。弄得我们的性格,也形成这么一种性格。什么性格呢?凤凰是湘西的首都,军事、政治、经济、文化的中心。的确是这样的。小孩子考学校,有两个凤凰小孩在一起,没有人敢欺负的一路上。沈从文的笔下也写过这种东西,我们自己也亲身经历过这样的事。那么自己也认为是凤凰人,到外头也拿着这种风格去应对事物。说打就打、说干就干、说跑就跑。就是这么一种性格。

三

有生命而无感情是不可能的,我深爱这个世界,包括它的悲苦。

——黄永玉《那些忧郁的碎屑》

黄永玉嗜烟如命,尤其对烟斗情有独钟。无论是挥毫题字,还是泼墨作画,无论是登台演讲,或是闲庭信步,他的烟斗总是须臾不离手。也许,这总是在他身侧环绕着的丝丝青烟,也是他灵感与睿智的来源吧。

80岁的黄永玉,虽然饱经风霜、历尽坎坷,但却乐观练达。他笔下那些让人捧腹的漫画,就像一个个顽皮的孩子,狡黠地窥探着生活的奥秘。

黄永玉在凤凰的家里贴着一张有趣的告示,对前来求画者,“当场按件论价,铁价不二,一言既出,驷马难追,纠缠讲价,即时照原价加一倍。再讲价者放恶狗咬之,恶脸恶言相向,驱逐出院。”鲜明的个性跃然纸上。

曾经有人问黄永玉,在他那么多专长里,他最喜欢哪个?他说,我最喜欢的是文学,第二是雕刻,第三是木刻,第四是绘画。但前三项爱好都全靠绘画养着,因为它们稿费太低了。

黄永玉:谋生,我做别的不能做,那么画画还能混饭吃。就开始用这个办法混饭吃。读书是一种习惯,从小就喜欢读,读得多了,越读越多,就会挑了。

写文章就是说，要是实实在在地讲就是，我喜欢看什么方式的文章，我就写怎么样的文章。我不喜欢看的文章，我要引以为戒，我别写这样的文章。另外人家约我写的我肯定不写的，然后呢我要写好了，我求人家发表也有过。因此说不靠这个东西吃饭，这就好办了，写自己开心的东西。

写传记没有意思，我有什么好传的。但是我身边的那个事值得，那个时代、还有我的经历本身，是那个时代的肉，对吧。我的经历，没有人像我这样的特殊的经历，有很多我现在没有讲的，我将来要写出来的。

奇奇怪怪的经历，而且是同那个时代紧紧地扣起来的。不是像天方夜谭，像神话故事一样的。所以要是我不把它写出来，我就感觉到可惜了。要是另外一个人我也劝他写。时代给我这么多的好处，因为大时代像沈从文所讲的，在《一个传奇的故事》里面讲的，我们两个，他说，是大时代的大筛子筛下来的，上面存下来的几粒粗一点的沙子。没有浪荡掉，没有让时代淘汰。所以经历过这么多事。所以我也一方面要赶快写，一方面还要认真地、很严肃地来写它。一定要好好地、用功地来写好它。但是我主观上这么想，能不能做到就不知道了。又要认真又要轻松，不容易。重写不怕了，因为沈从文他《边城》改了一两百次啊。学他都学不到，这么严格。

在一次和朋友聚会时，黄永玉说："时间过得真快，我一晃就要过80岁生日了。回想起来，真不敢相信，就好像时间被别人偷走了一样。要是现在只有30岁该多好，哪怕40岁、50岁都行。"那是他少有的惆怅，其实，那些时光当然没有被偷走。童年时青石板路上的徜徉，少年时为生计四处奔波的汗水，以及后来世界各地游走的历验，那每一寸光阴、每一分情感，都嵌入他的生命里，凝成他的灵气、正气与睿智，又从他的笔尖流淌出来，描绘出那样美丽的凤凰，那样丰富的人生……

边城印象之《沈从文故居》

谭仲池

沿着湘西的偏僻小巷，我们在寻找他的脚印。

我们终于踏进了这个陈旧而庄严的门槛。抬头凝视小院的瓦顶和木墙，并看不出有什么故事。开启的门窗，也只是充满着岁月风雨的履痕。木床、木桌、木椅，一如平常的想象。徜徉在小楼的书房走廊，我们走进了一个遥远的世界。

又听到辰河上的船夫呻吟，吊脚楼上女人的歌唱。可我还不明白，这湘西的水怎么充溢了他的整个人生。或许正是这水的生命永远不枯竭，才使这座小屋永不衰老，反而生发着翠绿的岁月。

尽管公刘先生的叹息仍挂在屋檐下的窗门上，呼唤着风和雨、情和爱，可阳光仍在灿烂地翻动书页，引来清风轻轻地朗读这一行行美丽的文字。我是绝不能空手而归的。我贪婪地从沈老先生题写的条幅里，拾起一把墨染的桨，匆匆地走出小屋。

啊，沱江的波浪已经给我备好了小船。

边城印象之《卓雅访谈——边城影像》

一

先生笔下的山山水水如一幅青绿长卷，我人生的画卷也由此展开。

——卓雅

有人说，沈从文让人们知道了凤凰，知道了湘西。此话不假。这宁静湿润的边城，正是在沈从文的作品中显露出它超凡脱俗的秀美之后，才变得家喻户晓起来。然而有一位摄影家，却和众多的游人不同。在近20年的时间里，她独自背着相机，带着沈从文的著作，十余次来到湘西小城，留下了一万余幅关于湘西的风景、风情、风物、风俗的照片。这位执著而富有传奇色彩的女摄影家，就是卓雅。

卓雅：我小时候就在湘江边长大，从小就受到湖湘文化的影响。那时候经常到湘江边上去洗衣服，就看到满江都漂着白帆，还有船夫、水手、纤夫在江边来来往往。这些景象给我的印象都很深，让我有一种莫名的感动。经常就痴痴地坐在木排上面，尤其是在黄昏薄暮的时候。满江都是浮动的橹歌、号子，一边看着对岸的河流上纤夫们在拉纤，隔着远远的看着就那么几寸长，慢慢地挪动，随之太阳一点点进到水里面，天啊、水啊都不断变颜色。看到这里心里就有想哭的感觉，那时候并不知道什么叫美，到十几年以后，看到先生一本书里面有一句“美丽是愁人的”，这个时候心里面就猛地一紧，这可能就是早期这种朦胧的喜欢。再一个我本身也就是湘西人，河街啊、纤夫啊、牌楼啊这些东西，从小就在我心里扎下根了，好像对它们非常熟悉、一点都不陌生。

第一次看到先生的书，那是80年代初，在这以前没见过、不知道沈从文，也没见过湘西这些书。偶然地买到了一本《沈从文散文选》，一看就放不下来了。一篇一篇，我就觉得我在湘西所看到的、经历到的和自己体会到的又讲不出来的一些东西，先生书里都写了，而且写得那么的好。从那以后就有意识地寻找和收集先生的书，只要看到就买回来一遍遍地看。于是经历了一个比较长的过程，在不断地到湘西、不断地看先生的书以后，有时候在外面拍摄的时候，经常那个相应的场景，一下子脑子里面就出现了。而且在家里读先生的书的时候，脑子里面就有了湘西的那个场景，就好像一幅幅画面出来了。然后加上小时候对所经历、所看到的一些水上生活的印象，也在心里面就鲜活起来了。所以这样慢慢就有一天，就蹦出来这种想法，用摄影的形式表现先生笔下的湘西。

二

摆在面前的这本《沈从文和他的湘西》，就是卓雅近20年的摄影心血的凝结。在这本摄影集出版前，卓雅把部分作品寄给她所敬仰的黄永玉先生，引起了黄永玉先生的惊叹。80岁高龄的他欣然挥笔为书做序，慨叹了三个字：“苦心了！”这些照片绝不是对沈从文作品的浮泛图解，而是卓雅与岁月对话，与沈从文先生对话，与湘西的山水人物对话，与自己的心灵对话的结晶。

卓雅：困难确实很大，这也是历史的必然。不用说我拍的时候和先生相隔了差不多一个花甲，就是我小时候自己所看到的东西，都早就没有影子了。你看湘江里面，再也看不到一片白帆。那个常年停在河边的木排，还有上面斜斜的木房子，包括那些排佬在上面养狗、养鸡的场景，通通都没有了，像纤夫什么那就更加找不到了。小时候那些东西通通都没有了，所以跟先生的距离就更遥远了。只有在平时的时候，想办法。首先是听到什么地方要改变了，要有一个比较大的变动了,我马上到这个地方去,抢在它改变以前把它拍下来。比如说80年代末,沅水的下游要建一个大型水电站,这个水电站建成以后整个沅水的水位要提高几十米,要淹掉几座县城,其中就包括沈从文先生琢磨很多的沅陵县。先生他说一提起这个地方,就使他充满感情。他14岁从家乡出来当兵,就是停靠在这个码头,一住就是一年,所以我那段时间里,我就经常陪着那条河流和即将被淹没的那几个县城想办法,在那河里跑了好多趟。我现在还记得关闸是4月1日,关了闸水位就抬高了,也就都淹没了。在9月份我又和朋友们一起到了沅陵县,但是这个县城已经什么都没有了,什么东西都没有了。

还有就是舍弃主航道找支流,在主航道上再寻找过去的那些痕迹已经是非常非常难,但因为支流上面开发的比较慢,保留的东西比较多,所以我们经常就是舍主流找支流。有一次就听说沅陵县边远的一个大山里面演大戏,我们清早就从县城里面出发,往那个地方赶。走到快到中午的时候,就发现满山都是人了。越靠近目的地,人就越多了。有的人还拿着板凳、摇着蒲扇,成群结队就往那个地方赶。到了那个地方以后,山上岭上到处都是人。台子中间就是用木头搭的一个很简陋的台子,也就是在这上面唱古戏。那些人就一边看戏,一边从腰带里面拿出钱来,从旁边那个小摊子上面买那种粑粑、凉粉、面条这些东西吃。小孩子们兴奋地满场跑,有的还跑到台上,跑到梯子上面。你看到这些以后,就好像先生所描写的场景都在眼前展现了,你不觉得中间隔了几十年,似乎先生就在中间和我们一起看戏。而那些唱戏的人呢,满脸的油彩,唱累了以后下来也跑到这来吃点东西、喝点水。看了以后心里非常的亲切,就好像真的和先生在同一个年代。所以虽然拍摄二三十年代的景物有很大的难度,但是只要你有心去寻找,还是可以找到很多很多痕迹。只是现在变化太快了,尤其是最近这十多年,湘西的变化实在是太快,简直就是一年一年不一样、一个月一个月不一样,所以这就给我们很大的紧迫感。

沅水的上游有一条河叫做辰河,在沈从文先生书里它叫白河。原来这个白河是个很美很美的地方,河水真的是清澈见底,很深但可以很清楚地看到河底的石头、水草。两岸呢全是高山,而山脊上面就是一排排的木房子——吊脚楼。远远看去像一条龙盘在山顶上一样,真的是太美了。四五年前那还通航班,每天从县城里面有一班船,逢码头就停靠。一到那个水浅、滩急的地方,全船的人都得下来,然后老人和小孩就在岸上走,年轻人自动就背着这个纤到前面去拉船,那个场面非常感人。才隔了一年,我们再去就没有航班了。一问才知道中巴车已经通到了每个角落,别人都不愿意坐船,又慢又很费事,都坐中巴了。所以我们再上去就只有包船去了,变的就是有这么快,真的是一年一个变化了。

有很多时候你觉得,你怎么都赶不上,怎么赶都抓不住。我们生活在世纪之交,这也是我们这一代人的幸运,千百年的古老文化我们也看到一点尾巴,但是又看到现代文明进来了。这古老文化一天天在消失,而且速度这么快,所以我们就觉得有责任,把这些东西保留下来。虽然我们不能够改变什么,而且这种变化也是历史的必然,社会总是往前走的呀。但是我觉得我们这些古老的文明,它是我们民族千百年来的生存状况和生命状况,我们不把它保留下来,这是我们的失职。

三

艺术与人生,对于我来说,只是一条路的两个名称,同时,也就意味着无尽的苦旅和永远的跋涉。

——卓雅

20世纪70年代末，卓雅就开始用镜头追寻沈先生笔触点染过的湘西风景，她历尽艰辛，却满怀着创作的欣喜。在湘西的风景间穿行。20年，卓雅把一个女子一生中最美的时光留在了湘西。她在这样一片宁静的土地上心无旁骛地以她的镜头体味着沈从文对这片故土的，点点滴滴地收藏着历史无暇顾及的人文景观。

卓雅：湖南有句土话叫“端起来就不放下”，意思就是抓住不放。说好听点就是执著，说的慈悲一点就是“蛮”，可能我骨子里也带着这样一股蛮劲。我也不知道是不是这股蛮劲，使我在不顺的时候，在很多遗憾和无奈的情况下，从来没有后悔过。

我们很有幸的生活在世纪之交，就眼看那些古老文明在现代文明的进程中沉淀或者是提升，进而到一个新的层面。就感到有这个责任把这些东西都记录下来，所以经常觉得20年来这种工作很有收获，也很庆幸的收存了到许多已经消失或正在消失的自然景观和人文景观。

我在早期的时候，多半是沿着先生设定的抒情的角度去领略湘西世界的风俗美、人情美、人性美，但从那个文字和叙事情感上看，湘西它带着特有的成就和美，展现在每个人面前。不能够说它不美，它是那样一块又神秘又极致的地方，它的那种风俗之奇、历史之奇、文化之奇，就让你觉得目不暇接了，拍也拍不过来、看都看不过来，直到一遍遍走进湘西。一次次阅读先生湘西世界的作品以后，才慢慢慢慢理解到先生对这块土地的那种复杂深情的感情。这个时候才觉得与先生的距离拉近了，慢慢地进入新的层次的湘西世界，拍摄的照片也有了变化。不再是那种猎奇和唯美的照片，而是有意识地去追寻先生眼中笔底的那个湘西世界。尽量地抹去岁月的浮尘，把那个镜头伸到先生所去的环境，伸到历史中去。这种变化应该是不会有句号，因为随着阅读的深入，每看一遍就会有新的收获，不断就觉得可以发现新的视角，可以对他有新的理解。因为先生作品本身的审美内涵，它其中的丰富和独特是可以作为那种永久的领悟和解读的。

还有一个原因就是在拍摄的时候遇到的人和事，每天都给我新的感动。这是真的，我觉得用一般的善良、淳朴去形容这些边地的乡亲们根本就不够。他们不会说很好听的话，也没有什么亲密的举动，但他们是用整个心对你好，尽一切力量在帮你，有好几次都是他们救了我的命。

1990年5月份，我在湘黔边界的一个苗寨里面拍照片，半夜的时候突然肚子疼，越来越厉害，后来床上地上翻滚，从来那样剧烈的痛就没经历过，好不容易熬到天亮才挪到门口。把男同胞的门开开，他们看到我那个样子吓坏了，赶快收拾行李赶快下山。前一天下了一夜的雨，我们又住在山顶上，那个路又窄又滑又全是泥，他们每个人还分背着我的行李，根本架不动我。我那时候经过一夜的折腾，也是一句话都讲不出来了，脑子也昏昏迷迷。那些苗族汉子两边抬着我这么走，我也根本不知道怎么挪步，根本就配合不了。心里很清楚，但是就不听指挥。这个时候都没有一点办法把我搞下山去，而且那么远。突然有一个苗族姑娘走过来，一把就把我背起来，一边就带着小跑就往山下跑。那么滑的路，那么远，我就不知道她怎么把我背下山的。就她一个人把我背到山底下，一个苗族姑娘，然后再把我放在路边，拦了一辆卡车送到地区的医院里面。一检查是急性胰腺炎，住院治疗的时候，医生一看到我就说：“你捡了一条命。”过了三个月以后我就再到那个寨子里面，找到那个姑娘想要好好谢谢她，结果她一句话都不让我说，而且急得满脸通红，好像是我救了她的命似的。临分手的时候送我们一程又一程，就只会反反复复说一句话：“还要来哦。”

在1992年春节的时候，我在一个乡村里面拍夜景，在桥上拍。拍到一半的时候前面来了一个人打着手电,我就用身子去挡这个手电光,忘了是在桥上面,一下就掉下去了。然后摔在大石头上面,脑子撞击了,我当时那一下就昏迷过去了。也是乡亲们把我抬到船上,马上把当地的赤脚医生叫过来。也是我的运气就是好吧,正好是春节,赤脚医生的一个在县城里面当外科大夫的儿子也回来了。两父子就马上赶过来,守着我守到半夜,一直给我观察检查。肝脾没有破裂,就是几根肋骨断了、还有脑震荡,头还有点变形,额头这拱起来一块,凹进去了;耳朵也快掉下来了,只连着一点皮,半身全是青紫的。这种情况下不宜搬动,只能就地治疗,他们两个就连夜给我打针,就这么守着我,那些乡亲们里三层外三层地这么围着我,好不容易才把他们劝走。第二天一清早又来了,一群一群都来了,解下那个围巾(因为是冬天很冷)包住那个鸡蛋、红枣、罐头、八宝粥,把过年的年货都拿来了,一张大的八仙桌上一下就堆满了。在这个过程中间得到了很多很多,我就觉得比我付出的要多得多。

还有很多故事都没有讲,因为我跑那种闭塞的地方,在老乡家里住呀吃呀是经常的事情。有些地方真的是很穷很苦,但他们是倾其所有。我们什么都吃过,刚刚栽下去又挖出来的菜苗,半大的小鸡,满月不久的小狗,我们怎么阻挡都阻挡不住。对我们这些不速之客,他们是翻箱倒柜,倾其所有端到桌上来。所以很多很多时候你真的是拍不下去,太感人了!

如果这个时候,你们再问我会不会后悔,我想你们也会知道答案的——绝对不会后悔的。确实是得到的比你要做的多得多,每天每天都有感动,这种故事说不完,所以现在也就只能尽量地抓住每一天,把想做的事情做完,把想拍的照片拍到,尽可能让遗憾少一点,就只有这个心愿。

1923年,沈从文由北京南下乘船返回故乡时,曾经为没有带够胶卷拍下沿途的景致而感到后悔。而今天,卓雅终于用镜头再现了沈从文的湘西。她将沈从文那些灵秀而富含人生哲理的文字,外化为形象的照片,用自然的光与影,呈现真实而散发无穷魅力的边城风情。她拍摄的许多景观,如今已成为难以复现的历史陈迹,就更显得它们的弥足珍贵。20年凝聚深情与思考的镜头,使卓雅完成了和沈从文这位文学大师跨越时空的对话。她也让我们这些普通读者,能够穿越时空欣赏沈从文笔下传神的湘西风景,一掬湘西的水,来涤荡现代人焦灼疲惫的灵魂。若是沈先生在天有灵,一定会感到欣慰。

边城印象之《记忆中的沈从文》

他总是微笑着面对已成过去的历史,微笑着面对这世界。

——凌宇《生命之火长明》

李之檀:沈从文先生是1948年到历史博物馆工作的,我是1955年才到历史博物馆。当时由中央美术学院毕业以后,分配到历史博物馆。而且我住的地方,宿舍正好在沈从文先生的邻居,所以我们经常见面。沈先生从文学创作转到文物工作,这个事情大家伙会问,为什么要转到这方面来。因为他感觉到过去写过的东西,不太容易适应新社会的需要,因为他熟悉的就是家乡的一些故事。以前的生活他比较熟悉,新的生活、新的人物,他都没有更多的了解,所以他感觉到他有困难。这样他就选择了文物工作。一个是他过去的经历。另外,他对这方面也很有兴趣。因为他在老家凤凰县的时候,当地的手工业非常发达。刺绣的、打银的银匠、铁匠、染坊,这些事情他非常熟悉,所以他从小对家乡这些风土人情很有感情。我是这样认为的,就是说沈先生他的文学作品是倾注了他对家乡、对家乡人民的一种热爱,对他们的智慧和创造力的一种歌颂;他来到历史博物馆,使他的眼界更宽阔了。他看到老祖先、全国的一些文物,表现老祖先的一些智慧、一些创造能力,所以他这个爱国从家乡又扩展到,对整个中国、对中华民族、对中华民族劳动人民的创造、智慧,对这些的热爱。他的热爱也扩大了。不仅只是家乡了,而是更热爱我们伟大的祖国,热爱我们历史上的老祖先的充满了智慧和创造力的文物。

李之檀:他记住了毛主席的几句话,一个叫做为人民服务;一个叫做古为今用;一个叫做实践论。他是牢牢地记住这几句话,而且身体力行。他的说法叫做学习为人民服务。学习为人民服务就要有真正实践,就要靠自己实际去做,所以他就想尽办法来给观众服务。当时最突出的一点就是说,他直接给群众讲解。包括中华文物展览到北京来展出的时候,在午门大殿。那时候,学生、老太太、来的农民、部队的同志、或者是搞文化工作的同志,他都是亲自给讲解。他自己讲,我在博物馆工作了十年,倒不如说我做了十年的讲解员。

他这个人一辈子勤奋工作,跟他的生活经历(有关)。当时很苦、收入很少。所以他要拼命地写小说、写文学作品,所以从那个时候他就养成那么一个工作习惯,就是说永远闲不住。只要是人在,就要思考问题、就要想问题。比如在湖北干校,他得了一场大病,几乎死去。但是等他病好的时候,他还想着历史博物馆的陈列应该怎么做。他就在很困难的条件下,他就写每个柜子——他凭他的记忆——每个柜子应该怎么摆、应该放什么东西,写了几十条,然后交给馆里,供馆里工作的同志参考。很多同志很感动,因为一个快死的人,那个时候身体很不好,他在那种困难的条件下,他还想着工作、想着历史博物馆的展览应该怎么弄、怎么搞法,这种精神很多同志看了都流泪了。

有一年我在森林,我把森林的生活告诉他,不久就收到他一封毛笔蝇头行草的长信,他给我三点自己的经验:一、充满爱去对待人民和土地;二、摔倒了,赶快爬起来往前走,莫欣赏摔倒的地方耽误事,莫停下来哀叹;三、永远地拥抱自己的工作不放。

——黄永玉《太阳下的风景》

沈龙朱:我觉得他从小让我们做一件事,就要很认真去做,要做到底、要多学点儿、要多看点儿书。这个他是不管我们听得进去听不进去,老在我们耳朵旁边说。他自己的工作态度,按道理说可能我们都比不上,说实在真是比不上。钻一件东西钻到底,就是像他说的水呀,水滴石穿那样,就是一滴一滴一点一点地抠,硬是把它抠出来。他自己的稿子本身就是,你要是看原稿的话,改一遍又一遍,改了一遍又一遍,改多少次。往往是边上也改了、头上也改了、侧面也改了、然后不行再贴一块东西也改了。改了好多好多次,反复地改。

黄永玉:要改、不停地改、不停地重写。重写不怕了,因为他《边城》改了一两百次,学他都学不到,那么严格。

水激发他对人世怀抱虔诚的爱与愿望,水教给他黏合卑微人生的平凡哀乐,并做横海扬帆的美梦,刺激他对于工作的永远渴望。

——沈红《湿湿的想念》

沈龙朱:从沈从文的文章里面理解这个"水",都是柔和的这一面、美妙的这一面。就是他描写的东西湿湿的这样一种感觉。我觉得水其实它是有好多种形态。你比如说“冰”固体形态,可能是描写玉洁冰清,但是它也可能有暴风雪;如果是液态情况,它既有它柔和的这一面,也有可以冲破堤坝,造成人类生命、财产损失的一面;如果你要是说气态的,水还有气态的这样一个状态。但是我理解沈从文他喜欢水,他是喜欢水的本身它的柔和这一面、它的韧性这一面。它一直奔向大海,川流不息,一直奔着这个方向去这一面。他要水的性格就是,既可以是水滴石穿,就是多少年我把一颗石头滴穿了,也可以是你挡着吧,我绕你走,我从石头缝里渗过去,渗透过去,到最后我还是要汇集到大海里去。我理解他喜欢水,主要是喜欢这个方面。

我觉得大家对他的印象,就是他好像是个很温柔、很柔和的这样一个人,很温文尔雅的这样一个人。确实是在家里一直是这样。我们小时候喜欢听他说故事。他喜欢带我们到室外去玩,尤其是在云南那个农村,带我们去接触大自然,了解很多东西。他学鸟叫,知道什么是云雀。还告诉我们蜂鸟,害我们到处去找,其实那是澳洲的东西。像这些东西,他都是为我们非常细致的创造一些环境,让我们在年幼的时候,能够生活的很好。但是当时那个环境,应该说是很恶劣的,非常恶劣的,但是我们在那个环境下,父亲营造那个环境,整个家里营造那个环境,只让我们看到美的东西。看到云南的霞、看到田地的绿、看看远远滇池是什么样的、看到后山的这些树木花草,小到地里的小石子。就是在我们年轻的时候、很小的时候,就能够创造一个非常好的环境,让我们能够在那么恶劣的一个环境体下,能够过的应该说还是很幸福的。

从文表叔许许多多回忆,都是用花朵装点过的,充满了友谊的芬芳。他是非分明,有泾渭,但更多的是容忍和原谅。所以他能写那么好的小说。我不行。但我们都是故乡水土养大的子弟。

——黄永玉《太阳下的风景》

黄永玉:聂甘娄60年代从东北回来,到我家里拿了一本他的小说,拿去看。回来还给我的时候很感慨:写得这么好,才21岁的人写《丈夫》。简直是普希金所说的,“俄罗斯的伟大的悲哀”。写得这么的深刻、这么好,我太晚认得他了。

沈龙朱:他愿意看到美好的东西,愿意看到人人都好,希望这个社会好,希望老百姓都能生活的好。尽管他经历过的,是艰难困苦的这样一段过程。他一个人闯到北京来,想靠写小说——受五四的影响吧——想靠写小说来闯出一片天下。那么当时,一开始当然是碰钉子了,投稿是没人要的,甚至于到最后还想再去跟在招兵的后头,想再去当兵去。为什么呢,没吃没穿,吃了这顿没下顿。但是他在那个过程里头,那个艰难困苦的过程里头,也得到了非常多的人的帮助。当然已经谈过很多,就是郁达夫先生。那个不光是这一条围巾、这一顿饭、然后付了饭费以后、找回来的零头也交给他手里,我觉得绝对不光光是这一点,实际上是对他的鼓励,就是你愿意做这件事,你坚持做下去。我觉得这对他的影响是非常大的,他是一辈子也不会忘的。

李之檀:就是这样一种,人在最困难的时候得到别人的关心、得到别人的帮助,他对这种被帮助的感情他有很深的体会。所以当一些年轻人有困难的时候,或者是别人需要支持的时候,他就无私的奉献出来,我觉得跟他的经历有关系。他就是肯于帮助人,知道别人的苦衷。

沈龙朱:以前常常晚上是一面流着鼻血——他是有这个毛病,流鼻血——鼻子插两个纸卷,这边插一个,那边也插一个,然后拿凉水在脖子上沁,止血,一面拿毛笔,在灯底下,眼镜也是这样的，嘴里也是念念有词，就改稿子。解放以后搞文物，他的爱好，他喜欢。他也希望别人喜欢，只要有人跟他谈到文物某一个东西，跟他相同的看法，或者是不同的看法，讨论起来他就兴奋得很。他愿意把自己所有的好看的东西、觉得美的东西、觉得精彩的东西拿给人看。你有什么问题他就愿意详详细细告诉你，这个是什么原因、什么东西、查哪本书可以查出来、怎么查。比如人家问一个很小的问题，他可能会给你写一大篇参考的资料。我们老说为人民服务，他不一定会说这个词，但是他确实是一心想着为第一线生产。他对很多印染工人、纺织工人、特种工艺的手工艺工人，他都谈得来。就是很多事就交流，能够交流上。而且愿意把自己知道的，值得参考的花纹呀、方法呀介绍给别人。所以他这方面，年轻的也好、年老的也好，朋友还是挺多的。

流动在他和他的民族记忆中的，是条染红的河流，是一腔斩不断的乡愁，是一种古老情绪的震颤。

——沈红《湿湿的想念》

沈龙朱：我们确实很小就知道凤凰，就认定凤凰是我们的老家。为什么呢？因为父亲不停地在告诉我，从很小的时候就谈凤凰，谈他自己在凤凰的情况、谈凤凰的庙宇菩萨是什么样的、谈这个凤凰的山水、谈到河里去洗澡、谈上山打老虎，谈这些东西。所以我们从小对凤凰，一个是知道它非常好看、非常美，一个就是觉得有点神秘。因为你看山上有老虎，夜里面能听见狼叫。狼是怎么叫的？然后父亲就"呜"学一次。所以这小时候就给我们很生动的，也是永远忘不了的一些记忆。就说这是我的老家是非常漂亮的一个地方，也有点神秘这样一个地方。所以他对凤凰的感情，等于说是给我们这些不出生在凤凰的凤凰人，好像也注进去了一点，也注进去了不少。

尤其是讲到凤凰，说着说着，他声音越说越轻，右手食指点戳着，最后稍加重语气的一句湘西话"美极了"结束一段话，那就是先生讲述到最神往的时候，好像高声宣讲就要破坏什么。

——王亚蓉《沈从文晚年口述》

李之檀：我觉得沈先生在搞这个楚文物展览的时候，因为他家在湖南，正是楚国的地方，而且屈原放逐在那个地方，江边走的时候，那些生活跟他经历的生活非常贴近。所以他不但投入了一种精力，而是怀着一种感情在搞这个陈列。搞陈列以后，他看到历史文物上那些很美的花纹，他都把它组织力量、安排人员，来把那些很好看的花纹统统都临摹下来，而且把它编成书介绍给社会。他在这方面做了很多的工作。

沈龙朱：楚文化展览的时候，他是也要我们去看的。我们不太懂，他对里头的展品，他是觉得好极了、美极了。他用半湖南话半北京话说：美极了。他对很多东西，没有别的词形容的时候，往往就是"美极了"。

边城印象之《沈从文笔下的边城》——刘洪涛专访（上）

主持人：沈从文是20世纪中国最伟大的作家之一。您能谈谈他对中国文学的贡献在哪里吗?

刘洪涛:要想全面评价沈从文的文学成就,我觉得光是这些给他封上的头衔是不够的;还要清楚的了解沈从文的文学独创性在什么地方,他对中国文学的贡献在哪里,这些是应该确定的。

沈从文对20世纪中国文学最大的贡献是他的最有创造性的一个方面,就是他以湘西区域文化为依托,为一个东方民族从一个传统的朝代国家,迈向现代的民族国家的进程上,提供了一种极其重要的精神资源和想象的模式。这是他最突出的一种贡献,因此沈从文的作品可以当成是一个中华民族的寓言来阅读,也可以从这样一个角度来理解,或者说只有从这样一个角度去理解沈从文的独创性,才能够真正的确立下来。

主持人:您能给我们分析一下沈从文的代表作《边城》吗?

刘洪涛:就《边城》这部作品而言,这是沈从文的代表作。这部作品它以"牧歌",即乡土抒情诗这样一种抒情方式,充分展现了传统和乡土这种诗意之美。它以最贴切最生动最有概括性的这样一种形式,把30年代的中国想象、中国形象凝聚成了一个可感的艺术造型。他把它造型化、具体化了;他把它提炼出来、整合出来。这个诗性的中国形象,和以鲁迅为代表的启蒙文学传统是不同的。你可以把《边城》和作为启蒙文学代表的鲁迅的《阿Q正传》做一个对比,事实上在学术界也有人做过这样的对比。鲁迅的《阿Q正传》塑造的是中国的国民性,这个国民性是以丑陋、麻木、愚昧为代表的;而沈从文的《边城》呈现出的是中国诗意了的、美化了的中国形象。这两种文化形象我们不能说谁是真实的、谁是虚构的,它们依附于不同的文化的阐释的系统,都有它的可信度,都有它的合理性。如果说鲁迅确立了中国现代的启蒙文学传统的话,那么沈从文的贡献他在另外一极、另外一个方面塑造了诗意的中国形象。

《边城》作为一部中国的乡土抒情的经典之作,也就是作为一部"牧歌"的经典之作,它集中表现了湘西的人性之善、人性之美,这是它最集中的表现的一个方面。在这部小说里面,人性之善展示的是非常充分的,比如说表现渡船老人,表现顺顺以及其他的大佬、二佬,他们之间的这种关系。就这个渡船老人来说,他的职责就是管理那个渡船,他勤劳、善良、本分、敦厚,凡是一切的传统的美德,他都不缺少。他管理渡船不论风吹雨淋、寒暑春秋,都非常的忠实于自己的职责。他因为是食公家的粮禄,所以过渡人看他忠实于自己的职责。所以有时候给他一些钱物,而他都一概都极力退还,在不得已的情况下所接受来一些好处,他总是想方设法的超量的去报答。而翠翠这个人呢,她因为责任少,但是她的乖巧、心善、勤劳,她是爷爷的好帮手。而顺顺这个人,是当地地方上有头脸、有身份的人物,他的美德也不缺少。但是他跟渡船老人的美德不一样,渡船老人是忠于职守,而顺顺却要来得大气豪迈得多。他仗义疏财、扶强济困、正直、公平,深受当地人的尊重。两个儿子也是道德的楷模——豪爽、直率,与人搏斗时敢于挺身而出,吃苦、出力的时候从不退缩。这些传统的美德在这些人物身上,都有非常好的体现,所以这种美德在《边城》里边表现得是非常的充分的。

另外就是人性之美,人性所流淌出来的这种诗意,一个是善、一个是美,这种美实际上是沈从文在《边城》里边所强调的一个重点——就是诗意,人性的诗意、山水的诗意。比如说翠翠为什么会喜欢二佬,而不喜欢大佬;如果仔细阅读这部作品的话,你会发现非常吸引翠翠的二佬身上最本质的品质,就是他的诗意。二佬长得很英俊,小说里边讲他像岳云,所以二佬跟翠翠之间的这种关系的发展过程也充满着一种诗意。最初翠翠见到二佬是在龙舟竞渡结束之后,天已经黑了。翠翠在那里等爷爷等不来,正在害怕的时候,二佬赶鸭子从水里面上了岸。在这样一个时刻,实际上二佬充当了她的保护人这样一个角色。我们知道后来是二佬回家,因为翠翠对他有误解,二佬就回家叫他们家的长工打着火把把翠翠送回家的,他实际上充当了她的保护人。但是这个场景非常的浪漫,非常的有诗意。在他们对话的过程中,二佬曾经说过一句话:"你在这里,大鱼会吃掉你。"结果这个大鱼吃你这句话,就成了后来两个人关系发展非常好的一种隐喻。只要提起这句话,翠翠心头就会洋溢起浓郁的诗意,一种温柔的这样一种回忆。如果我们把《边城》看做是一个完美的、诗意的中国形象的造型,那么这个人性之善、人性之美是其中最重要的体现,它构成了《边城》的乐园图式的核心。

主持人:《边城》中的人物,都是很善良、高尚的,风景也是很优美的,整个故事也是很美丽的,但是最终它的结局却是悲剧性的。您认为沈从文这么安排有什么用意呢?

刘洪涛:《边城》最大的贡献,也是沈从文对中国20世纪文学最大的贡献是他塑造了一个诗意的中国形象。这个诗意的中国形象,可以从两个方向来理解。一个方面就是这种人性之善、人性之美,但是这种诗意的中国形象,在其中也有它的这种悲剧性、忧郁、哀婉的气氛。我们不应该把这个"牧歌"和这种忧郁悲伤的情感或者说悲剧截然的分开。"牧歌"不纯粹是喜乐的,甚至它可以更多的具有一种悲剧色彩。那么从这一点来看《边城》,我们就会发现《边城》的结局是一个悲剧,在这里边有很多构成悲剧的因素。比如说用一个现实的去理解《边城》的悲剧性,就是作品里面碾坊和渡船的冲突。碾坊代表了一种实用的、功利的,以金钱地位为标准的婚恋观;渡船所代表的是一种自由的、出于心灵相互吸引那样一种传统古朴的爱情观。这两种爱情观发生了冲突,在作品里边,事实上是以碾坊为代表的这种力量、这样一种势力取得了胜利。爷爷之死,两个人没有最终结合,都跟现实层面的这两种力量的冲突有着密切关系。

第二个层面,就是这种命运感,也是《边城》的这种忧伤和悲情的一个非常重要的来源。就是这种宿命感,它在作品里面呈现的是非常丰富的。实际上仔细阅读这部作品,我们会发现《边城》的当事人,从这些人的行动和性格来看,金钱关系对翠翠和二佬的爱情的破坏,就是现实的那一面对爱情的破坏是有限的,或者可以说它不是一个根本性的一种破坏。翠翠的爱情萌生的非常简单,她第一次见到二佬可以说一见钟情,二佬对她也是一见钟情。看从这个外部环境来看,爷爷对翠翠和二佬的爱情是极力的促成的。在作品里唯一的反对者,就是有力量去反对他们爱情的二佬的父亲顺顺,可是他的反对态度上并不坚决。后来渡船老人死了以后,顺顺表示要接翠翠到家里面住,等二佬回来完婚。显然在大佬死了以后,顺顺已经同意了二佬和翠翠之间的这种婚姻,这说明他对自己过去的行为是有所悔悟的。由此可见在翠翠和二佬的爱情道路上没有过多的人为的、社会的这种障碍。那么既然这个障碍很少,翠翠和二佬他们的爱情应该有一个幸福的结局,但是事情却没有成功。造成了悲剧是为什么呢?这就归纳到我们讲的第二个层面,就是它的命运感。悲剧的发生,实际上最显见的一个原因是一连串的误会造成的。这个误会首先在爷爷和大佬之间,大佬唱歌败北了,而爷爷却以为那个优美的歌声是大佬唱的,去恭维他,结果恭维不对头碰了一鼻子灰;其次是爷爷和二佬之间的误会,大佬死了以后爷爷在街上碰到二佬,故意把谈话往婚事上引,结果二佬又误会了,他没有给予积极的回应。在二佬和爷爷的交往中充满了误会,老人的善心、老人的良苦用心都被误会了,结果失去了好几次很重要的和解的机会。再一个误会就是爷爷和顺顺之间发生的,爷爷眼看翠翠的婚事不成,就厚着老脸去找顺顺去想撮合。本来顺顺对二佬爱翠翠并不准备过分反对的,但是他不知道为什么老船夫对这件事这样过分的热心,又让顺顺又误会了。顺顺就有一种成见,认为大佬之死是这个好事的老人造成的。那么这个误会是不得了的一个误会,所以他在老人去找他的时候,他有意识的疏远老人。实际上这次疏远对老人的打击是极其大的,老人在跌跌撞撞回到家里面,路上又碰到了中寨的一个人,这个人显然是在团总的女儿和二佬的婚姻之间起牵线的这么一个人物,他又打击了一次老人。这两次打击对老人是致命的,老人在狂风暴雨的当夜死去了。就实际上他们的爱情没有成功,这些误会起了很大的作用,这是命运感的一个非常重要的一种具象的形式。这些误会是没有原因的,是天意,所以也是命运感的一个重要的体现形式。

那么在小说里面,还有一个象征层面的这种忧伤和悲剧的这样一种营造,这个象征层面我们可以把它看成是桃花源的这样一种图示,我们都知道陶渊明的桃花源的具体的背景就是在湘西,桃花源里面的这个故事的核心就是营造了一个理想的乐土的形象。但是这个理想的乐土的形象是无迹可寻的,他误闯进去出来以后再去找就再也找不到了。实际上陶渊明的这个桃花源是一个虚幻的、不可捉摸的,是忧伤的这样一种印象。而《边城》它的背景是在湘西,他把陶渊明的《桃花源记》里面所叙述的那种乐园图景理想给具体化了。陶渊明的《桃花源记》里面,实际上也是有悲情成分的,这个可遇而不可寻、两岸扑朔迷离的桃花和再次踏访时寻而不得的这样一种不确定性;亦真亦幻、宛如梦境引出的是一种感伤和惆怅。而《边城》的这种情调可以说也是如此,所以它的象征层面上展示了一个“失乐土”的这样一种原型。从这些角度,我觉得要想理解《边城》的这种悲剧性和它忧伤、惆怅的一面,可以从这三个方面理解。

边城印象之《沈从文与张兆和之恋》——刘洪涛专访(下)

我一辈子走过许多地方的路,行过许多地方的桥,看过许多次数的云,喝过许多种类的酒,却只爱过一个正当最好年龄的人。

——沈从文《从文家书》

刘洪涛:比起大多数作家,沈从文的婚恋并没有太多的传奇色彩。在文人的婚恋里边,他们两个人是少有的白头偕老的典范。

1928年9月,沈从文当时在上海受聘,经过徐志摩的推荐,被胡适聘到中国公学去任教。沈从文不是一个好老师,他的湘西土话很多人听不懂,而且他的声音又非常的小。据说他第一次在上海公学上课的时候,在课堂上有十多分钟说不出一句话来。但是他是一个知名的作家,所以他的讲课,他在上海公学任教本身,是有一定的号召力的。当时张兆和也在上海公学读书,这使他们有机会相识。

沈从文见到张兆和之后,很快就迷恋上了这位大家闺秀。虽然他在开始的时候并不顺利,甚至可以说遭到了一些挫折,但是他知道这件事情对他非常重要,所以他并没有气馁,而是不断地追求,给她写过很多的情书。事情发生转机是因为张兆和拿了这么多的情书,她不知道该如何是好,所以就拿着沈从文的情书去找校长胡适。结果胡适反而劝张兆和,他说我劝你嫁给他。这是他们恋爱过程中,就是沈从文追求张兆和的过程中一个很重要的转机。那么校长的这个态度，使张兆和对沈从文的态度发生了变化，它等于是张兆和接受了沈从文的追求。两个人的恋爱进入到正常的这样一种轨道。

有了你，我相信这一生还会写的出许多更好的文章！对于这些文章我不觉得骄傲，因为等于全是你的。没有你，也就没有这些文章了。

——沈从文《湘行书简》

刘洪涛：沈从文与张兆和的婚恋对沈从文创作的影响实在是太大了。你比如说张兆和的相貌很清秀、肤色微黑，另外张兆和在张家姊妹里面她是排第三，这种体貌特征和亲族关系就被沈从文在他的文学创作中一再地利用。

沈从文写到湘西的女孩子的时候，只要涉及到肤色总是黑。你看《边城》里面的翠翠，她的皮肤是黑黑的；《长河》里面的夭夭也是黑而俏。这些都是取张兆和的肤色的特点。此外我讲过，张兆和在张家姊妹里排第三，这个“三三”是沈从文经常给张兆和写信的时候，对张兆和的一个称呼。那么这个“三三”也是沈从文的一篇小说《三三》的标题。在这篇小说里他写了一个乡间小女子朦胧的初恋，这个女子没有说她叫三三。三三看起来跟小说里面的主人公没有什么关系。她为什么要叫三三呢，除了从张兆和的这个角度来解释，没有任何的可能，没有其他的理由了。所以这是张兆和和沈从文的婚恋，对他创作影响的一个最显在的一个层面。

另外一点就是说，沈从文和张兆和的恋爱的过程，就是沈从文追求张兆和的过程，实际上通过他的系列的作品也直接地反映出来了。由于沈从文追求张兆和成功，所催生出来的一组最优秀的作品是《月下小景》故事集。《月下小景》故事集里边有 9 篇 11 个故事，实际上都跟沈从文追求张兆和有直接的关系。这一点可以用沈从文自己的一句话来概括。他说：“这文章的写成，同《龙朱》一样，全因为有了你。”这是我觉得他是一个非常直白，而且非常真实的一段话，是事实。

沈从文的的确确是因为在追求、爱恋张兆和的过程中，他写下这些文字的。这些文字的写成跟他们的婚恋的关系是极其密切的。我讲这段文字的时候，就是沈从文给张兆和的一封信里面他说：“有了爱，有了幸福，分给别人一些爱和幸福，便自然而然会写的出好文章。”他相信有爱的存在，还会继续的写出更优美的文学作品。这句话是兑现了的、是实践了的，就是后来 1934 年《边城》的完成。

中央电视台（2004 年 6 月 10 日至 8 月 5 日）

电视组诗《小平，您好！》

电视组诗《小平，您好！》（一）

《邓小平》

陈默

燃一支烟
你慈祥的目光
在中国辽阔的版图上
纵横驰骋
站在改革的前沿阵地
你习惯地把手一挥
中国经济
便以磅礴的气势
从沿海向内地进军
谈笑间
你给腾飞的中国龙
点上了眼睛
一个又一个漩涡
使你熟悉了中国的水性
在世纪的浪尖
迎风搏击
你百折不挠的名字
就像时隐时现的鱼漂
每一次沉浮
都牵动着世界的神经
翻开历史
我们读到一位勇敢的水手
成为船长的过程
你给祖国丢失的孩子

指引一条归家的路
一个民族痛了百年的伤口
正一笔一画地愈合
从你远眺的目光中
我们开始理解一棵树
可以开不同的花朵
但深藏于地下的根
始终在一片土壤里
共同呼吸

电视组诗《小平,您好!》(二)
《伟大的儿子》

胡宏伟

山峰在说:小平,您好!
江河在说:小平,您好!
祖国呼唤伟大的儿子,
一声声,饱含着无限的自豪。
您深情地爱着自己的祖国,
爱那每捧泥土,爱那每棵小草;
您使中国走向了富强,
古老的大地上卷起了春潮。
太阳在说:小平,您好!
月亮在说:小平,您好!
人民呼唤忠诚的儿子,
一句句,流淌着无限的骄傲。
您深情地爱着自己的人民,
爱那白发老人,爱那天真宝宝,
您给人民带来的幸福,
人人都能看得见,摸得到。
啊,您从川江走向大海,
深情地依恋母亲的怀抱;
啊,大海拥抱永生的儿子,
涛声久久地呼唤:小平,您好!

《心灵的朗诵》

王荫桐

尽管他已是高龄，
人们仍然希望他能再高寿。
尽管这一天定会来临，
人们还是不愿看到他的离去。
不是想与自然法则抗衡，
而是对一位世纪伟人的衷情。
不是对他还有多少要求，
而是知道他还有心愿未能了却。
他活到了一九九七年，
却等不到去回归后的香港走一走，看一看。
这不只是他个人的遗憾，
也是我们整个民族的遗憾啊！
他的名字同伟大事业连在一起，
他的思想和民族的兴衰连在一起。
他一生多磨难，几经沉浮，
是浪击的礁石，雪打的青松。
他的资历老而又老，
他的思想却新而又新。
他为这个世界贡献的太多太多，
自己却什么也不要，
骨灰扬大海，角膜赠盲人。
这不是诗，
而是心灵的朗诵：
小平，国家中兴之柱，
你永远和我们在一起，
你永远是我们的骄傲！

《献给小平》

应忆航

在乡间的小道你构思着新的蓝图
在阴雨的季节你拉开春天的大幕
让心灵敞开一千扇窗口
你看,大地奉献出那么丰硕的果实
诉说着春风自由吹拂的理由
和我们对你最真切的感受
在清贫的日子你教导我们去奋斗
在狂烈的风暴你力挽汹涌的激流
让浪尖飞翔一万张轻舟
你看,东方升起了那么壮丽的红日
昭示着对美好生活的追求
和我们对你最深情的问候
仿佛走了很久很久
你依然站在队伍的前头
亲爱的小平,让我们拉紧你的手
你鼓励我们继续向前走

电视组诗《小平,您好!》(三)
《大地之子》

钱毅

谁说他已经悄然离去,
谁说他再不会欣然归来,
他在我们期待的眼中,
他在我们思念的心里!
邓小平,大地之子——
他与那棵高山上的青松站在一起。
谁说我们听不见他亲切的声音,
谁说我们记不住他激昂的话语,

他在我们期待的眼中，
他在我们思念的心里！
邓小平，大海之子——
他与那大海里的涛声连在一起。
谁说我们看不见他矫健的步履，
谁说我们淡忘了他伟大的胸襟，
他在我们期待的眼中，
他在我们思念的心里！
邓小平，人民之子——
他永远走在我们前进的队伍里。

《伟大的水手》

赵丽宏

你是一个伟大的水手
毕生驾船于惊涛骇浪
你胸怀中有神圣远大目标
手中有搏击狂澜的力量
心怀祖国的命运
情系人民的安康
你引领中国这艘巨轮
以你的坚韧，你的勇敢
以你的睿智，你的胆量
冲出浓雾弥漫的封锁
驶向幸福繁荣的海港
我回首船尾的风浪
你无畏的足音仍在回响
我站在船头远望
你勇往直前的背影仍在前方

电视组诗《小平,您好!》(四)
《在人民中间》

郑健华

"小平,您好!"——
一句真情的心里话
拉近了彼此的距离
不再有高高红墙的阻隔
褪去了神圣耀眼的光辉
您——
就在我们身边
"中国人民的儿子"——
不再有高呼万岁的威严
也不用万寿无疆的祝愿
一位慈祥的老人
一位睿智的长者
以扭转乾坤的气概
掀开了中国历史的新一页
却又默默地
融入了人民中间
"小平,您好!"——
朴实的话语
把我们的心儿紧紧相连
不用华丽的辞藻
也不用铿锵的誓言
犹如家人谈心
春风扑面
难忘儿子对母亲的赤诚
牢记前辈对来者的期盼
无数个春天的故事
改写成中国的历史
憧憬着灿烂的明天
在百花吐艳的春光里
人们仍能感受到——

一位为祖国播撒着春光的人
依然在我们中间!

《小平,您好》

陈念祖

无论细雨潇潇,还是阳光普照,
因为念着你的情,想着你的好,
你为人民铺开了前无古人的大道,
鲜花满人间,去和幸福拥抱。
无论春的娇俏,还是秋的丰饶,
因为享着你的福,记着你的好,
你让中国卷起了通向四海的春潮,
启航神舟号,向着宏伟目标。
历史回音,山呼海啸,
天地回应,响彻云霄,
万众心声,齐声呼叫,
您好!小平。小平,您好!

中央电视台(2004年)

难忘大别山

潘小平

天就要亮了,像往常一样,山梁上这片黑黝黝的松林,只有鸟儿在歌唱。夏季早晨清新的长风吹过大别山,松树的针叶上,跳跃着星星点点的晨光。就在太阳跃出地平线的那一刻,一支队伍出现在山梁上。早起打柴的孩子,惊奇地看着这支疲惫然而整齐的队伍,不知道他们是什么时候、从什么地方突然冒了出来。他们更不知道,这支队伍已经连续十多个小时没有休息、没有吃饭了。他们的到来,将揭开解放战争史崭新的一页。

那是哪一天？他们是谁？我都模糊了。傍晚的阳光悄悄爬上图书馆的窗棂,照在我面前的资料和照片上。抚摸着面前的这些文字,我的思绪又回到了那难忘的战争年月,回到那片浸透了血与火的土地上。多少年过去了,大别山,十二万队伍,一些战争的场面,常常在我的梦中出现。总有什么东西在我的血管里奔涌激荡,让我的心不得安宁。那绵延的大山,那苦难而光辉的岁月,还有战友们年轻的身影,已经深深地融入到我的记忆中了。

我看见,长风掠过高高的山岭,战士们背着简陋的背包,怀揣着解放全中国的希望,在高山大河间全速奔跑。那时的邓政委正当壮年,穿一身自制的灰土布军装,站在山梁上,神态坚定而安详。如果还活着,我们的老政委,今年整整100周岁。五十七年的岁月,一眨眼就过去了,可五十七年前发生的一切,好像就在昨天。

在我的晚年,我经常出入图书馆。而当我还是一个年轻的战士,跟随刘邓首长突破敌人的重重包围,千里跃进大别山时,我并不十分清楚我们这一行动的战略性意义。我那时还不知道,我们挺进大别山的十二万人调动了蒋介石的十三个整编师的兵力,极大地减轻了陕北中央的压力。占据大别山,就可以东慑南京,西逼武汉,南扼长江,瞰制中原,掌握战争的主动权。

1947年6月30日,我们深夜渡过黄河,渡河之后,形势变得凶险。丢了骡子丢了马,把车也烧了,首长就和我们一起,靠两条腿赶路。黄泛区的泥浆子,比胶泥还粘脚,每走一步都很困难。从几十里黄泛区走出来后,人人的身上、脸上都糊满了泥浆,没人能认得出其中的两个人,就是指挥千军万马的刘邓首长。

我们不敢停留,在刘邓首长的带领下,冒着枪林弹雨渡过了汝河,又一夜强行军,赶在洪峰到来之前,渡过了淮河。到了这个时候,大家才松了一口气,一上岸,不觉眼前一亮。月亮升上来了,大地沐浴在皎洁的月光里,不远处是静谧的村庄。我记得,那是刚进8月,到处是流水潺潺,秧苗青青,而我们这些北方来的战士,竟然不认识那就是水稻。踏上又湿又滑又狭窄的田埂,一不小心就会滑倒在水田里,摔一个"骑马跤"。行军变得疲惫而艰苦,南方的秋天蛇多虫多,经常出来伤人,使我们的夜行军更艰难了。邓政委很着急,想了一个办法,让我们每人手里拿一根棍子,这样既可以在夜间探路,又可以打草惊蛇。这以后走起路来,就安全多了。

从突破黄河防线到现在,还不到三个月的时间,我们这支12万人的队伍,就奇迹般地进入了大别山,一夜之间,将战争从黄河以北引到了长江流域,向南推进了1000余里。这其中的甘苦,只有我们自己知道。

多年以后我才知道,千里跃进大别山,使战争的总体格局,彻底改变。

大别山以广阔的胸怀接纳了我们,站在高高的山岭上,放眼远眺,大山像波浪一样在脚下汹涌起伏,山风中带着草木的清香。那时候,我们还没有料到,进入大别山以后,我们将会面临更加复杂严峻的局面,付出更为惨重的代价。

前线指挥部就设在一个山坳里,几间低矮的茅屋,阴暗潮湿的土墙,墙角长满青苔。周围野草丛生,傍晚,蚊子"嗡嗡"地轰鸣着飞进茅屋,偶尔会有野兔或是田鼠,飞快地从门前窜过。初进大别山的部队缺少供给,战士们没有饭吃,没有衣穿。有一回,我好不容易做了一碗红糖米酒鸡蛋端给邓政委,他还舍不得吃,那时候,刘邓首长有时一天只能吃上一顿饭。饥饿、疾病加上敌人的围剿,很多战友就这样倒在了大别山的土地上,再也没有醒来。从大别山出来时,我们的队伍只有六万多人。他们留在照片上的,是永远年轻的笑脸。

棉衣是大家自己动手做的,买来土布,用草木灰、锅底灰染色,然后自己裁剪,自己动手缝制。做出来的棉衣很单薄,也很难看,抵挡不住大别山冬天的严寒。邓政委的棉衣是和他警卫员一起缝制的,警卫员拿惯了枪的手,现在来拈小小的钢针,不是戳了自己的手,就是纫不上线。邓政委眯起眼睛,一针一线地缝着,给他做示范。深秋的风,吹得单薄的门扇簌簌作响,我推门进去,正好看见这一幕,鼻子顿时就酸了。正是傍晚,四周的人家开始做饭时,邓政委的棉衣缝好了。

炊烟一缕缕升起,混着山间的薄雾,在山谷间流动。战争间的短暂安宁,特别让人感动。

在我们驻地的附近,有一所小学,叫"列宁小学"。小学的房子很破旧,墙壁因为年久失修而暗淡发黄。那是一个傍晚,在军事地图前站了一整天的邓政委,走进这座以伟大领袖列宁命名的小学校。首长坐在门槛上,点燃了一支烟。抽完烟后,他在那张空烟盒上,写了几句诗。诗的最后几句是:"铲除独裁,紧跟共党,天下太平,国富民强。"这张小小的烟盒纸,直到部队离开大别山,还一直贴在列宁小学的门上。正对着列宁小学的校门,是一棵很老很老的树,树干遒劲,枝叶繁茂,当朗朗的读书声响起,树叶会沙沙歌唱。

不知这座"列宁小学"如今还在不在了?

当1948年的第一缕阳光,出现在指挥部对面的山梁上时,屋顶上的积雪还没有融化。早晨的太阳慷慨地照耀着大别山的山山水水,阳光下万事万物都生机勃勃。太阳一点一点升高,远山一点一点清晰,这时,金寨县下楼房村的一间普通民房里,亮了一夜的松明火,在太阳爬上窗棂时,黯淡下去了。邓小平推门走出来,忙了一整夜的他,眼圈有点发黑,眉宇间透着疲倦。记得随后,我和他一起,来到结着冰花的小溪旁,用冬日大别山寒冷的溪水,洗了脸。

我们的邓政委,立刻就变得容光焕发。

那一刻的大别山,分外静默庄重,山山岭岭撒满了阳光。几万年风雨冲刷的山体,显露出青褐色的强健的筋骨,那里面深藏着的,是一代伟人的坚强么?

太阳不知什么时候收尽了余晖,图书馆要关门了。我收拾起面前的资料,发现了毛泽东在谈到千里跃进大别山时说的一段话:我们虽然提出了"打倒蒋介石,建立新中国"的口号,但是如果没有三军挺进中原,没有刘邓的千里跃进,我们的12月会议是不敢开的,这个口号我们也是不敢提的。我把这段话摘录下来。

回想起那段光辉的岁月,回想起战斗在大别山的日子,我感到深深的自豪。而我的生命中,也有什么东西,永远地留在了那片绵延不绝的大山中,让我不由自主地,一遍又一遍地回忆、追寻和怀想。

中央电视台(2004年)

烟雨桃花潭

陈所巨

桃花潭早在神往之中。每每由凝思进入幻境，将自己化成汪伦、李白，或岸上，或舟中，送人或被人送着，一样的难分难舍、别情依依。

真到桃花潭来了。一个暮春的雨天。雨是江南独有的，似雨似雾，丝丝缕缕；桃花潭也是江南独有的，在青弋江上，在蒙烟细雨和莽莽苍苍的历史之中。穿过水东翟村，出踏歌岸阁。面前是墨青色无声的青弋江，背后是青青的生满益母草的踏歌古岸。我知道，在另外的时空，在另外一个桃花盛开的暮春，李白立在船头，就是那种江南特有的小小的梭子船，他的眼睛里有一滴雨一样亮的泪水。汪伦在岸上，踏着江南特有的节奏，唱一首据说是很久很久以前就有的送别歌。在他们身边，江水悠悠地流淌，桃花灿烂地盛开，小雨牵肠挂肚地下着。李白再也忍不住了，那首《赠汪伦》的诗就顺口流出来，而且就那样平平仄仄、脍炙人口地流传千载。

不见有潭，只有联袂而来，一版墨青的江水，原来春夏水涨，将对岸那潭与青弋江连为一体了。桃花依然像古代那样地开着，在岸边，在水里，在那种烟雨迷蒙的意境之中，静静的濡染着生命的嫣红。我突然想起，江水和桃花和谐组合的桃花潭，似乎是在静静地等待着什么。是等待我呢，还是大唐的李白？

李白当时住在宣城，“相看两不厌，只有敬亭山”，觉得没有什么意思。但他忽然收到汪伦顺着青弋江漂来的书信。信曰：“先生好游乎？此地有十里桃花。先生好饮乎？此处有万家酒店。”就欣然溯江而来。到翟村一看，并不似信中所言。汪伦说他的信没错。离此十里有个桃花渡，岂非“十里桃花”？对岸的万村有家姓万的人开的酒店，莫不是“万家酒店”？李白大笑，不仅笑中国文字机巧无穷，也笑江南人的机智和诙谐。

细雨霏霏，如小猫舌头凉凉地舔着面颊。江水墨青地静，偶尔贴一朵无声的小旋涡。江南的蒙烟细雨最是缠缠绵绵地难以招架。那古意盎然的水村山廓和许多心绪，也都湿漉漉让人难以招架了罢！上游百米处，三两牧童骑在水牛背上，悠悠地由江水驮过江去，水面只剩一弯盘角的牛头和戴小斗笠的牧童的上半身。那情景，似在李可染水墨画中见过。歌声悦耳，牧歌呢，踏歌呢？

雨丝子密密的，漫天撒下轻丝罗帐。翟村、万村和不远处的魁星阁都成了淡淡的影了，那雨莫不真个就是江南的情，江南的韵？此时，汪伦和李白都隐进乳白色的厚厚的帘幕，只有那潮湿的渡船苍黑着，在原来的地方，静静地，静静地若有所思。

乘船渡过江,渡口叫万村渡。传说翟村曾与万村争渡口的名字。但万村人说,"桃花潭水深千尺。"千尺者,万寸(村)也。这又是一例江南人的机智和诙谐。上岸,于那一截老街中寻万家酒店,不见当日那酒垆,和飘摇招展的牙边小酒旗,就寻在细雨之中飘逸千年的诗酒气氛吧。酒能酣畅肝胆,亦可消解愁闷。在长安城大呼"天子呼来不上船,自称臣是酒中仙"的李白,在山水灵秀、春雨霏霏的江南,是不是依然那样狂醉?然而,此时的李白老矣,他胸中的激情,已经化作更多的忧郁,他的人生或许已经短缺了许多诗意的东西了。他是那样的认真、那样地感恩、那样地脚踏实地地感受着真实的人间烟火。所以他才真实地体味了桃花潭和汪伦对于他的比桃花潭水更深的真情。我总以为,青年李白与老年李白是迥然有异的两个人,就像迥然有异的石头和水。岁月太能改变一个人,而且是从外到里深刻的改变。有谁能风流倜傥一辈子?有谁能不像李白那样,在采石矶头,最终将黄铜古月和那条来自家乡的大江看透,看穿呢?我后来有一首题为《老年李白》诗中,就有这样的句子:"老年李白把石头都看穿了/看穿一切的诗人不叫诗人/叫诗仙……""李白乘舟将欲行,忽闻岸上踏歌声。桃花潭水深千尺,不及汪伦送我情。"桃花潭毕竟不比长安,人到老年的李白毕竟也不比年轻气盛的李白啊!

蒙蒙烟雨依然无声无息,无声无息地编织着暮春的江南。风有酒的气味,雨有酒的气味,青弋江有酒的气味,桃花潭那墨黑色嶙峋的崖岸有酒的气味。江水不倦地流,小旋涡似一朵朵水青色的小莲花,开在多少有些禅意的墨青色的江面上。似乎有一叶小舟,倏地滑进烟雨,滑进迷蒙中的别离,从古到今,由远而近,招招手、惜别古人,惜别那诗意的陈年旧事。逝者如斯,而烟雨中的桃花潭却留住了永远的小舟和在踏歌的节奏中濡润出生命嫣红的桃花。

是谁在吟咏那首古诗呢?我听见水面上有些声音,平平仄仄,殷殷切切……

中央电视台(2004年)

九寨·童话世界

远泰

在阿坝藏族羌族自治州的九寨沟县,有一处拥有世界自然遗产、世界生物圈保护区、绿色环球二十一世纪成员三项世界桂冠的九寨沟。

在这条长达几十公里的山谷之中,清丽流动的水打造出世界上绝无仅有的绚丽美景,演绎成人间仙境、童话世界的绝妙景观,以无与伦比的高雅气质、钟灵毓秀的绝尘风范,让人们向往、亲近。

山野间的涓涓细流被山峦、森林和草甸无数次地梳理，然后形成一股叮咚流淌的清泉，静静地流入这条长谷之中，形成数百个大大小小的高原湖泊，形成五色斑斓的水的奇观。

天鹅湖，在九寨沟右侧的最上端。四面耸立的山峰，把一池湖水轻轻地呵护着，裸露在旷野。每到候鸟北去或南飞的季节，总是喜欢在这里作短暂的停留，养精蓄锐，然后展翅远行。

熊猫海静卧于绿色的瀚海之中。在熊猫海周围的丛林里，生长着可供大熊猫食用的冷箭竹，因而，时常有人看见大熊猫出没于山野古道，或攀上树枝，或湖边饮水。

在深蓝色的湖水之中，不知道藏匿了多少令人意想不到的宝藏，或是晶莹剔透的水晶宫殿，或是雍容华贵的龙王皇城。传说中的这个海子，有犀牛常居水中，故而被人们称为犀牛海。

我们似乎从那一池清丽的湖水之中，看到一条弯弯曲曲的淡黄色祥龙游动于其间，龙须、龙爪、龙鳞都清晰可辨，在湖水的湛蓝之中，这条龙随波游动，鲜活可人。

经过一条林荫栈道，栈道边流动着一条彩色的小河，这是世界上流程最短、色彩最鲜艳，但让所有见到这条河的人们为之倾慕、兴奋的河，这就是著名的孔雀河。除了"以小迷人，以巧惊人"之外，这短促的小河水，在瞬间里描摹出一幅美丽的孔雀开屏图。作为"孔雀尾"的五花海，大胆而鲜明地将淡蓝、深蓝、翠绿、碧绿、杏黄、鹅黄铺展成一张扇形尾翎四处伸展。而那静卧于河流上的小木桥，宛若孔雀颈上朴实而清晰的项链。这大自然的神来之笔，牵引着人们的目光，震动着人们的心灵，冲击着人们的想象。鲜明的昭示还有谁不为之心动，为之倾慕，并愿为其终生厮守呢？

这些以动物命名的海子，是大自然赐给这块土地的神来之笔，也是生活在这里的人们，对九寨沟群湖的一种灵性的注释与恰当的昵称，是这里的人们对家园和谐共生的一种比喻，更是人们对自然之美的一种向往与追寻。

雨后的九寨沟，清晰透明，云蒸霞蔚。

火花海在阳光下，灵动的浪花翩翩起舞，五彩的枫叶飘落湖面，像千万盏橘灯，跳跃着金色的光芒，又像点点闪动的火焰，点燃满山的树语，点燃遍野的红杜鹃。在这片海拔2100米的开阔地带，生长着大片的芦苇，这些芦苇一改高大粗壮的长势，变得如此娇小玲珑，随风摇曳。在芦苇深处，一条宛若玉带的小河穿行而过，两种颜色在这里形成一种对比，一种默契。青山拥翠，树林滴绿，飘飘荡荡的箭竹，将身影倾倒于湖水之中，形成静如天籁的箭竹海。这些高山海子组合成以植物命名的湖群，以一种特有的表达，倾诉着它们的与众不同。

当人们领略了树正群海的纷呈演绎之后，那耸立于山谷之中的寨子，那处置在水边的磨房，浅架于水面上的踏桥，常年转动的经轮，不停飘动的经幡，又把人们带到了一种神圣而虔诚的世界之中。这时，一挂纤柔的瀑布映入视线，它隽永秀丽，透明如织，清纯明澈，高贵典雅。这就是树正瀑布。九寨沟，因为有了众多的海子而美丽，它把宁静之美以特有的方式完美地表达着；九寨沟，因为有了瀑布而雄浑，横跨300多米，垂落24米的诺日朗瀑布，展现给人们大气磅礴、雄浑遒劲的辉煌气势，这是九寨沟最大的高山钙化瀑布。横落的水像千串雨帘，万颗珍珠，掉入深潭，掷地有声，轰然鸣响。每到冬季，流动的飞瀑凝固成一根根冰清玉洁的冰柱，把诺日朗妆扮成一个硕大的竖琴，弹奏出关于童话世界的美妙乐章，一次次润泽着冬的思绪，又一次次滋养着这片圣洁的土地；九寨沟，因为有了森林而四季景色迥然不同。春的清丽，夏的庄重，秋的华美，冬的高洁，无不让人激情涌动。

珍珠滩的美，是动与静的结合而产生的美。一湖丽水，经过丛林的精湛修饰，便在这宽大的钙化滩上舒展靓丽的胴体,忽聚忽散,忽疾忽缓,激荡成朵朵水花,滚动成颗颗珍珠,簇拥着,飘然而来,拂袖而去,把九寨沟的美幻化成另一种表达,倾诉给人们。

如果说,珍珠滩瀑布聚结了树正瀑布的灵秀之美、诺日朗瀑布的粗犷之美,那么,被称为镜海的湖泊,就汇集了九寨沟自然之美、宁静之美的全部,它将雪山、绿树、碧空、白云、飞鸟、游鱼尽纳于海子之中,勾画出一幅梦幻天堂的绝妙意境。平如明镜,月落湖面,冷艳凄美,空灵寂静。而站在长海边那苍凉的古柏下,远眺烟波四起的长海,苍山巍巍,雪峰皑皑,以其宏大的气势在山谷中铺展,尽显出宁静沉稳、博大飘逸的王者风范。

阳光下的九寨沟,自然流畅,浑然天成。

如果说九寨沟把一盘自然之美的丰盛大餐呈现给人们,那么,在九寨沟县的嫩恩桑措风景区,则是将一块迷人的微缩景观奉献给你。穿过长长的竹林,一眼望见壮阔的金银滩,依山而上,奇形怪状的熔岩为人们雕塑出许多造型,层层叠叠的钙化莲台彩池斟满圣水。迷人的景致,神奇的传说,才让人们真实地理解什么是流连忘返,什么是人间天堂。

九寨沟的美,是一种大然的美;九寨沟的美,是一种精巧的美;九寨沟的美,是一种灵动的美;九寨沟的美,握笔难吟,秉烛难书。

对于九寨沟,人们不会失去记忆。因为,这里唤醒了人们对大自然的珍爱,唤醒了人们对大自然的亲昵、敬重与怀想。

让我们飞翔蓝天,依循古道,重返九寨沟,重温童话,回到这个让人们魂牵梦绕的家园,回到这个美丽的童话世界。

中央电视台(2004 年)

黄龙·人间瑶池

远泰

在世界屋脊的青藏高原东南缘,在岷山山脉的褶皱地带,我们寻觅到一处被世人称为“人间瑶池”的圣洁土地——黄龙寺。那雄伟的雪峰,浩瀚的森林;那缤纷的彩池,神秘的溶洞,千姿百态的钟乳石;那飘动的经幡,庄严的古寺,醉人的山歌,剽悍的马帮,构成黄龙寺让人亢奋、激动,令人沉思、遐想的绝妙意境,长久涤荡震撼着人们的心灵。

沿着蜿蜒的公路前行,我们看到了黄龙寺俊俏的美貌,我们听到了三千多彩池发出轻盈的呼吸。

当双脚接触到这块土地，连绵的雪峰就成了我们亲密的朋友，参差错落的绿树就是我们相依的伙伴，陪伴着我们步入清丽的世界。

当地的老百姓把黄龙寺叫做“色尔措”。“措”是藏语湖的意思，“色尔”藏语称作金色，因此，黄龙寺又叫金色的湖。黄龙寺美丽的景观是如何得来的，传说很多。一种说法，岷山主峰雪宝顶是藏民族原生宗教本教的圣山，那些流光溢彩、五彩缤纷的池子是人们奉献给圣山的供品。另一种说法，是大禹治水，一条黄龙替大禹作舟船，帮助大禹疏导江河，后来，黄龙在这方山水间修道成仙。这些传说并不重要，重要的是这片山水留给人世间绝无仅有的美丽极致，让人亲近、观瞻、礼拜。

而黄龙寺景区存留至今的真正原因，还得归功于大自然的神奇造化。在黄龙风景区的周围，随处可以找到石灰岩密匝的分布，石灰岩被水溶蚀之后，形成沉积地貌，加之黄龙寺植被缜密，生态良好，日照时间充足，气温偏低，促使形成了地表大量钙化堆积物。千万年的演绎、变迁，千万年的漩集、堆砌，千万年的侵蚀、涤洗，形成了今天人们为之惊叹的喀斯特地貌，形成了涌入今天人们视线呈梯度上升的黄龙佳境。

要深入黄龙寺风景区，触及黄龙寺风景区的灵魂，不得不接受迎宾彩池的温柔洗礼。数百个大大小小的彩池组成一列迎宾方阵，铺陈在我们的面前，不同色彩的群池，美轮美奂，折服人的心灵，让人兴奋而颤动。微风吹来，流水叮咚，池水轻荡涟漪，池边松柏起舞，礼仪而不张狂，华美而不铺张，迎接着八方来客。

一抬头，一挂银练当空舞动，轻盈飘逸。流动的水，把宁静的大山摇醒，给倦意的人们惊奇，这就是洗身洞瀑布。瀑流轰然下落，阳刚四溢，四溅的水沫，在阳光下形成道道虹霓，恍如梦幻仙境。置身其中，飘飞的水滴轻扬于须眉之间，可谓“仙烟紫气随兴来”。藏匿于瀑帘中的洗身洞，若隐若现。曾在这里修炼的达拉门巴高僧，似乎还在洞中打坐念佛。

沿栈道而上，眼前是一片金黄色的钙化滩，扬扬洒洒，铺天而来，百余米宽，千余米长，壮阔地铺洒在青山拥翠、绿树扬彩的山野间，高雅华贵，气势磅礴。“金沙铺地千层碧水走黄龙”，眼睛里充溢着金黄，心灵中飘动着金黄，思绪里埋藏着金黄，血管里流淌着金黄。此时的水在金黄的色彩上变得薄如蝉翅，轻如烟岚，平静而随意，清丽而自然。这世界上独特的喀斯特地貌景观因为水的存在，方显得别具情趣。水，在这块土地上演绎出人间的灵动与生机。水，飘动成梦幻般的烟云，流淌成掷地有声的彩链，凝固成玲珑剔透的季节，挥洒成坦坦荡荡的壮阔。俯帖大地，倾听涓涓细流弹奏出的空山鸟语；仰首眺望，流瀑飞泻带给世间的经天纬地。俯仰之间，让人感受到黄龙独特地貌与水的思想。动静之间，让人领略到这一方圣地留给人的神秘与久远。

黄龙洞下的水，或漫不经心地凝聚，或丝帘般地垂落，或琴弦般的晃动，或乳汁般的涌流。点点成趣，丝丝流情。正是这秀色可餐的水，千回百次地浇注、滴落，使得黄龙洞内参差错落的钟乳石千奇百怪，像玉笋顶埂，像利剑出鞘，像猛兽，像飞禽，有的如少女沉思，有的如佛祖落尘。这像与不像之间，便留给人们许多想象的空间。

离开黄龙景区，一条白如银帘的山溪把我们带到美丽的丹云峡景区。如果说黄龙风景区给了我们一顿丰盛的旅游大餐，那么，在丹云峡却让我们领略到云生风来、诗画相融、茶马古道的绝妙感受。

在丹云峡中，云从树梢间丝丝缕缕的飘逸，在山腰间汇聚成云团，无声地滚动于山岩之上，远远望去,好一幅神来的天然水墨画,隽永秀丽。在秋天,遍野彩林,在云的青纱中时隐时现,丹青彩笔难以描摹出这大气磅礴的雄浑场景。在云的深处,一条小小山道蜿蜒而去,那就是著名的龙安古道。在溪水远去时,仿佛还能听到清脆的马铃声,在旷野间、丛林里响动。这是岁月留给后人的历史痕迹,抚摸着历史的脚迹,似乎对这块神奇土地更增添了几分感悟。因为,这轻曼的世界让凡俗的人们重新找到了自己的灵魂居所。

牟尼沟扎卡瀑布,静卧于这荒野古道,注视着日出日落,风起云涌,冬去春来。固守着流逝的岁月和沧桑的变迁。

在黄龙自然风景区的拱卫之中,有一处无人不知的人文景观。它就是被称为中国最大的红军长征纪念碑碑园。早在20世纪30年代,一支被称作红军的队伍,从江西瑞金开始了震惊世界的二万五千里长征,他们在阿坝这块土地上经历了自长征以来最艰苦、最漫长、最危险但又最辉煌的战斗历程,历时16个月之久。这支军队,以超人的胆略,顽强的毅力,钢铁般的意志走遍了阿坝大地,将革命的火种播撒在这块土地上,与阿坝各族人民结下了鱼水情谊,用鲜血与生命谱写了一曲革命英雄主义的鸿篇巨制,把一个伟大的政权推向新中国的首都——北京。

1989年,纪念碑园在被称为元宝山的黄龙风景区建成。金碑耸立,气势宏伟,群雕生动,寓意深远。

站在牧草丰茂的草原,遥望白雪覆盖的雪山,那就是被这里的藏民称为神山的雪宝顶,这就是岷山山脉的主峰,也是岷江的发祥地,那终年不化的积雪,像一条巨大的洁白哈达,被这岷山主峰擎立在蔚蓝的天空中,雄伟而壮观。

有山便有水,有水才养人。因为水滋养着这块神奇的土地,因为水才哺育了这里勤劳的人们,他们亮丽的歌喉才能唱出如此动情的歌声,他们雄浑的锅庄才能跳得如此激情奔放。

黄龙风景区,捧一捧圣水,你能感到它的圣洁,抓一把清风,你能感到它的典雅。

黄龙,你是一部神秘的诗书,百读不厌;你的意境和灵性绝唱千古。

中央电视台(2004年)

东方圣山

远泰

在青藏高原与川西北平原交接处,有一片被称作“彩云故里”的胜地,这就是阿坝藏族羌族自治州。

悠悠阿坝，巍巍高原。在这片集灵山秀水于一身、蕴神秘文化于一体的神奇大地上，隆起了磅礴而又蜿蜒的邛崃山脉，它用身躯营造着一块神秘、梦幻般的清纯世界，这就是“蜀山皇后”——四姑娘山。

四姑娘山风景区距成都仅有两百公里，是一处景观奇特、风光绮丽、生态原始、别具情韵的风景区，被誉为“东方的阿尔卑斯山”。

山是四姑娘山的灵魂，水是四姑娘山的生命，树是四姑娘山的精华，而留存在这里的民族风情，则是景区里芳香浓郁的美酒。有人说，四姑娘山风景区是生长在传说中的风景，只要你涉足这一块土地，那些山水树木、风物奇观都会带给你惊心动魄、美妙无比的传说。四姑娘山景区的魅力来自天然，来自它的粗犷和雄奇，散发着一种野性和坦荡的美。

穿越长长的原始森林，一座雄伟的大山横亘在我们面前，这就是巴朗山。站立山巅，深涧大壑之中，弥漫着白云。清人曹三选曾咏道：“立马秋风绝顶山，千岩万壑拥斑斓。劈开云雾依辰极，身在青霄紫气间。”

四姑娘山有女性的柔美，远眺四姑娘山，璧玉裹身，银光闪烁，白云像一条洁白的哈达绕于胸间，又像翩翩起舞的藏家少女，沉静、飘逸。四姑娘山有阳刚的美，巍然耸峙在川西北平原的西北部。主峰顶部终年积雪，西部是川西北高原地貌景观，有现代冰川和保存完好的古代冰川遗迹，东面是典型的高山峡谷地貌，风光秀丽。

金鸡岭位于四姑娘山景区的长坪沟上游。当你抬头望去，只见一鸡冠状的山峰耸入云层。传说这座山峰是四姑娘家的一只鸡变成，有人说，大凡前世得人的恩典，来生都要感谢人们给它的恩情，是什么原因，使这只鸡死而无憾地追随它的主人呢？除了回报主人的养育之恩外，还有姑娘们舍生取义，荫泽后世的精神所感召吧。

五色山是四姑娘山景区中最具代表性的山。远眺五色山，像半轮刚刚升起的下弦月，冰雪覆盖在上面，仿佛青辉闪动，又像是一根千年古树桩，那圈圈年轮，记载着多少岁月的沧桑和世间的演变。走近一看，五色山巨大的山体镶嵌着赤、黄、青、蓝、白五色组成的巨大半圆弧岩层，色彩排列极为规则。春天积雪覆盖，隐约可见轮廓；夏季白雪融化，峭岩裸出，阳光照在上面，反射出五道淡淡的光晕，像一道美丽的彩虹，突现在湛蓝的天空，如少女胸前悬挂着的五颜六色的珊瑚玛瑙，如古代战将紧握的月牙书戟。

每一座山都显露着独有的灵性，每一座峰峦都书写着一段夺人心魄的华章，让世人亲昵、敬畏、顶礼膜拜。山高谷深，小河奔流，就这样掩映着这些远离尘世的神奇的山。

人们在告别了城市的喧嚣、拥塞与杂沓时，这里的阳光、空气、云雾和溪水都能构成一种风景，一杯洗涤风尘的甘霖，给人一种自然本朴的魅力，为世人营造着一种生命的真实。

水是万物生命之源。走近海子沟，看见那些美丽平静的海子，千层碧波，万点晶莹。湖水清澈见底，鱼在水中自由地呼吸，鹰在天空自在地飞翔。这里，是赞拉河的发源地，清清细流，汇聚在这里，哺育着万物众生。

西尔仓梅朵措，是景区内一处很有特色的海子，汉语的意思为花海子。不同钙化质使湖泊在阳光的折射中，五彩纷呈，流光溢彩。而湖泊周围那些圆润的石头，形成一条长长的红石河，远远望去，如珍珠撒落，樱桃铺地。

这里的一草一木都来自天然，这里的山水和树木都带有母性的宽爱和父性的雄劲，为人们营造出一种阳刚与阴柔的美。面对千里万里的原始森林，体味它的远古和苍凉，踏上长满青苔的土地，拂开垂挂树枝上的松萝，跨过横七竖八的树干，走过飘动松涛音乐的幽道，体会原始，感受神秘。

走进柏林，那挺拔高大密密匝匝的树冠，交错攀附，遮天蔽日，让人分辨不清是阳光当头，还是夕阳西沉。如果此时，有山野的风吹过，古柏就会发出庄重的轰鸣声，浑然无我。这些站立两边的古柏距今有千百年的历史，走在这绿色的瀚海之中，欣赏生机盎然的生命之树，体味清新自然的芬芳，人与自然是如此的贴近并融为一体。

四姑娘山风景区，山水树人，造就了四姑娘山的千年奇绝，万古山魂。大到连绵起伏的群山，构成中心突出的交响乐，小到一草一木，构成思想鲜明的水墨画。正是因为山的存在，这片土地被赋予了神秘的圣洁。因为这圣洁与神秘，吸引了红尘中芸芸众生虔诚地顶礼膜拜。

中央电视台(2004 年)

电视文学节目 2005 年

毕业了

姚雪

第一章： 流金岁月

毕业，就像一个大大的句号，从此，我们告别了一段纯真的青春，一段年少轻狂的岁月，一个充满幻想的时代……

毕业前的这些日子，时间过的好像流沙，看起来漫长，却无时无刻不在逝去；想挽留，一伸手，有限的时光却在指间悄然溜走，毕业答辩，散伙席筵，举手话别，各奔东西……一切似乎都预想的到，一切又走的太过无奈。

每一天，我们都会有意无意地再逛逛校园，看一看它今天的样子，想一想四年前它如何迎来稚气未脱的我们。走了四年，似乎又走回到了起点。突然觉得，四年的同窗、身边的朋友，比想象中要和善、可爱得多！星光下的夜晚，每一个都温柔如风。

再看一看吧……

那赫然相对的男生楼，就在去年的这个时候，还曾经硝烟四起；

窗外的晾衣绳，飘荡着不知哪个宿舍落下来的白衬衫；

插着爱护花草牌子的草坪，记不清什么时候已经被抄近路打水的兄弟们踩出了一条小路；

路旁的女生楼，对男生来说，几乎成为永远的禁区；

综合楼自习室的门还开着么，考研时鏖战过几个月的那个屋子，如今应该没有什么人了吧，一直对那段埋头苦读的日子心存感激，不论结果如何，它让我收获了很多……

一幕幕的场景就像一张张绚烂的剪贴画，串连成一部即将谢幕的电影，播放着我们的快乐和忧伤，记录着我们的青春和过往，也见证着我们的友谊和爱情！

来到这片校园之前，想象大学生活是白色的。因为象牙塔是白色的，整个生活就好像它折射的光：纯净而自由。

大一的时候，觉得生活是橙色的。太多新生活扑面而来，新鲜而灿烂，热情而紧张。橙色的记忆里，有第一次见到知名教授的激动，第一次加入社团的好奇，第一次考试的紧张……

大二的时候,生活是绿色的,青春拔节生长,旺盛得像正在生长的树,梦想也一点点接近现实。跟老师讨论问题时,看见他脸上满意的微笑;跟老外对话时,给自己打了个满意的分数;开始熟悉校园里任何一处美食,也常常在BBS上待到很晚……

大三的时候,生活变成蓝色。我们冷静了下来,明白自己离未来究竟有多远,并要为此做出选择:出国,考研,还是工作。所有与这个决定相关联的一切都可能会变化,包括我们的爱情,那还年轻没经历过风雨的爱情。

大四的生活,像有一层薄薄的灰色。在各种选择里彷徨,每一个人都忙忙碌碌,一切仿佛像一首没写完的诗,匆匆开始就要匆匆告别。

但那灰色里,却有记忆闪闪发亮。那些彩色的岁月,凝成水晶,在忙碌的日子里,它们是我们的资本,也是我们的慰藉。

七月,我们和去年学长毕业时一样,把行李装好了箱,一点点往外运,整个宿舍楼就这样在几天之内变回空楼,变成一个无限伤感的符号。记忆也同时从校园离开,收藏进内心的匣子,那是我们的流金岁月,也是我们的宝藏。

未来就像天空中一朵飘忽不定的云彩,而我们,从毕业这一天起,便开始了漫长的追逐云彩的旅程。明天是美好的,路途却可能是崎岖的,但无论如何,我们都有一份弥足珍贵的回忆,一种割舍不掉的友情,一段终生难忘的经历。

第二章:梦开始的地方

大胖拿到去美国签证的那一天,是他两个月以来最开心的一天。

他是我最好的朋友之一。我们四个兄弟,也是同一间屋子的室友。老大学计算机,网名大胖;老二是帅哥瘦猴,每次聚会总是吸引不少女生的目光;小高在我们四个中排行老三,但是最高,学中文,爱写散文,话不多,但有哲理的话总是从他那里冒出来。我像是个毫无特色的人,除了喜欢做实验。

大一时我还什么都不懂,老大已经开始忙着买红宝书。他书架上有厚厚的英文字典,贴着一行字:四年后,美国,我会在那里。他是我们中最明白自己目标的人。其他的人,多半和我一样,懵懵懂懂地开始上课,做实验,写论文。仿佛还像高中生一样,习惯每天时间被安排得满满当当,一旦没有人管,就好像少了些什么。

我们很认真地聊过理想这回事。大胖说,他想当科学家。我们就笑,说十年以前每个人在作文里,大概都写:我的理想,是长大了当一个科学家。"要不然就是老师。"瘦猴抢着说,"那时候,觉得老师是最大的,将来如果能当老师,一定很威风神气,没有小朋友敢欺负。"

我童年时也梦想过当科学家和老师,高中的时候选了理科,因为喜欢做实验的感觉。那种感觉,好像事情的每一步,你都看得见,都能掌控,而且,错了还可以重来。生活若是能像试管那样透明就好了,可惜不然,许多时候,我们无法控制生活,所以愈加喜欢在实验室的生活,单纯沉静。

开始找工作的时候,瘦猴望着自己的个人简历叹气。跟别人相比,他的实践经历很少,或许因为太多时间给了爱情。不过,他依然是个优秀的男孩,所以在层层面试之后去了一家不错的网络公司，或许跟我们一起泡 BBS 的时光帮了他不少忙。

小高最后选择了我们童年梦想过的职业。他要去当老师，而且，不是在繁华的都市，也没有可观的工资。他申请去了青海，那儿有个全国志愿者的支教项目。他说自己是从农村来的，知道山里的孩子会有多渴望知道外面的世界。

我早早地保送了本校的研究生，少了申请出国的辛苦，少了找工作的忙碌，少了选择的彷徨，也少了很多刻骨铭心的回忆。

大胖是我们四个兄弟中最后一个有着落的。庆祝他签证成功的晚宴上，我们终于可以痛快地怀念四年的生活，怀念每一次喝醉，甚至每一次争吵。自进入七月以来，我第一次感到鼻子酸酸的……

真的不想说再见，但是，2005 年盛夏的这一天，我们真的，真的，要毕业了……

第三章：朋友别哭

七月，盛夏，银杏还是青翠的绿色，而心疼已经渐渐弥漫开去。

最后一堂课，是和老师告别；考完最后一场试，是和学业告别；通过毕业论文答辩，是和学生生涯告别。然后，知道一个一个朋友离去的日期，开始一场场告别，告别朋友，告别同窗，告别四年已经习惯的许多生活。

已经习惯了宿舍的生活，习惯了晚上的卧谈会，习惯了下雨时有人把衣服一起收进来，偶尔逃课的时候会有人代答到，吃饭时尝两口别人的菜，几个人用同样的钥匙，打开同一扇门。

离别的日子将近，学校周围的饭馆总是挤得满满的。所有的朋友在那里举杯，为过去的日子和情感，为将来的分别和感伤。

还记得入学第一天我们的自我介绍么？

还记得我们的新生杯篮球赛么？

还记得我们一起买了电脑，没日没夜地反恐，星际么？

还记得“小花”的梦话，“疯子”的鼾声么？

还记得我们一起逛街，一起喝酒，一起聊天，一起唱歌么？

那些荒唐的，搞笑的，忧郁的，飞扬的，愤怒的，喜悦的，无比快乐的时光一去不返，而那种放肆的幸福我想以后也不会再有了。我会用心记住你们每个人的样子，记得那青春的容颜，因为那里有我生命中最美好的回忆和永恒的怀念。

再见了，宿舍里的野人们，我们待过的这个屋子，即将成为我们的历史。而一切的回忆也会随着岁月的流逝变成脑海里泛黄的书签。下一站，不知道还会有什么样风景。突然想到一首诗的开头：“在向你挥舞的各色花帕中/是谁的手突然收回/紧紧捂住自己的眼睛……”

对着空无一人的宿舍说了一声：“拜拜，我走了。”我轻轻掩上门，在夜色降临以前，告别了我四年的大学生活，离开了这一片留下我青春与热血的土地。

第四章：别了，大学

今天是毕业生离校的最后一天。在这两天里，其他三个姐妹已经陆续搬走了。如今的宿舍空荡凌乱，大家带不走或不愿带走的东西，都横七竖八地躺在地上。我打开灯，开始最后的整理。

大一潦草的笔记，大二组织活动剩下的稿件，大三没吃完的药，大四考研复习的资料。纸片上的电话已经不记得是谁的了，一堆英语书好像都没有看过……看着看着，我竟不知不觉落下泪来，只有我才能理解每一笔每一画里包含的意义。还是留下了很多东西没有拿走，可更多更重要的东西不也永远地留在了这里了吗？不论是我带走的还是留下的，都是我大学四年最真实的写照。

最后环视一下空荡的宿舍。那只小猪靠垫实在塞不进箱子了，只能留在那里。那口锅也没有带走，而未来想必也不会再煮出当时的好味道了。手里的东西都已经满了，这些就都当作留念，留在这里吧。

依依不舍地关了灯。那一刹那，心里迅速划过一阵尖利的痛，想起四个字——青春散场。四年以前，我拎着简单的行李来到这里，而今天，我重新拎起新的行李，将要开始下一站的生活。

像这四年里的每一天一样，我沿着再熟悉不过的路线走出公寓的大门，不过当我的脚步跨出门槛的一刹那，我将不再是这里的一员。

这一次，我不是去买盒饭，去附近的网吧上网，去校外的小店闲逛，或者是睡眼惺忪地跑去上课。这一次，我会很郑重地对这个留下我四年青春的地方说一声——再见！

再见了，我的宿舍，
再见了，我的兄弟，
再见了，我的青春，
再见，我的大学。

青春散场，我们等待下一场开幕。等待我们在前面的旅途里，迎着阳光，勇敢地飞向心里的梦想；等待我们在前面的故事里，就着星光，回忆这生命中最美好的四年，盛开过的花……

中央电视台（2005 年 8 月 6 日 –15 日）

春节特辑《白色·绿色·蓝色》

第一章 白色

《我沿着初雪漫步》

［俄］ 叶赛宁

我沿着初雪漫步，
心中的力量勃发像怒放的铃兰，
在我的道路上空，夜晚
把蓝色小蜡烛般的星星点燃。
我不知道那是光明还是黑暗？
密林中是风在唱还是公鸡在啼？
也许田野上并不是冬天，
而是许多天鹅落到了草地。
啊，白色的镜面的大地，你多美！
微微的寒意使我血液沸腾！
多么想让我那炽热的身体，
去紧贴白桦袒露的胸襟。
啊，森林的郁郁葱葱的浑浊！
啊，白雪覆盖的原野的惬意！
多想在柳树的枝杈上，
也嫁接上我的两只手臂。

《雪花的快乐》

徐志摩

假如我是一朵雪花
翩翩的在半空里潇洒
我一定认清我的方向——

飞扬飞扬飞扬——
这地面上有我的方向
不去那冷漠的幽谷
不去那凄清的山麓
也不上荒街去惆怅

飞扬飞扬飞扬——
你看　我有我的方向
在半空里娟娟的飞舞
认明了那清幽的去处
等着她来花园里探望——

飞扬飞扬飞扬——
啊　她身上有朱砂梅的清香
那时我凭借我的身轻
盈盈的　粘住了她的衣襟
贴近她柔波似的心胸——
消融　消溶　消融——
溶入了她柔波似的心胸

第二章　绿色

《春》(节选)

朱自清

盼望着，盼望着，东风来了，春天的脚步近了。

一切都像刚睡醒的样子，欣欣然张开了眼。山朗润起来了，水长起来了，太阳的脸红起来了。

小草偷偷地从土里钻出来，嫩嫩的，绿绿的。园子里，田野里，瞧去，一大片一大片满是的。坐着，躺着，打两个滚，踢几脚球，赛几趟跑，捉几回迷藏。风轻悄悄的，草绵软软的。

桃树、杏树、梨树，你不让我，我不让你，都开满了花赶趟儿。红的像火，粉的像霞，白的像雪。花里带着甜味，闭了眼，树上仿佛已经满是桃儿、杏儿、梨儿！花下成千成百的蜜蜂嗡嗡地闹着，大小的蝴蝶飞来飞去。野花遍地是：杂样儿，有名字的，没名字的，散在草丛里，像眼睛，像星星，还眨呀眨的。

春天像刚落地的娃娃，从头到脚都是新的，它生长着。

春天像小姑娘，花枝招展的，笑着，走着。

春天像健壮的青年，有铁一般的胳膊和腰脚，他领着我们上前去。

第三章　蓝色

《蓝色的平静》

李钢

（一）
爱情是蓝色的
蓝色是忧郁的
忧郁是爱情的
一些水手
在梦想中失踪
一些梦想
从睡眠中逃逸
剩下的只是失眠
失眠者
用耳朵看见很多事情
看见
歌曲不是为嘴而谱写
心脏不是为生命而跳动
看见
鱼群游弋在火中
太阳升起在子夜
哲人说
那些仅是幻觉
而幻觉证实
哲人是不存在的
路标
从不为流浪人指向
灵感
从不为诗人而生
如果植物破土而出
它只为生长而生长
如果一个少女在树林中哭泣
她仅仅为哭泣而哭泣
因此
所有的夜行者

都不相信街灯
所有的灵魂
都不相信躯体
只有牝鹿
相信弓箭为它而举
只有公主
相信马车为她而来
只有逝者
相信陨星为他而落
只有那些失踪的水手
相信大海是蓝色的
爱情也是蓝色的
所有蓝色是忧郁的
忧郁是爱情的

（二）
我愿像平静的海洋
啊　爱人
我愿像平静的海洋
袒露在你面前
深邃而透明
让你看见
我欲望的鱼群
在生命的水草中
不安地游动
而你就是太阳
照亮我
摇动我灵魂的波动
为你起伏
为你碧绿或湛蓝
我吞下你全部的热情
在每一个黄昏
我也会倾吐你
如倾吐神圣的颂歌
在每一个早晨

《帆》

[俄]莱蒙托夫

在那大海上淡蓝色的云雾里，
有一片孤帆儿在闪耀着白光！……
它寻求什么，在遥远的异地？
它抛下什么，在可爱的故乡？……
波涛在汹涌——海风在呼啸，
桅杆弓起了腰在轧轧地作响……
唉！它不是在寻求什么幸福，
也不是逃避幸福而奔向他方！
下面是比蓝天还清澄的碧波，
上面是金黄色灿烂的阳光……
而它，不安的，在祈求风暴，
仿佛在风暴中才有着安详！

中央电视台(2005 年)

《荒原眷恋·可可西里》系列

《荒原眷恋·可可西里》(上篇)

电视诗歌《荒原眷恋》

马海轶

你不曾长眠，而将自己溶入生命礼赞的精美华章
你不曾消失，而将自己渗入人间真情的深切眷恋
是什么阻断了你归来的路径
是什么冰封了你思念的春天
那夜，寒冷的可可西里大风又起

那夜,大风的可可西里冰雪飘飞
风中,你选择洪荒的可可西里
你最后一次遥望故乡
故乡美丽的山水渐渐远去
风中,你走进喧嚣的大江源头
你最后一次呼唤母亲
母亲亲切的面容渐渐模糊
风中,你走向冷峻的世界屋脊
你越来越远的身影
是一团渐渐熄灭的青春的火焰
从此——
每一缕风中都有亲人永远的等待
每一丝寒冷都有亲人尖锐的疼痛
可可西里就是所有的等待和疼痛
今夜,高原无风,大地沉静
大风过后,是水,是绿色,是春天
与这些温暖的词汇并列的还有
你的决心,梦想和义无反顾的步履
于是——
我读到了更加雄阔的境界
我看到了更加清澈的流淌
我听到了更加悠远的回声
另一个春天就要到来
一群一群羚羊将簇拥一座一座山岗
一朵一朵浪花将濯亮一片一片荒原
这些,都是你愿意看到的景象
那时,你将在清洁的高原上醒来
另一个春天必将到来
我将以你的名义,驱逐躲在冰原上的杀戮
我将以你的圣洁,擦去粘在生活中的污迹
这些,都是你愿意看到的景象
那时,你将在温暖的阳光下回到我们中间
从此,你不再寂寞,千万双眼睛陪伴着你
笑迎另一个春天款步走来
此刻,我让轻柔的风转告
曾在可可西里疾走的身躯
不再是伤痛,而是永远燃烧的火焰
此刻,我让流动的水转告

曾在荒原深处呼号的身影
不再是绝望,而是勇敢精神的底色
在这个春天
死亡到永生之间的鸿沟
不再由遗忘和悲伤填平
在这个春天
故乡到可可西里漫长的道路
将以你永不妥协的信念命名
你不曾长眠,而将自己溶入生命礼赞的精美华章
你不曾消失,而将自己渗入人间真情的深切眷恋
绿色不死,因为有你的理想和信念
春天不死,因为有你的生命作证
片片绿叶即将簇拥座座城市
人们以你的名义拣起人间的枯枝败叶
于是你将在纯洁的高原上苏醒
朵朵花蕾即将绽放座座村庄
人们以你的名义擦去生活中的污泥浊水
于是你将在温暖的阳光下归来
现在,大风止息,河流解冻,万物复苏
可可西里不再是一种担忧不再是一种伤痛
你用永远的信念和生命命名的吉祥之翅
已经飞临我们的万里晴空

《荒原眷恋·可可西里》(中篇)

·可可西里志愿者杨震专访
·可可西里志愿者刘红卫专访
·可可西里志愿者严小华专访
·可可西里志愿者李霞专访

晨曦初露,藏羚羊欢快奔跑的脚步,踩着第一缕阳光,唤醒了这片远离尘世而又充满故事的土地。可可西里是一个封闭式的自然保护区,有人说,里面只有两种人,一种是盗猎者,一种是反盗猎者。

在生存条件极其恶劣的荒原中,一种人为卑鄙的私利而冒险,另一种人,则为了高贵的信仰而执著,来到与危险和死亡擦肩的这里。

他们,就是可可西里自然保护区的志愿者们。

志愿者们说,可可西里,如果你要是去的话,五月份是正合适的,虽然那冷,但毕竟你能凿冰化雪,能吃到水。

现在正是五月,祖国的大江南北,正是桃红柳绿,百花鲜妍的季节。然而凿冰化雪,能吃到水,就足以让这些志愿者们感到满足。对于可可西里来说,这些人都是陌生人,他们都是从祖国各地遥遥而来,他们之前只是从电视上、报纸上或是书上读到过可可西里的名字。然而,他们却愿意放弃记忆里那些温暖富裕的日子,来这里凿冰化雪,与寂寞为伴。

在可可西里不断上演着的盗猎与反盗猎的故事,使这片最大的无人区,时时充满着悲壮的情感撞击。

那悲壮,对于亲身经历过的人而言,便成了一种嵌入生命的悲壮。这悲壮使得这些志愿者们,反而更加深沉地爱着这片土地,爱着这片寂寞的荒原,爱着这片战友们洒下过鲜血的地方。

"舍去生命中的一个月,换来可可西里永远的和平,永远的安宁。"

这句志愿者的誓言,让人落泪。

许多志愿者都这样告诉我们,这样的日子,不止是艰难,不止是磨炼,不止是和人类生存极限挑战,也不止是和盗猎者斗争。在这里,他们读到了更多关于生命的启示。

对他们来说,当现实的艰险不断磨砺着生命时,心灵,也会变得和那里的天空一样高远而圣洁。

《荒原眷恋·可可西里》(下篇)

·《可可西里》达瓦扮演者阿旺访谈

·《可可西里》刘栋扮演者亓亮访谈

·可可西里保护区管理局才嘎局长访谈

2003年,青年导演陆川带着摄制组深入我国最大的无人区,拍摄了电影《可可西里》,给许多不熟悉那里的人们,带来了最直逼心灵的震撼。而片中保卫藏羚羊的英雄日泰,便是以索南达杰为原型的。

电影中,发生在可可西里的是一个残酷的战争,一场见证生命和信仰的较量。而拍摄这部片子的过程,也像是一场战争,一场和自然恶劣条件的战争,一场涤荡心灵的战争。《可可西里》的导演陆川说:"可可西里的故事难以诉说,只有真正走过的人才能体会。"这句话听起来是那么熟悉,因为几乎每一个从可可西里走出来的人,都会这么说。大部分的人也许永远都不会有机会亲近可可西里这片神秘的土地,但正因为有了索南达杰的牺牲、一代一代巡山队员的奉献、有了无数志愿者的投入、有了电影《可可西里》,我们的心正离它越来越近。

中央电视台、青海电视台(2005年5月14日至30日)

托起草原

潘岳

天下最美的草原在呼伦贝尔，得名于自天而降的两泓清水，呼伦湖与贝尔湖，浇灌哺育着40万平方公里的黑土地。

草原青青在夏季。一场新雨，跟着一阵微风，青草婆娑起来，忽摆忽动，忽俯忽仰，歌态轻柔，舞姿妙曼，层层碧浪卷向天边，使整个世界变得芬芳。朵朵白云似簇簇玉莲，凝结在半空一动不动，阳光拂来，将绿野戳点得深一块，浅一块，而无论深浅，永远是本色。一群群棕色的马、黑色的牛、白色的羊，如同一堆堆撒落在巨大绿毯上的黑白珍珠，使人不忍拾起，反倒走过去，尽可能近些，去倾听最原始质朴的语言。这里水量充足，除了牧场，还有大片的沼泽，上面勃勃生长着丛丛灌木，碧森森、翠茸茸，一直伸向层层远山。蒙古人为何爱摔跤？置身于诗画般的草野里，我也想一不留神摔几个跤，再向前滚几米，让身子沾上洁净的露水。

草原的林，特别的珍贵。世上草原分为森林、草甸、典型、荒漠四个等级，森林草原最高。草原人告诉我，草原有森林，如同沙漠中有了水，在他们心中，是一种依靠，是一种力量，每当压力陡升时，他们就会想起身后的林。呼伦贝尔莫尔道嘎的林区，规模全国第一，6000平方公里，主要生长落叶松与樟子松。但最令人惊撼的，是这里漫山遍野的白桦林。亿万棵粗细均匀的白桦，一团团、一片片从大兴安岭铺天盖地、排山倒海倾泻下来，在坡上、草中、水旁、路边找好自己的位置，风姿优雅、亭亭玉立，像玲珑剔透的女儿国。茫茫的白色林海，潮潮的树脂清香，穿行其中，恍如梦国。你会哼着俄罗斯民歌，你会不知不觉想起静悄悄的黎明，你会在娇翠翠的林中等待着暖融融的夕阳。这便是草原的林。

草原的歌，特别地悠长。秦腔之所以顿挫高亢，是被直上直下的黄土高坡逼出来的；越曲之所以流转细腻，是被如花似水的秦淮烟柳拂出来的。而草原的歌，是牧者骑着马，立在草丘上，举目所及，浩空如洗，红霞如练，无边无际的绿海将你的思绪扯向与蓝天相接的地方。马头琴凄婉悠扬，蒙古包星星点点，骏马低嘶，流水安详，牧者开始唱了。歌声，不徐不疾，缓缓送出，每个曲调，每句歌词，都拉得长长的，远远的，想让整个草原听见，想让天空的飞鸟听见，想让心中的人听见，因此要慢慢吐气，音色浑厚，尽量让歌声更持久些，更悠长些。越过起伏的草丘，搭上飘浮的流云，云那边，无论多远，依然是你的家乡、你的牧场、你永远依恋的地方。这便是草原的歌。

草原的酒，特别地凛烈。草原太大，大得怕人。男人们骑着马，奔跑得太远，就感到空寂，就想找人聊聊,好不容易聚上几个,第一件事就是喝酒。在草原,没有会喝不会喝,只有敢喝不敢喝。挥着豪情,撕着羊肉,一口一口喝下去,碗碗见底。江南水乡的女儿红,是在船上,就着精美的小菜慢慢喝的,那是书子的品味;藏域雪山的青稞酒,是在高原,就着珍稀的藏红花匆匆喝的,那是热血的能量。而在草原,人最大,昂扬七尺,与天相接。通过人,天与地缩短距离;通过酒,人与神和谐相处。他们之所以喝起来不要命,是因为不怕醉,了不起一头倒下,背靠松软的草地,头冲碧蓝的苍天。作为草原男儿,他们在醉倒前最想弄明白的一件事,就是自己是否真的无愧于天地,无愧于朋友,无愧于这纯美壮烈的酒。这便是草原的酒。

草原的花,特别的耀眼,在北京,五光十色的广告牌闪得人们视觉麻木,万紫千红的温室花展耀得人们无所适从。巴黎顶尖服装师,将最流行、最永恒的颜色,永远赐予黑白两色。这是因为,在浓重纷杂的氛围中,最简单的线条与最原始的颜色,才能让人记得住。那大气磅礴、苍茫壮阔的草原,从初春的嫩绿到晚秋的黄绿,永远是单一的色调。如果行走间,偶然发现一丛不知名的野花,你都会格外珍惜地跑过去,注视着它,判断着它,鉴赏着它,因为空旷的绿海中,唯有它,显得最耀眼。在呼伦贝尔,你的心会被那些平日经常忽视的白芍药、红百合、紫飞燕、黄野菊紧紧抓住,流连驻足,萌生情趣。采摘几枝,轻嗅几次,丝丝幽香,一汪灵气。世上皆醉我独醒,万木皆绿我独艳,此为花的最高境界。无论品种之贵贱,只要它能懂得在哪里开,为什么而开,就是世上最聪明的花。这便是草原的花。

这样的草原,将使人顿悟生命的苍白,将使人抓住美丽的瞬间;这样的草原,毫无遮拦,四面皆敌,向后退无险可守,向前冲就是生命;这样的草原,使人不能停顿,停顿意味着死亡,需不停地奔驰,以远离寂寞与恐怖;这样的草原,只会产生站着的强者与倒下去的死者,而不会产生庸者;这样的草原,最像海洋,最具张力与霸气,一旦前进,就不可阻挡;这样的草原,永远属于骑马的民族,而马的精神,即是草原人的灵魂。

为了追杀那个屡败屡战、英勇不屈的花剌子模国的王子扎兰丁,成吉思汗招来他的爱将速不台与哲别,让他们向西追。速不台问:"我们要追多远?"成吉思汗望着西边陌生的荒野,手轻轻一挥:"见到大海为止。"几万骑士,风驰电掣顺着大汗手指的方向追下去。整整两年,一直杀到地中海,扎兰丁没追到,身后是大片大片冒着黑烟、被征服的欧洲土地。

骑马的民族统称游牧部族,起源于草水最繁盛的地方。自己的草水枯竭,就整族迁移,去抢别人的草水。不断的迁移与混合,草原强大的部落文化形成了,充满着野性与力量。中原之所以提早进入农耕文明,得益于大禹治好了黄河与长江。川流不息的水源永不枯竭,人们不再迁移,安居乐业,改牧草为种粮,变牧民为农民,渐渐发展到城市,成为国家,酿造出中原文明。草原文化与中原文明之间区别的象征,是那条举世闻名的万里长城。这条历经中原十几个王朝修建的厚厚城墙,阻断了来自草原急风骤雨般的马蹄声,两种文明在此进行血与火的碰撞。杀杀伐伐几千年,草原雄骏的铁骑多次冲破长安诗人们软弱的臂膀,越过长城,越过黄河,甚至越过长江,称王作寇,驰骋天下。在攻破长城入主中华的草原部族里,呼伦贝尔草原出去的尤其之多。也正因为如此,全中国长城总长10万华里,而内蒙界内竟有3万华里。南下,继续南下,是许多代草原人的梦,长城里面的诱惑太大了。

当这些剽悍、豪迈的草原人在中原建立王朝后,出于某种自尊或自卑,都刻意用异域文明来抵挡中原文明,但撑不了多久统统失败。他们终于承认,精工细作的美肴的确比马血羊肠好吃的多。他们渐渐习惯了锦衣华车与繁文缛礼。他们扔掉了喝马奶酒的大碗,换上了春江花月夜的小玉杯，开始吟诗作对了。两千年来，凡在军事上战胜中华的少数民族，最后都在文化上成为中华的子民。

大中华文明也并非仅是汉人的文明，是与诸多草原文化集萃而成。西晋末年，五胡乱华。百余年后，鲜卑族攻灭了长江以北胡汉各国，建立了强大的北魏王朝。该王朝中期，魏孝文帝酷爱中华文明，为了使鲜卑人永远抛掉草原，他将首都迁到中原，强令所有草原部族换上汉人的衣服，学习汉人的礼法，精研汉人的文化。甚至让皇族——包括他本人，统统改为中华姓氏，胡汉彻底相融为一家。之所以单举鲜卑人的例子，因为鲜卑人的祖先，正起源于呼伦贝尔嘎仙洞。

呼伦贝尔作为“中国北方游牧民族的摇篮”，道行还深着呢。首先，公元10世纪初，契丹族建立辽王朝，占领并统治了北京184年，北京于938年还成为辽国的南京。现在城里的大觉寺、天宁寺、牛街礼拜寺，全是那时建的。契丹族就起源于呼伦贝尔；其次，女真族于1115年建立了金王朝。他们将南宋的小朝廷赶到杭州以后，便于1153年定都北京。史载，“北京为都城，始于金。”现在的卢沟桥、钓鱼台、广济寺全是金王朝的遗迹。女真族也起源于呼伦贝尔；再其次，就是众所周知的元蒙帝国了。1267年，忽必烈将首都从和林迁到北京，被全世界尊称为元大都。因为那是蒙古人最鼎盛时期，半个世界的疆域已被成吉思汗的子孙们分为四大帝国，忽必烈是四大帝国上的共主。此时，冰封了好几个世纪的欧亚陆路藩篱，终于被彻底打通，商旅不绝于途，马可·波罗就是这时来北京的。蒙古族人还是起源于呼伦贝尔。

如今，阻挡草原大军的长城已残败不堪，心中那条民族隔阂的长城也早已不复存在。人们爬长城，是为了怀古远眺；人们去草原，是为了寻幽览胜。天下坦诚之人，一定会喜欢呼伦贝尔的壮阔；天下勇敢之人，一定会赞美呼伦贝尔的奔马；天下静修之人，一定会赞美呼伦贝尔的清新；而天下诗歌之人，一定会后悔自己没生长在呼伦贝尔大草原。唯有在这里，写诗作曲的，才会体悟到“人还是人、马还是马、草还是草，云还是云”。

无论草原的歌声如何悠长，草原的舞蹈如何矫健，草原的民俗如何浓郁，草原的风光如何绮丽，草原的鲜花如何明艳，草原的河水如何灵秀，草原的骏马如何写意，这一切，都只能产生在草原。

没有传统，等若没有祖先；没有特色，等若没有尊严；世上一切青青的生命，如果变得枯萎，那一定是离开了草原。我们将在大地找个支点，用柔柔的白云，湛湛的蓝天，为中华，也为子孙，永远托起这块青青的草原。

中央电视台(2005年9月10日至12日)

西湖无语

《城之眼》——中国名湖系列《西湖无语》

彭涯

如果一个人年轻时在烟花三月来到江南，逢一个雨天又恰好在西湖，想象起来都风姿万种。多年以后风雨归来，彼此容颜已改，你依然认得出被西湖收藏的当年的情怀。你感慨的是一种转身间的错过，重来时你既是风景里的人又是旁观者了。

胸怀锦绣气自华。西湖已向所有的人敞开，西湖的人文气息使杭州繁华而不轻浮。显然这里的人更有理由骄傲，他们和西湖一起迎接晨光，一起送走夕阳，他们可以滋润地生活在平凡的简单日子中，他们的日子又和西湖一同展示给外来的人。这是世俗的天堂，现代和传统坚硬的碰撞并没能让它走样，它有深厚底蕴含蓄的温柔力量，这诗意散淡的日子每每让外来的人羡慕和向往。

不管什么季节，不管什么天气，西湖的诗情画意随处都是，你留神也会绊着你，千年的才情熬成的芬芳能呛得你不敢胡思乱想。只要一不小心想起哪个古人或脑子里冒起一句诗词，你就会跌进湖中翻腾，就会在陈年的知识和稠腻的情感中犯懵。这里美文佳句、名流痕迹繁密，无处能比。如果你知道的不少又总想知道，还没到这儿你就疲劳了。这就是西湖——挂在江南胸前的一块老玉，看惯了多少秋月春风，被多少人的故事滋养的这般温润。

西湖本无语，是每一个年代的人们将它装点，然后再斑驳脱落。

历史的余温已不再烫手，西湖的夜晚想必无梦。这里被无数支笔填过，满得连写意的空间都不再有，但这里拦不住你做白日梦。

对于西湖，我已无法赞美，只有感受还能印证生命的真实。我只感受早晨微雨中的心情，在窗前抽一支烟，喝一壶茶；我只享受下午醺然困意中的美，最好连眼睛也睁不开，在蜂蜜般的阳光里。春意如丝，总是趁易感时刻潜入心里，不知不觉就织起了盛梦的袋子，我将白日梦安放在这样的时刻。

那时年少，梦想追我，连惆怅都是阳光般的。黑色的眼神中总有一点星辰。现在我有资格追梦想了。梦之花朵本是藏在叶的裙底，能否开花全凭你怎样呼吸。你鼾声大作它也睡去，你轻轻叹息它就开了。而我的夜星星太多，梦恐怕是羞涩地溜掉了，只有白日梦可以借风抓住，风用春丝系着，寄存在恍惚的时光里。

那时年少，浑然不觉时间的杀气，总是凝视远方，将时间甩在后面。目空一切时，身轻的像鸟；再赏红尘美时，方觉时光虚度。飞翔似乎只是一瞬间，落地时才知那是十年。总是在后来才明了，枉读了“总将薪火试新茶，诗酒趁年华”。

我曾经与诗一样的丁香般的女孩擦肩而过，错过她捧给我的荣耀，错过单纯的快活。一双翅膀怎样追寻两样东西！我还多次与穿绿衣的春天错过，错过她的芬芳、错过她的模样。

西湖不语。它静静地看着树下闲坐的人、湖边散步的人，以及那个做梦的人。西湖给闻得到香的人以香，给听得到雨的人以雨，给抓得到风的人以风，给触得到心痛的人以美和忧伤，也陪游逛的人将时光消磨。只有一种人西湖给不了什么，那是手拉着手在阳光下爱着的人。他们手拉着手在柳浪下漫步，他们手拉着手坐在树叶的尖儿上，从清晨到傍晚，从花开到花合，直到黑暗迷昏了星空，青春依然醒着。

三月晴朗的下午，阳光下的梦与一瓣云一样清淡，如花儿轻轻的缓缓飘落，放大的春天弥漫过来。阳光揉皱湖水，就当是你在将这块老玉抚玩，不用证明你悠闲，发呆的这一刻生命肯定是你的。

你做个轻轻的梦，你梦着拥有杏花烟雨江南，你梦着深深庭院可以收藏月亮，你梦着能闻到过往流香。梦比落花更轻，心软的时候，现实的重就能化作梦想的轻，踏上彩虹之梯，走向精神的圣地。

人以为拥有梦，其实只是披了件流行制造的衣裳，当你真正拥有自己的梦时，生命就精彩了，哪怕它小得可怜，像一颗晶莹的水珠，依然闪耀着自觉的光芒，因为它宣告了自己是水。杨柳婆娑的枝条懒懒地垂向水面，终究缠不住水中落日，却撩拨得太阳流了一湖绚烂的涟漪。

白日梦淡了、薄了，傍晚悄悄吸走了它的颜色而渐渐黑了。黑夜的梦醒在凌晨，白日梦醒在傍晚。在这交界的时候，隐藏了某种神秘的仪式。

白日梦没能被知识漂白的头发染黑，但我也不会为什么而懊悔。我们因梦想而创造，因创造而延续梦想。初到与重来之间，爱的年代已经走远，西湖依然是无言的背景，世俗的天堂。

今天当我又站在新的起点，带不走的还是那年留在西湖难舍的情结，那些与错过有关的瞬间。我从西湖捞起洗过的身心，就让深沉的落入湖底，清淡的漂于水面。

《城之眼》——中国名湖系列《瘦西湖印象》

彭涯

读书是壮阔的历险，精神的回归更是一次远行，一路上损耗和牺牲的风险是必须承担的，这种命运恰似大马哈鱼的回游，无人喝彩时只有自己用心关照，这一站要抵达的是扬州瘦西湖。

第一次来扬州却不能称是初来，因早已在文章诗词中浸泡与神游过，这更像是一次回归，又可比朝花夕拾，终究带有寻找的态度。旧时文人的扬州梦已做不得了，带着半醒的绮梦上路也不可能，我是醒着来的。

瘦西湖正是相对于杭州西湖而言，巧合的是与赵飞燕互比格外妥帖，一带细水两岸花柳，曲线玲珑，瘦而不弱。瘦西湖的水离岸很近，几乎在一个平面上，像镶嵌有边的玉，特别是在岸边的风中杨柳与水相应的和谐,别有风姿。且装一瓶三月瘦西湖上的风存着,或折几枝杨柳寄给某人,这是年轻时会做的举动。文墨依稀尚存,而艳迹不在。旧景无痕,是心灵的召唤打开了时光的囚牢,释放出千年的风流。它驾诗而来,与展开想象之翼的我来一场风云聚会。空山钟声远,意在身外;明月箫音长,韵在心边。

瘦西湖实在瘦,带着寻找的态度会发现它瘦得有精华,瘦得能见风骨。在这个越来越丰满的时代,丰腴的是别处,肥者越肥,瘦者越瘦,曾经内外辉煌互为依存产生的平衡之美,现在只剩下千年瘦的风骨了。

此地的园林也体现着瘦的精神,如何园取名寄啸山庄,主人将远志封存、含养,浓缩山水并人格化,自在把玩。将大时代中不可控的命运化作可控,让个人精神在窒息中呼吸,所谓"得闲便是主人",人各有一解,想将瞬间一节节接长去够永恒,大概是此等园林的精髓。无奈不忍彻底归去,做个闲人,退守中又留"走出"的余地,实为半隐。

山水怡养人文,人文驻颜山水,一地一风流,一人一个性。有意思的是李白千古送别名句"烟花三月下扬州",将情思摆在辽阔的时空下,为后人留下壮美起程的想象,扬州则成了渺小的点,在遥远的那一端。而当李白亲自到了扬州后,却没能留下任何与扬州和瘦西湖有关的诗句。大概是视野开阔、侠骨仙风者在此难以舒展,干脆经了商,游戏一番。然瘦水藏龙,而且还很拥挤,有欧阳修、杜牧、扬州八怪等大家云集。

小桥流水闷其井天,登高望远不免广寒。你曾经对肤浅不耐烦,有一天你也会厌倦深刻。我又重新看待江南文化,重新欣赏那些文人小中见大、杯水风波的功夫,袖里乾坤的陶醉。都说美产生于距离,其实挤压下也能产生美,考验的都是想象力。前进中的丧失属于无奈。大时代有过若干,历史也总有相似之处,中国精神从来没有消亡,它总能恢复,但这一次却是到了最危险的时候。战斗已在每个人心中开始,想象力的伤感旅程将是四面楚歌。我们还能做的是养好想象力这双受伤的翅膀,看黎明前谁会胜利。

过去在地理上的游走不是易事,精神与行动的合一更不易,今天虽然在地理上的游走比较容易但精神与行动合一的出行却更难了。当最初的兴奋过去后,我们惊讶于工具和工具带来的速度并没有延长生命,也没能开拓空间,恰恰让我们的世界变小了,想象的空间更是拥挤,连起飞的距离都快没了。离我们最近的旅梦者,恨不能尽兴而劝人别下扬州者当属郁达夫;最老实地说扬州的人该是朱自清了。

心境不同所见景自不同,情可以生景,思想不同所描绘的风物也不同。思想也是锁链。希望就是常说的可能性,这是大多数人唯一拥有的东西,一件带翅膀的东西,一件需要天空的东西,怎能用如刀的文字将它斩断,怎能用所谓的真实将它拴住。写景状物各有怀抱,深厚的文化积淀所放大的人文景观让今人不知所措,也未必。人们可以把它解构、当成道具而已。而超越阶级、超越个人境遇的东西,该是文化消脂后瘦的精神及瘦中寓藏的风骨。无处可逃时更应重新珍重身边仅有的好处,这是我重新欣赏"小中见大"、"袖里乾坤"的理由。

在身边的风物中种植精神吧。水的好处比人能想到的要大要多,先贤早有"上善若水"之说,无风景可看或将风景看透,低头看水就够了。

《城之眼》——中国名湖系列《单眼皮的莫愁湖》

洪烛

去南京，就没有不看莫愁湖的道理。只要你听说过它，便会有一种神秘的美感，或远或近地吸引着你——不仅吸引着你寻觅的眼睛，更吸引着你驿动的心。那是一种在你亲眼目睹之前便会被深深感染的美感，哪怕仅仅听说过，就忘不掉了。

莫愁湖无疑是美的，但比风景更美的是它的名字。全中国的湖泊中，有谁的名字比其更有劝慰作用？更有人情味儿？若仅仅就外表美而言，莫愁湖是比不过西湖那一类的。它的水面不是很宽广，就像林忆莲的眼睛那样，不大，微微眯缝着，却别有一番味道。莫愁湖的幸运之处在于：它有一个画龙点睛的名字。这温馨的名字使它一下子活了过来，而且永久地保持着青春。这是怎样的眼睛啊，单纯、善良、天真，不沾染一丝灰尘，似乎天生就不应该，也不会受到人间烟火的污染。说实话，我喜欢看这种永远也学不会世故的眼睛——它是不设防的，但它更令人不忍心伤害。

说起西子湖，难免想到作为古代四大美女之首的西施。而说起莫愁湖，则避不开莫愁女的传说。莫愁，不仅是一座湖泊的名字，最早还是一位女子的名字。据说莫愁并非土生土长的南京人，她因为爱情而出嫁到南京，嫁给卢家做了媳妇，从此跟南京这座城市结下不解之缘。南京人似乎一下子就打心眼里喜欢上这位远嫁而来的小媳妇，而且喜欢了千百年。我想，这首先得益于她那好听的名字。有着这样一个吉祥名字的女子，谁会不喜欢呢？正如有这样一个名字的湖泊，谁又会不喜欢呢？

莫愁女当年就住在南京水西门外的湖畔，她以自身的魅力为一座湖泊命名。如今，她虽已不在了，可她的名字却留了下来，她对后人"莫愁、莫愁"的由衷祝福也留了下来。她活在自己的名字里，更活在湖泊的倒影里。当然，在莫愁女身上，比她的外表更美、更重要、更值得回味的，还是她心灵的美、人性的美，那是一种对任何劫难都能够包容、并且抵御得住时间消磨的美。况且，莫愁女一定也很对得起自己的名字。莫愁，莫愁，并不是没有烦恼，而是战胜了烦恼。这种在命运面前的坚强体现在一个弱女子身上，就显得尤其宝贵，尤其难得。

想到莫愁女，再看看莫愁湖，我看到的是会说话的眼睛。它自始至终都在重复着同一句话："莫愁，莫愁……"但仅仅这一句，就足够了。再看看湖边的垂柳，越看越像是密密的眼睫，在不停地眨动着，眨动着……跟淡妆浓抹总相宜的西湖相比，莫愁湖似乎从来都没学会化妆，也从来都不习惯涂脂抹粉。西湖如同西施，是很典型的那种双眼皮美女：苏堤、白堤构成它的双眼皮。而莫愁湖则是单眼皮的。正如在我的想象中，莫愁女也是单眼皮的，不张扬、不妖冶，清水出芙蓉，天然去雕饰。可我偏偏就喜欢这单眼皮的莫愁湖。我从它清澈的眼睛里读出了跨越时空的祝福，和一颗纤尘不染的心。

南京人是有福的。在忧愁的时候，可以到莫愁湖边走一走。湖风如同一个循循善诱的声音，在劝解着你、抚慰着你：不要忧愁，不要忧愁……走着走着，你果然就没有忧愁了，或者说忘掉忧愁了。古人说："何以解忧，唯有杜康。"南京人则无需借酒浇愁，因为他们有莫愁湖，有比酒更醇厚、更灵验的湖水，并且，还额外地拥有一位古代美女的祝福。恐怕正因为有莫愁湖的陪伴，南京人一向是乐观的、豁达的、坚强的。南京，是一座历经诸多劫难却依然保持着乐观的城市。

《城之眼》——中国名湖系列《再度年轻》

张榕容

很久了，很久没有像这样走近这个湖，与它对视，与它交谈，与它一起感觉彼此的呼吸。

我想我是与榕湖心灵相通的，即使我走得再远，我也能感受到它对我的呼唤与诱惑。那是一种榕树般郁郁葱葱的思念，桂花般沁人心脾的牵挂。我生命的脐带一直与这片土地紧紧相连，我是那样忘情地吮吸着这片土地、这汪湖水给予我的营养，我甚至能够感觉到它的体温和心跳，我对它的敏感和痴迷丝毫不亚于对母体的依恋。我知道以我九十五年的旅历去解读它千年的岁月，难免会有些浅薄，可我却忍不住要去靠近它、了解它、感觉它，按捺不住地向它诉说我成长的烦恼、恋爱的甜蜜、成功的喜悦、人生的悲欢……在对它一次又一次地喋喋不休中，释放我的情感，舒展我的灵魂，熨帖我的筋骨。我时常会自觉与不自觉地寻求它的庇护。无论何时，只要一走近它，就会倍感舒坦，身外的喧嚣和心内的纷乱都归于平静，就像婴儿闻到母亲的乳香立即神清气定。我甚至奢望能用它的厚度来增加我的厚度，用它的从容来润泽我的从容，用它的灵气来滋养我的才情。现在，我又希望用它的年轻来衬托我的年轻……

也许可以自诩地说，九十五年来，我曾历经沧桑，但此时此刻我心中却无半缕人近黄昏时的感伤。一切由绚烂归于平淡之后，我已真正从身到心与榕湖融为一体。我希望自己能把榕湖那自信的微笑刻进记忆里，我又希望自己能细腻传神地把榕湖那青春勃发的心境宣泄在画纸上，我还希望自己能与榕湖步调一致地阔步前行，我更希望自己能倾注毕生心力去捕捉榕湖那鲜活的魂。令人欣喜的是，我已经看到那满街流动的活力使古墙老树全都抖擞起来，满城充溢的清爽使人们都不知不觉地文雅起来，满眼跳跃的碧波使每个家庭都情不自禁地浪漫起来……

我想我是幸运的，小城是幸运的，所有的桂林人都是幸运的。因为有了大自然的慷慨和偏爱，才让这里独占了"山水甲天下"的风骚；因为有了中华民族"天人合一"文化雨露的滋润，才使我们拥有了一份"城在景中，景在城中"的自在。在小城的每一声浅唱低吟中，我们都能听到它的韵律，在小城的一颦一笑中，我们都能目睹它的光晕。我相信，小城将会变得越发娇媚，更加年轻，而我九十五岁的心灵也因小城的年轻而再度年轻起来……

《城之眼》——中国名湖系列《惠州西湖一日》

彭涯

在爱与恨的两岸之间，时光是一条河，否则时光就是一团雾，说没就没了。如果你要登岸，就要选择一边，无爱无恨的境界与人们无关。

假如给你一日时光停留在惠州，你当然会选择与美相伴，与这里的西湖共度一日的生命。

一丝偶然的牵引最容易让人流出那被层层淡忘尘封的情感，一路风尘赴命定之约。这之前记忆不曾留下有关西湖的痕迹，没有知识准备的直接接触，生动新奇。

“天下西湖三十六”,惠州西湖当然不是最华丽的,当年这里不是得意者的天堂,而是失意者的故乡,所以一直以来,雕琢不多,附会也少,还是自然清新的本色。自王朝云伴苏东坡谪惠,这湖就有了灵魂,有了生命,与其人一样,得意时不张狂,失意也不露消沉之色。“一自坡公下南海,天下不敢小惠州。”千年的湖绝非一时兴起挖个水坑放几条小船可比。

如果湖是城市之眼,虽眉目各有不同,养的都是城市的灵气,映的是城市的心,滋润的是一地的人生。惠州西湖曲线优美,标榜“以曲折胜”实不为过,相映的是岭南风物人情,加之蕴含的文化精神,湖水的眼神自然秀慧,湖边的树木花草多有岭南特色,像紫荆、古榕等,可比作城市之眼的睫毛,风起时,睫毛微动,美目流苏。

一日可以感受西湖的气质,一日不可度量这里的风物人情。看那挑着水果开始一天生活的人也挑着清晨的露水,黄昏时挑一担夕阳回家,我真不知是浸在感动里还是浸在湖水中了。这里是最早开放的地区之一,很多人富了起来,很多人质朴依然,很多人深爱着西湖,西湖也滋养着、收藏着他们湿润的青春、记忆和梦想。

西湖曾经很远,离我20年;西湖很近,离马路只烟头一闪一灭的距离。岸边一样是尖锐的嘈杂,物欲横流,人气蒸腾。湖山做温柔的抵抗,眠鸥浴露,洗眼净心,这情景陡增了我柔可克刚的信念——温柔就是力量。

这里四季并不分明,你依然能神往于她动人的风姿。温暖的下午,看那骑车访友的老者已脱下征袍现真身,那倚着柴门的人可是将芳菲看尽;下雨的早晨,想那楼台听雨的少年还不知真愁;月明之夜,孤庭中有高士抚琴,天亮时西湖睁开秀目,他已消失在人群中;黄昏时分,千年的诗意沁人心脾,白云酣醉,湖上好风如水。

真诚的来,就会迎面撞上永生在文字里的人物,也是囚禁在时光中的英雄。那唱“大江东去”的人,也曾吟“枝上柳棉吹又少,天涯何处无芳草”比之“临断岸新绿生时,是落红带愁流处”,不留纠缠的酸腻,只有清醒的凉意、自觉的苦闷,沉净如秋水长天。旷达人生的感伤也是明亮的,然纵有高才雅量,也难免悟透现实而又不合时宜的悲凉,只有朝云能解,只有知己落泪。

最是那传说惹人疲惫,而这里苏堤的由来却不一样。传说在月白风清之夜,西湖孤山上,苏东坡因思念而梦见已逝的朝云来到面前,衣裙是湿的,因问原由,朝云说:“湖上无路,妾涉水而来。”梦醒后发愿建堤。传说凄美,如樱花似雨落,轻轻地打在会疼的心上。

几年不读书写字,真过了些清静的日子,时候到了就免不了沉淀的思绪又泛了上来,却已酿造不成某种情怀,风云再起时江湖已改,山河依旧处梦里情怀。今日只因“湖山此地曾埋玉,风月其人可铸金”,所以我要歌唱,我会感伤。子期不听,伯牙摔琴谢知音;朝云一泪,东坡绝唱敬红颜。

20年前,井边汲水的少年听到“枝上柳棉吹又少,天涯何处无芳草”,留下无名的感伤,20年后心花开放时却是清晰的寂寥。今人只慕天才高放,千古文章;不识一泪永驻红颜,已漏隔世遗香。恍然间是谁在花瓣里呼吸,温暖的感动里远去的已走近。身在大好湖山,怀想风流人物,我当在“一亭孤月冷梅花”的夜晚来看你挂泪的容颜。一日不短,20年不长,你是时光的囚徒,我是匆匆过客,你是镜中一湖春水等待风来,我是走进镜中的人不知还能不能出来;你等待了很久,我也等待——香魂归来在晚秋。

街灯炫目,只因忘记了星空。在这个演员登台而将英雄当成道具的年代,在这个各路烟尘都敢与日月争辉的年代,我还是要以人们生活的土地立脚,借西湖之水抽空将天空打扫。仰望星辰,勇敢的人们将洒下热泪;低头看水,何日能“见志士弹冠而起,喜英才奋而向前”。离去,不做轻轻的走状,离去,不做沉重的回眸,只是离去。别了,那20年中流出的一日时光。

中央电视台(2005年6月18日至7月4日)

莲之物语

花,从来都是文人的所爱。一千多年来,宋代理学家周敦颐的那句“出淤泥而不染,濯清涟而不妖”,成为了描写莲花最脍炙人口的句子。莲花有淡雅恬静的脸庞,亭亭玉立的腰身,碧绿优雅的罗裙,淡淡醉人的清香,然而,最让它与众不同的,却是这出淤泥而不染的高洁。它既有入世的执著,又有出世的清逸。若是无法逃遁尘世,何不如莲花一般不蔓不枝,在俗世污流中独善其身呢?

高洁之美,是莲的至美。

作者　洛夫(中国台湾)

众荷喧哗
而你是挨我最近
最静,最最温婉的一朵
要看,就看荷去吧
我就喜欢看你撑着一把碧油伞
从水中升起
我向池心
轻轻扔过去一粒石子
你的脸
便哗然红了起来
惊起的　一只水鸟
如火焰般掠过对岸的柳枝
再靠近一些
只要再靠我近一点
便可听到
水珠在你掌心滴溜溜地转
你是喧哗的荷池中

一朵最最安静的
夕阳
蝉鸣依旧
依旧如你独立众荷中时的寂寂
我走了，走了一半又停住
等你
等你轻声唤我

作者　泰戈尔(印度)　冰心译

莲花开放的那天，我不自觉地心魂飘荡。
我的花篮空着，花儿我也没有去理睬。
不时地有一段忧愁来袭击我。
我从梦中惊起，觉得南风里有一阵奇香的芳踪。
这迷茫的温馨，使我想望得心痛，我觉得这仿佛是夏天渴望的气息，寻求圆满。
我那时不晓得它离我是那么近，而且是我的，这完美的温馨，还是在我自己心灵的深处开放。

宋·李清照

常记溪亭日暮，沉醉不知归路。
兴尽晚回舟，误入藕花深处。
争渡，争渡，惊起一滩鸥鹭。

唐·陆龟蒙

素花多蒙别艳欺，
此花端合在瑶池。
无情有恨何人见，
月晓风清欲堕时。

夏日盛开的花万朵，但莲是不与它们争的。它在池塘中独自宁静。路过的行人为之惊艳，它回以馨香；采莲的女子在池中嬉戏，它微笑注目；夜幕降临，月光作陪，它静静聆听那些睡不着的心事。多少年来，每到夏日的夜晚，当人们心里颇不宁静的时候，总会想到荷塘边走一走，就像写下《荷塘月色》的散文家朱自清那样，看看那田田的叶子，宛如明珠般的花朵，和微风送来的缕缕清香。那也是莲的给予，在喧嚣的尘世里，慰藉疲惫茫然的心。

给予之美，是莲的高尚。

作者　朱自清

月光如流水一般，静静地泻在这一片叶子和花上。薄薄的青雾浮起在荷塘里。叶子和花仿佛在牛乳中洗过一样；又像笼着轻纱的梦。虽然是满月，天上却有一层淡淡的云，所以不能朗照；月光是隔了树照过来的，高处丛生的灌木，落下参差的斑驳的黑影，却又像是画在荷叶上。塘中的月色并不均匀，但光与影有着和谐的旋律，如梵婀玲上奏着的名曲。

作者　张晓风(中国台湾)

有一次,雨中走过荷池,一塘的绿云绵延,独有一朵半开的红莲挺然其间。

我一时为之惊愕驻足,那样似开不开,欲语不语,将红未红,待香未香的一株红莲!

漫天的雨纷然而又漠然,广不可及的灰色中竟有这样一株红莲!像一堆即将燃起的火,像一罐立刻要倾泼的颜色!

生命不也如一场雨吗?你曾无知地在其间雀跃,你曾痴迷地在其间沉吟——但更多的时候,你得忍受那些寒冷和潮湿,那些无奈与寂寥,并且以晴日的幻想度日。

可是,看那株莲花,在雨中怎样地唯我而又忘我,当没有阳光的时候,它自己便是阳光。当没有欢乐的时候,它自己便是欢乐!一株莲花里有那么完美自足的世界!

一池的绿,一池无声的歌——岂只有哲学书中才有真理?岂只有研究院中才有答案?一笔简单的雨荷可绘出多少形象之外的美善,一片亭亭青叶支撑了多少世纪的傲骨!

倘有荷在池,倘有荷在心,则长长的雨季何患?

南朝梁　萧衍

采莲南塘秋,
莲花过人头。
低头弄莲子,
莲子青如水。

宋·黄庭坚

四顾山光接水光,
凭栏十里芰荷香。
清风明月无人管,
并作南楼一味凉。

花有花的语言,花也有花的心事。那出淤泥而不染的品质,百花中唯莲独有,但或许,它也会因此而寂寞。你或许会说,看,那一池荷塘,有多少莲叶陪它舞蹈?然而,它却一直在等那一个人的回眸。为什么有人总是错过,在青涩的季节路过,或是在秋霜的时候来临,只是错过了那亭亭的时候。

等待之美,是莲最难解的美。

作者　席慕蓉(中国台湾)

就在众荷之间
我把我的一生都
交付给你了
没有什么可以斟酌
可以来得及盘算
是的　没有什么
可以由我们来安排的啊
在千层万层的莲叶之前
当你一回眸

有很多事情就从此决定了
在那样一个　充满了
花香的　午后

作者　席慕蓉（中国台湾）

在那个七月的午后
在新雨的荷前　如果
如果你没有回头
我本来可以取任何一种题材
本来可以画成　一张
完全不同的素描或是水彩
我的一生　本来可以有
不同的遭逢　如果
在新雨的荷前
你只是静静地走过
在那个七月的午后　如果
如果你没有　回头

作者　席慕蓉（中国台湾）

我
是一朵盛开的夏莲
多希望
你能看见现在的我
风霜还不曾来侵蚀
秋雨还未滴落
青涩的季节又已离我远去
我已亭亭　不忧　亦不惧
现在　正是
最美丽的时刻
重门却已深锁
在芬芳的笑靥之后
谁人知我莲的心事
无缘的你啊
不是来得太早　就是
太迟

南朝梁　萧衍

置莲怀袖中，

莲心彻底红。
忆郎郎不至，
仰首望飞鸿。

爱莲说(宋　周敦颐)

水陆草木之花，可爱者甚蕃。晋陶渊明独爱菊；自李唐来，世人盛爱牡丹；予独爱莲之出淤泥而不染，濯清涟而不妖，中通外直，不蔓不枝，香远益清，亭亭静植，可远观而不可亵玩焉。予谓菊，花之隐逸者也；牡丹，花之富贵者也；莲，花之君子者也。噫！菊之爱，陶后鲜有闻；莲之爱，同予者何人；牡丹之爱，宜乎众矣。

中央电视台(2005 年 8 月 20 日至 22 日)

电视文学节目2006年

丽江印象

《丽江印象》系列之《丽江春雪》

闵文新

忽如一夜春风来,千树万树梨花开。一场春雪的突然降临,把丽江装点成了一座美丽的童话世界。

在丽江,雪是最难捉摸的,就像一个调皮的精灵,从来不听从人们的摆布或是为人们所预知。虽然玉龙雪山的冰川历历在目,但对于古城来说,雪仍然是一个难以请到的贵客。在你攒足了心情,期待着她的光临时,她却躲到不知什么地方去了,而当你以为她忘记了丽江,收好了所有的冬衣,以为来年才可见到她的芳容时,雪却又踮着脚尖轻轻来到你的面前,给你一个措手不及的惊喜。

2005年的春雪,像一个冬眠够了的尤物,在春暖花开的时节才突然来临。她仿佛要尽力表现自己的青春活力,竟然一下就是三天,赐给了古城一件奇妙的礼服,送给了大家一个难忘的惊喜。

丽江下雪的前奏往往是连绵阴雨,然后是雨夹雪,接下来才是纷纷扬扬的雪花。丽江下雪,不会使人联想到冷酷,也不会使人感觉到严寒,丽江的雪只会使人感到美妙无比。雪花忽忽悠悠地飘落,沾在你的手上,你的脸上,像宠物的唇吻你,冰凉中透着一丝柔情。

不知道为什么,一下雪,人们就会往古城跑。确实,古城赏雪别具风味。这只能有一个解释,因为下雪是地球上最古老的自然现象,只有在相对古老的街巷,人们才能感觉到雪的美丽和真实吧。雪景中,古老的街巷都呈现出别样的景色,与阳光下的不同,与灯光下的也不同。人们都在尽情地享受着这难得的美景,享受着这罕见的情致。

雾里看花,花便有了一种因朦胧而产生的美。而雪中看花,你会感叹雪的高洁,花的坚强,也会赞美雪与花共同创造的新景象。"梅须逊雪三分白,雪却输梅一段香。"这样的诗句会不咏自来。虽然梅花已经远去了,但春天的花在雪中傲然开放却有另一种风采。"竹疏烟补密,梅瘦雪添肥。"这是怎样的诗情画意呀!

在雪中走进木府,木府也全变了样。雪中的木府,显得更加肃穆而庄严了。这时候,你会更多地想起木氏的古老传说,想起几百年前,在同一个地方,同样下雪的时候,这里曾经演绎过怎样的故事呢?

近距离地赏够了雪,也可以看看白雪覆盖下的古城全景。毫无疑问,远观雪景的最佳去处是狮子山。登上狮子山的最高点万古楼,丽江古城和丽江新城都尽收眼底,这样银装素裹,这样高洁无瑕的境界,真的只有在雪天才能看到啊!

告别古城,你可以去黑龙潭。玉龙雪山隐没在雪帘里,黑龙潭也像蒙上了一层薄纱,有一种特别的朦胧之美。"你在桥上看风景,看风景的人在楼上看你。"就这样,你也成为了雪中的风景。

如果赏雪、踏雪而意犹未尽,人们可以加入打雪仗、堆雪人的行列。打雪仗堆雪人是下雪天最令人兴奋,也最有趣味的活动了。

堆雪人,可能是世界上最古老、最普及又最廉价的雕塑艺术活动。

最喜欢堆雪人的是孩子们,一堆无形的雪团在孩子们的小手下变成了一个个趣味十足的雪人,那种创造给人带来的快乐,可能一生都难以忘记。

一堆毫无生命的雪,在孩子们手下,经过压、捏、搓等动作,一个妙趣横生的雪人就诞生了。安上眼睛,雪人就活了,做上嘴巴,雪人就笑了。这时候,别说孩子,就连大人们都替他们高兴。

当然,堆雪人并不是孩子们的专利,见到这么难得的雪景,老人也会童心萌发,秀一回自己的雕塑手艺。瞧这位大爷!他的认真劲儿一点儿也不比孩子差。

面对这么美的雪景,妇女们自然也不甘落后,而且雪人还要做成女性模样,给雪人插上花冠,围上羽毛围巾,简直就像对待自己的孩子一样。

常言说,现代经济就是眼球经济,谁吸引住人们的眼球,谁就能赢得市场。看来这位商家也深谙此道,商店门口的雪人都堆出民族特色了,路人自然要多看几眼。

天冷,但又不能关门,请雪人值班迎宾,无疑是一个很好的创意。

这个也不错,雪人与店铺所售的卡通物品风格一致。

出租车也不忘吸引眼球,在车顶、车前各塑一个雪人,好不热闹。

这辆车把雪人堆到了车尾,回头率可就高了。

这个雪天过得真是痛快呀!可惜没人组织一次堆雪人大赛,不然,说不定还能培养出几位雕塑艺术家呢。

如果说打雪仗、堆雪人是一种低层次游戏的话,那么在雪地里习文练武,毫无疑问是高层次的享受和境界了。

瞧这两位习武者,在雪地里舒展拳脚,尽情接纳大自然的真气,在绵绵不绝的太极里感悟人生,这是让人何等羡慕的精神享受啊。

再看这位画家,在雪地里画速写!把丽江古城雨雪风霜中的各样景色都画出来,这又是多么美好的追求啊。

常听人说,雪是无根之水,用雪水烹茶是人生的一大享受。这不,善饮茶者就邀上三五知己,就雪烧水,烹天下名茶,那滋味,与平时确有不同。几杯滚热的茶汤下肚,禁不住感叹,人生当此足矣!

雪还在纷纷扬扬的下着,人们的诗情也在春雪中一点点集聚。这真是一个美丽有趣的春天啊!

丽江电视台、中央电视台(2006 年 1 月 28 日)

《丽江印象》系列之《与拉市海有约》

王雁

关于鸟的知识,在我的脑海中是零星的。有人说,鸟类的迁徙,是一个关于承诺的故事——归来的承诺。只为这,生性浪漫的我便不顾一切地爱上了它们,希望自己有朝一日能一睹它们的芳容。

为此,我成了丽江拉市海湿地公园的常客。因为这儿不仅被称为是“候鸟的天堂”,而且离丽江城区不远,乘车十五分钟即可到达。

叶子们的旋舞一结束,冬天就舞着凉风来了。这时候,公园里的游客不多,芦苇却茂密得很,个头儿也挺高。

今天的雾很大。走近海边时,我被那景致惊呆了——一只小木船,泊在海边,船尾默默地伸向蓝静的海水,仿佛是故意停在那儿,等着入画!

拉市海的冬晨,雾是奇妙的气氛。它的妙,在于色彩。它不是平常所见的白,而是那种轻柔的蓝。

你说,远处的群山这时候该是什么模样?候鸟们也在这蓝雾里吗?我忽然有些神情恍惚,弄不清自己到底是在什么时代。时间和空间的距离,都消失在这微蓝的晨雾里了……

突然,有人闯进了这幅淡彩水墨画,划破了这一海的灵静。但这一“划”,反倒让这画活了起来——深色的渔船就像宣纸上染的水墨般向远处晕开……从没想过,渔船也可以划得如此写意与动情。

在离它们稍远的地方,孤零零立着一只孤傲的鸬鹚。它在看什么呢?海水还是蓝雾?或是,它把自己想象成这儿的“国王”,正在视察它的“臣子”?它原是这拉市海的捕鱼能手,但随着湿地保护区的建立,候鸟是越来越多,可这鱼却是越来越少了。所以,鸬鹚现在是英雄无用武之地,只能闲待着看风景了。真可怜——它在那儿立着虽显出些“王者之气”,但那几分落寞的神态却是怎么也掩饰不住的。

相比之下,我更喜欢在渔网间穿梭飞行的白鹡鸰。它们个头虽小,却浑身上下透着灵气。既活泼,又可爱。

看到这些绝美的镜头,我欣喜若狂,马上打电话给待在城里的那位朋友叫她来,可她只一个“忙”字便推掩了。我可没时间替她惋惜,因为再过一会儿,我们就要坐小船到海上去看鸟了!

公园里的这个“小码头”其实是一个观鸟点,为了防止我们这些身着五颜六色衣服的游客吓着候鸟,公园专门在这儿的两侧种了柳树。另外,还配备了专门的观鸟望远镜,人们在岸边便可观察候鸟。

透过这镜头,你可以看到一些有趣的场景——

这只绿头鸭好像是个小头目,要不然,干嘛他干什么别的鸭子也跟着干什么呢?

让我们再来看看这些赤麻鸭,它们的“水上芭蕾”表演似乎更专业,配合也更默契。

此时的拉市海:水绿得山一般,天蓝得海一般,云白得雪一般。大的、小的候鸟散落在深海间、浅水处、草地上……哇,快看!那群斑头雁要起飞了!它们相继扑打着翅膀笨拙地离开水面的一刹那，我莫名其妙地跟着激动起来——一颗心就像斑头雁似的，腾空而起，只顾没命地飞。

好舒展，好惬意……

咦？我怎么飞得这么快？飞得这么高？难道越是自由越有动力吗？是否平日里就应该给自己“松松绑”？看现在，多好！在这隆冬的拉市海，因为斑头雁，大自然里多了一个“野性的我”！

我想——不——我要飞。

这几年为了保护候鸟，拉市海周边的庄稼有大半都成了候鸟的食物，村民们为此做出了不少牺牲。但每到播种季节，他们仍会将希望的种子撒进土里，等待收获。

在离村民们较远的田地里有一群优雅的灰鹤。它们虽不似丹顶鹤那样通体雪白，但鹤的高雅气质与风度是明明摆在那儿的。行走时，昂首，挺胸，目不斜视。飞翔时，舒展，轻盈，透出“仙”气。

在候鸟的世界里，最痴情的当属赤麻鸭。每对赤麻鸭都是忠贞的情侣，它们总是出双入对，形影不离。如果一方伤亡，另一只也会因忧伤过度而不日而亡。想想，似乎这些赤麻鸭早已熟知我们所说的“玉龙第三国”。所不同的是：它们的经历不是浪漫的传说，而是真实的故事。

上岸后，我们发现了一只受伤的大白鹭。它的左腿上吊着一截线，像是被人抓住后挣脱的。或许是刚从“魔爪”逃离的缘故，它很警惕，从土堆后面探出头来探查时非常小心。我们怕惊吓了它，躲在大树后面连大气也不敢出。离开的路上，公园管理员说，它的爱人曾来救过它好几次，试图带着它一起飞走。可是因为腿的伤势很重，它飞不了了。几次尝试失败后，它的爱人哀鸣着绕着它盘旋了好久好久……之后，终于恋恋不舍地走了。真没想到，鸟们也有这样有情有义的爱人，也有这样缠绵动人的爱情！

拉市海每天都会呈现出好几种色调，清晨是“蓝调”，傍晚是“金调”。日落的拉市海，一瞬比一瞬璀璨，一幕比一幕精彩。如果有谁咬定说：夕阳虽好，可近黄昏。我就非要带他来这儿看看——拉市海的日暮时分分明就是快乐与满足的。这里的每一滴水，每一根草，每一棵树，每一条狗，每一头牛，每一只鸟，每一个人，甚至每一缕阳光都洋溢着饱满的精神，都涌动着爱的旋律。

我爱极了他们，爱极了拉市海。你说，候鸟们每年都来是不是就是因为这个呢？

整个冬天过去了，城里的那位朋友还是没来。候鸟们都已陆续离去，天气渐暖，该回家了。春来。柳青。花红。草绿。我又来到这儿。这时的拉市海，展示出了一种别样的美丽。城里的季节是迟钝的。所以，有不少城里人会三三两两相邀来到这儿，与牛儿、马儿、草儿们一起感受“季节”换哨的脚步。

拉市海我是会常来的，我喜欢这儿。候鸟们尚能不畏险难，带着那一路上有风有雨有雷有电有莫测的故事来此赴约。而我守在此地，岂有不来之理?!

我有一个美妙的约会，你呢？

和照工作室、中央电视台（2006 年 2 月 18 日）

《丽江印象》系列之《走失在纳西文字中》

富遐

与丽江古城的邂逅是在薄暮时分，沐浴着夕阳的余晖走进古城，古老的墙深沉低语，仿佛处处藏着精灵，轻轻触碰，便会有故事抖落。

从城门走进四方街，那些通往小街的路口，仿佛一下让人迷失，不知该从哪条路起步。好在担心是多余的，随便选一个路口进入，都不会迷失方向。因为丽江的水是有灵性的，它完全充当了导游角色，水的方向就是人想要去的方向。

老街顺地形而建，斑驳且略有些倾斜；小桥下流水依依，和着脚步的节拍轻吟浅唱。与这宁静截然不同的是那些沿街的小商品铺子，堆满了各种纳西风情，那些散发着浓郁民族气息的纳西头巾，驼铃木刻和叮当作响的银饰，最得游客们的喜爱。于是，被这热闹吸引了的，便沿街一间间地欣赏把玩下去；而依旧喜欢那平静风景的，也便怡然自得地渐行渐远，或摄影，或写生，享受一份原始的洒脱。

而我则是在一幅幅纳西手艺人的字画中渐渐迷失了方向，模糊了时空概念的。浏览小街图文并茂的纳西版画、烫画、木刻画的同时，我被一家名叫"纳艺人"的刻印店所吸引。这个略显拥挤的店铺里，摆满了款式各异，大小不一的石头，应游人所需把名字或经典妙词，感悟小语刻在石头上，随你到天涯海角。我把自己的名字写给了纳西艺人，并让他写出纳西文字后予以图解。他写的"富"字是一口精致的小锅，锅内有米粒，还冒着热气，意寓不愁吃喝，表示富裕；而"遐"字则是一个意象的脑袋在思考，青烟缭绕表示思索后而又浮想联翩。刻印仅用了一会儿，我却在小店驻足了一小时之久。

而后，我又让艺人刻下了另一方"珍爱一生"的石印，爱的写法是一个男人和一个女人牵着手，中间是一颗针，"P"的样子，表示读音，这是我见到过的最美的象形文字。我把这些精美的石刻小心包好，揣在怀里，仿佛拥有了一个永久的秘密。

望着如此丰富而生动的纳西文字，品味着素朴的东巴文化，我陷入了沉思，不经意间远离了人群，就暂且把自己弄丢一回吧，一个人在陌生的古城中丢失了也不必在意，太阳升起的时候，自然知道自己来自何方。赏心悦目中，我的眼神中尽是千姿百态，袅娜起舞的纳西象形文字，它们或倚或靠，或独自成体，无不将大自然的草木花石，高山湖泊，日月星辰，浮云流水融入纳西的东巴文化中。想象自己若生在纳西家族，挥写着另一种与工整汉字完全不同的文字，或许，也便会对生命，有另一种理解。纳西文字的每一个字，都可以随想象派生出许多更形象的"字态"，甚至扯一片绿叶就可以表达爱情；剪一缕清风就可以风花雪月；掬一捧溪水就可以洗荡灵魂……哦，丢失其实是沉醉的代名词。

在纳西文字的无限徜徉和贪婪对眸中，我似乎幻化为带翅羽的文字，穿越时空，飞到想象中的远古，然后，又重新从那苍茫的古代飞回，一点点找寻历史的痕迹。在这样的飞翔里，那原本看不懂的纳西文字，仿佛也有了别样的内涵——那粗犷的笔画，像是纳西人豪放的性格；那柔美的文字形态，像是纳西人丰满而细腻的情感；那字里行间中满溢的飞翔意象，像是纳西人的热情好客，无论你行走到哪条街，哪个店铺，迎面而来的，都是淳朴的笑脸。

我的思绪收敛了翅膀，停落眼前的这条处处弥散着淡淡温馨的气息的街上，在这里信步，恍若又回到了在都市喧嚣中一度已经疏远了的,恬静的心灵家园。曾经有哲人说,人这一生,便是不停地出走,却又不停地渴望回归,渴望回到最初那安宁的心灵的家。

于是,便有无数人在纳西失落。他们从各种地方来,带着各不相同的尘土,却在这里的石板窄巷中,落下回归的泪。而我,也是他们中的一个。

走出古街时,许多店铺已放下了木板门,一轮朗月在头顶照着,两三点河灯在水面上浮着,只听得见石板路两旁潺潺溪水的声响;我们终将是过客,我们带走了对丽江和纳西文字的一夜深情,但我们也懂得了珍惜,无论行至何处,即使年华老去,也要唱吟过往。

中央电视台(2006年2月25日)

《丽江印象》系列之《时光的痕迹》

姚雪

都说丽江的时光是柔软的。我眯着眼睛站在丽江的太阳下,想看清楚时光的样子。

走进四方街以前,层层叠叠的大屋顶,在很多照片和电视剧里看见过。而如今,贴近它,心是激动的,仿佛一个别样风采的世界就在眼前,热闹而神秘,引得无数人一来到这里,便不再想走了。

这脚下的石头路说是用五彩石铺成的,日子久了,颜色淡了。各种各样的人从形形色色的地方来,带着天南海北的尘土。奇怪的是,多少匆匆而来的过客总在这圆滑石子铺成的小巷前,误以为自己是远方归来的游子,跌入淡淡的忧伤里。

懂事之前,世界总是这般神秘陌生,而面前只是一条狭长的小路,我们扶着墙壁蹒跚长大,直到感觉到日光的温暖。

第一次来丽江是晚上。我放下背包,朋友说,走,去四方街。红灯笼点上了,一盏盏像温柔的大眼睛,告诉你,就算陌生,这个地方也绝不会让你无事可做。

巷口抬出一口巨大的铁锅,锅中架起很高的柴堆,汽油下去,蹿起几米高的火苗,如嘹亮的号角一般,一下拥来密密麻麻的人。《阿哩哩》的音乐很熟悉,此时响起,仿佛立刻有了节日的味道,就算是像我一样初来乍到的异乡人,也忍不住迅速扑向那团火焰,化为乌压压的人群中的一个。管不了舞步了,管不了夸张的笑和叫了,扎堆的人里,游客反比纳西人多,在陌生的石板路上踩踏陌生的舞步,很乱,离的远了,只能仰头看见火焰的顶端,却一样投入地蹦跳叫喊,蒸发汗水。人群里有很多满身银饰的纳西老太太,皱纹满面,却舞步轻巧。还有些挤不进人群的,便只能在外边看。我在里头步履凌乱地跳舞时,偶尔也望一下他们。我知道丽江的晚上有许多地方可流连,但这第一个晚上,选择筋疲力尽的释放,也没有什么不好。天黑了,气氛开始变得湿润。

这里的时光倒回去几十年,小巷幽深,木门轻锁,仿佛关住了时间。早起来的时候,小巷还尚未醒来。空气中有一种凉,花香却清晰,隐隐地还有鸟叫的声音。青砖灰瓦的屋子没有睡,它们不用睡眠,在几十年的风雨里一直醒着,红漆斑驳的窗棂里,有木制楼梯咿咿呀呀的响声,唤人回想曾经朴素的岁月。

窄窄的石板路随河的流势跌宕起伏，民居门前贴着东巴文的对联，完全看不懂，文字变成装饰，风景又简单明朗了一些。

独自晃荡了一些时候，有些屋子开了门。猫坐在门口，肥胖的身躯靠在门槛边，不怠慢也不警觉，毛被主人梳理得细而柔顺。

我总在四方街里迷路，因为想避开那些游人如织的工艺品店，往往就走到了寂静的深处去。在长长的巷口，望着石板路发呆。偶尔听见叮咚的马铃声，让人想起茶马古道上行走的疲惫老马。曾经很多次在文字中阅读过关于那条古道的故事，风尘仆仆的马队曾在这里休憩。千百年的时光流转，这里原来总是属于温柔。温柔地等马队洗去尘埃，温柔地等都市人复原疲惫的心。

老太太们在院子里晒太阳，有的三三两两地聊天，有的独自打盹，有的和猫说话。太阳是不管这些的，一视同仁地温暖覆盖。小巷顶上的天空湛蓝，如晶莹的玻璃，云儿像软软的棉花糖，淡淡的甜。我就几乎要在这样的阳光下睡着了，虽然，我的确是在走路，在丽江。

天黑了，气氛开始变得湿润。白天，你在古城里漫步，在小巷里发呆，在古玩店里淘宝贝，在茶馆里喝茶看书，在院子里晒太阳。你一个人孤单单地溜达也好，你和陌生人一起歇息搭讪也好，你跟这里的老猫照了一早上的相也好，你是平静的，喧闹不起来。如果你不觉得平静，那便是你没享受到丽江的白天。

而晚上就不一样了。这是一个你平静不下来的时候。

酒吧街的灯光带着一点点迷醉和蛊惑。老旧的房子，老旧的样子，屋外的灯笼有些晃眼。晃眼，是因为酒吧街临着水，水里映着光的影子，玫红，橙黄，浅黄，风来，水里的影子就碎成散金，笑声大了，那水波便也开怀，摇曳荡漾。各式各样的音乐隐隐从店里传出来，你是静不下来的，你只想进去看看，变成那光影华丽中的一点。

木地板，木楼梯，木窗户，木桌椅，手织的桌布，古色古香。你觉得是跌进了一个遥远的回忆，仿佛重回一个久违的老店。可泡吧的人变了，各种各样的肤色，各种各样的眼睛。你确定在你的回忆里并没有他们，是的，他们和你一样，不是为了来这里回忆，却可以给明天制造回忆。

每个人心里都有秘密，每个小店也一样装着自己的秘密。一张兽皮，一个狰狞的面具，一把铜锁，一面涂鸦的墙，一盆怒放的绿色植物。灯光幽暗，酒香迷离。这些小物件便变得恍惚而神秘。红男绿女，也许就借它们搭上了话。

离开丽江也是在白天。

在古玩店里淘了几件宝贝，买了一串布衣铃，还有大块的扎染。日光盛开，以永远用不完的热情。

最后一个晚上，我在丽江沉睡。

黄豆面，丽江粑粑，米灌肠，鸡豆粉……我是不能在整晚吃遍丽江的美食的。用那样清冽的泉水做出来的食物，格外可口。

我又一次经过那些小桥。一弯弯石桥，连接着此岸彼岸，也让这古城有了温婉起伏的味道。有人说，丽江女人像水，清冷有声，纯净无泥；男人像山，伟岸峻峭；而老人像桥，沉静安然。它承担着，但沉默着，桥边风景旖旎，它古朴，却深沉而与世无争。

其实，吃什么不重要，我只是很想知道，丽江是如何生长成这样的。如何让那么多人来了便不想走,只想在这找个落脚的地方,在晒太阳的日子里度过余生。

我跑了那么些天,却还没有来得及细细欣赏我住的纳西客栈。檐上青瓦反射着月光,雕花的门窗显着它的精致与妩媚。

时光再一眨眼,这一段便只是回忆。我们几时能看清时光的样子,不过是在时光中看清了自己。

中央电视台(2006年5月20日)

《丽江印象》系列之《龙潭春晓》

闵文新

在春暖花开的三月走进丽江黑龙潭,人们就真正走进了春的源头,也走进了一个春的居所。

三月的黑龙潭,处处充满着勃勃的生机。经历了春雪的玉龙雪山,丰满而挺拔,像一块硕大的羊脂玉,镶嵌在黑龙潭的绿柳碧波之间。

三月的黑龙潭,彻底告别了冰冷的冬天。眼睛触处,找不到半点灰暗的色调,看不见一丝没落的尘埃,像一幅明丽的水彩画。

三月的黑龙潭,是花仙子尽情展示容颜的舞台。春天的每一种名花都可以在此找到。花们使出浑身解数,拼着颜色,比着香味,赛着姿态,好像都想证明只有自己才是春的使者。

古诗说,“春江水暖鸭先知。”是的,在黑龙潭越冬的野鸭已在春天来临之际飞走了,只留下终身与水相伴的鱼儿。但龙潭水暖鱼也知。可不,鱼儿们都争先恐后往水面游,它们也想感受春天的阳光啊。

“春风杨柳千万条,风景这边独好;飞起玉龙三百万,江山如此多娇。”这是郭沫若为得月楼手书的集毛泽东诗词而成的对联。而在春天走进黑龙潭,走近得月楼,每一个人都会叹服这副对联的绝妙。看似信手拈来,却又浑然天成,仿佛是专门为黑龙潭的春天而作的。

在龙潭的春景中,可以发呆——让身心与自然慢慢融合,体会一种天籁,体会造物主赐给人类的极品山水。

在龙潭的柳荫下,可以读书——没有外界的干扰,没有物欲的诱惑,只有宁静致远的情绪,只有天马行空的思维。

在龙潭的春天里,可以下棋——不在乎输赢,不在乎得失,只在乎那一份怡然自得的心境。

在龙潭的春水里,可以划船——荡舟绿水之上,没有方向,也不急于返岸,只为体会这一种连空气也充满了活力的春天。

春天的黑龙潭,美的是山:“龙潭倒映十三峰,潜龙在天,飞龙在地。”

春天的黑龙潭,秀的是水:“玉水纵横半里许,墨玉为体,苍玉为神。”

郭沫若用他如椽的大笔,为黑龙潭作了最生动的写照。

《论语》说:仁者乐山,智者乐水,仁者静,智者动,仁者寿,智者乐。黑龙潭既有山的宽厚包容,又有水的流动变化,可谓智仁双备。

仅仅是看,还不足以完全体会黑龙潭的美。附近的居民就背了大桶小桶,到黑龙潭的出口取水。在他们的心中,这是世间的活水,而活水是最养人的。因此,每天都会有很多妇孺童叟,背了桶来取水。他们的家,近的一二里地,远的却有十里八里。

赏春并不是文人雅士的专利。农村的妇女们,无论平时怎么忙怎么累,这时候也要挤了时间来黑龙潭赏春。在这无边的春色里,信手采一片春天的叶子,信口吹上一曲纳西族的曲调,其悠远散淡的格调,让人们听到了春天在人们心中的回声。

三月里,有纳西族的传统节日三多节,每逢节日,数以万计的各族妇女都会云集黑龙潭,大家穿上本民族的服装,唱起歌,跳起舞,共同感受春天的快乐,共同歌唱春天的美丽。她们的到来,平添了龙潭的春意。那姹紫嫣红的服饰,犹如一朵朵山茶盛开,那开心舒畅的笑容,恰似一簇簇海棠绽放。她们才是黑龙潭最艳丽的花朵啊!

三月的龙潭,是一幅由浅及深的画,绿色在一点点增长,春意在一点点加深。

三月的龙潭,是一曲清亮明丽的歌,生命在一天天滋长,美丽在一天天释放。

春天,去黑龙潭,去寻找春的源泉吧。

中央电视台、丽江电视台(2006 年 5 月 27 日)

《丽江印象》系列之《龙潭秋韵》

潘宏义

秋是一轮明月,空明澄澈,温暖着你的心田。

秋是一泓净水,禅意空蒙,荡涤着你的灵魂。

秋是一种绚烂,落叶飘飞,不知为谁铺就一张绚丽的婚床。

秋是一种宁静,笑靥嫣然,一瞬间的表情就能定格成永恒。

秋是一种和谐,人影在水,鱼影在天,物我难分。

秋是一种发现,就在落叶满地的金黄里,就在乐手悠远的古乐里,就在龙潭澄澈的净水间,就在人们悠闲的步态里,就在老人灿烂的笑容中……

没有预约,我便悄然地推开你碧水掩映的门扉。请不要说我太任性,只是漫长的守候早已让玉龙雪山的头发都白成了终年不化的积雪。

一帘幽深的玉水,涛声依旧,亭台楼阁依旧,只是那个生于玉水的仙子,那个龙的女儿水的精灵已经逝去。化作一潭注满玉液琼浆的清泉,化作永不凋谢的琴弦,化为一朵黑玫瑰的柔姿,化为一袭玉质的空灵。

围绕在你周围的是一些挺拔的白杨,树干是她们婀娜的腰身,树枝是她们修长的手臂,每一片树叶都是她们金色的长发。她们仿佛早有约定,一夜之间,竞相换上了金秋的盛装,风采楚楚地身着金色的纱衣,装点着一场秋天的婚礼。她们招摇着身姿,交谈着,喧闹着,欢笑着,仿佛全世界的快乐和幸福都集中在她们身上了。

一些蓬勃的灌木丛,开始谢绝那些倦鸟的栖息,开始落下细小的叶片,显露出消瘦的容颜。叽叽喳喳的鸟雀在早晨梳洗着羽毛,与涓涓细流对着欢乐的情歌,声音又脆又甜。

那些悠闲的老人似乎更懂得享受生活，尽管岁月已经在他们的额头上刻下无言的沧桑。他们或三两成群，或相约结伴，交流谈心，载歌载舞，悠然自得，怡然自乐。生活在他们的眼里变得单纯而自然，于是，在他们恬静的笑容里，在他们悠悠的舞步里，在他们爽朗的交谈中，你会看到阳光时时在他们的脸上熠熠闪光。

悠然的古乐从身边升起，忽隐忽现，似有若无，时而清晰，时而遥远，听来漫不经心，实则是天籁之声，直指心灵，仿佛要穿越一千年的等待，一千年的重逢，一千年一颗心对另一颗心的约会。

古乐声里，那些笑靥如花的孩子，小心翼翼地把一片片落叶放进流水。许一个心愿让流水带走，今夜，就有一个个愿望在梦里开出绚丽的花朵。

一曲古老的音乐，就是一条清澈的河流。从水光潋滟的龙潭和朗朗的晴空下，缓缓而来，斑驳了那一枚枚浸湿在水中的湿漉漉的音符。

老人们的古乐演奏依然继续着。无数飘飞的音符，如同雪花那美丽的精灵在空中飞舞，整个世界都在静静地倾听。

而我，也将在斯时斯夜，铺开我静水般的怀抱，守候着你，我的玉水龙潭。

中央电视台、和照工作室(2006年5月27日)

《毕业了》系列之北京电影学院

《毕业了》系列之北京电影学院
——梦想和我们(上)

杨杨　李腾　姚雪

导演篇

我常常对别人说,“我是电影的孩子,我为电影而生。”

2002年9月,当我真的站在北京电影学院的门口时,脑海里,便想起了孩提时代的那个梦想。那,也是父母毕生的心愿。

我一直相信,没有对电影的挚诚热爱,是考不上电影学院的。

还记得刚入校的时候,我们都骄傲于自己从无数竞争者中脱颖而出,大多是一副趾高气扬的胜利者姿态,谁也不轻易服输。但因为有着太过相同的爱好和梦想,我们的心又很容易走到一起。课上,我们和老师一起看片讨论;课余,在四季厅海阔天空畅谈电影;当然,最令人兴奋的是,每周我们都会聚在标放观摩四场电影。那时候,总要等到最后一个画面结束,灯光亮起,大家才依依不舍的离开。

我们每个人都有成排的电影书籍,每个人都有如数家珍的电影光碟,每个人都有津津乐道的大师偶像。宿舍里,几个人围坐在电脑前,看的是“电影”;熄灯后,无数次夜谈话题围绕的依旧是“电影”……

四年里,这样难忘的情节有太多太多,我像一个无暇顾及沿途风景的旅人,在即将到达终点时,蓦然回首,才发现过去的风景如雾里的花朵一般,虽不再清晰,但依然美不胜收。

毕业联合作业,是我大学四年最后的记忆,也是记忆中最后一道亮丽而难忘的风景。

为准备作业,今天我又去了图书馆。屋里很安静,阳光从窗外照射进来,洒在桌面上、书本上,很暖,很舒服。看书是我生活中的必需,从一段段情感丰富的文字到一场场变幻无穷的电影,它们给了我创作的养分。电影是一门独特的视觉艺术,它美化生活,解读人性,不是简单的复制,而是有思想、有灵魂的艺术品。与电影厮守、和大师碰撞的感觉常常令我欣喜。只有电影,才能让使我不停的思考。

联合作业的拍摄进入了倒计时,我激动的心情也像抛物线一样,逼近历史最高点。连做梦都是在反复的走戏,不停的喊“action”“cut”每一天都在为拍摄而忙碌,每一天都会出现新的问题。作为导演，我要不断与主创人员协调、沟通，做好拍摄前的最后准备。因为我知道，这次对于我们来说不再是一次简单的拍摄，每个人内心都激荡着难以名状的心绪。人人都有离别情，人人都会舍不得。我以为自己表达伤感的方式可以更加高明，其实真到了这一刻，我也只会默默无语。

联合作业开机的时候，并不顺利。每当我稍有灰心时，就想到老师的教诲："你带着一个团队进入丛林中冒险，无论遇上什么困难都绝对不能放弃，因为一个团队的生命都掌握在你的手里，只有坚持下去，才能从丛林中走出来！"

坚持下去，走出来。

很多时候，成功就是因为那一次次的坚持；坚持，就是因为源自心底的向往。

表演篇

拍摄联合作业的第一天，紧张可想而知。大家相互鼓励，每个人脸上都洋溢着微笑。毕业的忧伤依然还在，但大家只想用最美好的笑容相互慰藉。

这是在学校的最后一次演出了吗？这是和同学的最后一次合作了吗？这是即将画上的那个句号吗？其实，心里明明知道，这些"最后一次"都是确定的答案，可还是自我安慰似的画下一个个问号，只是希望一切不要那么快结束。

曾经，我也做过美丽的明星梦，单纯迷恋被簇拥的感觉；曾经，我觉得表演很简单，可以信手拈来，就无数次地幻想，有一天，自己的身影能出现在那宽宽大大的电影屏幕上，在不同的地方，不同的人都来看同一个故事，看我的表演。

后来，我学会享受表演的过程，真正爱上表演，爱上自己塑造的人物。我终于不再是那个只会做明星梦的小女孩了。

这一切的变化，缘自四年。

清晨6点，走进电影学院，人仿佛置身于一段段独幕剧中。台词是演员的基本功，每天一个小时的吊嗓子已经成为我们的日常生活。自说自话，外人听起来奇怪，可这确实增强了我们的表演功底。

回首四年，系统的理论学习，不断的排练小品、朗诵台词、形体训练，会觉得好辛苦，常常也抱怨，甚至偷懒。但每次松懈的时候，只要一想到梦想，便会坚持下来。四年中是这样，四年后的八年、十年，甚至更远更远，我也会这样。因为我始终坚信，有梦想的灵魂，永远不会疲倦！

我是一个演员，舞蹈不是我的专业，但当婀娜的舞姿在阳光下变成欢快的身影，柔软的身体随着音乐情不自禁的旋转时，我会觉得舞蹈与表演是一脉相承的。在舞蹈中，我得到了释放，它可以是欢快的，哀愁的，可以掺杂着爱与恨。

完成最后一个旋转动作，望着空荡荡的教室，我的心一下子沉落到底。走出这间屋子，好像用了很长很长时间。亲爱的母校，我要走了，但不会流露出悲伤。这一场电影的结尾，没有眼泪。因为微笑，更能迎来一个美丽的明天。久久地站在教学楼门口。站了不知道有多久。时光静静地流走，而我的心里，思绪翻江倒海。

熙来攘往的人群中，我又看见了那个熟悉的建筑。赫然直立的金字塔尖，预示着一个孜孜以求、不断向前的过程。每个人心中都有一个自己的巅峰，那么，就让我们把离开象牙塔的一刻，看作向新的巅峰攀登的起点吧！带着母校给我们的所有鼓励，所有支持和所有温馨的回忆，去征服自己生命中的金字塔。

后记

只有四年,却已经四年了。我们的时光就好像一场电影,上演了四年,如今,那朵芬芳的花儿悄悄地收起了它的花瓣,我们也悄然散场。而这里,是一个永不关闭的电影院。一场场精彩不断开演,一场场回忆不断被细腻的心收藏。

电影学院,你是让我们美丽梦想开始的地方。

《毕业了》系列之北京电影学院
——梦想和我们(下)

杨杨　李腾　姚雪

摄影篇

我始终相信,那个大屏幕里的世界比现实生活更绚丽。

世界一直在动,景象一直在动,我也一直在动。我是一个摄影,我想让眼前的景象在我的取景器里,做最美丽、最和谐的运动。

有人说,人的一生,往往是童年梦想的影子。我童年时,父亲经营着一家照相馆。照相馆的主角是那台古老笨重的老式照相机,父亲用它拍了不少照片。发了黄的相纸,做道具的老花镜,白炽灯,黑幕布……这些童年的玩物为我打开了摄影之门。后来,我开始学习美术,画笔和相机是我捕捉美丽画面的工具,像我的左右手一样,不离不弃。

第一次看到电影《红高粱》时,我还是个小学生。剧情,并不一定看得懂,但那扑面而来的浓烈的红,那粗犷而精巧的画面,却深深地震撼了我。后来,我知道了"胶片"这个词,原来这所有运动着的美丽,都记录在胶片上。于是,像《天堂电影院》里的"多多"那样,我开始迷恋胶片,迷恋一切与电影有关的东西。

从照相,到绘画,再到摄影,童年的记忆如同种子,在我没注意的时候默默发芽抽枝,而当我发觉时,它已经变成了大树,占据了理想的整个天空。

2002 年 9 月,我进入了电影学院,立誓要成为优秀的摄影师。四年里,无时无刻不在为这个目标努力。从最初的图片拍摄到学会用摄影机;从简单的技巧练习到学会用光影去诠释一个故事。第一次见到真的摄影机,第一次学会装胶片,第一次用手去触摸它,第一次聆听胶片转动咔嚓咔嚓的声音……我就这样在无数的"第一次"中成长起来,并在此后渐渐铺展开的时光里,从稚嫩走向娴熟,把寂寞变成执著。

有第一次,也会有最后一次。有第一次的欣喜,也会有最后一次的惆怅。转眼四年光阴已逝。当日历翻到 2006 年 4 月 7 日这一天时,我的毕业联合作业也开机了。

这是四年里,我来了无数次的地方:树木林立,枝繁叶茂,幽深的小路绵延向深处,偶尔一阵风吹过,树叶哗哗作响,宛若轻巧的歌儿,让人心静。上午拍摄还算顺利,休息时,大家还有说有笑,仿佛忘记了这"最后一次"本来会有的难过。和导演讨论下一组镜头时,天突然阴沉下来。我的心"咯噔"一下,变得沉重起来,因为老师常说:摄影得靠天吃饭,拍摄过程中最怕的就是天气突变,影响结果。

四年里,这样的体验早已不在少数。说摄影靠天吃饭,不止是怕天气多变,许多时候,更是因为摄影师对镜头的苛求。冬天，为抓拍一个镜头，等到手脚冻僵；夏天，为寻找一处好景，晒得皮肤红肿。虽然辛苦，但每次看着亲手洗出的一张张照片、拍摄到的一个个精美画面时，那种成就感不言而喻。

毕业联合作业"关机"时，大家都很激动，却也很留恋。这是所有人都用心去完成的"最后一次"。四年的知识，四年的训练，四年的分享，四年的思考，还有四年来那些实现了和没实现的梦想，每个人都用自己的方式，留在了这一份联合作业里。

命运有时也会如同天气般无常反复，而这四年的磨炼，已经教会我们，如何去笑对风雨，守望晴天。

录音篇

乡间清晨的鸟语声，城市地铁呼啸而过的摩擦声，汽车嘀嘀的喇叭声以及路人甲乙丙丁的哭笑声……并不是所有人都会注意到这些声音，因为眼睛能看到的世界，已经绚烂多彩。而我，一直留心聆听着它们。

声音是世界的另一张脸，是一闪即逝但会重复出现的表情。这些声音不像流行歌曲那样会被记住甚至传唱开来，它们只是默默无闻地装点着这个世界。

也许只有在电影的世界里，它们会被再现，和影像一起，为人们献上一个又一个视听盛宴。

我热爱声音，热爱电影。这，就是我进入电影学院的原因。

然而，从一个单纯喜欢声音的孩子，到一个专业的录音师，这之间，还有很长的路要走。当我发现声音的采集、制作和处理的过程是如此烦琐时，我才明白，有些看来平凡简单的东西，其实却需要付出巨大的努力。

常常听人说，录音师戴着耳机，举着杆的样子很"酷"。以前，我也百分百同意这个说法。然而，因为这样的"酷"，举杆举到胳膊酸痛，甚至失去知觉时，我发现，其实"痛并快乐着"，才是真正贴切的形容。

也有人说，录音师多是沉默寡言的。因为在剧组里，他似乎最不需要和人合作，只管录音就好。其实不然。我们要常和导演探讨，了解他想要的声音效果；也要和摄影师做好协调，以免话筒穿帮。

如今，四年生活如一首交响曲，渐入尾声。犹记得四年前那个秋天，来学校报道时温煦暖风吹过耳畔的声音；犹记得拍联合作业时去的小树林里，叶子们欢快歌唱的声音；犹记得与伙伴们在"关机饭"上畅谈过往，最后哽咽说出的那一句"明天会更好"。

我们加工过无数的声音，而这一次、这一些声音，却原封不动地收藏在了记忆里；我们欣赏过无数的声音，而这一次、这一些声音，却属于那些最让心灵感动的纯真。

曾经，电影学院是我们的岸。四年前，为了这个梦想，我们曾拼尽全力。而如今，我们又有了新的彼岸。回头的那一瞬间，才发现，时光已走远，我们已长大。

电影学院，你的体内流淌着多少像我一样的年轻学子动人的青春梦想。我们在你的舞台上尽情欢唱，蓬勃成长，知道了世间更多表达爱的方式。以后，就算我们白发苍苍，已经老去，我们也一定会不断的提起你，提起你和我们的这段精彩时光。

中央电视台（2006年7月31日、8月1日）

《毕业了》系列之北京舞蹈学院

巩雪

当同学们感情的太阳热烈拥抱着校园大地不肯放下的时候，我的大学落幕了。亲切而熟悉的校园里，弥漫着离别的味道，我，是这场离别中被关注的若干主角中的一个。

毕业了，一段大学里的历程画上了句号。

穿着学士服在留恋的校园里拍下一张永久的微笑，记录下我们学生生涯的结束，人生舞台的开始。微笑的脸颊上，可能有别人看不见的依依惜别的泪水，我们来不及擦拭，就要走了，从四年前梦想翅膀飞落的地方再次起飞……

四年前，怀揣着希望和满心的兴奋，爱哭也爱笑的年纪轻轻的我，踏进了这个闪耀着中国舞蹈希望之光的神圣殿堂。第一次离开家，开始了没有家庭束缚的自在生活。我们正值爱作梦的年龄，校园生活对于我们来说被赋予了太多的浪漫色彩。就在我们带着浪漫色彩的梦想在校园的小路上，如穿梭不息的游鱼，游来游去的时候，不知是哪一天，我们从纯粹的浪漫中慢慢走出来，我们的生活中多了对现实的思考和把握，就这样不声不息的，我和我们真的在这里长大了。

习惯了起床后向清晨的太阳用心问好，就开始了忙忙碌碌的一天。与舞蹈为伴的生活似乎有些简单，周而复始的练功，不同方式的训练，汗水、脚上的血泡和硬茧，还有偷偷哭泣的泪水，伴随我们的学习生活。国标、民族舞、现代舞、芭蕾……。身体训练艰辛而严酷，止痛药，对于我们早已不管用了。我们唯一能抑止疼痛的，就是我们的毅力！还有我们对未来舞蹈之梦的渴望……所以，汗水被我们挥去了，泪水被我们咽下了，伤痛被我们抚平了！我的全部的热情仍旧倾注在芭蕾舞里，没有偷过一次懒，逃过一次课，甚至放弃了花前月下的爱情，只盼艰辛的付出能为了在明天梦的舞台上开出花来！享受着校园天地里单纯的没有功利的生活，有快乐，有感动，心境像天上自由自在的云。

702 室，是我们最熟悉也是最喜爱的练功房。这里留下了我们最多的回忆。高高的天空，在窗前，显得很低也很近。还可以看见不远处紫竹院的湖水和一片葱郁的绿色。如果是晚上，凭窗可望到城市绚烂的霓虹和高高的中央电视塔，在这里练功，总会想到生活多美好一类的话语，我们没有奢望的心总会被幸福填的满满的。真的，练功房的窗子，是我们心中永不会消失的风景！当然那里也有我们，我们倒映在上面的身影！

似乎机遇有意要与我擦肩而过。当中央歌舞团招聘演员的考试日期临近时，我的脚因为排演毕业大戏意外严重扭伤。奇迹没有发生，我错过了这次考试。当我第一次接近梦想的时候，梦想就这样招摇了一下它的手臂，就迅速又残酷地回绝了我。我知道，我错过的，随时都可能是自己最后的一个舞台。就像第21根琴弦是古筝的最后孤单。芭蕾，是尖刀上的舞蹈，站在第21根弦的顶端。

留在学校养伤的还有我的好姐妹娉婷，她也是因为脚伤而无法参加广州歌舞团的应聘考试。为了尽快恢复身体素质，她每天都要咬着牙慢跑半个小时以上来锻炼耐力。娉婷的脚部有些让人惨不忍睹了：凝固的血块被磨掉，又渗出新鲜的血来。我们只好把疼痛当作对我们的问候，我们这对伤员静静的待在学校，看着四处奔波求职的同学来来去去，静待着时间把我们的梦想像风儿吹着云儿那样悠悠带走，心里只有无奈。娉婷说，如果我们的缺席可以成就另一对芭蕾舞演员的梦想，希望她们一定要替我们珍惜：在芭蕾舞台上艺术花蕾绽放的每个瞬间！是的，从一开始我们就知道，即便我们曾属于舞台，迟早有一天也会告别舞台。演员的登台下台，就是人生的一幕大戏。但舞蹈事业将是我们一生不会谢幕的追求，也许我们可以去当教员，让更多怀有芭蕾梦想的孩子继续我们的理想之梦，继续芭蕾极致的完美，延续芭蕾的生命，甚至让传统的芭蕾在凤凰涅槃的方式中，有新的生命诞生！

当校园里的宽大梧桐叶子再一次在小路上投下婆娑树影时，学校在多功能厅里举办了毕业生供需见面会，投上自己简历的一刹那，心里蓦然一阵抽搐，四年来堆积的辛酸莫名地涌上心头，湿润了我的眼睛。但我明白：我已经知道怎样做一个勇敢的孩子了，懂得怎样微笑着前进了。阳光，透过满目的葱翠，透过还带有稚嫩的指间，在心底洒下了点点斑驳。

以后每每一年后的今天，走出这里的又会是谁？她们看不到我们的故事，可我却能猜到她们的故事。我们会有太多的雷同的故事，太多同样的喜怒哀乐。学习舞蹈，练功房的窗子，都会是我们共同的人生风景！

我们第一次要把一起精心装扮过寝室打扫一空。我们不敢拿走那盏写字桌上共用的台灯，因为四年里每个晚回来的姐妹都会看到它在睁着等候的眼睛！我们不敢第一个打点自己的行囊，因为每一个要分手的信息都会碰湿同寝室学友的眼睛！我们甚至不敢爽声大笑，因为那笑声也许会笑出心里惜别的泪水！

在有些熟悉这座城市道路和街景的时候，我们毕业了。

快乐和悲伤的纸片，写满了一整个抽屉。我也不知道该不该把它们带走，或是要把它们带向哪里。

告别四年的熟悉，我们将走向一片陌生。

熟悉的将成为如烟往事，陌生里会诞生新的人生风景！

我们离校前，最后一次徜徉在走得熟得不能再熟的校园小路，小路弯弯的，上面盛开着我们4年足迹的印花，留有四季婆娑着的树影，昔日放浪形骸的笑声还好像在回荡，今日的低语里却仿佛多了几分沉重！

这一切，都将被记忆折叠起来，珍藏在今后的岁月里，再过十年二十年，我们也许会回来，深情地在这条小路走上一回，向它诉说多彩得像虹霓一样的人生！

四年了，舞蹈家的摇篮里摇着多少学子的理想之梦！蹒跚而带着稚气的实践者脚步，将从这里迈向真正辉煌的人生！

人生是美丽的，可能我们在许多年后，不再与舞蹈为伴，可摇篮注入我们血液中的美，却会使我们在人生舞台上，创造出壮丽而美好的风景！相信我们吧！可能，可能……

中央电视台（2006年8月2日）

《毕业了》系列之中央戏剧学院

《毕业了》系列之中央戏剧学院(上篇)

孙丽

乍暖还寒的四月里,我们的毕业大戏缓缓落下了帷幕。灯光下的舞台空空荡荡,仿佛也知道离别近在眼前一般,沉默着。我一直相信这是个有魔力的剧场,它如一个收藏时光的匣子,唯有当人群散尽,才会散发出记忆的幽香。台下的观众,只能看到舞台上的表演,而只有那些曾经在这上面炽烈地爱过哭过,并且真正热爱舞台、心智坚定的人们,才会在灯光暗下,人群散去的时候,闻到那些记忆的芬芳。

而此刻,当我微笑着送走我们02级表演系的所有同学,独自坐在这里,看着空旷的舞台,却不能平淡寡然地面对离别,思念漫溢出来,沾湿了眼睛。

很多时候,很多感情,是要离开之后,才开始怀念的。刚上大学的时候,会怀念高中的时光,觉得那时的友情才真正单纯青涩;如今要毕业,却发现生命这一时刻,最珍惜的却是现在的时光,是这一路从含苞到花开,从朦胧到灿烂的欣喜与彷徨。这一路认真笑过、哭过、悔恨过、努力过之后,留下的那些仍旧清晰的记忆。曾经,我们都带着对未来的无限憧憬来到这里,感觉充满鲜花和梦想的未来触手可及。我们认真等待每一个可能降临的机会,像一朵努力生长的向日葵。

时光流年,只是一转眼的空当。仿佛还是昨天,自己看着师兄师姐们站在剧院的舞台上进行毕业演出,心底生出那么多的羡慕和钦佩。他们是那样投入,上演着学生生涯中最华美的乐章。当一切结束,他们齐齐地站在舞台谢幕,仿佛所有花儿都一齐盛开,那熟悉的舞台,从来也没有这么明亮和美丽过。

而现在,当我的毕业演出触手可及时,我却黯然了。这一天,来得竟是那么突兀,那么毫无情面。这一次绽放,固然让人激动,可这一次落幕,也宣告了我们,将告别中戏的这个舞台。毕业演出,固然预示着一个崭新生涯的开始,却也是校园里的最后一次相聚。

是的,我记得,一切都清晰如昨。排练教室依旧那么熟悉,一切和四年前我第一次踏进来时一样,并没有什么太大的改变。很多次在这里排练,上演很多虚拟的爱和悲伤,这里也仿佛就变成了一个魔术盒子,走进来时,你有一个需要全情投入的角色,几个小时以后,你又尽力要消除角色带给你的影子。排练时,总是要尽力提醒自己,我是一个演员,是一个专业、并且精致到细节的演员。可是散场时,又常常需要对自己说,那只是一场戏,你只是一个演员。

和其他大学的学生不一样,他们的学习,是为了毕业以后在社会舞台上的表演;而我们的学习,就是表演。按道理,习惯了出戏入戏的排练,我们应当更容易适应毕业这一场离别。

只是,明白这一次落幕,已经是最后一次。

天气转暖,宿舍里越来越少地看到同学们的身影,表演系的同学正忙着拍照片,联系剧组,奔走于大大小小的剧团。四年的磨炼,我们长大了,也开始明白,并非所有人都那么幸运,在走出校园时,就能得到耀眼的镁光灯,无边的鲜花与不绝的掌声。或许,我们中的许多,将平平凡凡地走下去,继续我们的舞台梦想,继续在努力中期待幸运的降临;或许会为了生计,或是别的原因,告别曾经的梦。然而生命之中遗憾十之八九,若是因此而不曾为理想拼尽全力,我们的青春又何其苍白?

阵阵蝉鸣,终于催促着毕业的一刻,越走越近。

2006年4月11日。大学岁月似花期,而我们的这一季就要落幕。演出前的最后一次彩排,段落上起伏跌宕,思绪纷乱纠缠不清。

我们不过都是人生的过客,“你记得也好,最好你忘记,在这交会时互放的光亮……”生命的戏剧性丝毫不比舞台上逊色。师妹师弟,像曾经的我们一样,大声地谈笑,模仿老师的讲课,为了应付考试焦头烂额。而几年后,他们也将如同此刻的我们,懂得最难演绎是自己。那么,就请为我们短暂生命中的永恒梦想举杯,请允许我用年少轻狂的痴情,换取为理想继续奔跑的勇气,“哪怕岁月之银/敲出稠密的钟声/我希望我深信我永远不会/让可耻的明智把我唤醒。”

暗下去的镁光灯重又亮起,将这个中戏人心中的舞台圣地照得如同白昼,台下的掌声和着音乐声传到外面的巷子里,如同天籁之音久久挥散不去,在这个仲春的夜晚,我们拉起帷幔,最后一次登场,以优美的华尔兹谢幕,以一曲欢唱答谢师长,彼此喝彩祝福。离散的宴席上,切莫悲伤,前路虽满是荆棘,但仍有蓝色理想飞舞。我们的心灵,依旧是彼此停靠的港湾。请,就在这里道别,微笑着说再见。

再见了,东棉花胡同,再见了我的中戏,我的大学时光。

《毕业了》系列之中央戏剧学院(下篇)

姚雪

6月,正是毕业的时候。

东棉花胡同里一股淡淡的馨香。

每年的这个时节,外面总是炎热,而一踏进这个小胡同,人又总有种清朗的感觉。

或许是那青绿色的砖瓦,拉起喧嚣与宁静之间的蔽障;或许是那偶然遇见的砖雕门楼,让人怀想起旧日的恬淡生活;或许是那胡同深处绿荫中洒下的点点阳光,突然折射出生命的跃动生机。

所以，当人们的步履经过那一座校门时，都会停下来，为那一行字所吸引：中央戏剧学院。

这行字，可以给人们带来太多联想。或许有人会想起林连昆、田华，有人能想起鲍国安、丛珊、李保田，或是姜文、袁泉、徐帆、王志文，或是已经成为国际巨星的巩俐和章子怡。他们都曾踏着东棉花胡同安静的小路，从这校门里进进出出。

当这一个个名字从脑海中掠过的时候，好奇心也随之而来。是一所什么样的学校，能将这么多热爱艺术的学生，变作辉映荧屏的明星？让这些怀有梦想的孩子，在这里完成化茧成蝶的蜕变？

中央戏剧学院，1950 年 4 月正式成立，今年，刚过完它的 57 岁生日。校门上的这几个字，是毛泽东主席亲笔题写的。它的前身，是延安鲁迅艺术学院、华北大学文艺学院、南京国立戏剧专科学校。它有着深厚的艺术积淀，著名戏剧家欧阳予倩、表演艺术家金山、导演徐晓钟、戏剧教育家王永德曾先后担任院长，曹禺、张庚、光未然、沙可夫、李伯钊等著名戏剧家也曾经在这里担任过学院领导。

光阴流转，不同的年代，东棉花胡同里也有着不同的光景。然而不论何时，在这里，关于戏剧和电影的梦想，总在继续。五十多年的成长，这颗艺术的种子已经变成一棵参天大树。它枝繁叶茂，厚重的根紧紧地扎入历史与社会的土壤。受益于长久的艺术积淀和前辈的奋斗成就，每一个学生，便好像树上的一片叶子，从萌芽开始，在时光中学会生长，学会汲取养分，学会抵抗风雨，最后尽情舒展，绽放自己的美丽。

那树是无私的，也仿佛是取之不尽用之不竭的。

这些叶子，或许在离开了树之后，会飞上天，变作一颗闪亮的星星；或许会飞得很远，在一个陌生的地方微笑；或许会在沉寂了很久之后，在某一天突然变做艳丽的花朵。

这些并不重要，重要的是，不论在哪儿，他们的目光里，永远有着一缕对树的眷恋。

6 月，正是阳光灿烂，无数身影远行却又频频回首的时候。

中戏学生的毕业大戏已经落幕。在这最后一场戏里，他们总是要倾注满腔的心血。有的，是经典剧目的演绎；有的，是自编自导的新戏；有的呈现回归式的思考，有的则充满后现代的重构。毕业大戏，像是枝头的叶子最后一次倾尽全力的舞蹈。舞姿各异，但执著不变的，是中戏人对戏剧艺术的孜孜以求。

大幕徐徐落下，而他们，将在新的路上，继续他们的梦想。

中央电视台（2006 年 8 月 3 日、4 日）

第二百零一次叩门

中央十套《子午书简》

朗读：郝　冉

主持人：您好，这里是《子午书简》。观众朋友，这几天我们的节目都围绕人生励志这一话题进行。很多人都渴望成功，而最终获得成功的只是极少数人，但他们中的许多人都有一个共同的特点——那就是坚持。

【缓缓地音乐起】

甘肃观众马云启说

观众来信：

对于目前的工作

我感到很迷惘

不愿轻易放弃

想要坚持

却又觉得没有什么出路

主持人：其实每个人都有一个成功前的过程，那是一段没有赞美、没有快乐、只有压力和痛苦的阶段，只不过不同的人时间不同而已。有句话说的好，成功者永不放弃，放弃者永不成功，每一次付出其实都有回报，成功和失败的差别，有时就是看一个人能否坚持到最后一刻！你放弃了，也许就什么都得不到；你坚持到底，当然就成功了。今天我们推荐的《第二百零一次叩门》就讲述了一个关于坚持的故事。【音乐止】

每个单位都会有敬业的员工，如同学校里尽责的老师、班级里刻苦的学生。外人往往只看到重复的外表就以为那是自己不屑的、枯燥的、低级的、其实越是美德的高峰越离不开现实的山基。【舒缓的音乐起】

坚持的问题，并不是能否付出，而是是否具备坚持的能力。从这个角度讲，我们对一丝不苟老师的敬佩和对坚持不懈学生的赞叹，更源于对他们坚持能力的仰止。坚持不是单纯的付出，坚持更是一种能力的体现，文章作者第二百零一次的叩门，正是他最终能敲开成功之门的原因。

【《第二百零一次叩门》——阿健朗读】

那年我没考上大学，将那张谁都不会正眼瞧一眼的高中毕业证书塞到箱底。便和那些陆陆续续的下岗者一道加入了满大街找工作的大军。找工作屡次碰壁之后，一家保险公司的经理同意我做一名业务员。虽说没有固定薪水，报酬是按承揽的业务额提成，但我还是很高兴，毕竟找到了一份可以尝试的工作。于是，怀揣着宣传单和协议书，我开始了苦辣酸甜皆有的“扫楼”的日子。

上岗的第一天，我跑了62家单位和私宅也没谈成一份业务。拖着沉甸甸的双腿从大街上走过，我的眼泪都快要流出来了，我真切的感到了这份工作的艰难。看到那些穿着漂亮的时装从眼前走过的同龄人，更有一种说不出的伤感。我忍住了泪水，轻轻地告诉自己，再去试试，估计扣到100个门的时候总会碰到一份欣喜吧。下午，我选择了自认为很有希望的居民小区，开始从一楼往七楼“扫”，一次次满怀希望的叩门赔着笑脸说明来意，又一次次的遭遇拒绝。我的热情一而再再而三的遭受打击，我的嘴唇都被咬破了，但叩开第一百家居民的房门时，迎接我的是一屋子搓麻将搓的正起劲儿的男人和一串十分不满的呵斥：“快走，别来打扰我们。”

歇息了一会儿，我又给自己订了一个计划，再走50家，若还是揽不到一位投保人就甩手不干了。主意已定，我又鼓起勇气，开始耐心的去敲门。热情的去推销，但除了失败还是失败。夜幕降临时，我又扣了42个门，最后依然是满怀失望的回家了。第二天，我显然没有最初那份热切的期望了，不大自信的扣完了8个门，我一脸沮丧的坐在一栋楼的花坛边，把一张张花花绿绿的宣传单抱在怀里，想着怎么回去跟那位答应让我试试的经理交差。

【舒缓的音乐起】

这时，不远处正在玩弹子的一对祖孙吸引了我的目光，只见那个小男孩一次次的弹击前面的一枚弹子，但总是偏差那么一点点。祖父在一旁耐心的鼓励道：“差一点儿了，再试一次，就差一点了，再试一次就击中了。”小男孩满头大汗的坚持着，充满自信的弹击着。那情景让我怦然心动，我知道自己该怎么做了。就在我刚刚站起身来的时候，身后便响起小男孩畅快的欢呼声：“击中了！我击中了！”但我没有那位小男孩那么幸运，迎接我的还是失望【音乐停】191、192、193……越往下数，我的脚步越沉重。大概我的命中注定了不该吃这碗饭吧，我开始怀疑自己的选择和能力了。来到最后一个门洞的5楼，第二百次叩门，我收到的依然是深深的失望。扶着楼梯，我大口的喘息着，心想：“我这辈子再也不干这苦差事了。”然而，顺着楼梯我看到6楼微启的门，脚竟不由自主的向上挪去。而这一次轻轻地叩门，不仅叩到了打工以来的第一次成功，更扣出了我对人生深刻地认识。当那位家庭主妇同意为儿子加投一份人身保险时，我欣喜地竟然泪眼模糊了。虽说这是笔小小的业务，但它给我的鼓舞却是无法估量的。我知道，如果在第二百次那一瞬间，我放弃了继续努力，那么所有的失败都将一钱不值，而坚持下去，所有的努力都将重新计算价值。

此后，我又遭遇了无数次失败，但我从未灰心，而是一次次的从头再来。

【音乐起】

最终我谈成了一笔笔可观的业务，成了本地保险界的“知名人士”。

一天，当我坐在一家保险公司的部门经理的位置上，为几个初遇挫折便想打退堂鼓的年轻人打气时，我由衷地鼓励他们：“记住，别轻易地放弃叩门，成功会在你下一次叩门的时候微笑的迎接你的。”

坚持到底就是胜利！

——中国俗语

中央电视台（2006年6月8日）

电视文学节目2007年

岁寒三友

《岁寒三友》之《踏雪寻梅》(上)

胥智慧

是严冬轻声奏响的一个音符,是皑皑白雪下的一枝娇媚。是冰冻三尺时的一缕幽芳,是万木萧瑟中的一出惊喜。

是岁寒三友中的一位君子,是百花凋敝时的一位仙子。是夜深新月下的一声情语,是庭院窗边的一抹浮影。

是冬日独艳的一朵,是春天将来的信使,在万千的花色中,这便是梅花了。

山园小梅 (宋)林逋

众芳摇落独暄妍,
占尽风情向小园。
疏影横斜水清浅,
暗香浮动月黄昏。
霜禽欲下先偷眼,
粉蝶如知合断魂。
幸有微吟可相狎,
不须檀板共金樽。

古人咏梅的诗,大约分成四种,或咏其风韵独胜,或吟其神形俱清,或赞其标格秀雅,或颂其节操凝重。自宋代以后,借梅来抒发闺怨情怀的诗渐少,而写其意象之美,赞颂它坚贞品格的诗,则渐渐流行起来。明代高启的《梅花诗》,便是其中一首。不过,他的诗更具特色的一点,是梅花在传统的意象之外,更被带上了诗人本身强烈的主体色彩,诗中的梅花,好像就是诗人自己的精神化身。

梅花诗 (明)高启

琼枝只合在瑶台,
谁向江南处处栽。
雪满山中高士卧,

月明林下美人来。
寒依疏影萧萧竹，
春掩残香漠漠苔。
自去何郎无好咏，
东风愁绝几回开。

“雪满山中高士卧，月明林下美人来。”高启的梅花诗，将雪与梅，当作是匹配的高士美人。

梅与雪，常常在诗人笔下结成不解之缘。宋代王安石便有“遥知不是雪，为有暗香来”的名句。“踏雪寻梅”更成为许多人冬日的乐趣。梅伴雪生，正生出梅的坚强与高洁；雪为梅衬，又衬出梅的美丽与多情。正是似雪非雪，似梅非梅的意境，才让这冬日赏梅，显得情趣盎然，也让这咏梅之诗，充满了悠然的韵味。

梅花绝句之一 （宋）陆游
闻道梅花坼晓风，
雪堆遍满四山中。
何方可化身千亿，
一树梅花一放翁。

梅花绝句之二 （宋）陆游
幽谷那堪更北枝，
年年自分着花迟。
高标逸韵君知否，
正是层冰积雪时。

陆游的诗，总是那样激情满怀，就连咏梅，也不是那小家碧玉般的玩味，或是朦胧婉转的吟咏。“化身”一字，像是全诗的诗眼，让诗人的想象飞腾而起，咏梅之心，更是跃然纸上。梅花是陆游平生最爱的花，那一树怒放的梅花，燃烧着诗人从未冷却的热情，或许，诗人也更希望他的爱国之心，能如这树树梅花，处处盛开。

梅开盛时，有人赏梅；瑞雪过后，有人寻梅。但可能很少有人知道，在梅含苞欲放时，还有探梅一说。探梅须及时，过早含苞未放，迟了便落英缤纷。将开未开之时，正是梅花最美之时，半遮半掩，略有羞涩，仿佛靠近那丝丝缕缕的花蕊，便能听见盈盈花语的声音。

梅花的颜色有许多，红梅鲜艳热烈，黄梅妖娆跳跃，粉梅妩媚多情。却独有人喜欢白梅，在雪之中静静盛开，只等有心人的脚步，因它惊喜，为它感叹。

与那些缤纷的梅花相比，白梅更加沉静。它宁愿置身于冰雪覆盖的树林，也不愿像桃李那样，混杂在春天的芳尘之中。一剪寒梅傲立雪中，独有绽放时淡淡的芳香，仿佛将人的心事诉说。

早梅 （唐）张谓
一树寒梅白玉条，
迥临村旁傍溪桥。
不知近水花先发，
疑是经冬雪未消。

白梅 （元）王冕

冰雪林中著此身，
不同桃李混芳尘。
忽然一夜清香发，
散作乾坤万里春。

王冕诗里的梅花，总是淡色的。这位中国古代著名的画家，也喜欢画自家的梅花。洗砚池边，一树一树的梅花开着，进到王冕的画里，便成了淡淡的墨痕，这淡淡的墨，正是他内心的折射——“不要人夸颜色好，只留清气满乾坤。”

如果在诗人中找那淡淡的梅，李清照莫过于其中之一。她那些为人所熟知的诗，总是清清婉婉，字字珠玑，宛如一株清雅的梅，在繁乱的尘世中独自芬芳。她爱梅，梅花在她的诗里，也随她的际遇，盛开和凋零。

渔家傲 （宋）李清照

雪里已知春信至，寒梅点缀琼枝腻。
香脸半开娇旖旎，当庭际，玉人浴出新妆洗。
造化可能偏有意，故教明月玲珑地。
共赏金樽沉绿蚁，莫辞醉，此花不与群花比。

《渔家傲》是李清照少女时代的作品。此时，梅正在她的词中娇艳——明月金樽，玉人出浴，甚至有种她的作品中少见的华丽。后来，李清照与丈夫赵明诚几经聚散，于是有了“夜来沉醉卸妆迟，梅萼插残枝”的相思之苦；再到后来，兵荒马乱，国破家亡，即使对着一生眷爱的梅，她的心中，却生出“一枝折得，人间天上，没个人堪寄”的悲凉。

如果说李清照是一枝静素的白梅，那么，同是南宋词人的辛弃疾，便是一棵遒劲的老梅。他一生驰骋疆场，即便到了晚年，仍然雄心不减，就如那在凌厉风雪中挺立的梅树，用坚强的枝桠，撑起一树怒放的梅花。

临江仙·探梅 （宋）辛弃疾

老去惜花心已懒，爱梅犹绕江村。
一枝先破玉溪春。更无花态度，全有雪精神。
剩向空山餐秀色，为渠著句清新。
竹根流水带溪云。醉中浑不记，归路月黄昏。

是不惧风霜的一派气节，是赛过百花的一抹清丽；是挺立严寒的一种意志，是与世无争的一片高洁；是与月相伴的清雅，是伴雪而生的芬芳；是清纯秀美的寄托，也是孤独心事的低诉；是独傲世间的勇气，也是苦苦绽放的思念。可柔、可刚；亦柔、亦刚，这便是梅花。古往今来，在千万诗人的笔墨中，蘸成不同的颜色，不同的浓淡，不同的爱恨情怨。

中央电视台（2007 年 1 月 10 日）

《岁寒三友》之《踏雪寻梅》(下)

胥智慧

我生在江南，我喜欢梅，不是因为历代文人墨客的喜爱，亦不是因为那些流传千载的诗文，我只是喜欢。喜欢她断然的清绝与令人不敢逼视的风雅，喜欢她素瓣掩香的蕊，喜欢她团玉娇羞的朵，喜欢她横斜清瘦的枝，更喜欢她是月色黄昏里一剪闲逸。那一剪寒梅，从三千年前的诗径走来，穿过依依古道，穿过魏晋玄风，穿过唐月宋水，落在了生长闲情的江南，落在了我的心里。

踏雪寻梅，仿佛是宿命的约定，这约定，期待了三生，穿越万水千山，才与我悠然地邂逅。我踏雪而来，没有身着古典的裙衫，没有斜插碧玉簪儿，也没有走着青莲的步子。我寻梅而来，没有携带匆匆的行色，没有怀揣落寞的心情，亦没有心存浓郁的相思。我只是来轻叩深深庭院里虚掩的重门，来寻觅纷纷絮雪间清淡的幽香，来拾拣惶惶岁月里繁华的背影。

我拾径而上，漫步在幽静的梅园，立于花影飞雪之间，恍若隔世遥云，浮游仙境。百树梅花，竞相绽放，或傍石古拙，或临水曲斜，那秀影扶风的琼枝，那暗香穿盈的芳瓣，无须笔墨的点染，却是十足的诗味沉酣。人入梅林，絮雪埋径，又怎会在意红尘的纷呈变化？又怎会去计较人生的成败得失？如果你选择了宁静，浮华就会将你疏离。

雪中寻梅，寻的是她的俏，她的幽，她的雅。那剪寒梅，是青女轻捻玉指，散落人间的思绪；是谢娘彩衣倚栏，观望吟咏的温婉。“疏影横斜水清浅，暗香浮动月黄昏。”疏影暗香，如此高雅的意境，暗合了林和靖悠然隐逸的恬淡情怀。林和靖一生隐居孤山，依山种梅，修篱养鹤。他淡泊名利，绝意仕途，梅为妻，鹤为子，清莹的冰骨，宛然的风节让后人称叹。苦短人生，有几人舍得轻轻抛掷；锦绣年华，又有几人不去孜孜追求。纵有高才雅量，也未必能看淡世事的消长，悟出生命的真意。

雪落人间，舞弄如絮的轻影，穿庭弄树，推窗问阁。我飘忽的思绪，在无岸无渡的时空里回转，我恬静的心怀，在花香酣梦的风景里吟哦。“江南无所有，聊赠一枝春。”梅花宛如知己，将某个温暖的瞬间凝望成永恒。一枝梅花，牵引出云梦般的往事，试问那位遥远的故人，是否还会记得这个素衣生香的女子？折一枝寒梅，寄予故人，若干年后，如果再度相逢，是否还会记得曾经青翠的记忆，记得昨日遗失的风景？天地间，雪花以轻盈的姿态做一次洁白的回想，追思过往，那些苦乐的年华，在寻梦者的眼睛里演绎着生命最初的乐章。

行走在幽境之中，所有的浮躁都会随之沉淀。见地上雪色晶莹，残香如梦，不由想起陆游笔下的梅花，“零落成泥碾作尘，只有香如故。”在这里，梅花曲折的命运，如同陆游坎坷仕途的剪影，这位失意英雄因为梅花的别有韵致而显得更加高洁深沉。哪怕零落成泥，也不会忘怀她冰雪的容颜，哪怕碾作尘土，也会记得她翩然离去的背影，哪怕繁华落尽，也会永恒留存她淡淡的幽香。

亭阁楼台，可见人间春意；清风寒雪，自引庭院幽香。我仿佛行走在千年的风景里，在曲径通幽处寻找古人散落的足迹。冰洁无尘的梅花，以超然脱俗的气韵在翰墨里飘香，以轻逸若仙的风骨守护人间至真的纯净。那执手相看的身影，与世无争的高雅，感动着我踏雪寻幽的心灵。也想学古人寻觅清幽之处种梅赏梅，也想在匆匆流淌的时光里写出千古文章。此处，却成了无字之诗,任由思绪在梅与雪的呼应中,畅意游走。

那一片冰雪的世界里,有红装绿裹的孩童,在晶莹的冰层上追闹嬉戏,尽情地滑翔。那天真无邪的笑容,那忘乎所以的快乐,是一幅意趣盎然的生活画卷,舒展着他们飞天的梦想。不知谁家的孩子,他年还会来寻觅今日宛转的童贞,不知谁家的孩子,还会记得这一次追风逐云的冰上舞蹈。我从来没有这样向往远方,我希望借着鸟儿的翅膀,在碧空无垠的天际,在浩瀚清澈的冰雪中,做一次忘我沉醉的飞翔。

踏雪而来,乘风而去,离合的光影在明亮的阳光下升腾灵魂的舞蹈。或聚或散的梅花沉睡在冰雪的梦呓里,引领我年轻的生命到达春意盎然的地方。寻思古人,同样的赏梅,却有诗人把酒而吟的雅致,却有离人见梅思物的忧伤,更有老者抚今追昔的感慨。一缕诗心,穿越楚辞汉赋,流经唐诗宋词,飞度千山碎雪,抵达繁华的今世。江南梦逸,云水声寒,今生,我愿意做一剪轻逸的梅花,在风雪中傲然地绽放,带着今生的夙愿,带着隔世的梅香。

中央电视台(2007年1月17日)

《岁寒三友》之《蜀南竹海行》

潘岳

宜宾,蜀南,百里方圆,全是竹。

国人爱竹,是因为中国人特别像竹。

在三千年华夏国粹里,竹是诗,是酒,是歌,是画,是令人沉醉、令人惊悸的阴柔之美,东方人的美。风霜雪雨,四季不同,竹的色调也不同,人们的评价更是不同。

舜帝南巡,死于苍梧。两个爱妃娥皇、女英,明知夫君已去,仍千里奔丧,双双坠于湘江。她们悲恸的身姿化为婆娑摇曳的竹干,哭虞舜的泪水便化为竹干上的点点竹斑,凄凄婉婉,悠悠潇潇,此为潇湘之由来。后来什么"潇湘妃子"、"潇湘泪"、"潇湘院"皆典出于此。经屈原、韩愈等宗师的渲染,一说到湘君、湘夫人,就使人想到竹林,一见到竹林,就想到女人的泪。尤其是下小雨的时候,点点玉珠顺着细窄的翠叶蒙蒙洒落,如泣如诉,缠缠绵绵,哀怨娇嗔,令人心碎。在蜀南竹海,有一种唤作"慈竹"的竹,纷纷细雨中,更显得圆润剔透,娇翠欲滴,一摆一动,送万种风情,现百般诱惑,任谁,都想走过去轻轻的抚摸,似乎在拭抹美人的眼泪。这种怜怜无助依偎在你胸口上的感觉,正是竹雨的魅力。怜惜之心一起,柔柔的竹雨再一飘来,人,马上就能生出那永不泯灭的天良。

还记得唐代的"竹溪六逸"、西晋的"竹林七贤"吗?七贤中,我最喜欢嵇康。他除了爱喝酒、死得可怜、一生潇洒风流外,最让人称绝的,他还是个音乐家,在竹林中,他谱成了一曲千古绝唱《广陵散》。古今书籍对此曲记载颇多,可惜失传。没听过也好,可令后人任意想象……晚霞时分,竹海之中,阮籍、刘伶等酒仙,盘坐在落满竹叶的地上,烫上一壶菊酒,或泡上一壶竹茶,一阵微风透着竹林间隙巡巡拂来,嵇康倚坐竹下,白衣白袍,面前一尾竹琴。几个美丽的少女,抛甩着长长的彩袖,随着竹风,踏着弦拍,在你眼前舞着舞着……那是一首诗,一幅画,或是在诗画中复活的那一曲《广陵散》。

说到竹雨，就想到竹风，竹雨是女人的泪，竹风是男人的诗，加在一起，旋回起伏，抑扬顿挫，任你遐想，那是爱，也是竹的诗韵。

天生万物，代代衍化，无论是谁，都应有个灵魂。竹也一样。竹干中，空空的，隐一股清白浩然之气；竹节处，鼓鼓的，显耿耿孤傲不屈之节；竹叶间，沙沙的，涤无尽浮华红尘之恋；竹林里，柔柔的，卷丝丝春花秋月之帘。偶在竹径行走，一瞬间，灵台清澈，明心见性，清风掠过，气血舒张，那浩浩荡荡的清气，使人触觉到弃绝杂念的禅界，这禅界，是古往今来多少儒生佛子追求的境界！士大夫讲究气节，所谓臣节、国节、妻节、子节者也，唯遇高风才亮得名节。何谓高风？即霜寒之风。愈是霜寒，愈是清冷，竹干愈挺得笔直俊拔。古人将孤松、寒梅与傲竹并称“岁寒三友”，百代千朝，称诵不绝。当知竹子除了这似水的柔情，还有那倔强阳刚的一面。

在竹海，最震撼我的，是那种一竹倒下，万竹爬起，前仆后继，勃勃跟上的生命力。竹生笋，笋破土而出，再成为竹，一年独立，二年长成，五年成林，十年成海，如此循环，如此繁衍，如此顽强！在万树丛中，论气势，看阵仗，说意志，比坚韧，唯我竹君也！

这些，才是竹的灵魂，竹的神髓，竹的奥秘，竹的精神所在。所谓竹的精神，就是中国人的精神！

南竹海，与别处竹海不同，其林中，有溪，有石，有桥，有瀑，曲曲弯弯，高高低低。如你漫步到竹径的山泉旁，俯下身来，双手一捧那沁人肌肤的泉水，泼在脸上，凉凉的，滑滑的。站起身，深深吸一口天地清气。再静下来，闭目倾听，无穷无尽的竹海中那巡回激荡的阵阵沉涛，你用心，必可感触到百里外的层层远山。然后，你背着手、昂起头、缓缓地、不徐不疾地继续往前走。拐过一道青石岩，百米开外，薄薄的水雾里，朦胧所现，一座根根绿竹搭就的酒楼。一股肉香气，一股融入竹海、而不能以荤素来品评界定的肉香气，被潮潮的轻风徐徐送来，那是竹筒饭。竹海里，竹子自然多得是。用竹下的清泉淘一把白米，盛入新鲜的竹筒里，放进几块用松脂细细熏制的腊肉，捂上盖子，再在干柴与竹叶上燃一把火，架一个锅，把竹筒蒸熟。此时，你告诉自己，天下间所有的大事皆可放下，你，只想吃饭。

苏东坡说：“宁可食无肉，不可居无竹。”凡清雅之士，都在庭园里种几棵竹。记得春秋时晋文公为报答他的恩人、当时已归隐的介子推，派兵逼他出山做官，可介子推不愿意，背着老母躲入竹山。晋文公放了一把火，不一会儿，山上的竹全烧光了，介子推母子也烧成焦炭，却始终没有出来。一代隐世高人生于竹山，死于竹山，也算归得其所了。蜀南竹海，古代的名士来过不少，如李白、黄庭坚等，也隐居过一些高人。每个觉得做人比做官更重要、人格比功名更高贵的孤臣书子，都会有飘然出世之感，都会发“采菊东篱下，悠然见南山”之慨，都会喜欢种竹赏竹伴竹。这便是竹的高洁。

除了名人雅士，老百姓也爱竹。几千年了，人们歌竹林而悦目，制竹椅而坐躺，造竹板而击敲，扎竹筏而漂荡。时而，还舞竹剑而激昂，吹竹箫而回肠，品竹笋而滋生，书竹简而飞扬。人与竹，竹与人，那么多年了，又岂能分扯得开？竹任人砍伐，任人排遣，却从来没有索取过什么回报，这才是竹的秉性，中国人的秉性。

此次观竹，最叫绝的，是在百里竹海上空坐缆车。据说，只有蜀南竹海才有。在竹林里可透悟人生、涤荡红尘，那在竹林上面呢？君不见那浩渺无边、壮阔无穷的翠色之海、绿色之浪？丛丛竹中，间歇几户人家，白云深处，错落几座红崖，漫山锦绣，尽入诗画。诚所谓“水中更见竹精神”。林海里，隐隐约约的，千百条溪流激起层层水雾，团绕在条条竹枝间。再与竹叶溢出的缕缕清气合为一处，化作袅袅雨烟，旋转着，交合着，由一种无形的力量将这满山遍谷的清白神灵之气，凝聚饱满，迸发出来，尽意地抛向高空……只有在高空上，极目俯视，你才能真正领略到什么叫竹海，才会发现自身的渺小，才会感佩大自然的神奇，此刻所见，才是竹海的气魄、竹海的抱负，也即是竹的胸怀，中国人的胸怀。

这是二十世纪最后一个冬天。此时京师，霜风凛凛，一派苍凉，虽有易水之狂歌，燕赵之慷慨，又怎比得上来到蜀南，观此竹海?! 在南国清越的古筝伴绕下，去体悟禅理，去凝思诗韵，去超越美学，去倾注柔情，去洗涤心灵，去舒展经脉，去奉献自我，去修磨心性，去探索人生之奥秘和宇宙之伟大，去吸纳山川之灵秀和日月之精华，去将自己融入这干干净净、清清白白、透透彻彻的竹世界里……唯有此，你才会爱上这些竹，这片竹海，以及这竹子的精神。

如果你是中国人，就该有这种精神。

中央电视台(2007 年 1 月 24 日)

《岁寒三友》之《寒山访松》(上)

胥智慧

自古以来，被誉为“岁寒三友”之一的青松，就有着经寒霜而不凋，遇冰雪而不折的凛然气质。青松虽没有幽兰的风流自赏、清芬宜人，没有水仙的冰肌玉骨、冷艳飘逸，亦无莲荷的淡愁含露、清雅秀美。然而青松却能在寒风凛冽之际、万物皆枯之时，迎霜傲雪，郁郁葱茏。世人爱松，爱它在皑皑白雪下的巍然挺拔；爱它在炎炎夏日里的浓荫苍翠；爱它在萧瑟秋风里的淡定从容；爱它在静穆冬日里的蓬勃生机。

古人爱松，以松柏喻己不变的天性，青松是真诚伟岸人格的倒影，牵引着人们景仰的视线。在漫长的人生历程中，青松耐寒高洁的品质锤炼出壮美的人格理想，在人们的品咂中闪现出共鸣的火花。

《咏寒松诗》 (南朝齐)范云

修条拂层汉，密叶障天浔。

凌风知劲节，负雪见贞心。

范云以精巧的语言咏出寒松的节操与贞心，修条与密叶乃青松之形，劲节与贞心乃青松之神。青松傲雪独立，流经千年的岁月依然青翠挺拔。那风雪不动的巍然，那稳若磐石的坚毅，实则寄寓了范云理想的人格。松的魅力，于入尘出尘中，尤为令人神往。有时，雪枝怒展，白甲披身，俨然立马沙场的武将，飒爽英姿；有时，晏然自处，遁迹白云，却似形迹飘忽的隐士，不与红尘同步。

《咏松》 (清)陆惠心

瘦石寒梅共结邻，亭亭不改四时春。

须知傲雪凌霜质，不是繁华队里身。

《松》（唐五代）成彦雄

大夫名价古今闻，盘屈孤贞更出群。

将谓岭头闲得了，夕阳犹挂数枝云。

陆惠心的松，更多几分难言的飘逸，犹如雪中独卧的高士。万物荣枯皆有定数，盛衰浮沉不可丈量。青松用其坚韧的品质，在冰雪中锻造着瑰丽卓绝的风景，无须繁华的背景，却有永恒的真淳。这不就是雪中独立，与青松相看两不厌的诗人自己吗？瘦石、寒梅，一样清癯而赋灵性。青松却立影重岩之上，铁骨丹心，傲雪凌霜，虽无嫣然留笑的花朵，也无轻烟起荡的纤枝，穿着青衫，就那样立于雪中，云为笠，风为蓑，远去红尘，高韵澹然。

青松的孤傲悠闲，更是人生的一大至境。相传秦始皇登泰山避雨于五株松树下，后来封五树为"大夫"。大夫松，虽有奇名，却不为名束，卓尔不群，独然一枝。如此名价，却仍闲于苍茫的山巅，就如同一位成功之士，或处官道，或处利场，虽具名却不弃孤贞。大夫松，不为虚浮的高名，只是将心灵搁浅在熔金的夕阳里，任由光阴消逝得无影无痕，它依然栖居在山岭。想世人身处尘寰，为碌碌功名羁绊，心蒙尘埃，随世流俗，虽饱读诗文仍难以真正的觉醒。一旦得势，则为富贵名利拘束，不能持以素往之心。千古人事相同，将悲喜一次次重复地上演。唯有青松高风亮节的情操，可以涤荡世俗名利的侵扰，在颖悟超脱后寻得半盏闲逸，几分清凉。

《长松标》（南北朝乐府）

落落千丈松，昼夜对长风。

岁岁霜雪时，寒苦与谁双。

松针落地，寒月敲窗。回首处，人生有失意，世事费思量。依稀记得种植还在瞬间，长成却已有数年。古拙的青松，宛如饱经风霜的老人，独立于苍茫的大地，茕茕之影，谁可与同。日日夜夜的长风相对，岁岁年年的霜雪相摧，千载轮回，不与人说。那千丈的长松，遥挂在断垣残壁，酝酿着卓然离俗的淡泊情怀。苦寒中，凝聚着无奈与失落，孤单的留在岩边，仰望白云来回，空山夜静。萧然在崖边，是谁还在独力支撑岑寂的寒冬，那孤独的背影记载了多少风霜的印迹？在离合悲欢的人生故事里，是谁以清绝的姿态静看月圆月缺。回忆一段与青松相关的往事，仿佛还在昨天。

《小松》（唐）杜荀鹤

自小刺头深草里，而今渐觉出蓬蒿。

时人不识凌云木，直待凌云始道高。

《南轩松》（唐）李白

南轩有孤松，柯叶自绵幂。

清风无闲时，潇洒终日夕。

阴生古苔绿，色染秋烟碧。

何当凌云霄，直上数千尺。

千丈老松，因久居山林，霜雪浸染，难免心生寒凉。然而未长成的小松，却期待早日掀去深草，得以拨云逐日。试想为人亦是如此，在黑夜期盼黎明，在黎明等待黑夜。苍松固然有巍峨挺拔的气韵，然而刚出土的小松却需要顽强地冲出蓬蒿，才能长成凌云的参天大树。出身微寒的杜荀鹤，虽有旷世才华，豪情壮志，然而仕途坎坷，宦海浮沉，他最终只能在冷峻的现实里彻底地清醒。满腔凌云之志,寄之翰墨,写出岁岁年年不朽的诗章。

与杜荀鹤相比,被杜工部称作“飞扬跋扈为谁雄”的李白,亦有直上千尺的期待。只是在生满古苔的角落里,阑珊醉去。李白就如这南轩的孤松,有着翠绿的生命,坚持仰望苍穹,离天很近,又离天很远。他终究没能若青松般直上数千尺,抵触寥廓的云霄;他终究还是醉倒在迁徙的古道,令后人叹息不已。大唐盛世,圆不了他济世情怀;谪仙之笔,填不满他追梦之心。

同样心存追梦的情怀,却隔着遥远的时空,隔着不同的日月星辰。咏絮才女谢道韫有林下风之气韵,她笔下的青松因其品、其性、其姿而为人所赏。

《拟嵇中散咏松诗》 (东晋)谢道韫

遥望山上松,隆冬不能凋。
愿想游下憩,瞻彼万仞条。
腾跃未能升,顿足俟王乔。
时哉不我与,大运所飘飖。

高山仰止,遥望中,云漫远山,有松独立,却不能近游,只是在期待中,等待仙人借我仙履,去那松前游憩。在这里,青松成了一种象征,一种超越凡俗的信念。谢道韫是一道至美的风景,只是没有心的呵护,至美的风景也只是一种简单的存在。纵有咏絮才华,也会湮没在茫茫的风烟里。她脉脉的情愫,飘逸的心怀,只能遥寄给亘古长存的青松。

与谢道韫的青松一般,曾遥望,曾相忆,王维诗中的松,却是数里不见,今却相逢。对这日思夜想的松树,画中之境油然而生,是为了松的闲雅与澹然,“亭亭迥出浮云间”的气质。松再次成了隐士,成了诗人心中思齐的尺度。富贵荣华如同水中清露,功名利禄亦如一纸空文,若能淡泊世事,与青松为伴,与山水为邻,摒弃烟尘浮华,才是心灵最真的澄净。

《新秦郡松树歌》 (唐)王维

青青山上松,数里不见今更逢。
不见君,心相忆。
此心向君君应识。
为君颜色高且闲,亭亭迥出浮云间。

悠悠过往,百代浮沉有数;渺渺红尘,沧海几度桑田。纵然兴盛腾飞,横空出世,也会有低落沉寂之时;纵然衰亡颓败,山河破碎,也会有风华再起之日。唯有青松,以挺拔的身姿、高洁的品格,虽流经历史的长河,却依然淡定从容。傲岸的青松,不知承载了多少文人墨客的婉转情怀。风雪中那一剪茕茕的背影,不朝天子,不羡王侯,也不解读世情风霜。

中央电视台 2007 年 1 月 30 日

《岁寒三友》之《寒山访松》(下)

胥智慧

松是雪的骨骼,雪是松的灵魂。那寒崖的一株苍松,是风雪中千百年不变的坚挺,是时光辗转雕琢不去的凝姿,是一图虬枝劲节的写意,是一笺沉默无瑕的诗铭。立雪青松,白云为伴,不知承载了多少悠悠往事，多少阴晴圆缺。

苍松沉睡在古人的诗卷中，汲取山露的灵气，也浸染岁月的沧桑。无数次承受霜雪的枝叶，遒劲中苍翠依然。雪花凝点，宛如问寒探暖的精灵，在苍松的耳边，年年岁岁，重复着亘古的诗篇。

《咏松》 陈毅

大雪压青松，青松挺且直。
要知松高洁，待到雪化时。

随手翻阅咏松的诗章，不能不被陈毅笔下的青松所折服。精辟的诗句，诉尽了青松高洁耐寒的品格，也道尽它傲然决绝的风骨。“青松挺且直”，风雪中的青松有一种凛然的浩气，它沉淀了岁月飞扬的热情，象征着陈毅磊落的胸襟，那种雄气蓬勃的张力，与世抗衡的凌厉，令人刻骨惊心，肃然起敬。

我们无法经历曾经的烟尘时代，无法触摸遥远的先人背影，无法彻底地走进深邃的古典意境，而青松灵性的风骨，清高的气度，却可以千秋万载的在岁月长河里流淌。

《严郑公阶下新松》 （唐）杜甫

弱枝岂自负，移根方尔瞻。
细声侵玉帐，疏翠近珠帘。
未件紫烟集，虚蒙清露沾。
何当一百长，敧盖拥高檐。

仿佛是在昨天，却真的已历经千年。唐朝的风烟已然淡去，我至今依然可以想象浣花溪畔的草堂中，杜工部青灯瘦影，独自凭栏吟咏着平平仄仄的诗句。大唐天子不知道，这位叫杜甫的诗人有着忧国忧民的济世之心，他不愿像庭院的青松久居角落，不愿庸庸碌碌耗尽诗酒年华。无论是先人还是今人，济世报国之心都不曾更改。千百年来，世道演绎着一样的景象。只是今人已难再有如此雅兴，将追求寄怀于一株青松。杜甫此番之意，实为自荐才华，试图结束多年的羁旅生涯。只是谁的低徊会是永远的低徊，他需要一方天地以酬抱负，就像青松那盈盈弱枝，终将穿透云霄，抵达人生的高度。

同是生长在唐朝的土地，同是汲取唐朝的清露，有松根植庭院，期待入世，有松孤独抱云，不与世群。这位情思宛转的无题诗人李商隐，几时放下了“相见时难别亦难”的绵绵情意，和寒松作伴，与高僧相邀。人生聚散，幻化虚形，灵魂在时光的烟火中明明灭灭，唯有几茎虬枝静卧山林，不问离别。李商隐失意之时借青松寄怀，远离烦嚣，等待时机，他相信青松来日必能生成上药伏龟，得遇世人赏识。

《高松》 （唐）李商隐

高松出众木，伴我向天涯。
客散初晴后，僧来不语时。
有风传雅韵，无雪试幽姿。
上药终相待，他年访伏龟。

《松》 （唐）韩溉

倚空高槛冷无尘，往事闲徵梦欲分。

翠色本宜霜后见，寒声偏向月中闻。
啼猿想带苍山雨，归鹤应和紫府云。
莫向东园竞桃李，春光还是不容君。

韩溉的松自有天然奇质，那身披翠色的青松，只有在飞雪的逆境中，方能尽显其凌寒的姿色。处于那个年代，韩溉此般出世算是有文人清节的气韵，被视为不事权贵，不从媚俗的谦谦高士。人生若不系之舟，无论是放逐还是追寻都要漂游，世人不可能只守望一株青松，以它的宁静超然为处世之道。也不能只停留在一个狭窄的地方，把起点当作终点，有如等待一场生命的轮回。青松需要岁岁年年霜雪的浸染，才更加苍劲葱郁，而人生则是需要不停地行走，一路修修剪剪才会更加尽善尽美。

有松喻己，有松赠人。建安七子之一刘桢笔下的青松，却是为赠其弟而写。冰雪中的寒冷是真的寒冷，冰雪中的坚毅是真的坚毅。刘桢愿其弟如雪中苍松，在凄风苦寒的逆境中不露畏难之意，在苦闷悲凉的生活里不诉消沉之音。

《赠从弟》 （东汉）刘桢
亭亭山上松，瑟瑟谷中风。
风声一何盛，松枝一何劲。
冰霜正惨凄，终岁常端正。
岂不罹凝寒，松柏有本性。

《咏松》 吴芾（宋）
古人长抱济人心，
道上栽松直到今。
今日若能增种植，
会看百世长青阴。

依依古道，已觅不见先人飘袂的衣襟，而青松却依然伫立，收存着来往路人遗落的梦。郁郁劲松，在青天下舒展绿色的画卷，给人间添得几许清凉。青松之材，为后世百人遮荫避雨，古人栽松，怀着济世悯人之心。既取人阴凉，自当以清荫留人，千秋万代，来往轮回，才有了百世长青阴。修善如此，谁还会去叹怨人情薄凉，谁还会去数落世间疾苦。在漫长的人生旅程中，这样的善举会有多少次？这样的感动又会有多少次？

人与物齐，古人或寻雅而种梅，慕幽而种竹，练品而种松。白居易年过四十，对这数寸之枝，回追过去，探看未来，也只能轻轻一叹，世事终难长。“知君死则已，不死会凌云。”行云流去不语，光阴荏苒而过，试问尘寰中有几人可以超脱万物，视功名若烟云？谁又会停止匆匆寻觅的脚步，虚度大好的年华？

《栽松二首》 （唐）白居易
小松未盈尺，心爱手自移。
苍然涧底色，云湿烟霏霏。
栽植我年晚，长成君性迟。
如何过四十，种此数寸枝？
得见成阴否，人生七十稀。

爱君抱晚节，怜君含直文。
欲得朝朝见，阶前故种君。
知君死则已，不死会凌云。

是谁将寒冷丢失在远古，今生才得以留存温暖的记忆。是谁将诗歌浅吟低唱，让松风在笔墨里徜徉。遥想当年，历代王朝，称雄争霸，喧嚣一时，都予苍烟夕照，从容的依旧是大自然的真实永恒！这株松，不会为了虚妄的理想，而禁锢纯净的心灵；不会为了沧桑的诺言，而错过淡泊的今生。它甘愿，卧隐山林，高蹈世外，清风帘幕，明月枕头。

中央电视台（2007年2月7日）

《岁寒三友》之《岁寒三友贺岁篇》

胥智慧

春意梢头，辞却旧岁一岭雪。风光胜昔，喜迎新年万点绿。伴随着晶莹纷呈的雪花，聆听着悠扬绵长的钟声，旧年的些许寒意已被尘封在历史的卷轴里，岁寒三友以傲然的姿态迎接新春的万丈霞光。追忆往昔，人事多聚散；相逢今日，天涯共此时。梅、竹、松，如一缕轻拂的暖风，在古人的诗韵间流淌，在今人的追寻里回转。

东风轻描几许清新的春意，温润的笔墨，在霜裹雪披的天地间，写下梅影数枝。踏雪寻梅，为幽静而往，伴雅兴而回。素蕊粉瓣，在形影间零落几点残香，恍如幽梦初醒，已是春觉。诗情画境，暗自浮动苍翠的幽篁，几茎修竹，悄然合奏春天的旋律。寒山岩角的青松，以一种展望的姿态，随经风声的过往，在盈盈的故事里，浅弹一曲无弦的乐章。岁寒中，那冰雪琼白的琉璃世界，存留着生命的忠诚。三个坚贞不屈的挚友，三个不畏风霜的君子，三个含笑比立的隐士，在千古流传的文章里，在恣意徜徉的水墨间，轻轻讲述着它们苦乐与共的年华。

《咏松》 陈毅
大雪压青松，青松挺且直。
要知松高洁，待到雪化时。

《咏寒松诗》 （南朝）范云
修条拂层汉，密叶障天浔。
凌风知劲节，负雪见贞心。

《山园小梅》 （宋）林逋
众芳摇落独暄妍，
占尽风情向小园。
疏影横斜水清浅，
暗香浮动月黄昏。

《梅花绝句之二》（宋）陆游

幽谷那堪更北枝，
年年自分着花迟。
高标逸韵君知否，
正是层冰积雪时。

《竹里馆》（唐）王维

独坐幽篁里，弹琴复独啸。
深林人不知，明月来相照。

《竹石》（清）郑板桥

咬定青山不放松，立根原在破岩中。
千磨万击还坚劲，任尔东西南北风。

梅花香自苦寒来，千枝瘦影，漫溢暗香，古人的咏梅诗句中，也是千篇清瘦，瘦而不馁，香而不媚。梅花，俏皮而又含羞的开在桥头、小院，犹如窥视冬天心事的孩子，用烂漫无邪的心灵，用清绝神逸的花萼，傲立在风雪中。含羞的玉朵，不时惹得北风吹拂衣袂，将那漫天的花香清影，记载在白色无瑕的素笺之上，留给踏雪寻雅的诗客，留给临枝弄舞的翠禽，留给追梦寄怀的智者，也留给失落孤独的旅人。轻盈的花瓣宛若依稀缥缈的往事，将愁绪搁浅在久远的日子里，存留的只是温暖的回忆。

梅花，却又不似松竹，只是长翠的衣衫，只是挺拔的身影，在人生况味的背景里，于四季辗转的轮回中，抖动寒冬的余韵，不曾繁华，也不曾萧索。那亭亭的芳姿，不失绽放的凌厉，无意谢去的从容，自有余骨滋株的清节，在流逝的时光里，悠然化尘，不问残香。

雪间寻梅，雨中听竹，雾里看松，最得岁寒三友之神逸。梅品知清韵，竹品正人节，松品端衷心。寒松立于岩石崖畔，挺拔参天的身姿，听风卧雪，与云持步。更多的时候，青松有如没入云丛不露心意的隐者，在山雾氤氲的幽境里，在絮雪攀附的寒意中，与高僧相邀谈禅，不求尘间名利，不为入世封侯，只愿长隐山林，此生无悔。青青翠竹，占得君子高名，也尽邀才子佳句。在悠扬的琴声中弹唱其清韵，在沉香的水墨里显露其妙境。古人爱竹，阶前种植数株，墙壁展挂几幅，倚轩相望，立影相携，缅怀红尘的旧事，写意抒情的诗章。淡淡凉风，荡涤人间尘虑；萧萧竹叶，吹奏天籁清音。百代过往，唯独翠竹青青，携一身素雪，辞去旧岁，喜迎新春。

岁寒三友，流经诗里，步入画中，在婉转的琴弦上跳跃，在曼妙的舞姿里翩跹，尽现一片祥瑞的景致。梅花，翠竹，青松，各有其性，却都有凌寒不凋的高洁，于春风、夏雨、秋阳、冬雪中滋生风骨，不以境移，亘古长存。飞雪迎春，天地人和，唯我一点梅心，半阕竹韵，几剪松骨，抒写风流时岁，长歌盛世太平。

中央电视台（2007 年 2 月 14 日）

电视文学节目2008年

探月

《探月》系列之《望月》

胥智慧

在远古的荒野上，浩渺宏大的宇宙，驰骋着风雨雷电，人类便有了对日月星辰的崇拜与向往。月亮成了借以驱逐黑暗、消解灾难的图腾。它遥挂在深邃幽蓝的夜空，记载了千万年的亘古秘境，牵引着一代一代人探索的目光。

那轮皎洁的明月，从泛着春秋古卷的诗经里走来，穿过斑驳城墙上青湿的苔藓，落在了众鸟飞尽的空谷，落在了蒹葭苍苍的水边。从女娲采集五色石炼化补天开始，明月的传说，就蒙上了瑰丽与神秘的色彩。风清露白时，游弋缥缈的月宫，只能从阴晴圆缺里读懂它动人的故事。

《霜月》 唐 李商隐

初闻征雁已无蝉，百尺楼台水接天。

青天素娥俱耐冷，月中霜里斗婵娟。

《嫦娥》 唐 李商隐

云母屏风烛影深，长河渐落晓星沉。

嫦娥应悔偷灵药，碧海青天夜夜心。

看到月亮，会想到乡愁。这般皎洁的月色，晶莹而温婉的清辉，铺陈着遥远的岁月。"梨花院落溶溶月"，溶溶的月色，是否可以慰藉和温暖游子寂寞的心灵？一缕暗香，在明月下浮动幽影，于波光间涂抹画意，勾勒成诗句词章。

《望月怀远》 唐 张九龄

海上生明月，天涯共此时。

情人怨遥夜，竟夕起相思！

灭烛怜光满，披衣觉露滋。

不堪盈手赠，还寝梦佳期。

《静夜思》 唐 李白

床前明月光，疑是地上霜。

举头望明月，低头思故乡。

一轮圆月，铺开了青天下水墨的画卷。徜徉在苏子曾经把酒对月的亭台，折一枝丹桂，温一壶暖酒，就着月色，领略碧海青天夜夜心的诗韵。那流泻的光华，倾洒在朱阁绮户间，几株婆娑的枝叶，濡染着无边的风雅。苏子在云汉间遨游，他感叹着人生如同月亮盈虚消长，暗含着悲欢离合的自然规律。

《水调歌头》 宋 苏轼

明月几时有，把酒问青天。不知天上宫阙，今夕是何年。

我欲乘风归去，又恐琼楼玉宇，高处不胜寒。起舞弄清影，何似在人间。

转朱阁，低绮户，照无眠。不应有恨，何事长向别时圆？

人有悲欢离合，月有阴晴圆缺，此事古难全。但愿人长久，千里共婵娟。

古往今来，无数诗人借月寄怀，写下无数婉转的诗章。亦有许多以月亮为题的传世乐曲令人回味无穷。一曲《春江花月夜》如行云流水，拨开了一池潋滟的春光。张若虚临着江畔的月色进入一个虚渺纯净的世界，他试图探索着人生深刻的哲理与宇宙无穷的奥秘。他感叹着人生的短暂，却又执著地追求大自然的永恒。这里的明月不仅可以遥寄相思，可以让游子乘月还乡，还可以在他旷达明净的诗情里聆听到人生的意蕴。

《春江花月夜》 唐 张若虚

春江潮水连海平，海上明月共潮生。滟滟随波千万里，何处春江无月明！

江流宛转绕芳甸，月照花林皆似霰；空里流霜不觉飞，汀上白沙看不见。

江天一色无纤尘，皎皎空中孤月轮。江畔何人初见月？江月何年初照人？

人生代代无穷已，江月年年望相似。不知江月待何人，但见长江送流水。

白云一片去悠悠，青枫浦上不胜愁。谁家今夜扁舟子？何处相思明月楼？

可怜楼上月徘徊，应照离人妆镜台。玉户帘中卷不去，捣衣砧上指还来。

此时相望不相闻，愿逐月华流照君。鸿雁长飞光不度，鱼龙潜跃水成文。

昨夜闲潭梦落花，可怜春半不还家。江水流春去欲尽，江潭落月复西斜。

斜月沉沉藏海雾，碣石潇湘无限路。不知乘月几人归，落月摇情满江树。

一轮明月，普照千年，经历了无数风雨飘摇的王朝，看罢人间的兴废，却依旧重复着不变的姿态。她遥挂在中天，隐现着朦胧的光华，牵引着世人探幽的渴望。在古代，人们无法抵达那遥不可及的苍穹，只能借助神话传说和诗词歌赋来寄托无边的想象。而今天，人类终于让想象成为现实，圆了千年的飞天之梦。

《探月》系列之《奔月》

胥智慧

像一场来自远古的梦幻，又像一段经年流转的传说。在云波倾泻的山峦，透过深邃而神秘的天空，看一轮渐渐澄澈明朗的月亮。她装载着沉静内敛的思想，记录风云变幻的时空，历经千万年的岁月风霜，依然静静地遥挂在寥廓的苍穹。那浩瀚无垠的天际，托举尘世间一切的仰望，用豁达宽阔的胸襟，敞开一轴逐云奔月的千年画卷。

宇宙给了人类无穷的遐想，让无数的先人开始了漫长而艰辛的探索。从石申占卜战国的星空开始，到张衡丈量变幻莫测的天象；再从祖冲之精算圆周定律的奥妙，到郭守敬巧制天文仪器的创举；还有明朝的官员万户点燃了历史上第一枚石破天惊的火箭，将壮美的火焰穿透大明的天空。回首这些敢与日月争辉的先人，他们横空出世、所向披靡的豪迈，激发了后人无限的勇气。

《月亮，我们来了》 诗作者　傅大为

把数千年宏愿　加注进长征火箭轰鸣的瞬间
将三十八万公里的距离　浓缩进"嫦娥一号"八天的脚力
月亮　我们来了

月亮　我们来了
我们踏着古老神话的火轮而来
我们鼓着悠久传说的翅膀而来
我们沿着月球环形山上
那几个丰碑似的华人名字而来

从石申翘首望穿战国的星空
到张衡向月放飞第一只神鹰
从祖氏定律的精确铺垫
到郭守敬踏破二十七个观测站

乃至　万户冲着大明的天空
点燃粉身碎骨的腾飞瞬间
一部浩浩奔月画卷
描绘了数千年

岁月　一截一截老去了
不老的是理想是信念
是永远传承的滚烫血脉
铮铮兮如天庭伐桂的亘古之声
巍巍兮似五岳三山的恒久雄姿

一节节　一代代　倔强地拔节生长
终于茁壮出中国航天
这个伟大的名字
茁壮出浩若星辰的
五十载航天精神与豪情

啊　月亮
我们来了　我们来了

我们蘸着民族的血汗
在神话与现实之间
铺展了一部浩浩奔月宏卷
我们来了　我们来了
我们带来五千年文明之火
带来了高山大河祝福的歌

美丽的嫦娥正回眸凝笑
向她灯火如花的地球母亲
播撒袖间花朵
倾城倾国

因为有梦,才会有希望与追求。那轮明净的月亮,从远古神话里一路走来,经历过苍凉洪荒,倾听过长风浩荡。曾经的传说已经成为如今的现实,在上个世纪里,人类第一次完成了这个梦想。美国的"阿波罗11号"登上月球,为开拓宇宙增添一道亮丽的风景,首次揭开她那层神秘的面纱。朦胧了数千年的月亮,展现她动人的风姿。历史永远给人惊奇和赞叹,我们应该歌颂的是那些无畏无惧的勇士,他们探索了宇宙无穷的奥秘,成就了非凡的功绩,用热情点燃人类的希望,用生命创造世界的神奇。

《贺嫦娥一号奔向月球》　诗作者　李俊德

西昌直达月球
好一条新航线通向宇宙
十三亿目光
在银屏上看着这条新航线
欢呼　跳跃　激动地为嫦娥腾飞而加油
中华民族再次品味到
团结　奋进就不落后
要想追赶　要想超越
就得把睿智和力量用足　用够

目送嫦娥一号告别神州
亿万颗心声似乎在说
去吧　去吧
带着中华儿女对月亮的问候
去看看天上宫阙

是冷　是热
琼楼玉宇有无大雪纷飞狂风怒吼
去吧　去吧
闻闻丹桂飘香
和吴刚碰杯饮酒
要是李白还在
会狂饮美酒三斗
相期邈云汉　永结无情游

我站在阳台上
望天望月
贺嫦娥一号奔向月球
要把豪迈的歌唱响宇宙
不是一首　而是三十二首
今后还会有千首万首

绕着月球唱吧唱吧
但愿　神州的强音会永远响彻宇宙

【歌曲:望着月亮的时候,常常想起你;望着你的时候,就想起月亮。世界上最美,最美的是月亮;比月亮更美,更美的是你。没有你的日子里,我常常望着月亮,那溶溶的月色就像你的脸庞。月亮抚慰,抚慰着我的心,我的泪水浸湿了月亮。月亮在天上,我在地上,就像你在海角,我在天涯。月亮升得再高,也高不过天;你走得多么远,也走不出我的思念】

经过航天工作者反复的探测与研究,酝酿十年的探月工程终于尘埃落定。举世瞩目的"嫦娥一号",载着全人类的期盼,和无数航天科技人员的心血,于公元2007年10月24日,由运载火箭"长征三号甲"从西昌发射中心起飞,成功的环绕月球运行,完美地超越了神话与传说。

《夜的飞翔》 诗作者　佚名
我是嫦娥一号
在今夜飞翔
飞翔之中
我沉默如影
所有灿烂的歌
潮水般涌向我
衣袂飘飘
欣喜若狂
眼睛是夜色的出口
激情把秋日引吭
我飞向天堂

飞近人们向往的地方
只因我是嫦娥
才有奔月的力量
无数次的梦幻
抵不过半月的飞翔
看到流星雨慢慢飘过身边
听到银河之水哗哗流淌
闻到灵魂的香气
感到无数凝视的目光
万里之外　我挥舞霓裳
我在梦幻般的白云里转身
一个瞬间就是久长

五千年文明圣火完美点燃，三十八万公里距离成功抵达。“嫦娥一号”乘风而去，在脱离尘埃的月宫酣畅地遨游，放飞人类的梦想，放飞民族的希望。它吸纳了天地的精华，探寻了万古的奥秘，将奔月的神话演绎到至真至美的境界，将祖国的明天升华到世界瞩目的高度。

《奔月》　诗作者　韩静霆

月光的秀发
拂过大戈壁起伏的沙梁
我听见月亮里
似乎有玉佩　叮叮咚咚地鸣响
谁的舞袖
撩动了月儿沉默的情怀
是我们的嫦娥
她正在扣动月球
亿万年紧闭的门窗
我们的心随着嫦娥
穿云破雾地飞翔
三十八万公里的迢迢天路
不再漫长

进入月球轨道
嫦娥美丽的裙子轻盈地一转
世纪的变身之舞
迷倒了云的城垛
醉透了星的走廊

我们的心随着嫦娥

潇潇洒洒地飞翔
高山流水的知音呼唤
让火星木星和金星情怀激荡
刹那间　嫦娥杳无踪迹
不　不必惊慌
可爱的宝贝
正在月球的背面
和满天星斗捉迷藏

美梦成真的时候
回眸走过的岁月和沙梁
多少英雄　遥望明月
就在这马革裹尸的古战场
那夫妻分别二十八年的航天元勋
今晚还能团圆吗
他们把生命
融入两弹一星的辉煌
一去不复返
可永生的思绪
随着嫦娥高高地飞翔
也许有一天
我们能在环形山上种上一棵
千年不死　千年不倒的胡杨
带回一杯桂花美酒
还酹胡杨树下的英杰
亲爱的战友啊
请和我们一起
含泪　把这胜利的喜悦分享

是啊　是啊
几代人的心　都在伴随嫦娥飞翔
70后　80后的航天新秀
也长出了翅膀
别说年轻不懂　霓虹灯下
爱情甜蜜的滋味
青春梯队朝朝暮暮
守望情人在老地方

传说中奔月的嫦娥　五千岁了
该是什么模样
虚幻的她　从未把一个口信儿
捎给爹娘

三年的约会　三年的期待
三年的攻关　三年的悲壮
三千年的跨越　三万年的向往
进入倒计时
五　四　三　二　一
点火　起飞

嫦娥纵身一跃
中国开始了航天飞行的华彩乐章
我们的心随着嫦娥
如梦如幻地飞翔
如痴如醉地飞翔
我们要郑重地向宇宙
所有的星球宣告
我们将亲手实现
一千个　一万个　梦中的愿望
夸父追日的宏伟计划
不久将会起航
且看朝夕之间
和谐中国　富强中国　科技中国
左手举着月亮　右手擎起太阳

中央电视台(2008年3月15日至22日)

《吐鲁番鄯善密码》之《寻找沙漠文明》

吴征

一说到沙漠，人们就会联想到“干旱、缺水、死亡”等字眼。但是在中国新疆的吐鲁番，却有一个神奇的地方与沙漠紧紧相邻，和谐相处，这个地方就是鄯善。当地人常常自豪地说：“鄯善就是世界上距离沙漠最近的城市。”这种说法的客观性还有待进一步考证，不过，这却引起了一支摄制组的关注，沙漠与城市之间，到底发生过哪些传奇故事呢？

沙漠与城市之间的确是零距离，这不由得引起了摄制组的好奇心，鄯善人与沙漠之间到底是怎样一种关系呢？

很多人知道中国新疆有个吐鲁番，却并不熟悉鄯善这个地方，其实早在两千年前，这里曾是吐鲁番盆地政治、军事的中心。举世闻名的丝绸之路经过这个地方。这里的一些石窟壁画，在建造时间上比著名的敦煌莫高窟还要早。这里与神秘的楼兰一直发生着丝丝缕缕的联系。如果说，“鄯善”是一部记载着西域文化的古书，因为长期掩埋在荒漠戈壁中，不为人知的话，那么，留存在这块古老土地上的一些人类文明遗迹和文化现象，就像是打开这本古书的一个个密码，等待着人们去探索，去重新发现。

为了探索鄯善县的悠久历史，真实记录这里的民俗民风，摄制组计划用一年的时间在鄯善县进行拍摄，而拍摄的第一个主题就是库木塔格沙漠和鄯善县城之间发生的故事。在采访过程中，很多鄯善人对于库木塔格沙漠并不了解，也不知道沙漠里面到底是什么样子？

那里有非常好的东西，有金沙，以前有沙金，在圣人的年代受了一次诅咒，就变成了沙子。

在古代，在我们父母、爷爷奶奶的那个时代，说那里有人居住，后来就是被沙化了，听说过，这是真的。

“库木塔格”在维吾尔语中是“沙山”的意思。一个又一个连绵起伏的沙山，形成了面积达2500平方公里的库木塔格沙漠。在沙漠的西南方向有一个小村庄，就是迪坎尔。丝绸之路上著名的大海道就是途经迪坎尔，将楼兰与今天的鄯善紧密联系起来的。如今，鄯善当地人传说沙漠中曾有人居住过，这个说法立即引起了摄制组的注意，那会不会是当年的古楼兰人沿着大海道，走进沙漠，在那里生活过呢？

我们现在应该在这个位置，在这个坡跟前。

谢邦林毕业于中央工艺美术学院，主要从事主题公园设计工作。他目前正在鄯善县做一些调查，因为即将要围绕楼兰文化创作一系列作品，当谢邦林无意中听人说，库木塔格沙漠里，可能有楼兰人居住过的痕迹时，谢邦林非常感兴趣，想进入沙漠去考察事情的真相。在当地一些热爱人文历史的朋友积极帮助下，一个临时的探险队组成了。摄制组决定全程记录这次探险活动，由于这样的探险形式在当地还是第一次，探险队员们不禁为明天的行动担心起来。

危险就是，比如说它这个四面沟壑很深，车一上去不知道往左拐还是往右拐，一头就下去，这个车永远再上不来了。

明天的气温会不会很高啊？

明天的气温三十七度的话，到里头得四十，到五十六十度，衣服都是烫的。

那明天我们带上一个向导吧，这块不是有一个叫卡哈尔的嘛？

那把他带上也可以。

可以，把他也带上吧。

清晨五点钟的时候，整个鄯善县城还没有醒过来，沉浸在睡梦里的人们正享受着家的温暖。这个时候离开家，走进大沙漠，人们的心理会发生什么样的变化呢？探险队的队员们即将给出答案。

卡哈尔·玉素甫被邀请过来，作为这次探险活动的向导，虽然他多次用骆驼将游客送进沙漠，但是为沙漠车探险队做向导的经验并不是很多。不过，沙漠给人类带来的危险，卡哈尔·玉素甫却有深刻的感受。

沙漠很危险。我有次进去的时候，一个一个看过了，算一算嘛十八个，看一下，是人，头发有，别的啥都没有，衣服、肉、啥都没有，光骨头。

由五辆沙漠车、十五位队员组成的探险队正式出发了。首先让队员们感到恐惧的并不是茫茫沙漠。

前五分钟我就有这想法要退出来，感觉特别恐惧，超过了心理和生理的承受极限。在我们正常来觉得，30度是人最大的平衡，它往往很多时候超过30度，甚至到90度，就觉得肯定要颠翻了。这种恐惧感是很强烈的。

沙漠车是一种经过特殊设计的车辆，刚开始乘坐的人的确会感到恐惧，适应之后就会特别享受它所带来的那种腾空飞越的感觉。不过沙漠给人们造成的恐惧感是不会轻易消失的，行程开始不久，意外就发生了。

那个坡基本上是70多度80多度,那么上去以后呢,你根本不知道前面是什么,就是一种自然的人的本能吧,就觉得这个山顶背后肯定是个悬崖。他可能就犹豫了一下,技术上的犹豫,就把它搁在山顶上了。

往右打方向盘。

慢点,慢点。

梁托着呢,这沙子堵着呢。

所有人都下来了,整个在那块刨沙啊、挖坑啊,大家齐心协力要把这个困难给度过去。

来来来,好嘛,这一下就下去了。

直直下去吗?

沿中间直直走。

在大家齐心协力的帮助下,遇险的沙漠车终于又向前行驶了。但是此时,坐在第一辆沙漠车上带路的向导卡哈尔·玉素甫又遇到了麻烦。

头车汇报一下,我们现在迷路了,向导前面探路呢。

他也不知道了,时间一长他也忘了。风沙变化大的很嘛,今天这么吹,明天那么吹。

沙漠里面跟着印子后面走不可能。沙漠里面有一点小风,有一点风吹来的时候嘛,印子就没有了,哪过来哪过去,不知道,就那样时候嘛,人死了。

沙漠里面不能看印子,不能看天空,最好嘛看那个沙漠沙梁,看一下哪边平一点,看一下就知道了。

怎么走啊?

这后面就是那个山,就在这后面。

嗯,就在这里。

踩油门,踩呀。

加油,给我对讲机。

每个车嘛,一个一个走。

经过仔细辨认,卡哈尔·玉素甫终于确定了正确的前进方向,此时与队员们担心路况不同的是,卡哈尔·玉素甫为时间担心起来。

行了,别走太远,再下去就走不动了。

前面的路情况怎么样?比这困难还是比前面好一点?

前面有一个地方,前面最困难是吧?

最困难,不好过是吧?

不是,有一个地方走不好。别的地方都是这样子。

有一个地方,现在咱们千万不要冲到虚沟里面去了,还有抓紧时间走。

现在往前走,我们下去那平的那地方集合,那地方。

沿着这个车印走吗？

直直下去，前面有一个地方。往这边走，注意路面就行。

中午是沙漠一天中温度最高的时候，如果不在中午之前赶到第一个目的地，探险队的安全以及返回时间都会受到影响。在卡哈尔·玉素甫的催促下，探险队又继续上路了。

看见前面的沙丘了吗？

那个烽火台看到没有？

烽火台，原来是古代军队传递信号的地方，在沙漠中如果真有这么一个军事设施，倒是一件挺神奇的事。这会是什么年代、什么人留下的呢？随着探险队的逐步深入，队员们发现四周的地貌也在发生改变，茫茫沙漠中竟然出现一片戈壁滩。烽火台就在前方，传说中的看法到底是不是真实呢？

原来想的可能是个烽燧，远处看特别像，但是你到跟前一看，恰恰是个非常整齐的雅丹地貌。

还是没有什么，一些人类生活的痕迹啊。

没有，看不出来。

正当探险队做短暂休整，准备出发的时候，前方探路的队员又通过对讲机报告，有了新的发现。

喂，前方发现什么东西啊？

用石头摆的像古墓状的东西。

古墓状的吗？

什么形状的？

你再说一遍。

用那个岩石摆成的，像太阳形状的，像古墓葬，我怀疑是古墓葬。

是不是跟楼兰那个墓葬相似啊？喂，是不是太阳墓啊？

哎，特别像。

我马上赶过去。

好的，好的。

“太阳墓”是在楼兰遗址附近发现的一种古代墓葬形式。它是一个外表奇特而壮观的墓地，围绕墓穴的是一层套一层，共七层由细而粗的圆木。木柱由内而外，粗细有序。圈外又有呈放射状四面展开的列木，整个外形酷似一个太阳。据专家推测，当年，因为“太阳墓”的盛行，造成大量树木被砍伐，生态遭到严重破坏，也许这就是后来楼兰古城神秘消失的原因吧。而现在，在库木塔格沙漠中发现的，难道真的就是古楼兰的“太阳墓”吗？

应该说拿石头摆这个,形式应该是一样的。

对,对,形式很像。

刚好七个嘛。

还是有说法的。

这个到时候还要请专家再进一步来论证一下,看一看。

楼兰的“太阳墓”是七层圆木柱依次排列,眼前的奇特形状是由七个石块组成,这其中到底是有人故意模仿,还是自然形成的?队员们的看法并不统一。此时,“寻找古楼兰人遗迹”这个最初的愿望,却在寻找过程中,让队员们一次次体会到失望,谢邦林的想法也在发生改变。

虽然没有寻找到楼兰的一些痕迹,但是这个过程,又让我们发现了另外一些更重要的一些意义吧。

我就希望寻找楼兰,不光是寻找楼兰人曾经的一个生活痕迹,更多的是寻找咱们人和自然和谐生存这样一个规则。

在谢邦林看来,寻找沙漠的文明,其实就是在寻找人类自己的文明。因为沙漠的形成除了干燥的气候这个自然条件外,人为的原因也是一个形成因素。探险队继续前进,不但在沙漠中发现了绿色,而且还发现了更多生命的痕迹。

尽管受到历史知识缺乏的影响,像卡哈尔·玉素甫这样的当地人,会把雅丹地貌和烽火台混淆,但是,他从祖辈那里听说到的沙漠里的那些往事,还是让队员们听得很投入。

这边有坎儿井,以前有人,所以有水,种着地呢。

哪一年的事情?

应该是我爷爷小时候吧。从前那边有小河,这边有水流进小河,鸟啥都有呢,沙化了。

这一个刺猬,这一个干死的刺猬。

哎,过来看一下。

在哪儿呢?

这一个干死的刺猬,渴死的刺猬。

刺猬都干死,晒死了。你看刺猬。

这个地方肯定生命力还是不具备,这么微小的动物还在里面生存,所以我觉得有很多生命跟我们扮演着同样重要的角色。

就在探险队准备返回的时候,远处沙漠中一个黑色的不明物体,引起了队员们的注意。

还是个皮大衣。

不是什么五六十年代的民间的一种皮大衣,不是野外作业的。

哎,你看,

有可能，一般。

这肯定是个冬天进来的，你注意看它这个棉花，仔细再一看呢，又不太像咱们中国人穿的棉衣，因为整个棉衣里头呢，里子做的是比较考究的，整个棉衣做的非常考究，里头的里子是丝绸的。

他是怎么死的？一种可能是风沙把他吹的，还有一种可能是到附近去找水，可能去找水途中死的。

中国有句古话叫“入土为安”，队员们商议过后认为，不管这件大衣的主人身份到底是谁，又是什么原因消失的，既然在茫茫沙漠中能遇到这位跋涉者的遗物，就应该满足每个人对绿色、对生命的永久渴望。大家决定把这件大衣埋在两棵绿树的下面。

发现了遗物，那么在这方面感觉到人的脆弱。有一点给我很感动的，人虽然很渺小，在自然面前，但是人的精神是很伟大的，希望去探索自然，了解自然，这种精神是很伟大的。

探险队就要驶出沙漠，回到城市的时候，队员们特意选择了一个，能够看到城市全貌的沙山上，停了下来。那一刻，大家思考了很多。眼前的鄯善县城与沙漠紧紧相邻，形成一道独特的景观。这不由得使人想起老子曾经说过的一段话：“人法地，地法天，天法道，道法自然。”这说明在天地之间，只有遵循大自然的发展规律才是真正的和谐之道。如今，鄯善人不仅热爱自己的家乡，更珍惜这种“沙不进，城不退”仿佛恋人般的生态关系。当原本让人恐惧的沙漠变成一道美丽风景的时候，沙漠与城市正共同谱写出一段，令人回味无穷的鄯善传奇。

中央电视台(2008 年 10 月 11 日)

电视诗歌专辑《奥运礼赞》(节选)

1.《一个人的祖国》 作者 刘立云

在1932年第十届洛杉矶奥运会上,中国第一次派出了自己的奥运代表团,代表团仅有6人,运动员却只有刘长春1人。刘长春当时是东北大学的一名学生,在海上航行21天到达洛杉矶。他报名参加的100米、200米短跑,分列预赛第五、第六名,未取得决赛资格。

时光流金,即使推后七十年　一百年
即使我们享尽一个世纪的光荣
一个天下的光荣　那我也会为他
感到荣耀　感到心动和心惊
当他穿过马六甲海峡去参加世界的合唱
他形单影只却雄心勃勃
高举一支火炬　在一片古老的土地上
在战争　瘟疫
和连绵纵横的饥饿中
独自奔跑　身后是千疮百孔的祖国
但千疮百孔　他也要把祖国
背在身上　如同大地裂开　洪水和烈火
扑过来了
我们首先必须弯下腰
把我们的母亲背在身上
一个人的祖国其实就是四万万人的祖国
因为你是一条蚕
因为你和许许多多的蚕　醉卧在
同一片桑叶上——虽然她
只喂给你贫寒　穷困　酸楚
难咽的屈辱　但她同时也喂给你尊严
而一个没有尊严的人
一个灵魂缺钙的人
必定柔骨无力

这世界上　有哪条门　哪扇窗
会为你敞开
就是这样！踏上那片二百年前才开拓的土地
背着一个五千岁的祖国
他开始奔跑　开始告诉世界
中国来了！

一个正在苦难中搏斗和呐喊的民族来了
虽然他那么单薄　那么孤独
但又那么庄严和神圣　那么理直气壮
就像一滴水　一滴高贵的水
勇敢地汇入大海
啊　这个顽强的人　悲壮的人
内心凄楚的人
他在独自奔跑　而且
他是在我们的祖国萎靡的时候
呻吟的时候
在世界睁大的瞳孔里　第一次
高高举着她黄皮肤的旗帜
如同去赶赴他的婚礼
说我孤陋寡闻吧　说我敝帚自珍吧
我承认我真想做他的儿子
我承认在我们那个穷乡僻壤
民风纯朴　总愿意把那些忍辱负重的人
那些顶天立地的人　称为父亲

2.《第一块金牌》 作者　何超群

在1984年，第23届洛杉矶奥运会上，中国安徽射击运动员许海峰在手枪慢射比赛中，获得本届奥运会的第一枚金牌。这也是中国自1932年参加奥运会以来获得的第一块金牌。

多少年了　一个国家
和一块金牌的距离　居然
这么遥远　遥远的
飞断了无数梦想的翅膀
遥远的　无数青葱的头发
在五环的风中　飘满雪花

不管梦想　隔着多少汗水

不管夸父的脚步能不能追上
飞逝的时间
不管后羿的箭头　能不能
完成前无古人的伟业
中国　注定要站在1984年的夏天
站在洛杉矶的风里
接受全世界的惊讶

这是一个无法丈量的等待
这是一块划时代的金牌
全世界的目光
追随着许海峰的枪口射出的最后一颗子弹
穿越太平洋一望无际的波涛
穿越百年奥运　留下的遗憾和悬念
在子弹和靶心亲吻的一瞬间
人们感到整个洛杉矶　突然下沉
第23届奥运会的第一块金牌
在五星红旗和义勇军进行曲
升起的高度
挂在了中国的胸前

3.《2008年8月8日》　作者　周所同

2001年7月13日，中国北京获得2008年第29届奥运会主办权；
2008年5月8日，北京奥运圣火在海拔8844.43米的世界之巅珠穆朗玛峰点燃；
2008年8月8日——
等了多久，只等这一天
先我等候的人有些已经离去
不能再久更不能再远，这一天
如果赞美，它属于整个世界
如果爱或祝福，它属于我的祖国

这天我会少抽一支烟多喝两杯酒
过马路一定改掉爱闯红灯的习惯
如果可能，我想亲眼看看鸟巢
围着它左转三圈右转三圈
甚至相信自己
也会生出双翅和羽毛

不同肤色的国旗这天会同时升起
翎羽各异的鸟儿都戴着悠远的鸽哨
就像做梦，甚至比梦更深
我就幸运地住在水立方的隔壁
那巨大的水晶体有我小小的倒影

还未来到的这一天已经来到
我为它洒水、植树、修剪草坪
并对所有的人友善地点头和微笑
为了这一天，那些离去的人
包括往昔一刻不停地走到今天……

中央电视台(2008年8月9日)

桂林印象

柴春芽　姚雪

很多年前有首脍炙人口的歌，反反复复地唱着："我想去桂林啊，我想去桂林。"歌词普通，简简单单地诠释着一个年轻人的旅行梦想。我渴望上路，也习惯独行。背包，睡袋，简简单单的行囊里，只装着诗集，和某个女孩的照片。在不同的城市里停驻，与不同的风景相遇。

9月的桂林仍然是绿意盈盈，静静的榕湖边，古老的榕树垂着长长的胡须。不是旅游旺季，游人不多，这让我觉得惬意。亭子里坐着几位纳凉闲聊的老人，讲述着城南旧事，像这景致一般悠然。

想起多年以前，一个少年，在课堂上，手捧语文课本，目睹着桂林山水的一帧插图，浮想联翩。那碧绿如玉长歌当吟的绵绵漓江，那陪衬着潺缓流水独峙苍云的奇峰巉岩，那身披蓑衣肩荷鱼鹰的打鱼人头顶苍茫的绵绵细雨，在我生长的西部土地上，不曾经见。而今，年华疾逝，当年的懵懂少年，如今已年过三十，终于有缘得见这片风景，竟发现它精致清丽，清晰得一如当年那幅画。岁月会在人的脸上刻下皱纹，却不会让这如画卷一般的景致褪色泛黄，流年之于这里，不过是榕树的根须，从稀疏到浓密。坐拥这样山水的人，是多幸福。

天气开始有了些潮意。不一会就滴滴答答下起雨来，淅沥沥的，让人的心都潮湿起来。乘坐穿城而过的敞篷公共汽车，我孤零零坐在上面，任雨点扑面，独享自我放逐的惬意。这里，山水的色彩淡了，城市的喧闹多了。街角娇媚的小楼，在雨里旖旎，与我擦肩。

一个人在步行街上走，漫无目的。很多城市都有步行街，也常常成为游客探访的地方。一条街可能是城市的影子，北京的王府井和上海的南京路不一样，这桂林的步行街也有它自己的风致。黄昏时分，找了个酒吧坐下来。雨下了一天，仍然不疲不倦。霓虹灯亮，雨雾折射出更多五彩斑斓的荧光来。这街上来来往往的人，不知是本地人多，还是游客多，好多时候，看风景的人，也总是不可避免地变成别人的风景。在这完全陌生的街道，和完全陌生的人擦肩而过。因为陌生，才不需要带着往日的面具；因为陌生，才不需要掩饰自己的情绪。而机缘仿佛这交错的街道，让所有的相遇都变得自然，却又充满惊奇。

次日早上，起了个大早去品尝著名的桂林米粉。时间早加上下雨，街上人很少，要是往常，这家历史悠久的胜利米粉店前，必然要排起长长的队的。桂林人对米粉的依恋，早有耳闻。据说刚开始改革开放时，很多全国各地的小吃曾经纷纷登陆桂林，但都是铩羽而归，那些到桂林来淘金的小吃店老板，一般只有两条出路：回家，或者改卖桂林米粉。一进店，那卤水和鲜汤的香味就让人食欲大开,再加上坛坛罐罐里琳琅满目的小料,为这最平常人家的美食增加了许多鲜艳色彩。

好久没有在这样的早晨,吃得满头大汗,直呼过瘾。很多城市其实都有米粉店,很多餐馆也号称卖正宗的桂林米粉,但吃过了这一顿,便更明白,即便是在经济非常开放,交流相当容易,许多行业都运用标准化流程的今天,还是有许多东西难以复制。容易复制的东西,往往也容易改变。不容易复制的东西,或许反而在岁月沉淀里,变成一种难以改变的情结。

在依旧淅沥的雨里继续寻访风景。普陀山上一片翠绿,十分怡人,空气湿润,真令人有心旷神怡之感。池中的睡莲静静地开着,我本不会喜欢这样娇媚的艳红色,但却在这风景里,深深地喜欢这鲜艳的美。露珠在花瓣上,荷叶中滚来滚去,晶莹清亮。站在山道上,我竟忍不住放声高歌。山中空无一人,却吸引来了许多猴子,认真地坐在树林里听。那情景有点让我想笑,更多的却是欣然和快乐。我这歌喉,在闹市中从不曾得到一次会心的掌声,却在这浑然天成的美景里,能寻到知音,已然不错!

象鼻山,也是儿时在连环画上,便已十分熟悉的景致。这两岸的山色,连绵起伏,层次分明,深深浅浅,犹如横亘天地间的一幅水墨画。除了象鼻山之外,其他那些形状各异的山,我都叫不出名字来,也记不住那些名字,因为我觉得,名字是不重要的,它们本来就是没有名字的,是大自然鬼斧神工的杰作。站在对岸,望着这座象鼻山,我心绪澎湃——几十年前,我在纸上阅读它,几十年后,我隔江与它见面。这期间,世事沉浮,我已容颜全改,而它,却依然未老。山上的宝塔依稀,那便是传说中宝剑的剑柄。这一柄剑,固定了所有的风景。

或许,千万年前,这片山水真是神仙的居所,否则,为何这山这水,如此形神兼备,栩栩如生;否则,为何年华流转,这曾经在梦中相遇的风景,仍旧清新雅致,一点不曾老去。而我,望见这些恍如故友的风景,竟有一种想流泪的冲动。又想起那杰克·凯鲁亚克说的一句话:"永远年轻,永远热泪盈眶。"千百年来,不知有多少人从这甲天下的桂林山水中穿行而过。文人骚客也好,达官贵人也好,普通游客也好,这山水面前的俗世风景,已经翻天覆地;而这山这水,千百年,却只沧桑了那么一点点,一点点。

中央电视台(2008年12月6日)

阳朔印象

柴春芽　姚雪

我还年轻,我渴望上路。

或许是属于我的梦想就在那路上。

跟着我行走,行走,

让我们一起走到世界的尽头……

坐车从桂林到阳朔,当晚,就宿在西街。

西街就临着阳朔古码头。千百年来漓江岸边车水马龙的码头,在陆路交通发达以后,就由闲情逸致的清幽代替了。

来到西街的时候是下午,暗青油亮的路面泛着淡淡的怀旧气息。空气依然是潮的。路边的低矮砖瓦房,红窗白墙,透着岭南的古朴典雅。这条不长的小街上,布满了各式商店、酒吧、咖啡厅和旅馆,亦古亦今,亦中亦西,美丽精致像随处可见的镶着花边的扎染布。一条小街,像是一个曼妙的舞台,每个人来了这里,都情不自禁地自导自演起自己的浪漫故事来。

晚上,灯次第亮了。在深蓝的天幕里,星星的光早已比不上这闪烁的霓虹。迪厅的音乐喧响,当然早听不见江水的呢喃。这满街的热闹,就在这静静的漓江边上,变成一道浓郁的红尘风景。一家家小店,灯光或温柔或明艳,气氛或温馨或暧昧,明明灭灭地,写着西街无穷无尽的故事。这八百米长的街道,到底能容下多少浪漫呢?无人知晓,也无人细数。

西街的繁华,将要到很晚才会落幕。

俗话说,桂林山水甲天下,阳朔山水甲桂林。当见了阳朔的山水后,便知此言不虚。

它分明是一张水墨画。墨色深深浅浅,在灰白的宣纸上画出山山水水。但又不像画那样静,水波轻漾,山风吹来,空气中有种微醺的醉意。真可谓是“群峰倒影山浮水,无山无水不入神”。这样的景色,找不出什么形容词来形容。只有“自然”二字。也可以找个岸靠,坐在被江水冲得发白的石子上,山便像挚友一样,与你交谈。漓江上偶见渔船,来来去去,便这样编织起仙境中的平凡生活来。我想,我可以在这小舟上坐一整天,只这样静静地看,都看不累,看不倦。

晚上,我没有回西街的客栈。而是借宿于江边的一户打鱼人家。黄师傅的家,在鲤鱼洲头,仅仅是一条停靠岸边的老驳船。那条老驳船,曾经载着黄师傅,打鱼直到海的边缘。入夜,天黑得发蓝,世界静寂。我爬上一艘小船的船顶,打开防潮垫和睡袋,和衣而卧。放眼遥望,星辰寥落。熏风徐来,波涛阵阵。这大自然的一夜风致,像个悄然掀起世界一角的魔法师,不经意间,竟让我体验了漓江渔人那隐秘而旖旎的生活。

西街的尽头有很多租自行车的铺子,选择一辆在周边闲逛,其实漫无目的。阳朔真是一个很有意思的城市,高楼大厦、霓虹闪烁的背后永远静静矗立着墨色的山峰,并不雄伟,却温柔缠绵,所以不论怎样的现代化在这里都不让人觉得咄咄逼人。连绵不尽的山峦被我丢在身后,但前方的前方仍然是连绵不尽的山峦,看不到头。

骑着单车,拐进乡村的阡陌。稻浪青青,村舍苍苍。耕者处其田,间或歌咏两句农事。行者骞于途,偶尔太息一声今古。这里,远山不墨千秋画,流水无弦万古琴。一切皆是自然而然,无一丝人工斧凿的痕迹,无一处牵强附会的宣传。自然而然,天地有大美而不言。口渴时,我就轻叩柴扉,讨要一碗清水。行累时,我便弃车就野,躺下呼呼大睡。身无负累,心无挂碍,优哉游哉。

行程的尽头是这座希望小学,这里的孩子们家境贫寒,有的每天要走几个小时的山路来上学。不过这并不能让他们不快乐,年轻的心灵有的只是对生活的美好期盼。对此我微笑。心中只有羡慕和感动。

返程已是黄昏,待走上马路,浑圆橙红的日头已快落山,散发着温暖的余晖。

阳朔是一种流连。离开的时候,我这样对自己说。摇曳的江水,明亮的灯火,喧嚣与宁静,尘世和天堂,仿佛只隔一线。有些明白为什么离开阳朔,会是困难的。生活在这里好像突然多出了很多选择。或者宁静淡泊,或者热闹浪漫,但不论是哪种,那必定是你内心的渴望,是真实的自由。

中央电视台(2008 年 12 月 13 日)

电视文学节目2009年

清明特辑

《清明特辑》上篇《有一种思念叫雨》

姚雪

暖暖的春阳，将一冬蛰伏的寒意融尽；温润的春雨，又洗净万物初萌的土壤。当朗朗春意掀开四月的面纱，二十四节气中的清明，便与一场细密的雨，一同到来。

千百年来，清明总与思念息息相关。每个人，每个家庭，都有各自追忆的人；而我们所有的人，也有一份同样的思念。这份思念，送给那些为了共和国的诞生、献出热血和生命的英魂们。

雨花台

每年清明，雨不变，思念不变。

这细细密密的雨丝，像轻声细语的呢喃，诉说着连绵不断的思念。

雨下在这娇小的石头上，开出了花。这晶莹玉润的石头，是花中的石，又是石中的花。每到清明，这里，总能迎来许多怀念的脚步。

在这里离去的烈士，据说有十万之多。这里的每一块石头，都浸满了烈士的鲜血。难怪，这里的雨花石，如此鲜艳，更多了一份令人震撼的美丽。

那个血雨腥风的年代已经过去。鲜血染红的雨花石，成为后人永远不能忘却的纪念。

我们难以将这十万英雄的名字，一一默念，一一祝福。他们共有的名字，叫雨花台烈士。我们难以将这十万英烈的面容，一一重现，一一镌刻。但他们共有的坚毅和力量，却永远活在人们的记忆中。

红岩魂

我们不会忘记，共和国，也不会忘记。

我们不会忘记，那双饱受摧残的手里，精心绣出的红旗。我们不会忘记，在暗无天日的狱中，那把牢底坐穿的誓言。我们也不会忘记，在共和国历史上最年轻的烈士，人们叫他“小萝卜头”。

就义的那一年，他才9岁，却在敌人的监狱中，生活了8年。他幼小的灵魂承受着生命的重负，却怀着一颗纯粹赤诚的心，憧憬着新中国的美好。他牺牲在革命胜利的黎明，他的故事，让整个国家潸然泪下。

这片土地，曾经被白色恐怖包裹成一座血腥之城。如今，它是那么的平静。但那红岩之魂，永远铭刻在国家的历史，与民族的记忆里。

他们是共和国的灵魂与脊梁。

微山湖

细细的雨，洒在波光潋滟的微山湖上。

侧耳倾听，那轰轰的车轮声，那冲锋的号角，那短促的枪声。它们在记忆中驰骋，勾画出这湖上不平凡的历史。

时光荏苒，微山湖上，仍然是静悄悄。而那一曲琵琶，早已响在所有中国人的心上。那超然的革命乐观主义精神，让人赞叹。

今天，就在这里，就在这湖边，洒一杯清明的酒，为那声声入耳的琵琶。

井冈山

年年清明，年年和雨相约。

往事是一颗种子。清明是促它萌生的风。在万物复苏的春日里，有一种思念叫雨。

井冈的杜鹃，密密匝匝地指向蓝天，映红了五百里井冈。那是她们在怀念逝去的人们。她的花朵大而热烈，因为，它也曾被鲜血浸染。

在那个枪林弹雨的年代，这红，是悲壮的红。壮士流血不流泪，杜鹃便是天地的眼泪，以这悲壮的红，祭奠壮烈牺牲的生命。

当五星红旗升起的时候，这红，便是欣慰的红。与国旗同色，与新中国一起，迎接一季又一季的繁花似锦。

清明的细雨拂过，年复一年，为这十里杜鹃，播撒思念的种子。杜鹃依然怒放，这红，是中国的红，中国的骄傲。

中国红，有无数的意味。

雨花石的红，红岩的红，井冈杜鹃的红，还有微山湖上的夕阳红。红是战斗的激昂，是无私的奉献，是坚定的信仰，是无畏的追求，是乐观和奔腾，也是柔情和骄傲。

我们将寄托追思的花儿献给烈士。他们中的大多数，都没能看到和平与安宁的生活，但他们却坚定着信仰，为了大多数人的福祉而战。他们中的大多数，都牺牲在风华正茂的年纪。有些留下了可歌可泣的故事，有些，甚至连姓名都没有留下。但是，他们却是我们全民族的骄傲。

每个清明，他们，拥有最多的思念。

《清明特辑》下篇《唐风宋韵话清明》

姚雪　胥智慧

《岁时百问》里这样描述清明："万物生长此时，皆清洁而明净。故谓之清明。"清明的传统，大约始于周代。在古代，清明节不如它之前的寒食节重要。但由于它们的时间接近，渐渐地，清明与寒食便合二为一。而寒食扫墓祭祖的习俗，与清明踏青寻春的传统，也同时融合在一起，成为今天的"清明节"。

南京师范大学教授王青:清明这个节气的名称,最早也是出现在《逸周书》的《周月》跟《时训》当中,在《淮南子·天文训》当中,也提到过清明。那么这个名称的意义,据后人解释,它就是说万物清洁明净这个意思。我们知道清明在二十四节气当中,它是比较特殊的一个节气,特殊在什么地方呢?它既是节日又是节气。我们知道这个节气和节日是不一样的。节气是时间推移、季节转换的一个标志,它的这个设定是根据太阳在黄道上移动15度,那么就是一个节气了,所以它体现的是一种历法意义,不是人为设定的。而这个节日呢,它主要是我们传统的祭祀日、庆祝日、还有纪念日等等,它有比较多的民俗活动,所以这个节日跟节气是有区别的。那么清明呢,它实际上,我们现在清明所进行的一些民俗活动,它是包含了两个日子,那就是寒食节跟清明节,这两个日子的活动。寒食节大家都知道它是一个纪念日,纪念的是谁呢?纪念的就是介子推。在民间传说当中,介子推在晋文公回国之后,他不担任官职,到绵山隐居起来,然后晋文公为了请他出来,就放火焚烧绵山,结果介子推就死在了绵山。那么为了纪念介子推,大家在寒食的那一天禁火、吃冷食。实际上,这个传说不见得是真实的,因为禁火这个习俗,可能在更早的时候就产生了,而且当时禁火的时间是非常长的,它禁火的日子要长达一个月。曹操就曾经下令禁止禁火,这以后禁火的时间慢慢变为七天、三天。那么寒食这个日子,它跟清明非常之接近。寒食节的这个时间,它是在冬至以后的105天,那么它通常是在清明的前一天或者前两天。那么到了唐朝以后,因为这两个日子非常接近,就混在一起过了,寒食跟清明就合而为一了。选入《唐诗三百首》的,也是跟清明密切相关的,那个就是韩翃的《寒食》,他写的就是唐朝时候,京城里全城禁火吃冷食的这么一个习俗。那么这首诗唐德宗是非常喜欢的。当时他要给韩翃授一个官职,但是同时代有两个人都叫韩翃,唐德宗就批了一句说,授给那个写"春城无处不飞花"的那个韩翃。从这个小故事当中,我们可以看出这首诗流传是非常广的。

《寒食》 (唐)韩翃

春城无处不飞花,寒食东风御柳斜。
日暮汉宫传蜡烛,轻烟散入五侯家。

寒食禁火冷食祭墓,清明取新火踏青出游。唐代之前,寒食与清明是两个前后相继但主题不同的节日,前者怀旧悼亡,后者求新护生;一阴一阳,一息一生,正体现了中国文化的哲学意味。

南京师范大学教授王青:我们都知道,清明时候它最重要的民俗活动是有两项的,一个呢是踏青郊游,一个呢就是祭祖、上坟、扫墓,实际上这两项活动,它所需要的环境氛围跟所体现的情感是截然不同,甚至是对立的。祭祖啊、扫墓啊、上坟啊,它所需要的氛围是肃穆的、是庄重的,而它所体现的情感是悲凉的、是伤感的。而踏青郊游,它所需要的氛围是轻松的、闲适的,它所体现的情感是快乐的,但是我们民众把这两个活动放在一起过,也没有觉得有什么不合适的,客观上也许还起到这么一种效果,就是说你追忆了逝者,体验过死亡之后,再重新面对这生机盎然的大自然,会更加热爱生命、热爱生活。由于清明是个非常重要的节日,也是个非常重要的节气,所以在古典诗歌当中写清明的诗、词,那是非常之多的,我们耳熟能详的,毫无疑问就要数杜牧的那个《清明》了。

《清明》 (唐)杜牧
清明时节雨纷纷，路上行人欲断魂。
借问酒家何处有？牧童遥指杏花村。

在诗人笔下，清明是河岸边那一枝依依的柳条；清明是山林深处那一处久远的牵挂；清明，也是氤氲烟雨里那一抹若隐若现的忧伤。一句唐诗写下了清明的主题。那个客行他乡的杜牧，就在烟雨古道中吟出"清明时节雨纷纷，路上行人欲断魂"的千古惆怅。

唐代的瑰丽在明月疏雨中远去，宋朝的存在是为了承载大唐雄风的盛世繁华，是为了倾泻浩瀚千秋的淋漓墨香。宋人张择端用他细腻生动的笔墨泼染出清明时节汴梁城的锦绣河山、人生百态，那一幅清风拂柳、街巷河岸尽现人间春色的《清明上河图》，古往今来不知摄获了多少文人墨客婉转的情怀。

入宋之后，清明和寒食逐渐融为一体，清明节，也就成为了春季节日的综合与升华。

南京师范大学教授王青：那么我们知道，寒食它是清明节的习俗之一。宋朝诗人黄庭坚，他有一首名为《清明》的诗，那么他这首诗写的是上坟扫墓的，所以有关清明的重要的民俗活动，踏青郊游、上坟祭祖和寒食禁火，这些在古典诗文当中都有体现。

《清明》(节选) (宋)黄庭坚
佳节清明桃李笑，野田荒冢只生愁。
雷惊天地龙蛇蛰，雨足郊原草木柔。

《南歌子》(节选) (宋)苏轼
日薄花房绽，风和麦浪轻。
夜来微雨洗郊坰。
正是一年春好、近清明。

听着时光流逝的清音，往者不复，一切恍然如昔。"佳节清明桃李笑"，任凭星移斗转，那掩藏在历史深处的风，依旧流转在每一个明净的季节，吹拂着来往过客的衣衫。

南京师范大学教授何平：我们为什么会把清明记住？它不光是因为清明是二十四节气中间的其中的一个节气，更多的来源也就是从唐宋之后，清明这样一个节气中间所凝聚的那样一种人文情感，积淀的那样一种民族记忆，它不只是节气说的所谓清明来临、万事万物都清洁明朗，所唤起的那样一种明媚的感觉，它更多的来源也就是清明这个中间所凝聚的，我们对于故人、物事那样一种追忆，那样的一种向往，那样的一种缅怀，因此我们在清明这样一个节气中间，或者说这样一个节日中间，又有了比如说踏青啊、植树啊等等，这样一些与自然亲近的活动，它其实也就是在这一个合流的过程中间，它没有纯粹的变成一个节日或者说仪式，而是使节气本身和自然之间相关的一种东西，得以存留。

《郊行即事》（宋）程颢

芳草绿野恣行事，春入遥山碧四周；
兴逐乱红穿柳巷，固因流水坐苔矶；
莫辞盏酒十分劝，只恐风花一片红；
况是清明好天气，不妨游衍莫忘归。

《苏堤清明即事》（宋）吴惟信

梨花风起正清明，游子寻春半出城。
日暮笙歌收拾去，万株杨柳属流莺。

作为春天最重要的节日，清明，不仅是对先人的一份祭奠和追忆，也蕴含着一份新希望、新生命的开始。而年年与清明相约的那一场春雨，带着缱绻的诗意，古往今来，又勾起多少人心中的思念。思念是雨，融化最后一抹春寒；思念是雨，滋润心中温暖的回忆；思念是雨，带给人们对晴朗的期待。在清明的雨声里，就让我们一同走向那清洁明净的未来吧。

中央电视台（2009 年 4 月 4 日至 15 日）

玉树印象

洪烛　姚雪

【这里是文成公主走过的地方，这里有世界最大的玛尼堆，这里是三江的源头，这里是遥远的歌舞之乡，这里还有奔放的赛马会，这里让人分不清它是故乡还是异乡，2009《印象中国》倾情推出《玉树印象》】

《玉树印象》之一《沉默的玛尼堆》

大地上的玛尼堆
使大地显得沉甸甸的
雪山不再摇晃
只有经幡翻卷
风捎去每个人的心事
一块新放上去的石头
代表着我，加入
这贴近众生的星空
你分不清它在匍匐着还是飞翔
雪山很冷，我的心很烫
当我和任何一座玛尼堆
站在一起，就等于
站在大地的中央
只是轻轻放上去一块石头
却获得继续前行的力量

居住在城市里的人，看到石头，往往是没什么感觉的。石头太普遍了，它们或卧在高楼的脚下，成为坚硬的基石；或嵌在如茵的绿草中间，铺出蜿蜒的小路；甚至，沉睡在鱼缸的底层，变做纯粹的装饰。

而我的记忆里，却有着与众不同的石头。

不单是我。但凡从我的家乡走出来的人，都会对那非凡的石头，有着非凡的感情。

那便是玛尼石。目前世界上最大的玛尼堆，就在我的家乡，青海玉树藏族自治州。

我的家乡玉树,素有名山所宗、江河之源、牦牛之地、歌舞之乡的美誉。“玉树”这个名字是藏文译音,含义为“遗址”。过去,由于这里海拔高,植物少,人们也称其为“树贵如玉”的地方。从小到大,我一直生活在这个充满灵气的地方。在姹紫嫣红的玉树草原长大,在粗犷繁盛的歌舞声中长大,在圣洁高远的雪山下长大,在宛若星光的酥油灯边长大,而新寨的那片玛尼堆,更是自我有记忆开始,便绵延进生命里的符号。

那片石头是古老的。相传,这座玛尼堆是由藏传佛教高僧第一世嘉那活佛创建的,至今,已经过三百多年的风雨。三百多年的积累,形成了今天这样高四米,占地比一个足球场还大的玛尼堆。那一块块大小不一的玛尼石,堆砌着三百年的风霜,三百年的故事,三百年的信仰。

那片石头是斑斓的。镌刻着六字真言,或是神像佛像,或是吉祥语言。一代又一代的石刻艺人,口中一遍遍吟诵着六字真言,虔诚地在石头上刻下一笔一画。灰白的玛尼石,就这样刻进他们虔诚的心,嵌上精美的颜色,变成石刻的图书馆,变成一个又一个祝福,变成独具一格的藏族石刻艺术。

那片石头是有记忆的。在石刻艺人眼里,就算最普通的石头,也是富有灵性的。刻上了文字图像,玛尼石便有了记忆,记住了这一世的风栉雨淋,记住了这一刻的喜怒哀乐,记住了这一代的追求、理想、感情和希望。

这座玛尼堆上,据说已有25亿块玛尼石。没人能真正数得过来,上面究竟有多少块石头,而当你面对这庞大的玛尼堆时,心里,必然会涌起许许多多的感受。每颗石头都是信徒们发自内心的祈愿。每颗石头都是一段祝福。三百年,25亿块,数不清的双手抚摸过这些石头,数不清的额头亲吻过这些石头,数不清的目光凝望过这些石头,数不清的心事埋藏进这些石头。

多年前,怀着虔诚的心情,我也曾在这玛尼堆上,放上一块刻满祝福的玛尼石。那一年,我离开家乡,去西宁学舞蹈。对于一个从未走出过玉树的女孩而言,未来于我,是那么茫然。八月的玉树草原,鲜花盛开,灿若云霞,而草原的那一边是什么?在玉树,唱歌跳舞是再自然不过的事——会说话就会唱歌,会走路便会跳舞,而我将要去学的舞蹈,又会改变我多少?在玛尼堆前,我沉默着。玛尼堆也沉默着,她静静地听我的心事。尘世的疑惑,她见得太多。她从不回答,只是静静地收藏。我放上属于我的那块玛尼石,听见她对我的祝福。那一天,我在玛尼堆前从午后站到黄昏,含泪而去。黄昏的风拂过耳畔,仿佛是她在回应我。

这是十年后,我第一次回到玉树。十年,梦里常常出现那一片玛尼堆。那一片斑斓的、古老的、带着记忆的玛尼堆。她用温柔的声音和我交谈,虽然她仍然是静默的。她温暖过我初到异乡的心,她抚慰过我因爱而生的痛楚,她润湿过我望月思乡的双眼,她在我灵动自如的舞步里若隐若现。玉树在我心里,变成一块大大的玛尼石。上面刻着我的民族、我的童年和少年、我的故乡和亲人。

浸在河流里的玛尼石叫水玛尼。潺潺的流水,抚过刻在石头上的经文,仿佛把真经吟诵了一遍又一遍。连水声也变得神圣。在异乡的梦中,我耳畔也会回想起这水声。那是玉树在呼唤。清澈的水面投下的倒影,就像两个我,借助一面时光的镜子重逢。

曾经和石刻艺人聊过天。他们说,就像人长的漂亮一样,刻在玛尼石上的经文必须精致而美观。无穷尽的石头来自上天的恩赐,是有灵性的,能往这种石头上刻经无比荣幸,一定要尽可能做的更完美,因为不仅为自己,也在为别人祈福。

十年前离开玛尼堆的那一刻,我想起了他们说的这段话。他们是我的乡亲,祖祖辈辈生活在玉树,以刻玛尼石为生。他们不曾有机会像我这样走出玉树,见识外面的世界,却在这叮叮当当反反复复的镌刻里,悟到质朴的真理。人生仿佛是一座玛尼堆,每一段经历,就好像是在一块玛尼石上刻字。一笔一画,一定要尽可能更完美,因为人生就像刻玛尼石,刻上便不能更改,刻上便成为历史。所以,每一个现在,都必须用心去写。

这便是玛尼堆对我的庇护。她让我沉静,让我勇敢,让我尽心尽力地刻写我的人生。

结古寺的转经筒,年年月月,不停地转动。昨天今天,过去未来,前世今生,仿佛就在这刻有藏族八宝图像的转经筒里,匆匆轮回。微风拂过,经幡猎猎。这曾在梦中无数次召唤过我的景象,如今近在眼前。远道而来的妇人磕着等身长头,跪拜肉眼看不见的神,祈求幸福。身穿暗红色衣服的喇嘛,在山坡上坐下,吹响法螺。世事变迁,这样的背影与虔诚却依然没变。

我用力推动转经筒,就像推开记忆的门。在这缓缓的转动里,我想与那个十年前不谙世事的小女孩对话。十年前,她是孩子,十年后,我是归人。十年前,她充满幻想,十年后,我懂得生活。十年前,她因要离家而惆怅不已;十年后,我因太久没有回乡而心生愧疚。

我回来了,玉树。

玛尼堆前,结古寺中,我默默地念着这句话。十年前离开家的时候,我只会说几句汉语。如今,我的汉语早已熟稔。余光中的诗里说,乡愁是一张船票。而对我而言,乡愁是一块玛尼石,一座古旧的转经筒,一片迎风飘扬的五彩经幡。乡愁是远处悠长的法螺声,是夕阳西下古寺金色的剪影,是一场永无止境的等身长头祈福之旅。乡愁是我的歌声,我的舞蹈,也是我的思念,我的沉默,是我在思乡的夜里醒来时,常常想起的一首诗:

那一刻,我升起风马,不为祈福,只为守候你的到来;
那一日,垒起玛尼堆,不为修德,只为投下心湖的石子;
那一夜,听一宿梵唱,不为参悟,只为寻你的一丝气息;
那一瞬,我飞升成仙,不为长生,只为佑你平安喜乐;
那一天,我闭目在经殿的香雾中,蓦然听见你诵经中的真言;
那一月,我摇动所有的经筒,不为超度,只为触摸你的指尖;
那一年,磕长头匍匐在山路,不为觐见,只为贴着你的温暖;
那一世,转山转水转佛塔,不为修来世,只为途中与你相见。

《玉树印象》之二《马背上的爱情》

洪烛　姚雪

玉树,我回来了。

眼前的玉树好像一幅画,一幅在我心中珍藏已久的画。每路过一处熟悉的风景,便有一些记忆在脑海中苏醒。心里,就好像暖流流过一般。

我的目光,也一直在寻找。寻找十年来梦见过的故乡。寻找童年在这草原上许过的愿望。寻找曾经一起长大的朋友。

在一望无际的草原上,我终于又一次看见了你。当我的视线触到你深棕色的身影时,眼眶立刻就湿润了。繁华的都市里,没有你。在我离开家的日子里,没有你。在我渴望与人分享我的快乐悲伤时，没有你。

你只在梦里出现。

我梦到过你奔跑时的嘶鸣，梦到过你高昂的头颅，梦到过你驰骋草原时扬起的烟尘，梦到过你低头饮水时眼里的温柔。

梦里，还有一个叫央金的小女孩。她是我儿时的模样。和我有着一样的名字。在马背上，她第一次体会到，飞翔的感觉。

每年夏天的赛马会，是玉树最热闹的季节。

漂亮的帐篷搭起来了。远远看去，就像朵朵永不凋谢的雪莲，点缀着美丽的玉树草原。那缤纷夺目的帷幔，像是艳丽的彩虹，装点着多姿多彩的帐群。

赛马会像玉树的年轮，我就是数着一年又一年的赛马会长大的。眼前飘舞的哈达，像一座柔软婀娜的桥，将十年的记忆连接。

从小到大，我有很多朋友，但，我也总把你看作是好朋友。这个朋友，能让我高高地看玉树的风景。骑在马背上，仿佛离蓝天更近，也离那远处飘动的经幡更近。

我也常常伏在你耳边，和你说话。我们在繁花似锦的草原上散步，沿着玉树看不尽的风景。更难忘的是策马奔腾的时刻。猎猎的风从耳畔掠过，热烈的青春尽情绽放。

赛马会是玉树的节日，也是英雄的节日。

骑在马背上的小伙子们，你们中的谁，有勇气，捎上我吧。

骑上一匹跑得最快的马，追赶史诗里的英雄，直至和他融为一体。我爱英雄，也爱那些想成为英雄的人。

藏族有句谚语："每个人嘴里都有一部《格萨尔》。"在雪域高原，几乎每个人都会讲格萨尔的故事。他是英勇智慧的化身，也是我们心中的英雄。他降临人间，降妖除魔，造福百姓。

我们都是倾听着《格萨尔传》长大的。我们的血统能在这部全世界最长的史诗里找到源头。格萨尔的传说永恒。传唱格萨尔王的艺人，也在这一年一年的虔诚里，放慢老去的步伐。

他正在讲的故事，我很熟悉。

那是格萨尔 12 岁的时候，他在整个部落的赛马会上取的胜利，获得了王位，同时也娶到了美丽的珠姆为妻。

我们虔诚地听着这古老的故事，即便每年都听，每一次，也都各不相同。每一位艺人，都在讲述中源源不断地加入新的灵感。

在声情并茂的叙述里，古老的英雄复活了。他复活在我们的血脉里，热血奔涌，那是玉树人与生俱来的激情和勇敢。他复活在我们的记忆里，年年岁岁，格萨尔的传说陪伴每一个玉树人长大。他复活在我们之中。在这苍茫的草原上，在这斑斓的帐篷间，在这飞驰的骏马背上。他的勇气和智慧，奔涌不息。他的威武和坚强，代代相传。

赛马场上那些年轻英俊的骑手，谁有可能成为格萨尔的化身？草原还是一样的草原，人是否还是一样的人？我周围的所有人物，是否都曾经在千百年前那届赛马场上出现过，为了衬托格萨尔横空出世的剽悍身影？

而我是谁呢？被一队奔马亲热地围绕着，被一群多情的骑手赞美着，我多么希望自己是格萨尔的珠姆啊，正在等待想象中的英雄。不，也许他已经到来，只是我暂时还无法分辨：他是骑手中哪一位？

悠扬的情歌,响在辽阔的草原上。它划过我的遐想,又再一次让我激动。

是的,这才是玉树。回到马背上,才是回到了玉树。听到了说唱艺人的格萨尔王传,才是回到了玉树。看到了赛马大会,才是回到了玉树。与这嘹亮的情歌相遇,才是回到了玉树。

那无拘无束的生活,那无拘无束的爱恋。

在这一刻,我才发现,十年的光阴里,忙碌充实了我的生活,心灵却始终渴望这样的无拘无束。

长长的甘珠尔石刻,像一条绵延的城墙。那层层叠叠的石块,是玉树人的虔诚和信仰。站在这经文的城墙前面,我有种肃然起敬的感觉。因为有了先人辛勤的雕刻,我们才拥有和历史对话的机会。

这些文字是如此美丽,就像盛开在石头上的花朵。永不凋谢。

走累了,便在一片歌声中停下来。大家坐在一起,和着弦子唱歌。玉树人会说话便会唱歌,能走路便能跳舞。素昧平生的人们,靠着歌声结下缘分,靠着舞蹈成为知音。而在这悠扬的歌声里,亲爱的玉树,你能听出一个阔别十年的声音吗?不,你听不出来,我的乡音还是那么纯正,歌声还是那么好听。但,在这围坐的人群里,你一定能认出我来,因为,只有我的眼里,含着与你重逢的泪水。

又一次来到这熟悉的池塘边。水波粼粼,像记忆里泛起的层层涟漪。这池塘,在玉树的治多县贡萨寺附近。相传格萨尔的王妃珠姆,就在这里洗脸梳妆。传说,用这水洗脸,姑娘们就会越长越像珠姆。

掬一捧水,仿佛挽起旧日的时光。它清澈宁静,我和水中的倒影互相凝视。那是我的倒影,还是水中的珠姆?也许,不仅仅是我看见她,她,也能看见我。就像看见一个新成长起来的自己。她的幸福,也在我脸上延续。

从离开玉树的那一天起,思念便在心里生根。十年,我像只越飞越远的风筝,终于回到了家。

岁月流逝,无论穿着什么样的服装,思念却是从不停歇的舞步。

无论走在什么样的路上,思念却是没有缰绳的骏马。

无论路过什么样的风景,最想念的,依然是这一望无际的草原,这层层叠叠的玛尼堆,这迎风招展的经幡,这奔驰的骏马。

无论遇到什么样的爱情,最想要的,依然是那传说中如格萨尔王一般的热血英雄,他在草原上奔驰,守护他的家园和爱人。

十年,思念像这燃烧不尽的篝火,也像这篝火边嘹亮高亢的情歌。

玉树,我回来了。我是十年前离开的小姑娘央金。你一定,一定还认识我。

玉树,我回来了。我还在等那个属于我的英雄。你一定,一定会把他带到我面前。

《玉树印象》之三《遥远的歌舞之乡》

洪烛　姚雪

玉树,一个被誉为名山之宗、江河之源、牦牛之地的美丽地方,它还有一个不能不提的名字:歌舞之乡。玉树有句谚语:“会说话就会唱歌,会走路就会跳舞。”而这,是所有玉树人最骄傲的地方。

当歌声轻轻响起,不知道草原上长发如云的卓玛是否听见?

当我回到玉树,重新和羊群生活在一起,想象自己是牧羊女卓玛,挥动细细的皮鞭,驱赶白云回家。走着走着,就走进歌谣的回音里。我的背影,是否也有人远远地偷看?

玉树,比那遥远的地方还要遥远。

她是歌声的远方,爱情的远方,远方的远方。天地之间,小小的我,放牧一大群羊。我体会到卓玛的忧伤。

我想跳舞了。我想用舞蹈取暖、御寒。舞蹈是我身体里的故乡,她帮助我忘掉孤单,使远方不远,昔日重现。

回到玉树的时候,正是夏天,康巴草原最热闹的季节。每年此时,玉树都要举办以大型歌舞、赛马、物资交流为内容的康巴艺术节。歌舞给草原插上翅膀,升起风帆,连通天南地北慕名而来的客人。

提到玉树的歌舞,便不能不提结古寺一世嘉那活佛。他既是玛尼堆的创建者,又有非凡的艺术天赋,独创一百多种“多顶求卓”,为歌舞之乡奠定了基础。加上玉树毗邻藏、川、滇,不断吸收其他地区歌舞的元素来丰富自己。日积月累,玉树便真正成为了藏族舞蹈的集大成者。

我庆幸自己在玉树草原长大。她给了我歌舞的天赋。对于康巴人,歌舞是仅次于空气、阳光的生活必需品,用来满足精神上的饥渴。唱着、跳着,就忘掉了忧愁,就变得快乐。

或许,在我的生命里,舞蹈更像是一棵树。她与生俱来,我的血液里有她的种子。她吸收我生命中的精华而成长,她的每一片叶子上,记录着我每一段时间的喜悦和忧伤。

玉树的康巴藏族舞蹈,被称作是中国第一民间舞。在藏语里,“卓”是一种古老的集体舞蹈,少到十几人,多至上百人,围成圆圈一起跳,气氛热烈。“依”则是另一种风格的集体舞,在康巴一带叫“弦子”,领舞者手执胡琴边弹边带头跳,众人后随,边唱边舞,模仿着收割、打场、狩猎、骑马、剪羊毛等生产劳动的动作,轻快活泼,不管多少人都能容纳进舞蹈的队列。

每一次歌舞的盛宴,也是服饰的盛宴。康巴男人留长发,长发用红丝穗裹着盘在头上。女人则把头发编织成数十根小辫。无论男女,都穿着极其华丽的藏袍和藏服。不管他们平时多么沉默、多么朴素,闻乐起舞,便顿时容光焕发。

我觉得自己也是为舞蹈而生的。我常常为梦想而舞蹈。而我的梦想,也是关于舞蹈的,一抬手,一举足,都牵涉喜怒哀乐。

我认定舞蹈是灵魂为挣脱肉体的束缚所进行的温柔斗争。能唤醒树木被风吹拂的记忆。在一场全身心投入的狂歌劲舞中,人的躯体就是树枝,服饰就是树叶,风则是音乐。一旦音乐响起,再苍老的舞者也会获得新生,服从来自远方的呼唤。

我也相信,在玉树,和我一样的人很多。舞蹈也是他们生命里的一棵树。这棵树是古老的,无论世事如何变迁,它仍然保持着千百年的基因;它的年轮在世世代代的更迭中忠实地延展下去。这棵树又是年轻的,在阳光里闪耀,年轻而柔软的枝丫蜿蜒在每一个充满活力的生命中。

小伙嘹亮的歌声,一遍遍划过夏日的草原,充满活力,像召唤生命的号角,连草原上的花儿,都显得格外欢愉。姑娘甩动的长袖里,仿佛雪山都有些摇晃,像是要俯下身来,加入这繁盛的欢乐。

参加篝火晚会,和那么多人一起跳锅庄。日落西山时跳起,直跳到深夜乃至凌晨,通宵达旦的狂欢,舞者的队伍不断扩大……这是与大自然最亲近的舞蹈了。一年又一年,一代又一代,忠实于传统的民族在载歌载舞中前进着。时间已在舞蹈的节拍中失去意义。

我吟着仓央加措口授的情诗。我跳着嘉那活佛独创的"多顶求卓"。我跳着相传格萨尔和珠姆婚礼上的白龙卓。他们的情感与思想,流淌在我的血液里,我模仿白云、模仿孔雀、模仿剪羊毛的卓玛,通过肢体的舒展传达浓酽的醉意。跳着跳着,仿佛回到那遥远的年代。动人而传奇的爱情再一次在草原上怒放。古老而苍凉的情感,再一次在我的血脉中奔腾。

玉树,我回来了。当我在你的怀抱中舞蹈时,那遥远了十年的故乡,才终于切近。那重复了十年的想念,才终于平静。

玉树,我回来了。连同我心里的那棵树。她离开了你十年,是那么迫切地想要与你对话。想要给你看她婀娜的身姿,想要给你看她丰富的心灵,想要把在外面看到的,感受到的一切都告诉你。

而且,在她独自长大的十年里,她也有点累了。她想听听你纯正的歌谣,想看看你古老的舞步,想回到你的马背上飞驰,想躺在你的羊群中小憩。想与你融为一体,因为,独自在异乡的日子里,是你给她温暖和力量。

用歌来开花,用舞来结果,玉树,你心里想的和我心里想的,其实是一样的。

《玉树印象》之四《玉树有情天》

洪烛　姚雪

十年,在陌生的城市里,我那属于舞蹈的灵魂,在玉树的指引下,追寻着,成长着。

一身休闲服回到这里。我的装扮,显然与这草原有些格格不入。在不认识的人眼里,也许,我不过是一个慕名而来的游客。

十年,毕竟是不短的时间。它像一条宽宽的小河。少年在这边,如今在那边。回忆更像是这条河中不倦往返的小舟,在彼岸的时候,思念着故乡;回到了故乡,又想念起更加遥远的过去。

我的一切,都从玉树开始。她教我唱歌,教我跳舞,教我骑马,教我格萨尔的故事。如果我的经历是一块玛尼石,玉树便给了我所有的色彩,让我能以五色的锦绣文字,刻下斑斓的人生故事。我爱她湛蓝高远的天空,也爱那草原上灿若云霞的野花。我爱那呼啸奔腾的骏马,也爱那清澈见底的河流。我爱她出世的自然之美,也爱她入世的喧闹歌舞。

无论走到哪里,我总是这样向别人介绍自己:"我叫央金。我的故乡是玉树。"

因为我与玉树,是不能分开的。玉树是我身上的烙印。

我的记忆里有座玛尼堆。这座玛尼堆上,堆着我在玉树的点点滴滴。有母亲的叮咛,有父亲的教诲。有我学会的第一支歌,第一次通宵跳锅庄。有我熟悉的骏马和羊群,还有那些心爱的服饰。它们是我用心刻下的历史。

走出玉树之后,我在异乡的故事,也继续叠在这片心中的玛尼堆上。有表演家乡舞蹈的兴奋,也有学习现代舞的紧张。有结识新朋友的激动,也有毕业离别的感伤。有我的每一次骄傲,每一次落泪。也有我的每一次挫折成长。

十年，我用玉树的方式，延伸着我的人生轨迹。故乡和异乡，也就这样慢慢地模糊。就好像这长长的玛尼堆，经年累月的堆积，早已分不清哪些是当地人刻的，又有哪些是路过的信徒和游客们放上去的。

我的梦里有匹骏马。她驮着格萨尔的传奇，驮着珠姆的美丽，驮着赛马会上草原的帐篷顶顶，驮着英俊的骑手和飘舞的白色哈达。每当我在异乡失落的时候，便会希望它在梦中与我相会。奔驰，是它的使命，也是它的生命。舞蹈于我，也是一样。

如今我回到草原，和梦里的骏马相会。这场景既熟悉又陌生，令我百感交集。突然想到，舞蹈便好像是我的骏马，儿时，她让我与草原一起自由歌舞；长大后，它便带我跑出了故乡的地界，看到了更高远的天空。

蓦然回首，我和我的骏马还在一起，而故乡，却已在身后。

我的血脉里有棵玉树。这棵树是舞蹈。它记得住玉树的风，记得住结古寺的经幡点点；记得住草原上烂漫的四季；记得住云的形状；记得住喇嘛的悠长号角；记得住远道而来的等身长头；记得住热闹非凡的草原卓舞；记得住小伙的弦子声声，因为，这一切，都融化进了玉树的歌舞。玉树的所有，都在她的歌，她的舞里。

今天，就让我们一起舞蹈吧，让我血脉中的这棵玉树，尽情地沐浴故乡的阳光，汲取故乡的营养。我知道，无论我学过多少种舞蹈，无论我走得多远，玉树，永远是我舞蹈的灵魂，是我灵魂的故乡。

分别是漫长的，相聚却是短暂的。

又一次站在时间的渡口。又一次要从此岸，渡到下一个彼岸。又一次要从朝思暮想的故乡，去到下一个异乡。

我有一些伤感，却并不难过。因为，故乡是倦怠的心灵回归的地方。而异乡，常常是奋斗的心灵起飞的地方。

玉树不是一个地名，她是一片天。天空无界，无论我走到哪里，都能望见她。

每当想起心中的那片玛尼堆，故乡，便不远了。

每当与理想这匹骏马一同驰骋，故乡，便不远了。

每当我跳起舞来，故乡，便不远了。

抬头望天，便与玉树相会。

我不在玉树，便在思念玉树的路上。

那一刻，我升起风马，不为祈福，只为守候你的到来
那一天，闭目在经殿香雾中，蓦然听见，你诵经中的真言
那一日，垒起玛尼堆，不为修德，只为投下心湖的石子
那一瞬，我飞升成仙，不为长生，只为佑你平安喜乐
那一夜，我听了一宿梵唱，不为参悟，只为寻你的一丝气息
那一月，我摇动所有的经筒，不为超度，只为触摸你的指尖
那一年，磕长头匍匐在山路，不为觐见，只为贴着你的温暖
那一世，转山转水转佛塔啊，不为修来生，只为途中与你相见

中央电视台（2009年4月18日至5月20日）

戏苑奇女子——严凤英

《子午书简》编导 高燕

【演播室。背景图片:《一代名伶严凤英》】

主持人:好书需要分享,阅读丰富人生。这里是《子午书简》,我是李潘。节目开始之前,我们来看一个短片

【电影《七仙女》】

七仙女:树上的鸟儿成双对

董永:绿水青山待笑颜

主持人:看了这段您一定会说,太熟悉了,黄梅戏《天仙配》嘛,现在全国各地的 KTV 里头必选曲目。可是您有所不知,在 60 年前,这黄梅戏还是流行于安徽、湖北一带的这种乡间小曲、小调,被称为是“淫词艳曲”,不登大雅之堂的。甚至都没有一出像样的剧目。正是由于这位七仙女的扮演者严凤英【图片:严凤英七仙女剧照】用她生命的付出,才让这样的一个乡间小戏,最后成为全国的五大剧种之一,而且深受老百姓的喜爱。

主持人:那么,严凤英这位在观众心目中又大胆又善良又美丽的七仙女,她自己的人生,是不是也同样的,像七仙女那样充满了梦幻色彩,传奇色彩呢?在读完了严凤英的丈夫王冠亚写的这部传记作品之后,我才发现我得到的答案是那样的令人难以置信。

【图片:严凤英七仙女剧照】

主持人:舞台上这位那样美丽聪慧可爱的甜美的这样一位女子,在现实生活中,她的一生却经历了三次被凌辱、被追杀、被干涉的婚姻,而且曾经三次被逼自杀。在她 38 岁的那一年,她美丽灿烂的生命就戛然而止。【严凤英照片】也许七仙女降落到凡间,她命运中就必须要经历九九八十一难。

【电影《七仙女》】

主持人:七仙女的下凡,也许从一开始就不被世俗社会所接纳。

【资料片】

解说:1944 年的一天,安庆桐乡县的黄梅戏班子里,突然闯进了两个陌生的男人。他们自称奉严家祠堂之托,要把戏班子里的当家花旦严鸿六抓回去沉谭。这严鸿六是谁呢?她究竟犯了哪条家规,以至于必须去死呢?

主持人:这严鸿六正是后来红遍大江南北的黄梅戏艺术家严凤英【严凤英照片】。

【资料片】

主持人:时间要回到1930年,当时还是安徽省省会的安庆呢,正遭遇着一场历史上罕见的旱灾。这一年的4月13号,正是青黄不接的时候,严家老汉严启纯,只有18岁的儿子严思明给他生下了一个孙女。因为老人恰逢60周岁,所以这个女婴就被起名为鸿六。我们来看这张照片。

【图片:安庆严凤英故居】

主持人:这是严凤英在安徽安庆老家的故居,在那个重男轻女的年代【照片:15岁的严凤英】,女婴严鸿六的降生,让她的父母开始不合。三年后鸿六妈妈又生下了一个女儿【照片:严凤英和妹妹鸿鸾】,夫妻俩闹到了反目的程度,鸿六妈愤然离家再嫁。鸿六爸爸将鸿六的妹妹鸿鸾卖给赵姓人家,自己远走他乡,于是一家人妻离子散。鸿六6岁这一年,一家人从安庆来到了桐城谋生。

【资料片】

主持人:在生活没有着落的情况下,与一个黄梅调班子住在一起。白天鸿六的奶奶就在戏班子里做饭,小鸿六就帮忙烧水打杂。到了晚上,没有母爱的鸿六,就免费的看戏。耳濡目染之下,她不仅迷上了黄梅调,还无师自通,学会了不少唱腔动作。演员在台上演,她在下面哼,唱得那是有模有样。

解说:小鸿六对黄梅调的痴迷,引起了爷爷的警觉,爷爷连打带骂,小鸿六却越来越着迷,最后老人竟像躲避瘟疫一样,带着全家回到了农村老家。爷爷为什么对小鸿六学黄梅戏这样畏惧得要命呢。

主持人:我们看这是严鸿六的老家【图片:现在的罗家岭】——罗家岭现在的照片。在罗家岭当地,有一个很奇怪的现象,当地人都十分的喜欢听黄梅戏唱黄梅戏。可是呢,就是不让自己的孩子学黄梅戏。为什么?因为他们认为黄梅戏是一种淫词艳曲,孩子学黄梅戏,就是不学好学坏。当地还称黄梅戏演员是"少年的戏子,中年是浪子,老年是花子"。所以严鸿六他们的这个严氏家族有严格的家规,那就是:【字幕:女子学黄梅戏就要沉潭而死】女孩子如果要学黄梅戏,就必须沉潭而死。

主持人:在严鸿六的老家,流行一种游戏叫做"对广谜子",是桐城山歌的一种。大多都是什么樵夫牧童、调情斗嘴、即兴唱的小曲,类似于我们今天看到的那个戏——叫《打猪草》。

【黄梅戏《打猪草》片段】

女:丢下一粒籽

男:发了一颗芽

女:红秆子绿叶

男:开的是白花

女:结的是黑籽

主持人:唱这种小曲是即兴的,所以要求思维敏捷反应快。很快从城里返乡的严鸿六【照片:少女严凤英】,就成了这个对歌的佼佼者。一直到13岁的这一年,严鸿六终于做出了一件出格的事。

【资料片】

解说:这些日子正惦记着给鸿六再找婆家的爷爷发现,孙女干完家里的活就不见了。而村上的人又经常用异样的眼光看自己。是不是鸿六在外面惹了什么祸呢?

主持人:爷爷的感觉没错,小鸿六最近又迷上了黄梅戏。因为她发现,镇上白铁匠师傅严云高居然同时还是一个黄梅戏的班主。

【电视剧《严凤英》片断】

主持人:小鸿六就几次悄悄地找到这个严云高请求拜师学艺,可是都遭到了严师傅的拒绝。这一天小鸿六又来磨来了。严师傅说:"你学戏不怕你爷爷打你?"

"不怕!"

"不怕祠堂淹死你?"

"不怕!"

"官府要将你游街示众呢?"

【照片:少女严凤英】

小鸿六雪亮的眸子一闪,到时候我装疯卖傻。

看到小鸿六这样坚定,严云高就收下了这个徒弟。

在我手中这本严凤英丈夫王冠亚写的会议录中,他这样来描写严凤英学戏的经历。他说:

【《严凤英》书封面。字幕】

"她买不起镜子,就在月亮底下照影子,在粉壁墙上看自己的身段。做着做着自己就变成了童养媳。"

【资料片,女孩对着粉壁墙练习】

想着想着,自己又变成白虎山上的霸主。

这一次年迈的爷爷没有拦住严鸿六。严师傅的黄梅戏班子里,多了一个漂亮的女旦角,戏班的影响大振。

【电视剧《严凤英》片断】

解说:1944 年的一天,严师傅的黄梅调班子,在安庆桐乡县演出刚刚谢幕,突然闯进来两个人。他们声称,奉严家祠堂之命,来抓家门败类严鸿六。原来鸿六登台演黄梅戏,不仅激怒了她的爷爷,更被严氏宗祠视为大逆不道,要把她捆绑回去沉潭。

主持人:这件事早就在严师傅的预料中,可是他觉得如果小鸿六不唱戏,那就太可惜了。于是他顶着家族的压力,背负骂名,带着 14 岁的严鸿六和戏班子连夜逃走,背井离乡,流浪唱戏。

【照片:少女严凤英】

然而谁也没有想到,一年之后,这个小小的严鸿六,居然让黄梅戏、也让自己红遍了省城安庆。而且也正是在那之后,她真正地遭遇到了人生中的第一个灭顶之灾。严鸿六能逃过去吗?明天的第一时间,我们继续分享《严凤英的传记》,为您讲述"枪口下的黄梅戏明星"。

中央电视台(2009 年 11 月 29 日)

电视文学节目2010年

一面湖水

【歌曲：有人说，高山上的湖水，是躺在地球表面上的一颗眼泪。那么说，我枕畔的眼泪就是挂在你心间的一面湖水。一面湖水……】

《一面湖水》之一《泸沽湖》

姚雪

她像一个古朴、宁静的睡美人，躺在青山环绕的怀抱之中，又像是神仙遗落在人间的一颗珍珠，一面光彩照人的天镜。

【歌曲：走进温馨的山谷，你就走进圣洁的天堂；爬上高高的玉龙山，你就看见迷人的蓝月亮】

要寻访美景，是不易的。一路泥泞狭窄的山路，让人真有些心悸。尤其是那弯弯绕绕的“丽宁十八弯”，像一条盘旋的龙。大约，正是因了如此的不易，后面的美景才会如此旖旎动人。当越过苍茫群山，第一眼看到这片温柔如玉的湖水，静静地躺在群山怀抱中时，所有的心灵都在瞬间安静下来——因为震撼。

【洛水村的傍晚】

到落水村时已近傍晚。走过村口的玛尼堆，呈现在面前的是一条沿着湖边伸展的路。那些叫不出名字的小花在路边盛开，像一条缀满花的绿毯。木楞房散发着淡淡的松木清香，带着与生俱来的怀旧气质。涛声拍岸。远远地传来摩梭人缥缈的歌声。夕阳给岸边人家打上一层暖色调，栅栏的影子被拉得悠长稀疏。炊烟袅袅升起，仿佛闻得到家的香味。

摩梭小伙在岸边撑着船，带人们到湖心的岛上去。在这样的美景里，白日旅途的疲惫早已无影无踪，只剩下急急的切盼，希望能看到更多的风景。水声哗哗，与桨嬉戏缠绵。湖光潋滟，四面秋色如画，让人忍不住要放声唱起来。

是的，就是这样的黄昏。梦里出现过多次。躺在猪槽船里晒晒太阳，水波荡漾，听不见人声，只听得见水声。看不见摩肩接踵的人群，有的只是三三两两的异乡客。什么也不想，什么也不烦。不需要奢华，也不需要伪装。岸这边是如此，岸那边也是如此。视线所及之处，没有烦恼，没有忧伤。心如止水，仿佛心里也有一片湖。

日落那一刻，湖上有夕阳西下，岸上有古道瘦马，心里掠过一丝淡淡的忧伤，不过，当夜幕真的降临，泸沽湖的喧闹与热情，便也随之开始了。熊熊的篝火，仿佛燃烧出无限的热情，也映红了摩梭小伙、姑娘们挚真的心。笛声悠扬，歌声清亮，仿佛穿透了胸膛，直淌进心里去。你，不能不被那欢快深深感染。

【里格岛的晨曦】

第二天清晨，起得很早，等待日出。天色依旧是深黛色，湖面一片寂静，四处都是浓浓的寒意，唯有我们的目光是炽热的。渐渐地，天边开始亮了，湖上泛着氤氲的雾气，仿佛是仙人正撩拨尘世的珠帘。朝霞披着灿烂的金色，染红云彩和天边，继而又是这绵延的雾气和湖面。日光的温暖，开始驱散清晨的寒意，而心中的感动，也随着这朝气蓬勃的一幕升腾而起。

终于，太阳跃出水面，湖面上金光闪闪，成群的鸟儿从水面上飞起，扑愣翅膀的声音划破清晨的宁静。已经多久没有见到这样自由的飞翔了啊——城市中的鸟儿，在高楼大厦间无处藏身，总被惊吓，忧伤而慌张地飞走；而那些公园广场上的鸟儿，大概又因为习惯了游人的喂养，早没了自然的纯真野趣。泸沽湖的水鸟，却是如此幸福——它们在水面和天空之间，划着完美的弧线，这样的自由不羁，安详而潇洒，仿佛它们就是这里的主人！

渔船在清晨便已驶出，渔网撒开，仿佛撒开一天的希望。湖面上的雾气，泛着粉黛的光。摩梭人日出而作，日落而息，古老的传说和传统代代相传，他们相信，泸沽湖是他们的母亲湖，格姆女神山永远保佑着他们。他们对自然充满着敬畏，却又与自然如此和谐亲密。

晨风送来阵阵清脆而稚嫩的童谣。上早学的孩子们背着书包，成群结队地走在弯绕的山路上。太阳洒在他们身上，闪着晶莹的童真。在湖边漫步的时候，看到一个摩梭小男孩，和他的名字“西西”一样讨人喜欢。忍不住去逗他，他便撒开了欢冲你笑。突然，又连蹦带跳地跑开了。那毫不掩饰的欢喜，那青梅竹马的纯真，像那嘹亮的摩梭民歌一样，写满了幸福的密码。如果说，泸沽湖平静的美，像母爱一样博大而永恒，那么，这跃动的清晨，便是泸沽湖的另一面，像母亲一样，不断给予她的儿女们生机和希望。

和泸沽湖——这母亲湖相遇的一刻，便唤醒了心底的那一片湖水。或许，每个人心底都有一片湖。这片湖，是每个人心底的柔软，是每个人一生的宝藏。在尘世的风雨沧桑里，每个人都会历经各种考验，或许，有些人早已忘却这片湖水；有些人却将心底的那片湖，保护得更好。

【草海的正午】

草海是泸沽湖的一部分，在四川境内。湖面不再是清澈平淡，一下变成一片青草的世界。草色茂密，岸边的树木，已被秋色染得斑斓，火热的红与艳丽的黄交织着，像一团团燃烧的火焰。

听村里人说，泸沽湖能保留如此纯净的水质，这片草海，功不可没。人生，谁不曾遇到过灰暗的时光，遇到挫折，遇到难堪，遇到那些不甘心的事？又有谁不敬仰那些即便是经历了命运的多舛，人生的起落之后，仍然能露出平和的笑容，淡定面对人生的人？他们心里，必然也有一片草海。将所有苦涩、抱怨、不公、痛苦过滤，长成另一片风景；而将清澈的生命之水，源源地输给心灵。即使生活在奔波劳苦之中，生命能不干涸，皆因心底有这片湖——一半清澈，滋润生命的信仰不息；另一半是草海，吞没生活的苦涩，化作更美的笑容。

泸沽湖曾让多少外乡人潸然泪下，抛弃所有尘世的牵挂而隐居于此，又让人领悟，最奢侈的幸福，其实不过是还生活最简单的模样。

《一面湖水》之二《喀纳斯湖》

姚雪

假如给你一段空白的时光,你会选择与喀纳斯同行,用喀纳斯的湖水,将空白逐渐填满。

春

聆听一段清脆潺潺的水声,就这样走进喀纳斯的春天。

这是一个放逐绿色的季节,喀纳斯用它神奇的风韵传递着和谐。

喀纳斯位于新疆维吾尔自治区的布尔津县境内,与俄罗斯、哈萨克斯坦、蒙古接壤。喀纳斯湖形成于距今约20万年前的第四纪冰川时期,总面积约45平方公里,湖水最深处达188米,是中国最深的高山淡水湖泊。

湖水千回百转,穿过幽深的山谷,穿过寂静的林荫,在天地之间,画出了一条最有韵致的优美曲线。当年,成吉思汗的军师耶律楚才远征西域,途经喀纳斯时,被这里的美景吸引。他忍不住挥毫泼墨,写下了动人的诗篇:"谁知西域逢佳景,始信东君不识情。圆沼方池三百所,澄澄春水一池平。"

在一片温煦的和风中,闻到熟悉的气息,仿佛多年前与这里的草木、湖水有过清澈的相遇。无论带来多少尘世的风烟,无论这里隐藏了多少清幽的秘密,就在此刻,已彻底融入喀纳斯洁净的风景里。

岁月来去无声,世代生活在这片土地上的人们,早已与自然生息与共。居住于此的蒙古族图瓦人是中国一个特殊的族群,总人数仅两千多人,喀纳斯是他们唯一的聚居地,是他们的家园。

就在春天,不期然会与许多转场的牧民邂逅。他们赶着羊群,走向高山的牧场,修筑毡房,建立新的家园。这个过程,如同冷暖的交替、民俗的流传、故事的延续。而与春天有着一季之隔的夏季,好似就在明天。

澄澈的湖水,照见他们扬鞭行走的背影,也照见他们平和朴素的人生。这一刻,会让人明白,山有山的明净,水有水的无尘,你有你的从容,他有他的淡定。

夏

都说喀纳斯湖在夏天美得跟梦似的,或许,喀纳斯的湖水,真的可以筑梦。无论是过客,还是归人,都可以酝酿一段属于自己的梦,将梦寄存于此,待到来年,再来开启。或者,借着喀纳斯的山水情境,封存一生。

夏天的喀纳斯湖,总是充盈着朦胧的雾气,迷幻的雾,让人恍若游弋在瑶池仙境。来到这里的人,都想越过迷蒙的雾境,探寻遗落在湖山深处的秘密,追溯古老部落久远的文化。这里留下了上古文明的图腾,凝聚过历史的风云,也承载了人生的故事。当年那位弯弓射大雕的成吉思汗挥师西征,策马扬鞭,踏响山河,这片被猎猎旌旗拂过的大地,如今是这般的遗世无尘。一段千秋往事,就这样将喀纳斯纯净的湖水填满。

月光落在湖中,倒映出清凉的影。炊烟升起的时候,是牧民们朴实的生活。他们,无论经历多少次迁徙的命运,无论接受多少次聚散的轮回,喀纳斯是永远温暖的家。他们的足迹迈不过这片疆土,他们的情感流不出这里的山水。就在这蓝天白云下,就在这木屋毡房里,香喷喷的奶酒，热腾腾的奶茶，会让每一个人寄放下沉重的行囊。这一片净土，早已是灵魂的故乡。

秋

秋天的喀纳斯有如一幅绚丽多姿的画，白云是背景，湖水为底色，生命是情感。高山层林，云波泛木，牧民们牧着牛羊的身影，都定格在画中。挺拔的白桦、高耸的落叶松、苍劲的五针松，还有端正的云杉和秀丽的冷杉，铺展成磅礴的画卷。

秋天的湖像是大自然布下的一局棋，茂盛的风景是落在水面上的棋子。行走在其间，看棋子错落而不纷乱，繁密而不喧嚣。面对这秋日高远的云天、湛蓝的湖水，便甘愿一生为之守候。

停驻匆匆行走的步履，低头在一面苍茫的湖水中沉思。深秋的湖水成了乳白色，仿佛白云落入湖中。是季节，在喀纳斯的湖面上，变幻着不同的色彩。面对这份自然的和谐，不禁让人也想垂下生命之竿，钓这一湖的清静。

十月，在冬季来临之前，喀纳斯用写意的笔，深情地记载每一个从它身旁走过的人们曾经的拥有。在妙趣天成的人生风景里，唯有静静等待，与另一种风韵的湖泊，灵魂相通。

冬

如果说走过春、夏、秋，喀纳斯的群山和湖水带给人们的只是一份惊喜的话，冬天的喀纳斯让人感到的则是一种震撼。此时的群山分明是一幅经过勾、皴、点、染过的雪国山水画，喀纳斯湖也一改往日的碧波荡漾，冰层平坦无垠，任由马爬犁纵横驰骋，引发人们无尽的想象。厚厚的冰湖下，隐藏了一段关于湖怪的传说。连同古老的记忆，和图瓦人的往事，都沉落在湖底。

在这片冰雪的世界里，还有一种温暖，不会冰封。

与喀纳斯湖朝夕相处的图瓦人即将迎来辞旧迎新的时刻。太阳下山后，奇特的砸牛骨头仪式，就依次在每一户家中举行。用斧头将牛骨头劈开，在图瓦人眼中，意味着要与过去一年的疾病、不幸一刀两断。而分吃牛骨髓就是分享幸福，希望在新的一年里，大家都能够健健康康的生活。

他们的祖先是驰骋疆场的英雄，迁徙到这片人间净土，做了雪域深山的隐者。他们将命运交付给喀纳斯纯净的天空，从此，平和是生活的姿态，从容是永远的情怀。

雪落无声，喀纳斯湖一片晶莹澄净。为了这面圣洁之湖，为了这片玉壶冰心，多少人披星戴月，在雨雪风霜中追寻，沿着先人的脚印一路感动，又把感动留给后来的人。而朴实的图瓦人，看着来往的过客，一如既往地平静着，不会为谁而把喀纳斯的故事更改。

所以，在这一面湖水前，看见自己心底的那一面湖水轻盈地流淌，就会明白，有那么一处源泉，是通往春天的方向；有那么一个家园，是存放幸福的地方。

《一面湖水》之三《纳木措》（上）青海湖

胥智慧

是听到清风的呼唤，还是看见白云在招手，就这样与青海湖邂逅。此刻，像是生命与灵魂交叠，不仅震撼，更有一见倾心的熟悉。只想沉醉在这一片湛蓝的深邃里，真切感受自然的风韵、人生的大美。

青海湖位于青藏高原东北部，藏语称之为“错温波”，意思是“青色的海洋”，湖水面积约

4500 平方公里，是我国最大的内陆咸水湖。

青海湖深沉而纯净，它甘愿舍弃繁华，将质朴默默地珍放在这遥远的地方。远离尘嚣，不是为了隐藏自己的美丽，也不是惧怕世人的惊扰，只是安静地端坐在高原，以雪山为冰骨，借蓝天为云裳，留给大自然最原始而纯粹的家园。

当年，文成公主带着和亲的使命远赴西藏，抵达日月山时，回首不见长安，西望四野苍凉。她思念家乡的泪，落在了倒淌河中，而这条河的末端，直抵青海湖。她携带文明的种子，纷洒在高原辽阔的土地上，让荒凉滋生出繁花。人们带着这段美丽的故事走进这里，心中也多了一份柔情的感动。

夏季，赶上大片大片的油菜花开，漫天的芳香铺叠而来，泼洒出一幅天然的金色画卷。落在雪域高原的美是这样的不同凡响，思绪在花海里随风轻扬，只为沐浴这一场金灿灿的花瓣雨。看万顷湖光轻轻荡漾，那幽深的蓝，让人将一颗染了风尘的心沉落进去，又洁净无尘地打捞出来。天空离人很近，仿佛随意伸出手去，就可以抓住那蓝色的绸缎。

不时有鸟儿翩然而落，小心翼翼地亲吻湖面。每年青海湖的鸟岛上，有斑头雁、鱼鸥、棕头鸥、鸬鹚等十多种候鸟，成群结队地辛勤筑巢。它们遵循自然规律，奔忙于南北迁徙，却不忘在青海湖安家落户，世代繁衍。一望无垠的湖面，倒映着洁白的雪山，看鱼群欢跃，万鸟翱翔，生命在这片净土上，追寻到一种与自然生息与共的和谐。人类如鸟儿一般，渴望飞翔，找寻心灵的故乡。那么，就在这里存放梦想吧，梦想会将幸福传递给每一个往来的路人。

自 2002 年开始，每年七至八月，会在青海省举行自行车环湖赛。这是亚洲顶级赛事，也是世界上最高海拔的国际性公路自行车赛。他们以青海湖为中心，一路上，飞扬跋扈的姿态，仿佛在和高原的勇士一决雌雄。这样壮美的风光，给与生俱来只放逐牛羊的草原，带来了另一番别致的风采。

停下脚步，深情地凝视这一面雪域蓝天下的湖水。青海湖，你是这样的清澈，又是这样的富饶。或许，只有用一颗明净豁达的心，才能够将你收藏。湖水洗客心，在你面前，只想守住这一份湖的美丽，守住这一份水的清澈，守住这一份海的辽阔。

《一面湖水》之三《纳木措》(下)纳木措

胥智慧

沿青藏公路前行，一过羊八井，就可以望见念青唐古拉大山脉了。伟岸的念青唐古拉是藏北高原的南方门户，是西藏四大著名神山之一。与它素有夫妻美称的天湖——纳木措，是西藏第一大湖。

纳木措位于当雄县和榜额县之间，在念青唐古拉主峰当拉山以北，湖面海拔 4718 米，是世界上海拔最高的大天湖。1920 平方公里的纳木措，绕湖一周，徒步行走需要十多天，赶着驮行李的牦牛要走一个月。

水静静地荡着，映着远方的雪山。这一切让人屏息。山与水的交集，水与山的叠印，就如同那一对耸立在湖边的夫妻石，将彼此深情守护。它们或许记不起究竟这样偎依了多久，看过多少日出日落、人来人往。没有海誓山盟，却自存一份天长地久。湖岸边还有虔诚的合掌石合着双手为万物祈福，为世代生活在纳木措的人们祈福，也为每一个来到纳木措的路人祈福。

纳木措是神奇的，刹那间，便让人仿若跌进一湖蓝色的梦里。将生命沉淀其间，感受湖水洁净的湛蓝、高贵的宝蓝、忧郁的深蓝。人们唯恐这样无意的闯入，会惊扰纳木措一帘幽静的梦。

有前来取水的觉姆探下身子，用手中的罐子盛起湖水的性灵，装载生命的清静，也承接禅意的时光。遥想城市里的喧闹与熙攘，这里的寂静与辽远真是太奢侈了。我们的心灵深处，应该常泊这一片宁静之湖。觉姆取完水，背着水罐，一步一回首，那眼神流露出一份物我两忘的从容，留给我们的，只是一个远去的背影，一束宁静的光阴。

那么，与纳木措告别之前，也装上一罐圣湖的水吧。将来，无论是饮下，还是封存，都知道，有一面大美之湖，在心间流淌，可以滋养灵魂，净洗人生。

《一面湖水》之四《洱海》

姚雪

都说云南是最适合执子之手，与子同游的地方。倘若一个人来，就常常会在那些绵软温柔的风景里，多少感到有些孤寂。幸好，还有洱海。她弯如耳形，天生就是一双倾听的耳朵。走了这么多天，这么多旅途的疲惫，终于在这片海前沉静下来。每个人，无论幸福与否，都能与她倾诉，她都愿意倾听。这就是海的魅力。时光总是沉默不语，却拥有抚平一切创伤的力量。在这点意义上，海与时光相似。她静静的，无论你说什么，她统统收下，并回赠你一排排的浪花。一排，又一排，像时光在眨眼，像花朵次第开放。一起一落之间，仿佛过了很久很久。久到不仅初来时的落寞彷徨，已经淡去。连那些记忆里陈旧的伤痕，好像也在逐渐淡去。她是美丽的，毋庸置疑。

清晨，她的波澜就是她的鳞片，金灿灿的，像是甜蜜的心事。点点渔舟就是她的鞋子，穿着它们，她正要去赴新一天的约会。渔人们带着鸬鹚捕鱼。这鸟儿不仅是捕鱼能手，还十分有灵性。它们和渔人结伴而行，配合默契。它们像是自由的精灵，跳着芭蕾，轻舞在碧蓝的海面。

她是多情的。因为宁静。许多恋人在海边漫步。他们可能也在丽江牵手逛街，在大理古城结伴流连。但只在洱海，他们有更多的机会静下来。静下来，就在这里听海的呢喃，不再有多余的风景来干扰彼此的视线。静下来，就在这里寻找云和雪山的倒影。倒影在水中缠绵交错着，像时光的波纹。所以，洱海因为静，才多情。如果只是这样，那么，洱海也与普通的海无异。我更喜欢洱海，是因为一个望夫云的传说。相传洱海的上空会出现望夫云。那是一位公主的化身，她爱上了一位猎人。因为父王的反对，猎人被打入海底，变为石螺，公主愤郁而死，化为天上的云彩，怒而生风，要吹开海面，与恋人相见。于是，只要此云一出，洱海便不再风平浪静。两颗厮守的心，和一段苦苦的相思，激荡出滔天的波浪。原来洱海，也是寂寞的。她凝结过多少恋人的目光，收藏过多少人隐秘的心事，却在自己的心底，沉着一颗永远的石螺。如果你觉得孤单，那么，就到洱海来。

即便看不到望夫云，也可以在那碧蓝的天里，选一朵云，许下自己的愿望。让它，替你去看你想看的人。无论他是在故乡，还是异乡。如果不想让爱情无边地漂泊，就让她成为一颗海底的石螺。等遇到属于她的云朵,命运之海,也会云开雾散,让出一条路来。

黄昏到来,朵朵浪花送别太阳,一波一波,像是依依不舍的告别之吻。然而洱海最美的时刻就要到来。这便是洱海的月光。传说中,它是公主放在海底的宝镜。世世代代,散发着光芒,也庇佑着捕鱼的人们。别处的月光是清冷的、朦胧的,而洱海月,则亮的可以读书。在这样的月光下,仿佛心也要融化。想安静地睡去,在月光里做一个安静的梦。又不忍心闭眼,看不尽这圆月清辉,这一种从未见过,又无法形容的清朗和安宁。不得不再一次承认,洱海,拥有和时光同样的力量。

就在这静谧的洱海之月里,感觉自己的身体正舒展开,思绪,也渐渐模糊,心,渐渐平静。与这低低的涛声相伴,游走在那些关于洱海的传说里,仿佛经历了一场只属于一个人的地老天荒。

《一面湖水》之五《九寨沟》

李钢　胥智慧

(男)我似乎总在行走,沿着今生。我预感有一种地带,存在于某个高度,等我进入。那高度,当在欲望之上,杂念之外。从那儿飘来的云,视我为一粒灰尘。它已经诱惑我了,虽然它在我视而不见之处。我寻找它。

(女)一切要发生的,将在该发生时发生。

一切要到达的,将在该到达时到达。

就这样来到九寨沟,在湛蓝的湖水中,期待一场美丽的相遇。湖面清如明镜,每个人都可以照见心底真实的自己。

在这里,可以忘记烟火的人间,以及尘世里一切尊贵的荣华。

(男)长长的跋涉之后,我卸下鞋和双脚,同时在那个夜晚的梦里获得了翅膀,高高飞扬。我在天空遇见了风,遇见了云和太阳。我到达了从前可望而不可即的高度。我明白了人为什么要羡慕鸟。鸟不是动物,鸟是空中的境界。飞翔原来如此快乐。我感受到从未有过的轻盈自如,如释重负。

(女)所有的寻找,都是为了抵达一场生命的纯净。那些隐藏在丛林深处聚散的湖泊,仿佛是银河里明亮的星辰。而这些或晶莹、或灵逸、或沉静、或绚丽的海子,便是零落在九寨沟的星子。

无论是静卧在绿色瀚海之中的熊猫海,还是带着传奇色彩的犀牛海,或是那条流淌在栈道边、绚丽多姿的孔雀河,都是岁月赋予九寨沟的神奇。这深邃浩瀚的星辰,并没有藏纳玄机,而是自然的风景天成。

将心灵交付给九寨沟的湖水。在这样的湖水面前,纵然渺小得如一株草木、一只蝼蚁、一粒尘埃,都可以彻悟人生的真谛。

(男)我俯视,发现我的内心竟如此丰富,它真如大地一样开阔——河流蜿蜒于其间,森林生长于其上,群峰叠错,绵延不绝……那些交叉在林间的小路,曾让我多次迷失,现在竟看得如此明白。那湍急的流水,陡峭的山崖,曾让我望而却步,如今竟能一掠而过。我仿佛已知,人在地面上行走时，其实也正在自己的心路上行走。那么此刻，我究竟飞行在天空，还是飞行在自己的心境？

（女）要怎样辽阔的心境，才能装得下九寨沟这星罗棋布的湖群？如果说，以动物命名的海子是银河里散落的星辰，那么，以植物命名的海子就是五彩缤纷的画卷。它们用彩色的心情，装帧流年的记忆。

火花海在阳光下闪烁粼粼波光，浪花舞动时间，五彩枫叶飘落在湖面，点燃了季节的灯火。风中摇曳的芦苇，像是历尽风霜的老者，让弯曲透明的河水，也流淌出几许深沉的世味。萧萧箭竹，倒影在湖中，形成静如天籁的箭竹海。

目光停留在山谷之间的寨子上，停留在水边的磨房中，那转动的经轮，飘摇的经幡，让人遗忘了曾经风尘起落的日子。只想在微风细雨的山间，守着一团云雾，过一段人间仙境的岁月。

（男）我看见了那片让我神往的蓝色，真山真水，一尘不染。我知道这里仍是人间，但绝非俗世。

我要降临。我欲作最完美的解体，以雪花的形态降临。那是我儿时冬日的憧憬，是今生所有愿望的愿望。

当我的愿望实现之时，我将在空中任意舒展，随风飘舞，像神采飞扬的思绪，像壮丽洁白的颂歌。无声之歌。

在这样的地带，面对这样的蓝色，这是唯一的方式，也是生命的过程。

我仰视。有无数的我在空中飘落，纷纷扬扬。那么纯，那么干净。

我降下。落在寂静的山峦上，连成一片，仍然是今生的我，却获得一种重诞的感觉。

我的生命注定要选择水的形式。这就意味着，我必须选择流淌。是的，选择流淌。

我渗入厚厚的泥土，又从岩缝溢出；我仔细亲近我所流经的每一个地方，抚摸每一块石头；我从植物的根部流过，我生命的一部分注入到它们身上，草木因此而绿。我从岩壁上喧泻而下。我选择了水的形式，我体验了生命的自在。

（女）在水中体悟生命的过程，而生命又在水中得以净化。这面湖水，汇集了九寨沟万物无穷的美丽。它将雪山、绿树、碧空、白云、飞鸟、游鱼藏纳其间，也将大自然的荣枯，人世的浮沉收藏于此。

（男）今生经历了行走、飞翔和流淌，当我需要静止的时候，让我临近万古之蓝。

是谁溅起永恒的波纹？是细小的雨点。

是谁从永恒中探出身子？是一丛丛芦苇。

是谁已整个儿插入永恒？是倒下的大树。

接着，我从这一片蓝色中，看到了自己的身影，看到了群山、雪峰、太阳和天空。

万物聚齐。一切从蓝色开始。

中央电视台（2010年1月9日至2月6日）

上海印象

【江河交汇，说尽百年沧海桑田；日月更替，看遍海上花开花落；十里洋场，石库门前寻踪迹；东方明珠，浦东空中写传奇。《印象中国》倾情奉献《上海印象》系列，敬请关注。】

《上海印象》之一《东方明珠》

胥智慧　姚雪

百年来，这座城一直是中国现代变迁的缩影。自1843年开埠以来，上海仅用数十年时间，就从一个滨海县城发展成为“中国第一繁盛商埠”，一个“气象繁荣”的国际化大都市。2010年，上海举办世界博览会，它把上海的城市面貌和发展推向一个新的高度，让这颗东方明珠变得更加璀璨夺目。

这个清晨的外滩，刚刚苏醒。

黄浦江畔，汽笛的鸣响，破开平静的水面，将日出江花，写成一幕撩人心扉的风景。所有的记忆，在顷刻间被打开。那些老去的影像，还有过往的时光，从来没有被这座纷繁的都市遗忘。江这头，海关大楼的钟声《东方红》，悠然奏响上海每天生活的序曲；江那岸，东方明珠塔，又将上海昨天的故事开始续写。

闭上眼睛，想象中的上海正款款走来。那是一个女子，包裹着窈窕的身线。她住过狭长的里弄，每天的生活在锅碗瓢盆里开始，在邻里街坊的家长里短中结束。她目睹了中国第一盏电灯的亮起，见证了中国第一部电话的接通，欣赏到西方第一部半有声电影，还承载了世界国际金融中心的辉煌……这些老旧的片断，犹如驶在她心海的船。即使表面上，她已和任何一个成功和要强的都市女子一样严肃，但在内心，却仍然有一条温婉的河流，就像那潺潺的苏州河一样。黄浦江上驶着现代化的轮船，它是连接世界的；而苏州河上漂动的白帆，它是连接家乡的。

上海，是一杯精心研磨、调配、烹煮和啜饮的咖啡，馥郁的芳香，弥漫了整个城市。咖啡是舶来品。明朝天启年间，徐光启刚刚把意大利传教士带入时，咖啡还只是番人苦涩的茶汤。但几百年后，中国的上海，已是另一番光景。一个喝咖啡的人，比一个喝茶或喝酒的人更具有上海质感。在这里，无论是摩卡、蓝山、爱尔兰、拿铁，还是卡布其诺、意大利特浓，上海人从咖啡中品咂着人生的况味。

也只有在上海，咖啡被喝出了文化，与那里的人情事物相默契，一如淮海路的西洋小楼，徐家汇的大教堂，外滩沿江的“万国建筑博览群”……上海的品位、上海的情调、上海的气息，弥漫在这座城市的任一处角落。

百乐门,这个老上海情调最为浓郁的地方,正带着往日浪漫的记忆,重新融入新上海的生活里。斗转星移,多少事物,因为上海而沉浮,也因为上海而重生。

最美的,还是夜上海的风情。十里洋场,说的是上海,因为“十里南京路”。霓虹灯下,滚滚红尘,滔滔市声,川流不息。这条路上,来往的观光车、涌动的人群、琳琅的店铺、摇曳的灯箱,尽现上海的小资情调和都市的摩登风情。永安百货公司楼前,邂逅一场萨克斯。流转的旋律,如同一杯醇香的红酒,在迷幻的午夜,让人们温柔地品尝。短暂的沉醉,再回到现实,夜上海依旧、依旧这般倾城,如“花样年华”中的女子。

脱下了旗袍的上海,仍会让人惊羡。它超凡脱俗的美丽,从来都在一颦一笑间,无须雕饰。即使变换着不同角度,看到的,是这座城市水一样的风韵,以及那些铺洒在城市里如花的幸福。

经常,在上海高楼林立的繁华地带转个弯,就会看到石库门。不过一线之隔,就仿佛穿过时光隧道,由现代转向过去,由彩色褪至黑白。

这时的上海,一如沉浸于茶馆的老者,在老虎灶升腾的蒸汽里让时间慢慢流逝。起源于19世纪60年代的石库门与上海有着难解难分的情结,它是这座城市真正的骨架和脉络。上海是“无边无际的弄堂的海洋”,曾经多达9000多处。在那些黑白泛黄不断闪着划痕的老电影里,那些嘈嘈切切里绕出婉转音韵的声音里,上海弄堂被一遍遍生动淋漓地展现着。而其中最动人的那个景象,莫过于近在咫尺的两人隔着过街楼,他满心欢喜地听着她唱……

石库门的弄堂似一道深远的记忆,顾盼悠悠的风景,牵引出老上海的烟火气息。没有装饰华丽的院落,没有姹紫嫣红的风景,然而弄堂深处,深藏着百年的老坛,将巷子熏得微醉。半开半掩的窗户,阳台的晾衣竿,老旧的木楼梯,都是这里的主角。那些嗎嗎的吴侬软语,被唱进了窄窄的阁楼上。一声樱花或玉兰的轻唤,便拂起淡淡的过往云烟。

这个生于斯、长于斯的上海人,历经30多年摄影实践,出于“记录、整理上海飞速变化的每一感人细节”,他走遍了上海的大街小巷,在他的黑白照片上,保留下了上海城日新月异的建筑风貌和上海人渐变的生活方式。在这间由厂房改建而成的艺术中心里,阳光透过悬梁旁的窗户,映照在墙上一幅幅怀旧气息甚浓的照片上,领着人们回到或熟悉、或陌生的过往岁月中。停在老房子前的三轮车、诉说着上海邮政百年历史的科林斯式列柱、还有太古洋行的界碑被当作了弄堂的铺路石——这些曾经在这座城市上空洋溢的情感,是那样温暖而和煦。

苏州河水,一路缓缓流淌。此时的黄浦江,依旧泛着微微的波澜。水中的涟漪,荡漾着深深浅浅的从前,从无到有,从缓至急。而我们,不必沉入水底,去打捞过去的烟尘。只需,将浦江的记忆、城市的传奇,从容地装进囊中。

《上海印象》之二《惊鸿照影》

姚雪　胥智慧

爱上上海,其实是一件很容易的事情。

在外国人眼里,上海就是一幅画。而且,不是普通的画,应该像是《清明上河图》那样精致而经典的画。走在这座城市,就好像是这幅画卷徐徐展开,那脑海中的中国影像,便陆陆续续呈现在眼前。

我叫 Andersen,中文名叫安龙,来自澳大利亚。和很多外国人一样,我一来到上海,一踏进这幅独有魅力的中国画,便爱上了这里。

古典的中国藏在那清幽的园林里。温柔的中国藏在那窄窄的里弄里。现代的中国在那高耸入云的写字楼里。神秘的中国在那永远也听不懂的吴侬软语里。

即便你一点也不懂中国的历史和文化,到了上海,都不会觉得孤单和陌生。每个外国人心里都有自己的“东方”想象——亭台楼阁也好,纤纤旗袍也好,美食小吃也好,窈窕淑女也好,上海都有。它能满足一个外国人关于东方的所有想象,更能以不曾预料的热情和宽容欢迎来到这里的所有人。

和许多外国人不一样的是,我在上海留了下来。现在,我是上海外语频道的外籍主持人。

这么多年的生活,我已经很熟悉上海了。

留在中国生活的外国人很多。有的人选择留在风景优美的地方,可以总能欣赏这美丽的东方山水;有的人选择留在远离都市的小镇,能在喧闹的尘世外找到别样的僻静;有的人选择留在繁华的都市,因为他们相信这是最能代表现代中国的地方。我相信,作为一个不远万里来到中国的外国人,每个留在这里的人,一定都是选择了自己心里最喜欢的中国。

比如,上海之于我。

从清晨,城市在叮叮当当的锅碗瓢盆中开始一天的繁忙;到黄昏,一盏又一盏灯在黄浦江畔次第亮起。每一天,我像每一个土生土长的上海人一样在这座城市里生活,和他们一起奋斗,一起欢乐,一起享受绚烂和寂寞交织的生活。在我眼前的上海,也变得越来越具体和真实。

它有过那些气势如虹的年代。穿过南京路,一路西行,在南京西路尽头,就是上海著名的古刹“静安寺”。创建于三国时代东吴赤乌十年的静安寺,距今已有一千七百多年的历史。如今,周围已矗立起鳞次栉比的楼群。

它就是能精致得连市井闲情都让人流连。城隍庙很拥挤,却是我喜欢去的地方之一。在拥挤的小吃摊边,买上几个特色的青团,吃上一笼地道的小笼包,将上海的人情风俗,咀嚼得有滋有味。

它还是商界征战的沙场。在人民广场,在陆家嘴,在这些一幢比一幢高的高楼里,跳动着上海的经济脉搏。

我是幸运的,可以简单又精彩地生活在这里。和老伯伯学写汉字、和阿姨一起跳支舞。幸福就是这么简单,而这么简单的交换,就能让幸福的感觉加倍。

上海是一个魔方。它有太多侧面,有各种颜色。你随意拼接,都能拼出一幅精彩。

而这拨动魔方的手,便是常年生活在这里的上海人。他们的勇敢,他们的奋斗,他们独特的格调和品位。这个勤劳的城市,它从来不曾沉睡在自己那美丽的过往中,却永远以生怕落后的姿态,快步走在世界的前列。

经常和身边的外国朋友聊天,正如他们所说:“今天的上海是全世界愿望最强烈的地方,我们眼中的上海不再是金枝玉叶的上海或风花雪月的上海,而是一个‘垂直上升’的上海。”

我也和远隔重洋的父母电脑对话,和他们分享我的心情。告诉他们,在东方,在中国,在上海,我找到了这样一座,如魔方般精彩神奇的城市。

《上海印象》之三《风骚独领》

姚雪

2002年,上海开通了世界上第一列商运磁悬浮列车。坐在每小时行进430公里的车厢里,上海人又领先感受这座高速发展的现代都市处处洋溢着的前卫与时尚。

漫步在上海,就像漫步在迷宫,令人眼花缭乱、目不暇接。强烈的超前意识与浓浓的怀旧情结弥漫在大街小巷,崭新的宽阔街道与蜿蜒的林荫小路纵横交错,最现代的摩天大楼与最古朴的里弄洋房交相辉映。这座城吸引着全中国甚至全世界的目光。

又是一个夜晚。一个上海睡去,另一个上海醒来。

白天那个繁忙的上海睡去,夜晚那个美丽的上海醒来。灯火璀璨,好像一个女子,她翩翩的裙角,轻轻拂过每一个街巷。

白天那个快捷的上海睡去。夜晚那个悠扬的上海醒来。田子坊的灯笼轻轻摇摆,好像轻声召唤忙碌了一天的人们。

田子坊是一个浓缩的上海。它的过去,它的现在,它的昨天和未来,它的白天和夜晚。更不用说那典型的老上海石库门,一直都是许多人寻访的目标。

这里有老上海的居民,有新兴的创意小店和画廊,有老旧的厂房,也有淡淡飘扬在巷中的咖啡香。然而,对于来过田子坊的人而言,每个人心里都有一个田子坊。外国人觉得这里很上海,中国人觉得这里很西方。老年人觉得这里很怀旧,而年轻人却觉得这里很时尚。

是的,新与旧也好,东方和西方也好,阳春白雪和下里巴人也好,田子坊,忠实却又艺术的呈现着这一切。一条小弄,一块招牌,都是风景,散发着时光的呼吸。呈现着上海生机勃勃的张力。

石库门,是上海的符号之一。它像是记忆的门,一笔一画地镌刻着这座城市的历史。如果说田子坊的石库门,还在尽量保留着它原生态的风景,那么新天地的石库门,就完全是别样的风情了。

走进这里,看到的不再是那古旧的民居,而是最时尚和新潮的上海。漫步在朱红百叶窗边,流连在精美门饰前,徜徉在清水砖墙旁,有越来越多的人,把新天地比作是上海的客厅,因为它的大气和华丽。

也有人把新天地比作是上海的一块琉璃,折射着全世界的光芒。而距离它最近的一盏灯,就在身后这幢宁静的房子里。八十九年前,13个年轻人走进望志路106号这扇木门里,聚首在这盏灯下。他们相信,从这个石库门透出的光,会照亮一片新的天地。

对上海,人们或许总会被它的繁华绚丽所吸引,为它的五光十色所沉醉。然而,它也有它的"低调"和"内敛",也有它的"静谧"和"舒缓"。高邮路、武康路、甜爱路、衡山路……这里的马路,没有南京路的霓虹招牌,没有百乐门的灯红酒绿,有的只是老式的路灯、悄悄爬上墙头的老藤和台阶旁的陈年青苔。

穿过梧桐掩映的幽静马路,延续着一代又一代花样的爱与情。一代代的上海人,都在用他们自己的方式,继承和诠释着能代表他们时代的上海文化。

喷澎乐队,就是其中之一。用上海话唱Rap,就是他们这个组合最大的特色。和许多80后一样，他们热爱音乐，喜欢国际流行的元素，即便只把唱歌当作自己的业余爱好，也能用充满创意的形式去表达自己的主题。

每一个上海人都会以自己的方式，爱着上海。

他们不一定会常去新天地，田子坊。但他们天天都在上海的大街小巷穿梭，发现这座城市里那些平凡的美丽。用自己的努力，改变着自己的生活，也改变着他们的上海。

《上海印象》之四《流年似水》

姚雪

走进这海上旧里的牌坊，便进入了多伦路。那些满载岁月的建筑，以及那些年代的痕迹，就精心地收藏在这里。

窄窄的多伦路上，绿树掩映，透着清新的芳香。它全长不过500公尺，却在曲径清幽之中，记录着上海的文化历史。从开埠时期的沙船渔村，到20世纪30年代的十里洋场，再到繁华的东方大都市，这百年的文化缩影，竟都能在这条小路上找到，无怪乎人们用“一条多伦路，百年上海滩”来形容这里。

沿街的古旧书店和花花绿绿的海报，依稀透着老上海斑斓的风情。名人故居、旧式洋楼、公馆、老民房，时光在这条小路上翻滚起伏，那些永远无法复制的岁月，便藏在那层层叠叠的繁花树影间。进步的学生曾从这树下走过，宣讲他们的信仰；左联的作家曾从这树下走过，发誓要用笔，唤醒沉睡的中国。当年，他们代表进步的上海。如今，他们依然是上海的骄傲。

对面就是那家有名的老电影咖啡馆，另一条小径却向右边的林荫里伸去。路口的铜牌上写着“历史名里景云里”的简介，开头一句就是许广平的“景云深处是我家”。沿着碎石路面走去，脚下遇到的是十多双纪念“足迹”，分别签着鲁迅、茅盾、叶圣陶、冯雪峰、周建人、丁玲、瞿秋白等名字。水光斑驳其上，它们却仿佛不动声色地凝固住了一刹那的进进出出。

如今，刻着“景云里”三个字的石库门牌楼还在，但已无从推想曾经上海亭子间文人的生活状态。也无法想象，在八十多年前，虹口是怎样一点一滴地汇成了文学青年的海洋。

上海，还有许多不能不提的名字。

巴金，这位中国文坛的巨匠，将他生命最后的脚印，留在了上海。

他自己常常说，他是“五四”的产儿。《新青年》是他最崇拜的刊物。15岁时，因为偶然读到了一本令他终生难忘的克鲁泡特金的《告少年》，他说，“我得到了爱人类爱世界的理想。”后来，19岁的他离家出走，来到上海。

这里，也就成了人们怀念先生、追忆先生的地方。他的文字，曾经照亮了一代中国人。而他只是说：“我写作不是因为我有才华，而是我有感情”，“我现在的信条是，爱那需要爱的，恨那摧残爱的。”

走近这座三层小楼的时候，仿佛空气也安静下来。

这不是那个有着“碧绿的菜畦，高大的皂荚树，光滑的石井栏”的百草园，也不是那个“一棵是枣树，另一棵也是枣树”的院子，但是，走进这红墙红瓦的三层小楼的时候，却隐隐地在这繁华的上海里，嗅到那一丝淡淡的，与流年有关的味道。

这是鲁迅一生中，最后居住的寓所。

这里很静。屋前的小花园，优雅地隔开闹市的喧嚣。草色青翠依旧，轻盈地拨开似水的流年。

南窗的彩色玻璃纸，依稀将外面的阳光，折成旧日的颜色。书桌，藤椅，烟具，还有先生那毕生都从不曾停下的笔。

他生命的最后一年，大部分时间，都用在瞿秋白的《海上述林》的出版和译作上。这一年，他常在病中，却始终坚持着病体，一遍两遍地看校样。

他离开我们七十多年了。但一代代的中国人，还是读着他的作品，在那些犀利的文字里，读到那个年代的凄风苦雨，那个年代的呐喊彷徨和那个年代的勇敢无畏。

如今这空荡荡的老宅，是傅雷的乡下故居。草木已深，这黑漆的木门曾锁住他孤独的童年。白墙黑瓦的浓重里，如今，寄托着人们对这位杰出的翻译家、文艺家深深的敬仰和追忆。他一生译著无数，对音乐也有着很深的造诣，更以《傅雷家书》感动了无数的读者。

这座坐落在静安寺附近的热闹街头的房子，便是才女张爱玲的故居。

她的笔下，写尽了上海的当世风情，也写尽了女人的曲折心事。她的文字，像那繁华都市里悠悠燃起的一缕奇香，穿过多年的烟火风尘，在无数的心里被反复吟诵，让无数的眼睛悄悄湿润。

四月的午后，光影在窗玻璃上微微摇晃。青青梧桐下，掩映着周信芳的故居。站在这幢洋房里，似乎还可以听见那些锣鼓，那些胡琴，那些绑子，甚至台上的踢蹬声。

作为海派京剧的代表人物，周信芳在十几年的舞台生涯中，塑造了众多栩栩如生的人物形象。

站在这白墙黑瓦的院子里，他在舞台上那洗练的身段，那充满感情的声音，那抑扬顿挫的唱腔，仿佛，并没有离我们多远。

上海，是一块肥沃而独特的土壤。它深厚的文化渊源，它开放的文化理念，它包容的文化气息，孕育了独特的都市文化。流年似水，而上海是一朵玫瑰。它在时光之海里绽放，留下无数美丽的花瓣，延续着她独特的芬芳。

中央电视台（2010 年 6 月 26 日至 7 月 17 日）

天堂在另一个街角

——巴尔加斯·略萨

《开卷八分钟》 梁文道

【开始】

主持人：写小说这个东西很奇怪，我发现很多小说家，他早年的成名作，有时候说不定那是他最好的小说。因为那个也许是他这辈子最想去处理的题材，憋了很久一股力量，一股经历全部灌注在那一部小说里面。那么到了后来，当一个作家开始要寻找题材的时候，那股动力就乏下来了。那么所以为什么，有些小说家写到后来的阶段，我们觉得他的创作力就要衰竭，就是这个意思。那么巴尔加斯·略萨，

【插图片——巴尔加斯·略萨简介】

巴尔加斯·略萨（尤萨）

当代著名作家，2010 年诺贝尔文学奖得主。1936 年生于秘鲁的阿雷基帕市，现定居西班牙。他著述颇多，以长篇小说为长，享有“结构现实主义大师”的美誉，获得多项欧美文学大奖。

主持人：很多人觉得他的创作力没有衰竭，因为他仍然继续写书。但是我想说的是，他的确在他后期的作品里面，我们已经感觉不到早期的那种饱满的力量，比如说像今天我给大家介绍这本《天堂在另一个街角》。原来西班牙文本呢，是在 2003 年出版的。那么在这本书里面，我就觉得似乎，好像没有早年那么好看。虽然他出了一个非常火热的一个题材。

【插图片——《天堂在另一个街角》】

《天堂在另一个街角》

作者：［秘鲁］巴尔加斯·尤萨

译者：关文君

出版：联经出版社

主持人：但是它仍然是一部好小说，仍然值得我们一读。这部小说讲的是什么？作者讲的主要是画家高更跟他外婆的故事。说到高更，我们知道高更跟凡高是好朋友，那么但是，一般人，在大众文化里面，我们特别崇拜梵高。因为梵高是一个非常疯狂艺术家的，疯狂天才艺术家的典型。而高更，就好像显得很正派。为什么，因为今天在学院里面学画画，高更奠立的这个影响力跟一个风格。其实他的力量或者在传统上起到的作用要比梵高更大。但事实上，高

更在这个小说里面也是一个疯狂的，留着疯狂血液般的一个人物。所以，这个小说，我觉得有趣，就是作者给我们看到高更当年的不可思议的另一面。

另一面是什么？我们知道高更原来在法国，一开始，是一个做商界事物的一个职员，跑去搞生意、什么的。到了后来，他中途学画，学画之后不可自拔，越学越疯狂。到了最后，干脆跑到大溪地居住，抛开了自己法国的家庭，不要自己的女儿，老婆丢在一边不管，那么这难道不是一个很疯狂的行为吗？恰恰是到了大溪地，他的画有了另一层次的转化。

那么这部小说里面的另一个角色，就是他的外婆。他的外婆比较少人知道，我们过去也没听过，叫佛洛拉·特里斯坦夫人。那这位佛洛拉·塔里斯坦夫人，是一个早辈的社会主义者，那么在马克思还没出道的时候，她就已经大力宣扬社会主义，在小说里面，她甚至还见过马克思，然后她主张男女平权，到世界各地，在法国、欧洲各地宣讲男女平权，宣讲这个工人的权利，希望触发一场改变社会的一个革命。这个革命流血不流血都好，反正得是个革命。那么然后这位夫人为什么会有这么剧烈的一个革新思想，这跟她曾经去过秘鲁一段旅程是相关的。然后，这里面，她还是一个非常激情的双性恋者，一个女同性恋者，一个双性恋者。那么所有这里面，就用了我们昨天讲过的这个连通管的一个结构方法。略萨，一条线讲他外婆特里斯坦夫人，佛洛拉·特里斯坦夫人故事；一条线讲的是保罗·高更，这个印象派大画家的故事。然后两条线慢慢交织，只有一小部分，它们是有交接的地方，但绝大部分，是平行进行的。但是我们能感觉到中间那个相应，那个回想——那个回想就是这位。这对祖孙，其实从未谋面。外婆死的时候要隔了四年，这个孙子高更才出生。但是这两个人都有某种共同的反叛，对于社会的不满，对于理想天堂的期盼，所以“天堂为什么在另一个街角”是这个意思。这个天堂是什么呢？在外祖母那里是一个理想的新世界，在高更那里却是大溪地所谓的野蛮人的世界，他从头到尾觉得自己是野蛮，他痛恨欧洲文明，然后，他并不是因此去告诉大家大溪地文明多好多好，他想说大溪地原来就是野蛮的，这个野蛮是很高贵的。

那么在这里面，我比较重点跟大家讲一下这里面怎么样讲到高更。比如说，这里面就说到，他用小说去提，高更自己的一段自述，他说，“你居然在不知情的情况下”，这是一个小说第二人称的一个说法，“在你最棒的画的中间画了一个阴阳人”，除了是对大溪地过往的致敬，也是对欧洲窃取其文明的致歉，你在此生活的这些年当中，没找到任何一个还记得自己旧有文化和文明的人，出现在你画中那么美好的裸体习俗，他们也一一否认。那么所以，高更来到大溪地，想寻找那种原始的关于绘画的一种爆发力。但是问题是这个爆发力使得外人看他就会觉得他像个疯子一样。那么这里面，我们可以看看他跟另一个很重要的大画家，就是梵高交往的经历。历史上，我们知道梵高跟他，曾经是好朋友，曾经住过在一起，一起画画，但是后来两个人翻脸，因为翻脸刺激太大了，梵高才做了那个疯狂的举动，切了自己一只耳朵，对不对？这里面他讲到，1887 年一天晚上，保罗，就是这个高更，在这个法国的丽池餐厅，遇见荷兰疯子，荷兰疯子指的就是梵高——文森·梵高，然后文森还不允许保罗恭喜他的新画作，“应该是我恭喜你才对，”文森大力的握着保罗的手，“我在丹尼尔·蒙佛瑞德那看到你的马丁尼克岛，令人震惊呀！”他讲什么，接下来这这句是，“你根本是用阳具在画画，不是用笔刷。”两天后，文森和他弟弟呀，又到了另一个朋友家做客，恰好保罗也在场，然后，那个荷兰疯子仔细的以各种不同角度端详保罗·高更带来这幅画。然后又讲一次，这是一幅好画，情感真实肆溢，像血，像精液，然后他抱住保罗向他恳求：“我也要用我的阳具画画，教我！”你想想看，这是什么样的疯子在说的话！大家用阳具来画画。然后这里面好玩的地方是，讲到这两个疯子，一个短暂的一个篇幅交给这两个疯子相处的经历之后，后面有一句，他讲道，这个第二人称叙述者又再问了，保罗，也就是高更，"在你死之后，他们也会称你为天才么？"因为前面刚刚讲完梵高后来死了，被人称为天才，画被抢得非常贵，让他说你的画作也会像荷兰疯子的一样，以天价售出么？你想应该不会，而且现在你已经不像以前一样那么在乎名气和金钱这些身外物了。这事永远不会发生，因为大溪地离巴黎实在太远了，那里的人对艺术一窍不通，对你的东西更是没有兴趣。非常好玩的这么一写，就突出了高更当年远居大溪地画画的时候，他对艺术，他对整个艺术世界那个隔离的状态，是一种什么样的一种心境。

所以这个小说虽然没有以前略萨的小说那么出色，但仍然是部非常不错的佳作。

【结束】

凤凰卫视中文台(2010 年)

咸泉涌流的诗与歌

陈刚

上集

【歌曲：天辊辊转，地辊辊圆，老娘推水儿赚钱。大的儿来看，小的儿来瞧，老娘推水莫奈何】

在自流井盐场，东方刚露出熹微的霞光，盐工们已开始了一天繁忙的劳作。岁月悠悠，斗转星移，日子如水波一般荡去，只有那些如森林版伫立的天车，蜿蜒连绵的笕管，无言地诉说着古盐场昔日的辉煌和光荣的历史。汩汩涌流的咸泉如同一条割不断的银线，牵动着无数人的目光。熙来攘往的人流怀着他们淘金的美梦不期而遇。自流井，这个昔日名不见经传的小镇热闹起来。

乾嘉以来一条流经荣县、自流井、穿富顺入沱江的荣溪河，即现在的釜溪河，是自流井地区盐、煤、竹运输的主要通道。每一年上百万担的食盐，真是沿着这条水路千帆竞发，昼夜兼程运往楚地及下游各省口岸。做过隆昌县令的朱云骏，当年由自流井往邓井关到隆昌赴任，正是沿着釜溪河一路下行。荣溪河上的邓井光，是盐船出海的查验口岸，夹岸列肆、帆樯如林、上下船只、往来如梭，朱云骏被眼前的景象深深感动，欣然命笔："富义标形胜，雄关水四围。船迎层雾上，峡束怒涛磊。贩竖缘林抄，禽声如翠微。星轺访盐笑，延赏憩烟扉。"

清末一名科场不得意的儒生，今天我们已无法查证他的姓名，但是他用惯写八股骈文的笔记录下当年自流井盐业生产的壮观景象，为我们描绘出一幅古盐场烈焰熊熊，遍地井灶，照彻天宇的壮观景象："潜藏地火宝辉腾，万井光明吐碧云。煮海休夸齐国富，熬盐惟许蜀商勋。离宫借坎功先著，坤母扶乾气自温。倘得烛龙千古照，咸鹾行省益无垠。"

诗歌为我们再现了自贡盐场曾经的繁荣，在诗人的眼中，盐商们创造的财富，甚至超过了煮海牟利的齐地。而这样的好处首先应该归功于天地精华的孕育，如果井火盐卤千古不尽，那么，这种事半功倍的好事必将长久地泽被后世。

三多寨本是富荣盐场北面约30华里一处水土丰腴、树木葱茏的山坝。这处幽静的世外桃源，不仅是盐商富户们恣意享乐之地，也是他们躲避兵匪民变的避难之所。清朝嘉庆年间，一个名叫刘源的退休官员，来到三多寨一带开馆课徒。这个名叫刘源的归隐官员，在目睹井火喷薄、咸泉涌流的壮观场面后，联想起生计艰难、穷得揭不开锅的黎民百姓而忽发奇想。也是这个刘源，在目睹贫苦百姓人挑肩扛，贩盐糊口的情景后，不由感慨万端："贫民生计一肩挑，劳碌奔波苦亦堪。共说升平鹾禁免，大家同贩雪花盐。”在这首诗里，寄寓着他对下层百姓的深切同情和关爱。

具有同样思想感情的还有一名叫李真的人。李真于明朝正统八年出任富顺知县，他对自唐以来剑南道最大的盐井富义井，进行了形象而生动的描绘。他的一首题为《古井咸泉》的诗说：“地浚盐池石甃园，潜通海水净涓涓。辘轳声转倾银液，鼎镬汤消变汞铅。正策谋深从昔者，调羹味美说谁先。近来更喜资时用，飞票盈仓足戍边。”诗者看到涌流不尽的咸泉感到十分神奇欣喜，大发浩叹，认为这是直通大海的海眼。卤水在盐锅里是经过熬煮，瞬息之间变成了白花花的精盐。这不仅可以用来和味调羹，更可用它带来的财富保家卫国。

在儒家的精神境界中，出入仕宦的学子，多有修身齐家治国平天下的宏愿。他们看到这“一泉流白玉，万里走黄金”，不因人事代谢而废弃的宝贵资源时，自然联想到以之资民用，实现无处不保暖、无处不均匀的理想世界。旧时文人的这种境界，实在让那些蝇营苟利者汗颜。

然而，盐工们的日子却并不好过。他们靠着井灶上的微薄收入苦度时光，近人刘慎之所著《富荣场景诗》中，对盐工们的境况作了细微描述：“灶旁煎盐工，赤身过冬夏。为了美观瞻，腰间围一帕。”而那些挑盐卤、白水的挑水匠们，挑着比自己身体重几倍的水桶不分昼夜、终日辛劳，却也只能勉强糊口。清人王廷取《盐源杂咏竹枝词》说：“黑井尘封白井开，风狂无处不飞灰。夜深街上闻人语，灶户换班打水回。”

黑井、白井即是著名的黑卤白卤，灶户们为了多取卤熬盐，让挑水匠们不分昼夜轮班劳作。那些在碓架上跳着脚的工人耗尽力气，挣钱来养家糊口。“哨子喊罗应齐点，应得齐来才好喊。我喊哨子为哪件，为把盐井早打穿。”在捣碓凿井的辛苦劳作中，盐工们应着铿锵的号子在碓板上上下跳动，稍有不慎就有可能掉下碓架，轻则摔伤，重则毙命。他们高声喊着号子，借以提神解乏，也是在宣泄着他们心中的愤懑与不平。一部盐业生产史，既是官家盐商原始资本的积累史，也浸染着盐业工人无尽的辛酸与血泪。

抗日战争时期，自贡在经济和国防上的地位，也因盐业的兴盛而受到国民政府的高度重视。1939年9月，国民政府为加强后方战略物资的控制，加大盐业生产，以自流井为中心设立自贡市，自流井遂成为抗战后方重要物资基地和富甲全川的风流繁华地。1940年4月21日，时称“三夫人”的宋庆龄、宋美龄、宋霭龄到自贡视察，看望保育院儿童，鼓励加紧生产支持抗战。1944年6月，冯玉祥将军第二次到自贡发动市民为抗战献金，自贡各界人士无不踊跃献金，使自贡献金数额大大超过预计数，创下22项全国纪录，冯玉祥将军十分感慨，又亲笔题写榜书大字“还我河山”，镌刻于釜溪河畔的龙凤山岩壁之上，以此表彰自贡人民为抗战做出的贡献。后来，冯玉祥又作《自贡市颂》，褒扬自贡人民的爱国热情和奉献精神：“巍巍自贡市，天然一宝地。既是好盐卤，又是瓦斯气。生产复生产，军民赖供济。文化程度高，个个明大义。献金救国事，输将居第一。”

下集

自贡凿井采盐的历史，可以追溯到东汉章帝四年，即公元84年。至唐代，自贡及周边地区盐业生产已相对发达。今天我们所说的自流井，它的概念已变得十分宽泛，几乎涵盖了整个自贡地区。在自贡人看来，这座因盐而生、因盐设市的城市，遍地盐井、遍地笕管、遍地炊烟，就是一座天赐的大盐井。自流井地区文风亦日渐繁盛,迁客骚人多会于此。

大诗人杜甫于唐肃宗二年47岁时经甘肃同谷入川,那时候的四川井盐生产已十分普遍。“卤中草木白,青者官盐烟。官作既有程,煮盐烟在川。汲井岁榾榾,公车日连连。自公斗三百,转致斛六千。君子慎知足,小人苦喧阗。我何良嗟叹,物理固自然。”

陆游自蜀州调往荣州“摄理州事”,他在《老学庵笔记》中写道:蜀食井盐,如仙井、大宁,犹是大穴。若荣州则井绝小,仅容一竹,真海眼也。荣州的盐井很小,只能容得下一根楠竹,而咸泉却如同直通大海的海眼一样汩汩涌流,这让诗人大为感慨。陆放翁所说的仅容一竹的海眼,就是创始于北宋庆历皇佑年间的卓筒井,而荣州正是卓筒井的发祥地之一。身心疲惫的诗人到荣州,就被这热热闹闹的井盐生产场面所感染,他在《入荣州境》中说:“长筒汲井熬雪霜,辘轳咿呀官道旁。”那些吸井长筒,咿呀作响的辘轳,辛勤劳作的人们,一切都让诗人感到愉快。料理完公务后,诗人还饶有兴味地步出官衙,欣赏荣州百姓的劳动生产场面:“荦确坡头筇竹枝,西临村路立多时。卖蔬市近还家早,煮井人忙下麦迟。病客情怀常怯酒,山城老景尽供诗。晚来试问愁多少,只许高楼横笛吹。”陆游在荣州摄理州事仅70余天,他的履痕遍及荣州。这位平生写诗万首的大师,在荣州的短短两个月时间内即写下了数十首诗。他的诗词记录下了这期间的心境和感受,也记录下当年盐业生产极为繁盛的自流井古朴的民风民俗。“民风淳朴士甚良,千里郁为诗书乡。”这是诗人在《入荣州境》中对古荣州的赞颂。在今天荣县城外的大佛寺,尚有当年陆放翁登临抒怀的“啸台”遗址。白云千载,碧水悠悠,斯人已逝,风骨长留。

沿釜溪河入沱江下行几十里,有一处峭壁摩天、风景殊佳的地方,这就是位于沱江青山峡口的安溪。因为盐船往还,这一带也是繁华富庶之地。距此约10余里的赵化古镇,在19世纪50年代末,诞生了一位名震中华的人物,他就是“戊戌六君子”之一的刘光第。刘光第幼年失怙,靠寡居的母亲做针黹聊为生计。少年刘光第为求学问,时长往返于这条江边的古道。沱江上盐船列阵,百舸争流,一派兴旺景象。在安溪,刘光第曾留下一首描绘当地风光习俗的诗:“炭估金银气,村婆酒肉场。青衿书种断,素帛寿筵张。峡涨如奔马,土豪空啄螂。堰鸣终夜急,琴筑响深堂。”少年的穷苦与磨难铸就了刘光第持重敦厚、志节高雅的个性。这位喝着古井咸泉长大的铮铮硬汉,用他39岁的青春生命写下了一曲维新变法的悲歌。

19世纪末20世纪初,在自流井百里盐场,还时常可以看到一位身材瘦小、留着两撇小胡子的乡贤,他就是蜚声中外的厚黑教主李宗吾。李宗吾于民国二十七年58岁时辞职归里,隐居在自流井张家沱边的汇柴口,闭门读书著述,过着半耕半读的生活:“空阶斜月锁柴门,老屋荒烟绕半村。四野鸡声孤剑啸,中宵蝶梦一灯昏。秦庭笑洒荆柯血,蜀国哀啼望帝魂。青史有名甘白刃,流芳遗臭且无论。”后人只有从他的诗中,看到一个孤寂而不屈的灵魂。

井盐生产的巨大盈利,让那些腰包鼓胀的盐商们,有了更多的闲钱投向文化的建设。他们兴办学校,兴建楼堂会所,极尽奢华。当年自流井盐商的祖祠公寓成为官员、文人雅士聚集的重要场所。那些“五老七贤”、骚人墨客、科场举子纷至沓来,一时间,自流井成为名士汇聚、文风鼎盛之地。文人雅士与盐商诗文唱和亦是平常。光绪二十八年,荣州大才子赵熙从京城返乡,大盐商胡汝修请赵熙在贡井的南华宫看川剧《活捉王魁》。赵熙认为《活捉王魁》演技颇高,可惜唱词平淡少文。胡汝修当即请赵熙修改,赵熙慨然应允。几天后,新剧《情深》在慎怡堂正式演出。

今天,这座历尽沧桑的古戏台犹存,透过那些厚厚的尘埃和蛛网,我们依然不难想见当年弦歌声声、巧言倩笑的繁华故事。“梨花落,杏花开,落叶满长街。”白云苍狗,岁月如流,多少繁华事散,逐尘而去啊。

【歌曲:前面一枝花,两眼瞧着她,她也瞧着我,我也瞧着她。她也难舍我,我也难舍她。难割又难舍,我的小冤家】

沉重而悠长的号子,和着扛运盐工的脚步声渐渐远去,而那些动人的诗与歌、情与爱、悲与愁却依然在人们的心里久久回响。

自贡市广播电视台、川南影视制作有限公司(2010 年)

后　记

作为中国传媒大学"211 工程"、"十五"重点建设项目之一，本书的编撰，受到了教育部、国家广播电影电视总局特别是中国传媒大学"211 工程"二期重大项目相关经费的有力支持；同时，在资料搜集、整理的过程中，还得到了包括国家广电总局总编室、中央电视台、中国广播电视协会等单位在内的全国广播电视媒体的领导，特别是许多一线的编辑、导演们的无私帮助。同时，感谢中央人民广播电台总编室副主任张君昌老师对本课题的大力支持。在此，我们向为本书提供帮助的各位，表示衷心的感谢！

受制于广播电视艺术传播的特殊性，同时也由于成书时间的仓促，编者自身水平和经验不足以及其他各种客观条件的限制，本书的缺点和遗漏之处在所难免，竭诚希望得到专家和广大的读者的批评指正。

最后，再一次向为中国广播电视文学事业孜孜不倦工作的创作者、传播者、研究者们致意！

编者
2011 年 12 月

图书在版编目（CIP）数据

中国广播电视文艺大系：2001～2010. 广播电视文学节目卷／施旭升，付彬彬主编．—北京：中国广播影视出版社，2015.11

ISBN 978-7-5043-7453-0

Ⅰ.①中… Ⅱ.①施… ②付… Ⅲ.①文学—广播节目—作品集—中国—2001～2010②电视文学—电视节目—作品集—中国—2001～2010 Ⅳ.①G229.2-53

中国版本图书馆 CIP 数据核字（2015）第 154111 号

中国广播电视文艺大系（2001－2010）广播电视文学节目卷

施旭升　付彬彬　主编

责任编辑　宋蕾佳
封面设计　亚里斯
责任校对　谭　霞

出版发行　中国广播影视出版社
电　　话　010－86093580　010－86093583
社　　址　北京市西城区真武庙二条 9 号
邮　　编　100045
网　　址　www. crtp. com. cn
电子信箱　crtp8@ sina. com

经　　销　全国各地新华书店
印　　刷　涿州市京南印刷厂

开　　本　787 毫米×1092 毫米　1/16
字　　数　740（千）字
印　　张　32. 25
版　　次　2015年11月第1版　2015年11月第1次印刷

书　　号　ISBN 978-7-5043-7453-0
定　　价　84. 00 元